平安貴族社会の秩序と昇進

佐古愛己　著

思文閣出版

目次

平安貴族社会の秩序と昇進

序章

官僚制国家において、官人を律するための有効な手段は、国家が官人の意識の内部を支配することにあり、「その決定的な手段はかれらの『昇進』」を掌握することであるという。なぜなら「『国家の目的は、個々の官僚についていえば、かれの私的目的、すなわちより高い地位への狂奔、立身出世することに転化している』からである」。つまり、「国家は『昇進』を媒介として国家目的を実現するのである[1]」。

これは、石母田正氏が古代律令官僚制と昇進制度との関係について論じられた一節である。この指摘は、「官僚制」やその「国家」のみに限定されるものではなく、あらゆる集団を支配する上で普遍性を有する特徴であると諒解する。

律令制の下では、『官位令』に「凡臣事レ君、尽レ忠積レ功。然後得ニ爵位一。得ニ爵位一、然後受レ官[2]」という原則があり、位階は官職に先行し、位階を得ることによって官職に就く条件が得られた。そして、「事レ君、尽レ忠積レ功」むことによって得られる位階は、「君主と臣下の間に存在する忠誠関係を制度的に表現するもの[3]」と位置づけられていた。

後述の通り、九～一〇世紀に位階制は大きく転換する。しかし、律令官位自体は、中・近世へと後世まで長く残存し、「君主と臣下の間に存在する忠誠関係を制度的に表現するもの」という基本的な位階の性格は連綿と有し続けると考えられる。

そこで重要なのは、「君主」や「臣下」の存在形態や、何をもって位階授与の対象となるべき「忠誠」とみなされるのかという点については、時代や社会によって異なるという点であろう。したがって、それを追求することは、各々の時期における「君主」と「臣下」の関係、また「忠誠」の内実、さらには「より高い地位への狂奔、立身出世」という欲望を利用した当該社会における編成原理の特質を解明することに繋がるのではないだろうか。筆者の問題関心はかかる点を淵源としている。

従来、平安時代・中世における官位制度は、律令官位制の形骸化、売位売官の横行という側面が注目、評価され、ひいては貴族社会の頽廃性の象徴として認識されてきた。しかしかかる評価は、律令官位制および昇進制度こそが正統だとする観念のもと、該期社会における官位の意義や昇進制度の実態解明が十分なされないままに評価されているという問題がある。

本書は、平安中・後期を主要な検討対象としつつ、その前後の時代にも検討をおよぼし、律令体制下から中世にいたる平安貴族社会の編制原理と昇進制度について考察するものである。特に、位階・叙位制度に焦点をあて、未だ十分に解明されているとは言い難い平安中期以降の叙位制度の実態解明を目指すとともに、平安貴族社会における編成原理とその展開を追求して、律令官僚制的社会から中世公家社会成立過程の特質の一端を明らかにしたい。その際、位階を媒介とする関係において、「より高い地位への狂奔」を示す「臣下」と、それを利することで「国家目的を実現」しようとする「君主」、各々の視座からの分析を試みる。

同時に、律令官位が後世まで継承され、さまざまな集団・階層における身分階級指標として機能するようになる要因についても検討を加える。

はじめに、本書と関連する諸分野の研究史を概観しつつ、各論における筆者の問題関心と検討課題などを提示し、最後に本書の構成を記すこととしたい。

第一節　研究史と研究視角①——律令官位制・官人制研究——

律令官位制下では、位とは「朝堂所レ居、謂二之位一」[4]というように、朝堂における座次であり、その高低は天皇との距離の遠近を意味した。そして、位階内部には階級制があり、五位以上が「貴(三位以上)」「通貴(四・五位)」として隔絶しており、種々の特権（封禄など経済的特権、課役免除・刑法上の身分的特権など）を有して、六位以下から五位以上への昇進が実際上、極めて困難な状況であるという大きな断絶が存在していたことが、竹内理三氏によって明らかにされている。[5]

これ以降、支配階級である律令官人層の特権や編成原理への関心から、野村忠夫氏は律令官人の勤務評定・位階昇進方法を、[6]時野谷滋氏は封禄制度を、[7]各々実証的かつ体系的に考究された。さらに、古代国家論をめぐる議論のなかで、早川庄八氏等によって天皇と太政官制に関する研究[8]が深められてきた。

さて、石母田氏は前近代国家における支配階級が、「機構や制度を媒介とする結合、人格的・身分的従属関係を媒介とする結合という二重の形態で結集」し、「両方は相互に相対的に独立した体制として存在するのが特徴であって、一方が他方に代替することは出来ない関係にある。前者が古代国家と中世国家とで異なった形態をとるように、後者の人格的結合様式も両者で異なるばかりでなく、古代の内部においても一様ではない」のであって、「すべてに共通するのは、それがなんらかの形の人格的結合であるという点だけ」[9]だと指摘している。

そして、位階は「君主と臣下の間に存在する忠誠関係を制度的に表現するもの」であり、位階制度は有位者集団における階級・身分的差別の設定と、天皇との関係においては有位者＝臣下として同一平面におかれるという二つの側面を持っており、このような位階制度の性格が、天皇または国家の権力基盤を拡大してゆくための有力な組織的手段になったという。

石母田氏の研究を批判的に継承された吉川真司氏[10]は次のように指摘されている。①「人格的・身分的従属関係を媒介とする結合」は、位階制などの「機構や制度」によって「媒介」されているし、②「機構や制度を媒介とする結合」は、第一義的には集団（権力）の機構に基づく階統制的機構への官人の配置なのであり、統治機構の問題（統治形態論）を支配機構の編成の問題（階級論）に埋没・解消させてはならない。しかし、①②を「位階で結ばれた君主と臣下の関係」、「国家の官職体系と官僚制の秩序」と表現する視角は継承すべきだ、と。

以上の点を踏まえて、律令官僚制が「官人秩序」と「官司秩序」という原理の異なる二つの秩序から構成されるとして、さらに次のように述べられている。

律令官人秩序とは、天皇と個々の官人の〈君恩―奉仕〉の関係である。天皇の〈君恩〉は官人の位置を決定する位階（副次的に官職）と官人への賜与たる禄から構成され、一方、官人の〈奉仕〉の程度は基本的には上日（官司における勤務日数）で示されるので、日常の官人秩序は、機械的・数量的な〈君恩―奉仕〉関係によって維持されていた。ただし、ここで留意すべきことは、五位以上の官人は官僚である前に天皇と親しく接しつつ六位以下（百官）を領導する「マエツキミ」であり、特権的地位を有し、天皇との親疎によって律令官人秩序の内部に階層差が厳然と存在する点である。[11]

そして、右の律令国家の官人秩序とこれを維持するシステム（位階制と禄制）とを総称して、吉川氏は「律令官人制」と規定された。

一方、律令官司秩序とは、階統制というかたちで現れる律令国家の官司秩序と、それに則って運用される一般行政のシステム（官制システム）の総称であり、律令官人制と律令官司制のシステムは、官位相当制で位階と官職が対応することによって、官人の序列と官司内の官職秩序がほぼ一致するようになっていた。

ゆえに、〈君恩〉の位階・禄は、官司での勤務（上日）による〈奉仕〉への反対給付となり、昇進と昇給とが官司における精勤の動機付けになっていたように、両システムは相互に依存・有機的に関連していた。その一方で、前述の通り、基本となる原理は全く異質であり、両者を総合する概念として「律令官僚制」を措定されたという。

本書では、石母田氏の二重の結集形態論を〈君恩〉と〈奉仕〉という概念を用いて理解し、天皇の官人との関係を〈君恩―奉仕〉のあり方の変化として捉えて、律令官人制から平安貴族社会の成立について考究された吉川氏の研究視角に導かれつつ、位一階という〈君恩〉が、律令官司制度や君臣関係が変化するなかで如何なる〈奉仕〉に対して与えられたのか、つまり叙位事由の変化に着目して、平安時代以降の叙位制度の実態解明を試みたい。具体的には次の三つの点に主眼を置いて分析を進めることとする。

第一に、律令制下において、基本的には官司での勤務（上日）が、官人の〈奉仕〉とみなされ、それへの反対給付として位階という〈君恩〉が与えられたが、平安時代には官司の再編が進んで中世的な官司制度が成立する過程で、貴族・官人の〈奉仕〉形態も当然大きく変化すると考えられる。

「『昇進』を媒介として国家目的を実現する」という観点からすると、国家・朝廷にとっては、この新しい〈奉仕〉形態に即した〈君恩〉たる位階を授与する制度、つまり、新しい叙位、昇進制度を構築する必要が生じたであろうと推察する。かかる関心に基づいて、中世的な官司制度の成立過程と平安時代における叙位制度の展開との関連について考察を試みる。

第二に、そもそも五位以上集団はその歴史的前提により、上日に加え、天皇との親疎が〈君恩〉に反映される傾向が強いという特徴がみられたが、平安時代にはその傾向が一層強まった。昇殿制の成立により、殿上上日と官司上日との通計が許可されるようになる事実は、後述の通り、官司における職務と殿上における天皇の身辺雑事への奉仕とが同価値だと評価されるようになったことを示し、「人格的・身分的従属関係」に基づく奉仕が、「機構や制度を媒介とする」奉仕と同価値として捉えられるにいたるという、[12]平安中期以降の天皇への奉仕形態の特質が顕在化したと理解する。このような奉仕形態の変化も、叙位制度に大きく影響を与えていることが推知されるため、かかる点を重視して平安以降の叙位制度の特質を検討する。

第三に、律令官人制下において、〈君恩―奉仕〉関係は、基本的には天皇と臣下という一対一のシンプルな関係で理解できるが、平安中期以降には、諸院宮と貴族との間の主従関係が展開し、奉仕関係が多様化する。「精勤の動機付け」として、多様な〈奉仕〉と反対給付たる〈恩〉との関係が、有機的に関連することの重要性・必要性は不変に存在するはずであるから、多様な〈奉仕〉と〈(君)恩〉が如何に設定・準備されたのかという問題が浮かびあがってくる。また、多様な〈奉仕〉関係が併存しながらも、分化してしまわずに、治天の君のもとに収斂していくという中世社会の特質が、〈(君)恩〉の存在形態、すなわち叙任を媒介とする貴族社会の編成のあり方――昇進制度のあり方――と如何に関連して形成されたのかという側面も考えていきたい。

次節では以上第一・二の、第三節では第三の点について、各々関連する研究史を概観しつつ、本書での検討課題を明示しておく。

第二節　研究史と研究視角②――平安貴族社会・官司制・政治制度研究――

かつて、平安時代は律令制の崩壊過程にあり、院政期は「日本の支配階級の歴史において前後にその比をみない頽廃の時代であった」と評された。[13]新しい時代、中世を切り開く主人公は武士であり、貴族や寺社は古代的勢力であって、「道徳的に頽廃」した存在として位置づけられたのである。[14]

このような院政や中世の歴史像に大きく変更を迫ったのが、黒田俊雄氏の権門体制論[15]である。

氏は中世においては荘園を基盤とする門閥家、すなわち権門勢家は公家・寺社・武家という類型に分けられ、各々国家的見地から職能的な役割を帯びて、相互補完的に国家を形成したとして、古代的勢力とみなされてきた公家や寺社を中世における支配者として位置づけるとともに、権門体制の成立は院政期にあるとして、該期を中世的国家体制の成立期と評価したのである。

これ以降、院政研究[16]や貴族・公家社会の実証的研究[17]、武士論[18]等の進展によって、かつての古い歴史像は完全にくつがえされ、貴族社会の中から中世的なものが如何にして形成されたのか、その内実や歴史的過程の追究が諸方面で進められつつある。

本書との関連から特に注目したいのは、以下のような官司制、政務・儀式運営方法、平安貴族社会構造に関する近年の研究である。

平安前期には、天皇―太政官―省職寮司という律令官僚制が基本的に機能していたが、一〇世紀になると、律令官制を根本から変質させたと考えられる中世的な官司運営システムが成立してきた[19]。すなわち、諸司諸寺別当制、行事所制、長官―年預制などである。

例えば、行事所制[20]は種々の行事を遂行するさい、機能性を重視して太政官内に設けられたプロジェクトチームであり[21]、公卿である上卿と弁官・外記・史等から構成された。軽微な事項は上卿の裁量のみで決裁可能であり、必要に応じて蔵人や殿上弁を通じて、上卿は天皇や摂関と連絡・調整を行いつつ、行事所独自の経済基盤として召物を諸国から徴収する権限を持つようになった。このように行事所は担当行事の事務一切を取り仕切る組織になっていった[22]。

その結果、省職寮司などの諸司の儀式や政務への関与は後退し、太政官外記局・弁官局へ諸司の実務機能が吸収されたのである。

官司再編のもう一つの重要な流れとして「官司請負」がある。佐藤進一氏は、「特定の氏族が特定官職に世襲的に就任し、さらには特定の氏族が特定官庁を世襲的に運営する傾向」[23]が、一一世紀後半から一二世紀中頃にかけて成立すると主張された。

ただし近年では、必ずしも官司請負のみに収斂されない多様な官司運営方法の存在が指摘され、例えば、修理職、内蔵寮、木工寮、大蔵省などの内・外廷経済に関わる最重要官司では「非官司請負」が主流であり[24]、長官―年預の上位に知行者が存在する「知行官司制」[25]というシステムで捉えられるべきとする見解や「家業の論理」に対する批判[26]などが出されている。

総じて官司請負とは、全ての官司が本質的には遷代であるものの、官人たちが特定の官司と自家の権益を一体化させて永代化、相伝を主張し始め、王権の側もそうした官人の活動を利用して請負によって、朝廷運営が円滑になると判断されればそれを認め、場合によっては改替するなど、請負と遷替とは表裏の関係にあるものと理解されつつある。

いずれにしても、律令官制とは大きく異なる官司制や政務・儀式運営方法が一〇世紀以降、徐々に整備されてくるなかで、それらを円滑に機能させることが、朝廷や政権の中枢にある人物にとって、国政運営および朝廷儀礼遂行上の最重要課題であったと推察する。それゆえに、かかる新規の官司制や国政・儀式運営方法における貴族・官人の〈奉仕〉に対応した〈君恩〉の授与方法、すなわち昇進制度が準備される必要があったと考えるのである。そしてさらに、自家の権益や家格上昇を求める貴族官人側の思惑や活動が、昇進の諸制度に与えた影響も無視できないであろう。かかる視点からすると、如上の変化との関連性を意識した昇進制度の分析が必須だと思われる。特に「行事賞」をはじめとするさまざまな勧賞を分析することの有効性と重要性を、筆者は強く認識する。

加えて一〇世紀以降の朝廷・王朝儀礼においては、官行事所のみならず、行事蔵人が行事運営を担当する天皇の私的な儀式や、院・摂関家などが主催・関与する多様な行事運営形態が出現し、とりわけ院政期以降広がりをみせる。このような行事運営のあり方について、国家から権門への公権委任とみる井原今朝男氏の評価[27]と、かかる分析視角を批判して儀礼の政治的・社会的意味を探ろうとする遠藤基郎氏の論考[28]がある。この議論に関して論じる用意はないが、官行事所が設けられる官方行事と権門主催の非官方行事、各々の勧賞の相異点や共通性を検討するとともに、当該貴族社会の編成において、かかる勧賞を実施する意義について考察することとしたい。

さらに平安貴族社会研究において、特に着目しておきたいのは、昇殿制の研究である。昇殿とは、天皇の日常政務・生活の場である内裏清涼殿の殿上の間に祗候することであり、天皇の代替わりごとに特別の宣旨によって許可された。宇多朝に公的な制度として確立したとされる昇殿制は、位階制とは異なる天皇との人格的関係を基礎とする新しい原理を導入して、有位者集団内に殿上人と地下人という身分的差別を設定した点が評価されている[29]。

本書では、この制度の歴史的意義に関する今正秀氏の指摘に注目したい。氏は、昇殿制を「支配階級内部における新たな編成原理の導入であるのみならず、天皇に対する『人格的、身分的従属関係』に基づく奉仕形態を顕在化させ、それを『機構や制度を媒介とする』奉仕と同価値を有するものとするという原理的転換をもたらした」と論究された。さらに、殿上の間における上日を、本司の上日に加算（通計）するという現象については次のように評価している。

すなわち、「殿上の上日と本司の上日とが通計されるということは、両者が同価値のものと見做されなければ行いがたいのであり」、「それぞれの上日の背後にある官司における職務を果たすことと、殿上において天皇の身辺雑事に奉仕することとが同価値を有すると見做されるに至ったと理解できる」とし、「律令制下においてはみられなかった『人格的、身分的従属関係』に基づく奉仕が、『機構や制度を媒介とする』奉仕と同価値を持って捉えられるに至ったという、王朝国家宮廷社会における天皇への奉仕形態の特質を看取することができる」[30]と論じられている。

今氏の分析とその視角は、昇進制度の分析に関しても有効だと考える。つまり、平安中期以降の叙位において、さまざまな昇進事由が出現するが、その事由はいずれも位一階の授位という〈君恩〉に対して等価値が認められた〈奉仕〉内容であると認識されよう。したがって、叙位事由に注目することによって貴族・官人の〈奉仕〉形態の多様性や特質を読み取ることが可能であり、それらを総体的に捉え、当該期貴族社会の秩序編成のあり方を考察したい。

また、上日の通計に関しては、殿上のみならず、院における上日通計も確認されるため[31]、「官司における職務を果たすことと、殿上において天皇の身辺雑事に奉仕すること」に加えて、院において上皇に奉仕することをも、「同価値を有すると見做されるに至った」と換言することができよう。この点に関しては、前節第三に掲げた奉仕形態の多様化の問題と関連するので次節でとりあげることとしたい。

以上の通り、官司制の展開、政務・儀式運営方法の変遷、「人格的、身分的従属関係」に基づく奉仕と「機構や制度を媒介とする」奉仕との同価値化という動きを重視して、昇進制度の変化を分析していきたいと思う。

第三節　研究史と研究視角③——中世王権・主従制研究——

位階とは天皇と君臣との距離を示すものであり、天皇への〈奉仕〉に対する〈君恩〉であった。それゆえに、第一節で記した通り、君臣関係や天皇・王権の性格の変化は位階や叙位制度と密接に関わる問題だと理解される。

律令国家の天皇に関して、吉川真司氏は次のように論ぜられている。律令国家の天皇は二つの秩序（官人秩序と官司秩序）の中心にあり、官人秩序においては全官人個人に君主として立ち現れて〈君恩〉を施し、臣下としての〈奉仕〉を要求する。一方、官司秩序においては階統制の頂点に位置し、国家意志の最終決定権を掌握していた。このように律令国家の天皇は、全律令官人が忠誠を表すべき唯一の君主であり、かつ律令国家を統治する最高権力者であるという「二つの顔」を持っていた。九世紀以降、官人制が再編され、〈君恩〉のおよぶ範囲は遙かに狭くなったが、天皇が諸身分・「公」の頂点であり続けた点など、天皇の位置は根本的には変化しなかった。しかし、天皇家という最大の家の長としての「恩寵」が制度上に明確になった点は事実で、平安時代の天皇は一方で「公」の頂点、他方で最大の家長という二面性を持っていたのだ、と。[32]

この「二面性」を考える上で想起されるのは、佐藤進一氏の幕府権力の二元性論[33]であり、さらにこれを中世公家王権の説明に適用した近藤成一氏等の研究[34]である。

周知の通り、佐藤氏は、幕府権力は「武士に対する支配権」すなわち「人格的・私的な支配権」（主従制的支配権）と、「裁判権を中心とする統治権的支配権」すなわち「領域的・公的な支配権」との二元的に構成されると規定された。

近藤氏は、佐藤氏の「武家政権の二元的支配権」を念頭に、中世公家政権においても王権は院権力と天皇によって二元的に担われていると提起し、前者（院権力）は安堵の権能によって主従関係を形成し、所領をめぐる相論を裁定する「主従制的支配権」を掌握し、後者（天皇）は堺相論の裁定という国土領有を秩序づける行為と官位の授与という支配階級を国家秩序に編成する行為とに代表される天皇・太政官の権能、つまり「統治権的権能」を掌握したと捉えられている。

本書との関連で特に注目したいのは、官位の付与は天皇文書が最終的な効力を持つという分析結果から、天皇・太政官が担う「統治権的権能」として位置づけられているが、その一方で、官位付与は主従制的支配権と密接不可分な行為であるとする評価がある点である。

貴族の主従制において、官位が主従関係の媒介として主要な位置を占めていた事実は、大饗亮氏[35]によって夙に指摘されているところであり、さらに主従制論を深められた上横手雅敬氏は、「主従制における御恩として重要なものには、所領の他に官位がある。官位は朝廷（天皇・治天の君）が廷臣に与えるものであり、その関係は主従関係でなく、君臣関係というべきかもしれないが、実質的には両者に類似点が多い。確かに本来主従関係は個人的結合であるが、国家公権を媒介とした非人格的な結合も少なくはなかった。また、個人的結合から出発しても、世代を重ね、権力が確立して行くにつれて、君主に対する奉公は権力や体制に対する忠誠に転化していく。それにそれぞれの政権の内部には固有の職制があり、恩賞がそれらの職制への任用という形で行われることは珍しくない。このように考えると、君臣関係と主従関係とを峻別することは、必ずしも適当ではない[36]」と論ぜられている。

したがって、官位授与は主従関係の根幹をなすといっても過言ではないであろう。位階は本来、天皇と君臣との距離を示すものであり、天皇への〈奉仕〉に対する〈君恩〉として付与されるものであるが、「忠誠を表すべき」君主が複数化する院政が常態化する社会において、そして、「種々の主従制的関係」が広範にみえるようになる平安貴族社会において、天皇と官人との一対一の君臣関係以外にさまざまな主従関係が入り込むと、位階はそれらの主人と従者間の〈恩〉としても機能するようになる。しかし、官位付与という行為への関与の度合いは、官位の推挙から、官位付与を保証する文書発給権を有するレベルにいたるまで偏差があり、天皇・院（治天の君）・女院・摂関・一般貴族・将軍……など各々が、叙位・除目において制度上、そして実態としてどこまで関与しえたのかを解明する作業は、主従関係の重層性や平安・中世社会における位階の「組織化の機能」を検討する上で、有用な情報が得られるものと認識する。

以上を総括すると、少なくとも平安時代・中世以降の官位付与という行為に限定するならば、「統治権的支配権」もしくは「主従制的支配権」いずれの権限に基づく行為であるのかは、論者によって位置づけが異なっていると理解される。そして、そもそも二元的に捉えることの有効性に検討の余地があるように思われる。

また、黒田俊雄氏は、中世の天皇制は三つの側面があり、第一は、「王家」という言葉で表現された一つの家柄、私的な権門としての側面、第二は、国家権力の制度上の統括者＝代表者、すなわち「国王」としての側面、第三は国家における超越的な権威であり、諸々の権威の源泉でもある観念的な権威を持つ「帝王」としての側面と指摘された。そのなかで、「国王」は、一つには、君臣関係・主従制・知行制など「封建的位階秩序」の頂点に位置し、支配権力の代表者としての尊厳性を具備した存在であり、もう一つには、国家の公的機構を運営し統治行為を執行する国政の頂点に立ち、最高権限の発動の主体たる地位を占める立場であったという。(37)この「国王」としての二つの側面が、近藤氏のいうところの院と天皇の「主従制的支配権」と「統治権的権能」とに対応するであろう。

ここで注目されるのが「封建的位階秩序」である。黒田氏が主眼に置かれているのは、「職の体系」についてであるが、前述のように中世社会において、律令官位は主従関係締結の媒介として機能していたという事実に鑑みれば、律令官位も「封建的位階秩序」の重要な要素として位置づけられよう。

そうであるならば、「日本中世の天皇制は、王権としては、古代天皇制からの系譜上の連綿という歴史的条件をもっており、そのために右の位階秩序のあり方にも、国政の内容にも、古代のそれと紛らわしい特色」(38)があるが、「天皇を中世国家史の展開のなかに確実に位置づける試みが必要」(39)であるという黒田氏の指摘は、官位を考察する上でも示唆に富むと解される。すなわち、「位階秩序」も古代のそれと紛らわしい特色があっても、中世社会における独自の役割や性質を、一つ一つ解明することの重要性を痛感するのである。

律令制下においては、天皇に対する「仕奉」、官司における奉公、すなわち上日で示される「奉仕」に対する君恩として叙位されるという建前があり、基本的には天皇と臣下という一対一のシンプルな関係において、叙位は成立していた。しかし、平安後期から中世社会において、天皇と被叙任者との関係に還元しえない多様な「奉公」に対する「御恩」として官位が授与されるようになる。かかる状況を百瀬今朝雄氏は、中世社会では「御恩と奉公の私的主従関係が公的官位制度の中に入り込んでしまった」[40]と端的に評価されている。

そこに古代と中世貴族社会における官位の機能の変化や叙任における天皇・上皇（治天の君）の関与の相違などの転換がみられると想定されよう。その実態と変遷過程を本書では明らかにしたい。

如上、律令制下から平安・中世社会における官位の機能やそれを媒介とする人的関係の変化を明らかにする作業は、巨視的に捉えれば、日本における社会的組織内の秩序形成や社会の編成原理の特質の一端を描き出すことにつながるといえるであろう。本書はかかる点を意識して考察を行うものである。

なお、官と位は相互に密接不可分に関連しており、両方の検討が必要であることを強く認識しているが、筆者の力不足のため、本書では主として位階・叙位に関する検討――特に昇進原理――に限定している点をご海容頂きたい。官職・除目研究については今後を期したい[41]。

第四節　研究史と研究視角④――平安時代の位階・叙位・除目、武家官位研究――

律令官位制度については考課成選制を中心に、重厚な研究蓄積がみられる[42]。一方、律令体制が弛緩する平安時代以降に関しては、律令諸制度の変質・形骸化が進んだ結果、成功や年給などの売位売官が横行したと考えられてきた[43]。このように、平安時代以降の官位・昇進制度研究が停滞した背景には、大きく二つの要因があったと考えられる。一つは、平安時代や中世の貴族・公家社会に対する否定的なイメージ（例えば、院政期＝「前後にその比をみない頽廃の時代」などの評価）であり、もう一つは平安以降の叙位・除目制度の複雑、多彩な展開である。
かかる認識は広く浸透しているとみられ、院政期には「売位・売官の風がさかんになり、政治の乱れは激しくなった」との記述が、最新の高等学校歴史教科書にもみえる。[44]そして、院政期＝頽廃的との認識を生む最大の要因の一つが、当該期の「売位売官」という行為にあるという。かくして平安時代の官位制度、叙位・除目が積極的な研究対象とはならなかったのも宜なることとうなずける。
このように、平安時代の官位制度は律令官位制の変質、崩壊過程に位置づけられ、積極的な研究対象とはみなされておらず、律令封禄制の崩壊過程に出現した制度として年給制が研究[45]されたり、売位売官の一形態として成功[46]が検討されるにとどまっていた。
しかし、平安時代は中世的な諸制度・機構の萌芽、成立期であるとして積極的な評価が与えられ、平安中・後期の官制・朝廷の政治機構や平安貴族社会に関する実証的な研究が進展するのにともない、叙位・除目に関する研究も飛躍的な進展をみた。また、律令官人制研究が深化するなかで、君臣関係における「仕奉」と「君恩」への注目が高まり、平安初期の叙位制度の展開に関する考察が進められるようになった。[47]
平安時代における位階制変質に関する重要な指摘として黒板伸夫氏の研究があげられよう。氏は、平安時代になると下級位階において縮小・集約化がみられるようになり、摂関期には職事官が正六位上に集中、六位以下の官位相当制は無意味になっている事実を明らかにされた。[48]これを踏まえて、吉川真司氏は律令官人制の再編について、位階制と禄制の再編を軸に論究されるなかで、六位以下の位階の形骸化と禄の崩壊という事実は、六位以下が〈君恩〉から疎外されたことを意味し、その結果、彼らが諸司や諸家に帰属することとなり、種々の主従制的関係が成立し、さらには権門体制成立にいたったと言及されている。[49]
さて、平安貴族の官位昇進についてはじめて積極的に検討を加えられた福井俊彦氏は、論攷「労および労帳についての覚書」のなかで、「律令時代の官人にとって、位階と官職の昇進とは極めて重要なことであったが、このことは平安貴族にとっても同じ」であり、「その（摂関政治）構造の特質を明らかにするためには、さらに多くの制度史的研究の積み重ねが必要のように思われる」と述べて、当該期貴族・官人の昇進制度を解明する意義を論ぜられた。

そして、「平安貴族が官人として官位・官職の昇進をする場合の条件は極めて複雑で」、「貴族官人制を体系的に把握することはなかなか容易ではない。その理由はいわゆる年給、成功、栄爵などによってのみ平安貴族の官位、官職が決まったのではなく、変質した律令官人制の上にさらに成功などの多くの条件が付加されていたからである。そこで平安官人制の体系的研究の一環として（中略）労について考えてみたい[50]」として、「労（在職年数）」による位階昇進を分析された。福井氏の研究を先鞭として、年労制研究がその後、進展することとなる。

玉井力氏と高田淳氏は、各官司の年労の実態や労の算定方法など、年労制の細部にわたり検討を加えられた。なかでも、玉井氏は年労が官職間の格差を明確にし、律令官位相当制を大きく改変した事実、さらに、笹山晴生氏が明らかにした貴族の昇進コースに関する検討と関連づけて、年労制による昇進が摂関期貴族社会の身分秩序さらには中世の家格形成におよぼした影響を論ぜられている。同研究は個別制度研究にとどまらぬ、平安貴族社会構造の解明を目指した貴重な研究であり、本書も氏の研究成果に負うところが多い[51]。

そして、高田氏は年労制とそれに関わる巡爵[52]や、年労制成立以前の叙位方法にも検討を加えて、位階の年労の存在を指摘され、考課成選制後の叙位の実態が少しずつ明らかになっている[53]。

総じて年労制は、「律令制における考課選叙方式の正統なる後裔」であり、平安時代における叙位の中核的な制度として位置づけられたのである。一方、「年労以外の条件」による叙位は、「官司の労に他の条件を加えることによって、優先的に叙位されたり、期間を短縮したりする場合が多く」、年労よりも昇進の「速度は一層速くなるが、その場合でも年労加階が昇進の基礎」であったとして、年労制が昇進制度の根幹にあり、それ以外の条件は昇進スピードを速めるものと評価されている。

このような評価に対して本書では、年労制が貴族官人の昇級において「中核的な制度」とみなし得るのは、何時頃までであるのか、身分階層差を視野に入れつつ具体的な検討を進めることとしたい。(54)また、非年労制的事由の出現とその多用は、昇進スピードを高めるという効果の側面よりも、先述した平安時代の官司制や政治機構の変化、さらには昇殿制、「院」の成立などにともなう貴族官人の奉仕形態の変化に対応した勤務評価や君恩のあり方の変容として捉える視点が重要ではないかと考え、かかる側面を考察することとする。

さて、福井氏が指摘された如く、平安時代の昇進方法は複雑、多彩であり、「年労」を評価基準とする昇進制度の他に、天皇との関係を重視した「恩寵的」な昇進方法として、氏爵・年給などがあげられる。

氏爵とは恒例叙位において、王・源・藤原・橘の有力な四氏出身の六位官人のなかから各氏一人ずつが氏長者によって推挙され、叙爵する叙位制度であり、九世紀半ば、承和年間頃に成立した。(55)また、即位式・大嘗会といった天皇の「代替り」や朔旦冬至という「暦の代替り」に行われる各叙位においては、この四氏に加えて伴・佐伯・和気・百済王氏も叙爵の対象となるが、田島公氏の研究によると彼らへの叙位理由は、天武系から天智系へ皇統が変化した光仁・桓武朝における「代替り」儀式への奉仕や、「功臣」と称される先祖の天皇への功績に淵源をもち、それに対する反対給付であったという。(56)さらに、即位叙位における坊官（春宮坊の官人）等への特別な叙位のあり方も、畑中彩子氏によって検討されている。(57)

また、年給制度は食封制が崩壊したのち、それに代わる封禄として、叙任料を皇族・貴族の収入源とする律令封禄制の一種であり、これが形骸化して売位売官が平安後期に浸透していったと長らく理解されてきた。

これに対して、永井晋氏は美福門院と八条院の年給を詳細に分析した結果、給主と被給者には人格的な関係が存在している事実を明らかにし、給主の収入を目的とする制度であるとする通説的理解に疑問を呈された。[58]

さらに、尾上陽介氏はこの指摘を踏まえて、摂関期から鎌倉期にいたる年爵、[59]および年官[60]の事例分析を通して、給主と被給者には何らかの人格的な関係が存在し、叙料の支払いを目的とする制度ではないとして、通説を明確に批判するとともに、律令制下の家令や帳内・資人に対する本主の考課権と関連させて、「事実上分散していた考課権が制度として東宮・院・三后に与えられ」、彼らが「中・下級官人層を引き付ける引力として機能させたのであり、年爵制度はいわゆる権門体制を生み出す要因の一つになったと再評価されるべき」[61]と論ぜられている。

これらの研究は、年給（年爵・年官）制度を封禄制という認識ではなく、昇進制度や「給主／被給者」間の人格的関係に関する制度として位置づける必要性を明示したのに加え、〝院政期の叙任＝売位売官＝頽廃的〟という図式そのものに修正を迫る重要な指摘であると諒解する。

近年、院政期の人事・叙任問題は、院の権力論との関係から分析が進みつつある。専制君主としての院によって、恣意的な人事が実施されるのはある意味で当然なことであるが、それが何故に可能であったのか、その具体的な方法を解明した玉井氏の研究は注目されよう。すなわち、「任人折紙」による院の人事介入方法を具体化するとともに、叙位除目関連文書や儀式書の分析の重要性も明確にされ、[62]そうした方面の研究も進展してきている。[63]

以上のように、平安中期以降の複雑多様な昇進制度に関して、個別制度の解明が近年、急速に進められている。しかし、賞を考察することの重要性が福井氏によって夙に提起されているにもかかわらず、その検討は殆ど進められていないように、依然として未検討のものも多く、それらを一つずつ調査・検討していく必要があろう。それと同時に重要なのは、個別制度の研究成果を踏まえ、これらを体系的に位置づけることによって、平安中期以降の叙位制度を総体的に把握して、全体像を素描することだと考える。その上で、かかる叙位が中世公家社会の成立に如何なる影響を与えたのか、その歴史的な意義や中世における位階の組織化の機能、さらには叙位と主従関係との関わりを追究する必要があるであろう。本書では勧賞等の個別制度の解明と、位階昇進制度の総体的な把握を目指したい。

さて最後に、近年急速な進展がみられる中世・近世武家官位研究の動向[64]と中世村落における官途成の研究[65]について少し触れておきたい。

まず前者において、歴代の武家政権が「従来の律令的官位制を換骨奪胎した、政権内部における」独自の「身分秩序統制システム[66]」として武家官位制を構築、利用した実態が明らかにされている。さらに、事実上統治権を保有している戦国大名が官位を要請したように、官位が求められ続けた所以がどこにあり、ひいては、官位制の頂点に位置する天皇の権威を希求させる状況が常に現出するのは何故か、といった中世天皇制に関わる問題としても議論され、叙任権や官位付与をめぐる問題の奥深さを提示しており、大変興味深い。

しかし、かかる指摘に対しては、「従来の律令的官位制を換骨奪胎」して、独自の「身分秩序統制システム」として構築したのは、武家政権が初めて実行したことが自明なのかという素朴な疑問が生じる。さらに、「主従関係構築の媒介物としての官途の存在は、その後の戦国大名や織豊政権において、よりクローズアップされた[67]」と論じられるように、「主従関係構築の媒介物としての官途の存在」は武家官位における独自性の如く論じられているが、これとても果たしてそう断じきれるのか、公家社会における官位の特質や機能の諸段階との比較が必要ではないかと筆者は考えている。

すなわち、武家官位研究で比較される公家の叙位制度は、律令制下のそれであって、武家政権が誕生した平安末期や中世公家社会における官位の特質や叙位のあり方との比較検討こそが必要だと認識する。本書の課題の一つはまさにその実態を解明する点にあるといえよう。

池享氏は武家官位を論じるに当たって、戦国大名や織豊政権以降の官位制が利用されその授受機能を天皇が果たしていた事実を検討するさい、「官位授与のような形式的事柄であっても、それがどのような政治的条件において利用されるかにより、意義・有効性や行使形態は異なってくる」ため、「具体的政治の中での具体的役割を解明する必要がある」[68]と提起されている。かかる指摘に鑑みても、律令制下から中世にいたる諸段階の官位授受・昇進制度が、その時々の政治過程と如何なる関連を有しているのか、その意義や有効性を確認していく必要があると考える所以である。

ついで後者に関しては、在地への官途浸透の契機が、一〇世紀の「百姓官人化闘争」を淵源とするという薗部寿樹氏の見解[69]に対して、上島享氏は一一世紀から一二世紀における国家財政の一翼を担った成功制の展開こそが始原となった事実を明らかにされている。さらに注目したいのは、「人々が意識するか否かに関わらず、官位秩序の頂点には天皇が存在し、官位秩序の浸透は王権の社会的基盤を固めることになった」が、「社会へと浸透したのは古代の官位制度そのものではなかった。中世国家が成立する過程で、実質的機能を失った官職が逆に身分標識としての役割を果たしており、それらを含めて中世の官位秩序の体系が出来ていると考えるなら、中世国家は古代以上にはるかに広範な社会基盤を獲得したことになる」[70]という指摘である。

同様の視角は、「礼の秩序」を素材として中世公武社会に形成・維持・再生産された秩序を解明し、天皇・上皇・室町殿という該期社会の最上層部の構造を考察した桃崎有一郎氏の次の指摘からもうかがえる。

すなわち、「室町期には公家社会身分秩序との直接的な接点となる将軍だけでなく、武家社会内部においても独自に官途の授与・認可による身分秩序形成という手法が末端まで貫通し、寺社や村落においてもその内部的な身分秩序形成の場面でそれが模倣されデフォルメされる形で浸透していた。それらの事実を考慮すれば、出自と功績で決定される家格に多く規定される位階官職の授与によって構築・維持・再生産される体系は、中世社会全体を貫く問題として捉えられなければならない」[71]という。

本書で扱う主として五位以上の官位は、支配者集団内における身分標識として後世まで現実に意味を有し続けているが、これらに関しても、「古代の官位」の特質とは異なったものに転換し、さまざまな支配者層や支配者集団内部の身分標識、さらには秩序形成手段としての機能を獲得したと筆者は推測している。

中世の官位秩序は「古代以上にはるかに広範な社会」編成に資する機能を有し、中世社会は、微視的にみると日本列島各地のさまざまな社会集団内において、位階官職の授与によって秩序が構築・維持・再生産される実状があり、巨視的にみるとそれらが全体として、ゆるやかに治天の君に繋がる位階官職授与を媒介とする大きな秩序が構築・維持・再生産される社会であったと推察されるが、このような官位の機能が形成された過程を本書では論じていきたい。そして、かかる秩序は決して上から強制したものではなく、上下双方の欲求と作用によって拡大・浸透していった実状を描き出したいと思う。

第五節　本書の課題と構成

如上の研究の現状に鑑み、本書では第一~四節にとりあげた関連研究の成果や研究視角、分析方法、そして課題を踏まえ、平安初期から鎌倉期までの叙位制度を包括的に捉えて全体像を素描するとともに、その特質の究明を試みる。さらに叙位や官位秩序の分析を通じて、律令官人制から中世公家社会への展開過程や貴族社会の編成原理の一端を解明することを目指したい。

以上の点を踏まえて、本書の行論の概要を以下に提示することとする。

「I　叙位制度と貴族社会」では、五つの章と二つの補論を配置して律令制下の叙位制度から中世公家社会における叙位制度の変遷過程を明らかにしつつ、個別制度研究の成果を踏まえて全体像を提示する。

第一章では、考課成選制の後継として平安時代の叙位制度の中核に位置づけられている年労制について、変質が指摘される一一世紀以降の年労に検討を加え、公達の公卿昇進コース上の近衛・弁官の労、諸大夫層の外記・史の労、侍層の諸司・諸衛の労、各々の運用実態を解明しつつ、変容の要因に検討を加えるとともに、当該期の叙位における年労制の位置づけを考える。

平安時代の叙位制度の根幹となる年労制に対して、その他の昇進事由は労を補い昇進速度を速めたり、叙任の優先順位を上げる働きがあったというのが先学の大方の一致した評価である。その事実に大概異論はないが、昇進を梃子として社会編成を行い得るという視座からすると、昇進事由が有する意義は、昇進速度のみに還元されないと認識する。それは例えば、位一階が付与されるさい、授位事由によって被叙任者の喜悦の度合いが異なるという史料上から窺知される当該期の人々の心理に鑑みれば明らかである。(72) こうした関心に基づいて、さまざまな叙位事由の特質を以下の章では考察する。

第二章では、年爵制度の成立期から摂関・院政期における展開について概観するとともに、給主の身位・出自別による被給者決定についての関与の相違などを検討する。また、叙位文書等の分析を通して、当該叙位全体における年爵の位置づけを解明する。本章の検討は、尾上陽介氏の研究成果を踏まえたものであるが、尾上氏が批判された時野谷滋氏の年給制研究に関して、氏が年給＝俸禄制の論拠とされた叙料支払い事例について、再検討を加える過程で、叙料支払いは、故人の未給もしくは困窮の給主の御給に限定してみられるという事実に思いいたり、改めて年給制度の本質を補足的に論じたのが、補論一である。

第三・四章では、平安時代・中世公家社会における貴族の昇進において最も重要な事由の一つであったと筆者が推察している勧賞について考察した。勧賞は、福井俊彦氏が年労とともに考察を進めるべき重要性を指摘されたにもかかわらず、その内容の豊かさと多様性から、一見すると乱雑で混沌とした印象を与え平安時代・中世叙位制度の形骸化を明証する論拠とされたり、当該制度の無秩序さを印象づけている感が強く、殆ど研究がなされていない。現状では、官行事所に関わる勧賞、権門主催の行事に関わる勧賞、その他の勧賞が成功と明確に区分されず混同して言及される場合もみられるため、基礎的な検討から進めていく必要性を痛感している。

本書は、勧賞が行事所制や官司請負制など、中世の官司制と関連の深い昇進事由であると同時に、「院家沙汰」など権門が主体となる行事運営にも密接に関わるという点に鑑み、かかる視点から勧賞を大別して考察することによって、貴族社会の秩序形成のあり方や社会編成の論理の変化についても論究を試みる。第三章では、神社行幸を素材として、官方行事に関わる行事賞について考察し、第四章では、朝覲行幸を対象として、主に「院家沙汰」行事における勧賞を分析してその特質を論じる。その際、神社・朝覲行幸の摂関・院政期それぞれにおける行事の性格や政治史的な意義に留意して検討を進めることとする。

補論二では、勧賞や年爵とともに、院政期以降の叙位で多見する「臨時」なる尻付（叙位事由）に検討を加え、中世的な叙位方式の形成過程について考察するとともに、中世叙位制度の特質について解明を試みる。とりわけ一三世紀半ば以降、叙位除目の編目を掲げてたびたび出される公家新制や両統の分裂、公家の分家の進行という政治・社会状況と昇進制度との関係を分析する。ただし、鎌倉期以降の叙位の実態調査や公武関係を含む政治情勢を踏まえた分析など、今後の検討課題も多く残されているため、試論的な位置づけとなる。

第五章では、第一～四章と補論で論じた個別制度の実態、および先行研究の成果を踏まえて、律令制下の官人昇進制度から叙位制度の展開を明らかにするとともに、中世にいたる叙位制度の総体的な把握を行う。なかでも、〈君恩―奉仕〉関係の変化に注目し、平安時代の官司運営方法や天皇・院と貴族との人格的関係のあり方と昇進制度との関連に留意して、叙位制度の変遷を明らかにする。本書における、現段階での叙位研究の到達点の提示を試みて、この位置に配置した。

「II　平安貴族社会の秩序と行動」では、Iでとりあげた叙位や昇進制度の変化と関連する貴族社会におけるさまざまな問題に関する論考をまとめて配した。各章の有機的な関連を明確にしていくためには、さらなる検討を進める必要があるため、本書では今後の研究課題と問題提起という側面が強いことを付記しておく。

第六章では、日本最古の語源辞書『名語記』の著者経尊の出自を、『名語記』の内容、醍醐寺関係文書、系譜類から検討を加え、花山院家と確定するとともに、平安末期以降の同家の政治的位置や幕府との関係にも検討を加え、経尊の辞書執筆の背景について論じた。本書での位置づけを考慮すると、本章の検討は当該期の昇進、さらには公家社会における「家」秩序から排除され、逸脱した者の存在意義の一側面を照射したという点において、これ以前の章での検討を相対化する目的がある。中世貴族社会に生を享けながら、官位秩序や「家」から排除された人々は夥しい数に上ったと推察されるが、彼らは如何なる目的を持って、どのような人生を送ったのか、その実態は彼らの多くが何の足跡も残さずに歴史の闇のなかに消えているため不明な点が多い。経尊は特異な存在であるとは想像されるものの、その片鱗をうかがい知る貴重な素材になるものと考える。

第七章では、中世国家財政の一翼を担う経費調達制度の一つに位置づけられている「受領の成功」について検討を加える。特に受領成功の人事・昇進制度としての側面に焦点をあてて、摂関期と院政期との相違や、王家関連施設の造営と摂関家関連施設の造営との相違を明確にしつつ、院政期において大規模造営が次々に遂行された背景を論じる。

第八章では移徙の歴史的意義を考える。平安中期以降、天皇および上皇の頻繁な移動が史料上確認されるが、なかでも「移徙」と呼ばれる家移りがかくも頻繁に行われたのは何故か。その背景を探るべく各々の移徙事例を博捜して、移徙の実施要因を解明する。移徙が実行されるためには、旧居を出る理由と新居の造営が前提となっているため、現住居を離反する契機として最も多い、内裏（大内裏）や院御所焼亡に着目して皇居や院御所造営と受領成功との関係に検討を加える。

終章では、各章の総括と、本書での考察で得られた知見をもとに、古代から中世への転換のあり様と特質、そして今後の課題について述べることとしたい。

（1）石母田正「古代官僚制」（『石母田正著作集第三巻　日本古代国家』、岩波書店、一九八九年、初出は一九七三年）三六〇頁。カール・マルクスの「ヘーゲル国法学批判」を引用して、石母田氏が日本の古代官僚制について論じた部分である。
（2）『令集解』巻一「官位令第一」。
（3）石母田氏注（1）所引書三四三頁。
（4）『令集解』巻一「官位令第一」。
（5）竹内理三「律令官位制に於ける階級性」（『竹内理三著作集第四巻　律令制と貴族』、角川書店、二〇〇〇年、初出は一九五七年）。
（6）野村忠夫①『増訂版　律令官人制の研究』（吉川弘文館、一九七八年、原版は一九六七年）、同②『古代官僚の世界――その構造と勤務評定・昇進――』（塙書房、一九六九年）。
（7）時野谷滋『律令封禄制度史の研究』（吉川弘文館、一九七七年）。
（8）早川庄八『日本古代官僚制の研究』（岩波書店、一九八六年）。
（9）石母田氏注（1）所引書三四二頁。
（10）吉川真司「律令官僚制の基本構造」（『律令官僚制の研究』、塙書房、一九九八年、初出は一九八九年）。
（11）虎尾達哉「律令官人社会における二つの秩序」（『律令官人社会の研究』、塙書房、二〇〇六年、初出は一九八四年）。
（12）今正秀「王朝国家宮廷社会の編成原理――昇殿制の歴史的意義の再検討から――」（『歴史学研究』六六五、一九九四年）。
（13）石母田正「古代末期の政治過程および政治形態」（『石母田正著作集第七巻　古代末期政治史論』、岩波書店、一九八九年、初出は一九五〇年）一五〇頁。
（14）原勝郎『日本中世史』（富山房、一九〇六年）は、「紀綱をして弛廃不振に陥らしめたるはかの院政なり」（一〇六頁）と記す。
（15）黒田俊雄「中世の国家と天皇」（『黒田俊雄著作集第一巻　権門体制論』、法蔵館、一九九四年、初出は一九六三年）。
（16）石井進「院政時代」（『石井進著作集　第三巻　院政と平氏政権』、岩波書店、二〇〇四年、初出は一九七〇年）、五味文彦『院政期社会の研究』（山川出版社、一九八四年）、井原今朝男『日本中世の国政と家政』（校倉書房、一九九五年）、元木泰雄『院政期政治史研究』（思文閣出版、一九九六年）、美川圭『院政の研究』（臨川書店、一九九六年）など。
（17）橋本義彦『平安貴族社会の研究』（吉川弘文館、一九七六年）、同『平安貴族』（平凡社、一九八六年）、土田直鎮『奈良平安時代史研究』（吉川弘文館、一九九二年）など。
（18）戸田芳実『日本領主制成立史の研究』（岩波書店、一九六七年）、高橋昌明『清盛以前』（平凡社、一九八四年）、同『武士の成立・武士像の創出』（東京大学出版会、一九九九年）、元木泰雄『武士の成立』（吉川弘文館、一九九四年）、同『河内源氏』（中央公論新社、二〇一一年）、野口実『中世東国武士団の研究』（高科書店、一九九四年）、同『武家の棟梁の条件』（中央公論社、一九九四年）など。
（19）吉川氏注(10)所引書、古瀬奈津子『日本古代王権と儀式』（吉川弘文館、一九九八年）、玉井力『平安時代の貴族と天皇』（岩波書店、二〇〇〇年）などを参照。
（20）大嘗会や即位式では、九世紀半ば頃から行事所が設置されたが（木本好信「平安時代大嘗会行事所」、『神道史研究』三三―二、一九八五年）、天徳の内裏焼亡再建時に、上卿・宰相・弁・史という行事官が出揃った。
（21）棚橋光男『中世成立期の法と国家』（塙書房、一九八三年）。
（22）大津透『律令国家支配構造の研究』（岩波書店、一九九三年）。吉川氏注(10)所引書。
（23）佐藤進一『日本の中世国家』（岩波書店、一九八三年）二五頁。
（24）桜井英治「三つの修理職」（『遙かなる中世』八、一九八七年）。今正秀「平安中・後期から鎌倉期における官司

運営の特質」（『史学雑誌』九九―一、一九九〇年）。

(25) 遠藤珠紀「鎌倉期朝廷社会における官司運営の変質――修理職・内蔵寮の検討を通して――」、同「鎌倉時代の朝廷制度史研究」（『中世朝廷の官司制度』、吉川弘文館、二〇一一年、初出は二〇〇五・〇九年）。

(26) 曽我良成「官務家成立の歴史的背景」（『史学雑誌』九二―三、一九八三年）、同「官務家小槻隆職について」（『名古屋学院大学論集人文・自然科学篇』二六―一、一九八九年）。村井章介「佐藤進一著『日本の中世国家』」（『中世の国家と在地社会』、校倉書房、二〇〇五年。初出は一九八四年）。中原俊章『中世公家と地下官人』（吉川弘文館、一九八七年）、同『中世王権と支配構造』（吉川弘文館、二〇〇五年）。井上幸治「中世前期における家業と官職の関係について――『家業の論理』の再検討――」（『京都市歴史資料館紀要』二二、二〇〇九年）。

(27) 井原氏注(16)所引書。

(28) 遠藤基郎『中世王権と王朝儀礼』（東京大学出版会、二〇〇八年）。

(29) 古瀬氏注(19)所引書。

(30) 今氏注(12)所引論文六一頁。

(31) 承和九年九月一七日宣旨・延長五年一二月二九日宣旨（『類聚符宣抄』第一〇所収）。

(32) 吉川真司「律令官人制の再編過程」（注10所引書、初出は一九八九年）。

(33) 佐藤進一「室町幕府論」（『日本中世氏論集』、岩波書店、一九九〇年、初出は一九六三年）。

(34) 近藤成一「中世王権の構造」（『歴史学研究』五七三、一九八七年）、同「鎌倉幕府の成立と天皇」（永原慶二編『講座前近代の天皇第一巻　天皇権力の構造と展開その一』、青木書店、一九九二年）。その他に、五味文彦「院支配の基盤と中世国家」（注16所引書、初出は一九七五年）、棚橋光男「院権力論」（『中世成立期の法と国家』、塙書房、一九八三年）などを参照。

(35) 大饗亮『封建的主従制成立史研究』（風間書房、一九六七年）。

(36) 上横手雅敬「封建制と主従制」（『岩波講座日本通史第九巻　中世三』、岩波書店、一九九四年）八〇頁。

(37) 黒田俊雄「中世天皇制の基本的性格」（注15所引書、初出は一九七七年）。

(38) 黒田氏注(15)所引書三二〇頁。

(39) 黒田氏注(15)所引書三一四頁。
(40) 百瀬今朝雄「超越について」(『弘安書札礼の研究――中世公家社会における家格の桎梏――』、東京大学出版会、二〇〇〇年、初出は一九九六年)一九六頁。
(41) 叙位文書の変遷、叙位儀の作法についての諸家の説に関する検討、また女叙位についても本書では全くとりあげることができなかった。これらも今後の課題としたい。
(42) 野村氏注(6)①②所引書。その他、八世紀の叙位については、吉川氏注(10)所引書、早川庄八「成選叙位をめぐって」(笹山晴生先生還暦記念会編『日本律令制論集　下巻』、吉川弘文館、一九九三年)、西本昌弘「『孝謙天皇詔勅草』と八世紀の叙位儀礼」(『日本古代儀礼成立史の研究』、塙書房、一九九七年)、畑中彩子「律令国家における官人序列――『続日本紀』叙位記事の検討――」(『学習院大学人文科学論集』八、一九九九年)などにおいて研究が進められている。
(43) 時野谷氏注(7)所引書。
(44) 『詳説日本史　改訂版』(山川出版社、二〇〇九年三月五日発行)八一頁。
(45) 時野谷氏注(7)所引書。
(46) 竹内理三「成功・栄爵考」(『竹内理三著作集第五巻　貴族政治の展開』、角川書店、一九九九年、初出は一九三五年)。成功に関しては、当該期国家財政史上の位置づけに関する検討が進められている。主な研究として、上島享①「造営経費の調達」、同②「地下官人の成功」(『日本中世社会の形成と王権』、名古屋大学出版会、二〇一〇年、初出はいずれも一九九二年)、尾上陽介「内給所について」(虎尾俊哉編『日本古代の法と国家』、吉川弘文館、一九九五年)、本郷恵子『中世公家政権の研究』(東京大学出版会、一九九八年)などがある。
(47) 吉川氏注(10)所引書。大隅清陽「律令官人制と君臣関係」(『律令官制と礼秩序の研究』、吉川弘文館、二〇一一年、初出は一九九六年)など。大隅氏は「日本の律令官人制における君臣関係は、中国の君臣関係とは大きく異なるのであり、平安時代の人事制度も、律令制の衰退した姿ではなく、その成立要因は、日本独自の官人制の構造に、すでに内在していた可能性」を指摘され、「仕奉」の多様性と平安時代の叙位制度の展開との関係について論じられている。かかる視点を本書の研究においても重視したいと思う。

(48)　黒板伸夫「位階制変質の一側面――平安中期以降における下級位階」(『日本歴史』四三一、一九八四年)。
(49)　吉川氏注(10)所引書。
(50)　福井俊彦「労および労帳についての覚え書」(『日本歴史』二八三、一九七一年)一～二頁。
(51)　玉井力『平安時代の貴族と天皇』(岩波書店、二〇〇〇年)。
(52)　高田淳「『巡爵』とその成立――平安時代的叙位制度の成立をめぐって――」(『國學院大學紀要』二六、一九八八年)、同「加階と年労――平安時代における位階昇進方式について――」(『栃木史学』三、一九八九年)、同「『年労加階制』以前――年労加階の成立と平安前期の位階昇進の実態について――」(『国史学』一五〇、一九九五年)。
(53)　さらに近年は、唐代における官人の勤務評定、昇進制度、官人出身法との比較史的な分析も試みられ、畑中彩子氏による八世紀の日本における「労」の用例に関する検討(「労の基礎的考察――八世紀における用法と実態――」、笹山晴生編『日本律令制の構造』、吉川弘文館、二〇〇三年)や、古瀬奈津子氏による日唐官僚制の特質に関する研究(「官人出身法からみた日唐官僚制の特質」、池田温編『日中律令制の諸相』、東方書店、二〇〇二年)も進められている。
(54)　本書第一章参照。佐々木恵介「摂関期における官人昇級の実態とその論理――『公卿補任』の調査を通して――」(『聖心女子大学論叢』一〇八、二〇〇七年)も参照。
(55)　宇根俊範「氏爵と氏長者」(坂本賞三編『王朝国家国政史の研究』、吉川弘文館、一九八七年)。
(56)　田島公「『氏爵』の成立――儀式・奉仕・叙位――」(『史林』七一―一、一九八八年)。
(57)　畑中彩子「平安時代における即位叙位の特質――東宮官人を例に――」(『学習院史学』四一、二〇〇三年)。
(58)　永井晋「十二世紀中・後期の御給と貴族・官人」(『國學院大學大學院紀要――文学研究科――』一七、一九八六年)、尾上陽介①「年爵制度の変遷とその本質」(『東京大学史料編纂所研究紀要』四、一九九三年)、同②「鎌倉時代の年爵」(『明月記研究』二、一九九七年)、同③「年官制度の本質」(『史観』一四五、二〇〇一年)。
(59)　尾上氏注(58)①②所引論文。
(60)　尾上氏注(58)③所引論文。

(61) 尾上氏注(58)①所引論文三〇頁。
(62) 玉井氏注(51)所引書。早川庄八「八世紀の任官関係文書と任官儀」(『日本古代官僚制の研究』、岩波書店、一九八六年。初出は一九八一年)。
(63) 所功『平安朝儀式書成立史の研究』(国書刊行会、一九八五年)、細谷勘資「『綿書』の成立年代と編者」(『中世宮廷儀式書成立史の研究』、勉誠出版、二〇〇七年、初出は一九八六年)、吉田早苗「京都大学附属図書館所蔵『兵範記』紙背文書にみられる申文」(『東京大学資料編纂所報』一四、一九七九年)、同「藤原宗忠の『除目次第』」(『史学雑誌』九三—七、一九八四年)、同「『兵範記』紙背文書にみえる官職申文(上)・(中)・(下)」(『東京大学史料編纂所報』二三・二四、一九八八・八九年、『東京大学史料編纂所研究紀要』一、一九九〇年)、田島公「源有仁編の儀式書の伝来とその意義——『花園説』の系譜——」(『史林』七三—三、一九九〇年)など。
(64) 例えば鎌倉・室町期武家官位に関わる研究としては、青山幹哉「王朝官職からみる鎌倉幕府の秩序」(『年報中世史研究』一〇、一九八五年)、同「中世武士における官職の受容——武士の適応と官職の変質——」(『日本歴史』五七七、一九九六年)、上杉和彦「鎌倉幕府と官職制度——成功制を中心に——」(『日本中世法体系成立史論』、校倉書房、一九九六年、初出一九九〇年)、金子拓「鎌倉幕府・御家人と官位」、同「初期室町幕府・御家人と官位」、同「中期室町幕府・御家人と官位」(『中世武家政権と政治秩序』、吉川弘文館、一九九八年、初出は一九九三・四年)、二木謙一『中世武家儀礼の研究』(吉川弘文館、一九八五年)。織豊政権期・近世に関しては、池享①「武家官位制の創出」、同②「織豊政権と天皇」、同③「武家官位制再論」(『戦国・織豊期の武家と天皇』、校倉書房、二〇〇三年、初出は一九九三・九六年)、脇田晴子「戦国期における天皇権威の浮上(上)(下)」(『日本史研究』三四〇・三四一、一九九〇・九一年)、藤田覚『近世政治史と天皇』(吉川弘文館、一九九九年)、橋本政宣編『近世武家官位の研究』(続群書類従完成会、二〇〇〇年)などがある。いずれも将軍権力、官位付与と主従関係、中世・近世王権や天皇制の問題に注目した論究が進められており、分析視角や官位の意義づけは公家官位研究を行うさいにも示唆に富む。
(65) 中世後期村落における官途成に関する研究として、仲村研「中世における立身と没落」(三浦圭一編『日本史』三中世二、有斐閣、一九七八年)三浦圭一「南北朝内乱と畿内村落」(『中世民衆生活史の研究』、思文閣出版、一九八一年)、薗部寿樹「中世村落における宮座頭役と身分——官途、有徳、そして徳政——」(『日本中世村落内身分の研究』、校倉書房、二〇〇二年、初出は一九八九年)、田中修実『日本中世の法と権威』(高科書店、一九九三年)などを参照。

(66) 金子氏注(64)所引書二九五頁。

(67) 同右。

(68) 池氏注(64)①所引書二三七頁。

(69) 薗部氏注(65)所引書。

(70) 上島氏注(46)②所引書六四三頁。

(71) 桃崎有一郎『中世京都の空間構造と礼節体系』(思文閣出版、二〇一〇年)一三頁。

(72) 例えば、『玉葉』治承元年正月一四日条、『明月記』正治二年正月六日条など。

I　叙位制度と貴族社会

第一章　年労制の変遷

はじめに

九～一〇世紀に再編された叙位制度の特徴は、六位以下の位階形骸化と、五位以上の成選制が放棄され、昇進基準が勤務評定から官職別の年功序列方式（年労制）に変更した点に、顕著に示されている[1]。

年労制とは、昇進に必要な在職年数（年労）が官職ごとに決められ、それを満たした者が叙爵・加階する制度である。勅授（五位以上）は、最終的に天皇の裁可を必要とするが、基本的に年労制は、外記勘文に基づいた機械的な方法で叙人を選定するため、昇進速度を保証し、「『定期的な昇進』を希求する官僚制度の原理に適合するシステム[2]」であると評価されている。

一方、天皇家を中心とする諸家の恩寵が制度化した特権的な叙位方式である年爵や勧賞等の昇進事由は、労を補い、年限よりも早期の昇進を可能にする条件として理解され、年労方式こそが「律令制における考課選叙制度[3]の正統なる後裔[4]」であり、平安時代的叙位制度の中核に位置づけられている。

年労制がもたらした最大の影響は、官職の差別化をはかり、官位相当制を大きく改変し、昇進コースを形成した点に求め得る。最も効率のよい労を組み合わせた、「侍従→兵衛佐→近衛少将→中将→参議」という昇進コースが一〇世紀前半に形成され、これを昇進過程とする公達を頂点に、諸大夫・侍層という中世社会の基本となる

三つの身分階層が成立した。(5)

それゆえ、同制度の変遷過程とその要因に関しては、「官司請負化が進み、家々が個性的な昇進コースを展開させ始めると、極めて有利な短期の労を持つ近衛中少将（中略）の労などはそのコースに取り込まれて残ってゆくが、その官職を世襲する家にとって不適合な労は消えていった」(6)と説明され、家格の成立と昇進状況の固定化という問題に関心が収斂される傾向が認められる。(7)

しかし、昇進制度の改革が、国家が支配層を律するための有効な手段であるという指摘(8)を踏まえるならば、王権や政権側の事情も検討する必要があるのではないだろうか。

治天の君を頂点とする公家社会における封建的主従制の存在如何という命題において、院領荘園の伝領や領有体系・安堵の分析を通して、公家の主従制に関する議論が活発になされているのに対して、(9)官位をめぐる問題は、封建的主従制の源流として官位推挙の存在が、つとに指摘(10)されていたにもかかわらず、多くの場合、それが貴族間における個々の主従関係の存在を示す指標として扱われるにとどまり、恩賞としての官位の問題(11)と、中世叙位・除目制度との関係が十分に議論されることはなかったと思われる。

公家社会における恩賞構造を制度レベルで解明しようとする視点からの追究を行い、平安貴族社会の成立にともなって現れた「種々の主従制的関係(12)」が、社会編成において中心的なシステムに発展する過程を明確にする必要があるだろう。

かかる認識に基づいて、本章では、一一世紀以降の年労制の変遷について、叙位制度の展開という側面と、「奉仕と恩賞」関係の変化、という二つの方向から検討を加えたい。

なお、利用する叙位労が階層によって異なる点に留意し、公卿昇進コース上の加階労(13)（近衛・弁官の労）、諸大夫層の外記・史の労、侍層における諸司・外衛労をそれぞれとりあげ、以下、分析することとする。(14)

第一節　公卿昇進コース上の加階労

(一)近衛労

『二中歴』巻七「叙位歴」[15]等によると、近衛次将の加階に必要な年限は以下の通りである。少将は、従五位上には二年、正五位下には三〜四年、従四位下には三年の労を必要とし、労六年で従四位上に昇進する事例も確認されている。また中将は、従四位上には二〜三年、正四位下には二年で昇級する。

近衛労は、他の官職の労と比べて必要年限が最も短く、極めて有利な年労として、近衛次将を昇進コースとする人々に取り入れられ、鎌倉期以後も叙位条件として残留すると指摘されている。

ところが、白河院政期以降の近衛現任者の加階事由を調査すると、年労が全くといってよいほど検出されない集団が見出せる[表1]。彼らには、院の近臣として近衛次将コースに新規採用されたという共通点が認められる。周知の通り、白河院政期において藤原北家道隆流忠隆が、鳥羽院政期には同末茂流家明・成親が、公卿昇進を目的として、諸大夫層から近衛コースに抜擢され、さらに後白河院政期には、同道綱流・南家信西流や高望流桓武平氏（忠盛流）等も取り込まれた。

[表1]によると、彼らの加階事由は、受領成功による御願寺・内裏等の造営・修造功、奉行や家司として行事に参加した時の勧賞、年爵、臨時等、多岐にわたる。

かかる実状に鑑みれば、当該期の近衛労が院政期までに公達[16]に昇った人々の昇進にのみ利用されている実態を明示しており、年労制が昇進制度の基本的、かつ正統な方式であったとする先行研究の評価を裏づけていると理解できよう。しかし、以下に検討するように、年労叙位に対する認識、および年労利用者に変化が現れている点は留意されるべきである。

［表１］ 近衛(新規採用者)昇進事由

氏名	出自１	出自２	正五位下	従四位下	従四位上	正四位下	従三位	極官
藤原家明	末茂	家成系	勧賞(朝覲)	久安元	勧賞(朝覲)	勧賞(供養)	臨時	非参議
藤原成親	末茂	家成系		造営功	造宮功	勧賞譲(朝覲)	臨時	権大納言
藤原隆房	末茂	家成系	年爵	勧賞譲(神社)	勧賞(朝覲)	年爵	参議	権大納言
藤原盛頼	末茂	家成系						少将解官
藤原成経	末茂	家成系	年爵	勧賞(供養)	年爵	年爵	参議	参議
藤原実教	末茂	家成系	年爵	勧賞(朝覲)	勧賞(供養)	臨時	参議	中納言
藤原家光	末茂	家成系		治承２				止少将
藤原成宗	末茂	家成系						少将卒
藤原隆保	末茂	家成系		造営功譲	臨時	臨時	造営功	非参議
藤原教成	末茂	家成系		建久３	年爵	勧賞(国司)	元久元	権中納言
藤原顕家	末茂	顕季系	年爵	勧賞(行幸)	寿永元	寿永２	建仁元	権中納言
藤原忠隆	道隆	基隆系		保安５	年爵	勧賞(供養)	勧賞(供養)	非参議
藤原信頼	道隆	基隆系			造営功譲	造営功譲	造宮功譲	権中納言
藤原信清	道隆	信隆系		少将労	年爵	年爵	建久８	内大臣
藤原定輔	道隆	親信系				元暦２	建久２	権大納言
藤原定能	道綱	季行系	勧賞(行啓)	勧賞(朝覲)	治国	年爵	参議	権大納言
藤原親能	道綱	季行系		少将労	年爵	年爵	建久８	権中納言
藤原忠行	道綱	季行系		建久７	年爵	年爵	承元４	非参議
藤原光能	長家	光能系		臨時	勧賞(入内)	勧賞(朝覲)	参議	参議
藤原知光	長家	光能系	文治４					中将辞官ヵ
藤原基家	頼宗	基家系		勧賞(朝覲)	年爵	年爵	承安２	権中納言
藤原基宗	頼宗	基家系		治承５	年爵	年爵	建久６	非参議
藤原保家	頼宗	基家系		建久元	建久６	年爵	建仁２	権中納言
藤原成範	南家	信西系		臨時	造宮功	勧賞(朝覲)	仁安元	中納言
藤原脩範	南家	信西系		年爵	年爵	年爵	勧賞(行幸)	参議
藤原基範	南家	信西系			勧賞(朝覲)	文治５		中将辞す
藤原範能	南家	信西系		臨時	臨時	辞官替	建久元	非参議
平　時実	高棟	時忠系		承安３	安元２	臨時	建暦元	非参議※
平　時家	高棟	時忠系		年爵				少将解官
平　知盛	高望	忠盛系		臨時ヵ	年爵	勧賞(朝覲)	治承元	権中納言※
平　宗盛	高望	忠盛系					年爵	内大臣※
平　維盛	高望	忠盛系	臨時	臨時	臨時	臨時	勧賞(坊官)	非参議※
平　清経	高望	忠盛系						中将解官※
平　資盛	高望	忠盛系		勧賞(朝覲)	勧賞(御幸)	年爵	寿永２	非参議※
平　重衡	高望	忠盛系					臨時	非参議※
平　有盛	高望	忠盛系						少将解官※
平　光盛	高望	忠盛系		文治元	年爵	建久２	元久２	非参議

(注)　近衛次将補任～従三位昇進までの位階昇進事由の一覧である。『公卿補任』、古記録類、市田久編『近衛府補任』第二（続群書類従完成会、1993年）をもとに作成。従三位昇進以前に参議に補された場合は、従三位の欄に「参議」と記入。事由が確認できない場合は、昇進時の年号のみ記した。※は寿永２年(1183) ８月の平氏一門解官を示す。

治承元年（一一七七）一二月末、正月叙位を目前にして、右大臣九条兼実は子息中将良通を外記勘文に入れるべきか否かについて、大外記清原頼業に尋ね問うている。昨年、中将に転じた良通は、足掛けで数える年労制で二年の年限を満たしており、何ら問題はないはずであった。頼業は、確かに覚悟せずとしながらも、「中将以二二年一叙二四位従上一例、近則経実也」と言い、一一世紀末、永保三年（一〇八三）の事例(17)をあげ、「雖二多例一不レ入二勘文一ヲハ不レ能レ載レ之(18)」と答えている。結局、良通は近衛労ではなく「臨時(19)」という事由で従四位上に昇級した。(20)

頼業の言から、「中将労」による従四位上への加階が、一世紀近く行われていない実態が浮かびあがる。近衛次将の労全体に何らかの変化が生じているのだろうか。一〇八〇年代の事例との比較を行い、一一七〇年代以降の近衛労による加階状況に検討を加えたい。

まず、［表2］①一〇八〇年代の事例からとりあげよう。一〇年間で近衛労によって加階した九名は、摂関家、藤原北家師実流・同頼宗流、村上源氏等、いずれも摂関期に公達に昇った家系の出身である。その極官は全て、大臣・納言以上におよんでいる。

一方、一一七〇年代以降の事例［表2］②に目を転じると、少なくとも二つの変化が読み取れる。一つは、極官の変化である。公卿昇進を果さない者や、非参議止まりの人が大幅に増加する一方、大臣、納言にいたる者が減少し、一三世紀以降には激減する。近衛コースが公卿昇進に最も有利な階梯だという指摘を考慮すると、近衛労は、次将就任者のなかで最も昇進の鈍い人々の利用する叙位事由と化していることを推察させる。(21)

いま一つは叙位件数の変化である。前述のような現象が顕在化する一三世紀以降の各年代においては、一〇八〇年代の一〇年間とほぼ同人数の加階が確認できるが、一一七〇〜九〇年代に減少しているのが看取される。(22)近衛労変質の画期は、この時期に求められよう。

かかる変化は、年労叙位に対する認識の変化と不可分な関係で進行していったと考えられる。そのことは例え

［表２］

①1080年代における近衛労昇進事例

年号	西暦	月	日	名前	出自	位階	事由	極官	典拠
永保３	1083	1	6	藤原経実	師実	従四位上	中将労	大納言	公
		1	6	藤原能実	師実	正五位下	少将労	大納言	公
応徳２	1085	1	5	源　国信	村上	正五位下	少将労	権中納言	公
		1	6	藤原能実	師実	従四位下	中将労	大納言	公
応徳３	1086	1	5	藤原宗忠	頼宗	正五位下	少将労	右大臣	公
寛治２	1088	1	5	源　国信	村上	従四位下	少将労	権中納言	公
		1	5	藤原宗忠	頼宗	従四位下	少将労	右大臣	公
寛治３	1089	1	5	源　能俊	醍醐	従四位下	少将労	大納言	公
		1	11	藤原忠実	摂関	従四位下	少将労	摂政	公

②1170～1240年代における近衛労昇進事例

年号	西暦	月	日	名前	出自	位階	事由	極官	典拠
治承元	1177	1	24	藤原公時	公季	従四位下	少将労	参議	公
寿永元	1182	11	23	藤原兼宗	師実	従四位下	少将労	大納言	公
寿永２	1183	1	7	藤原良経	摂関(九条)	従四位下	中将労	摂政	公
元暦元	1184	1	6	藤原兼宗	師実	従四位上	少将労	大納言	公
文治元	1185	1	6	藤原親能	道綱	従四位下	少将労	権中納言	公
文治３	1187	1	5	藤原成家	長家	従四位下	少将労	非参議	公
文治４	1188	3	22	藤原公国	公季	従四位上	少将労	中納言	公
建久元	1190	1	5	藤原信清	道隆	従四位下	少将労	内大臣	公
建久７	1196	1	6	藤原良輔	摂関(九条)	従四位下	中将労	左大臣	薬
建久８	1197	1	6	藤原経通	頼宗	従四位下	少将労	権大納言	公
正治元	1199	1	6	藤原道経	摂関(近衛)	従四位下	中将労	右大臣	明
		1	6	藤原公明	公季	従四位下	少将労	非参議	明
正治２	1200	1	5	藤原良輔	摂関(九条)	従四位上	中将労	左大臣	明
建仁３	1203	1	5	藤原良平	摂関(九条)	従四位下	中将労	太政大臣	薬
元久２	1205	1	6	藤原時通	師実	従四位下	少将労	※	明
承元元	1207	1	5	源　有通	村上	従四位上	少将労	非参議	明
		1	5	藤原公雅	公季	従四位上	中将労	権大納言	明
		1	7	藤原教家	摂関(九条)	従四位上	中将労	権大納言	明
承元４	1210	1	5	藤原基定	師実	正五位下	少将労	非参議	公
建保元	1213	8	16	藤原為家	長家	従四位下	少将労	権大納言	明
建保２	1214	1	5	藤原教忠	摂関(松殿)	従五位上	少将労	非参議	公
建保４	1216	1	5	藤原祐忠	？	従四位上	少将労ヵ	※	明
		1	5	藤原宗季	頼宗ヵ	従四位下	少将労ヵ	※	明
		1	5	藤原実重	公季	従四位下	少将労ヵ	※	明
		1	5	藤原実忠	公季	正五位下	少将労	※	明

建保6	1218	1	7	藤原親仲	道隆	従四位下	少将労	非参議	明
		1	7	藤原実平	公季	正五位下	少将労	非参議	明
承久元	1219	11	13	源　顕平	村上	従四位下	少将労	参議	公
承久3	1221	1	5	藤原高実	摂関(九条)	従四位下	中将労	権大納言	薬
		1	5	藤原実持	公季	従五位上	少将労	権大納言	公
貞応2	1223	1	6	源　定平	村上	従四位下	少将労	非参議	公
元仁元	1224	1	5	藤原実光	公季	正五位下	少将労	参議	公
		1	5	藤原教忠	摂関(松殿)	従四位上	少将労	非参議	公
		1	23	藤原実清	公季	従五位上	少将労	非参議	公
		1	23	藤原実蔭	公季	従四位下	少将労	参議	公
嘉禄元	1225	1	5	源　家定	村上	従四位下	少将労	非参議	公
		2	5	藤原実持	公季	従四位下	少将労	権大納言	公
寛喜2	1230	1	5	源　家定	村上	従四位下	少将労	非参議	公
寛喜3	1231	1	6	藤原教房	末茂	従四位下	少将労	※	明・民
		1	6	藤原公基	公季	従四位下	少将労	右大臣	明・民
		1	6	藤原教信	道隆	従四位下	少将労	※	明・民
		1	6	藤原道嗣	摂関(近衛)	従五位上	少将労	権中納言	公
貞永元	1232	1	5	源　顕定	村上	従四位上	中将労	権大納言	公
天福元	1233	1	7	藤原公有	公季	従四位上	少将労	※	明
暦仁元	1238	1	5	藤原実躬	公季	従四位上	少将労	非参議	公
		1	5	源　輔通	村上	従四位上	中将労	非参議	公
		1	5	藤原実隆	公季	従四位下	少将労	非参議	公
仁治元	1240	1	5	藤原良嗣	摂関(松殿)	従四位上	中将労	非参議	公
仁治3	1242	1	5	源　通有	村上	従四位下	少将労	※	民
		1	5	藤原忠継	師実ヵ	従四位下	少将労	※	民
		1	5	藤原兼教	師実ヵ	従四位下	少将労	※	民
		1	5	源　雅忠	村上	従四位下	少将労	大納言	民
		1	5	藤原伊嗣	師実	従四位下	少将労	※	民
		1	5	源　雅世	村上	従四位下	少将労	※	民
寛元2	1244	1	5	源　雅忠	村上	従四位上	中将労	大納言	公

(注)　※は極官が公卿に満たないことを示す。

［典拠略記一覧］　公：『公卿補任』、明：『明月記』、薬：『玉薬』、民：『民経記』。

ば、前掲良通の弟中将良輔の事例が示唆している。正治二年(一二〇〇)正月、彼は准后昇子内親王の年爵で昇級する予定だったが、変更されたため「労階」をもって加階した。その労は「数年過了」だったという。[23]

つまり、年爵の獲得が成就しなかったため、仕方なく中将労にて加階したことになる。しかも労の年限がすでに過ぎていたという事実から、労階を見送ってまでも年爵による叙位を優先させようという意志が看取されよう。

従来の研究では、非年労事由は、年限よりも昇進スピードを速める条件として、労を補うかたちで利用されるものだと考えられてきたが、そのような認識が逆転し、むしろ年爵等の非年労的事由が得られない場合に、年労を用いて加階すべきという理解が支配的になっている状況が窺知されるのである。したがって、年労が残存していても、昇進事由としての意義や位置づけという点において変化が生じていることを、これらの事例は示唆しているといえよう。

(二)弁官労

まずは弁官労の内容を確認しておこう。少弁労は、従五位上には二年、正五位下には五年の年限を要した。従四位下に叙される労もあるが、少弁で四位に昇ると弁を去る慣例[24]があるため、あまり利用されない。中弁労は、正五位下には五年、従四位下には二~三年、従四位上には五年[25]を必要とした。

周知のごとく、弁官労は一二世紀半ば以降、消滅するが、それに代わる昇進事由に検討を加え、もって年労制変質の背景について考察したい。

一一世紀以降の現役弁官の加階事由を検討すると、①行事賞、②年爵、③御願寺供養等の勧賞(以下、「勧賞」と略記)が労に代わる上位三事由[26]となる。それぞれの特徴は次章以下で詳論するため、ここでは概略を述べておきたい。

①は、神社行幸や内裏造営等、官行事所が運営する儀式において、上卿以下の行事官を務めた者に対して与えられる勧賞（以下「行事賞」と記す）である。基本的には行事官全員が賞に与るが、規定内容を完遂していない場合や、途中で行事官を交替した者、完遂した場合でも職務内容が怠慢と評価された者は通常叙位されない。つまり、完全な業務遂行との引き換えを前提とした叙位方式だと理解できる。[27]

②は、年爵の権利を有する院宮が、主従関係のある者や近親者のなかから、恪勤を選び叙位する方式である。[28]

③は、朝覲行幸や御願寺供養等、院宮や摂関の沙汰で行われる行事において、院司・宮司・家司等のなかから選ばれた者が叙位される。[29] 具体例に基づき、その選定基準を検討しておきたい。

天養二年（久安元＝一一四五）正月、内大臣藤原頼長は、内（近衛）・一院（鳥羽）・新院（崇徳）の三所に子息兼長の初参を行うべく、同人の名簿を藤原公能に給い、土御門内裏と一院御所へ向った。公能は予定通り名簿を奏する役を務めていたが、鳥羽院別当であった彼は、「依二一院御給望申一、奔走之間、不レ能レ参二新院一」[30]と言い、途中で退散した。当初この役を命ぜられていた藤原宗能をはじめ、他の諸卿は兼長の初参に参仕せず、同日実施された朝覲行幸に供奉したのである。つまり、勧賞の獲得には儀式への参仕と給主への積極的な働きかけが必須なのである。

次に、治承元年（一一七七）一二月、後白河院御願の蓮華王院五重塔供養会の事例を提示しておきたい。当行事全体を取り仕切ったのは、「奉行院司中宮大夫隆季、右中弁経房朝臣」の以上二名の院司だった。

一、賞事。
従三位藤原実宗上西門院　同長方院　従四位上同実教院　従五位上同隆清隆季譲
中宮御給、追可レ被二申請一云々。行事弁賞、追可二申請一云々。余案レ之今度御塔供養、偏為二院家沙汰一。日時・僧名於レ陣不レ被レ定。然者、何被レ定二弁・上卿一哉。隆季・経房共院司奉行也。然者勧賞之時、皆可レ在二院御給之中一也。永保九重塔為二公家御願一、被レ宣二下上卿・弁等一了。今度之儀、不レ可レ似二彼例一耳。[31]

勧賞の実施状況を確認すると、供養会に参加した院宮の院司宮司等が「某御給」「某分」というかたちで叙位されているのがわかる。当供養会は官行事所ではなく、後白河院の院家沙汰であったため、「行事弁賞」という行事賞形式の行賞が批判され、「院御給之中」にあるべきだという認識が示されているものの、この主張から院家沙汰の場合においても、奉行が勧賞に与ること自体は至当であるという理解が読み取れる。

以上の点より、③「勧賞」によって昇級を果たすためには、権門沙汰行事において奉行を務めたり、儀式への参加・参仕を通して給主に積極的な働きかけを行うことが、必要条件であったと諒解する。したがって、官行事所の行事弁や、権門沙汰行事における奉行を頻繁に務める弁官は、勧賞に与る機会に恵まれていたといえるだろう。

では、年労からこれら三事由による加階へ移行した要因は何か。朝廷や給主たる権門側と被給者たる貴族側それぞれの立場から検討したい。

一一世紀半ば以降における弁官局の機能拡大に示されるように、政務運営や家領支配における弁官の重要性が格段に高まるなか、摂関家や院は、彼らを家司として組織することにより、取り込みをはかったと指摘されている。

すなわち朝廷や権門にとって、一旦任官すると解官されない限り、昇進が保証される制度であると評価することが可能な年労方式から、昇進機会を重要な奉仕と引き換える勧賞という方式に転換する意図は、行事等に対する精勤を奨励し、弁官への統制手段を強化し得る昇進制度を確立する点にあったと考えられる。さらに、かかる勧賞の特質が昇進機会を獲得しようとする貴族等の競争心を煽り、彼らを奉仕に駆り立てる原動力になっている側面も見落とせないだろう。弁官労消滅の背景には、如上の事情が想定されるのである。[32]

また、弁官の昇進は、少弁任官後、大弁まで内部で順繰りに転任していくため、流動性に乏しい。さらに、彼らの官職昇進と位階上昇との関係に注目すると、次のような特色が指摘できる。一一世紀後半においては、通常、正五位下で少弁に補され、権中弁昇進後、はじめての叙位で四位に昇る。これは四位の少弁が認められないためである。そして従四位下から正四位下への昇級は極めて短期間に行われ、正四位下のまま四位大弁・参議補任を待ち、その後、従三位に昇級する。

このような特殊な昇進慣行があるため、当事者にとって年限が固定される労は都合が悪い。それに比べ、勧賞は申請することにより、即時の昇級を保留し、あるいは後日の加階が約束されたり、子息等への譲与が可能な方式である点が重宝であったといえよう。また給主と被給者との人格的関係に依拠する年爵に関しても同様の融通さが認められる。結果、彼らの昇進事由として勧賞や年爵が定着したと理解できる。

(三)前官公卿と非参議

(1)前官公卿

前官公卿とは、大臣・納言・参議を辞任、もしくは解官された者を指す。事実上の左遷や致仕、すなわち高齢による辞官は以前から行われていたが、本章でいう前官公卿とは、一〇世紀半ば頃から出現する、子息等の任官申請を目的として、壮年のうちにみずからの意思で辞官した者に限定して用いることにする。[33] 官司の労を昇進基準とする年労制において、兼官のない前官公卿は、理論上、位階昇級から除外される存在のはずであるが、実際は多数の昇進事実が確認される。

管見によると、位階昇級の初見は康治二年（一一四三）正月三日、前中納言藤原顕頼の正二位叙位で、近衛天皇朝覲行幸における「(鳥羽院）院司賞」による加階である。[34] 前官公卿の非年労的事由による昇進事例が、これ以降、多数確認されるが、そこにはいくつかの共通した特徴[35]が指摘できる。うち一つは、本座勅許を前提とする点にある。

本座勅許[36]とは、議政官を辞任した前官公卿に対し、儀式の場等で現任当時の座次への列立・着座を宣旨で許可することである。基本的に現任公卿の座次は、まず官職順に序列化される。つまり、太政大臣・左大臣・右大臣・内大臣・大納言・中納言・参議の順である。さらに同一官職内においては、「凡正員之外、特任権官者、不レ論ニ正権一、依ニ位階次[37]一」と定められ、位階次、すなわち位階の高下であり、同階の場合は叙日の先後による。

前述の顕頼は、白河院第一の近臣といわれた顕隆の一男で、弁官および参議を歴任した後、長承三年（一一三四）に権中納言に補されたが、永治元年（一一四一）、子息光頼に右少弁を「申任」するため納言を辞任した[38]。その二年後、正二位に昇り、同年七月二〇日に本座宣旨が下された。これは本座勅許の初見と指摘されている。後日行われた金剛勝院供養式において、「依ニ位次一、列ニ諸卿座[39]一」したと言い、これ以降、議定出席の折には、宗能の次座に着いている。辞官前の座次は、「従二位藤原宗能―同顕頼―同実光―従三位同成通―同公教（以下略）[40]」の順であり、彼が本座に列しているのが確認できる。

実は、康治二年正月三日に正二位へ昇進した者のなかには、顕頼とその上臈宗能の他に、下臈成通もいた[41]。このように辞官後における下臈の位階昇級は当然あり得る事態であり、前官公卿も同時に昇級することによって、下臈による超越を回避して序列が守られるのである。つまり、本座勅許のための布石として前官公卿の昇進が実行されたのだと承知されよう。

鳥羽院政末期から、議定やさまざまな儀式の場へ前官公卿の出席が要請、許可されるようになり、律令官制にかかわらず、政務や儀式に関与できる形態が徐々に進行する。その前提として、官司以外の場における奉仕を評価する非年労制的事由による昇進システムの整備が不可欠だったといえよう。つまり、中世的な公卿議定のあり方や儀式運営の成立と昇進制度の変化とは連動しているのである。

（2）非参議

非参議とは、三位以上の位階を帯びながら、議政官にない者をいう。参議を経ずに従三位（多くは三位中将）となり、権中納言に任ぜられる摂関家子弟や、参議補任を待機する人々がこれに該当する。彼らの三位昇級直前の官職は、中将や八省・諸寮の卿・頭、さらに受領等、多岐にわたる。[42]

ところが、『二中歴』によると、三位加階の年労が設定されている官職は参議のみである。すなわち、年労制によれば、前記官職の在職者が三位に昇ることはあり得ず、非参議が大幅に増加する現象は、非年労制的な昇進が該期昇進システムに広く浸透している実状を物語っているといえるだろう。[43]

以上、一二世紀半ばを画期とする公卿の構成変化は、年労制的昇進が後退し、多様な昇進方式が成立するのにともなって生じた現象だと理解できよう。

成選制や年労制が、官司における勤務を昇進評価の対象とする点に鑑みれば、平安中・後期における官司再編と、如上の昇進制度の変化とは連関していると想定される。しかし、中世独自の国家機構の柱と評される行事所制の成立が、年労制に与えた影響、加えて、官司請負や長官―年預制の有無等、官職ごとに性質の異なる中世的官司の形成と、昇進制度の変革との関係は、十分に論究されていないのではないだろうか。かかる見地から、さらに検討を進めたい。

第二節　諸大夫の昇進と労――外記・史を中心に――

一般に諸大夫とは地下四・五位クラスの貴族を指し、前掲蔵人・弁官などの実務官僚系貴族や受領などが含まれる。蔵人・弁官に関わる昇進や労は前節に、受領に関しては第七章にて考察しているため、本節では諸大夫最下層に位置する外記局と弁官局の官人の昇進状況をとりあげる。

中世官司制度を考察する上で、重要な概念として佐藤進一氏によって提唱された「官司請負制」論がある。当概念は近年、さまざまな研究者によって検討、修正が加えられているが(44)、概ね以下のように概括できるであろう。九～一一世紀にかけて、律令官司制下の官司の統属関係が解体し、個々の官司が分離してそれ自体もしくは他官司と結びついて、それぞれ完結的な業務を行い、かつ官司の業務活動と収益とが不可分に結びついているという特徴を有する官司が成立した。そして一部の官司は、特定氏族に請け負われ、相伝されるという特色がみられるようになるが、そうした特色が最も典型的に現れたのが公家政権の文書行政の根幹を支えた弁官局と外記局である。

外記局の上首大夫外記（局務）と弁官局の上首大夫史（官務）の昇進状況を事例にとりあげて、官司請負制の成立と外記・史の昇進形態との関係について考察したい。

当該期の大夫外記は、四位加階が認められるが、「叙二四位一者、依レ難レ留二本官一歟(45)」とあるように、大夫史は五位相当の官と認識されているのがわかる。外記・史の補任には家業が重視され、一一世紀末以降、大外記を独占した中原・清原両氏（局務）は明経道を、史の小槻氏（官務）は算道を家業としており、各々直講・助教・博士の経歴を有する(46)。

『二中歴』によると、従五位上加階に必要な年限を、大外記の労は四～五年、博士は一〇年と記すものの、史の加階労、および正五位下以上に関する年労は記されていない。そこでまず、局務［表3］、次に官務［表4］から加階の実態を検討する。

局務において、三種類の年労関係叙位が九件確認される。「大外記労」と「天文密奏労」、そして「儒労」であ

［表３］　大夫外記昇進事由

大夫外記	年号	西暦	月	日	位階	事由	備考	典拠
大蔵弼邦	貞元２	977	3	26	正五位下	家司賞		紀
	天元２	979	3	—		石清水行幸行事賞	追可申請ヵ	紀
大中臣朝明	永祚元	989	1	7	従五位上	大外記労		
中原致時	永祚元	989	4	5	従五位上	春日行幸行事賞		
	正暦４	993	11	12	正五位下	—		
	長保３	1001	7	13	従四位下	造宮行事賞		
	寛弘元	1004	?	28	従四位上	—		
滋野善言	長保５	1003	3	—	正五位下	石清水賀茂行幸行事賞		権
菅野敦頼	長和２	1013	12	20	一階	石清水賀茂行幸行事賞		御
小野文義	寛仁元	1017	11	25	正五位下	石清水賀茂行幸行事賞		小・左
中原師任	万寿元	1024	—	—	従五位上	松尾北野行幸行事賞		
	長久元	1040	1	5	正五位下	天文密奏労		
	長久２	1041	8	27	正五位上	大原野松尾行幸行事賞		
	永承３	1048	2	7	従四位下	—		
清原頼隆	治安２	1022	12	8	正五位下	平野大原野行幸行事賞		左
中原師平	天喜５	1057	1	5	従五位上	儒労		
	治暦元	1065	1	5	正五位下	儒労(博士労)		
	寛治２	1088	11	7	正五位上	儒労(博士労)		
	寛治５	1091	4	1	従四位下	石清水賀茂行幸行事賞		
清原定俊	寛治５	1091	10	3		稲荷祇園行幸行事賞	追可申請	為・中
	嘉保２	1095	4	15		石清水賀茂行幸行事賞	追可申請	中
	承徳元	1097	3	28		春日行幸行事賞	追可申請	中
中原師遠	承徳２	1098	1	6	従五位上	儒労（直講労）		
	長治元	1104	2	27	正五位下	石清水賀茂行幸行事賞		中
	永久元	1113	8	17	正五位上	松尾北野行幸行事賞	追可申請	長
清原信俊	大治５	1130	4	28		松尾北野行幸行事賞	追可申請	中
	天承元	1131	3	19		稲荷祇園行幸行事賞	追可申請	長・兵
中原師安	元永２	1119	1	5	従五位上	儒労		中
	大治元	1126	11	27	正五位下	—		
	久安３	1147	2	23		春日行幸行事賞	追可申請	本
	久安５	1149	4	15	従四位下	石清水賀茂行幸行事賞		本
中原師業	長承３	1134	5	15		石清水賀茂行幸行事賞	追可申請	中
	久安５	1149	8	22		松尾北野行幸行事賞	追可申請	本
			11	25		稲荷祇園行幸行事賞	譲父師安	本
	保元３	1158	3	1	正五位上	春日行幸行事賞		兵
中原師元	仁平元	1151	1	6	従五位上	儒労		
	保元３	1158	6	22	正五位下	臨時		兵
	永暦元	1160	8	27		石清水賀茂行幸行事賞	譲師富従五位上	山
	応保元	1161	2	29	正五位上	春日行幸行事賞		
			8	25		平野大原野行幸行事賞	譲猶子師茂従五位上	山
	応保２	1162	2	23		日吉行幸行事賞	譲男師尚従五位上	
	長寛２	1164	6	18	従四位下	儒労(博士労)		
	永万元	1165	7	25	従四位上	石清水賀茂行幸行事賞		

	仁安元	1166	1	12	正四位下	臨時		
	承安2	1170	3	29	正四位上	男師尚日吉行幸行事賞譲		玉
清原頼業	嘉応元	1169	8	29		石清水賀茂行幸行事賞	譲男近業従五位上	兵
	承安元	1171	4	27	正五位上	平野大原野行幸行事賞		
	治承元	1177	10	15		石清水賀茂行幸行事賞	譲弟祐安正五位下	玉
	治承3	1179	3	15		平野大原野行幸行事賞	追可申請	山
	文治3	1187	11	14		石清水賀茂行幸行事賞	譲男仲隆従五位上	玉
中原師尚	応保2	1162	2	23	従五位上	父日吉行幸行幸行事賞譲		
	仁安元	1166	11	14	正五位下	臨時		兵
	嘉応2	1170	3	24		春日行幸行事賞	追可申請	兵
	承安元	1171	—	—		(松尾北野)行幸行事賞	譲男師重従五位上	
	承安2	1172	3	29		日吉行幸行事賞	譲父師元正四位上	玉
	治承2	1178	3	23		春日行幸行事賞	譲男師重正五位下	
	寿永2	1183	12	19	正五位上	—		玉
	文治5	1189	10	29		春日行幸行事賞	追可申請	仲
	建久元	1190	1	24	従四位下	—		
			10	27	従四位上	去春日行幸行事賞		
	建久5	1194	1	30	正四位下	—		
中原師重	元暦元	1184	12	20	従五位上	父師尚治承2春日行幸行事賞譲		
	文治3	1187	1	23	正五位下	父承安元年行幸行事賞譲		
	元久元	1204	11	13	正五位上	石清水賀茂行幸行事賞		
	承元4	1210	8	22		春日行幸行事賞	譲男師兼従五位上	猪
	建保6	1218	7	9		臨時		
	承久元	1219	4	8		臨時		
			10	5		稲荷祇園行幸行事賞		
中原師直	建久元	1190	12	14		平野大原野行幸行事賞	譲男師孝従五位下	玉
	建久2	1191	12	13	正五位上	松尾北野行幸行事賞		玉
	建久7	1196	11	5		石清水賀茂行幸行事賞	譲男師親正五位下	玉・三
清原良業	建仁2	1202	11	19	正五位上	—		猪
中原師季	建久8	1197	1	6	従五位上	—		
	承元3	1209	1	17	正五位下	—		
	承久2	1220	1	6	正五位上	日吉行幸行事賞		
	嘉禄元	1225	11	28		石清水賀茂行幸行事賞	追可申請ヵ	石
	安貞元	1227	12	14		春日行幸行事賞	追可申請ヵ	明・民
	嘉禎3	1237	1	29	従四位下	—		
			3	8	従四位上	—		
			4	24	正四位下	石清水賀茂行幸行事賞		
清原頼尚	暦仁元	1238	3	28		春日行幸行事賞	追可申請ヵ	薬
中原師兼	建暦2	1212	11	11	従五位上	父師重承元4春日行幸行事賞譲		明
	建保2	1214	3	28	正五位下	—		
	嘉禄元	1225	12	12	正五位上	稲荷祇園行幸行事賞		明
中原師光	承久2	1220	1	22	従五位上	父師重松尾平野行幸行事賞譲		
	嘉禄2	1226	1	5	正五位下	臨時		明
	寛元4	1246	1	18	正五位上	春日行幸行事賞		葉
	建長6	1254	1	13	従四位下	—		
			11	17	従四位上	—		
	正嘉元	1257	12	30	正四位下	—		

［表４］　大夫史昇進事由

大夫史	年号	西暦	月	日	位階	事由	備考	典拠
多米国平	長保３	1001	1	30	従四位下	—		権
小槻奉親	長保３	1001	1	30	従五位下	—		権
	長保５	1003	3	26	従五位上	石清水・賀茂行幸行事賞		権
	寛弘３	1006	3	4	正五位下	家司賞		御
但波奉親	長和２	1013	12	19		石清水・賀茂行幸行事賞	譲行衡	御
	寛仁元	1017	12	3	正五位下	造八省賞		小・御
	治安元	1021	11	4		春日行幸行事賞	追可申請	小
小槻貞行	治安２	1022	12	8	従五位上	平野・大原野行幸行事賞		左
	万寿２	1025	7	2	正五位下	行幸行事賞		小
小槻祐俊	永保元	1081	12	5	従五位上	春日行幸行事賞		師・水
	嘉保２	1095	4	15	正五位下	石清水・賀茂行幸行事賞		中
	承徳元	1097	4	8		春日行幸行事賞	追可申請	中
			4	26		稲荷・祇園行幸行事賞	追可申請	中
小槻盛仲	天永２	1111	2	14	正五位下	御遊行幸行事賞		殿・中
小槻政重	天承元	1131	3	19		稲荷・祇園行幸行事賞	追可申請	長
小槻師経	久安元	1145	12	4	従五位上	石清水・賀茂行幸行事賞		本
	久安５	1149	3	20	正五位下	延勝寺供養行事賞		本
			11	25		稲荷・祇園行幸行事賞	追可申請	本
小槻永業	保元２	1157	10	22	正五位下	造内裏行事賞		兵
	保元３	1158	3	1		春日行幸行事賞	追可申請	兵
	永暦元	1160	8	27		石清水・賀茂行幸行事賞	追可申請	山
	応保元	1161	8	25		平野・大原野行幸行事賞	追可申請	山
小槻隆職	嘉応元	1169	8	29		石清水・賀茂行幸行事賞	追可申請	兵・玉
	嘉応２	1170	3	24		春日行幸行事賞	追可申請	兵・玉
	承安２	1172	10	23		稲荷・祇園行幸行事賞	追可申請	玉
	承安３	1173	4	13		石清水・賀茂行幸行事賞	追可申請	玉
小槻隆広	文治３	1187	11	14		石清水・賀茂行幸行事賞	譲男公尚従五位下	玉
小槻隆職	建久２	1191	12	13		北野・松尾行幸行事賞	追可申請	玉・都
	建久６	1195	3	24		東大寺供養行事賞	追可申請	玉
小槻国宗	元久元	1204	11	13		石清水・賀茂行幸行事賞	譲子息通時従五位上	明
	承元４	1210	8	20		春日行幸行事賞	追可申請	猪
小槻季継	嘉禄元	1225	12	21	正五位下	石清水・賀茂行幸行事賞		明・石
	安貞元	1227	12	15		春日行幸行事賞	譲子息為景正五位下	明・民
	暦仁元	1238	3	28		春日行幸行事賞	追可申請	薬
小槻淳方	寛元４	1246	1	18	正五位下	春日行幸行事賞		葉・民
	建長３	1251	6	27		造閑院行事賞	追可申請	俊

(注)　表中典拠の他に、［表３］は井上幸治編『外記補任』(続群書類従完成会、2004年)・『地下家伝』、［表４］は永井晋編『官史補任』(続群書類従完成会、1998年) を参照した。

［典拠略記一覧］　紀：『日本紀略』、御：『御堂関白記』、権：『権記』、小：『小右記』、為：『為房卿記』、左：『左経記』、師：『帥記』、本：『本朝世紀』、殿：『殿暦』、中：『中右記』、長：『長秋記』、山：山槐記』、兵：『兵範記』、玉：『玉葉』、仲：『仲資王記』、都：『都玉記』、三：『三長記』、猪：『猪隈関白記』、明：『明月記』、民：『民経記』、薬：『玉蘂』、葉：『葉黄記』、俊：『俊経卿記』、石：『石清水文書』。

る。「儒労（直講労、助教労、博士労）」は、対策に及第した文章得業生が、年限によって加階する「策労」に相当する事由で、明経道得業生試に及第した者を、一定の年限によって加階する叙位方式だと考えられる。実例から算出された叙位までの年限は、従五位上には八年、正五位下には九年、従四位下には三〜四年である。こうした年労制的事由は、長寛二年（一一六四）の事例を最後に見出せなくなる。

［表3］によると、主要な昇進事由は勧賞であり、なかでも、貞元二年（九七七）、閑院第で行われた花宴行幸の本家賞として、大蔵弼邦が加階した「家司賞」[47]を除くと、全て「行事賞」だと判明する。行事所制の成立にともない、外記の昇進機会が、官行事所主催行事の奉行を務めることに限定されるようになったと理解できよう。

一方、官務は『二中歴』に記載がない通り、実例においても年労関係の事由は検出されなかった。事由は全て勧賞であり、一一世紀二〇年代以降は「行事賞」に統一されている。このような昇進形態が確立する以前、すなわち一一世紀初頭の二件について検討しておきたい。

まず、寛弘三年（一〇〇六）、小槻奉親の正五位下加階は、三月四日に東三条殿で行われた花宴行幸において、「左大臣室（源倫子）並子息家司等」[48]に対する勧賞の一環として実施された。

寛仁元年（一〇一七）、但波奉親加階の経緯は、以下の通りである。同年一一月二五日の賀茂行幸において、行事外記を務めた小野文義は、一二月二日、同行幸の勧賞により正五位下に昇級した。一方、行事史を務めた奉親は、先の石清水行幸に奉仕していなかったため「不ㇾ賜二加階一」「数十年下﨟」の文義による超越を余儀なくされた。奉親はこれを道長に愁い申し、寛仁元年の造八省功をもって加階が実現したのである[49]。道長家司である彼は、その強引な推挙によって大夫史に補任された人物だと知られ、今回の加階も道長との主従関係を梃子とした「太任意」[50]な叙位であったと窺知し得る。

以上、外記・史ともに年労制から勧賞へ移行し、その後、主従関係のみに依拠した昇進事由が排除され、行事賞に統一されていく点は興味深く、太政官政務処理の中枢を担う職掌上の立場を律する意義があったと評価できるのではないだろうか。

次いで叙爵に関しては、行事賞も確認されるが、年労制の一種である巡爵、つまり毎年一﨟を叙爵する方式が機能し続けている点に加階との相違がみられる。

局務家出身以外の者は、叙爵すると外記を離れ、諸国の任用国司に就き、長期の待機期間を経て巡任制により受領に補任されるのが慣例であった。ところが、一三世紀以降では、局務家と系譜を異にする人々は叙爵せず、長期間少外記にとどまり、局務家との師弟関係を紐帯として、家司的な役割を果す門生の家が形成されたと指摘されている。

また弁官局においても、官務家と系譜を異にする人々、安倍氏や高橋氏は、右大史を極官として六位史に終身とどまり、承久年間以降、小槻氏門徒と称される六位史の家が成立するという。すなわち、官司請負が進む一三世紀半ば頃までには、官務家・局務家と門生・門徒の家に階層分化し、後者は叙爵を望まず、叙爵が避けられたため、巡爵は消滅していったと考えられる。(51)

如上の昇進状況を踏まえて、官司請負制の展開や中世的な「家」の形成と昇進形態の変化との関係について検討しておきたい。

先行研究によると、一〇世紀後半頃から官司請負的な傾向が現れ始めるものの、局務が中原・清原両氏によって独占されるようになるのは、延久三年（一〇七一）以降であり、両氏とも局務を直系相伝して、庶流が大夫外記に就任することを阻止していたとされる。(52)

また、官務を小槻氏が独占するようになるのは小槻孝信が大夫史に就任した永承元年（一〇四六）からであり、康和五年（一一〇三）二月の除目で小槻祐俊から盛仲へ大夫史の譲任が認可されたことで世襲化が確立したと指

摘されている。(53)

外記や史の位階昇進事由に非年労制的な昇進事由が導入され始めた一〇世紀末から一一世紀初頭においては、まだ中原・清原・小槻三氏による大夫外記・史の独占状況にはなかった。

機械的な昇進が可能な年労制に比して、ⓐ官行事所の行事やⓑ権門沙汰の奉行に就任することで行事賞や勧賞を得て昇進するようになる事実は、彼らの昇進過程に業務の完遂、主従関係の有無、権力者への働きかけなど、一種の競争原理が導入されたと評価し得よう。そのような趨勢のなかで、上記三氏が勧賞機会を獲得することに成功し、これらの氏族による地位の独占が促進されたのだと了解する。

院政期になるとⓑに関わる事由は消滅し、第三章で論じる通り、大夫外記・史が行事官に就任する機会が増加した。その結果、官務・局務へ賞が集中し、それを譲与することで世襲化が図られたのである。このように、加階における年労から勧賞という叙位事由の変化が、官務・局務の成立に少なからぬ影響を及ぼしたであろうことは想像に難くない。一方、勧賞による以下のような弊害を考慮する必要がある。

遠藤珠紀氏によると、定員五人の外記局において、仁安元年（一一六六）清原頼業と中原師尚の二人が同時に大外記就任を果たして以降、大夫外記二人制が定着すると、六位外記が実質的定員減となり、また職務が繁多である割りに得分が少なく、任官が滞っていたために、欠員や未熟練による業務の停滞という問題が生じていたという。加えて、承平七年（九三七）以来、巡爵によれば四年任期が厳守されていたものの、勧賞による叙爵が増加した結果、一二世紀半ばには六位外記の平均在任期間は約一一か月強にまで短縮されたため、熟練が育たなくなった。(54)

こうした状況に対応して、文治三年（一一八七）に定員一名の増員と、六位外記の再編が実施された。すなわち、大外記の子弟や庶流など局務一族以外に、兵衛府・衛門府などの出身者の採用を増やし、前者（局務一族）

が一二世紀以前と同様に短期間で叙爵するのに対し、後者は数十年という長期間六位外記に在任して、実務に熟練した実働メンバーとなった。

「門生」と呼ばれるこれらの人々は、叙爵を避けたため、巡爵や勧賞が利用される機会が喪失し、結果としてこれらの事由が消滅したと考えられよう。

以上のように、官司再編にともなう官司請負の動向と中世的な「家」の成立という趨勢のなかで、昇進形態が変化している実態が明瞭になった。

第三節　侍層の昇進と労

(一)諸司・諸衛の労

年労方式の叙爵すなわち、①巡爵、②年労叙爵、③諸司・諸衛労は、叙位聞書等をみる限り、鎌倉期以降も多数残存している。

①は、外記・史と同様に、民部丞・式部丞・(兵部丞)・衛門尉（以上、顕官）と蔵人・近衛将監において、各々年労が最も高い者が毎年一人ずつ、②は内記・大蔵丞・検非違使尉等において、一定年限を満たした者が叙爵される。③は、上記以外の諸司・諸衛に在職する六位官人を諸司と諸衛でグループをつくり、最上﨟一～二名が叙される方式である。グループの構成人数が多いので、叙爵に与るまでの期間が長く、①②と比べて最も昇進に不利な労といえる。

中世社会における有官位身分において最下層に位置づけられる侍層[55]の昇進を検討すべく、諸司・諸衛労をとりあげたい。

『二中歴』によると叙爵までに要する年限は、内官三分（諸司）が一七～八年、外衛は一三～四年である。一二世紀後半の外記の習いによると、前者は二〇年、後者は一四～五年といわれ、若干年限が延長されているが大差ない。しかし、運用の実態はこの原則と大幅に乖離していたことが次の史料からうかがえる。

諸司ハ経二廿年一載二勘文一、外衛ハ経二十四・五年一載二勘文一。而近年叶二年限一之輩、併候二院北面或権門一。仍各不レ載二勘文一。仍纔至二七八年一之輩、皆載二勘文一。不便事也云々。[56]

北面・権門祗候者とは、主に兵衛尉や馬允等の武官や内官三分を帯びる下北面や諸家の下家司・侍等を指していると思われる。彼らは年限がきても「不レ載二勘文一」、叙爵せずに官にとどまった。あるいは、馬允から兵衛尉・検非違使尉等を歴任した後、年爵によって叙爵し、さらに叙留の宣下を得て大夫尉として残留するケースも多い[57]。

一方、右のごとき恩許が得られない人々は、年限よりも速く、七～八年あるいは三～四年で外記勘文に載せられ叙爵するも叙留宣旨が下されず、余儀なく官職を去る。したがって、「年労未レ至之輩」が勘文に入れられ叙爵することは、昇進というよりも、官司からの放逐という意味合いが強く、「大略勘当[58]」と認識されるのである。諸司・諸衛労が、院や権門等、主人の恩顧を得られない侍層の人々を叙爵するのに利用されている実状が明白であり、定期的昇進の保証や、恩許という年労制本来の意義を果さず、官司に欠員を生み出すための装置として機能している点が指摘できる。

本来、同労は毎年一～二名の叙爵に利用されたが、「諸衛爵已不レ知二其数一歟」や「諸司諸衛卅人。不レ遑二記録一」という記述が散見する一二世紀末以降、数的増加が顕著になる。その背景について言及しよう。

諸司・外衛労が設定される官司は、地下官人の成功対象の官司と重複していることが注目される。当該期の成功任官の手続きは、弁や職事以上の上層部の関与が弱まり、行事官の実務官人層に割り当てる請負方式に転換した事実が明らかにされている。殊に承久の乱以降、諸国からの公事用途調達は困難を極め、成功への依存が飛躍的に高まった。需要が増すに連れ、官職の価値が低下するので、必要な財源を満たすためには、さらに多くの成功希望者を募る必要性が生じ、「口入」と呼ばれる仲介者が間を取り持ち、広範な徴募が行われたという。[59]

したがって、成功希望者は、院宮諸権門と必ずしも縁のある者でなく、仲介者によって紹介された「公家政権とはその場限りの関係[60]」の人々が多分に含まれていたといえよう。この無機的な関係の者の叙爵を中心に、同労が利用されていたのではないかと考える。なぜなら、財源としての任官を恒常的に必要とする朝廷は、早期に官司に欠員をつくり、成功希望者および、待機者を任官させる必要に迫られていたであろうことは容易に推測され、諸司・諸衛在職者を大量に放出するため、一括叙爵させる手段として同労が重用されたと判断されるのである。[61]

さて、中世の叙任決定において、実質的に有効な資料は折紙だと知られている。しかし、「於レ爵者不レ載ニ注文一。件注文書ニ檀紙折紙一也[62]」や、「勘文下ハ可レ叙之者ニ素被レ引レ点也[63]」という記述からは、叙爵に関しては年労方式の叙位決定資料たる外記勘文が依然有効に機能していた実状が窺知される。叙爵に年労方式の残存率が高いという実態が、文書変化においても現れているといえよう。

ただし、院・権門祇候の者が勘文に載せられなかったように、当該期の勘文は作為が加えられたものだったのである。したがって、「外記勘文に基づいた機械的な」昇進方法という年労制の性格は大幅に変質しているといえよう。にもかかわらず、年労が残存する理由はどこにあるのだろうか。要因の一つとして以下の点が指摘できるだろう。

加階が抑制されている侍層にとって、生涯で叙位に与る機会は極めて少なく、叙爵は六位の官からの離脱に繋がり、叙位は必ずしも恩賞となり得ない。むしろ、昇進すべき年限を迎えた叙位を、主人の申請によって「不レ載ニ勘文ニ」ように処置され、止められることが彼らにとっては恩となるのである。それゆえ、逆説的な意味におい

て、この階層に年労制が存在している意義が認められよう。(64)

（二）舞人・楽人の昇進状況

一一世紀以降の舞人楽人は、「その家系により伝来の得意の演奏曲目もあって、それを官職的『職』としており、これを社会的地位と収益権を保証された私的な『家業』としていた」。そして、「中世的権門体制のなかに位置付けられ」、「音楽専業者として一定の安定した社会的基礎(65)」を築いていったといわれる。中世楽家成立の画期は一一世紀初頭の左右両部制に求められる。以下、一一世紀以降を中心(66)に検討を加えたい。

左右両部制とは、相撲節会における奏楽を担当していた衛府楽人の演奏形式であり、遅くとも一条朝末期頃には、左舞を狛氏が、右舞を多氏が担当するように定着したという。平安前期において奏楽を担ってきた雅楽寮が、諸官司再編のなかで衰退するのにともない、このような衛府楽人を中心とする奏楽形態に移行していった。(67)

舞人楽人が帯びる官職は近衛府の下級官人、すなわち府生・将曹・将監である。近衛将監は巡爵が適用される六位官職で、府奏によって左右各一﨟が、毎年叙爵することになっていたが、舞人楽人が巡爵で昇進した例は見出せない。

左右舞人の一者を世襲する狛・多両氏の昇進状況［表5］を例にあげて検討すると、彼らの叙任の大部分が、朝覲行幸・御願寺供養・御賀御遊等の行幸・御幸や藤氏長者の春日詣において、舞楽を奉仕して得た勧賞に依拠していることが判明する。さらに、秦王（秦王破陣楽）、散手、振鉾、納蘇利、胡飲酒、採桑老等、一者もしくはそれに相当する者が相伝、担当する舞に対して勧賞が行われる場合が多く、一者やその周辺に賞が集中していく構造が理解される。さらにこれを譲ることによって、身分の再生産が保証される体制が整っていたと評価できよう。

奉仕と恩賞の関係で注目したいのは、建長二年（一二五〇）の朝覲行幸における楽人等の行動である。彼らは

「不レ被レ仰レ賞之由」を聞き、「不レ奏二曲調一」という挙にでたが、勧賞を約束されたため奏楽を果したという。(68)これは、勧賞と引き換えに舞楽を奉仕するという認識が、彼らの間に浸透していた事実を明瞭に物語っており、奉仕と恩賞は原則として双務関係で成立していたと諒解する。

以上、諸大夫・侍層の昇進制度は、一一世紀頃から、おおよそ二つに分離していったとみなせよう。一つは、年労制的方式から勧賞（「行事賞」と「勧賞」）や年爵へ昇進形態が移行する方向(A)であり、いま一つは、年労制的事由が一三世紀以降も残存し続けるという方向(B)である。両者の違いは、奉仕形態の変化、つまり令制省

[表5]　舞人・楽人(左一者狛氏・右一者多氏)昇進状況

①楽人右一者

右一者	年号	西暦	月	日	叙任等	事由	備考
多忠方	康和三	一一〇一	一〇	一九	楽所勾当	白河院御賀	一六歳、多資忠三男
	永久二	一一一四	一二	—	右近将監	白河阿弥陀堂供養貴徳賞	
	元永元	一一一八	一二	一五		最勝寺供養胡飲酒賞	
	保安二	一一二一	二	二九		朝覲行幸賞納蘇利賞	
	大治三	一一二八	三	一三	栄爵	円勝寺供養日胡飲酒賞	
	天承元	一一三一	一	二	従五位下	朝覲行幸賞納蘇利賞	七日叙位
	長承元	一一三二	三	二三	栄爵	臨時楽胡飲酒賞	
			一〇	七	栄爵	白河阿弥陀堂供養胡飲酒賞	
	長承三	一一三四	二	一七	五位	法勝寺金泥一切経供養日胡飲酒賞	
	保延元	一一三五	一	四	栄爵	朝覲行幸胡飲酒賞	
			六	一六			卒、五一歳、一者治三三年
多近方	永久二	一一一四	一二	—	右近将曹	除目之次	二六歳、多資忠四男
	天承元	一一三一	一	二	右近将監	朝覲行幸賞採桑老賞	
	保延二	一一三六	三	二三	栄爵	勝光明院供養日貴徳賞	
			一〇	一五	栄爵	法金剛院御塔供養日貴徳賞	

			一〇	一五	左近将監	法金剛院御塔供養日散手賞	二月日叙位
	保延五	一一三九	一一	三	従五位下	朝観行幸貴徳賞	譲男右府生成方任将曹
			一〇	二六	栄爵	成勝寺供養日賞	
	久安三	一一四七	八	一一	一階	鳥羽殿御堂供養日貴徳賞	
	久安五	一一四九	三	二〇	一階	延勝寺供養日貴徳楽賞	
	久安六	一一五〇	一〇	二	一階	美福門院法勝寺一切経供養日貴徳賞	
	仁平二	一一五二	五	四			卒、五一歳、一者治三三年、六五歳、一者治一七年
多忠節	大治五	一一三〇	一一	丨	右近衛府生		二〇歳、多忠方一男
	保延五	一一三九	一	三	右近将曹	朝観行幸胡飲酒賞	
	仁平二	一一五二	八	一六	一者	一院御賀日	
	保元三	一一五八	一	一〇	右近将監	朝観行幸賞	
	治承元	一一七七	丨	丨	一階	蓮華王院供養日賞	
	文治四	一一八八	丨	丨			卒、七九歳、一者治三六年
多成方	大治五	一一三〇	一一	丨	右近衛府生		一七歳、多近方一男
	保延五	一一三九	一〇	二六	右近将曹	成勝寺供養日父賞譲	
	仁安元	一一六六	丨	丨			卒
多好方	久安二	一一四六	一	丨	右衛門志	除目之次	不経府生年一七、多近近方二男
	永暦元	一一六〇	丨	丨	右近将曹		
	安元元	一一七五	丨	丨	右近将監		
	文治五	一一八九	一二	二三	従五位下	九条兼実大饗日	
	建久五	一一九四	九	一二	一階	興福寺供養日賞	
	建久六	一一九五	三	一五	一階	東大寺供養日賞胡飲酒賞	
	正治元	一一九九	一一	一七	一階	朝観行幸賞	
	承元元	一二〇七	一一	二九	一階	最勝四天王院供養日胡飲酒賞	
	建暦元	一二一一	六	五			卒、八二歳、一者治二二年
多近久	建保元	一二一三	三	一一	一階	朝観行幸賀殿賞	多近近方二男
			三	二六	一階	法勝寺九重塔供養日賀殿賞	
			丨	丨			卒、九〇歳
多好節	建保二	一二一四	二	一四	従五位下	七条殿五重塔供養日胡飲酒賞	

	建保五	一二一七	—	—			卒、五五歳、男好氏任一者
多好氏	承元二	一二〇八	—	—	右近将監	祖父好方将監退申任	二一歳
	貞応元	一二二二	一	二〇	従五位下	朝覲行幸胡飲酒賞	
	安貞二	一二二八	三	二〇	一階	朝覲行幸胡飲酒賞	
	嘉禎三	一二三七	—	—			朝覲行幸賞譲男好世任右兵衛尉

②楽人左一者

左一者	年号	西暦	月	日	叙任等	事由	備考
狛光季	承暦元	一〇七七	一二	一八	従五位下	法勝寺阿弥陀堂供養賞	
			一二	一八	左近将監	法勝寺阿弥陀堂供養賞	
	天永二	一一一一	—	—	従五位上		
	天永三	一一一二	一〇	二三			卒八八歳、将監以降、栄爵一八度、一者治三八年
狛行高	天永三	一一一三	一一	二五	一者	法勝寺院御賀日	
	永久二	一一一四	一一	二九	一階	白河阿弥陀堂供養散手賞	
	元永元	一一一八	一二	一五	従五位下	最勝寺供養散手賞	
	保安元	一一二〇	二	二二	一階	朝覲行幸賞青海波	
			七	一九			卒五九歳、一者治八年
狛光則	永久三	一一一五	—	—	左近将曹		
	保安元	一一二〇	八	—			一者
	保安二	一一二一	二	二九	左近将監	朝覲行幸賞陵王賞	
	大治三	一一二八	三	一三	一階	円勝寺供養日秦王譲子息則友	
	天承元	一一三一	一	二	従五位下	朝覲行幸散手賞	
			一一	八	栄爵	長者殿春日詣馬場院賞	
	長承元	一一三二	三	二三	栄爵	臨時楽散手賞	
			一〇	七	栄爵	白河阿弥陀堂供養散手賞	
	長承三	一一三四	二	一七	五位	法勝寺金泥一切経供養日散手賞	
	保延元	一一三五	一	四	栄爵	朝覲行幸散手賞	
			二	二七	栄爵	一院春日御幸賞	
	保延二	一一三六	一	一三			卒六八歳、一者治一七年

狛光時	保安二	一一三六	｜	｜	左近将曹		
	保延二	一一三六	一〇	一五	左近将監	法金剛院御塔供養日散手賞	
	保延三	一一三七	八	｜	一者	日吉行幸御幸日	
	保延五	一一三九	一	三	一階	朝覲行幸散手賞	
			一〇	二六	栄爵	成勝寺供養日秦王賞	
	康治元	一一四二	四	二	従五位下	保延五年朝覲行幸賞	
	久安三	一一四七	八	一一	一階	鳥羽殿御堂供養日散手賞	
	久安五	一一四九	三	二〇	一階	延勝寺供養日太平楽賞	
	久安六	一一五〇	一〇	二	一階	美福門院法勝寺一切経供養日散手賞	
	仁平元	一一五一	八	一一	一階	長者殿春日詣興福寺職掌官首賞	
	仁平二	一一五二	三	八	一階	院御賀舞師賞	
	仁平三	一一五三	一一	二七	一階	長者殿春日詣興福寺職掌官首賞	
	平治元	一一五九	｜	｜			卒七一歳、一者治二三年
狛光近	長承元	一一三二	｜	｜	左近府生		
	久安元	一一四五	｜	｜	左近将曹		
	保元三	一一五八	五	二九	左兵衛尉	内教坊妓女舞師賞	
	永暦元	一一六〇	｜	｜	左近将監	一者	
	治承元	一一七七	一二	一七	一階	蓮華王院供養日賞	
	寿永元	一一八二	四	二九			卒六五歳、一者治二三年
狛則近	久安六	一一五〇	四	二〇	左近府生		
	永暦元	一一六〇	一〇	二〇	左近将曹		
	安元二	一一七六	三	六	左近将監	後白河院御賀臨時楽抜頭賞	
	寿永二	一一八三	二	二一	一階	朝覲行幸万歳楽賞	
	元暦元	一一八四	一二	一六	一階	長者殿春日詣馬場院賞	
	文治四	一一八八	三	二七	一階	長者殿春日詣馬場院賞	
	文治五	一一八九	一二	二二	従五位下	九条兼実大饗日	
	建久五	一一九四	九	二二	一階	興福寺供養日賞	
	建久六	一一九五	三	一五	一階	東大寺供養日賞散手賞	
	建久八	一一九七	四	二二	一階	朝観行幸万歳楽賞	

	建久九	一一九八	四	二四			卒六六歳、一者治一六年
狛光重	正治元	一一九九	一一	二七	従五位下	朝観行幸万歳楽賞	
	正治二	一二〇〇	七	一七			卒七三歳、一者治二一年
狛則房	正治三	一二〇一	七	一六	従五位下	長者殿春日詣高陽院賞	
			一一	二七	一階	春日競馬御幸賀殿賞	
	承元元	一二〇七	一一	二九	一階	最勝四天王院供養日散手賞	
	承元三	一二〇九	九	四			卒五八歳、一者治九年
狛光真	承元三	一二〇九	一一	二六	一階	長者殿春日詣馬場院賞	
	建暦元	一二一一	一一	一九	一階	朝観行幸賀殿賞	
	建保元	一二一三	三	一一	一階	朝観行幸賀殿賞	
			三	二六	一階	法勝寺九重塔供養日賀殿賞譲男建保三年	
	建保二	一二一四	二	一四	一階	七条殿五重塔供養日太平楽賞	
	建保三	一二一五	一	一七			譲男定近任将監
	貞応元	一二二二	一	二〇	一階	朝観行幸万歳楽賞	
	寛喜二	一二三〇	二	二八	一階	長者殿春日詣馬場院賞	
	嘉禎三	一二三七	一二	二〇			辞退出家七三歳、一者治三八年、一年前に殺傷事件
狛定近	暦仁元	一二三八	一	二二	従五位下	春除目次(無常勧賞叙五位始例)	
	暦仁二	一二三九	一〇	八			卒六五歳、一者治三年

（注）『楽所補任』を参考に作成（事由に関しては適宜記録類を参照して補った）。

［狛氏］

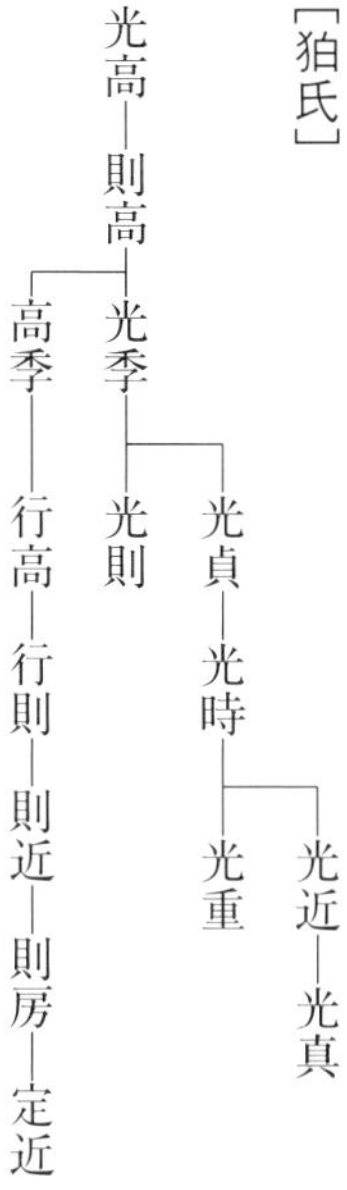

［多氏］

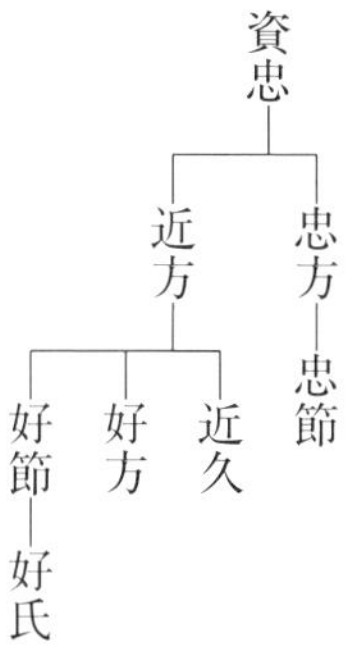

寮司の形骸化にともなう該期の官司再編のあり方に起因しているのではないかと推察する。官司再編の三つの動きと昇進制度の変革との関係について言及しながら論じたい。

第一に、該期太政官における実質的な実務処理機関たる行事所制[69]の成立は、随時的に組織されるという性格上、在職期間を評価する年労制的昇進評価とは馴染まないため、行事らの奉仕に対する勤務評価として恩賞形式の行事賞が設置された。

第二に、官司請負制の影響が指摘できる。前述の通り、朝廷機構の再編が進み、一一世紀後半から一二世紀中頃、官司業務を特定の氏族が請け負う中世的な官司運営体制が成立したと指摘されている[70]。専門的な知識や能力、特殊技能を有するこれらの氏族は、例えば公家社会における文書行政の知識や先例を掌握し、行事所において実務を担当した外記・史は「行事賞」を、朝廷の儀礼や法会における奏楽を担当した舞人楽人等[71]は「舞楽名＋賞」を、天皇等の出御における反閇を担当した陰陽師は「反閇賞」をというように、それぞれ奉仕に対応した恩賞というかたちで昇進機会が整備されている。以上が、(A)の背景である。

第三は、官司請負されない中世の官司運営方法として注目されている長官—年預制との関係である[72]。これは、長官が年預の補任権を有し、各官司の判官・主典のなかから補される年預が官司運営の実務を担う制度であり、近衛府をはじめ、衛門府・内蔵寮・木工寮・修理職等においてみられる。一二世紀末になると、年預は官職に関係なく任命されるようになり、必ずしもその官司に本官を有する必要はなくなったという。これによって、年預以外の官人は実務に携わらなくなり、ポストだけで実際の職務をともなわない官職が生じ、これが成功の対象となっていくと指摘されている[73]。

これら地下官人の成功対象の官司において、欠員を設けるために大量の叙爵者を生み出す機能が期待されたため(B)がみられたのだろう。

以上のように、年労制の変遷および昇進事由の変化は官司再編と連動していると諒解される。そして、昇進制度の変化は公家社会の編成や秩序形成と不可分な関係にあると評価したい。

おわりに

年労制は、官司における勤務、すなわち「『機構や制度を媒介とする』奉仕」(74)を評価した昇進制度だといえる。この点において、律令制下の考課成選方式と、共通した性質を有しているとみなせよう。また、所定年限を満たせば昇進可能な年功序列的な年労方式は、定期的な昇進が保証される官僚制的・機械的な昇進制度である点を重視したい。

これに代わる主要な三つの昇進事由（①年爵、②「勧賞」、③行事賞）のうち、①②は「『人格的、身分的従属関係』に基づく奉仕」を評価する。平安貴族社会の特質として、律令国家において後景に位置していた天皇との「『人格的、身分的従属関係』に基づく奉仕」が顕在化し、およびそれが「『機構や制度を媒介とする』奉仕」と同価値を有するとみなされるように変化したという指摘や、奉仕関係が多元化するという評価(75)を踏まえると、①②の昇進事由が、中世社会に向けて量的増加を遂げ、重要性を増していくことは容易に理解できる。

②の特質をさらに踏み込んで検討しよう。後堀河天皇の朝覲行幸に関する「勧賞」は、それを端的に説明している。寛喜元年（一二二九）一二月、行幸を間近かに控えたある日、以前から加階を希望していた貴族が、「為レ給二勧賞一、可レ補二院司一」、「勤レ饗者必預レ賞」(76)という仰せを得たという。この事例は、行幸における楽所饗奉仕との交換を条件に勧賞が約束されている事実、さらにその前提として院司補任が行われる実態を露呈している。主従関係の成立と奉仕および勧賞との関係が露骨に現れた特殊な事例と思われるが、②の本質を物語っており興味深い。

では、③の特徴はどうだろうか。太政官行事所における奉仕、つまり「『機構や制度を媒介とする』奉仕」を評価する点で、年労制等の性格と相通じる。しかし、③は原則として、所定職務の完遂（奉仕）と交換関係に行われる恩賞である。したがって、本質的な性格において②との共通性を看取することが、より重要であろう。

以上、中世における主要な叙位制度は、「『人格的、身分的従属関係』に基づく奉仕」を昇進評価の対象として制度化した点と、「『機構や制度を媒介とする』奉仕」に対しても個別具体的な賞というかたちで報いる点に特質を認めることができると思う。このように、摂関期までに形成されていた機械的・官僚制的な昇進制度、すなわち年労制的秩序が否定されていくことによって、中世的な恩賞としての叙任制度が成立したと解されるのである。そのことは、叙位とさまざまな主従関係における行賞行為との同質化をもたらし、ひいては勧賞として与えられる官位そのものが恩賞的性格を濃厚にした。そして、かかる叙位を繰り返し行うことによって、主従制の要素が公家社会に浸透する結果を導いたと評価できるのではないだろうか[77]。

（1）吉川真司①「律令官人制の再編」、同②「天皇家と藤原氏」（『律令官僚制の研究』、塙書房、一九九八年、初出は一九八九・九五年）。玉井力①「平安時代における加階と官司の労」、同②「十・十一世紀の日本――摂関政治」（『平安時代の貴族と天皇』、岩波書店、二〇〇〇年、初出は一九八八・九五年）。高田淳「加階と年労――平安時代における位階昇進の方式について――」（『栃木史学』三、一九八九年）。以下、特に断らない限り、年労制に関する先行研究は、玉井氏①論文と高田氏論文による。

（2）高田氏注(1)所引論文三六頁。

（3）野村忠夫『増訂版　律令官人制の研究』（吉川弘文館、一九七八年、原版は一九六七年）、同『官人制論』（雄山閣出版、一九七五年）を参照。

（4）玉井氏注(1)所引書三八〇頁。

（5）笹山晴生『日本衛府制度の研究』（東京大学出版会、一九八五年）、玉井力「『院政』支配と貴族官人層」（玉井氏

注1所引書、初出は一九八七年)。

(6) 玉井氏注(1)所引書四〇一頁。なお労に関しては、福井俊彦「労および労帳についての覚書」(『日本歴史』二八三、一九七一年)も参照。

(7) 院政期において中世公家社会の家格は一応の確立をみるが、分家の進行を含めると中世前期を通して不安定さを有しており(市沢哲「鎌倉後期公家社会の構造と『治天の君』」、『日本中世公家政治史の研究』、校倉書房、二〇一一年、初出は一九八八年)、該期昇進問題は家の存亡と直結した重要な課題であったと思われる。

(8) 官人を律するための有効な手段は、国家が官人の意識の内部を支配することにあり、「その決定的な手段はかれらの『昇進』」を掌握することであり、「国家は『昇進』を媒介として国家目的を実現するのである」と、石母田正氏は古代律令官僚制と昇進制度との関係について論じられた(『石母田正著作集第三巻　古代国家論』、岩波書店、一九八九年、初出は一九七三年)。この指摘は、「官僚制」やその「国家」に限定されず、あらゆる体制の集団を支配する上で普遍的な意味をもつ内容であると理解する。

(9) 近藤成一「鎌倉幕府の成立と天皇」(『講座前近代の天皇制第一巻　天皇権力の構造と展開その一』、青木書店、一九九二年)、金井静香『中世公家領の研究』(思文閣出版、一九九八年)など。

(10) 大饗亮『封建的主従制成立史研究』(風間書房、一九六七年)。

(11) 鎌倉幕府の恩賞構造を検討した木内正広氏は、所領安堵・恩沢・権利付与とともに官爵をあげている(「鎌倉幕府恩賞の構造」、『日本史研究』二九二、一九八六年)。

(12) 吉川氏注(1)所引書三七五頁。

(13) 玉井力「道長時代の蔵人に関する覚書――家柄・昇進を中心として――」(玉井氏注1所引書、初出は一九七八年)。

(14) この他の官司の労にも検討を加える必要があるが、概ね本章で検討する労と同様の変化が指摘できると推察する。ただし、策労に関しては、鎌倉期以降も多数確認されるため、別途検討したい。

(15) 『二中歴』記載の年限は、九八〇年代から一〇四〇年代の間に定着した(玉井氏注1①所引論文)。

(16) 公達とは、一〇世紀以降における摂関や賜姓源氏の子孫で、道長・頼通政権の段階において、近衛次将コースや弁官コース(侍従・兵衛佐・少納言→弁官)を経て公卿に昇進する家柄を指して用いることにする(玉井氏注5所引論文参照)。

(17) 藤原経実は永保三年正月六日、中将労で従四位上に叙されている（『公卿補任』寛治五年、藤経実の項）。

(18) 『玉葉』治承元年一二月二六日条。

(19) 「臨時」については本書補論二を参照。

(20) 『玉葉』治承二年正月五日条。

(21) 例外的なものとして、叙従四位下の「中将労」があげられる。すなわち、この労は院政期以降も、摂関家の子弟の昇級に利用されていることが確認できる（『玉蘂』安貞二年正月二日条）ため、本文記載の変化に該当しない。これは該期公家社会において、五位中将が「執柄子息」が就く、「権威を有する官職」と目されていた（元木泰雄「五位中将考」、大山喬平教授退官記念会編『日本国家の史的特質』古代・中世、思文閣出版、一九九七年）ことに関係していよう。つまり「五位中将」たることをもって昇進するその労自体も名誉な事由として認識されていたと考えられる。

(22) 各一〇年間の恒例叙位実施回数に大差はない（ほぼ毎年実施）。したがってこの差は、年労加階数自体の減少を示していると理解してよいだろう。

(23) 『明月記』正治二年正月六日条（九条良輔は建久六年二月二日、右少将から中将に転任し、翌年正月六日、従四位下に昇った。中将叙正四位下は二年の年労が必要だが、足掛けで計算されるので、速ければ建久八年正月叙位で加階できたはずである。この異常な遅れは、建久七年の父兼実の失脚による政治的事情の影響が大きいだろう。正治年間に漸く兄良通や伯父慈円の政界・天台座主への復帰が果されている。なお、昇子内親王の年爵がとどめられた理由は、内府源通親が「無例」と言い、加階を認めなかったためである。しかし、「如レ此宮古来多加階之由、宗頼勘二申之一。近則宣陽門院親王之時、通親・通宗叙レ之」とあり、(内)親王給で加階は行われている。つまり、この抑留は、通親による九条家への圧力の一端であったことが明白である）。

(24) 『官職秘抄』上・中弁の項、『職源抄』上・少弁の項。

(25) 一一世紀半ば頃までは六〜七年（玉井氏注1①所引論文）。

(26) ［表a］を参照。

［表ａ］　現任弁官昇進事由

年代(西暦)	分類	昇進事由(件数)
1000～1049	行事賞 労 「勧賞」	行事賞(12)　造興福寺(長官)　賞(１) 弁労(11)　策労(２)　坊学士労(１)　坊学士労(１) 勧賞(院司家司宮司等賞)(４)　家賞入内賞(１) 臨時(１) 不明(18)
1050～1099	行事賞 労 「勧賞」	行事賞(18)　造興福寺賞(１) 弁労(３)　策労(１)　治国(１) 勧賞(２) 大嘗会国司賞(２) 家賞(１) 造宮功カ(１) 不明(５)
1100～1149	行事賞 労 年爵 「勧賞」	行事賞(23) 弁労(８)　兼官(検非違使・衛門佐)労(２)　治国(２) 年爵(４) 勧賞(１) 大嘗会国司賞(１) 家賞(１) 造宮功(２) 臨時(１) 不明(５)
1150～1199	行事賞 年爵 「勧賞」 労	行事賞(30) 年爵(10) 臨時(９) 勧賞(３)　入内賞(２) 大嘗会国司賞(３) 家賞(２) 造宮功(２) 学士労(１)　策(１)　坊官労(１) 造国司(１) 不明(21)
1200～1245	行事賞 「勧賞」 年爵 労	行事賞(19) 勧賞(７)　入内賞(２) 年爵(６) 臨時(６) 辞官申任(２) 策(１) 大嘗会国司賞(１) 不明(58)

(注)　『公卿補任』『弁官補任』を参考に作成した。分類は本文中に用いた分類に該当すると考えるものをまとめた。なお、管見の限りでは、坊官昇進事由の史料上表記は、11世紀初頭までは「坊官労」と記され、その後「労」と「賞」の表記が混在し、12世紀半ば以降は「坊官賞」と統一される。

(27)　本書第三章参照。

(28)　年爵による叙爵を「家例」と意識する家々が出現した点も弁労消滅の背景として指摘されている（玉井氏注1①所引論文）。尾上陽介①「年爵制度の変遷とその本質」（『東京大学史料編纂所研究紀要』四、一九九三年）、同②「鎌倉時代の年爵」（『明月記研究』二、一九九七年）、永井晋「十二世紀中・後期の御給と貴族・官人」（『國學院大學大學院紀要――文学研究科――』一七、一九八六年）。本書第二章の［表3］参照（八六～八七頁）。

(29)　本書第四章参照。

(30)『台記』天養二年正月四日条。
(31)『玉葉』治承元年一二月一七日条。
(32)なお、かかる昇進制度改革は、行事官や奉行を務める納言以下の官司労においても認められる。管見の限りでは、納言労は永治元年（一一四一）以降では確認されず、これ以降の大・中納言の昇進事由の大半は「勧賞」・行事賞・年爵・臨時等である。外記・史に関しては第二節を参照。
(33)酒井宏治「辞官申任の成立」（大山喬平教授退官記念会編『日本国家の史的特質』古代・中世、思文閣出版、一九九七年）。
(34)『本朝世紀』康治二年正月二日条。
(35)もう一つの特徴は、還任を前提としている点である。権大納言平重盛（『兵範記』仁安三年一二月一三日条、『公卿補任』仁安三年~嘉応二年条）や、参議藤原実教（『公卿補任』建久四~九年条）の事例等、院の近臣公卿が辞官、または寺社強訴等によりやむなく解官されたさい、還任前に位階昇進を果すことによって、在任時の序列が保護されている。場合によっては、位階上臈となり官の筆頭に還任することもあった。
(36)酒井宏治「本座勅許（本座宣旨）の成立」（井上満郎・杉橋隆夫編『古代・中世の政治と文化』、思文閣出版、一九九四年）。
(37)『延喜式』式部式権任条。
(38)『公卿補任』天承元年~康治元年、藤顕頼の項。
(39)『本朝世紀』康治二年八月六日条。
(40)『公卿補任』永治元年条。
(41)実光は「勧賞」を得られず成通に越され、一一月辞官している（『公卿補任』永治元年、藤実光の項）。
(42)受領治国功は七か国を経て功過すると従三位昇級する規定（『北山抄』巻第一〇「吏途指南、加階事」）があるが、実際これによって加階するのは極めて稀である。
(43)年労制成立後も、年限の短縮や労の新設等、さまざまな変化が指摘されている。したがって、これらの官司に、三位加階の労が新設される可能性も否定できない。しかしながら、実例[表b]をみる限り、従三位加階事由から労は検出されず、そのような労が新設されなかったことは明白である。また、年爵で三位以上の加階が行われるようになるのが、一二世紀半ば以降であるのも非参議の増加と関連する事項であると考えられる（本書第二章）。

［表ｂ］　非参議昇進事由

年代(西暦)	非参議昇進事由(件数)
950～999	造宮等功(5) 坊官賞(4) 臨時(2) 別勅(1) 治国(1) 宮司(入内賞)(1) その他(1) 不明(8)
1000～1049	院司・家司(家子)賞(16) 宮司(入内賞)(5) 造宮等功(4) 大嘗会国司賞(2) 行事賞(1) 大弐補任賞(1) その他(2) 不明(3)
1050～1099	院司・家司(家子)賞(8) 宮司(入内賞)(7) 行事賞(2) 造宮等功(3) 大嘗会国司賞(2) 大弐補任賞(2) 臨時(1) 坊官賞(1) 不明(5)
1100～1149	院司・家司(家子)賞(10) 行事賞(6) 坊官賞(3) 宮司(入内賞)(1) 臨時(1) 不明(7)
1150～1199	院司・家司(家子)賞(33) 臨時(30) 御給(7) 造宮等功(5)　坊官賞(5) 宮司(入内賞)(4) 行事賞(3) 御祈(寿詞)賞(3) 大嘗会国司賞(2) 大弐補任賞(1) 追討賞(1) 不明(61)
1200～1249	臨時(13) 御給(12) 院司・家司(家子)賞(9) 辞官申任(9) 行事賞(4) 造宮等功(4) 坊官賞(4) 宮司(入内賞)(1) 大嘗会国司賞(1) 御祈(寿詞)賞(1) 不明(107)

(注)　『公卿補任』『弁官補任』を参考に作成した。昇進事由は各年代で件数の多い順に列記した。

(44)　佐藤進一『日本の中世国家』（岩波書店、一九八三年）、中原俊章「官方と外記方」（『中世王権と支配構造』、吉川弘文館、二〇〇五年、初出は一九九五年）、玉井力「官司請負制――鎌倉後期の少外記にみる――」（『朝日百科日本の歴史　別冊歴史を読みなおす三　天武・後白河・後醍醐　王権の変貌』、朝日新聞社、一九九四年）、曽我良成「官務家成立の歴史的背景」（『史学雑誌』九二―三、一九八三年）など。

(45)　『小右記』治安元年一一月四日条。

(46)　曽我良成「官司請負制下の実務官人と家業の継承」（『古代文化』三七―一二、一九八五年）。

(47)　太政大臣藤原兼家の子息や家司に対して行われた「勧賞」のうちの一つである（『日本紀略』貞元二年三月二六日条）。

(48)　『日本紀略』寛弘三年三月四日条。

(49)　『御堂関白記』寛仁元年一一～一二月条。

(50)　『小右記』寛仁元年一二月三日条。

(51) 玉井氏注(44)所引論文。
(52) 井上幸治編『外記補任』(続群書類完成会、二〇〇四年)。
(53) 遠藤珠紀「官務『家』・局務『家』の成立」(『中世朝廷の官司制度』、吉川弘文館、二〇一一年、初出は二〇〇二年)。
(54) 遠藤珠紀「外記局における中世的体制の成立」(注53所引書、初出は二〇〇八年)。
(55) 田中稔「侍・凡下考」(『鎌倉幕府御家人制度の研究』、吉川弘文館、一九九三年、初出は一九七六年)、中原俊章『中世公家と地下官人』(吉川弘文館、一九八七年)。
(56) 『玉葉』承安二年閏一二月二日条。
(57) 院北面の昇進事例、および検非違使尉の去就等については、米谷豊之祐『院政期軍事・警察史拾遺』(近代文芸社、一九九三年)所収の一覧表を参照。
(58) 『私要抄』仁安二年正月五日条(東京大学史料編纂所所蔵『柳原家記録』四三)。
(59) 本郷恵子『中世公家政権の研究』(東京大学出版会、一九九八年)。
(60) 同右書一八九頁。
(61) 例えば、増員傾向をたどる衛門尉や兵衛尉は、久安年間に宣旨で定員が再規定されたものの、一三世紀初頭までに三~四倍におよんだという(『官職秘抄』左右衛門府・左右兵衛府の項)。
(62) 『玉葉』治承二年正月五日条。
(63) 『玉葉』治承三年正月五日条。
(64) 侍層の奉仕形態と叙任(恩賞)との関係については、武家官位の問題との関連を考慮しつつ、今後検討を進めていきたい。
(65) 黒田俊雄「中世社会における『芸能』と音楽」(『黒田俊雄著作集第三巻 顕密仏教と寺社勢力』、法蔵館、一九九五年、初出は一九九〇年)七五頁。
(66) 『楽所補任』の記載が残存する一一世紀以降に限定した。
(67) 雅楽寮による奏楽から、衛府の地下楽人による奏楽の成立過程、および楽人の系譜等に関しては、林屋辰三郎『中世藝能史の研究』(岩波書店、一九六〇年)、荻美津夫『平安朝音楽制度史』(吉川弘文館、一九九四年)を参照。

(68)『岡屋関白記』建長二年一〇月一三日条。

(69)棚橋光男『中世成立期の法と国家』（塙書房、一九八三年）、大津透『律令国家支配構造の研究』（岩波書店、一九九三年）。

(70)佐藤氏注(44)所引書。

(71)官司を請け負う氏族は一一世紀にほぼ固定するが、「家」の分立はその後もしばらく続く。「家」が確立すると昇進は慣例化し、必ずしも「勧賞」を必要としなくなる。例えば、一三世紀半ばの左一者狛定近が「無常勧賞叙五位始例」（『楽所補任』）である点や、官務・局務（壬生・大宮等）家が確立する一三世紀後半以降、外記・史の勧賞加階例が減少している点からも判断される。

(72)桜井英治「三つの修理職――非官司請負制的体系と天皇支配――」（『遥かなる中世』八、一九八七年）、今正秀「平安中・後期から鎌倉期における官司運営の特質――内蔵寮を中心に――」（『史学雑誌』九九―一、一九九〇年）。

(73)本郷氏注(59)所引書。

(74)今正秀「王朝国家宮廷社会の編成原理」（『歴史学研究』六六五、一九九四年）六一頁。

(75)佐藤泰弘「平安時代における国家・社会編成の転回」（『日本中世の黎明』、京都大学出版会、二〇〇一年、初出は一九九五年）。

(76)『明月記』寛喜元年一二月一三日条。

(77)棚橋光男氏は、黒田俊雄氏と永原慶二氏の「権門体制論」をめぐる論争をとりあげて、「官僚制＝非封建制的」とする永原氏の見解には承服し難いとして、「職が問題となる段階における官僚制のあり方」や、「日本における封建的官僚制あるいは官僚制の封建制適合的なあり方というものも考えてみる必要」（「院政期の法と国家」、棚橋氏注69所引書、二〇八頁）がある、と述べられている。そして、院政期（一国平均役の体制的成立を前提として）の行事所・陣定・使庁に検討を加え、「古代的支配階級が封建領主階級に転成し中世を通じて存続しえた」（同前二二七頁）要因について考察された。本書は、職の体系を直接的な検討対象とはしないが、職の体系に見られる中世的な人格的関係の構築と、官位を媒介とした人格的関係の構築とに同質的な性格を読み取り、中世社会における官位の特質や役割を考察したいと思う。

第二章　年爵制度と貴族社会

はじめに

本章の課題は、中世成立期における叙位制度の実態を明らかにし、さらにそれを踏まえて、貴族社会における編成原理の展開過程に言及することである。具体的には、年爵制度を中心にとりあげ、主に摂関・院政期の叙位制度の実態に分析を加えつつ考察を進めたい。

先行研究によると、律令制の考課・成選制が放棄され、官職別の年功序列方式である年労叙爵制・年労加階制が成立すると、年労から排除された官人は特別な機会を得なければ叙爵できなくなるが、それに対応して成立したのが氏爵・院宮年爵等、特権的な叙爵制度だという(1)。

しかし、年労制を主軸に据える先行研究の主な関心は、律令官人制から平安貴族社会への再編における支配構造の特質を探る点にあり、そこで示される平安時代の叙位の全体像は八～一〇世紀を中心とした実態分析・検討から構築されている。ならば、中世成立期の叙位制度の実像は新たに考え直す余地があるといえよう。

該期記録類の叙位関連記事には、年爵（御給）や勧賞（「行事賞」「勧賞」等）・成功・臨時等、年労以外の事由が散見し、それらが当時の叙位制度に与えた影響は大きいと推察されるが、さまざまな事由を有する昇進形態が出現する背景や意義に関しては未だ十分に究明されたとは言い難い。こうしたなか、年爵制度が叙料徴収を目的とした封禄制度だとする通説的理解を批判し、給主と人格的関係のある者（近親者・家政機関職員等）への叙位を目的とする制度と論じた尾上陽介氏の見解が注目される。[2]給主と被給者間における主従関係等、日常的な人格的関係を維持・確認することの意義を示唆する同氏の研究からは、年爵が貴族社会の編成原理を考える上で重要な要素の一つであるとの理解を導き得る。

にもかかわらず従来の研究は、年爵制度自体の性格を探る点に主眼をおいているため、該期叙位制度における年爵の位置づけや意義についてまで論及するにいたっていない。また、年爵を通して形成される人格的関係を動態的に捉え、貴族社会における編成原理との関わりについても見当を加える必要があるだろう。

第一節　中世成立期における叙位制度の展開と年爵制度の位置づけ

本節では、(一)において叙位事由の変遷を明確にし、(二)では蔵人および受領・弁官の事例をとりあげ、諸大夫層の位階昇進状況の推移に分析を加え、併せて叙位制度上における年爵の位置づけを検討する。

(一)叙位事由の変遷

九世紀以降の叙位事由は種々あるが、概ね以下の三つに分類できよう。[3]

第一に、機械的・官僚制的な性格の強い年労制的な事由である。

第二に、年爵、氏爵、勧賞、成功、臨時等、給主との人格的関係、日常的な奉仕や経済的奉仕、特定行事の奉行遂行等が評価される事由がある。これらは、非機械的な基準を持つ昇進方式であり、外記勘文以外の資料（第二節）に基づき叙位されるという特徴が認められる。

第三は、受領の治国加階である。詳細は後述するが、任期終了後の受領功過定において勤務評定を受け、合格

〔表1〕 加階事由の変遷

正月恒例叙位・加叙(正月5日・7日)年	加階総数	年爵関連叙位			功(含譲)	辞官職	年労	策	治国	その他/不明	典拠	年爵関連叙位の割合(%)	年労叙位の割合(%)
		年爵(含未給)	臨時	勧賞(含譲・旧賞)									
嘉保元(1094)	17	2	0	0	0	0	8	2	3	2	中	12	47
永長元(1096)	17	2	0	4	0	0	2	2	2	5	中	35	12
康和元(1099)	12	0	0	1	0	0	7	2	1	1	本	8	58
康和5(1103)	13	2	1	0	0	0	4	1	3	2	本	23	31
康治元(1142)	28	5	2	2	1	0	9	3	0	6	本	32	32
康治2(1143)	17	3	0	2	0	0	5	3	2	2	本	29	29
久安2(1146)	11	6	0	0	0	0	2	0	0	3	本	55	18
仁平2(1152)	13	4	0	0	0	0	4	2	1	2	私	31	31
仁平3(1153)	14	5	0	1	0	0	5	0	1	2	私	43	36
久寿元(1154)	15	5	0	1	0	0	3	2	0	4	兵	40	20
久寿2(1155)	15	6	0	0	0	0	5	0	1	3	兵	40	33
保元元(1156)	20	3	0	0	2	0	6	5	0	4	私・山・兵	15	40
保元3(1158)	22	2	2	5	0	0	8	3	0	2	兵	41	36
応保元(1161)	15	3	1	1	0	0	6	2	0	2	私	33	40
長寛元(1163)	21	8	2	3	0	0	7	1	0	0	私	62	33
永万元(1165)*	17	6	0	2	0	0	2	0	2	5	私・山	47	12
仁安2(1167)	20	7	1	1	0	1	6	1	0	3	私・兵	45	30
仁安3(1168)	26	7	2	1	0	0	5	5	0	6	私・兵	38	19
承安3(1173)	29	6	2	5	1	0	0	4	0	11	私	45	0
治承2(1178)	17	5	6	1	0	0	2	1	0	2	私・山・玉	71	12
治承3(1179)	18	5	5	1	0	0	2	2	0	3	私・山・玉	61	11
治承4(1180)**	16	4	4	3	0	1	0	0	0	4	山・吉	69	0
文治5(1189)	34	4	7	4	0	0	7	6	1	5	私	41	20
正治元(1199)	25	4	6	2	0	1	6	4	0	2	明	48	25
正治2(1200)	6	2	2	2	1	3	0	0	0	5	明	40	0
建仁3(1203)	34	8	10	1	0	3	3	0	0	9	明	59	9
元久元(1204)	34	11	8	2	1	1	2	2	0	7	明	62	6
承元元(1207)	37	9	1	0	0	0	2	0	0	25	明	27	5
建保3(1215)	31	10	0	1	2	1	3ヵ	3	1	10	明	35	10ヵ
建保4(1216)	53	13	15	6	5	2	1	3	0	8	明	64	2
嘉禄2(1226)	38	6	6	2	0	2	0ヵ	2	0	20	明	37	0ヵ
寛喜2(1230)	33	5	7	0	2	1	5	5	0	8	明・民	36	15
仁治元(1240)	18	3	1	2	1	1	0	4	0	6	平	33	0
仁治3(1242)	45	9	16	0	3	2	8	1	0	6	経	56	18
寛元2(1244)	25	7	6	0	0	1	3	1	0	7	平	52	12
寛元3(1245)	21	4	6	0	0	0	4	1	1	5	平	48	19

(注) 加階事由に関しては『公卿補任』なども参考にした。
*永万1(1165)年7月25日、**治承4(1180)年4月21日は御即位叙位。
[典拠略記一覧](以下、表5まで同じ)
公:『公卿補任』、御:『御堂関白記』、権:『権記』、小:『小右記』、春:『春記』、左:『左経記』、水:『水左記』、本:『本朝世紀』、後二:『後二条師通記』、殿:『殿暦』、中:『中右記』、長:『長秋記』、台:『台記』、山:『山槐記』、兵:『兵範記』、玉:『玉葉』、吉:『吉記』、明:『明月記』、定:『定長卿記』、経:『経光卿叙位執筆別記』、私:『私要抄』

者が加階される制度である。原則的には機械的な基準に基づく叙位が行われる点において、第一の分類要素と類似する性格として位置づけられる。それでは、叙位事由の変遷過程の分析に入ろう。

叙位儀で執筆上卿が作成する叙位簿や、それを写した叙位聞書には、叙位決定者名と位階の他、叙位事由が明記されている。これを手掛りとして、叙位事由の変遷を追ってみたい。(4)

［表1］は叙位簿・聞書が残存する年の叙位（加階）事由を整理したものである。まず注目すべきは、九世紀以降の叙位事由の中心とされてきた年労についてであろう。一一世紀以降、一三世紀にいたっても年労は残存しているものの、叙位全体の割合からすると非常に低くなる。例えば、治承二年（一一七八）には年爵関連叙位は七一％だったのに対し、年労叙位は一二％であり、著しく減少したことが判明する。また、治国加階についても減少傾向がみられる。

次に注目したいのは波線で囲んだ年爵、臨時や勧賞部分である。一一六〇年代以降、鎌倉期にかけて、年爵関連叙位による加階が年労を凌ぎ、主流に定着する様子が確認できる。後述の通り臨時や勧賞（旧賞）(5)は、年爵叙位の増加と相俟って定着した性質がみられるため、これらを一括して本章では「年爵関連叙位」と称することにする。

以上の検討結果により、九世紀において叙位事由の中核だった年労制に代表されるような機械的・官僚制的な昇進事由が次第に後退し、年爵等の非機械的・非官僚制的な事由が一一世紀以降大幅に増加、一二世紀半ばには主流に定着したとの評価が導かれる。ここに、叙位制度の質的な転換が認められるであろう。

(二)年爵制度の展開

(1)摂関期(清和~村上朝／良房~忠平執政期)

年爵が成立したのは九世紀中頃とされる。当該期の年爵は史料的な制約もあり、事例が少なく詳細には言及し難いが、叙爵のみが行われた点や、被給者の中心は給主の近親者であった点に特徴がある。(6)

ところが『西宮記』巻一の「院宮爵 自従五位下至正下。叙四位不通例」という記述が示すように、次第に加階も行われるようになる。史料上の初見は、承平二年（九三二）藤原穏子年爵による藤原敦忠の正五位下叙位であり、朱雀朝・忠平政権発足直後を画期として年爵による加階が始まった可能性が高いと推察する。忠平執政期は、天皇のミウチによる共同執政という摂関政治の基本的形態の確立期とみなされている。(7)この時期に、ミウチ関係者の叙爵・加階に年爵が大きな影響をおよぼすようになり、新しい「蔭位制」のような昇進システムとして機能しはじめたことに留意したい。(8)

（2）摂関期（円融・一条～後冷泉朝／兼家～頼道執政期）

（A）叙爵

臣下における元服叙爵は、藤原基経の三子を初例として以降、大臣・納言・参議を父とする人々へと広まり、一〇世紀後半～一一世紀には、公卿にいたる者の七～九割におよんでいる。(9)その多くが年爵による叙爵であることから、当該期の年爵は、給主に近しい公達子弟が元服直後に叙爵する機会を確保する制度と評価できる。

一方、諸大夫や侍身分でも給主の家政機関の職員は、破格の取り計らいで、年爵によって叙爵する場合もあり、給主等との主従関係形成の一助として、これが機能していた側面がうかがえる。(10)

（B）加階

年爵による加階は摂関関係者以外では相対的に少なく、年労が加階事由の主流を占めている。しかし、一条朝において女院の出現(11)にともなう給主の増加や、各給主ともに四位加階の増加がみられる等さまざまな要因が重なり、年爵による加階数は大幅に増加する。結果、公卿を目前とする四位までの加階に年労事由が低下し、年爵等の事由による叙位の割合が急速に高まった。この時期、官僚制的な昇進システムが大きく後退したと考えてよいだろう。(12)

ただし、諸大夫や侍、特に受領を年爵で加階する行為に批判的な見解(13)が、貴族社会に強く存在している事実が注目される。

摂関期における受領加階の状況を知るのに好適な史料は、『北山抄』巻第十「吏途指南、加階事」に載せる詳細な記述である。すなわち、「加階事(中略)一箇国従上、三箇国正下以二一国功一、不レ叙二正下一、四箇国四位、五箇国従上、七箇国可レ任二参議一。是常例也」とあり、六か国の受領を歴任した藤原隆佐が、七五歳にしてようやく従三位に叙されたと記されているように、受領が治国加階で公卿昇進を果すのは極めて稀である。彼らが治国功を得るためには、功過定の公文勘済で功過申文を提出し審査を受けねばならなかった。

寺内浩氏によると、召物・国宛や成功等が国家財政のなかで大きな比重を占めるようになる摂関期には、受領功過定の意義は縮小し、主計・主税寮の大勘文を用いての審査は意味をなさず、定の場では公文勘済の年限が確認されるだけとなったという。(14) つまり同定は、財政的な審議から人事昇進関連の審議へと重点を移行させたといえるだろう。(15)

また、中込律子氏が指摘されるように、『北山抄』前引巻における記述内容の特徴として、治国功の判定基準等、人事関連事項の多さがあり、公卿議定の裁定基準を再考することが吏途指南の基本テーマの一つであったとみられる。(16) 編者藤原公任等が属する当時の貴族社会には、受領加階の功判定基準の審議を重要案件と認識し、それ以外の条件での加階は認め難いとする見解が、強く存していたと窺知し得る。それは、「而近代之人、或成二別功一、或以二院宮御給一、不次加階不レ可二勝計一」と、治国功以外を理由とする加階に対して厳しい批判が載せられている点からも理解できる。すなわち、「公卿議定による官僚制の原則維持と天皇による指示[17]」を求める姿勢が『北山抄』の記述に鮮明であり、従来通り治国功の評価基準を遵守する方針が同書には貫かれている。

しかし、摂関ら政権首脳部の方針はこれと異なり、摂関家の家司受領を判定で優遇したり、造営成功による勧賞の叙位や年爵による叙位を多用することで、受領を家司に編成し譜代化を進めた。つまり摂関家の人々こそが、同定の形骸化の推進主体であったといえよう[18]。

以上、受領の昇進において顕著なように、諸大夫層以下の人々の叙位に関しては、従前通り官僚制的な原理を遵守しようとする一般貴族社会の風潮と、成功・勧賞・年爵の導入を推進しようとする摂関ら政権首脳の方針との相克が、一〇世紀後半から一一世紀前半にみられ、摂関家による諸大夫層の家司化、権門体制の成立への動きと並行するかたちで、後者の新昇進システムと主従関係などの人格的関係を重視する昇進原理が、次第に浸透していったと考えられる。

(3)院政期

当該期は、給主の大幅な増加をはじめさまざまな点で大きな変化がみられるが、詳細は次節に譲るとして、まずは叙爵と加階についてとりあげたい。

(A—I)叙爵

年爵による元服叙爵・童叙爵の定着が引き続き認められる。なかでも特徴的なのは、院近臣の諸大夫層の間にまで浸透している点である。摂関期でも給主の家政機関職員等が年爵で叙爵することはあるが、院政期に入ると飛躍的に広がり、諸大夫層の多くが就任する六位蔵人の叙爵においても年爵が増加する。このように、年爵が官職の年労に取って代るような状況が顕然化するのである[19]。蔵人叙爵の実態を検討してみよう。

（A―2）蔵人叙爵

玉井力氏は「かつて六位蔵人は公卿の子弟の競望する職であったが、忠平政権から道長政権に至る間に、中級官人の子弟で摂関家と結びついた者の就くべき職へと変化していった[20]」と指摘されている。すなわち六位蔵人は、一〇世紀半ば以降、公卿へ昇り得ない人々、つまり諸大夫層の就くべき職として定着したことになる。

そこでまず、摂関期における諸大夫層の叙爵前後の昇進状況を概観するため、六位蔵人の事例をとりあげてみたい。蔵人が叙爵するためには、蔵人巡爵や、兼官の年労叙爵等のチャンスが与えられていた。まず摂関期の蔵人叙爵事由を調査すると、巡爵や兼帯する式部丞等の年労により、三～四年を要して叙爵する者が大多数を占めているのがわかる[21]。叙爵後は、数年を経て巡任で受領となるか、弁官に就任する[22]。つまり当該期には、年労を要素とする叙爵がほぼ完全に実施されていたといえる。

［表2］は、摂関・院政期における年爵による蔵人叙爵をまとめたものである。以下この表をみながら分析を進めたい。

特徴的な点は、第一に年爵で叙爵した者が、摂関期においては僅か四例のみであるのに対し、一〇九〇年代以降一一六〇年代までの間、特に集中して数多くみえることである。第二に院政期の場合、准后・三宮の未給・合爵が大部分を占め、被給者は藤原北家末茂流・高藤流等、所謂受領層と弁官を輩出する実務官人系の諸大夫層が多いという傾向である。つまり、受領層の家格形成期の直前（一一世紀末から一二世紀前半[23]）に、叙爵について大きな変化（年爵叙爵の定着）があったことが一瞥して理解できる。

蔵人巡爵や巡任制は、一一世紀末には形骸化が進行するが[24]、その背景に、年爵による蔵人叙爵の定着が認められることを指摘しておきたい。

一一六〇年代を降ると、蔵人の年爵叙爵は減少していく。その要因は、本来受領層に属する人々が、年爵によ

〔表2〕 蔵人年爵叙爵

［摂関期］

叙爵年月日	氏名	出自	父親	年爵	典拠	※	備考(国司補任)
治安2(1022) 4/3	源　資通	宇多	済政	皇太后妍子当年御給	公		
万寿元(1024) 1/7	源　経長	宇多	重信	皇太后妍子御給	公		
長元4(1031) 3/28	藤原惟任	高藤	頼明	上東門院御給	小		
長元8(1035) 3/11	源　長季	醍醐	守隆	中宮威子去年未給	左		

［院政期］

叙爵年月日	氏名	出自	父親	年爵	典拠	※	備考(国司補任)
嘉保元(1094) 7/13	藤原知信	長良	知経	無品祐子内親王合爵	中		
7/16	藤原家保	末茂	顕季	故源倫子未給	公	◎	嘉保2(1095)1/28越前守(16歳)
嘉保2(1095) 12/6	高階遠実	高階	能遠	故女院(陽明門院)未給	中	○	承徳1(1097)閏1/3伊賀守
12/27	高階為賢	高階	為家	中宮(篤子)未給	中		
承徳2(1098) 8/24	藤原盛輔	惟孝	盛実	前皇太后(馨子)未給	中		
康和5(1103) 6/9	高階雅章	高階	為章	中宮永保1未給	本		
長治元(1104) 8/13	高階時章	高階	為章	白河院臨時給	中	◎	長治1(1104)8/18能登守
長治2(1105) 4/10	平　実親	高棟	時範	中宮応徳2未給	中	○	嘉承3(1108)4/14紀伊守
天仁元(1108) 1/24	藤原顕頼	高藤	顕隆	禎子内親王康和6未給	中・公	◎	同日(天仁1/1/24)出雲守(14歳)
天永2(1111) 3/20	藤原顕能	高藤	顕隆	斎院未給	中	○	天永3(1112)7/23讃岐守
永久2(1114) 6/1	高階家行	高階	泰仲	中宮(篤子)未給	中		
6/1	源　盛経	醍醐	盛長	故陽明門院合爵	中		
元永元(1118) 1/23	藤原家長	末茂	家保	皇后令子未給	中	○	元永2(1119)1/24美濃守
4/3	藤原顕時	末茂	顕輔	一品宮合爵	中		
6/8	藤原憲方	高藤	為隆	前斎院合爵	中	△	保安2(1121)12/5出雲守
保安3(1122) 5/25	藤原家成	末茂	家保	祐子内親王未給	公	○	天治2(1125)1/28若狭守
天治元(1124) 12/20	藤原永範	貞嗣	永実	皇后(令子)合爵	公		
大治2(1127) 5/5	藤原隆能	良門	清隆	前斎院禎子合爵	中		
5/18	高階盛章	高階	宗章	皇后(令子)御給臨時	中	△	長承1(1132)閏4/4越前守
大治3(1128) 8/28	藤原知通	貞嗣	尹通	前女御道子合爵	中		
大治4(1129) 9/21	源　清職	醍醐	雅職	前太皇太后(寛子)康和1未給	中		
大治5(1130) 11/28	藤原惟兼	真作	章経	女御基子合爵	中		
天承元(1131) 4/19	平　範家	高棟	実親	女御基子合爵	長・公	△	長承3(1134)閏12/30相模守
8/9	藤原範兼	貞嗣	能兼	善子内親王未給	長・公		
長承元(1132) 12/26	藤原光頼	高藤	顕頼	白河院保安1未給	公	○	保延2(1136)1/22伯耆守
長承2(1133) 3/20	藤原範孝	長良	孝清	女御道子未給	中		
9/20	藤原隆季	末茂	家成	中宮(聖子)御給	公	◎	翌日(21日)但馬守
12/26	藤原光隆	良門	清隆	前二条院承保2未給	公	○	長承3(1134)閏12/30淡路守(8歳)
長承3(1134) 1/27	藤原重家	末茂	顕輔	前太皇太后未給	公	◎	同年2月22日尾張権守
保延2(1136) 6/13	源　頼政	清和	仲正	女御道子未給	公		
保延4(1138) 4/5	藤原資長	内麿	実光	中宮臨時御給	公		
永治元(1141) 12/2	藤原朝方	高藤	為隆	高陽院臨時御給	公	○	康治2(1143)1/27淡路守
康治元(1142) 10/10	源　俊保	醍醐	能賢	故道子女御合爵	本		
12/21	藤原隆輔	末茂	長輔	太皇太后(令子)永治1未給	本		
康治2(1143) 4/9	藤原重方	高藤	顕能	故善子内親王合爵	本		
久安元(1145) 12/30	平　親範	高棟	範家	前女御基子未給	公	○	久安4(1148)1/28伯耆守
久安2(1146) 3/6	藤原為親	高藤	親隆	統子内親王康治1未給	本		
6/24	高階為清	高階	家行	故善子内親王未給	本		
8/2	藤原長方	高藤	顕長	前女御道子未給	公		
久安3(1147) 8/23	藤原信成	道隆	信房	故太皇太后(令子)保延2未給	本	△	仁平1(1151)1/-下総守
10/14	平　頼盛	高望	忠盛	統子内親王久安1未給	公	○	久安5(1149)6/4常陸介
11/14	高階仲行	高階	仲範	前太皇太后(令子)保延5未給	本		
久安4(1148) 4/26	平　教盛	高望	忠盛	前太皇太后合爵	公	○	仁平1(1151)2/2淡路守

10/8	藤原経憲	惟孝	顕憲	前太皇太后未給	台		
久安5(1149)4/1	平　時忠	高棟	時信	一品内親王聡子合爵	公		
久安6(1150)7/8	平　信国	高棟	信範	前大宮(寛子)寛治7未給	本		
12/30	藤原隆信	長良	為経	故叡子内親王未給	本	○	仁平2(1152)12/30越前守
仁平元(1151)1/1	平　重盛	高望	清盛	善子内親王未給	公		
仁平3(1153)3/24	藤原為綱	高藤	親隆	故禎子内親王合爵	兵・本		
5/17	藤原信成	惟孝	行忠	皇嘉門院久安3未給	兵・本		
久寿2(1155)4/8	藤原雅隆	良門	光隆	中宮(呈子)久寿1未給	兵・公	○	保元2(1157)9/19陸奥守
4/8	藤原光定	高藤	光隆	姫宮未給	兵	◎	保元1(1156)2/2阿波守(13歳)
5/24	源　光宗	清和	光保	美福門院臨時給	兵	△	保元3(1158)4/2伯耆守
保元元(1156)8/6	藤原光綱	高藤	光房	皇嘉門院合爵	兵		
閏9/2	藤原修範	貞嗣	通憲	統子内親王合爵	兵	◎	保元2(1157)1/24美濃守
保元3(1158)1/16	平　基親	高棟	親範	前女御基子未給	公	○	保元3(1158)4/2出雲守
8/1	藤原光範	貞嗣	永範	姝子内親王合爵	公		
11/19	藤原敦綱	式家	令明	皇嘉門院合爵	兵		
平治元(1159)1/21	平　知盛	高望	清盛	中宮(忻子)保元3未給	公	○	永暦1(1160)2/28武蔵守
永暦元(1160)2/17	平　通盛	高望	教盛	中宮(姝子)去年大嘗会未給	公		
永万元(1165)8/22	藤原顕家	末茂	重家	前高陽院合爵	公	◎	仁安1(1166)1/12尾張権守
仁安2(1167)閏7/12	藤原光能	長家	公能	皇太后(呈子)長寛1年未給	兵		
9/5	平　信清	高棟	信範	皇太后呈子合爵	兵		
10/20	藤原為賢	長良	為成	八条院合爵	兵		
12/13	高階泰隆	高階	泰友	皇太后未給	兵		
9/12	高階経仲	高階	泰経	中宮未給	兵	○	嘉応2(1170)1/18石見守

備考は叙爵後5年未満の受領補任を記した。
※：◎叙爵後、1年未満に受領補任　○叙爵後、1年～3年未満に受領補任　△叙爵後、3年～5年未満に受領補任

［摂関期］（給主―女院・三宮）

全4例	当年給	3/4
	未給	1/4
	合爵	0

［院政期］（給主―准后・三宮が大多数）

全66例	当年給	6/66
	未給	22/66
	合爵	38/66

る元服叙爵・童叙爵を得るようになったため、摂関期における公達と同じく、叙爵以前に官歴を経る必要がなくなったためだろう。やがて彼らは公卿にまで昇進し、羽林家・名家の家格を形成する。

以上、蔵人の事例に顕著なように、年労制叙爵から年爵による叙爵へ移行し、一二世紀に入ると、公達・諸大夫層の叙爵の大部分が年爵制度の下で行われていた情況を明示した。

（B―Ⅰ）加階

給主の増加、未給の多用等により、年爵加階数は増加の一途をたどる。さらに、「中納言兼雅叙従二位（中略）兼雅院御給云々。以年給叙上階、未曾有事也」[25]や、「次正二位兼雅、以院当年給叙正二位。時忠、以建春門院未給同叙之。是等又希代事也」[26]、「定能卿、以宗家卿行幸賞譲、叙三位。誠可謂殊恩。通親卿、以新院御給、叙三位院宮御給、被叙上階之例、近自法皇御時出来。希有事也」[27]という記述から明らかなように、後白河院政期にいたって、三位以上への年爵加階まで行われるようになった。[28]

年爵叙位の広がりは、年労制的な秩序に基づいて

従四位上叙位事由 年齢	正四位下叙位事由 年齢	従三位叙位事由 年齢	正三位叙位事由 年齢	従二位叙位事由 年齢	正二位叙位事由 年齢
治国 50	— 57	— 62	勧賞（造宮行事） 64		
勧賞（供養行事） 53	勧賞 （神社行幸行事） 63				
年労（修理大夫） 47	勧賞（家賞） 48	勧賞 （神社行幸行事） 65	勧賞（供養院司） 66		
— 39	勧賞 （神社行幸行事） 42	勧賞（坊官） 49	年労（納言） 57		
治国 32	勧賞（修造功） 32	勧賞 （神社行幸行事） 40	年労（納言） 46	勧賞（供養行事） 46	勧賞（行幸院司） 48
勧賞 （神社行幸行事） 26	年爵（院御給） 28	勧賞譲（坊官） 33	勧賞（行幸院司） 35		
臨時 30	治国 32	臨時 42	臨時 46	勧賞（行幸院司） 46	勧賞 （御幸始院司） 49
勧賞譲（坊官） 27	臨時 34	年爵（院御給） 39	— 42	— 44	辞官（権中納言） 45
年労（弁官） 44	勧賞（行幸院司） 44	勧賞 （神社行幸行事） 59			
勧賞（入内） 42	勧賞 （神社行幸行事） 43				
勧賞（造寺行事） 34	勧賞 （神社行幸行事） 36	勧賞 （神社行幸旧賞） 42	勧賞譲 （大嘗祭国司） 43	— 46	— 50
勧賞 （神社行幸行事） 36	勧賞（東大寺行幸） 40	臨時 44			
臨時 42	勧賞（入内） 44	— 47	年爵 （安嘉門院御給） 48		

〔表３〕　名家(高藤流)位階昇進

		名前 生没年	叙爵以前の官職	従五位下叙位事由 年齢	従五位上叙位事由 年齢	正五位下叙位事由 年齢	従四位下叙位事由 年齢
高藤流		為輔 920～986	蔵人 式部丞	年労(院判官代) 28	治国 35	勧賞(造殿功) 41	治国 46
		宣孝 ？～1001	蔵人 左衛門尉	—	—	—	—
		隆光 985～1074	蔵人	年労(巡爵) 主殿助・式部丞			
		隆方 1014～1078	蔵人 左衛門尉・検非違使	年労(巡爵) 32	治国 42	年労(府) 43	年労(府) 45
		為房 1049～1115	蔵人 近衛将監・縫殿助	勧賞(行幸院司) 25	治国 32	勧賞(行幸) 32	勧賞 (神社行幸行事) 46
	葉室	顕隆 1072～1129	蔵人 兵衛尉・近衛将監	— 17	— 19	勧賞(行幸院司) 24	勧賞 (神社行幸行事) 38
		顕頼 1094～1148	蔵人 大膳権亮	年爵 (祐子内親王給) 15	簡一 24	臨時 29	勧賞(行幸院司) 31
		光頼 1124～1173	蔵人 修理亮	年爵(白河院未給) 9	勧賞(姫宮職事) 17	勧賞(造作功) 18	勧賞 (神社行幸行事) 26
		宗頼 1153～1203		年爵(八条院合爵) 11	年爵(新院御給) 15	勧賞譲 (神社行幸行事) 18	辞官(勘解由次官) 29
		宗方(早世)					
		資頼 1193～1255		年爵(八条院合爵) 7	年爵(一品宮給) 8	勧賞譲(行幸院司) 9	勧賞 (神社行幸行事) 25
	吉田	為隆 1070～1130	蔵人	— 18	勧賞(供養行事) 23	年爵 (陽明門院未給) 28	— 40
		光房 1109～1154	蔵人 守	— —	— —	— 39	勧賞(家賞) 42
		経房 1143～1200	蔵人	氏爵 9	勧賞(造宮行事) 16	勧賞譲 (神社行幸行事) 20	年爵(院未給) 32
		定経 1158～1231	蔵人	臨時 12	勧賞譲(御賀行事) 21	勧賞譲(造営行事) 24	— 35
		資経 1181～1251		年爵(上西門御給) 15	勧賞譲(供養行事) 23	— 39	勧賞(神社行幸 行事旧賞) 41

(注)　『公卿補任』、記録類を参考に作成。

〔高藤流系図〕

藤原高藤—(二代略)—為輔—宣孝—隆光—隆方—為房┬(葉室)顕隆—顕頼—光頼—宗頼—宗方—資頼
└(吉田)為隆—光房—経房—定経—資経

構成される貴族社会に大きな影響をもたらした。例えば公卿構成に関する変化は第一章で指摘した通りである。引き続き、諸大夫層の昇進過程に位置する受領と弁官に分析を加え、もって加階の検証を進めたい。

（B—2）受領・弁官の加階

前述の通り、摂関期においては受領の治国加階を遵守する方針が強くみられた。しかし、例えば天承元年（一一三一）の史料には「中将季成給二院御給一叙二従四上一。府労年限雖レ来、依二加賀公文未済一、外記不レ入二勘文一。仍有二此恩一」[29]とあるように、その後状況は大きく変化している。公文未済により外記が勘文に入れず、治国や年労による叙位が行われない場合でも、一一世紀末以降、院の関係者を主たる対象として、年爵で叙位が行われるようになる。このことは、受領功過定が一層形骸化[30]する要因になったとも思われる。また、成功の多用により、受領は重任・遷任・相博を繰り返して数々の勧賞を受け、治国によらずに位階の昇進を果すようになったのである[31]。そして上階まで昇級すると、その後、参議・納言へと進む道も開かれるようになり[32]、位階上昇が彼らにとって公卿昇進のための重要な階梯だったといえるだろう。

以上の変化は、功過定や官職の在職年数（年労）という官僚制的で太政官（外記）管轄の要素が重視される人事・昇進秩序から、給主や治天の君・摂関家家長など、権門の長による判断を中心とした人事・昇進秩序へと、貴族社会の編成原理の転換がはかられている実態を明示しているといえよう。

次いで、のちに名家を確立する高藤流藤原氏（葉室・吉田）歴代の昇進状況の分析を行う。

［表3］は、一〇世紀前半の為輔から一三世紀半ばの（葉室）資頼と（吉田）資経にいたる各人の位階昇進状況をまとめたものである。各位階ごとに、上から叙位事由・昇進時の年齢を記した。一一世紀後半の為房を境にして、前後で昇進事由に大きな違いがみられる。つまりそれ以前では、官職の年労や治国によるものが大半を占め、叙爵までに長い年月を要していたが、それ以後は年労・治国による叙位が殆ど姿を消し、年爵や勧賞による叙位

が大部分を占めている。同家系の院司化が進行する一一世紀半ばに、彼らの昇進ルート上でも年爵が定着し始めたのである。

以上、九世紀以降叙位の中核を占めていた年労制的な昇進要素の多くが、第一章で触れたように形骸化し、一〇世紀後半以降、徐々に年爵および年爵関連叙位による加階事由が広まり、一一六〇年代（後白河院政期）[33]には、年爵などの非年労制的な昇進事由が完全に主流の位置を占めるようになった。ここに叙位制度の質的な転換が看取でき、後白河院政期をもって中世的な叙位システムが確立すると考えられる。

第二節　年爵制度をめぐる諸問題

前節で検討した叙位制度変遷の実態を踏まえ、年爵制度の展開状況を概観してみたい。まず（一）では給主の立場と年爵との関係を、（二）では超越問題への対応をとりあげる。

（一）給主の存在形態と年爵の展開

（1）摂関期

年爵叙位の史料上の初見は、仁和三年（八八七）、加階の初見は承平二年（九三二）である。[34]この間、年爵が確認できる給主＝〔院〕陽成院・宇多院、〔東宮〕敦仁（醍醐）・保明・寛明（朱雀）、〔三宮・准后〕藤原温子・藤原明子は、いずれも叙爵のみに限られていた。[35]

しかし、前述の穏子の例を初見として、一〇世紀後半以降、後冷泉朝にいたるまで、全ての給主の年爵で叙爵・加階の両方が行われるようになる。当該期の給主としては、〔院〕冷泉院・花山院・後一条院、〔女院〕東三条院・上東門院、〔東宮〕憲平（冷泉）・師貞（花山）・懐仁（一条）・居貞（三条）・敦成（後一条）・敦良（後朱雀）・親仁（後冷泉）・小一条院、〔三宮〕藤原穏子・同安子・同媓子・同遵子・同詮子・同定子・同彰子・同妍子・同威子・同娍子・昌子内親王、〔准后〕源倫子・資子内親王・恵子女王・修子内親王・祐子内親王・敦康親王等があげられる。つまり給主の身位（院・女院・東宮・三宮・准后）の別なく叙爵・加階が実施されていた。(36) では、被給者の決定過程について具体例に即して検討を始めよう。

> 常陸介維幹（叙カ）朝臣先年所二申給一、華山院御給爵料不足料絹廿六疋及維幹名簿等送レ之。以二維幹一可レ預二栄爵一者。維幹余僕也。進二馬三疋毛付一、以二院判官代為元一令レ奉二絹及維幹名簿等一。(37) 為元朝臣来。院仰云、常陸介維叙朝臣進絹令レ納給了。但以二明年御給栄爵一可レ給二維幹一之由可二仰遣一者。(38)

本史料は記主藤原実資の僕平維幹が、花山院の年爵で叙爵を申請した時の記事である。給主花山院はみずから被給者を決定し、料の納入や叙位の方針を判官代為元に伝達・指示している。

次に、太皇太后宮昌子内親王を給主とする事例をとりあげてみよう。

> 早朝自二宮大盤所一告送云（中略）大進雅致朝臣来。問二事案内一（中略）又御給京官事有二仰事一。左右可レ随レ仰之由令レ啓了。侍所長藤原忠邦・侍藤原奉順等可レ給者〔当年御給忠邦。去。長徳三年御給奉順。〕(39) 又仰云、可レ書二奉御請文一者。令レ書二一通一奉レ之。但当年給者加レ封。明日随レ召可レ被レ奉之由令レ啓了。

右より給主昌子(40)が、太皇太后宮大進をして大夫実資に御給申文の作成を命じ、同宮侍所長と侍の給官が行われた旨が読みとれる。

以上の事例から、各給主は被給者をみずから決定し、手続き全般を自己の権限において行う点が、当該期年爵や年官の特徴であると指摘できる。同様の性質は、給主の親や配偶者が存在する場合においても認められるのであろうか。藤原道長―彰子父子の関係に触れて検討したい。

『小右記』寛仁三年（一〇一九）正月一日条に、「前太府帰入。以二左大将一被レ呼二下官一。奉レ謁〔鬼間〕。命云、太后宣

云、上達部悉触二示雑事一。年来汝不レ示二一事一。給レ爵欲給。可レ充二家作事等一者。申云、更所レ不二思給一、無レ極二恐悦一。非レ賜二此御給一。多悦二恩顧深一。須臨二叙位期一可レ蒙二処□（分カ）一」とあるように、実資は特別の恩顧として、大宮彰子の年爵（寛仁三年分）の決定権と叙料の受領権が与えられた。(41) その旨を直接実資へ伝えたのは彰子の父前太府道長であるが、道長の行為は「太后宣」に基づいたものであり、権利授与の意向は給主みずからに発しているのは明白である。ここでもまた、給主の決定権は動かし難いといえよう。

なお参考までに、給主が決定を下さなかった東宮敦良の事例を提示しておく。

左中弁経頼持二来但馬国司申請待賢門損色文一。示下可レ奏聞一由上。直物案内相含畢。今日可レ達者。亦東宮明年御給爵事思失于レ今不レ取二気色一。今日可レ申者（中略）。左中弁伝二関白報一云（中略）青宮御給爵、宮間不レ聞二所望一。禅門・大宮間取二案内一可レ示者。(42)

これによると、給主（東宮敦良）自身が所望を示さず、関白（藤原頼通）の命により、給主の祖父・母である禅門道長・大宮彰子に決定が依頼されている状況が看取できる。このような事態の背景として、まず給主身辺の事情を探る必要があろう。実は四か月前に東宮妃藤原嬉子が死去しており、給主敦良は服喪中だったのである。後年には服忌や諒闇年に、当年給による叙位を行わないことが慣例化する。(43) これを裏返せば、服忌等の特例を除き、給主は被給者の決定から手続きにいたる全てを自己の権限下で行うのが常態であったといえよう。また、給主の外祖父・母后に当たる道長・彰子による決定が、関白の指示の下に行われている点も次の院政期との対比上注意しておきたい。

(2)院政期

給主の数は増加の一途をたどり、鎌倉期に入ってもその傾向に変化はみられない。院号宣下や、准后宣下の増加が要因の一つにあげられる。特に、そのような宣下を受ける内親王が増加したことは、王家の給主が常に一程度確保された事実を意味しており、治天たる院による貴族社会の再編という命題との関連で注目すべきであろう(44)。併せてこの時期、出身や身位を異にする給主が数多並立している(45)。立場の異なる給主の年爵のあり方に、どのような違いがみられるのか検討を加えたい。

はじめに、治天の君の妻后の年爵叙位決定過程を一見しておこう。『山槐記』永暦元年（一一六〇）一二月三日条は、後白河院皇后藤原忻子の年爵叙位に関して、「抑以二行隆一自レ院下二給皇后宮未給御申文一。隆季卿示二保実一可二叙爵一。事次可二宣下一者。此旨申二大殿一了」と記述する。ここで留意したいのは、給主ではなく後白河院が被給者を決定し、皇后宮司行隆に年爵申請の御給申文を下す等、手続き上の命令をも行っている点である。さらに、被給者は、後白河院執事別当藤原隆季の子保実で、給主忻子との直接的な関係は見出し得ない。つまり給主の夫で治天の君である後白河院が、自分の関係者の叙爵を決定し、手続きを命じており、給主自身は全く関与しない。ここに、摂関期との大きな相違が認められるが、そうした給主自身の関与の低下や決定権の弱さは、治天の君の妻后やその内親王等を給主とする事例に多くみられる。

次に、摂関家出身の給主をとりあげてみよう。『本朝世紀』仁平二年（一一五二）正月五日条には「皇嘉門院・中宮並関白室家御給、無二叙位事一。是関白有二鬱（怨カ）望事一、不レ被レ出二名簿一之故也云々」とあり、関白藤原忠通が皇嘉門院・中宮藤原呈子・関白室家藤原宗子の御給名簿（申文）を提出せずに止めたと記されている(46)。この三者が、それぞれ忠通の娘・養女・妻である点を考慮すると、「不レ被レ出二名簿一」という行為は、忠通の家長としての立場から行われたものと推測できる。

また源中納言雅頼が、子息侍従兼忠の加階に女院（皇嘉門院(47)）未給を求めたことについて、仲介的な立場にあった九条兼実(48)は、「女院未給可二申給一之状、令レ申二女院一之処、皆給レ人了。又御給事、関白進止也。仍力不レ及之由有レ仰。件人為レ余致レ志。此事不許尤遺恨」(49)と言い、皇嘉門院の御給が関白基房の進止下にあった事実が判明する。さらに、「左中将清通朝臣息給二女院仁安三年御給一目之次、可レ叙二五位従上一之由、付二頭弁経房朝臣一所レ令レ申也。又自二女院一被レ触二仰摂政一云々」(50)ともあり、被給者の決定権は時の摂関・家長が掌中にし、家中給主の申文を一括支配する等、年爵叙位に関する手続きにも深く関わっていた旨が理解できるのである。そして被給者は、給主の関係者でかつ摂関家家司の場合が多いという特徴も認められる。(51)

一方、給主みずからが主体的に関わっている事例に触れておこう。殷富門院亮子内親王の年爵について、『玉葉』建久六年（一一九五）正月七日条には、「先有二加叙一。隆雅朝臣叙二正四位下一。殷富門院当年御給也。叙位夜、件御給、自二本所一賜二他人一。而下﨟仲経叙二正下一之間、忽改給二隆雅一、被レ申レ叙云々」と記されている。正月五日の叙位儀以前に同院年爵での昇級が決定していた藤原隆雅は、夜になって本所の意向で他人へ改替された。しかし、彼の下﨟藤原仲経が正四位下に昇ったため、七日加叙の日に、本所は再び隆雅を昇級させた経緯がみられる。(52)二転三転したこの叙位は、全て本所＝給主殷富門院の沙汰の下に行われたのであり、摂関期と同様に、給主による被給者の決定と手続きの指示が看取できる。殷富門院は後白河院の娘であるが、後白河は二年前に没しており、家長不在の時期であった。彼女みずからの意思で決定が行われた原因は、ここにあると推測される。

以上、院政期について検討の結果、本来給主の手中にあった決定権が、給主の所属する家の長、つまり王家の家長である治天の君や摂関家大殿などへ、徐々に移行する状況がみられ、そうした行為を通じて家長等は、院司・家司等、家政機関職員の人事調整をはかっていた事実が明らかになったと思う。(53)

かくして年爵叙位は、摂関期においては、主に給主と被給者二者間の問題であったが、院政期には、一つの年爵叙位の決定に関しても給主以外の人物の関与があり、貴族社会全体へ影響をおよぼすような複雑な問題へと変化していった。

また、多くの内親王准后や女御が輩出し、彼女たちの年爵の大部分が貴族官人の叙爵に利用され、一方、院・女院・三宮の御給の多くが加階にあてられている状況(54)から判断すると、王家・摂関家の権門としての組織化と、叙位制度の変遷との密接な関連が推察し得る。

(二)超越問題

「超越」(55)とは、官位下臈の人が上臈を追い越して昇進する謂である。これは、官位が重要なステータスシンボルであった当該期の貴族官人にとって重大問題であり、超越に対する不満や怒りが渦巻く一方、それだけにまた年爵による昇進を求める運動は、諸記録に数多出現する。超越の多くが年爵や臨時・勧賞(旧賞)等によって生じる点に注目し、これらによって超越が発生する可能性が生じた場合、どのような対応がとられたのかを検討してみたい。(56)

(1)摂関期

摂関期は院政期に比べて年爵による加階数が少なく、したがって超越が生じる可能性も相対的に低い。次にあげる史料は、当該期における超越出現時の対応が読み取れる僅少な例である。

申剋許参内(中略)余先参上。次内府。先レ是左大臣(関白)候二殿上一。次第着二御前座一(中略)答(奏カ)云、取二遣院宮御給名簿一、文(天カ)許了。召二中納言藤原朝臣実成一、仰下可レ取二遣院宮御給名簿一之由上、時剋推移。奉二三所名簿一。自余従レ此者。二箇所名簿奉二関白一。々々奏レ之。御覧即返二給之一。関白授二下官一。一々書載。無二王氏名簿一、以二頭弁一問二外記一。申云、只今進者。即進。進二伝関白一。敕(次カ)奏聞。御覧返給。書二入之一。不レ注二何世一。関白云、可レ叙二四位一。雖レ有二事疑一、依レ命書載。関白云、東宮御給々二亮良頼一(正四位下)。経任令レ申下可レ叙二正四位下一之由上、如何者。余申云、経任者良頼之上﨟。無二指事一為二良頼下﨟一、(如脱カ)何時(侍カ)哉。四位正下者一世源氏之所レ叙也。但或非常之賞、或臨時之恩。蔵人頭近代叙二正下一之例・(也)。為二蔵人頭一者被レ超二越宮亮一如何。殊被レ加二一階一無二深(指カ)難一哉。已有二天許一。書載了。叙位簿令レ見二関白一、見畢被レ返。即奉二御簾中一。叡覧了返給。所レ叙卅五人。主上入御。(57)

右の内容は、東宮敦良親王年爵による加階のため、亮藤原良頼が位階上﨟の蔵人頭藤原経任を超越することになったというものである。しかし、経任は蔵人頭たるにより「臨時」で加階する処置がとられ、結局、超越は回避された。超越への対応は叙位儀の御前において議され、後一条天皇・関白藤原頼通・執筆上卿藤原実資の三者による話し合いの結果、天許をもって叙位の遂行が決定されたのである。年爵叙位によって超越などが引き起こされた場合、通常はこのように御前定において処理された。(58)

(2)院政期

院政期には超越が増加する。治承四年（一一八〇）四月に行われた御即位叙位で発生した超越に関して、対応に奔走した頭弁吉田経房は、「右中弁兼光朝臣賜二上西門院御給事一申二従上一。而右少将公時、左少将公守在レ上。三人共可二加階一歟。自二新院一遣二仰前右大将許一。如レ此沙汰之間及レ暁(59)」と語っている。新院高倉上皇が右大将平宗盛の許に仰せ遣わし、三人同時に加階させることで超越を回避すべきか否かが論ぜられた。当時、後白河院は、前年一一月以来、鳥羽殿へ幽閉されており、本来ならば治天の君たる後白河院の沙汰するところであったと考えられる。この件では、結局三人とも叙位を見送られたらしく、超越の出現に対して年爵叙位が抑止されている。

超越への対応には、この他にもさまざまな処置が施されていた。

『玉葉』文治元年（一一八五）一二月二五日条によると、同年七月の地震のため破損した閑院から、左大臣藤原経宗第の大炊御門殿へ移っていた安徳天皇が、一二月になり修繕が完了した閑院へ還御したさい、家賞を賜わった経宗は、これを子息中納言頼実へ譲った。頼実の昇級は、実宗・隆忠両人の超越を引き起こしたが、この時は「臨時」によって二人とも同時に昇級させることで超越を阻止している。

また、寛喜二年（一二三〇）正月五日の恒例叙位では、

被超越者(官・位上臈者)			
氏名	対応	官職	典拠
藤原経任	臨時	頭権左中弁	小
藤原季成	白河院保安元未給	左中将	中
藤原季通	内大臣旧賞譲	左少将ヵ	本
藤原実定	前待賢門院未給	左少将	兵
藤原顕時 藤原実国	臨時 臨時	右大弁 右少将	兵
源　通能 藤原頼定 源　憲雅 藤原兼雅 藤原実宗	臨時 高松院去年未給 皇嘉門院長保 3 未給 年労 年労	右少将 前中将 前民部権大輔 右中将 右中将	私
源　通家 平　時忠	院応保 2 未給 臨時	左少将 頭右中弁	兵
源　国雅 藤原俊経 平　知盛 平　信範	八条院仁安元未給 旧賞(賀茂八幡行幸行事) 従三位盛子給 臨時	右少将 左中弁 左中将 頭権右中弁	兵・私
源　通資	臨時	左少将	山・玉
平　忠度 藤原良通 平　親宗	臨時 臨時 臨時	前右衛門佐 右中将 権左中弁	
平　時忠	前建春門院承安 2 未給	権中納言	山・玉
藤原定経 藤原伊輔	旧賞(父卿行事賞譲) 臨時	美濃守 侍従	
藤原隆房	承安 2 父卿行幸行事賞譲	参議	山・定・玉
藤原仲経	臨時	右兵衛権佐	
藤原家隆	臨時	宮内卿	明
源　資俊 源　定平 藤原雅継	臨時 後白河院治承 4 未給 臨時	左少将 左少将 右少将	明

被超越者(官・位上臈者)			
氏名	対応	官職	典拠
藤原公親 藤原実長	待賢門院未給 上卿日吉行幸行事賞譲	少将 少将	兵・本
藤原公親 藤原実長	臨時 白河院保安 3 未給	参議 参議	兵・私
平　時家 藤原公守	故建春門院未給 臨時	右少将 右少将	山
藤原実宗 藤原隆忠	嘉応元行幸行事賞譲 臨時	権中納言 権中納言	玉

〔表 4〕

(a)年爵による超越への対応

叙位儀年月日	位階	超越者(官・位下臈者)		
		氏名	年爵	官職
長元 4 (1031) 1 / 5	正四位下	藤原良頼	東宮御給	右中将東宮亮
長承 2 (1133) 1 / 5	正四位下	藤原忠基	院当年御給	右少将
康治元(1142) 1 / 5	正四位下	藤原経隆	院御給	但馬守
久寿 2 (1155) 1 / 6	従四位上	藤原公光	高陽院御給	右少将
保元 3 (1158) 1 / 6	正四位下	藤原信能	美福門院御給	右少将
長寛元(1163) 1 / 5	従四位上	藤原基家	上西門院御給	前少将
仁安 2 (1167) 1 / 5	正四位下	藤原基家 源　通能 藤原脩範	上西門院御給 中宮御給 院御給	左少将 右少将 左少将
仁安 3 (1168) 1 / 6	正四位下	藤原実清	八条院御給	左兵衛佐
治承 2 (1178) 1 / 5	正四位下	源　有房	院当年御給	左少将
	従四位上	平　保盛	八条院御給	左衛門佐
治承 3 (1179) 1 / 5	正二位	藤原兼雅	院御給	権中納言
	正五位下	源　兼忠	中宮御給	侍従
元暦元(1184) 7 /24	従三位	藤原兼光	承安 2 行幸行事賞	参議
	正五位下	藤原長経	八条院御給	左兵衛佐
承元元(1207) 1 / 5	正四位下	藤原公長 藤原資頼	宣陽門院御給 中宮御給	右兵衛佐 皇太后権大夫
寛喜 2 (1230) 1 / 5	正四位下	源　有資	鷹司院御給	左少将

(b)勧賞による超越への対応

勧賞年月日	位階	超越者(官・位下臈者)		
		氏名	勧賞	官職
久安 5 (1149)10/12	従四位上	藤原光頼	日吉行幸行事賞	権右中弁
保元 2 (1157)10/22	従三位	藤原雅教	造内裏行事賞	参議
治承元(1177)11/15	従四位下	藤原顕家	家賞	右少将
文治元(1185)12/25	正二位	藤原頼実	家賞	権中納言

(注)　勧賞事例は紙幅の都合上大幅に割愛した。

暫申二雑事一之間、右大将殿令レ参給（中略）少時令レ帰。参内給之後、又候二御前一。納言相共承二雑事一。詣二女院一御給未レ被レ申所多。当時聞事。又頭親長朝臣進二目六等一、少々伺見。申二正三位資宗一。申二従三位行能一。申二正四位下有賢二（鷹司院当年）。資俊・定平・雅継、為二上臈一。不レ可レ抑二当年給一。四人被レ叙何事在哉。各申二尤可レ然由一。申二従四位上実任一（陰明門院去年未給）。其上臈十人許皆悉難レ叙歟(60)。

とあるように、二つの問題が生じている。一つは、源有賢が鷹司院当年給で正四位下に昇級すると、上臈の「資俊・定平・雅継」三人に対する超越が発生すること。もう一つは、陰明門院去年未給によって藤原実任を従四位上へ昇叙すると、上臈一〇人への超越が生じることである。後者に関しては、多くの超越が生じる点が考慮されて、未給叙位を止めている。一方、前者に対しては、「当年給を抑留すべきでないので、上臈三人を何らかの事由によって同時に昇級させるべき」という案が出された。結果として同日中に雅継が、七日に資俊が各々「臨時」で、定平は「被レ求二出旧賞一」、それぞれ正四位下に叙されたのである(61)。

このように、超越の内容とその対応が具体的に判明する事例を集積してまとめたものが［表4］である。左側に、年爵または勧賞によって生じた超越の内容を、右側にその対応を示している。

以上検討の結果、年爵加階や勧賞等により超越が発生すると、時にはその叙位が抑留される場合があるものの、上臈者全員、または「権門之人」「院之寵臣」を中心に、「為レ不レ被二超越一臨時叙レ之」、或いは「可レ尋二旧賞一」として、臨時や権利未行使の年爵（未給）、または旧賞を利用して昇級させる措置がとられるケースが多く、一二世紀半ば頃にはかかる対応が定着していたと総括し得る。

第三節　叙位制度の中世的展開と叙位関係文書

(一)儀式書における叙位文書

叙位儀に必要な文書は、『江家次第』等の儀式書によると、一〇数種類におよぶ。(62) そのうち、外記が官職ごとに労を勘申し叙位候補者を記した外記勘文は、年労叙爵・加階の叙人決定に関する最重要資料であり、年爵に関しては、「御給御申文」が用いられていた。給主が提出した申文は蔵人（もとは近衛次将）を通して叙位儀の場に届けられ、天皇の御前において大臣が読みあげ叙位されたが、注意しておきたいのは、申文の提出は叙爵に限られる行為だという点である。ここで、『江家次第』巻二「叙位」における叙爵に関する記述の終末部分を一瞥しておこう。


次叙二外衛一。

姓尸某外衛。馬允同レ此。

此間参議持二参諸宮御申文一取二副於笏一。

早晩不定。置レ笏進二申文一。了取レ笏揖。右廻退去。若有下不レ被レ進二申文一之人上者被レ申二加階一之趣一也、其詞云、某所者自レ此以二職事一被レ申下給二某人一由上。自二御後一可レ申。

大臣取レ之進奏不レ入レ筥。不レ開レ封。取二副於笏一進。置レ笏奏レ之。推二硯筥等一如レ初。但叙位者暫可レ置二硯筥之左一。其進退大略如レ上不レ被レ献之所、可レ申二其由一。(63)


（傍線・波線筆者、以下同）

傍線部から、加階の場合は申文を出さないのが通例(64)だったといえる。では、年爵加階は如何なる資料に基づき叙位されていたのであろうか。これを知る重要な手掛りとして注目されるのが次に掲げる『私要抄』の記述である。

一、院宮給事
旧年中旬比仰云、各給者内々可レ尋二申本所一者。仍付二院司宮司等一、可レ然之人之許、以二消息一尋二申之一。注二折紙一奏聞。

但任レ例仰ニ行事蔵人一令レ尋ニ取御申文一。被レ申ニ加階一所々不レ被レ出ニ御申文一。叙爵所々被レ献ニ御申文一是例也。
旧例以ニ近衛司一召レ之。而近代行事蔵人尋集。(65)

これによると、申文を出す年爵叙爵も出さない加階も、正月叙位の前（前年一二月中旬頃）、蔵人が内々に各本所の宮司・院司(66)に付して年爵叙位の候補者を消息で尋ね、その結果を折紙に記し、治天の君へ奏聞していた事実が判明する。つまり年爵加階は、叙位儀以前に蔵人が内々に本所から集めた情報を折紙で奏聞し、叙爵申請の場合に限り、行事蔵人が本所から申文を受け取っていたのである。なお、この折紙に本所の意向が記されているのは明白であるが、前節で述べたように超越等の問題があり、その対応を含めた年爵関連叙位の決定資料が叙位儀までに作成されていたはずである。そこでまず、一一六〇年代以降の叙位儀をとりあげ、中世的な叙位システムの確立した段階における年爵関連叙位の叙人決定資料を解明したい。

(二)叙位儀における叙位決定資料の変遷

治承二年（一一七八）正月五日の叙位儀は、はじめに「見ニ勘文一、献ニ関白ニ」という行為が繰り返され、年労叙爵が終了し、引き続き加階が以下のように進行した（《　》内は朱筆）。

次叙ニ正五位下一。次従四位下。次従四位上。次正四位下今日無ニ上階一也。皆任ニ注文一叙レ之載ニ勘文一之者ハ、見合叙也。巻ニ勘文一献ニ関白一。々々取レ之。加ニ置申文一了。次叙位奥書ニ年号月日一（中略）

叙位書様

正四位下

源朝臣有房院当年御給《左少将》

源朝臣通資臨時《左少将》

従四位上
平朝臣忠度臨時《前右衛門佐》
平朝臣保盛八条院当年御給《左衛門佐》
平朝臣親宗臨時《権左中弁》
藤原朝臣良通臨時《右中将》
従四位下
藤原朝臣基輔皇嘉門院当年御給《右馬権頭、美作守》
源朝臣師家《少納言労》
（以下略）(67)

右の叙位では外記勘文と注文（折紙）(68)、二種類の資料が用いられている。前者は年労叙爵と同加階に関する資料であり、加階における「載二勘文一之者」とは、少納言労で叙位した源師家等だったことは明瞭であろう。したがって、年爵や臨時は注文に記載されていたと理解できる。つまり当該期の年爵関連叙位の決定資料は、注文（折紙）だといえる。

では、それは何時に由来する現象だろうか。半世紀ほどさかのぼった長承二年（一一三三）正月の叙位儀は次のように行われていた。

叙位儀也（中略）。次殿下給二勘文一云、新叙人々合点輩一々可レ叙者。大略昨日御二覧院一之処、有二御合点一歟。諸司外衛十二人叙了。重合二点件勘文一了（中略）則進二殿下一、令レ奏給。下二勘文一給云、早可レ叙二従下列一。藤原雅経従下一書二入従上之中一了。此勘文予失遅申上也。従五位下叙了（中略）次尋二申正下一。無二叙人一。次従四位下右中弁公行・少将公能、任二勘文一叙了。従四位上宗成治国、実親治国、少将経定、教長等、各任二勘文一叙

内容詳細	典拠
正四位下藤原良頼〈東宮御給〉	小
上皇其次人々望申加階事	中
正四位下藤原季成〈白河院保安元年未給〉 藤原忠基〈院当年御給〉	中
正五位下藤原経房〈祖父為隆卿去天承2年春日行幸行事賞〉 平時忠〈前待賢門院去大治5年未給〉	山
従二位　藤原実長〈臨時〉	兵
正四位下藤原実清〈八条院御給〉 源国雅〈八条院仁安元年未給〉 平知盛〈従三位盛子給〉 平信範〈臨時〉 藤原俊経〈賀茂八幡両社行幸行儀賞〉	
正五位下源季経〈皇嘉門院久寿元年大嘗会未給〉 藤原信行〈院御給〉	
従五位上藤原能保〈上西門院当年給〉	
正四位下源有房〈院当年御給〉 源通資〈臨時〉	玉・山
従四位上平忠度〈臨時〉 平保盛〈八条院当年御給〉 平親宗〈臨時〉 藤原良通〈臨時〉	
従四位下藤原基保〈皇嘉門院当年御給〉	
正五位下平有盛〈御塔供養中宮御給〉 藤原兼良〈臨時〉	
従五位上藤原公国〈上西門院当年御給〉	
正二位　藤原兼雅〈院当年御給〉 平時忠〈前建春門院去承安2年未給〉	玉・山
正四位下藤原光憲〈臨時〉 平経正〈臨時〉	
正五位下藤原伊輔〈臨時〉 源兼忠〈中宮御給〉 藤原定経〈父経房朝臣造蓮華王院御塔行事賞譲〉 藤原信清〈上西門院御給〉(『公卿補任』より) 藤原盛定〈臨時ヵ〉	
従五位上藤原公経〈上西門院当年御給〉	
従二位　藤原成範〈臨時〉 平頼盛〈臨時〉	山・吉・玉
正三位　藤原頼実〈中宮未給〉	
従四位上藤原長房〈八条院御給〉	

〔表５〕 加階決定資料

年月日	天皇	院	摂関	決定資料	加階事由
長元 4 (1031) 1 / 5	後一条		頼通	関白云	御給
嘉承元(1106) 1 / 5	堀河	白河	忠実	院御消息	御給
長承 2 (1133) 1 / 5	崇徳	鳥羽	忠通	仰	御給/未給
応保元(1161) 4 / 1	二条	後白河	基実	御報書/折紙	旧賞/未給
仁安 3 (1168) 1 / 6	六条	後白河	基房	折紙	御給/未給/臨時/旧賞
治承 2 (1178) 1 / 5	高倉	後白河	基房	任人注文(於レ爵者不レ載二注文一。件注文書二檀紙折紙一也)	御給/未給/臨時/旧賞
治承 3 (1179) 1 / 5	高倉	後白河	基房	叙人注文(叙人折紙)	御給/未給/臨時/旧賞
治承 4 (1180) 4 /21	安徳	高倉	基通	折紙	御給/未給/臨時/旧賞

藤原基輔〈皇嘉門院御給〉	
正五位下 藤原公兼〈権大納言藤原朝臣平野行幸賞譲〉 　　藤原良経〈臨時〉	
従二位 藤原実宗〈院御給〉	定・山・玉
正三位 藤原忠良〈八条院御給〉	
従三位 藤原隆房〈父卿松尾行幸行事賞。被レ超二越兼光一。依二訴申一翌日被二仰上一云々。未定可レ申歟〉 　　藤原兼光〈行事賞〉(『公卿補任』より)	
正四位下 藤原基宗〈上西門院御給〉	
正五位下 藤原長経〈八条院御即位御給〉(『公卿補任』より) 　　藤原仲経〈臨時〉	
(以下多数により略)	玉・明
(　　〃　　)	明
(　　〃　　)	明
(　　〃　　)	明
(　　〃　　)	経

了。正四位下藤原季成（白河院保安元年御給）、藤原朝臣忠基（院当年御給）、依レ仰書了。従二位源朝臣顕雅（石清水賀茂行幸行事賞）、正二位源朝臣師頼（平野大原野行幸行事賞）、書了巻レ之。(69)

従五位下以降、諸司・外衛、弁、近衛次将などの年労叙爵・同加階および治国加階については外記勘文に任せて叙し（傍線部）、藤原季成と同忠基の年爵加階は、仰によって叙位が決定している（波線部）。旧賞に関しても外記勘文でなく、年爵と同様、仰であったと推察される。(70) 仰から注文（折紙）への変化は、おそらく中世的な叙位システムの確立と連関するであろう。この推測を裏づけるため、さらに叙位簿や聞書が残る年の叙位について同様の分析を試み、決定資料と加階事由との関係を［表5］にまとめてみた。

表中の決定資料と加階事由に注目すると、一一世紀前半から一二世紀前半までは「仰」等、口頭もしくは「院御消息」で伝達されていたが、一一六〇年代以降になると「折紙（注文）」と呼ばれる文書に統一される傾向が指摘できる。つまり本来、勘文や申文等文書を用いず、口頭伝達されていた年爵加階は、年爵関連叙位が定着して叙位件数が増加したため、蔵人によって書き留められるようになり、蔵人が叙位儀の場へ携帯するた

元暦元(1184) 7/24	後鳥羽	後白河	基通	御書/仰	御給/未給/臨時/旧賞
正治元(1199) 1/5	土御門	後鳥羽	基通	叙人折紙	御給/未給/臨時/旧賞
承元元(1207) 1/5	土御門	後鳥羽	家実	叙人折紙	御給/未給/臨時/旧賞
嘉禄2(1226) 1/5	後堀河		家実	叙人折紙	御給/未給/臨時/旧賞
寛喜2(1230) 1/5	後堀河		道家	叙人折紙	未給/臨時/旧賞
仁治3(1242) 1/5	四条		兼経	叙人折紙	御給/未給/臨時/旧賞

めに折紙という形態が用いられたのだと理解できよう。(71)

以上、中世的な叙位制度の確立段階における年爵関連叙位の決定資料の作成過程を総括すると次のようになるだろう。蔵人は一二月中旬頃には本所から得た情報を折紙に記し奏聞した。治天の君は事前に得た情報をもとに、申請された年爵によって発生し得る超越等への対応を叙位儀までに講じている。かくして、全給主の年爵に対する調整を行うことが可能だったのである。その結果、臨時や勧賞（旧賞）叙位の情報も含み込んだ実質的に有効な叙位資料となる折紙(72)が作成され、蔵人が懐中にして叙位儀の場に携帯されたと考えられる。つまりこの折紙が叙位儀における年爵関連叙位の決定資料である。

なお、承元元年（一二〇七）正月に行われた五〇余人の叙位では、摂政近衛家実が「取二忘叙位勘文一参内」したため、「今年叙位無二勘文一」く行われたという。(73)この事実は、一三世紀初頭までには、折紙が外記勘文の内容も含み込んだ全事由の叙位決定における実質的に有効な資料として位置づけられていた状況を物語っていよう。(74)

折紙については、先行研究で中世的・実質的な性格が指摘されている。(75)このような文書が叙位のさいに中心的な役割を担うようになった画期と背景には、中世的な叙位制度の確立と不可分な関係が認められる点を確認した。

最後に、如上のような叙位制度の変遷の意味を、貴族社会における編成原理の展開との関連に言及しながら総括したい。(76)

おわりに

中世的な叙位制度の形成過程は、年労制から年爵と勧賞を中核とした叙位制度への展開として顕現した。貴族官人の立場からみると、この事象は叙位に与るための評価対象、すなわち天皇への奉仕として期待されるものの内容変化として捉え直すことが可能であろう。

年労制は官司等での奉仕（以下A）、つまり労という機械的な基準が評価対象であり、年爵・勧賞では院宮諸家への奉仕（以下B）や、官行事所奉行、院家・殿下沙汰の行事奉行や経済的奉仕など、儀式・行事への奉仕（以下C）が、叙任の対象となる。天皇への奉仕は、九～一〇世紀にはAが中核であったが、一〇世紀半ば以降、徐々にAとB・Cとが同等の価値と認識され、一二世紀半ばには完全に逆転したのである。つまり、AからB・Cの要素をより重要視する社会の編成原理への転換と、中世的な昇進制度の形成とは連動した事象であった。

佐藤泰弘氏(77)が指摘されたように、天皇と公卿を結ぶ君臣関係は一〇世紀後期から末期にかけて大きく転回し、公卿は天皇の他に東宮・摂関・大殿・女院などへ多様に奉仕するようになり、「召―奉仕」の関係構造が多元化した。氏の見解と叙位制度の変遷とを対応させると、九世紀半ばには出現していた年爵は、多元化推進の重要な一要素となり、天皇のミウチ等、給主周辺の人々に対する叙位から浸透していった。そしてこのような貴族社会の転回は、奉仕や昇進に対する貴族官人層の関心にも当然影響を与えたと予想される。すなわち官司での奉仕よりも、給主に対する奉仕にその度合いを強めたといえるだろう。さらに、御願寺を受け皿とした上からの設定という性格を持つ大規模な領域型荘園[78]が形成される一二世紀以降では、年爵の給主―被給者と、荘園の本家―領家・預所とでは、重複関係にある場合が多く、政治的・経済的基盤の確保・維持という意味において、該期貴族官人等にとって、給主との結合が重大な関心事であったろうことは容易に想像される。一方、給主である王家・摂関家にとっても、諸家との関係維持や強化、そしてそれを存続させることは重要課題であり、両者の関心と利害が一致して相互依存関係が成立したところに、この叙位制度が発展していった大きな要因があったと思う。

では、かかる叙位制度の意義は如何なる点に求められるだろうか。荘園公領制の成立等、社会体制が変化するのにともない、関係構造の多元化は一二世紀に入ると一層進んだ。しかし当該期には、家長（院や大殿）が家内給主の御給を取りまとめたり、治天の君による超越への対応等、年爵を通して叙位全体に調整・統制を加えるようになる事実が確認された。この情況を考慮すると、関係構造の多元化は放任されるのではなく、上位における統轄へ向かったと理解できよう。新しい叙位制度は、権門の成立を促進させると同時に、多元化した関係構造を統合しつつ維持する社会システムとして機能した点に意義が認められる。

行事運営システムおよび財政制度等の変化に対応した貴族社会の再編に向けて、人事制度の一つである叙位制度の展開が密接に絡み合い、中世的な叙位制度が確立したといえるだろう。

このように考えてくると、位階制度上「組織化の機能」が縮小するという評価についても再考が必要となるのではないだろうか。中世社会における叙位が担った新しい「組織化の機能」の実態を解明し、位階制度の意義をさらに追求していきたい。

（1）　吉川真司①「律令官人制の再編」、同②「天皇家と藤原氏」（『律令官僚制の研究』、塙書房、一九九八年、初出は一九八九・九五年）。玉井力①「平安時代における加階と官司の労」、同②「一〇・一一世紀の日本――摂関政治」

(『平安時代の貴族と天皇』、岩波書店、二〇〇〇年、初出は一九八八・九五年)。

(2) 尾上陽介①「年爵制度の変遷とその本質」(『東京大学史料編纂所研究紀要』四、一九九三年)、同②「鎌倉時代の年爵」(『明月記研究』二、一九九七年)。

(3) 玉井氏注(1)②所引論文などを参考にした。

(4) 史料の残存状況により、叙位全体の事由が判明するのは一一世紀末以降になる。

(5) 勧賞・臨時に関しては本書第三・四章および補論一を参照。

(6) 本章では、年爵初見の八八七年から後鳥羽院政期までの年爵叙位の実例を、該期諸記録・『公卿補任』等から抽出し、給主ごとに被給者とその関係および位階の一覧表を作成した。以下、実例の分析はこの表に基づいている(紙幅の関係上、表の掲載は略した)。なお、九世紀から一一世紀初頭の年爵に関しては尾上氏注(2)①所引論文、皇嘉門院については細谷勘資「皇嘉門院院司の構成と御給」(『中世宮廷儀式書成立史の研究』、勉誠社、二〇〇七年、初出は一九九五年)、美福門院・八条院に関しては永井氏晋「一二世紀中・後期の御給と貴族・官人」(『國學院大學大學院紀要―文学研究科―』一七、一九八六年)所引論文の各表を参考にした。

(7) 忠平政権期の評価については、橋本義彦『平安貴族社会の研究』(吉川弘文館、一九七六年)、元木泰雄『院政期政治史研究』(思文閣出版、一九九六年)、吉川氏注(1)所引書を参照。

(8) 律令制下の蔭位の制は、父祖の地位によって子・孫が二一歳以上になると初叙する制度で、条件ごとの基準を満たせば一律に適用された。一方、年爵の場合は、①給主との関係に左右され、②年齢制限はなく(初叙の低年齢化)、③従五位下以上の位階が対象となる点等に大きな相違が認められる。

(9) 服藤早苗「元服と家の成立過程――平安貴族の元服と叙位――」(『家成立史の研究――祖先祭祀・女・子ども――』、校倉書房、一九九一年)や玉井力「道長時代の蔵人に関する覚書――家柄・昇進を中心として――」(玉井氏注1所引書、初出は一九七八年)などを参照。朱雀朝・忠平政権期から道長期までには、摂関(内覧)および太政大臣の子弟は、元服に際し従五位下ないし正五位下の直叙が慣例化している。また、それ以外の基経の子孫や源氏の子息は、元服の日または元服後の恒例叙位時における年爵叙爵が定着した。

(10) 被給者の多くが給主の家政機関職員である点がその証左である。さらに『小右記』長保元年一二月九日条のように、年爵の推挙を契機として名簿捧呈が行われ、新たな主従関係の締結の緒になっている点が注目される。

（11）正暦二年九月、一条天皇母藤原詮子が東三条院の院号宣下を受けた（女院号の最初）。

（12）年爵を摂関家子弟が公達昇進コース上の官職年労の年限を短縮して昇級する特権的な昇進を支えた叙位制度とする先行研究の評価は、当該期における年爵の意義の一面のみを捉えたものと思われる。問題とすべきは昇進速度や年数よりも、叙位の理由・基準が変化する意味と、それが貴族社会に与える影響を究明することにあるのではないだろうか。なぜなら、天皇に対する貴族・官人の奉仕内容として期待されるものの変化としてこれを捉えることにより、昇進制度の変化を貴族社会における編成原理の転換と関連づけて考察する視角が生じると考えるためである。

（13）『権記』長保二年九月二三日条には「候二御前一之次、奏二斎院一被レ申二臨時給爵一給二光尹一加階事。御返事云、光尹事先日自二東三条院一有二被レ申之事一。而受領史（吏カ）買二上階一、於レ事不穏。仍不レ承レ之。為レ之如何。須レ被レ申二他人一」とあり、受領の年爵加階が非難されている。

（14）寺内浩①「摂関期の受領考課制度」、同②「院政期の受領考課制度」（『受領制の研究』、塙書房、二〇〇四年、初出は一九九七・九七年）。

（15）当該期の受領考課制度および功過定の評価に関しては、国家財政の再編や受領統制に重要な機能を果していると、積極的に評価する福井俊彦「受領功過定の実態」（『史観』八八、一九七四年）、佐々木宗雄「一〇〜一一世紀の受領と中央政府」（『日本王朝国家論』、名著出版、一九九四年、初出は一九八七年）、大津透『律令国家支配構造の研究』（岩波書店、一九九三年）などの論考と寺内氏・中込氏などのように否定的な見解がある。

（16）中込律子「『北山抄』巻十吏途指南にみる地方支配」（十世紀研究会編『中世成立期の政治と文化』、東京堂出版、一九九九年）。

（17）同右、一一九頁。

（18）受領功過定の場において、藤原道長・頼通等家司の成績審査に不審が認められても諸卿は追及せず見逃す等の事実（『小右記』長和三年正月六日・寛仁元年九月一日条）がみられる。摂関期の受領および受領家司に関しては、寺内氏注(14)①所引論文、同③「摂関期の受領と私富蓄積」（いずれも寺内氏注14所引書、初出は一九九四年）、柴田房子「家司受領」（『史窓』二八、一九七〇年）を参照。

(19) ただし、全ての年労が消滅してしまうわけではない（本書第一章参照）。
(20) 玉井氏注(1)所引書一八九頁。
(21) 例えば一条朝において蔵人の去就年月が判明する二五名のうち、叙爵で去った一八名を対象に、補任から叙爵までの期間を調査すると（市川久編『蔵人補任』〈続群書類従完成会、一九八九年〉を参考）、最も多いのは三年または五年が各五名、平均在籍期間は約三～四年であった。
(22) 玉井力「受領巡任について」（注1所引書、初出は一九八一年）。
(23) 玉井力「『院政』支配と貴族官人層」（玉井氏注1所引書、初出は一九八七年）によると、名家・羽林家の家格の確立は後白河院政期である。
(24) 同右。
(25)『玉葉』承安四年正月六日条。
(26)『玉葉』治承三年正月五日条。
(27)『玉葉』養和元年正月六日条。
(28) 尾上氏注(2)①所引論文。
(29)『長秋記』天承元年正月五日条。
(30) 寺内氏は、治国加階に関しては変質が見出されないとする（同氏注14②所引論文）が、本稿で指摘したような変化が認められる。
(31) 代表的な院近臣受領藤原家保・家成父子の位階昇進事由は、以下のように大部分が年爵または勧賞を事由としている。家保―最終位階従三位（年爵＝二回、勧賞＝四回）、家成―最終位階従二位（年爵＝二回、勧賞＝七回）。また、受領成功については竹内理三「成功・栄爵考」（『竹内理三著作集第五巻　貴族政治の展開』、角川書店、一九九九年、初出は一九三五年）、上島享「造営経費の調達」（『日本中世社会の形成と王権』、名古屋大学出版会、二〇一〇年、初出は一九九二年）などを参照。
(32) 百瀬今朝雄「中納言への道（一）参議労一五年」（『弘安書札礼の研究――中世における家格の桎梏――』、東京大学出版会、二〇〇〇年、初出は一九九一年）。

(33) 当該期の院政、治天の君の位置づけや貴族社会における家格形成については、元木氏注(7)所引書、玉井氏注(23)所引論文を参照。
(34) 『公卿補任』延長元年、藤扶基の項。天慶二年、藤敦忠の項。
(35) 当該期の給主の年爵事例は次の通りである。陽成院＝八例、宇多院＝四例、敦仁＝一例、保明＝二例、寛明＝一例、藤原温子＝一例、藤原明子＝一例。いずれも叙爵（うち、延長二年陽成院年爵により姣子女王が三品に叙された例があるが、これは「上皇御旨懇切」〈『西宮記』巻一〉による特殊な例である）。
(36) 注(6)の調査による（ただし准后康子内親王は二例とも叙爵）。
(37) 『小右記』長保元年一二月九日条。
(38) 『小右記』長保元年一二月一一日条。
(39) 『小右記』長保元年九月二三日条。
(40) 朱雀天皇皇女・冷泉天皇中宮。
(41) なお、五日条には、「参二前太府一（中略）以二源中納言経房一令レ申二太后(太)御給爵案内、今般無レ可レ叙之人一事也（中略）参二弘徽殿一（中略）令レ啓(印カ)二御給爵一之恐」とあり、同治安元年二月七日条に、「太皇大后宮去寛仁三年御給爵。給二高田牧司宗形信遠一。今夜請仰位記」とみえ、最終的には小野宮家の牧司の叙爵として具現している。
(42) 『小右記』万寿二年一二月二三日条。
(43) 親仁（後冷泉）出産後、万寿二年八月五日に死去（『左経記』『小右記』）。また、諒闇年の年爵に関しては、『玉葉』安元三年正月八日条に「諒闇年叙位、不レ叙二院宮給一例也」とある。
(44) 後三条から後鳥羽の皇女のうち准后または女院宣下を受けたのは二〇人におよぶ（うち宣下が一〇歳未満＝六名、一五歳未満＝四名）。なおこの間、摂関家・その他の諸家出身は三宮を含め二四名であり、内親王だけでほぼ半数を占めていたことになる。
(45) 当該期の内親王や治天の君の妻后などの女性院宮が、王家領荘園を伝領し、王家の人々の追善仏事を修する義務を負っていた事実が明らかにされたり（近藤成一「鎌倉幕府の成立と天皇」、永原慶二編『講座前近代の天皇　第一巻　天皇権力の構造と展開その一』、青木書店、一九九二年）、彼女たちが准母として天皇と擬制的母子関係を結び、皇位継承において果たした役割が考察されるなど（山田彩起子『中世前期女性院宮の研究』、思文閣出版、二〇一〇年）、女院の歴史的意義の解明が進められている。特に前者に関しては、女院（王家）領の本家と領家の代を重ねた関係に注目して、「女院領を基礎に置くことによって『皇統』それ自体が封建的性格を帯することになる」（近藤氏前掲論文二〇五頁）と論ぜられているように、「中世公家王権の封建的性格は如何」という問題と深く関わる点に注目したい。本書では、彼女たちの歴史的意義を考える上で、年爵や勧賞などを媒介とする権門と貴族・官人との人格的関係の構築に果たした役割に焦点を当てて考察したいと思う。

(46) 藤原頼長によると、関白が「不レ被レ出ニ名簿一」理由は、中宮・関白室給による加階申請に鳥羽院が難色を示した点にあったという（『宇槐記抄』同日条）。

(47) 皇嘉門院聖子は、関白基房の姉（当時両者の父忠通は故人）。摂政基通の伯母。

(48) 皇嘉門院・関白基房の弟。

(49) 『玉葉』治承元年正月一四日条。

(50) 『玉葉』治承四年一一月一八日条。

(51) 佐藤健治氏は、摂関家家政機関の職員の多くが、摂関と妻子の機関職員を兼任している実態を指摘されている（『中世権門の成立と家政』、吉川弘文館、二〇〇〇年）。

(52) 当時、藤原隆雅は、右衛門佐（任日―治承四年正月二八日）、従四位上（叙日―建久元年正月一〇日〈殷富門院御給〉）。藤原仲経は、右兵衛権佐（任日―寿永二年正月二三日）、従四位上（叙日―建久元年正月二四日）。本所の決定に、隆雅側の働きかけが関係していることはいうまでもないだろう。

(53) 本院による王家の構成員や所領に対する支配については、五味文彦「女院と女房・侍」（『院政期社会の研究』、山川出版社、一九八四年）、伴瀬明美「院政期～鎌倉期における女院領について――中世前期の王家の在り方とその変化――」（『日本史研究』三七四、一九九三年）などを参照。

(54) 『宇槐記抄』の「故白川法皇立レ制曰、諸院、宮宮年給、母后及院号人加階。自外后宮及准后人初年加階。後年叙位。于レ今レ被（不脱カ）レ改ニ其制一」との記述から、白河院によって年爵加階・叙爵の別が設定されたことがわかる（尾上氏注2②所引論文）。

(55) 百瀬今朝雄「超越について」（注32所引書、初出は一九九六年）を参照。

(56) 先行研究では超越問題を、主に給主と被給者間、または家政機関内外の力関係など個別的な問題に還元して論じられる傾向が強い。しかし年爵に関連する諸問題が、貴族社会全体におよぼす影響を考えれば、上層部の人々が超越を如何にコントロールしていたのかといった視点も必要となるであろう。

(57) 『小右記』長元四年正月五日条。

(58) 『西宮記』巻七「御前定」。

(59) 『山槐記』治承四年四月二一日条。

(60) 『明月記』寛喜二年正月五日条。

(61) 左表参照。

寛喜二年（一二三〇）正月　正四位下叙位（同五日叙位―源有資・藤雅継、同七日叙位―源資俊・源定平）

	叙位事由	官職	任日	従四位上叙日
源有資	鷹司院御給	左少将	（任）承久二年（一二二〇）四月六日	安貞元年（一二二七）正月五日
源資俊	臨時	左少将	（任）承久元年（一二一九）一二月一三日	安貞元年（一二二七）正月五日
源定平	被求出旧賞云々	左少将	（任）承久元年（一二一九）一二月一三日	安貞元年（一二二七）正月五日
	後白河院治承四未給			
藤雅継	臨時	右少将	（任）貞応元年（一二二二）八月一八日	安貞元年（一二二七）正月五日
			下臈だが「権門之人」による	

（『明月記』『公卿補任』より作成）

(62) 吉川氏は、宮内庁書陵部蔵「叙位除目関係文書」（壬生家文書二九三）の文明八年の叙位儀に関する文書群を分析し、一〇種類に分類されている（注1所引書第三部「儀式と文書」）。

(63) 『江家次第』巻二「叙位」。

(64) 「入レ夜内竪帰参。申云、東宮大夫頼宗只□(今カ)可二参入一之由、被レ申者。予又参二関白殿一令レ申二此由一。命云、宮御給申文目(自カ)レ此可レ奉者。即帰参。以二右少将良貞一令レ尋二所々御給申文等一。是恒例也。女院・皇后宮・故中宮・鷹司殿・

東宮一品（加階給人。仍無二御申文一。）・前一品宮・前斎院兼皆所二尋得一也。各有レ封如レ例也」（『春記』長久元年正月八日条）とあり、給主の家政機関から蔵人方へ口頭で申請の旨が伝達され、叙位儀において蔵人頭が奏聞していたことが判明する。

(65)　『私要抄』長寛元年正月五日条（東京大学史料編纂所所蔵『柳原家記録』四三）。

(66)　この場合、御給所担当の宮司・院司を指していると思われる（院宮御給所については『兵範記』長承元年一二月一五日条・久寿元年正月一七日条などにみえる）。

(67)　『玉葉』治承二年正月五日条。

(68)　『玉葉』治承二年正月五日条に「件注文書二檀紙折紙一」とある。

(69)　『中右記』長承二年正月五日条。

(70)　源顕雅・同師頼両人の勧賞（旧賞）に関する資料は記されていないが、『公通卿記』および『仁平御賀記』仁平二年三月八日条などから勧賞（旧賞）も折紙であったと判明する。

(71)　美川圭「折本と折紙――冷泉家時雨亭文庫蔵『朝儀諸次第』をめぐって――」（『古文書研究』六五、二〇〇八年）を参照。なお、旧稿では「音声の代用」という評価を記した（笠松宏至「『日付のない訴陳状』考」、『日本中世法史論』、東京大学出版会、一九七九年、初出は一九七七年）が、美川氏および松井輝昭氏の研究（「発生期の折紙の機能について」、『史学研究』二〇五、一九九四年）によって本文のように改めた。

(72)　叙位儀や除目における折紙に関しては、後白河院政期には出現していたこと、発生段階の折紙の主な用例が、叙位・除目における任人折紙・叙位折紙だったことが、玉井氏により解明されている。同氏は、任人折紙が除目における蔵人のメモ（風記）の系譜を引き、除目に臨席せず、申文を直接扱えない院が、外部から指示を与える手段として定着したと論証している（玉井氏注23所引論文）。また吉川氏は、文明八年叙位儀の詳細な分析に基づき「中世的かつ実質的な小折紙」の特質を指摘された（吉川氏注62所引論文）。本章は両氏の研究をうけて、叙位折紙の出現を中世的な叙位制度の形成および貴族社会の編成原理の展開と連動した問題として捉え、その成立過程と性質をより明確にすることを目的とした。なお管見によると、叙位折紙の史料上の初見は応保元年正月叙位（『私要抄』同年正月五日条）である。

(73)　『明月記』承元元年正月五日・六日条。

(74)　嘉禄二年正月五日の叙位では、「左右近府奏叙人ハ在二折紙一。凡折紙之輩皆無二申文一」(『柳原家記録』四二「叙位等部類　宮槐記〈抜粋〉」)とみえ、本来申文を出すべき府奏においても、実質的に有効な叙位は折紙に記されるために、申文を出すという行為そのものが形骸化している実態を示しているといえよう。

(75)　吉川氏注(62)所引論文。

(76)　律令国家の官人制がいかに平安貴族社会に適合する体制に再編されたのかという問題を、「君恩―奉仕」関係の変化に注目して考察された吉川氏(注1所引書)、「召―奉仕」関係を軸に分析された佐藤泰弘氏(「平安時代における国家・社会編成の転回」、『日本中世の黎明』、京都大学学術出版会、二〇〇一年)、「『人格的、身分的従属関係』に基づく奉仕と『機構や制度を媒介とする』奉仕との関係」の変化から論ぜられた今正秀氏(「王朝国家宮廷社会の編成原理――昇殿制の歴史的意義の再検討から――」、『歴史学研究』六六五、一九九四年)、以上の先学諸氏の論攷を踏まえて、叙位制度の変遷の意味を考えたい。

(77)　佐藤氏注(76)所引論文。

(78)　川端新『荘園制成立史の研究』(思文閣出版、二〇〇〇年)。

[付記]　本章は第三二回日本古文書学会大会(一九九九年一〇月)における研究発表をもとに成稿したものである。当日ご出席の方々からさまざまなご教示を賜りましたことに、感謝申し上げます。

補論一　「故人未給」にみる年給制度の本質

はじめに

年爵とは、給主（官位を推挙する権利を有する人物＝上皇・女院・東宮・三宮・准后など）が毎年正月の恒例叙位および即位・大嘗会・朔旦冬至等の臨時叙位において、通常、各一名の叙爵を申請する権利を指す。それに対して、給主が毎年恒例または臨時の除目において任人を申請する権利を年官と言い、年爵と年官を合わせて年給と総称する。

時野谷滋氏は年給制度に関して詳細な研究を行い、年給の本質は給主に支払われる任料・叙料を給主の得分とする封禄制度と位置づけ、年官は売官、年爵は売位であると指摘された。

この定義は長らく通説となってきたが、美福門院と八条院の年給に関わる給主と被給者（年給によって任官・叙位される者）の関係を分析された永井晋氏は、給主と被給者との関係は、従来考えられてきたようなドライな関係ではなく、近親者や院司など、何らかの人格的関係が存在する事実を明らかにされた(1)。その指摘を踏まえ、平安・鎌倉期の院宮に関する膨大な年爵事例を分析した尾上陽介氏は、「年爵には、給主と関係がある者を叙爵または加階させて、宮司・院司などの職員としての労に報いたり、あたかも蔭位のように貴族の特権を一族として維持していくことを目指すという性格と、通説のような、売位によって給主が利益を得る封禄制度という性格とがみられ、年爵はこれらの両方の性格を併せもつ二面構造の制度であることがわかる」[2]と述べ、年爵制度は第一義的には給主の関係者（家政機関の職員や近親者）に叙位を賜る制度であると、その本質を明確に指摘された。

筆者は永井・尾上両氏の見解に賛同するが、時野谷氏の年給＝封禄説の重要な論拠である叙任料支払いの事例に対しては、今少し検討が必要であると考える。

尾上氏は叙料支払いの事例について、年爵は「売位によって給主が利益を得る封禄制度という性格」も持ち合わせている。つまり、二義的には売位の性格を有すると述べるにとどめられているが、時野谷氏が売位の論拠とした事例の大半が、実は故人の年爵に関わる事例だという点に注目したい。つまり、年爵における叙料支払い事例は、かなり特殊な用例であることが想定されるのである。

また、給主が直接関知し得ないはずの故人の年爵の運用が、誰によって、如何にして実施されていたのか、その実態を解明することで、年爵制度の本質的性格や運用の実態をより具体化する手がかりが得られると予想する。

さらに留意すべき点は、叙料支払い事例が史料上確認されるのは、いずれも摂関期までの事例だという点である。単純に古記録の残存状況に鑑みても、院政期以降では史料上に叙料支払い事例が確認されないという事実から、そのような実態が存在しなくなった可能性が極めて高いと推測できよう。したがって、年爵を介した給主と被給者との人格的関係に、摂関期と院政期以降との間で何らかの変化が想定されるのである。

以上、三つの問題を追究するため、時野谷氏の「叙料支払い事例」を再検討するとともに、摂関期と院政期における「故人未給」（以下、本書では年給の権利を有する給主の没後、生前未行使のまま残された年給の権利をこう仮称することとする）を比較分析する。

第一節　摂関期の故人未給

故人の未給に関して、従来、特に注目されることはなかったが、その扱い方は時期によって異なっており、その相違は給主―被給者の関係性の変化、さらには年給の性質の変容とも密接に連関していると諒解する。そこで、摂関期と院政期以降における故人未給の特徴について、各々検討を加えたい。

古記録等から確認できる、摂関期における故人未給による叙位任官の実施例をまとめたものが［表1］である。記録の残存状況を考慮せねばならないが、摂関期の特徴は、後述する院政期と比べて検出数が少なく、没後数か月ないし二年以内に使用される割合が高い（一四例中九件：六四％）。没後間もない使用例の被給者は、生前から給主と人格的関係のある人物だと確認されるため、生前において給主との間に年給による叙任が約束されていた可能性が高いと推察する。[3]

これに対して、没後時を経て利用された事例の特色を検討したい。給主の死後四一年目に源倫子未給によって成立した事例はひとまず除外すると、残り三例はいずれも時野谷氏が年爵＝売位説の論拠として掲げられた叙料支払い事例と一致する。

氏が提示した叙料支払い事例は、『律令封禄制度史の研究』に五例、『日本制度史論集』において追加された一例を併せて計六例ある。そして、「年官の実情を示す史料が極端に乏しいだけでなく、年爵の叙料に触れたものも、藤原時代に三例を数えるにすぎない」[4]と記されているように、叙料支払いを明確に示す記述は極めて少ないが、そのうちの三例が表中のNo.8・9・12である。

この三例は、先行研究で再三とりあげられてはいるものの、故人未給という点に着目した分析は管見に入らないため、煩を厭わず逐一検討を加えることとしたい。

［表１］　故人未給一覧（摂関期）

①康子内親王（醍醐天皇皇女・准后）　天徳元（957）6/6没

No.	年月日	没後年数	未給年	官位	被給者	関係有無	典拠
1	天徳2（958）1/7	7か月	天暦10	従五位下	藤済時	○父師尹は康子の従兄弟	公

②朱雀院　天暦6（952）8/15没

2	長徳2（996）1/25	44年	永観２	伯耆掾	船嘉忠	×	注25

③冷泉院　寛弘8（1101）10/24没

3	寛弘9（1102）11/21	1年1か月	—	正五位下	藤公成	○院司／院の母安子の弟公季は祖父	公

④後一条院　長元9（1036）4/17没

4	長元9（1036）11/16	7か月	—	従四位上	藤通基	○院の従兄弟（父教通）	公

⑤藤原穏子（醍醐天皇中宮。のち太皇太后）　天暦8（954）1/4没

5	天暦9（955）11/22	1年11か月	—	従五位下	藤高光	（兄弟）○父師輔は元穏子中宮大夫	公

⑥東三条院（藤原詮子）　長保3（1001）閏12/22没

6	長保5（1003）1/7	約1年	—	従五位下	源朝任	○父時中は皇太后宮（詮子）権大夫	公

⑦上東門院（藤原彰子）　承保元（1074）10/3没

7	承保2（1075）1/28	3か月	—	正四位下	藤基忠	○父は彰子の甥忠家	公

⑧昌子内親王（冷泉天皇皇后。のち太皇太后）　長保元（999）12/1没

8	長和3（1014）12/16	15年	—	下総大掾	石寸厚時	×（本文参照）	小
9	治安3（1023）1/11	24年	—	大隅掾	—	×（本文参照）	小

⑨藤原娍子（三条天皇皇后）　万寿2（1025）3/25没

10	万寿2（1025）12/13	8か月	—	従五位下	藤経孝	○	小

⑩藤原威子（後一条天皇中宮）　長元9（1036）9/6没

11	長暦2（1038）12/14	2年3か月	—	従四位上	源為善	○中宮権大進	春

⑪恵子女王（准后）　正暦3（992）9/27没

12	長保3（1001）3/2	8年5か月	—	従五位下	藤兼頼	×（本文参照）	権

⑫源倫子（准后）　天喜元（1053）6/11没

13	寛治8（1094）7/16	41年	—	従五位下	藤家保	×（没後41年特例）	公

〔典拠略記一覧〕　公：『公卿補任』、小：『小右記』、春：『春記』、権：『権記』

第二節　「叙料支払い事例」と故人未給

（一）長和三年（一〇一四）故太皇太后昌子内親王の未給

これは時野谷氏が「最も明瞭に給主の得分を示す」(5)史料として、任料説を明証する根拠にされた事例である。

下総大掾石寸厚時任料絹布・革等令レ預ニ清台師一。為レ充ニ故宮一切経書写料一給一切経未ニ書了一。仍予殊以ニ未給一御給所充也。寺司随喜無レ極。晩頭、清台来云、預ニ別当僧都一了者謂別当僧都者観音院別当文慶也。(6)

故宮の年官で下総大掾に補された石寸厚時による任料の支払いが確認できる。その任料が彼女の一切経書写料の用途にあてられている点に注目した上で、人間関係を整理しつつ、未給が処理される一連の経過をたどってみたい。

被給者である石寸厚時と給主昌子との人格的関係は史料上見出し得ないが、厚時から任料を受け取り、清台に預けた藤原実資は、長徳元年（九九五）九月二八日に太皇太后宮大夫に補任されて以来、同五年一二月七日に昌子が亡くなるまで彼女に仕えた人物であり、生前より昌子の御給に関して奉行する様子が確認される。(7)

実資から任料を受け取った清台は、観音院別当文慶にそれを渡しているが、両名は観音院の僧侶であった。当院は、山城国愛宕郡小野郷に園城寺別院として建立された大雲寺の境内に、僧正余慶(8)を開基として、昌子が寛和元年（九八〇）に建立した寺である。彼女はこの観音院に葬られていた。(9)そして、文慶(10)は同院別当として大雲寺に居住していたのである。つまり昌子の未給は、没後一五年目の長和三年（一〇一四）に、給主と直接的な人格的関係のみられない人物が、任料を支払って下総大掾に任ぜられるのに利用され、その任料は、墓所である観音院での昌子の供養料として使用されたことになる。

(二)治安三年（一〇二三）正月一一日故太皇太后昌子の未給

これも故宮昌子に関するもので、給主没後二四年を経た治安三年（一〇二三）、「故宮御給大隈掾任料絹三十疋内廿疋預二観音院司阿闍梨清台一」(11)とあり、被給者の名は未詳だが、大隈掾に補された人物から、実資の許に任料が届けられている。前掲事例と同様、彼が手続きを行い、観音院清台に供養料の一環として任料を預けている。

昌子内親王は朱雀天皇にとって女御熙子内親王との間に誕生した唯一の子供であった。昌子はのちに冷泉天皇の皇后となるが、皇子女の誕生をみず、身寄りが無かったため、墓所である観音院の寺司と、太皇太后宮大夫として晩年の五年間、昌子に勤仕した実資が、彼女の供養を担ったのだと推察する。(12)二度の未給による叙任の料が、観音院に収められ、彼女の供養料として利用されている点に留意したい。

(三)長保三年（一〇〇一）二月二二日故准后恵子女王の未給

恵子女王は醍醐天皇皇子代明親王女で、摂政藤原伊尹室となり、永観二年（九八四）一二月、三宮に准じて年官年爵と封三〇〇戸を賜った。

詣二左府一（中略）弾正親王室家申故恵子女王京官二分給二人未補也。其代依二傍例一可レ給二栄爵一人一由可レ令レ奏。(13)

遣三召陳泰朝臣二、仰下藤原兼頼所レ進栄爵料先進二百疋一残可レ令二弁申一之由上。申云、為レ承二其案内一所レ参也。即持三来絹百疋一。為レ使惟弘奉レ送二東院一。件爵故恵子女王御給、正暦元・二年料内官二分未給返上、申二栄爵一人一。有二裁許一。仍求三要望之者一之処、件朝臣伝二大僧正一云、兼頼申下貢二絹二百疋一申レ爵由上。仍以二百疋一充二法(会カ)食日十僧布施料一、以二百疋一奉二彼院一也。(14)

右記の史料によると、藤原行成が正暦三年（九九二）九月二七日に没した同女王の年官（京官二分給二人分）を、希望者の多い年爵に替えて募ったところ、藤原兼頼が申請し、東院という人物に叙料が支払われた経緯が読み取れる。なお、兼頼と給主との人格的関係は史料上見出せない。

東院は恵子所生の伊尹女であり、『栄花物語』では「九の御方」と記される弾正為尊親王室であるが、小一条院の東側にある東院（花山院・東一条院）と称する邸宅を居所としたことからこう呼ばれた。

未給の手続きを行っている行成は東院の甥である。[15]恵子は東院の他に、義孝、義懐、冷泉天皇女御で花山天皇を生んだ懐子など、伊尹との間に多くの子女を儲けているが、東院（「九の御方」）と長らく同居の事実が確認されるため、母親の菩提を弔う中心的な役割を彼女が担っていたとみられる。

叙料は百疋分が東院に収められ、残り百疋は法会十僧布施料として大僧正観修[16]のもとに届けられている。恵子が葬られた場所および観修との関係は判然としないが、前掲の事例を踏まえるならば、観修と関係のある寺を墓所としていたため、彼に恵子供養の法会布施料として叙料が渡されたと推察する。

（四）『源氏物語』薄雲巻にみえる藤壺の未給

この事例は、時野谷氏が『日本制度史論集』において追加された叙料支払い事例である。次の文章は、光源氏最愛の女性藤壺が崩じた後、彼女の人柄を人々が総評している一節である。

かしこき御身のほどときこゆる中にも、御心ばへなどの、世のためにも、あまねくあはれにおはしまして、豪家にことよせて、人の憂へとあることなども、おのづからうちまじるを、いさゝかもさやうなる、事の乱れなく（中略）、功徳のかたとても、勧むるにより給ひて、いかめしう、めづらしう、し給ふ人など、昔のさかしき世に皆ありけるを、これはさやうなる事なく、唯もとよりのたから物、得給ふべきつかさ（年官）、かうぶり（年爵）、御封の物の、さるべき限りして、まことに心深き事どもの限りを、しおかせ給へれば、何と分くまじき山伏

などまで、惜しみきこゆ。(17)

この一節には、藤壺の気立てのよさ慈愛深さが述べられ、仏事供養に関しても質素を旨とした様子が記されている。そして、死を予期した藤壺が、先帝から賜った財持や御封とともに、自身の年官・年爵の一部を逆修に宛てたことをうかがわせる記述がある。

この事例は先の三例とは異なり、生前に当人の意志で年官年爵の叙任料を仏事の料にあてる可能性があることを推測させる。勿論、フィクションの世界での設定ではあるものの、前掲の例に照らしても、実態を反映している可能性は高いと思われる。

如上の例から、いずれも給主の没後もしくは垂死の状況下において、給主と人格的関係のない人物への叙爵や任官に未給が利用される場合、叙任料が支払われ、それ（全部または一部）が故人給主の供養料もしくは逆修料として使用されるという共通した特徴が確認できる。したがって、叙料支払いが認められるのは給主の死後もしくは垂死という極めて特殊な状況下で発生する現象だとみなせよう。

それでは次に時野谷氏がとりあげられた残りの二つの叙料支払い事例について検討を加えたい。

第三節　「叙料支払い事例」と給主の窮状

(一)長保元年（九九九）一二月の花山院御給

寛和二年（九八六）、花山天皇は右大臣藤原兼家らの策略で突如退位し、元慶寺（花山寺）で出家した後、熊野、金峯山など所々の霊験を巡歴したことが知られる。このように退位後、政界から身を引き世俗と隔絶していた花山院は当初、年官年爵等の待遇を受けていなかったと窺知される。

なお、法体により年給を辞退する例は他の史料からもうかがえる。『本朝続文粋』巻第四所収の寛仁三年（一〇一九）六月一九日付「(道長)入道後、謝㆓准后儀㆒表」には、「加之所㆓陪従㆒者、衲衣之法侶也。誰有㆓任人賜爵之望㆒」とあり、出家入道した藤原道長に准后の待遇が勅許されたさい、法体の身に陪従する者は皆僧籍にあるため、年官年爵による任官・叙位を希望する者はいないとの理由で、彼はこれを固辞している。

出家入道により俗人の近侍者を必要としない状況では、年給を辞退する慣例が存在するという事実は、俗人給主の場合においては、近侍者に対して叙位・任官して遇することが年官年爵の本義だという実態を明示していると理解できよう。

ところで長徳二年（九九六）正月一〇日、花山院年爵で藤原成周が叙爵しているから(18)、これ以前に同院へ年給が付与されるようになったとみられる。変化の要因を『栄花物語』に描写される彼の生活状況から探ってみたい。物語には花山院が所々の巡歴をやめ、東院（「九の御方」）の許に通い、やがて院の御乳母子中務（平祐之女・花山院御匣殿）(19)に心を移し、寺へ戻らなくなった様子が描かれている。

> 今はこの院におはしましつきて、世のまつりごとを掟て給ふ。世もいと心憂きことに思ひ聞えさす（中略）かやうなる御有様自からかくれなければ、御封などもなくて、いかに〳〵とて、后の宮(藤原詮子)、摂政殿(藤原道隆)など、きゝいとほしがり奉らせ給て、受領までこそ得させ給はざらめ、つかさ・かうぶり(年官年爵)、御封などはあべき事なり。いとかたじけなき事なりと定めさせ給て、さるべきつかさかうぶり、御封など奉らせ給へば、いとゞ御里住心安くひたぶるにおぼされて、東の院の北なる所におはしまし所造らせ給ふ。(20)

これによると、正暦三年（九九二）、急遽世俗社会に戻った花山院は、経済的には勿論、従者や後見人も不在という窮状にあったため、心を痛めた詮子や道隆等が年官年爵と御封の支給を手配して生活状況の改善を図ったという。したがって、次掲の花山院年爵は、かかる窮状を念頭において分析する必要があろう。

常陸介維幹（叙カ）朝臣先年所二申給一華山院御給爵料不足料絹廿六疋及維幹名簿等送レ之。以二維幹一可レ預二栄爵一者。維幹余僕也。進二馬三疋毛付一、以二院判官代為元一令レ奉二絹及維幹名簿等一。(21)

為元朝臣来、院仰云、常陸介維叙朝臣進絹令レ納給了。但以二明年御給栄爵一可レ給二維幹一之由可二仰遣一者。(22)

右の史料によると、平維叙が花山院御給で弟維幹(23)の叙爵を申請し、叙料の一部をすでに支払っていたが、不足分の絹二六疋を維幹の主人である実資を通じて、花山院判官代為元朝臣の許に届けたとある。同時に、維幹自身の名簿が花山院に提出され、明年の同院御給で彼を叙位する約束が成立している。

この事例は、花山院の窮状を哀れんだ実資が、叙料を徴収するために、自身の僕維幹の叙爵斡旋を行ったのだと解せよう。ここで注目したいのは名簿奉呈の事実である。

名簿奉呈は主従関係の締結を意味するから、(24)この時、院と維幹との間に人格的関係が成立したことになる。かかる点からも、御給による叙任は、本来主従関係などの人格的関係の存在を前提として成立するものであるとの理解が得られよう。この度は、給主花山院との主従関係締結以前の申請であったために叙料が支払われたが、今後は不要になると推測する。

以上の通り、叙料支払いの有無は、給主との人格的関係の有無に左右される旨が明確である。また、年給を媒介として新たな主従関係が締結されていく実状がこの事例から窺知される。

（二）『うつほ物語』左大将源正頼家の年給

次にとりあげるのは、『うつほ物語』（新編日本古典文学全集本）「祭の使」にみえる左大将源正頼の年給である。

勧学院学生藤原季英（藤英）は、蛍雪の功を積み才学優れる人物でありながら、貧窮の身をさげすまれ同僚から嘲笑されていたところ、正頼家の試楽において、その学才を賞されて面目を施すこととなる。正頼に不遇な身の上を尋ねられた藤英が返答した内容は、後見のない貧窮な身である自分は、みなに冷淡に扱われ職を得られずにいるが、能力がないにも拘わらず富裕な家の学生たちは贖労でもって任官登用される実状を抗議するものであった。これに対して正頼が語った内容が以下のように続く。

大学の勧学院といふものは、大臣、公卿よりはじめたてまつりて、封を分け荘を入れ、賜ばりを置きたるところなり。大学の道に、かく贖労といふことあらむや。高家としてある正頼だに、殊にせぬことなり。皇女たちの御賜ばり、数あまたあり、みづからも一往賜はる。かかれども、家に功ある者に賜ひて、あまるをこそ料物奉るには賜べ。季英が申すごとくには、朝廷に仕うまつりぬべき者にこそあなれ。

つまり、正頼家ですら年官年爵は、まず家に功績のある人物を選び与え、余った場合は財物を奉った者に与えることにしているのに、大臣らから経済的支援を十分に得ている大学において、贖労が許されるとは以ての外であって、学才があり朝廷への立派な奉仕が期待できる季英のような人物こそが任官されるべきであると、彼は周囲の者に教訓している。

この発言からも、年給の本質が給主の家に功績のある者への報償として、任官叙位の機会を与える点にあると当時の人々が認識していたことがうかがえよう。

これと類似する内容が、『権記』寛弘八年（一〇一一）八月一一日条にみえる。

命云、（中略）二条家献㆓一宮㆒之事、人々云㆘不㆓必可㆒㆑然之由㆖。然而先院御時厚被㆓御顧㆒所㆑儲之家已有㆓其数㆒。宮未㆓儲㆑家給㆒。極不便之事也。仍所㆑奉也。此次被㆑示㆓雑事㆒。又曰、御給官必可㆑賜㆓恪勤之者㆒、爵者縦雖㆓可㆑然人々被㆒㆑申、一度許歟。且給㆓可㆑然家司等中恪勤者㆒、且可㆑給㆓献者㆒。又御封物等之事、能可㆑行㆑之。

史料中の一宮とは、一条天皇と皇后藤原定子との間に誕生した第一皇子敦康親王を指すが、外祖父道隆と母定子の死、叔父伊周らの失脚によって後見を失った後、彼は中宮彰子と左大臣道長の庇護下に置かれた。寛弘八年五月、病床の一条天皇は敦康の立太子を望んだものの、道長は外孫敦成親王を東宮に立て、女彰子所生皇子への皇位継承を確定した。

右は、一条天皇の葬送儀礼が一段落した八月、御所すら所有していない不遇の敦康親王に対して、道長が自邸二条第を奉るように、権中納言藤原行成に命じたさいの文言である。

道長は御所の他、年官年爵や御封の手配に関しても指示しており、年官は「恪勤之者」に給うべき旨、年爵は一度限りのことゆえ、「可〻然家司等中恪勤者」に給うよう、さらなる厳選を行うべきという見解を示すとともに、「献者」にも給うべきとの意向も読みとれる。

敦康の窮状からして、彼に仕える家司や従者らが多いとは考えられず、叙爵を基本とする年爵を毎年実施し得る状況にない場合、一宮とは関係を有さない人物に対して年爵を募り、徴収した叙料を親王の生活費に宛てる意図が道長にあったと察せられる。

如上、摂関期の古記録をはじめとする古典史料に描かれた叙料支払い事例の検討から、年給とは通常、給主の近親者もしくは家司などの人格的関係が存在する者に対し、恪勤を賞して叙位・任官を申請する権利を指し、給主と彼らとの人格的関係の維持に資する制度であると諒解する。これに対して、叙料が支払われるのは極めて特異な事例だといえる。すなわち、一つは没後もしくは垂死の給主の未給／御給による叙任において、仏事供養料／逆修料として叙料が徴収される場合であり、もう一つは、花山院や敦康親王の事例のような窮状・不遇な給主の生活費に充当する時に、叙任料が徴収されたのである。

そもそも後者では、被給者となるべき近親者や家司など、給主との人格的関係のある人物も僅少な状況が想定されるのであり、余剰分は給主と人格的関係を有さない人物に対して募り、叙任料を徴収することで、給主の経済的支援という機能が期待されるようになったのだと推察する。それと同時に、維幹の事例の如く、年給を媒介として新たな主従関係が締結され、給主の人的資源確保に資するという側面にも留意したい。[25]

第四節　院政期以降の故人未給

摂関期における故人未給は、給主とは直接的な人格的関係のない人物に対する叙任に利用され、その叙任料を供養料にあてる慣例があったものの、院政期にはみられなくなる。その背景について検討する。

院政期における故人未給事例の検討をはじめるにあたり、まずは前掲［表1］のNo.13倫子未給をとりあげたい。倫子とは藤原道長室源倫子（九六五～一〇五三）を指し、その未給は死後四一年が経過した寛治八年（一〇九四）七月、六位蔵人藤原家保の叙爵に使用されている。

第一章で触れたように、院政期には蔵人巡爵や巡任制の形骸化が進行するなか、院の近臣で所謂諸大夫層から採用された六位蔵人の多くが、主として准后・三宮の未給や合爵によって叙爵するようになるが[26]、家保の例はその嚆矢である。

周知の通り、彼は白河院乳母子顕季の二男として、院より寵愛を受けた。本来、六位蔵人は公達子弟の昇進コースであり、彼のような諸大夫層出身者が就任すべき職ではなかったものの、一一世紀末頃から、院近臣の子弟から抜擢されるようになり[27]、父顕季は一八歳で、家保はそれより若く一四歳にして内蔵人となり、「倫子給」で叙爵、弱冠一六歳で「院分」にて越前守に任ぜられている[28]。

このように、「六位蔵人→准后・三宮の未給・合爵による叙爵→院分等による受領補任」というコースが一一世紀末には院近臣子弟の主要な昇進コースとなったのである。

かかる未給利用法においては、給主―被給者との人格的関係の有無は論ぜられず、治天の君の意向で使用される傾向が認められる。

それでは、院・女院の故人未給はどのように利用されたのであろうか。白河院から鎌倉中期までの事例を博捜してまとめたものが［表2］[29]である。これを瞥見すると、各給主におおよそ共通する特色として、次の四点が指摘できるであろう。

一、没後数年～数十年、なかには半世紀や一世紀以上という長期にわたって未給が利用される傾向がみられる。

二、検出した八三例のうち、叙爵は僅か七例（八％）にとどまり、院・女院の未給は生前と同様に、死後も基本的には加階に利用されている。[30]

三、被給者と故人給主との間に何らかの人格的関係が認められる例が多い。没後半世紀近くを経た未給であっても、人格的関係が確認されるケースが散見する。

四、恒例叙位よりも加叙[31]や臨時の叙位において利用される傾向が比較的強い。

如上の傾向を検証するため、表にあげた事例を具体的に検討したい。

(一)故人未給における「給主―被給者」関係

まずは⑨待賢門院藤原璋子没後の未給をとりあげて、前掲「三」について検討する。

死後半年から九年半までの三例は、いずれも甥公親や一族の実定が利用している。実定は璋子所生後白河天皇の皇后宮藤原忻子と同母兄であり、璋子の女統子内親王の皇后宮権大夫を務めた人物である。No.4藤原顕長は、父顕隆が璋子立后以来の中宮亮であったことが知られ、生前から中宮（璋子）御給や「造中宮御所賞」による昇級が確認できる。No.5平時忠は後白河院の寵妃建春門院平滋子の兄にして、両院別当として活躍した人物である。また、皇后宮（忻子）亮藤原頼輔（No.6）は、崇徳院御給による昇級[32]も確認されるなど、璋子一家との結びつきが強い。No.7源清雅は璋子所生崇徳朝の六位蔵人[33]を務めた他は、璋子やその家族との関係は見出し得ないが、

［表２］ 院政期以降の故人未給一覧

①白河院　大治4(1129)7/7没

No.	年月日	没後年数	未給年	位階	被給者	出自	関係有無
1	長承元(1132) 1／5	約2年半	寛治２	従四位下	藤原公章	為光	○
2	12／16	約3年半	保安元	従五位下	藤原光頼	顕隆	○
3	12／25	約3年半	—	従二位	藤原実行	公季	○
4	長承２(1133) 1／5	約3年半	保安元	正四位下	藤原季成	公季	○
5	保元２(1157) 5／17	約28年	永久５	従四位下	藤原惟方	顕隆	○
6	10／22	約28年	大治２	従四位上	藤原顕時	高藤	○
7	10／22	約28年	大治２	正五位下	藤原頼定	師実	○
8	10／22	約28年	保安３	従三位	藤原実長	公季	○
9	保元３(1158) 11／26	約29年	保安４	従四位下	平　親範	高棟	○
10	仁安２(1167) 12／13	約38年	保安元	従三位	平　宗盛	高見	○
11	12／13	約38年	—	従四位下	平　信範	高棟	○
12	元久元(1204) 1／6	約74年	応徳３	従五位上	藤原定高	高藤	○
13	寛喜元(1229) 4／18	約100年	康和元	従五位上	藤原隆祐	良門	○
14	天福元(1233) 1／7	約104年	—	従五位上	高階資憲	高階	○
15	嘉禎元(1235) 1／24	約106年	—	正五位下	藤原忠兼	道綱	○

②鳥羽院　保元1(1156)7/2没

No.	年月日	没後年数	未給年	位階	被給者	出自	関係有無
1	永暦２(1161) 8／25	約5年	大治３	従四位下	藤原修範	貞嗣	○
2	仁安２(1167) 1／5	約10年半	保安５	従四位上	藤原親信	道隆	○
3	1／5	約10年半	大治２	従四位上	藤原親房	顕隆	○
4	1／30	約10年半	保安元	従四位下	平　信範	桓武	○
5	1／30	約10年半	久安４	正四位下	藤原雅長	師通	○
6	2／11	約10年半	天養２	従三位	源　雅頼	村上	○
7	2／21	約10年半	大治２	正四位下	藤原頼季	良門	○
8	12／13	約11年半	仁平２	従三位	平　時忠	桓武	○
9	仁安３(1168) 11／20	約12年半	仁平３	従五位上	藤原為頼	高藤	○
10	建久６(1195) 12／9	約39年	仁平３	従五位上	藤原国通	頼宗	○
11	承元元(1207) 1／5	約50年	永治２	正五位下	藤原成長	高藤	×
12	嘉禄２(1226) 1／6	約70年	寛治２	従四位上	藤原信実	長良	○

③崇徳院　長寛2(1164)8/26没 保元元(1156)7/12出家

No.	年月日	没後年数	未給年	位階	被給者	出自	関係有無
1	正治２(1200) 1／7	約54年	康治２	従四位上	藤原兼季	師実	×
2	承元４(1210) 1／6	約65年	康治元	正五位下	藤原基保	頼宗	×
3	安貞３(1229) 2／3	約79年	久安２	従五位上	藤原教氏	末茂	×

④六条院　安元2(1176)7/17没

No.	年月日	没後年数	未給年	位階	被給者	出自	関係有無
1	建久6(1195)1／5	約19年	仁安3	正五位下	藤原実宣	公季	○
2	正治元(1199)1／5	約23年	承安4	正三位	藤原親雅	顕隆	○

⑤後白河院　建久3(1192)3/13没

No.	年月日	没後年数	未給年	位階	被給者	出自	関係有無
1	建久7(1196)1／6	約4年	平治元	従五位上	藤原家宗	師実	○
2	建久9(1198)1／6	約6年	承安4	従五位上	平　経高	桓武	○
3	承元元(1207)1／5	約15年	嘉応元	正五位下	藤原定高	高藤	○
4	寛喜2(1229)1／5	約37年	治承4	正四位下	源　定平	村上	○
5	寛喜3(1230)1／8	約38年	文治2	正五位下	藤原為継	長良	○

⑥陽明門院(禎子内親王)　嘉保元(1094)1/16没

No.	年月日	没後年数	未給年	位階	被給者	出自	関係有無
1	承徳元(1097)12／8	約4年	嘉保元	正五位下	藤原為隆	高藤	○
2	嘉承元(1106)1／7	約12年	—	—	源　顕俊	村上	○

⑦二条院(章子内親王)　長治2(1104)9/17没

No.	年月日	没後年数	未給年	位階	被給者	出自	関係有無
1	長承2(1133)12／26	約29年	承保2	従五位下	藤原光隆	良門	○

⑧郁芳門院(媞子内親王)　嘉保3(1096)8/7没

No.	年月日	没後年数	未給年	位階	被給者	出自	関係有無
1	承徳元(1097)1／30	約半年	永保元	従五位下	藤原隆仲	良門	○
2	承徳2(1098)12／17	約2年半	寛治7	正四位下	源　顕通	村上	○
3	康和2(1100)1／7	約3年半	嘉保2	正五位下	源　顕国	村上	○
4	長治2(1105)4／10	約14年	承徳元	従四位下	藤原通季	公季	○

⑨待賢門院(藤原璋子)　久安元(1145)8/22没

No.	年月日	没後年数	未給年	位階	被給者	出自	関係有無
1	久安2(1146)1／6	約半年	—	従五位上	藤原実定	公季	○
2	久安5(1149)10／12	約3年半	—	従四位上	藤原公親	公季	○
3	久寿2(1155)1／6	約9年半	—	従四位上	藤原実定	公季	○
4	保元元(1156)10／27	約11年	—	従四位下	藤原顕長	顕隆	○
5	応保元(1161)4／1	約16年	大治5	正五位下	平　時忠	桓武	○
6	仁安元(1166)1／5	約21年	元永2	従四位下	藤原頼輔	師実	○
7	仁安2(1167)1／5	約22年	永久元	従四位上	源　清雅	醍醐	○
8	嘉応2(1170)1／5	約25年	—	正五位下	藤原範季	貞嗣	○
9	文治3(1187)1／5	約42年	康治元	従五位上	藤原信雅	道隆	○

⑩高陽院(藤原泰子)　久寿2(1155)12/16没

No.	年月日	没後年数	未給年	位階	被給者	出自	関係有無
1	保元2(1157)1／24	約2年	久安2	正四位下	源　顕定	村上	○
2	承元4(1200)1／7	約44年	天養元	従五位上	平　時兼	桓武	○
3	建保3(1215)1／6	約59年	保元元	—	藤原佐清	貞嗣	×

⑪美福門院(藤原得子)　永暦元(1160)11／23没

No.	年月日	没後年数	未給年	位階	被給者	出自	関係有無
1	長寛元(1163)1／5	約2年	—	正四位下	藤原家通	頼宗	○
2	長寛2(1164)10／20	約4年	保元2	従五位下	源　兼忠	村上	○

⑫皇嘉門院(藤原聖子)　養和元(1181)12/5没

No.	年月日	没後年数	未給年	位階	被給者	出自	関係有無
1	寿永2(1183)2／19	約1年	合爵	従五位下	藤原家衡	末茂	○
2	文治3(1187)1／5	約5年	安元3	従四位上	藤原伊輔	頼宗	○
3	建久3(1192)10／26	約11年	久安3	従五位上	藤原忠明	顕隆	○
4	寛喜元(1229)2／3	約47年	康治元	従五位上	藤原貞嗣	高藤	○
5	寛喜2(1230)1／6	約48年	—	従五位上	源　時光	醍醐	○

⑬八条院(暲子内親王)　建暦元(1211)6/26没

No.	年月日	没後年数	未給年	位階	被給者	出自	関係有無
1	建暦2(1212)1／5	約半年	—	従四位上	藤原長清	末茂	○
2	建保5(1225)12／25	約13年半	合爵	従五位下	藤原経範	貞嗣	×
3	仁治3(1242)1／5	約30年半	建久5	従四位上	源　盛長	醍醐	○

⑭上西門院(統子内親王)　文治5(1189)7/20没

No.	年月日	没後年数	未給年	位階	被給者	出自	関係有無
1	文治5(1189)9／16	約2か月	元暦元	正五位下	菅　在高	菅原	○
2	建久3(1192)10／26	約3年	文治元	従四位上	藤原高能	頼宗	○
3	建久5(1194)1／5	約4年半	文治4	従五位上	藤原親房	顕隆	○
4	10／23	約5年	承安3	正五位下	藤原公信	公季	○
5	寛喜3(1231)1／29	約41年半	仁安元	正五位下	藤原実尚	公季	○

⑮高松院(姝子内親王)　安元2(1176)6/13没

No.	年月日	没後年数	未給年	位階	被給者	出自	関係有無
1	寿永2(1183)1／5	約6年半	安元2	正五位下	源　兼定	村上	○
2	建久9(1198)11／21	約22年	永万元	正四位下	藤原信雅	道隆	○
3	11／21	約22年	万寿2	正五位下	藤原家衡	末茂	○
4	建保4(1216)1／6	約40年	長寛2	従五位上	高階為定	高階	○
5	仁治3(1242)1／5	約66年	久寿2	従五位上	平　時基	高棟	○

⑯九条院（藤原呈子）　安元2（1176）9/19没

No.	年月日	没後年数	未給年	位階	被給者	出自	関係有無
1	養和元（1181）12／22	約5年	安元元	従五位下	藤原兼季	師実	○
2	正治元（1200）1／7	約25年	長寛2	従五位上	藤原経通	頼宗	○

⑰建春門院（平滋子）　安元2（1176）7/8没

No.	年月日	没後年数	未給年	位階	被給者	出自	関係有無
1	治承3（1179）1／5	約2年半	承安2	正二位	平　時忠	高棟	○

⑱殷富門院（亮子内親王）　建保4（1216）4/2没

No.	年月日	没後年数	未給年	位階	被給者	出自	関係有無
1	仁治2（1241）1／5	約35年	元暦元	従五位上	藤原伊基	師実	○

⑲坊門院（範子内親王）　承元4（1210）4/12没

No.	年月日	没後年数	未給年	位階	被給者	出自	関係有無
1	承久2（1220）1／6	約10年	建暦元	正四位下	源　具実	村上	○
2	文暦元（1234）12／21	約24年		正五位下	源　資信	宇多	○

⑳北白河院（藤原陳子）　暦仁元（1238）10/3没

No.	年月日	没後年数	未給年	位階	被給者	出自	関係有無
1	建長5（1253）1／7	約15年	寛喜3	正五位下	藤原長忠	師実	○

『満佐須計装束抄』の著者として知られる兄雅亮は「雅亮徳大寺左府（実能＝璋子同母兄）以下為二彼家人一」とみえ、璋子の出身である閑院流徳大寺家の家人であった。[34] No.8藤原範季は後白河朝の六位蔵人で、のち同院別当、[35] No.9藤原信雅は同院近臣として勢力を伸張した道隆流信輔の孫で、父信行は寿永二年（一一八三）一一月、法住寺殿に参仕の折、源義仲による院御所襲撃に遭遇して落命している。さらに信雅は皇太后宮統子給による昇級の事実も確認される。[36]

このように、院政期における故人未給の被給者は、給主の近親者または生前から人格的関係が確認される人物であったり、さらには給主の子（後白河・統子・崇徳）との人格的関係が存するという特徴が見出せる。したがって、生前とほぼ同様の「給主―被給者」関係が、故人給主の未給を媒介とする関係においても存在するといえるであろう。

（2）故人未給の利用状況

次に前掲「四」に関して、①白河院の未給を例として検証したい。

保元二年（一一五七）一〇月二二日の三例（№6・7・8）は、保元の乱後、藤原通憲の主導で再建された大内裏造営に関わる勧賞叙位においてみえる未給である。内裏造営では通常、造宮行事所の上卿以下の行事と、各殿舎等の造営を請け負う造国司や木工寮・修理職の職員などを対象に勧賞が実施されるが、当該叙位では総勢七二名への授位が実現した。その内、行事宰相藤原雅教の例をとりあげ、未給が利用される背景について説明しよう。

今日造内裏叙位勧賞并節会也（中略）。次叙位始（中略）未剋叙位了（中略）。

正三位　藤忠能紫宸殿
従三位　藤公親臨時
正四位下　藤永範造陰明門陣屋
　高階家行為清譲、建礼門東陣屋
従四位上　藤永成有房譲、廻廊
　同顕時白川院天治二年未給
　同憲方頼憲譲、飛香舎
　同資長皇嘉門院久寿元年未給
従四位下　源雅範建礼門西陣屋
　平頼盛貞観殿
正五位下　藤親弘東廊
　同顕賢南廊

同実長白川院保安三年未給
同顕広臨時
源季兼男季長譲、朔平門
同隆輔長明譲、宜陽殿
同実国臨時
同成親春興殿
同惟方行事賞
同雅頼行事賞
藤頼季南廊
源国雅北廊
同頼定白川院大治二年未給

同雅教行事
同重家日月華門
同信隆登華殿
同顕長隆能譲、東廊
同定隆凝華舎
藤信経綾綺殿
藤基家同
同重方朝方譲、承香殿

平教盛 陰明門　藤家通 上卿按察使譲　藤貞憲 臨時
平親範 仲経譲、建礼門　藤長方 温明殿　源通家 中賢譲、陣屋
平重盛 清盛譲、仁寿殿　源義朝 北廊　藤成憲 蔵人宿所屋
源光宗 西廊、光保譲　藤邦綱 襲芳舎　中原師元 臨時
小槻永業 行事賞

従五位上
橘以長 男以政譲、佐衛門陣官人宿屋　源国時 父信時譲、長橋廊　藤雅長 西廊、俊敦譲
同為親 親隆譲、常寧殿　藤信成 左衛門陣屋　藤光方 内記所并飛香舎廊
藤経房 左衛門陣後庁　同実清 承明門　同隆信 玄輝門
同盛隆 南廊　同定能 昭陽舎　平義範 外進物所
藤隆教 昭陽舎北廊　高階隆行 俊成譲、校書殿　藤行隆 臨時
同雅隆 光隆譲、後涼殿　高階末経 西廊　藤惟綱 安福殿
藤実守 宣燿殿　同脩憲 弘徽殿　平行範 左衛門陣仗座
大江信忠 行事賞　平経盛 淑景舎　藤信説 東廊
卜部基仲 造康司　藤信家 御書所

従五位下
中原為弘 行事史　清原貞時 臨時、大工(37)

当時、参議八﨟正四位下であった雅教が行事賞にて従三位に昇ると、上﨟藤原光忠（大納言藤原経実三男）・同公親（左大臣藤原実能二男）・No.8同実長（参議藤原公行一男）(38)を超越することになるため、光忠を除く二名を各々、「臨時」と「白河院保安三年未給」という理由で加級して超越が回避された。

同様に、行事弁惟方や造国司らの加級にさいしても、各々上﨟のうち数名を「臨時」や「未給」などにより同

時に昇級させることで、超越回避の措置が講じられており、このうち二件に白河院未給（№6・7）が使用されている。[39] このような超越回避措置が取られるか否かは、超越者と被超越者との家格、帯官職の重要性（蔵人頭など）、天皇や院宮の近臣か否かなどの諸要素が考慮される傾向が強い。ただし、明確な基準は見出し難く、時々の政治的判断によって左右されるのが実状だといえよう。

次に、②鳥羽院未給№4平信範の例を瞥見しておきたい。信範は桓武平氏高棟王流出身の実務官僚系中級貴族で、摂関家累代の家司、院の近臣として活躍するとともに、平清盛とも姻戚関係にあって順調な昇進を遂げていた。姪滋子が後白河院に入侍すると、仁安二年（一一六七）正月二七日女御殿始において、甥蔵人右中弁時忠とともに、右少弁信範は職事に補された。[40] その三日後の除目では各々右大弁、権右中弁に転じ、さらに信範は「下官転二中弁一、直被レ叙二四位一了。奉公之至、朝恩之甚也。抃舞」[41] すと日記に記しているように、位階昇級も果たした喜悦の様がうかがえる。今回の叙位事由は「鳥羽院去保安五年（ママ）御給」[42] であった。さらに同日、時忠の後を襲って右中弁に転じた藤原長方は、同年閏七月一二日に「院平治元（元年カ）御給」で従四位下に、時忠はこの転任より少し以前の正月五日に「臨時」で正四位下に、各々昇級している。[43]

弁官は概して昇進速度が遅く、玉突き人事となる傾向が強い。少弁は五位、中弁は四位を慣例とするため、通常は転任直後の恒例叙位で位階昇級が実施されるが、特別に転任と同日、もしくはその前後に「未給」や「臨時」等の名目によって昇級が許されることがあった。

以上のように、院政期における院・女院の故人未給は、超越への対応として昇級させる場合[44]や、官職の転任・昇進にともなう措置として、臨時に授位する時に利用される傾向が強いものの、故人給主との生前からの人格的関係もしくは故人給主の子弟との人格的関係が重視される点においては、生前の未給や旧賞などの活用法と大差ないことが確認できた。[45]

（三）故人未給申請手続き

さて、故人未給の申請は誰の意志で、如何なる手続を経て行われるのだろうか。第二節の事例や『魚魯愚鈔』巻八所収「故者院宮已下申文」から復元を試みたい。

次掲史料は故東三条院藤原詮子および前太皇太后宮昌子内親王の「名国替申文」である。

［史料1］

前東三条院

正六位上大神宿禰安信

望摂津権大掾

右、正暦五年御給。今年正月以二小野正理一任二摂津大掾一。而依二身病一不レ賜二任府（符カ）一。仍以二件安信一可レ被二改任一之条如レ件。

寛弘五年六月廿九日　左大臣正二位藤原（入道殿被レ書二朝臣一）

［史料2］

前太皇太后宮職

正六位上大蔵朝臣信正

望大和伊賀等掾

右、去正暦三年御給、同四年正月除目以二財田有穎一請三任播磨少掾一。而依二身病一不レ給二任符一。秩限已過。仍以二信正一可レ被レ改三任件国一之状、所レ請如レ件。

寛弘二年正月廿八日　正二位行権大納言兼右近衛大将藤原朝臣実資

［史料1］は詮子没後七年目の寛弘五年（一〇〇八）に提出された申文、［史料2］は昌子没後六年目の寛弘二年

（一〇〇五）春除目に提出されたもので、発給者は前者が詮子の弟道長、後者は生前太皇太后宮大夫を務めた藤原実資である。

通常、給主たる院宮の家政機関には年給を扱う御給所が設けられ、所宛によって別当／大夫以下の職員が配されていた。生前の年官・年爵申文は、「御給所権大進光房書＿上御申文＿。大夫加＿名。属付＿蔵人＿」とあるように、三宮／院・女院の大進／判官代が文書を作成し、大夫／別当が加署、封を加え、属／主典代が蔵人に付して叙位・除目の場に送達するという手続きが取られる。(46) なお、未給の場合は生前・没後を問わず、外記による未給年紀の勘申を経る必要があるため、封をせずに送付した。(47)

如上から、故人未給の場合も生前の御給所奉行もしくは近親者が、引き続き叙任手続きに関与し得たと諒解されよう。

それでは、没後著しく年月を経た故人未給の申請は如何であろうか。これを明確に示す記録には未だ管見に接しないため、現段階では未詳とせざるを得ない。しかし前述の通り、故人未給の被給者が故人給主の子弟と人格的関係を有する傾向が強いという特色から、申請主体として想定されるのは、第一に被給者本人、(48) 第二に被給者の主人（つまり故人給主の子弟等）であり、加えて、超越への対応などで利用される場合を考慮すれば、第三として治天の君があげられよう。

この推測が成立するならば、前二者においては、申請に関わる機関は故人給主の子弟たる被給者の主人、例えば、待賢門院没後の未給は、後白河院や上西門院等の御給所が関与したと予想される。なお、申請主体が治天の君の場合、申文は作成されず、外記によって未給年の勘申を経た情報が、治天の君に直接伝えられ、治天の君が折紙に記入した可能性が高いと考えられる。

いずれにしても、院政期における故人未給は、摂関期のように叙料が支払われた形跡は史料上確認できない。(49)

かかる変化がもたらされた理由は奈辺にあるのだろうか。

(四)変化の背景

摂関期故人未給の叙料徴収の主目的が、故人給主の供養料の捻出であった点に鑑みると、かかる変化の一因として、供養料のあり方との関係がうかがわれよう。つまり、院政期以降、「菩提に資し奉る」[50]ことを前提に、院司・女房等から所領が寄進され[51]、供養仏事を修する義務を内包した王家領（御願寺領）[52]が成立してくると、給主たる院宮の供養料は荘園に賦課されるのが一般的な方法となった[53]。したがって、叙任料を徴収してそれにあてる必要性が喪失したのではないかと推察する。

ここで想起されるのが近藤成一氏の指摘である。氏は中世の王家領（御願寺領を含む）と皇統の存在形態との関係に検討を加え、「所領の伝領とともに菩提を弔う行事も継承される」[54]事実を解明されている。さらに、菩提を弔う費用を負担する王家領（御願寺領）を伝領する女院と、その所領知行者との関係を論じた近年の研究は[55]、王家領では、「平安末期から鎌倉後期まで知行者の系譜上のつながりがみられる荘園が少なくな」く、「本家は系譜的に様々な変遷を経ているにもかかわらず、領家・預所たる知行者の方では、子々孫々に相伝され、系譜上の継続性が見られる」[56]と指摘している。

そして、八条院領に関して検討を加えられた野口華世氏は、「(同院領の)知行者は、女院領を所有する以上、相伝知行を前提とした主従関係を女院と結び、女院の側では、既存の女院領知行者の奉仕を頼み、彼らに対して安堵するという枠にはめられていた」[57]という。

一方これとは逆に、例えば宣陽門院執事別当三条公房に関して、「宣陽門院養子姫君有二入内之儀一。后宮父相国惣依二不快一、可レ被レ止二女院執事一。以二後院大臣一可レ被レ改二庄々一。皆可二改易一云々」[58]とみえるように、未だ皇子の誕生をみない後堀河天皇中宮有子の父親という立場から、彼が女院の「養子姫君」の入内に不快を示したところ、女院に執事職を解かれた上、「宣陽門院執事被ㇾ仰二左大臣一。前相国年来知行庄々悉被二付渡一云々」[59]とある。

つまり、「年来知行」の同院領が没収され、新執事に付与されたのであり、役職に付随する所領給付も少なからず存在したと推察されるため、「知行者の系譜上の継続性」が王家領のなかでどれほどの割合を占めるのかは、慎重に検討する必要があると思う。[60]

それにしても、領家・預所などを子々孫々相伝する家系の多くが、本家たる歴代女院の院司に補任され、加えて、彼女たちの年爵や「勧賞」(以下、官行事所の勧賞と区別して、権門沙汰の行事における勧賞を「勧賞」と記す)によって昇進を果たす傾向がみられることも事実である。[61]

ただ、このような主従関係は「女院領独自の主従関係」[62]と評価されるように、先行研究においては女院と貴族との間にみえる特異な現象として捉えられる傾向が強いようである。

しかし、年爵やこれと類似した性格をもつ「勧賞」などによる叙任を媒介とする関係からみれば、例えば前掲故待賢門院未給の例で指摘した通り、待賢門院と人的関係が存在する家系は、彼女の子(崇徳院・上西門院・後白河院)やその配偶者(後白河院皇后藤原忻子など)との間でも主従関係が継承されていたように、院宮と貴族との主従関係を含む人的関係は、もう少し広範な視野から分析を加えていく必要があるのではないかと思う。

現段階では、年爵や「勧賞」における「給主—被給者」関係の相伝性を厳密に論じる用意はないが、叙任を媒介とする人格的関係が世代を超えて確認できる家系と、そうではなく時々の治天の君の年爵や「勧賞」を多く受ける家系、両者混在の家系などの差違がみられることを指摘しておきたい。かかる違いは、それぞれの貴族(家系)の政治的立場や職掌、さらに時々の政治的力関係に左右されるものと予想されるが、具体的な検討は今後の課題としたい。

本節では、所職や年爵・「勧賞」などによる官位を媒介として、院宮と貴族との主従関係を含む人格的関係が広範に、複雑に、そして永続性をもつものとして、院政期以降では飛躍的に社会に深く浸透し、定着している点を明示するにとどめておきたい。

さて、貴族の位階昇進において年爵の需要が高まると、消費率が上昇するため、未給の発生率は低下する。実際に、上皇在位四四年の白河院は少なくとも一五回分、三四年の鳥羽院は一二回分の年爵が未給となっているが、在位三四年の後白河院はわずか五回分しか確認できず、後鳥羽院政期以降では故人未給は殆どみられなくなった。

ところで、一三世紀半ばになると院政期以来の状況が大きく変化することになる。

すなわち、弘長三年（一二六三）八月一三日亀山天皇宣旨「可ㇾ諸院宮叙位御給為ㇾ叙爵ㇾ事」(63)に記されている通り、年爵による加階が原則禁止となり、治天の君と一部の女院（治天の君や天皇の母、政治的影響力のある女院など）と新院の年爵は、その後も加階に利用され続けたが、それ以外の多数の女院や后宮の年爵は叙爵のみに利用されることとなった(64)。そして、加階の多くは「臨時」なる事由によって実施されるようになるのである。「臨時」の特質に関しては、本書補論二で検討するのでここでは詳述しないが、治天の君の裁量による叙任に付される尻付だといえよう。つまり、一三世紀半ば以降、各給主の意向が反映される叙任（特に加階）の機会が著しく制限されたことを意味するのである。

かかる変化の背景として、年爵や「勧賞」による叙任が、超越を多発させ、貴族間の相論の主因となっていた点がまずは指摘できよう。とりわけ当該期には、かかる相論に起因した公事不参、籠居、出家が多発し、問題が深刻化したため、公家新制で公正な叙位・除目がたびたび謳われるようになった。

さらにもう一つの要因として、皇統の分裂とその影響があげられよう。すなわち、院政期において、例えば鳥羽・美福門院系統の政治勢力は、彼らの荘園の知行者、そして年爵や「勧賞」を媒介とする被給者となり、その家系の子孫の多くが八条院領の領家・預所職を相伝し、また八条院領伝領者である院宮の院司・宮司となり、その年爵や「勧賞」の被給者となっていた。このような、王家領荘園群の伝領者と荘園の所職を媒介とした関係、そして伝領者とその関係者（親子・兄弟姉妹）等を給主とする御給や「勧賞」を媒介とした関係[65]が、複雑に絡み合いながら鎌倉期公家社会に広がっていた。ところが院政期に築き上げられた如上の諸院宮―公家間の所職安堵と、年爵・「勧賞」による叙任とを媒介とする主従関係などの人格的関係が、両（大覚寺・持明院）統の長による荘園集積や叙任権の独占によって大幅に改編されることになるのである。

以上のように、公家社会における主従関係のあり方が変化していくと、これと対応して多様な給主との人格的関係を基盤として成立する年爵や「勧賞」という叙位は、治天の君にとって都合の悪いものとなり、「臨時」なる事由を中核とする叙位方式へと転換していくことになると推測される。[66]

おわりに

本稿は故人未給という特殊な用例に焦点を絞って検討を加えることにより、年給（主として年爵）制度の本質的性格を探るとともに、給主―被給者関係の変化について言及した。本稿において論じた点を要約すると次のようになろう。

一、叙任料の支払いは極めて特殊な事例であり、その大半は故人未給においてみられる。その場合、叙任料は故人給主の供養料にあてられるのが一般的であった。

二、花山院や小一条院など不遇な給主の場合には、生前においても叙任料支払いが確認されるが、これは給主の窮状を改善すべく、叙任料を生活費に宛てる目的によって実行されたと考え得る。

三、如上の検討結果、年給の本質は給主と人格的関係のある人物に対する叙位任官を目的とする制度であり、原則的には叙任料の支払いは行われないものであるが、給主側の事情（故人・垂死・窮状）によって関係のない人物に叙任を募り、叙任料を徴収する場合があった。

四、院政期になると年爵の対象者が諸大夫層にまで拡大したことから需要が高まり、新しい利用方法が生まれた。なかでも、合爵および准后・三宮の未給の大半は、諸大夫層出身の六位蔵人の叙爵に利用されるようになるが、かかる利用法は当該故人未給においても同様の傾向がみられた。

五、院政期以降、叙任料の支払い事例が確認されなくなる所以は、院・女院の故人未給の場合、「故人給主―被給者」関係においても人格的関係が存在するためと考えられる。

六、長期にわたる故人未給の利用を可能にする背景として、各給主の御給所や外記局において、未給に関する情報が長期間蓄積・保管され、それが継承されるシステムが存在していること、そして未給を利用して昇級を果たそうとする貴族らの強い欲求の存在が窺知されよう。

七、一三世紀半ば以降、両統の分裂に起因して、院政期以来構築されてきた院宮と貴族との主従関係等人格的関係が転換するのに連動して、叙位方法も変化し始めた。すなわち、加階における年爵の割合が著しく低下し、「臨時」なる事由が加階の大半を占める叙位方式として確立することになるのである。

（1）以上、時野谷滋①『律令封禄制度史の研究』（吉川弘文館、一九七七年）、同②「澪標巻と薄雲巻の年官年爵」（『日本制度史論集』、国書刊行会、二〇〇一年、初出は一九九六年）、永井晋「十二世紀中・後期の御給と貴族・官人」（『國學院大學大學院紀要――文学研究科――』一七、一九八六年）。

（2）尾上陽介「年爵制度の変遷とその本質」（『東京大学史料編纂所研究紀要』四、一九九三年）二八～二九頁。

（3）例えば、『小右記』長保元年一二月一一日条などを参照。

（4）時野谷氏注（1）①所引書二六九頁。

(5) 同右二四三頁。
(6) 『小右記』長和三年一二月一六日条。
(7) 『小右記』長保元年九月二三日条参照。なお、同年一二月七日に実資は「止㆓大夫㆒依㆓宮崩㆒也」(『公卿補任』)とある。
(8) 筑前国早良郡出身の天台僧。天元二年園城寺長吏となる。大雲寺を円融天皇の御願寺とした。
(9) 『小右記』寛和元年二月二二日・長保元年一二月二日条など。余慶に師事し顕密の奥秘を受けた。
(10) 天台宗園城寺僧。権中納言藤原敦忠孫。右兵衛佐佐理男。長和三年少僧都に任ぜられ、同七月園城寺長吏に就任した。
(11) 『小右記』治安三年正月一一日条。
(12) 『小右記』万寿四年七月九日条にも、「爵料長絹三疋預㆓阿闍利清台㆒。一切経料也」とみえ、誰の如何なる爵料であるかは不明だが、治安三年の例と酷似する実資と清台の動向がうかがえる。
(13) 『権記』長保三年二月二二日条。
(14) 『権記』長保三年三月二日条。
(15) 行成は祖父伊尹の養子となったため東院の義理の弟に当たる。
(16) 園城寺長吏等を務め長保二年大僧正に補任された。東三条院や道長等からの信任が厚い僧であり、山門派との対立が強まると、愛宕郡長谷の解脱寺(東三条院の御願寺)に移った。
(17) 山岸徳平校注『日本古典文学大系　源氏物語二』薄雲(岩波書店、一九九〇年)。
(18) 『小右記』同日条。
(19) 『権記』寛弘八年九月一〇日条。
(20) 松村博司・山中裕校注『日本古典文学大系　栄花物語』巻第四(岩波書店、一九六四年)。
(21) 『小右記』長保元年一二月九日条。
(22) 『小右記』長保元年一二月一一日条。
(23) 『尊卑分脈』第四篇「桓武平氏」一五・一七頁。各々の頭注によると、維幹は「貞盛子」、維叙は「実父藤済時卿上㆑文繁盛為㆑子」とみえ、両者は義理の兄弟であった(以上、両者の系譜に関しては長村祥知氏のご教示による)。

(24) 中田薫「『コムメンダチオ』と名簿奉呈の式」(『法制史論集』第三巻、岩波書店、一九三八年、初出は一九〇六年)。

(25) なお、No.2は「朱雀院永観二年御給(未)」で正六位上船朝臣嘉忠なる人物が伯耆掾に補任されている(廣瀬憲雄「長徳二年大間書の本文と写本系統について」〈『東京大学史料編纂所研究紀要』一九、二〇〇九年〉所収の同氏校訂「長徳二年大間書」)が、朱雀院との関係は未詳である。他の事例に鑑みると、朱雀院とは無関係の人物が任料を支払い、同院の供養料に充てられた可能性が予測される。

(26) 『宇槐記抄』仁平二年正月五日条には、「(鳥羽院)仰曰、関白称レ有二先例一、請下以二中宮(藤原呈子)及准一位藤原朝臣〈関白室(藤原宗子)〉給一加階上。朕報曰、往古以往、雖レ有二此例一、故白川法皇立レ制曰、諸院・宮宮年給、母后及院号人加階。自外后宮及准后人初年加階、後年叙位。于レ今(不脱カ)レ被レ改二其制一。何忽改変云々(中略)。今夜皇嘉門院・中宮・関白室等給、不レ被レ叙。或曰、法皇不レ許二中宮・関白室両所給加階事一。因レ茲関白怨望、不レ被レ献二名簿一」とあり、母后や院号宣下を受けた給主(院・女院)の年爵によって加階は可能だが、それ以外の后宮や准后は、初年のみ加階ができるが、以後は叙爵のみに限るという制限を、白河院が定めたとの事実が確認できる。

(27) 『公卿補任』長治元年藤顕季の項。

(28) 『公卿補任』長承元年藤家保の項。

(29) 本書第二章でとりあげた蔵人叙爵で指摘した通り、当該期の准后および三宮の未給や合爵は、諸大夫層出身の六位蔵人の叙爵を対象にした特別な利用法が成立しており、故人の未給も同様に他の給主とは異なるため、検討対象から除外する。なお、本表の作成にあたっては、『公卿補任』および当該期古記録を参照した。

(30) 院・女院も合爵の場合は基本的に叙爵のみである。

(31) 加叙については畑中彩子「加叙の成立——摂関期における政務としての叙位の変遷」(『学習院大学研究年報』五五、二〇〇八年)を参照。

(32) 保元元年正月六日、同院御給で正五位下に叙されている(『兵範記』同日条、『公卿補任』寿永元年藤頼輔の項)。

(33) 『永昌記』保安五年五月一五日条。

(34) 『明月記』安貞元年正月九日条。

(35)『兵範記』保元二年正月二〇日条、『公卿補任』建久八年藤範季の項など。
(36)『百練抄』寿永二年一一月一九日条、『公卿補任』承元四年藤信雅の項。
(37)『兵範記』保元二年一〇月二二日条。
(38)藤原光忠、同公親、同雅教はいずれも保元元年九月一三日に、実長は同年一一月二八日に、各々参議に補任されたが、正四位下の叙日が、光忠＝久安四年七月一七日、公親＝同六年正月二〇日、雅教＝仁平四年三月三月二八日、実長＝久安六年正月二〇日であり、同一官職における臈次は位階次、同階の場合は任日の先後による（『延喜式』式部式権任条）ため、雅教が彼らの中で最下臈である（『公卿補任』保元元～二年条）。
(39)藤原顕時が「白河院天治二年御給」にて従四位上、藤原頼定は「白河院大治二年御給」にて正五位下に昇級。
(40)『兵範記』仁安二年正月二七日条。
(41)『兵範記』仁安二年正月三〇日条。
(42)『公卿補任』承安元年平信範の項。
(43)それぞれ、『公卿補任』承安元年平信範、同安元二年藤長方、同仁安二年平時忠の項を参照。
(44)『兵範記』久安五年一〇月一二日条など。
(45)『兵範記』仁安二年正月三〇日条など。
(46)『兵範記』長承元年一二月二五日条。この他、同久寿元年正月一七日条、『三長記』建久六年八月七日条など参照。
(47)未給の場合は、生前・没後を問わず、外記による未給の年紀の勘申を経る必要があるため（例えば、『小右記』治安三年正月叙位で、祐子内親王未給請文が提出されたさい、「以二右中弁章信一□□□、外記申云、有二年之相違一者、只□(亦)未給□之由時刻推移勘申」とある）、封をせずに送付した（『園太暦』貞和五年正月五日条ほか）。
(48)仁安二年一二月一三日秋除目では、四位参議平時忠が「鳥羽院仁平二年御給」で、同平宗盛が「白河院保安元年御給」で、各々従三位に叙された。ところが、一六日になって時忠は加階を辞退している。その状況は、「右兵衛督(時忠)三位依二辞退申一、不レ可レ作二位記一之由、仰二上卿一。々々被レ仰二内記一了。此例希代。未曾有事云々。三位中将以下超越九人謙退申云々」（『兵範記』）とみえることから、この昇級は時忠自身の希望によるものでなかったと推察されよう。このように、未給による昇級は、本人の意向によるものだけではなかった。

(49)　一切の金銭授受がなかったというのではなく、「叙料（任料）」として支払われることがなかったと認識する。本書で叙料という場合、年給で叙任する時に給主に金銭を支払い、それを給主の封禄とすることが認められる封禄制度としての叙料や任料を指す。仲介者や叙任対象選定をめぐって給主やその周辺人物に対して、賄賂的な金銭（「志」）の授受があったことは、史料上からも確認される通り頻繁に行われていた可能性は否定できない。

(50)　例えば、「高野山文書宝簡集二五」（平治元年）七月一七日美福門院令旨（『平安遺文』三〇一五号文書）には、「奉レ資二鳥羽仙院之菩提一」とある。

(51)　免田型荘園とは異なる、上からの設定による大規模な領域型荘園が白河院政期に成立し、院・女院の近臣の連携による立荘形態が明らかにされている（川端新『荘園制成立史の研究』、思文閣出版、二〇〇〇年）。

(52)　王家領荘園は、例えば「八条院領安楽寿院領○○荘」という具合に、御願寺領という形態をとる場合が多い。このように荘園寄進の受け皿として院政期に大規模な御願寺の建立が盛んになる実情が注目されている。御願寺造営と並行して荘園の集積が行われる点や、御願寺領が一括して、国役・一国平均役の免除を含めた完全な不輸権が付与されていた実態が解明されている（上島享「庄園公領制下の所領認定——立庄と不輸・不入権と安堵——」、『ヒストリア』一三七、一九九二年および川端氏注51所引書）。何故に「御願寺」領というかたちをとる必要があったのかは明確な理由は未詳であるが院宮の供養のあり方（例えば供養担当者や供養料の拠出方法）の変化などとの関連が予想される。

(53)　例えば安嘉門院は、「令レ伝二八条院御跡一給之故」、鳥羽院御国忌・安楽寿院御仏事を沙汰している（『葉黄記』寛元四年七月二日条）。

(54)　近藤成一「鎌倉幕府の成立と天皇」（『講座前近代の天皇制一　天皇権力の構造と展開その一』、青木書店、一九九二年）一八五頁。

(55)　五味文彦「女院と女房・侍」（『院政期社会の研究』、山川出版社、一九八四年）、伴瀬明美「院政期～鎌倉期における女院領について——中世前期の王家の在り方とその変化——」（『日本史研究』三七四、一九九三年）、金井静香『中世公家領の研究』（思文閣出版、一九九九年）、野村育世『家族史としての女院論』（校倉書房、二〇〇六年）、野口華世①「安嘉門院と女院領荘園——平安末・鎌倉期の女院領の特質——」（『日本史研究』四五六、二〇〇〇〇年)、同②「中世前期の王家と安楽寿院」(『ヒストリア』一九八、二〇〇六年)、長田郁子「鎌倉期の八条院領と天皇家」(『古文書研究』五一、二〇〇〇年)、同「鎌倉期における皇統の変化と菩提を弔う行事」(『文学研究論集文学・史学・地理学』一五、二〇〇一年)、布谷陽子「王家領の伝領と女院の仏事行事」(入間田宣夫編『日本・東アジアの国家・地域・人間』、入間田宣夫先生還暦記念論集編集委員会、二〇〇二年)、同「宣陽門院領伝領の一側面――宣陽門院領目録の検討を通じて――」(『歴史』一〇〇、二〇〇三年)などを参照。

(56) 野口氏注(55)①所引論文五〇頁。

(57) 同右五二頁。

(58) 『明月記』嘉禄二年二月二五日条。

(59) 『明月記』嘉禄二年三月四日条。

(60) この時、公房から没収された具体的な荘園名は不明であるが、例えば、王家領のなかでも庁分領に役職に付随する給付型の知行が多く、御願寺領では比較的相伝性が高いなどの傾向が認められるか否かは、今後の検討課題になると思う。

(61) なお、領有荘園の多少等、経済的・政治的基盤の強弱に左右されて、院宮と貴族官人との関係も異なってくる。例えば、それが弱い給主は、在籍年数に対して年給の残存率が高く、その結果、未給が多数確認される。このような例として高松院があげられよう。一方、同母姉八条院は、准后宣下から没するまで約六五年間におよぶにもかかわらず、未給は僅か三例のみである。多くの荘園を有し、彼女を中心とする主従関係が多数形成されたため、同院年爵は生前にほぼ使い切られていたのである。

(62) 野口氏注(55)①所引論文五五頁。

(63) 弘長三年八月一三日(亀山天皇)宣旨(『鎌倉遺文』八九七七号文書)。

(64) 尾上陽介「鎌倉時代の年爵」(『明月記研究』二、一九九七年)。

(65) かかる関係は、どれか一つの特定の貴族の家系が、いずれか一つの荘園群とその伝領者との関係を有するというのではなく、政治力のある貴族(とその家系)は複数の院宮と、政治力の弱小な家系は特定の院宮との依存関係がみられるというように、さまざまなケースがある。

(66)　南北朝期以降では、未給年の不審に関する疑義照会が史料上散見するようになり、諒闇等により叙位不実施の年の分までが未給として申請され、勅定で許可されている（『師守記』貞和三年正月四日条、『園太暦』貞和五年正月五日条など）。このような年爵運用の弛緩は、叙位における年爵の位置づけの低下の現れと諒解されよう。

第三章　「官方行事」における勧賞の特質——神社行幸を素材として——

はじめに

勧賞とは功績を賞し官位や物品を与え褒め励ます謂であり、その行為自体は古代より連綿としてみえる。[1]したがって、各時代の勧賞の特質と歴史的意義を明らかにすることが課題となる。

勧賞叙位はとりわけ平安中・後期以降における貴族官人の昇進事由として、主要な位置を占めたと推察する。平安中期以降の社会は、律令官司制の変容、新たな政務・儀式運営機構の確立と国家財政制度の構築、官司請負的な様相の出現など、中世的な政治・社会制度の成立期として評価される。政治や社会システムが変化すれば、国家や王権が貴族官人等に期待する奉仕形態も当然変わり、それに対応した両者の関係を築くための統制手段として、昇進制度の変革は重要な政策の一分野であったはずである。

ゆえに勧賞を分析することは、単に昇進制度を解明するにとどまらず、勧賞という手段によって貴族官人の日常の奉仕に応えることが望まれるという、当該期の社会構造の特質や人々の心性の解明にも繋がると推察する。

しかしながら、平安時代や中世における勧賞叙位の種類は実に多岐にわたり、無秩序な印象を与えるとともに、勧賞＝売位の一種と認識されることもある。かかる勧賞による叙任が該期貴族社会を「頽廃的」とする評価を助長している側面も否定できない。このような認識ゆえか、勧賞に関する体系的な検討は皆無であり、基礎的な考察が必要である。

かかる現状に鑑みて、本章では神社行幸の勧賞を素材として、「官方行事」における勧賞の特質とその意義を考察することとした。

神社行幸の運営組織たる行事所の成立は、律令官司制度に根本的な変質をもたらしており、それまでの体制に根ざした昇進制度に与えた影響は無視できないと思われる。また、同行幸は一〇世紀半ばに成立し、一四世紀はじめまで続いた儀式であり、平安中・後期から鎌倉期までを見通した分析が可能である。さらに勧賞の対象は、貴族官人のみならず社司・寺司にもおよび、寺社権門をも含めた行賞の意義を考察できる素材だと考える。以上が同勧賞をとりあげる理由である。

さて、神社行幸は天皇「御願」祭祀の一つにして、中世の王権祭祀として注目される儀式である。近年は中世王権祭祀・宗教支配秩序の問題という側面から論究が深められている。(2) 本章の考察もこれらの研究に負うところが大きい。しかし、院政期における同行幸の位置づけ等に関する見解は、必ずしも一致をみていない。(3) また本章の問題関心上必要となる、行事運営方法や、貴族官人等にとっての行幸の意義については十分に解明されたとは言い難い。

こうした現状を踏まえ、第一・二節において運営組織のあり方、特に行事官の決定方法を分析して、摂関藤原兼家・道長執政期から院政期へいたる神社行幸の展開過程を明らかにし、第三節では「官方行事」に関わる勧賞の性格と行賞の意義を考察する。

第一節　神社行幸の運営組織

神社行幸は、承平・天慶の乱平定の祈願・報賽を目的とした朱雀天皇の賀茂行幸に始まる。一〇世紀以降の新しい王権祭祀形成の一環として、兼家・道長等によって積極的に整備され、同時に進められていた諸神序列化のなかで、王城の地において上位に位置する石清水・賀茂社等と、藤原氏との関係が深い神社を加えた七社行幸が成立する。さらに後三条朝で稲荷・祇園・日吉が加わり、石清水・賀茂両社行幸は年中行事となるが、一三世紀半ばの後嵯峨朝には、石清水・賀茂・春日の三社行幸が各一度ずつ行われるまでに減少し、伏見朝以降中絶、元徳二年（一三三〇）に終焉を迎える。

本節では、開始から伏見朝までのおよそ二五〇年間に行われた行幸事例をもとに、運営組織と人材確保のあり方を検討したい。

(一)行幸行事所

周知の通り、神社行幸は官行事所が運営主体となる行事である。はじめに治安元年（一〇二一）、後一条天皇の春日行幸の事例にそって、行事所の機構と設置期間等について確認しておこう。

寛仁三年（一〇一九）八月二日、摂政藤原頼通は本年一〇・一一月のいずれかに行幸を行うべき旨を、蔵人を介し諸卿に伝えた。その数日後、仗座で日時定が開催され、この間にほぼ内定していた一〇月二〇日に正式決定した。通常、行事官定も同時に催される。(4)

奉行を仰せ付かった行事官等は定終了後、行事所へ参向する。まず、献盃を行い行事所始が開催される。行幸当日までの間、行事所では、行幸用途の諸国召物未進の催促、成功関係業務、内蔵・木工寮等の諸寮司や検非違使に対して幣・御装束・行幸路・浮橋に関する沙汰等、雑務一般が執り行われ、仗座において御祈奉幣日時定、使々定文の作成、点地巡検・大祓日時定、御読経定等、行幸関連の定が行われた。(5)

行事官は基本的に上卿（納言）、宰相、弁、外記、史の各一名と検非違使（尉と志以下）二名(6)から構成される。

但し、春日社に限り、社頭と頓宮それぞれに行事弁と史（大夫史と六位史）が補された。原則として、行事官は行事所始から行幸当日まで一貫して同一メンバー（以下、同一行事所と略記）で実務に携わり、終了後も関連業務（行事所成功・勧賞の譲与や所領寄進等）が生じると継続して担当した。

行幸が定着すると、同一行事所は春日のみ一社、その他は基本的には石清水と賀茂、平野と大原野、松尾と北野という組み合わせで二社ずつ受け持つのが慣例となる。つまり、石清水行幸行事所は同社行幸終了後、今度は賀茂社行幸行事所として準備に当たるのである。後三条朝に加えられた三社も、祇園と稲荷、日吉という具合に行事所が設けられた。したがって、大和春日社と近江日吉社という山城国外社のみが各一社、国内社は二社を同一行事所が担当したといえる。

行程は、稲荷と祇園が二社同日行幸し、遠路となる春日、および幼帝の場合は石清水と日吉も一泊二日、その他は一日一社を基本とした。(7)

このように、行事所始から行幸終了まで短くても一～二か月、二社担当の場合は数か月を要することになる。また、神事ゆえに行事官自身の潔斎が強いられたが、(8)忌日やさまざまな穢による延引が生じ、任務期間が延長されることもたびたびであった。

行事官の職掌に関しては、土田直鎮氏や佐々木宗雄氏等の研究(9)により、膨大な職務内容が知られる。多忙かつさまざまな制約を負う数か月間の拘束を要する行幸行事の役は、貴族官人にとってかなり大きな負担だといえよう。かかる行事官が如何にして確保されていたのか。その決定方法について検討したい。

(二)行幸行事の決定方法

(1)摂関期

行事官は陣定で決定されるが、それ以前に内定しているのが常である。万寿元年（一〇二四）の松尾・平野行幸の行事弁は、以下のような経緯で選定された。

　入夜宰相来云、只今右中弁章信従二和泉一馳上。依二禅門仰一、密談云、可レ有二神社行幸一。可レ為二行事一。依レ有二所望人一不レ可二披露一。至二明日午上一不レ可二外漏一。明日可レ定者。権弁上﨟、依二彼競望一所レ被レ禁歟。(10)

右中弁藤原章信は禅門道長から密々に行事弁を仰せ付かったが、所望者がいるので定まで他言を禁じられている。後日、「権弁経輔上﨟。而章信先任者。亦経輔難レ行二如レ此事一歟(11)」という理由で、﨟次に反して章信が正式に行事弁に補された。これによると、行事官は道長が事実上決定したと理解できよう。

　競望者をおさえた章信は、道長家司として信頼の厚い父知章とともに敦成春宮（道長外孫）宮司を務めた人物だと知られ(12)、道長一家との関係を拠り所に行事選定が行われたと考えられる。ところで、行事を獲得した章信だが、所労を煩い、行事を改替されんとする事態が生じた。藤原実資は彼の所労に関して、呪詛によるものだという噂が流れている旨を日記に書きつけており(13)、行事獲得競争の熾烈さと、章信の行事補任に対する批判が読みとれる。

　しかし実資自身もまた、寛仁三年の春日行幸に際し、摂政頼通に「行事宰相事申二案内一」し、息子資平の行事宰相就任を依頼した事実が確認される(14)。

　以上二つの事例から、行幸行事が貴族間で競望の的となるような役職である事実、またその決定が大殿・摂関の一存にかかっていた実態が浮かびあがる。

　次に、上卿の選定をとりあげてみよう。土田氏によると、上卿が扱う政務・公事内容は多岐にわたり、行事遂行の責任者として熟練した政治手腕と故実知識が要求される立場であるため、政務練達の士と目されるような特定の人物に集中する傾向があったとされる(15)。

［表１］　神社行幸の行事一覧（上卿・参議・弁）

院	天皇	年月	西暦	月	日	神社行幸	上卿（数字は臈次）	行事宰相	行事弁	典拠
	朱雀	天慶５	942	4	29	賀茂	大１藤原実頼	４伴保平	？	紀
	円融	天延２	974	2	13	石清水延引	中２源延光	（右大弁）藤原為輔	左中藤原佐理ヵ	天延二年記
	円融	天元２	979	3	27	石清水	権中１藤原済時	６源伊陟	右中藤原棟世	中・公
	円融	天元３	980	10	10	賀茂	大１源重信	？	？	公
	円融	天元４	981	2	20	平野	〃	？	？	公
	一条	永延元	987	11	8	石清水	権中３藤原道兼	６藤原安親	右中藤原在国	公・栄
	一条	永延元	987	12	15	賀茂	〃	〃	〃	〃
	一条	永祚元	989	3	22	春日	権大３藤原道兼	４藤原安親	左大藤原懐忠	小・公
									左中藤原在国	小・公
									→左小源扶義	小・公
	一条	正暦３	992	12	14	平野	？	？	？	
	一条	正暦４	993	11	27	大原野	権大2藤原伊周	１藤原道綱	右少為任	本
	一条	長徳元	995	10	21	石清水	？	？	？	
	一条	長保５	1003	3	4	石清水	権大1藤原実資	５源俊賢	左中藤原説孝	権・公
	一条	長保５	1003	3	26	賀茂	〃	〃	〃	権・公
	一条	寛弘元	1004	10	14	松尾	権中1藤原斉信	７藤原正光	権左中源道方	権・公
	一条	寛弘元	1004	10	21	平野・北野	〃	〃	〃	権・公
	三条	長和２	1013	11	28	石清水	権中1藤原行成	７源道方	権左中藤原重尹	御・公
	三条	長和２	1013	12	15	賀茂	〃	〃	〃	御・公
	三条	長和３	1014	2	8	春日（中止）	権大３藤原公任	６藤原通任	右大藤原朝経	小
									右中藤原定頼（乱闘）	小・御
									→右小藤原資業	小・御
	後一条	寛仁元	1017	3	8	石清水	大２藤原実資	４藤原公信	左少源経頼（服）	小・御
	後一条	寛仁元	1017	11	25	賀茂	〃	〃	→権左中藤原重尹	小・御
	後一条	治安元	1021	10	14	春日	大２藤原斉信	６藤原資平	右中藤原章信	小
									左少藤原義忠	小
	後一条	治安２	1022	10	25	平野	権大３藤原頼宗	７藤原定頼	右少藤原頼明	左

院	天皇	年月	西暦	月	日	神社行幸	上卿(数字は臈次)	行事宰相	行事弁	典拠
	後一条	治安2	1022	11	28	大原野	〃	〃	右少源経頼(追加)	左
	後一条	万寿元	1024	11	23	松尾	権大 藤原能信	6藤原広業	右中藤原章信	小
	後一条	万寿元	1024	12	26	北野	〃	〃	〃	小
	後一条	長元2	1029	11	28	石清水	権中5源師房	9源顕基	左中藤原経輔	公
	後一条	長元2	1029	12	20	賀茂	〃	〃	〃	〃
	後朱雀	長暦元	1037	3	9	石清水	権中6藤原定頼	4藤原兼経	権左中源資通	平
	後朱雀	長暦元	1037	8	11	賀茂	〃	〃	〃	平
	後朱雀	長暦2	1038	12	20	春日	権大1藤原頼宗	3藤原公成	権左中経長	春
									右中義忠	春
	後朱雀	長久元	1040	12	25	平野	権大4源師房	2源隆国	右少藤原資仲	春
	後朱雀	長久2	1041	2	21	北野	〃	〃	〃	春
	後朱雀	長久2	1041	8	3	大原野	権中2藤原経通	5藤原俊家	右中源経成ヵ	公
	後朱雀	長久2	1041	8	27	松尾	〃	〃	〃	公
	後朱雀	長久3	1042	此年		平野ヵ	権大4源師房	2源隆国	左少藤原資仲ヵ	公
	後冷泉	永承2	1047	3	8	石清水	権大1藤原頼宗	4源経長	権左中源経成ヵ	公
	後冷泉	永承2	1047	4	23	賀茂	〃	〃	〃	公
	後冷泉	永承4	1049	11	27	春日	権中2藤原資平	4藤原行経	権左中藤原経家ヵ	公
	後冷泉	永承5	1050	10	7	平野	?	3藤原能長	?	公
	後冷泉	永承5	1050	11	28	大原野	〃	〃	右中藤原泰憲ヵ	公
	後冷泉	永承6	1051	2	5	石清水	?	?	?	
	後冷泉	永承6	1051	4	27	松尾	?	4藤原資房	右少藤原定成	公
	後冷泉	永承6	1051	6	1	北野	〃	〃	〃	
	後冷泉	永承7	1052	11	?	平野・松尾	権大2藤原長家	?	?	公
	後冷泉	天喜4	1056	11	28	石清水	権中5藤原俊家ヵ	?	?	公
	後冷泉	天喜4	1056	12	9	賀茂	〃	〃	〃	公
	後冷泉	康平5	1063	4	27	石清水	権大3源師房	3藤原経季	権左中藤原顕家	公
	後冷泉	康平5	1063	7	13	賀茂	〃	〃	〃	公
	後三条	延久元	1069	3	15	石清水	?	藤原能季	権左中藤原隆方	扶

	後三条	延久元	1069	8	9	賀茂	〃	〃	〃	扶
	後三条	延久 2	1070	8	22	春日	権大 4 藤原能長	6 藤原宗俊	右中藤原正家	公・石
	後三条	延久 2	1070	11	28	北野・平野	?	2 藤原泰憲	左少源師賢	公
	後三条	延久 3	1071	3	22	大原野	?	?	?	
	後三条	延久 3	1071	3	26	松尾	〃	〃	〃	
	後三条	延久 3	1071	8	21	春日	?	?	?	
	後三条	延久 3	1071	10	29	日吉	権中 7 藤原経季	7 源経信	?	公
	後三条	延久 4	1072	3	26	稲荷・祇園	?	?	?	
	白河	承保 2	1075	3	14	石清水	権大 1 藤原俊家	2 源経信	右中藤原正家	公
	白河	承保 2	1075	4	23	賀茂	〃	〃	〃	
	白河	承保 2	1075	12	7	春日	権中 7 藤原実季	?	右中藤原正家	公
									左少藤原通俊	公
	白河	承保 3	1076	3	4	石清水	権中 2 源資綱	7 藤原公房	左中藤原隆方	園
	白河	承保 3	1076	4	23	賀茂	〃	〃	〃	
	白河	承保 3	1076	8	21	平野	?	4 藤原伊房	権右中源師賢	公
	白河	承保 3	1076	8	29	大原野	〃	〃	〃	公
	白河	承保 3	1076	10	17	松尾	権大 3 源俊房	?	右少藤原季仲	水
	白河	承保 3	1076	10	20	北野	〃	〃	〃	
	白河	承保 3	1076	12	7	春日	?	3 藤原宗俊ヵ	左少藤原通俊ヵ	中・公
	白河	承暦元	1077	2	26	日吉	?	6 源俊明	?	公
	白河	承暦元	1077	3	9	石清水	?	?	?	
	白河	承暦元	1077	4	17	賀茂	〃	〃	〃	
	白河	承暦元	1077	12	1	稲荷・祇園	権中 2 源資綱(忌日、不被勧賞)	8 藤原師通	右少藤原伊家	水
							→当日権大 4 忠家			水
	白河	承暦 2	1078	3	11	石清水	?	?	?	
	白河	承暦 2	1078	4	13	賀茂	〃	〃	〃	公
	白河	承暦 3	1079	3	22	石清水	権大 3 源俊房 or 権中 4 藤	?	?	公
	白河	承暦 3	1079	4	22	賀茂	〃	〃	〃	公
	白河	承暦 4	1080	3	28	石清水	権大 2 藤原能長	?	?	公

院	天皇	年月	西暦	月	日	神社行幸	上卿(数字は臈次)	行事宰相	行事弁	典拠
	白河	承暦 4	1080	4	5	賀茂	〃	〃		公
	白河	永保元	1081	10	14	石清水	権大 2 藤原実季	?	?	帥
							→権中 1 源経信			帥
	白河	永保元	1081	10	19	賀茂	〃	〃	〃	帥
	白河	永保元	1081	12	4	春日	権大 3 藤原師通	5藤原公房	?	水
	白河	永保 2	1082	3	26	石清水	?	?	?	
	白河	永保 2	1082	4	21	賀茂	〃	〃	〃	
	白河	永保 3	1083	3	16	石清水	権大 1 源経信	?	?	後二
	白河	永保 3	1083	4	9	賀茂	〃	〃	〃	後二
	白河	応徳元	1084	3	8	石清水	権中 3 源師忠	?	?	後二
	白河	応徳元	1084	4	15	賀茂	〃	〃	〃	後二
	堀河	寛治 2	1088	3	9	石清水	大 2 藤原実季	?	?	
	堀河	寛治 2	1088	4	27	賀茂	〃	〃	〃	
白河	堀河	寛治 3	1089	3	11	春日	大 2 藤原実季	4藤原基忠	権左中源基綱	後二・中
									左少藤原為房	後二・中
白河	堀河	寛治 4	1090	2	17	平野	権中 5 藤原家忠	2 藤原公房	右中源師頼	平野
							→当日大 1 藤原忠家			後二・中
白河	堀河	寛治 4	1090	2	23	大原野	〃	〃	〃	中
白河	堀河	寛治 4	1090	10	27	松尾	権大 2 源師忠	3 源俊実	右少源重資	後二・中
白河	堀河	寛治 4	1090	11	7	北野	〃	〃	〃	後二・中
白河	堀河	寛治 5	1091	3	8	日吉	権大 3 源雅実	6 藤原保実	頭左中弁季仲	後二・中
								→当日 7 藤原経実		後二・中
白河	堀河	寛治 5	1091	10	3	稲荷・祇園	権中 4 源俊明	6 大江匡房	右中源師頼	為・中・後二
白河	堀河	嘉保 2	1095	3	29	石清水	権中 4 藤原忠実	8 藤原宗通	右中藤原宗忠	中
白河	堀河	嘉保 2	1095	4	15	賀茂	〃	〃	〃	中
白河	堀河	承徳元	1097	3	28	春日	権大 1 藤原宗俊	3 藤原能実	右中藤原宗忠	中
							→権中 3 藤原忠実		左少有信	中
						祇園	権大 1 藤原宗俊(所労)	4 源雅俊(服)	右少平時範	中・長

白河	堀河	承徳元	1097	4	26		→権中 1 源俊明(4/17)	→ 7 藤原仲実		中・長
							→権中 2 藤原公実			中・長
白河	堀河	康和 2	1100	5	16	日吉	中 2 源俊実	7 源顕通	源能俊	殿
白河	堀河	康和 5	1103	11	5	石清水	権中 1 源雅俊	5 源基綱	左少藤原顕隆	殿・中
白河	堀河	長治元	1104	2	27	賀茂	〃	〃	〃	中
白河	鳥羽	天仁 2	1109	4	26	石清水	大 1 源俊明	1 ※源能俊	左中藤原顕隆	殿
白河	鳥羽	天仁 2	1109	8	16	賀茂	〃	〃	〃	殿
白河	鳥羽	天永 2	1111	2	11	春日	権大 1 藤原家忠	7 藤原俊忠	右中藤原為隆	殿・中・長
									権右中藤原実行	殿・中・長
白河	鳥羽	天永 3	1112	8	13	平野	権大 3 源雅俊	2 源顕雅	左少弁源雅兼	中
白河	鳥羽	天永 3	1112	8	23	大原野	〃	〃	〃	中
白河	鳥羽	永久元	1113	8	11	松尾	権大 4 藤原宗通	3 藤原家政	権右中藤原実光	殿・中
白河	鳥羽	永久元	1113	8	17	北野	〃	〃	〃	殿・中
白河	鳥羽	永久元	1113	10	11	日吉	権大 2 藤原経実	4 源重資	左中藤原顕隆	殿
白河	鳥羽	永久元	1113	11	26	稲荷・祇園	権中 1 藤原能実	5 藤原為房	権右中藤原実行	殿
白河	鳥羽	永久 2	1114	11	14	石清水	権中 3 源顕通	4 源重資	右中藤原為隆	殿・中
白河	鳥羽	永久 2	1114	11	23	賀茂	〃	〃	〃	殿・中
白河	鳥羽	永久 5	1117	8	29	石清水	大 1 藤原家忠	2 源顕雅ヵ	左中藤原為隆ヵ	殿
白河	鳥羽	永久 5	1117	9	14	賀茂	〃	〃	〃	殿
白河	鳥羽	保安元	1120	2	20	石清水	大 2 藤原経実	4 藤原通季	右中源雅兼	中
白河	鳥羽	保安元	1120	2	26	賀茂	〃	〃	〃	中
白河	鳥羽	保安 2	1121	3	14	石清水	権大 1 源雅俊	7 源雅定	左少藤原実光	公
白河	鳥羽	保安 2	1121	4	7	賀茂	〃	〃	〃	公
白河	鳥羽	保安 2	1121	10	28	春日	権大 2 藤原仲実	5 藤原実行	権右中藤原伊通ヵ	公
									左少藤原実光	公
白河	鳥羽	保安 2	1121	12	1	日吉	権大 3 源有仁	7 源雅定ヵ	?	公
白河	鳥羽	保安 3	1122	9	14	石清水	中 1 藤原能実	?	左中源雅兼	公
白河	鳥羽	保安 3	1122	9	28	賀茂	〃	〃	〃	公
白河	崇徳	天治 2	1125	10	9	石清水	大 1 藤原経実	2 藤原宗輔	左少藤原実光	公

院	天皇	年月	西暦	月	日	神社行幸	上卿(数字は臈次)	行事宰相	行事弁	典拠
白河	崇徳	天治2	1125	10	21	賀茂	〃	〃	〃	公
白河	崇徳	大治3	1128	4	27	春日	権大1藤原宗忠	4藤原為隆	権右中顕頼	中・長
									右少藤原宗成	中・長
鳥羽	崇徳	大治4	1129	10	19	平野	権大2源能俊	6藤原長実	右中源師俊	中
鳥羽	崇徳	大治4	1129	11	7	大原野	〃	〃	〃	中
鳥羽	崇徳	大治5	1130	4	25	松尾	権大3藤原忠教	4源師時	左少実光	中・公
								(＊3藤宗輔は服)		中・公
								(5為隆は没)		中・公
								→6藤原伊通		中・公
鳥羽	崇徳	大治5	1130	4	28	北野	〃	〃	〃	中・公
鳥羽	崇徳	大治5	1130	11	4	日吉	中1源顕雅	7藤原忠宗	右少藤原宗成	中
鳥羽	崇徳	天承元	1131	3	19	稲荷・祇園	中2源師頼	3源雅兼	左少藤原実光	長・中・兵
鳥羽	崇徳	長承3	1134	5	10	石清水	権大3藤原実行	1藤原経忠	権左中藤原公行	長
鳥羽	崇徳	長承3	1134	5	15	賀茂	〃	〃	〃	長
鳥羽	崇徳	保延4	1138	10	7	石清水	権大2源雅定	?	左中藤原顕業	公
鳥羽	崇徳	保延4	1138	10	14	賀茂	〃	〃	〃	
鳥羽	崇徳	保延5	1139	9	26	石清水	?	?	?	
鳥羽	崇徳	保延5	1139	10	2	賀茂	〃	〃	〃	
鳥羽	崇徳	保延6	1140	5	27	石清水	権大4藤原宗輔	?	右中源俊雅	公
鳥羽	崇徳	保延6	1140	⑤	1	賀茂	〃	〃	〃	
鳥羽	近衛	久安元	1145	11	9	石清水	権大2源雅定	1藤原清隆	左中藤原資信	本・兵
鳥羽	近衛	久安元	1145	12	4	賀茂	〃	〃	〃	本・兵
鳥羽	近衛	久安3	1147	2	22	春日	権大3藤原実能(服)	3藤原忠雅(昇進)	右中藤原朝隆	公・兵・台
							→権大4藤原宗輔	→2藤原顕業	権右中源師能	公
鳥羽	近衛	久安4	1148	8	16	平野	権中1藤原宗能	3藤原忠雅	?	公
鳥羽	近衛	久安4	1148	8	22	大原野	〃	〃	〃	公
鳥羽	近衛	久安5	1149	8	20	松尾	権大3藤原実能	2藤原忠基	権右中藤原光頼	本・兵
							→権大5藤原伊通	→3藤原公隆		本・兵

鳥羽	近衛	久安5	1149	8	22	北野	〃	〃	〃	本・兵
鳥羽	近衛	久安5	1149	10	11	日吉	中1藤原公教	4藤原経定	権右中藤原光頼	公
鳥羽	近衛	久安5	1149	11	25	稲荷・祇園	中2藤原家成	5藤原教長	左中藤原朝隆	本
鳥羽	近衛	仁平元	1151	8	17	石清水	権中1藤原季成	3藤原経宗	権右中藤原光房	本
鳥羽	近衛	仁平元	1151	9	7	賀茂	〃	→4藤原公通	〃	本
鳥羽	近衛	仁平2	1152	3	25	石清水	権中3藤原忠雅	5藤原為通	右少藤原資長	本
鳥羽	近衛	仁平2	1152	5	2	賀茂	〃	〃	〃	本
鳥羽	後白河	保元元	1156	3	10	石清水	大1藤原宗輔(服)	4藤原資信	右中藤原雅教	山・兵
							→権大1藤原宗能			山・兵
鳥羽	後白河	保元元	1156	4	25	賀茂	〃	〃	〃	
	後白河	保元3	1158	2	28	春日	権中4藤原基房	2源師仲(1は病)	右中藤原惟方	兵・公
								(3は権中に昇進)	左中藤原資長	兵・公
								→5藤原実長	→権右中藤原俊憲	兵・公
後白河	二条	永暦元	1160	8	20	石清水	権大1藤原重通	7藤原俊通	右中平親範	山
後白河	二条	永暦元	1160	8	27	賀茂	〃	〃	〃	山
後白河	二条	応保元	1161	2	28	春日	権大3藤原光頼	?	藤原朝方	公
							(2は源氏)			公
後白河	二条	応保元	1161	8	20	平野	権大1藤原忠雅	3平清盛	左少藤原俊経	山
後白河	二条	応保元	1161	8	25	大原野	〃	〃	〃	山
後白河	二条	応保元	1161	10	21	松尾・北野	権大5藤原公通	7藤原実国ヵ	左中平親範	公
後白河	二条	応保2	1162	2	23	日吉	中3藤原実長	7藤原実国	右中藤原朝方	公
後白河	二条	応保2	1162	8	20	稲荷・祇園	権中1平清盛	2藤原親隆	権右中藤原成頼	公
後白河	二条	長寛元	1163	3	14	賀茂	中2藤原実定	3藤原隆季	左少弁藤原俊経	顕・兵
後白河	二条	長寛元	1163	3	25	石清水	〃	〃	〃	
後白河	二条	長寛元	1163	10	23	賀茂	?	3藤原隆季	?	公
後白河	二条	長寛元	1163	10	27	石清水	〃	〃	〃	
後白河	二条	長寛2	1164	8	19	石清水	?	?	?	
後白河	二条	永万元	1165	3	23	石清水	権中8藤原実国	4藤原資長	右少藤原長方	顕・兵・山
後白河	二条	永万元	1165	4	18	賀茂(延期)	〃	〃	〃	顕・兵・山

院	天皇	年月	西暦	月	日	神社行幸	上卿(数字は臈次)	行事宰相	行事弁	典拠
後白河	高倉	嘉応元	1169	4	26	石清水	大1藤原師長	1源資賢	左中藤原俊経	兵・玉
後白河	高倉	嘉応元	1169	8	29	賀茂	〃	〃	〃	兵・玉
後白河	高倉	嘉応2	1170	3	22	春日	権大1藤原公保	2藤原成頼	左中藤原長方	公
							(大2は源氏)		右中藤原為親	公
後白河	高倉	承安元	1171	4	23	平野	大2源定房	5平親範	?	公
後白河	高倉	承安元	1171	4	27	大原野	〃	〃	〃	
後白河	高倉	承安元	1171	10	19	松尾	権大3藤原隆季	?	右少藤原兼光ヵ	山・玉・公
後白河	高倉	承安元	1171	11	7	北野	〃	〃	〃	
後白河	高倉	承安2	1172	3	26	日吉	権大5藤原実国	3平教盛	?	玉
後白河	高倉	承安2	1172	10	23	稲荷・祇園	権中1藤原邦綱	5藤原家通	右少平親宗	玉
後白河	高倉	承安3	1173	3	20	石清水	権中2藤原成親	7藤原実守	右中藤原重方	玉
後白河	高倉	承安3	1173	4	13	賀茂	〃	〃	〃	玉
後白河	高倉	安元元	1175	3	28	石清水	権中5藤原資長	1藤原成範	権右中藤原経房	玉
後白河	高倉	安元元	1175	4	16	賀茂	〃	〃	〃	玉
後白河	高倉	治承元	1177	10	5	石清水	中2藤原宗家	1藤原朝方	右中藤原経房	玉
後白河	高倉	治承元	1177	10	14	賀茂	〃	〃	〃	玉
後白河	高倉	治承2	1178	3	22	春日	権中5藤原忠親	6藤原頼定	右少藤原光雅	玉・山・庭
後白河	高倉	治承3	1179	3	15	平野	大1藤原実定	7藤原実宗	左少藤原兼光	玉・山・庭
後白河	高倉	治承3	1179	8	27	石清水	権中1藤原兼雅	8藤原長方	左少藤原光雅	玉・山・庭
後白河	高倉	治承3	1179	9	5	賀茂	〃	〃	〃	公
後白河	後鳥羽	文治3	1187	11	7	石清水	大1源定房	1藤原基家	左中藤原光長	公
									→右少親経(一日のみ)	公
後白河	後鳥羽	文治3	1187	11	14	賀茂	〃	〃	→右中平基親	公
後白河	後鳥羽	文治5	1189	10	29	春日	大1藤原兼房	2藤原雅長	左中藤原親雅	玉・仲
									権右中平棟範	玉・仲
後白河	後鳥羽	建久元	1190	11	27	平野	権大1藤原実宗	5藤原実教	左中藤原親経	玉
後白河	後鳥羽	建久元	1190	12	14	大原野	〃	〃	〃	玉
後白河	後鳥羽	建久2	1191	12	8	松尾	権大3藤原頼実	9藤原光雅	権右中藤原定経	玉・都

後白河	後鳥羽	建久 2	1191	12	13	北野	〃	〃	〃	玉
	後鳥羽	建久 4	1193	10	11	日吉行幸	権大 1 藤原隆忠	4 藤原公時	?	玉
	後鳥羽	建久 7	1196	10	25	石清水	権大 3 藤原定能	4 藤原公継	左少藤原公定	玉・三
	後鳥羽	建久 7	1196	11	5	賀茂	〃	〃	〃	玉・三
後鳥羽	土御門	建仁 2	1202	10	24	石清水中止	権大 3 源通資	1 藤原定輔	右中平親国	猪
							→権大 4 藤原忠経		→右少藤原清長	猪
後鳥羽	土御門	建仁 2	1202	10	24	賀茂停止	→公継	〃	〃	猪
後鳥羽	土御門	元久元	1204	11	3	石清水	権大 6 藤原公継	5 源通具	権右中藤原清長	公
後鳥羽	土御門	元久元	1204	11	13	賀茂	〃	〃	〃	公
後鳥羽	土御門	承元 4	1210	8	20	春日	大 2 藤原公房	4 藤原公宣	左中平親輔	猪
									右中藤原宣房	公
後鳥羽	順徳	建保元	1213	3	10	石清水	大 1 藤原公房	?	左中藤原定高	弁・賀茂
後鳥羽	順徳	建保元	1213	3	15	賀茂	〃	〃	〃	公
後鳥羽	順徳	建保 2	1214	3	26	春日	権大 4 藤原師経	1 藤原公定	左少藤原家宣	公
後鳥羽	順徳	建保 3	1215	4	23	平野	権大 2 源通光	4 藤原定家	左少藤原資頼	公
後鳥羽	順徳	建保 3	1215	4	26	大原野	〃	〃	〃	公
後鳥羽	順徳	建保 5	1217	12	1	松尾	権大 4 藤原良平	6 藤原顕俊	?	公
後鳥羽	順徳	建保 5	1217	12	8	北野	〃	〃	〃	公
後鳥羽	順徳	承久元	1219	10	5	稲荷・祇園	?	?	左中藤原家宣	公
後鳥羽	順徳	承久 3	1221	3	15	石清水	権大 4 源定通	?	権右中藤原成長	公
後鳥羽	順徳	承久 3	1221	3	20	賀茂	〃	〃	〃	公
	後堀河	嘉禄元	1225	11	25	石清水	大 1 源通具	1 藤原親定	権右中平範輔	公
	後堀河	嘉禄元	1225	12	8	賀茂	〃	〃	〃	公
	後堀河	安貞元	1227	12	14	春日	大 1 藤原忠房	1 藤原伊平	左中平有親→権右中藤原為経	明
									右中藤原親俊→左少平時兼	明
	後堀河	寛喜 2	1230	2	23	平野・北野	?	3 平経高	左中平有親	公
	四条	嘉禎 3	1237	4	23	石清水	権大 3 藤原家嗣	1 藤原公雅	左中藤原忠高	公
	四条	嘉禎 3	1237	11	11	賀茂	〃	〃	〃	公
	四条	暦仁元	1238	3	28	春日	権大 4 藤原実基	7 藤原実雄	左中藤原季頼	公

院	天皇	年月	西暦	月	日	神社行幸	上卿(数字は臈次)	行事宰相	行事弁	典拠
	四条						→権大 8 藤原実有		権右中藤原経光	公
	四条	仁治 2	1241	7	22	平野	?	1 源顕平	?	公
	四条	仁治 2	1241	7	26	大原野	〃	〃	〃	公
	後嵯峨	寛元元	1243	12	1	石清水	大 2 大源具実	4 藤原信盛	右中藤原顕朝	百・公
	後嵯峨	寛元元	1243	12	5	賀茂	〃	〃	〃	公
	後嵯峨	寛元 4	1246	1	17	春日	権大 1 藤原隆親	2 藤原資季	頭右中藤原顕朝	葉・公
									権右中藤原親頼	公
後嵯峨	後深草	建長 5	1254	1	26	石清水	権大藤原公基	?	?	公
後嵯峨	後深草	建長 5	1254	2	3	賀茂	〃	〃	〃	公
後嵯峨	後深草	建長 6	1255	10	28	賀茂	?	?	?	公
後嵯峨	後深草	建長 7	1256	10	19	春日	?	4 藤原隆行	左中藤原宗雄	公
後嵯峨	亀山	弘長 2	1262	3	26	石清水	?	2 藤原伊頼	右大弁源雅言	公
後嵯峨	亀山	弘長 2	1262	4	20	賀茂	〃	〃	〃	公
後嵯峨	亀山	文永 7	1270	3	14	春日	?	?	左中藤原経業	公
									右中藤原親朝	公
亀山	後宇多	弘安元	1278	3	13	石清水	権大 4 藤原信嗣	1 藤原定長	?	公
亀山	後宇多	弘安元	1278	4	19	賀茂	〃	〃	〃	公
亀山	後宇多	弘安 9	1286	3	27	春日	権大 2 藤原信嗣	1 藤原為世	左中藤原俊定	勘・公
									右中藤原為俊	公
後深草	伏見	正応元	1288	2	3	賀茂北野延引				公
	伏見	正応 3	1290	12	4	石清水	権中 5 源通重	3 藤原為兼	権左中藤原頼藤	公
	伏見	正応 3	1290	12	8	賀茂	〃	〃	〃	公

［典拠略記一覧］　公：『公卿補任』、栄：『栄花物語』、紀：『日本紀略』、御：『御堂関白記』、権：『権記』、小：『小右記』、春：『春記』、左：『左経記』、水：『水左記』、為：『為房卿記』、本：『本朝世紀』、後二：『後二条師通記』、殿：『殿暦』、中：『中右記』、長：『長秋記』、台：『台記』、山：『山槐記』、兵：『兵範記』、玉：『玉葉』、顕：『顕広王記』、石：『石清水文書』、師：『師記』、仲：『仲資王記』、庭：『庭槐記』、都：『都玉記』、扶：『扶桑略記』、平：『平記』、平野：『平野行幸記』、園：『園太暦』、三：『三長記』、猪：『猪隈関白記』、賀茂：『賀茂注進雑記』、明：『明月記』、葉：『葉黄記』、百：『百錬抄』、勘：『勘仲記』。

※この他、飯倉晴武校訂『弁官補任』（続群書類従完成会、1982）を参考にした（典拠欄記載省略）。

※表中、㊊は閏月を示す。上卿欄の(権)大・中は納言、行事弁の(左右)中・少は弁官を示す。→は行事交替をあらわし、(　)内にはその理由を記した。

ここで行事（上卿・宰相・弁）の一覧［表1］[16]から、上卿歴任者を概観してみると、二つの特徴が指摘できる。一つは、藤原斉信・同行成・同公任等、所謂「寛弘四納言」[17]を含む、故実先例に長けた有能な政務家という性格の強い人々である。いま一つは、藤原伊周・同頼宗・同能信・同長家等、摂関子弟のグループ[18]である。これによって、上卿就任には、政務能力、あるいは家系（摂関子息）、少なくともいずれかの条件が求められていたと理解できる。

以上、摂関期における行幸行事官の決定において最も重視されたのは、政務能力も勿論だが、大殿・摂関との人格的関係（近親者や家司等）であったといえるだろう。換言すれば、関係が弱い人々は行事から排除される実状を示している。

行事官を摂関家関係者でほぼ独占する意図は、ミウチとしての立場から、天皇の御願祭祀に深く関与するとともに、供奉の貴族官人をはじめ、見物する京中の人々に対し、摂関家の政治的権威をより明確に表現する点にあったと考えられる。さらにこうした事実から、行事官は特別な人・選ばれた人、神社行幸行事は名誉な役という認識が、当該期の貴族社会に定着・浸透していったであろうと推察する。このような意識が、人材を保証する一つの要因であったと理解することも可能ではないだろうか。

(2)院政期

嘉保二年（一〇九五）、堀河天皇行幸で行事弁を務めた藤原宗忠の日記によると、「院御使」として参じた蔵人弁平時範は、「三・四月可レ有二石清水・賀茂両社行幸一者。行事内々議定。上卿（藤原忠実）左大将、参議左中将宗通、弁下官、大夫外記・史定俊・祐俊」[19]と告げている。五日後の定で前記全員が補任されており、院主導のもとに行事官が決定され、摂関期における大殿・摂関の立場が院に入れ替わったと見受けられる。では、如何なる基準に基づいて選定されたのだろうか。次に掲げる史料は興味深い事実を示している。

以㆓師行㆒令㆑奏㆑院云、松尾行幸云々。今度当㆓行令(事カ)巡㆒。而日覚服日数及㆓四月上旬㆒、臨㆓行幸期㆒日数可㆑過也。行事参議退(追カ)被㆓仰下㆒例尤多。過㆓日数㆒被㆑仰是大望也。下臈参議皆持㆓行事賞㆒。於㆓下官㆒無㆑所㆑募、而有㆑限巡事又被㆑抑、弥無㆑所㆑期歟。(20)

これは大治五年（一一三〇）、崇徳天皇の松尾・北野行幸の行事宰相に補された源師行の服日数が四月上旬におよぶため、行事を止めさせるか否かをめぐる問題が浮上したさいの動向に関する記述である。

師行は、自分が「行令(事カ)巡」に当たっている旨、また下臈参議が皆すでに「行事賞」を持ち、「有㆑限巡事」ゆえ、この機を逃せば自己の昇進機会を逸してしまう、という二つの言い分をもって、改替に抗議した。これに対して、関白（藤原忠通）は「服日数近期日可㆑有㆑憚(21)」と言い、頭中将は「当㆑巡人有㆑障時、次人奉行、定多㆓前例㆒歟」とする外記の勘申を伝えている。結局、服者を用いず「以㆓次巡人㆒被㆓奉行㆒、合㆓神慮㆒歟(22)」という意見に院も合意し、師行を改め、兵衛督藤原伊通が行事宰相に補せられた。

ここで注目したいのは、行事交替が「巡」に基づいて行われ、すでに先例として定着している事実である。この「巡」の内容は、大治五年当時の二人の在職状況から判断できる。すなわち、師行は参議四臈、藤原伊通は同五臈であり、官職内の臈次(23)による巡だと考えてよいだろう。さらに宰相以外の行事官についても「行幸奉行者、作㆑巡随㆓未役㆒所㆑被㆑仰也(24)」と記される点から、上卿以下全行事官それぞれに巡が存在すると解される。

では、巡に基づく行事補任は何時に由来するのだろうか。行事官の疾病により行事交替が繰り返された承徳元年（一〇九七）の事例から検討してみたい。

春日行幸上卿だった権大納言一臈藤原宗俊は、二月一五日所労のため辞退し、新上卿に権中納言三臈藤原忠実が就任した。その後、病いが回復した宗俊は、三月二五日に行事所始が行われた祇園行幸の上卿を承っている。

春日行幸は同月二八日に新上卿忠実の指揮のもとに滞りなく遂げられ、忠実には「依レ為二極位一、追可レ有二勧賞一」というかたちで勧賞が約束された。一方、宗俊は所労再発により四月二五日、今度は祇園上卿を辞し、行幸当日には権中納言二臈藤原公実が上卿を務め、勧賞を得ている。(25)

以上、一連の行事交替から察するに、巡は未成立と考えられる。なぜなら、権大納言第一臈の宗俊以下には、四人の権大納言が在籍しており、(26)先述の巡に基づくならば、権中納言三臈の忠実や同二臈公実に廻ってくるはずがないからである。(27)したがって、この時期にはまだ巡は存在せず、行事の選定は白河院の主導で行われ、春日社には縁の深い摂関家の若き忠実が、稲荷社には外戚閑院流の公実が、それぞれ上卿にあてられたと推測される。

[表1]によると、承徳元年以前、行事が臈次順で就任した形跡はみられない。しかし康和二年（一一〇〇）の日吉行幸では、忠実・公実の下臈源俊実が、同五年・長治元年（一一〇四）の石清水・賀茂行幸では、彼の次臈源雅俊がそれぞれ上卿を務めており、官職内の上臈から下臈へという巡の特徴が看取される。但し、参議以下ではこのような特徴は認められない。

ところが、天仁二年（一一〇九）の石清水・賀茂行幸において、上卿は大納言一臈源俊明、宰相は参議一臈源能俊、(28)行事弁は左中弁藤原顕隆、行事外記は大夫外記中原師遠、行事史は大夫史小槻盛仲と、各々最上臈が行事官に就任しており、次回以降は次臈者（各官職の第二臈）が補されるという巡に基づいた補任が確認される。すなわち、巡の成立は天仁二年の石清水・賀茂行幸に求められる。そして、これが鳥羽代始行幸だという点に留意したい。

巡の特徴を考える上でもう一つ注目されるのは、文治二年（一一八六）の後鳥羽天皇の石清水行幸の行事決定に関する「行事官事、任二先例一可レ被レ催二上臈一。大納言定房卿、参議基家卿、左中弁光長朝臣、大外記頼業真人、大夫史広房宿禰等可レ相催[29]」という院の仰せである。

寿永二年（一一八三）に即位した後鳥羽天皇は、内乱期の混乱により代始の神社行幸が延期され、この年ようやく行幸準備が始められた。代始行幸で最上﨟者を行事に補す慣行は、鳥羽以降、全ての天皇について確認できる[30]。つまりこの巡は、天皇一代ごとに編成し、代替りをもって再び最上﨟から始動するという性格を備えていると諒解される。

以上、行事官決定方法における摂関期と院政期天仁年間以降との相違を検証した。では、かかる変化の意義はどこにあり、誰の如何なる意図によって変化させられたのであろうか。

第二節　天仁二年の神社行幸と巡

(一)天仁二年（一一〇九）の神社行幸

鳥羽代始の神社行幸では、巡成立以外にも注目すべき特徴がみられる。まず、朝覲行幸が併せ行われる点である。天仁二年四月二六日、石清水へ行幸した七歳の鳥羽天皇は、幼帝の儀として同社で一泊した。翌二七日、通常ならば京の御所へ還御するところ、鳥羽殿に立ち寄り、白河院に対して朝覲行幸を行い、翌日京へ戻った[31]。鳥羽は永久二年（一一一四）石清水行幸の折にも朝覲を行っている[32]。

同様に、代始神社行幸の帰路に院御所（鳥羽殿または法住寺殿）へ立ち寄り、朝覲の礼を行う事例は、白河院に対する崇徳、後白河院に対する高倉・後鳥羽、後鳥羽院に対する順徳、後嵯峨院に対する後深草・亀山の間でも確認できる[33]。そして、文治三年（一一八七）の後鳥羽代始神社行幸に関する「還幸之次、於二鳥羽南殿一有二朝観之礼一。蓋天仁二年之旧慣也[34]」という記述は、朝覲の慣行が鳥羽の例に由来するとの認識に基づき継承されていることを証明する[35]。ここに天仁の行幸が中世神社行幸の画期として認識される事実を指摘したい。

次に、行幸行列と供奉の人々への統制に関する変化について触れよう。

天永二年（一一一一）の鳥羽天皇春日行幸では、院の近臣藤原顕季邸の桟敷で行幸を見物していた白河院が、供奉の諸司の見参を奉るよう院宣で命じている。[36] また、永久二年の同天皇石清水・賀茂行幸において、見物する院の前を行列が渡る時、「万人顔色相変一々過了」、「供奉諸司整二行列一過二門前一間、衆人失レ色」[37] したという。こうした事実は、院（治天の君）の見物が、行幸供奉の諸司を厳しく管理・統制する機能を果していた実状をうかがわせる。かつて道長が、「無レ故不二供奉一之者、被二解却一有二何事一哉」と言い、不供奉者は「明春除目不レ可レ令レ進二申文一」[38] と譴責した事実が知られるように、行幸供奉に対する統制はここに始まった訳ではない。しかし行列見物がこれほど厳粛に行われた状況を示す記述が、当該期に集中して現れる点は注目されよう。[39]

神社行幸は、天皇の権威化を図る目的を持つ新しい神祇祭祀を象徴する儀式として評価されている。先に指摘した、朝覲行幸をセットで行う院政期における新しい神社行幸形式は、王権を支える院（治天の君）の位置づけを明確に誇示する機能を果しているといえるだろう。したがって、王権祭祀という点においても、貴族官人等の統制・編成という意味においても、神社行幸遂行の意義は院政期において、より深まったと評価すべきではないだろうか。[40]

以上三つの変化とその兆しは、藤原師通（一〇九九年）および堀河天皇（一一〇七年）の死直後よりみられ、政務運営等における院政の本格的な開始時期と一致している。[41] 第一の特徴、すなわち巡成立の要因もこのような政治状況と行幸形態の変化のなかで成立した点を念頭に置き、考察を進める必要があるだろう。

（二）巡成立の背景と意義

貴族社会における巡役とその位置づけを検討する上でまず想起されるのは、公事分配である。公事分配とは、一上を頂点とする公卿集団が公事奉仕する仕組みであり、これ以前の方法が、天皇が奉仕者を直接指名する形式であった点に注目して、君臣関係の変容を示す事象としても捉えられている。また、分配成立の背景として、公卿等の懈怠による公事遂行への支障を改善する目的が指摘されている。(42)

神社行幸の行事は、先述の通り希望者が多く、むしろ競望の的となる役職であり、担当者の不足等の切迫した状況は見出せない。したがって、同行幸の巡役は、これまでにみられる巡役の成立要因とは異なる意図により成立したと考えるべきだと判断される。

行幸行事が、特別な人、選ばれた人によって担われる名誉ある役から、巡役に化したことは、換言すれば、グループの構成員であれば誰でも順番に就ける役に変質したことを示し、行幸行事の優位性や名誉が前代に比して低下した感も否めない。

では、このような変化は何を志向してもたらされたのだろうか。如上の白河院政期における行幸の変化に注目しながらその要因を考えたい。

変化の主な内容は、代替りごとの行事編成等、天皇の存在を強く印象づけるものであり、同時にその行幸・王権を支える院（治天の君）の権威を行幸の随所に示す行事形態が作られていた点にある。

ここで再び巡の構成を検討してみると、摂関家子息や関係者が、一構成員として組み込まれるなかで、院の近臣や院司として急速な身分上昇を果した受領（諸大夫層）出身の新興貴族が、巡の一員として彼らと肩を並べている状況が注視されよう。これまでの摂関家主導の行幸運営のあり方から、全貴族・官人を奉仕者として明確に位置づけ、天皇・王権の行事であるという目的を鮮明にした点に、巡役化の意義を読みとることができるのではないだろうか。また、公卿や弁官、外記、史等にとって、行事官を務めることが、官司の労に代わる重要な昇進機会として位置づけられたと考えられる。

摂関期以来の神社行幸に関する先例が蓄積され、その保管運用に当たる官務・局務が充実したことにより、行事（特に上卿）個人の能力や経験に依拠する政務内容が減少した点や、職事弁官制の確立による政務形態の変化[43]も、巡役化を可能とした重要な要因であったと思われる。

第三節　中世的勧賞の一考察

「三月は石清水の行幸あるべければ、いみじう急がせ給。行事、この権中納言殿兼道せさせ給。御位まさらせ給べきにやと見えたり」という記述[44]は、神社行幸が貴族官人等にとって、「御位まさらせ給」儀としても認識されていた事実を示唆している。

(一)行事官の賞

次に掲げる史料は、神社行幸の勧賞と貴族官人等との関係を知る上で示唆に富む。

伝聞、右大将藤原卿能実称レ疾不レ参二賭弓一。夜中参入、定二春日行幸事一。若疾病者、可レ辞二行幸行事一。若扶レ疾、可レ行二行幸事一者、必可レ参二賭弓一。称レ疾不レ参二賭弓一。貪二一階一不レ改レ日、参内、定二行幸事一。顧レ私、忘レ公。無レ忠無レ礼。於二臣道一、不レ可レ然。[45]

賭弓は天皇出御のある正月年中行事である。これは、その重要な朝廷儀礼を病いと称して欠席した右大将藤原実能が、同夜行われた春日行幸行事所始に出席したことに対して、痛烈な批判を記した藤原頼長の日記の一節である。この話には後日談があり、行事所始の三日後に頼長家中で生じた犬死穢により、同居していた実能が触穢のため上卿を辞退せざるを得なくなったという。彼は結局、勧賞を得ることはできなかったのである。頼長はいう、「不レ参二賭弓一。貪二一階一、行二行幸行事一。故神不レ与レ之。違二其本意一改替乎[46]」と。頼長の評によると、恰も実能が殊に貪欲であるかにみえるが、当該期の貴族官人の多くが、賞の獲得を目指す姿は諸記録に散見する。その意味でこの記述は、貴族官人等が勧賞を得る目的で、行事官を求めていた実態を如実に表し、他方、行事官の人材保証として機能する勧賞の一面がうかがえる史料といえる。

行事官への勧賞は、神社行幸開始時から確認される(47)。原則として還御後、恒例の叙位儀と同様に、関白・執筆上卿等が天皇の御前に会し、仰せにしたがって上卿以下全ての行事に位階が授けられる(48)。院政期になると、蔵人が事前に院（治天の君）へ祇候し、勧賞に関する仰せや、勧賞の内容を記した注文（折紙）を給わり(49)、これに基づいて勧賞が行われるようになる。

基本的に賞は全行事官を対象としたが、必ずしも全員が行賞に預かれるわけではない。本節では、この点に着目して同勧賞の特質を明らかにしたい。

勧賞が得られない原因は、概ね次の三つに分類できる。①行事の途中交替、②一社行幸、③勤務内容に問題があった場合である。①は本人の所労や触穢等の理由により、任務継続困難によって任期中に行事を辞し、他人と交替したケースである。この場合は、行幸当日まで任を務めた新行事が勧賞を受ける。②は同一行事所担当とみなされていた行幸（例えば石清水と賀茂社等）において、何らかの理由で片方しか務めなかった場合である。これは「今一度行事之後可レ蒙レ賞」(50)とされた。③は決められた期間、職務を全うしたにもかかわらず、勤務内容が「如泥」（怠慢）とみなされると賞は止められる(51)。以上三つの内容から、勧賞は行事官としての勤務評価を前提として行われ、完全な業務遂行・奉仕との交換関係で与えられる性格を有すると諒解されよう。

また、ⓐ「為二極位一」(52)、ⓑ「難レ留二本官一」(53)、ⓒ超越発生(54)のさいには、当日の叙爵または加階は認められない場合があり、「追可レ従二申請一」という宣旨が下され、後日の昇級が約された。ⓐ・ⓑは官位相当の原則から、本人の官職昇進を待って行賞し、上臈者を越えて昇進する場合ⓒは、しばらく昇級が留められる。いずれにしても宣旨により叙位の権利が承認されているので、上記の状況が解消され次第、自己申請して認められると昇級できる。なかには権利を譲り、自身以外の昇進に利用する場合もあった。

(二)譲

まず、勧賞譲与の手続き法を復元してみたい。

長承元年（一一三二）正月の叙位で、藤原宗能が父宗忠の「春日行幸行事賞譲」により従三位に叙されたさい、宗忠は日記に「随二申請一免給。欣悦[55]」と書き留めている。この他、断片的な情報を集めると、次のような経過がたどれる。勧賞を受けた本人が、「自解」や「申文」を行事所に提出して譲与の申請を行う。その後、上卿が職事に付して奏聞し、裁許を得た上で、外記の勘申を受け、時期・行事名等の記載に誤謬がなければ、その他の叙位とともに折紙に記され、叙位儀において譲による叙位が成立する[56]。

次に、譲与の対象について検討すると、祖父―孫、兄―弟、オジ―甥、舅―婿の間で確認されるが、父から子（含養子）に対する譲が圧倒的に多い。なかには、藤原（三条）公宣の子実文が貞応二年（一二二三）に、五代前の高祖実季が寛治三年（一〇八九）「春日行幸行事賞」によって加階した事例[57]をはじめ、一〇〇年以上も昔の故人（先祖）の勧賞による昇級も確認される。なお、実季は寛治三年当時の記録[58]から上卿だった事実が判明する。かなり年月を経た勧賞の場合でも、「曽祖某〜年某行幸行事賞」と記す尻付の年号や行幸・行事名等に関しては、史料上確認できる限りにおいて齟齬がなく、このような事由が名目的に、適当に記されたのではなく、実態のあるものだったといえよう。すなわち、外記勘申の厳密さがうかがえる。

故人旧賞の利用は頻出する事象である。譲与が基本的に勧賞を得た当人の申告に基づくという点を踏まえると、故人の場合はそれが不可能なので、叙位する人物（もしくは親等関係者）が申請を行ったと推測される。したがって、それを可能とする背景には、各家が未使用の勧賞（旧賞）を大切に記録保存し、それを伝える行為の存在が必然的に想定できる。

最後に、他の位階譲与方法と比較することによって、勧賞譲与の性格を明確にしたい。

『朝野群載』には、次のような一〇世紀半ばの譲与申請申文(59)が二通収められている。一通は父親に、もう一通は息子に、それぞれ暦博士労、女官労によって得た所帯位階を辞退、譲与する承認を申請する内容の文書である。

以レ爵譲二親父一

従五位下行暦博士賀茂朝臣保憲誠惶誠恐謹言

請下殊蒙二　天恩一以二所帯栄爵一譲中親父正六位上忠行上状

右、先二父兄一而帯レ爵。古人恥レ之。今亦恥レ之。推二栄班一。而譲レ親。賢者思レ之。愚亦思レ之。（中略）方今聖上已以レ孝治二天下一。臣下何忘三孝留二心中一。望請、　天慈曲降二哀矜一。務以二此朝請之名一、令レ譲二□暮年之父一。然則父登二栄班一得レ誇二五品之号一。子返二初服一。猶勝二万戸之侯一。不レ勝二思レ親之志一。保憲誠惶誠恐謹言

天暦六年四月廿七日　　作者大江朝綱

以二所レ帯爵一譲二子息一

従四位上藤原朝臣明子誠惶誠恐謹言

請丁殊蒙二　天恩一因三准前例一、被レ停二所レ帯爵一、令丙男右少弁佐時朝臣加乙一階甲状

右、明子天慶以来、久奉二先朝一自レ遊二青閤一、至レ宴二紫台一、卅余箇年。幸得レ忝二御匣殿別当之号一矣（中略）方今謹訪二故実一、或官或爵、父子遞相譲之例、古今不レ可二勝数一。望請、殊蒙二　天恩一。因三准彼例一、早停二明子之四品一、被レ加二佐時之一階一。然則子悦而見レ母。不レ異二西巴放レ林之麛一。弟来而礼レ兄。猶同二南翔去レ塞之雁一。

不レ任ニ悲愛懇篤之情一。明子誠惶誠恐謹言

天延四年正月一日　　　　　　　　　源順作

これによると、行幸行事賞等が定着する以前、すなわち一〇世紀半ばまでには、所帯位階辞退型譲与とでも呼べるような年労制下の譲与が定着していたと諒解される。この方法は、譲与者が生存していることを前提とするが、勧賞譲与は、権利が勧賞を得た当人を離れ、家族・子孫等に相続可能で、本人没後にも行われる点に特徴が認められる。所帯位階を辞するというデメリットもなく、勧賞が行われる行事が増加するのと相俟って、貴族の「家」の成立と並行して定着していったといえよう。

(三)社司・寺司等の賞(60)

神社行幸の勧賞は、貴族官人に対してのみ行われるのではない。天皇御拝・宣命奏・神宝検分・東遊・舞楽等、社頭の儀が全て終了すると、還御に先立ち、社司・寺司等に対しても勧賞が行われる。(61)各社(神宮寺)の神職・社僧の構成に相違はあるものの、勧賞の内容は概ね以下のように区分できる。

社司(神主・禰宜・祝等)と俗別当等に対しては主として位階が、寺司(検校・別当・権別当等)には僧官僧位(僧綱)が与えられた。(62)

(1)社司の賞

奈良・平安前期、神職に対する叙位は、天皇の即位、改元、祥瑞の出現、貞観・元慶年間の清和・陽成天皇元服等における詔において、「大神宮乎始天諸社乃禰宜・祝等尓給ニ位一階一。但正六位上量ニ賜物一」(63)と記されている通り、全国諸社の禰宜・祝に一律一階を与えるという方法で行われた。正六位上の者は賜禄に代替すると付言さ

れている点から、禰宜・祝が六位以下相当と認識されていた事実が窺知される。

賀茂社の場合、平安前期における禰宜・祝の最上位は外従五位下だったが、天慶五年（九四二）、上社禰宜賀茂在樹と下社同賀茂県主是秀がはじめて従五位下に叙された。この叙位は、朱雀天皇による初の神社行幸の勧賞によるものである。(64) これ以降、同社禰宜・祝等の昇進の大半は社司の賞に依拠し、四・五位身分として定着していく。また、はじめて四・五位に昇級した時には、行事所の儲により位袍・笏が下賜され、(66) それを着して慶申を行うことが求められている。同様の現象は、他社においても認められる。(65)

かかる社司の身分上昇の意味を考える上で想起されるのは、山本信吉氏の指摘である。(67) 氏によると、社司の史料上の初見は延長四年（九二六）の太政官符で、「神社の神事奉仕の主体」、そして「修造などの運営機構」の称としてはじめて用いられたという。(68)

また寛仁元年（一〇一七）の賀茂行幸では、同社に愛宕郡が寄進され、社領が設定された。(69) 一二世紀に入ると、社司寺司等が勧賞として社領の不輸租化を承認するよう申請を行う事例も散見する。(70)

これら一連の流れを踏まえると、一〇世紀半ば以降、王権祭祀の担い手として、また神社経営の主体として、社司身分を確立することが国家の急務であり、特定神社の社司昇進機会や社領設定と、行幸や御幸との不可分な関係を築くことによって、王権は彼らをとり込んでいったと理解できる。(71)

ここで、各社内部における勧賞の影響に目を転じてみると、譲与が頻繁に行われ、社司身分の再生産に寄与したと考えられる。そして、神主または禰宜上臈等は、勧賞に与るべき社司の名を記した「社家交名」(72) を奉じたり、先例に鑑みて社司への勧賞の有無を申上する行為に携わっており、度重なる行幸を通じて、かかる立場にある神主等を中心とする社内秩序の形成が、さまざまな抗争をともないつつも進行したと推測される。(73)

（2）寺司の賞

まず、行幸開始以前の僧侶の昇進状況を確認しておこう。近年の仏教史研究[74]は、国家と仏教・寺院との関係に視点を据え、律令制的国家仏教から中世的な寺院・仏教への転換過程を明らかにし、昇進問題についてもさまざまな知見を与えてくれる。それによると、九世紀前半における昇進事由として最も多いのは、已講労であり、同後半では内供奉労・御導師労・護持僧労等、天皇近侍の労が増加する。この変化は天皇や権門とのつながりを軸とした僧綱制の再編の動きとして位置づけられている。[75]

［表2］

記号	年代	労	賞	功	譲（うち賞）	割合
A	834～ 900	29	2	0	0	0
B	901～ 950	35	3	0	1（ 0）	0
C	951～1000	27	14	1	2（ 1）	50
D	1001～1050	17	42	1	16（ 4）	25
E	1051～1100	41	103	15	55（40）	73
F	1101～1141	54	132	22	76（62）	82

賞の種類	A	B	C	D	E	F	合計
神社行幸賞	0	0	3	14	31	31	79
（御願寺）供養賞	0	1	3	14	34	35	87
加持・平癒・修験賞	1	0	2	3	10	26	42
説法・修法・～講賞	0	0	4	5	7	9	25
御幸・導師賞	0	0	1	2	14	16	33
仏師・絵師賞	0	0	0	1	7	8	16
その他	1	2	1	3	0	7	14
合計	2	3	14	42	103	132	

（注）　興福寺本『僧綱補任』（『大日本仏教全書』興福寺叢書二）より作成

では一〇世紀以降はどうであろうか。北京三会の労の創設とともに以下の点が注目される。

興福寺本『僧綱補任』を概観すると、さまざまな賞による補任や昇進が一〇世紀半ば以降急速に増加するのが分かる。賞の内容はおよそ六つに分類できるだろう（［表2］参照）。①御願寺等の供養賞、②神社行幸賞、③加持・平癒・修験等賞、④説法・修法・某講賞、⑤御幸・導師賞、⑥その他。[76]いずれの賞も天皇・院等の御願達成に関連した奉仕に対して与えられており、該期仏教・僧に期待する主な奉仕内容を如実に示しているといえるだろう。さらに、前の二事由が後の四事由に対して圧倒的に多いという偏差に注目したい。この点から、該期の僧侶昇進システムにおいて、神社行幸の有無や社僧（僧官）[77]身分を帯びているか否かということが、重要なポイントとして位置づけられていることが看取される。

すなわち、勧賞による昇進が定着する背景には、国家や王権による仏教・寺院・僧侶の統制政策があったと考えられるのではないだろうか。

賞は国家・王権との関係のみならず、神社・神宮寺内の序列や秩序、門閥形成に関しても強い影響を与えている。

石清水の場合、天元二年（九七九）三月の円融天皇行幸における勧賞で、八幡別当がはじめて僧綱に補任された。社司同様、行幸は寺司身分上昇の画期となった。中世八幡別当は同社祀官御豊系紀氏の田中・善法寺両家がほぼ交互に務めたが、両家が別当家として定着するまでの間、勧賞の有無が門閥形成と没落とに大きく作用していた実状が知られている。[78]

検校・別当等は上卿から直接勧賞の由を伝え聞き、「無二出仕一」く、「不レ従二神事一」る権別当等への行賞を阻止する発言権も有していた。[79]また勧賞の譲で、一二歳の弟子僧を法橋に補任する等、[80]長吏（座主・検校・別当）が勧賞を利することにより、宮寺内部の序列化を図っていたのは明白である。

最後に僧綱職の譲与について触れておきたい。これは中世寺院成立の重要な指標である師資相承原理を具象する行為として注目されており、上川通夫氏以来、多くの研究で検討され、一〇世紀末から一一世紀初に始まったといわれる。なかでも、師が僧綱職を辞して譲る方式が先行し、賞の譲与が一般化するのは、一一世紀後半以降だと解明されている。[81]勧賞の大部分を神社行幸と御願寺供養の勧賞が占めていた事実を踏まえると、僧綱職譲与の定着と勧賞およびそれを行う行事の増加とは表裏の関係にある。それゆえ、師資相承は寺院内部の自立的な運動のなかから起こった面も大きいが、神社行幸成立以降の国家や王権による神社政策や仏教の保護・統制政策の影響は、決して無視できないと考える。[82]

おわりに

神社行幸をめぐる勧賞の性格を踏まえて、最後に律令制下における勧賞[83]との比較を行い、もって該期勧賞の特質を明確にしたい。

律令制下において、勧賞が行われる主な契機は、天皇即位や祥瑞の出現、あるいは天皇元服に際してである。詔には勧賞の記述に前後して恩赦や賑給、免租記事等が記される。また、「諸社禰宜・祝、内外文武官把レ笏者、賜二爵一級一」とあり、広く有位者に対して一律一階を授ける（極位の場合は賜禄に代替する）のが通例である。これらの点から、天皇の有徳性を天下に知らしめるという儒教的意味合いを色濃く投影した行為であると理解される。[84]

一方、位階制度の変質、つまり九世紀以降の位階制度の縮小により、被支配者階級である公民層内部までをも対象としていた位階の組織化機能が大きく転換[85]したのを前提として、神社行幸で行われる勧賞は、上記の内容とは大きく異なる特徴を示している。同勧賞をはじめ、平安中期以降に出現した勧賞[86]は、概して鎌倉期以降にもみられる。したがって、これを中世的勧賞と総称することにし、それに共通する特徴を以下のように総括したい。

①勧賞を行う契機の変化と対象の限定化。すなわち、神社行幸や朝覲行幸等の特定行事において、直接的な奉仕や任務を遂行した時に、適切な奉公と互酬的な恩賞として叙任が実施されるようになる。そして受賞対象となるのは、官方行事の場合は行事官（神社行幸の場合は奉仕を行った社司や寺司も加えられる）であり、非官方行事の場合は、院司・家司などの主従関係や近親者など何らかの人格的関係がある者で、かつ直接的な奉仕を実施した者に原則限られる。

②勧賞対象の限定化による組織化機能の変化。例えば、僧官は長吏、神職は神主・禰宜、また楽人等技術者の場合は「一者」という具合に、限られた地位の者に勧賞が集中する特徴は、譲与の頻出という事態を招いている。譲与に際しては、一定の手続きを踏み、朝廷の許可を要するが、譲の実質的な裁量は貴族官人の各家・門流の長、寺社や技能集団における長や師たる人物に委ねられていた。したがって、勧賞による叙位任官は、天皇と被叙任者との関係の間に、彼らが介在することを示唆する。官位が天皇と被叙任者、二者間の関係を示し、序列化するだけでなく、各集団内部の序列化や組織化にも重要な機能を果している事実を明示しており、ここに中世的な官位の組織化機能が看取されるのである。

③勧賞の昇進制度化。貴族官人の年労制や、僧綱補任・昇進の巳講労等、僧俗両界において労が主要な昇進事由として位置づけられていた。しかし、一〇世紀半ば頃を境に、賞が行われる行事が増加・定着し、勧賞による昇進の比重が高まり、一部は巡役化した。そして、一二世紀半ばには年爵や成功等とともに年労を凌ぐようになる。在職期間を問題とする年功序列的な昇進制度から、個別具体的で実質的な奉仕に対する褒賞へ、という昇進形態の変化が指摘できる。

井原今朝男氏は、中世的天皇成立の指標の一つとして、中世的権門による天皇の政治的利用が顕著になる点を指摘され、院政期における行幸や勧賞に関して、「院・摂関家・寺社など中世的権門による天皇の共有化が進み、その関係者が天皇を利用して官位官職を獲得していった[87]」と評価されている。本章の検討は、その具体例の提示ということになるが、ここで得られた知見の意義について、少し踏み込んで述べておきたい。

そもそも「行事賞」とは、律令官司再編にともない成立した行事所の奉行らの精勤を担保して、政務や儀式の円滑な運営に資するべく設けられた昇進事由であると考えるが、個別具体的な奉仕とほぼ交換関係に叙任が実施されるこのような勧賞が、とりわけ院政期以降、頻繁に行われるようになると、天皇と貴族・官人との間に、鎌倉幕府将軍―御家人間にみえる御恩と奉公と酷似した関係が、官位を媒介として構築されたと評価できるのではないだろうか。

さらに、次章でとりあげる非官方行事の勧賞も院政期に急増するが、同様の関係が、院・女院・摂関と一般貴族・官人の間にも成立していることを明示していよう。

もっとも、主従関係を前提とする主人による従者の官位推挙や家令などへの考課権は、律令制下においてすでに存在するが、[88]そのような叙任が叙任総数に占める割合は極めて小さいといわざるを得ないであろう。

中世社会に広くみえる、主従関係をはじめとする人格的関係に基づく「奉公」とそれへの「御恩」として叙任が、爆発的に広がっていく直接的な淵源は、かかる勧賞の成立――つまり、平安時代の昇進制度改革――にあると考えるのである。

（1）　勧賞については「けんじょう」（『国史大辞典』5、吉川弘文館、一九八五年、時野谷滋氏執筆。『平安時代史事典』本編、角川書店、一九九四年、橋本義彦氏執筆）を参照。なお、難波文彦氏の「『成功』の特質とその意義」（『国史談話会雑誌』二七、一九八六年）は、勧賞を積極的に扱った数少ない貴重な研究成果であるが、末尾の表には御給と成功と勧賞とが混在している。勧賞と成功や年爵などとの混同は多見するところであり、こうした点からも、この分野の研究の遅れが看取される。

（2）　岡田荘司「神社行幸の成立」（『平安時代の国家と祭儀』、続群書類従完成会、一九九四年、初出は一九九一年）。大村拓生「中世前期の行幸――神社行幸を中心として――」（『中世京都首都論』、吉川弘文館、二〇〇六年、初出は一九九四年）。上島享①「中世王権の創出と院政」（日本の歴史『古代天皇制を考える』、講談社、二〇〇一年）、同②「中世宗教支配秩序の形成」（『日本中世社会の形成と王権』、名古屋大学出版会、二〇一〇年、初出は二〇〇一年）。

（3）　摂関期に成立した王権祭祀が、院政期に引き続き継承発展するという評価と、院は御幸を創始することにより、行幸を否定するという評価に分れる（注2の各論文を参照）。

(4)『小右記』寛仁三年八月二一～二三日条。

(5)『中右記』嘉保二年二～四月条。

(6)通常、行事検非違使は行事所開設後に補される。

(7)『玉葉』建久四年一〇月一一日条。

(8)『水左記』承保三年九月一七日条。

(9)土田直鎮「上卿について」（『奈良平安時代史研究』、吉川弘文館、一九九二年、初出は一九六二年）。佐々木宗雄①『日本王朝国家論』（名著出版、一九九四年）、同②『平安時代国制史研究』（校倉書房、二〇〇一年）。

(10)『小右記』万寿元年一〇月九日条。

(11)『小右記』万寿元年一〇月一〇日条。

(12)『御堂関白記』寛弘四年閏五月一七日、寛仁元年九月一四日。『小右記』長和二年三月九日、同三年正月一二日条他。

(13)『小右記』万寿元年一二月二四日条。

(14)『小右記』寛仁三年八月一一日条。

(15)土田氏注(9)所引論文。

(16)寛元四年の後嵯峨春日行幸行事は「弁顕朝朝臣八幡賀茂行幸行事也。是已去今年当今御宇事也。而今又行二此事一如何。此事者次第奉行下例也。勅定之趣太不レ知二其由一」（『平戸記』寛元三年一二月四日条）とあり、これまでの原則通り巡に基づいた補任ではなく、同朝に二度同一人物が補されたことが判明する。一三世紀半ば以降、行幸数減少も影響して巡が守られず、治天の君側近が補任される傾向が強くなっている。

(17)藤原斉信、同行成、同公任、源俊賢。

(18)行事を務めた道長子息はいずれも明子所生。師通まで摂関家嫡妻子は行事補任されておらず、役の負担という問題を考える上で興味深い。

(19)『中右記』嘉保二年二月二一日条。

(20)『長秋記』大治五年三月三日条。
(21)『長秋記』大治五年三月七日条。
(22)『長秋記』大治五年三月一二・一三日条。
(23)同一官職内の﨟次は、正権を論ぜず、位階次による。つまり位階の高下であり、同階の場合は叙日の前後による（『延喜式』式部式権任条）。
(24)『玉葉』建久二年四月二一日条。
(25)『中右記』承徳元年二～四月条。
(26)『公卿補任』承徳元年条。
(27)権大納言四人のうち三人は源氏。春日社は藤氏行事が慣例であるため、源氏を避けたと考えられるが、稲荷社においても彼らが行事を務めていない点から、巡は未成立と考えられる。
(28)実は二﨟。一﨟源師頼は、泥酔無礼や三年間不出仕により殿上籍を削られた人物である（『中右記』嘉保元年一二月二日、天仁元年三月三〇日条裏書）。したがって、事実上の一﨟は能俊とみなしてよいだろう。
(29)『玉葉』文治二年一〇月三日条。
(30)［表1］参照。なお、後三条・白河・堀河朝の代始神社行幸でも最上﨟が行事に補される特徴がみられるが、次回以降で巡は確認されない。
(31)『殿暦』天仁二年四月二六～二八日条。
(32)『中右記』『殿暦』永久二年一一月一四日条。
(33)崇徳（『中右記目録』天治二年一〇月一〇日条）、高倉（『兵範記』嘉応元年四月二七・二八日条）、後鳥羽（『玉葉』文治三年一一月八日条）、順徳（『明月記』建保元年正月二〇日条）、後深草（『百練抄』建長五年正月二六～二八日条）、亀山（『帝王編年記』弘長二年三月二七日条）。
(34)『玉葉』文治三年一一月八日条。
(35)堀河石清水行幸のさいに、白河院は「還御之次可ㇾ御二鳥羽殿一者、然者淀近候」（『中右記』嘉保二年三月五日条）と言い、桂川の浮橋架設を山崎でなく淀とした。しかし朝覲の実施は確認できず、『玉葉』の記述通り天仁二年を初例と考えておく。
(36)『中右記』天永二年二月一一日条。
(37)『中右記』永久二年一一月一四・二三日条。
(38)『小右記』寛仁元年一一月二六日条。
(39)院の行幸見物に関しては、藤原重雄「行列図について――鹵簿図・行列指図・絵巻――」(『古文書研究』五三、吉川弘文館、二〇〇一年)を参照。
(40)「摂関家主導の神社行幸よりも白河以降の院はみずから多くの御幸を創始することで、貴族官人の編成を行った」と理解し、神社行幸を「政治史に現れてくる天皇と院との対立の基礎要因の一つ」(大村氏注2所引書、一六四頁)とする評価には賛同し難い。
(41)美川圭「公卿議定制から見る院政の成立」(『院政の研究』、臨川書店、一九九六年、初出は一九八六年)などを参照。
(42)今江廣道「公事の分配について」(『国史学』一二三、一九八四年)、佐藤泰弘「平安時代における国家・社会編成の転回」(『日本中世の黎明』、京都大学出版会、二〇〇一年、初出は一九九五年)を参照。分配に含まれない行事も一〇世紀後半から一一世紀頃には公卿、貴族官人、女房、僧等の間で巡役が確認されると指摘されている。
(43)井原今朝男『日本中世の国政と家政』(校倉書房、一九九五年)。佐々木氏注(9)①所引書参照。
(44)『栄花物語』巻第三「さま〴〵のよろこび」。
(45)『台記』久安三年正月一八日条。
(46)『台記』久安三年正月二一日条。
(47)『日本紀略』天元二年三月二八日条。
(48)『柱史抄』下「帝王部」、『小右記』万寿元年一二月二八日条。検非違使勧賞は尉に対してのみ行われる(『兵範記』嘉応元年四月五日条)。
(49)『殿暦』永久元年一一月二六日条、『三長記』建久七年一一月五日条、『玉葉』建久二年一二月一二日条など。
(50)『春記』長久二年二月二一日条など。

(51)『殿暦』天永二年二月一四日条。
(52)『中右記』寛治五年一〇月三日条など。
(53)『小右記』治安元年一一月四日条など。
(54)上﨟者を「臨時」や「旧賞」で同時に加階する措置がとられた上、勧賞を受けることもある（本書第二章・補論二参照）。超越対処の申し入れは『三長記』建久七年一一月条を参照。
(55)『中右記』長承元年正月五日条。
(56)『中右記』嘉保二年九月一二日・一一月一一日条他。
(57)『公卿補任』建長二年、藤実文の項。申請の他、院等が推挙する場合もある。
(58)『後二条師通記』寛治三年二月一八日条など。
(59)『朝野群載』巻第九「功労」天暦六年四月二七日、天延四年正月一日申文。
(60)神社行幸行事官以外の勧賞の称は、史料中の表記「寺司・社司等之賞」を用いることとする。
(61)決定にさいし、公卿審議を行う場合もあったが、院政期以降は、治天の君の決定を常とする（『小右記』治安元年一〇月一五日条、『殿暦』永久元年一一月二六日条、『玉葉』治承二年三月二四日、文治三年一一月七日条）。
(62)勧賞の対象は以下の通り。〔社司〕石清水…神主以下俗官。賀茂社（上社・下社と摂社片岡・河合・貴布禰の各社）…神主・禰宜・祝。春日社…神宮預・造宮預・神主。平野社…禰宜・祝（いずれものち権官も含む）。大原野社・松尾社・日吉社・稲荷社・祇園社…社司。〔寺司〕石清水八幡宮寺・北野神宮寺・祇園（八坂感神院）・日吉神宮寺の社僧（座主・別当・権別当等）および春日興福寺別当・権別当等。賀茂神宮寺・平野神宮寺社僧は確認できない。各社の社司・寺司の構成および昇進等は別の機会に触れたい。
(63)『日本三代実録』元慶六年正月七日条。
(64)『本朝世紀』天慶五年四月二八日条。
(65)弘安九年（一二八六）初めて従三位に昇る。
(66)『小右記』治安元年一〇月一四日条・『中右記』嘉保二年三月二九日条。
(67)山本信吉「神社修造と社司の成立」（『社寺造営の政治史』、思文閣出版、二〇〇〇年）。

(68) 社会・財政システムの転換にともなった、神社統制の方針転換を背景に、神社の経済的自立と神事奉仕および神社経営の主体たる社司の身分保証を行うことも行幸実施の重要な目的であったと考える。
(69) 『小右記』『左経記』寛仁元年一一・一二月条。
(70) 『本朝世紀』久安元年一一月九日・同五年一一月二五日条など。
(71) 本書第七章第一節参照。
(72) 『玉葉』文治三年一一月一四日条。
(73) 『中右記』承徳元年三月二九日条、『春日社記録』六「代々行幸御幸記」暦仁元年三月二八日条、『賀茂注進雑記』。
(74) 平雅行「中世移行期の国家と仏教」(『日本中世の社会と仏教』、塙書房、一九九二年、初出は一九八七年)、堀裕「『門徒』にみる平安期社会集団と国家」(『日本史研究』三九八、一九九五年)、上島享「中世前期の国家と仏教」(上島氏注2所引書、初出は一九九六年)、菅真城「平安時代における僧綱の機能について――『道僧綱』と『閑道之昇進』――」(『古代文化』四九―六、一九九七年)、吉江崇「准御斎会『成立』の歴史的位置――国家儀礼の再編と律令天皇制――」(『日本史研究』四六八、二〇〇一年)。
(75) 吉江氏注(74)所引論文。
(76) [表1]参照。
(77) 石清水神宮寺のように常住の寺司もあれば、祇園や日吉の検校を天台座主が、北野別当を延暦寺の天台僧が兼任するように、所属寺院を有する僧が寺司である場合もあり、構成や性格は各社異なる。
(78) 伊藤清郎「石清水八幡宮における紀氏門閥支配の形成について」(『歴史』四九、一九七六年)を参照。
(79) 『殿暦』天永二年二月一一日条、『兵範記』嘉応元年四月二六日条。
(80) 『石清水文書』四「石清水皇年代記」上、彰考館本『僧綱補任』坤・永久五年項など。社僧の多くは権門寺院僧の兼任であり、より広範な影響が考えられる。
(81) 上川通夫「中世寺院の構造と国家」(『日本中世仏教形成史論』、校倉書房、二〇〇七年、初出は一九九一年)、堀氏注(74)所引論文、海老名尚「中世僧綱制の基礎的研究」(『学習院大学文学部研究年報』三九、一九九二年)。

(82) 鎌倉期における神社行幸の変質に関して言及しておきたい。本章では運営組織の検討から、院政期において同行幸の必要性はより強まると考えた。鎌倉期においても院が行幸を促す事実が確認され、行幸をめぐって院と天皇とを対立関係に捉える要素は見出せず、両者の対立が行幸を衰退させ、御幸へ継承されたとする見解（大村氏注2所引書）は疑問である。そもそも、御幸先の圧倒的多数は熊野・高野・日吉社であり、行幸とは対象にズレがある。この点からも王権祭祀の中における天皇の位置づけと院のそれとの違いを明確にし、神社御幸の開始を行幸と対立関係・継承関係で説明する点は再考が必要になると思う。ただし、鎌倉期に行幸が減少していくのも事実である。その要因は岡田氏（岡田氏注2所引書）が指摘されるように経済的理由が大きいと考えられる。しかし、そのような財政状況においても継続される儀式もあるため、同行幸が中絶する要因は今後さらに追求する必要があろう。

(83) 本書第五章第一節参照。

(84) 西宮秀紀「律令国家に於ける神祇職」、同「律令制国家の神祇祭祀構造の構造とその歴史的特質」（『律令国家と神祇祭祀制度の研究』、塙書房、二〇〇四年、初出は一九八五・八六年）。

(85) 石母田正「古代官僚制」（『石母田正著作集第三巻　日本の古代国家』、岩波書店、一九八九年、初出は一九七三年）、今正秀「王朝国家宮廷社会の編成原理」（『歴史学研究』六六五、一九九四年）、黒板伸夫「位階制変質の一側面」（『平安王朝の宮廷社会』、吉川弘文館、一九九五年、初出は一九八四年）。

(86) 朝覲行幸賞、御願寺供養賞、造宮賞、行幸・御幸家賞、御祈禱賞、先達賞等。個別に検討を要するが、基本的性格は共通していると考える。

(87) 井原氏注(43)所引書二〇八頁。

(88) 大饗亮『封建的主従制成立史研究』（風間書房、一九六七年）。

第四章　非「官方行事」における勧賞の特質——朝覲行幸を素材として——

はじめに

今日朝覲行幸也（春秋六歳。度々吉例也。正月依二御忌月一、無二其沙汰一。天仁初度十二月也。後々毎年被レ用二二月一。於二十二月一者不レ可レ似二今度之例一）（中略）。次乗レ輿入御（中略）。良久之後、主上渡御（中略）先レ是法皇出二御々座一。権大納言兼雅卿参進。置二御三衣筥一。次主上退(還)御（幼主御拝有無可レ尋。若不二如法(給)一歟。）次侍臣等参上、改二御装束一。次主上渡御。是為下令レ奉レ拝二母儀仙院一給上也。権中納言知盛卿敷二帛給一云々。此間儀不二見及一。次又還御（中略）。次被レ仰二楽行事一（中略）。且被レ始二御遊一（中略）。次公家給二院司禄一。次有二御贈物一。(1)

右は、寿永二年（一一八三）二月二一日、六歳の新帝安徳が初めて朝覲行幸を行った時の記録である。王家家長にして祖父である後白河法皇と、母后建礼門院への拝観が法住寺殿で実施された。幼主ゆえに御拝は定式通りに行われなかった可能性があるものの、天皇が家長たる父（祖父）院や母后など尊属親の御所に行幸して、定式の舗設が整えられた殿舎において拝礼（拝舞）を実施することが朝覲儀礼の核であった。さらに、行幸に供奉した廷臣等との饗宴・賜禄による親睦も同行幸を行う重要な目的であるが、それに加えてもう一つ肝要なのが廷臣等への叙位である。

次蔵人佐親雅奉二仕叙位御装束一。其儀西対南広廂、自二東第二門(間)一（中略）摂政下二給叙人交名一。及レ手給レ之、

披見之処、宸筆被レ書二檀紙一枚一、立紙也。摂政被レ仰云、此外平信清可レ叙二正五位下一。次染レ筆、自レ上次第書レ之。書始(終)之後、閣筆（中略）。

正二位

藤原朝臣成範　源朝臣雅頼　藤原朝臣朝方

正三位

藤原朝臣光能

従三位

平朝臣通盛　高階朝臣泰経

正四位下

藤原朝臣公時　藤原朝臣公守

従四位上

藤原朝臣基範　藤原朝臣公衡

正五位下

藤原朝臣有隆　平朝臣信清

従五位上

平朝臣能宗

寿永二年二月廿一日

従三位

平朝臣完子

寿永二年二月廿一日[2]

天皇の還御に先立ち、右記の如く法住寺殿の西対南広廂において、摂政藤原基通・内大臣平宗盛・執筆参議藤原経房が円座に着し、後白河院の宸筆にて立紙檀紙一枚に記された「叙人交名」に基づいて叙位が実施された。鋪設は正月の恒例叙位宛らであるが、用意された文書が「叙人交名」一枚しかみえず、簡略である。女叙位一名と男叙位一三名、総勢一四名の加階が実施された。彼らは如何なる理由で賞を受けたのだろうか。本章では、朝覲行幸を素材として、非「官方行事」における勧賞の特質について考察する。

朝覲行幸の勧賞叙位は殊に加階の多さに鑑みても、貴族の昇進機会という側面において、恒例の叙位に勝る、重要度の高い儀式であったといえよう。

ところが、勧賞は朝覲行幸成立時から実施されていたわけではなかった。それが行われるようになった背景には、貴族社会における同行幸の意義の変化との連関が予想されるため、まずはその成立事情から検討することとしたい。

第一節　朝覲行幸の成立と展開

(一)朝覲行幸成立の背景

大同四年（八〇九）八月、嵯峨天皇が即位から四か月後に平城太上天皇に覲えたのが、日本における朝覲行幸の濫觴である。終日なごやかな宴飲と右大臣藤原内麿からの奉献が行われた[3]。さらに翌月にも、太上天皇第三皇子で皇太子高岳親王が平城に奉献している[4]。この儀礼は嵯峨の後継が平城の皇子であることを改めて確認する意義があった[5]。

これら一連の行為は、嵯峨と平城との親和的協調関係の構築、もしくはその演出を目的として実施されたと理解される。では、なぜそのような確認が必要だったのだろうか。

平城の治世は、桓武の施策を継承する側面があるものの、相対的にみると桓武とはかなり異なる政策を指向し、むしろ光仁天皇の政治方針を受け継いでいるという評価がある。一方、嵯峨天皇は即位早々の勅で、平城の業績の中核であった観察使を廃止するなど[6]、政策転換を図り、桓武朝の政治方針を選択したとされる[7]。

政策の相違は、両者の関係に微妙な蔭を落としたものと推察する。加えて、一旦は病いを得て退位したものの、壮年の平城太上天皇は健康回復の兆しが見えると、政治的関与を再開した。

このように、未だ執政に執着する太上天皇と、平城の政策からの転換を図ろうとする天皇や側近官僚たちとの間に生ずるであろう対立を回避、もしくは緩和する目的をもって、朝覲や奉献が立て続けに実施されたと推察する。

それでは、何故に「朝覲」という行為が、その手段に選ばれたのであろうか。筆者は朝覲行幸が平安時代の天皇の位置づけを考える上で極めて重要な儀礼であり、該期の政治的課題と密接に関わって創始された儀式であると認識するため、嵯峨の譲位を通して成立する平安時代の太上天皇制の問題と関連づけて分析を加えることとしたい。

ただし、日本古代における太上天皇制に関する論考は諸説あり、未だ定説をみない現状にあって[8]、これを論じることは困難を極めるため、本章では筧敏生氏の論考[9]に依拠して上記問題について考えたい。

筧氏は、日本では譲位が原理的に存在しなかった大王制の上に、君主が譲位し得る官僚制的な律令国家機構への転換を図るなかで、太上天皇が出現したという歴史的背景を重視して次のように指摘された。すなわち、日本の太上天皇制は国家機構との関係において、現君主（天皇）との間で衝突の可能性を内包した構造・歴史的条件のもとで出現した制度であり、矛盾のなかから生まれた制度であるとの認識を示している。

例えば、孝謙太上天皇と淳仁天皇、平城太上天皇と嵯峨天皇との間に天皇大権をめぐる紛争がみられたように、八～九世紀の太上天皇は極めて高い地位を保持していた。つまり、日本の太上天皇は儀制令に「譲位帝所レ称」とあるように、単に前君主を表象する〝記号〟に過ぎず、何らかの契機によって獲得する、もしくは与えられる地位・存在なのではなく、自律的な存在であったという。したがって、天皇の存在と明確な差違が無く、その高い地位はまた、天皇の父母であるか否かとも無関係であった。

しかし、このような関係に終止符を打ったのが、嵯峨天皇の譲位時にみえる「太上天皇宣下制」の成立である。尊号宣下の採用によって、太上天皇は他律的な称号へと転換した。その制度的根拠は、嵯峨の太上天皇尊号辞退のさい、淳和の勅にみえる「夫秦代以往、故実不レ聞。漢年而還、称謂初著。今違二詔旨一、欲レ従二古朴一(10)」という文言から、古代中国の太上皇・太上皇帝制にあったと指摘されている。そしてこれ以降、尊号の辞退と宣下の意思表明が繰り返されることによって、令制太上天皇号（自律的存在）から、天皇によって宣下される存在としての太上天皇号（他律的存在）への転換を果たした、と筧氏は結論づけられている。

以上に鑑みるならば、嵯峨天皇は、天皇との間で紛争を惹起する主因となってきた「八世紀的な太上天皇―天皇関係」――つまり、前君主が無前提に国家機構に関与しうる構造――の清算こそが、安定した政権運営を果たすための重要な政治的課題だと認識していたと推察される。

そのために自身の譲位を契機として、中国の制度を念頭に置きつつ、他律的存在としての太上天皇制を創始し、これによって「唯一の君主としての天皇の地位確立(11)」を目指したのである。

このような嵯峨の意向を考慮すると、彼が平城に行った朝覲も、「太上天皇―天皇関係」をめぐる新たな関係の創造を意図して実行されたと解すべきではないだろうか。

春名宏昭氏(12)によると、そもそも「朝覲」とは、皇帝以外は全て臣下という古代中国の皇帝制下にあって、漢代の高祖が父太公に太上皇号を贈ることにより、君臣関係を払拭し、父子関係に基づいて五日ごとに高祖が父を朝したところにはじまったという[13][14]。

さすれば、嵯峨が平城に行った朝覲は、日本の伝統的な太上天皇（実質的に天皇大権を行使しうる自律的存在）ではなく、平城を中国の太上皇的存在（他律的存在）として位置づけ、かつ「孝敬之礼」に基づく関係を両者の間に構築しようとする意図があったと想定される。

しかし結果としては、このような穏便な方法による「八世紀的な太上天皇―天皇関係」の改変の試みは失敗に終わり、平城太上天皇側の平城京への遷都と重祚の動きに対する武力制圧（薬子の変―平城太上天皇の乱[15]）、さらには嵯峨自身の譲位とその後の一連の行動とを通じて、「平安時代的な太上天皇―天皇関係」が構築されることになったのだと諒解する。

(二)嵯峨の譲位と朝覲行幸の年中行事化

弘仁一四年（八二三）四月、嵯峨は異母弟淳和に譲位すると、歴代の太上天皇とは異なる行動を実施した。その内容は周知に属するが以下の四点に整理されるであろう[16]。

第一は内裏からの退去。中国では皇帝の宮殿である太極宮、もしくは大明宮の正殿に皇帝が御すことが、「紫局（天子の地位の意）」にあることを意味し、皇帝位を退くさいには、「紫極」からの退去をもって皇帝大権の放棄を表した。したがって、嵯峨の内裏退去は直接的な国政への関与を放棄する姿勢を明示したものと解せる。

第二は「院」の造営。内裏を天皇の占有空間と位置づけ、太上天皇は内裏から退去し、その居所として大内裏外に「院」を営んだ。嵯峨は譲位後、大内裏南東の冷泉院を後院として、しばらくここを居所とした。

第三は車駕等の規定。令の身分表示に関わる規定において、太上天皇は天皇が使用する輦を使用できないなどの差異を明記した。

第四は「太上天皇」尊号宣下。先述の通り、嵯峨は退位時に、「遂乃抑損天皇之号、俯同人臣之例」[17]じくせんことを望んだが、淳和天皇はこれを認めず、嵯峨に太上天皇の尊号を奉った。嵯峨は尊号を一旦は辞退したが、淳和が改めて奉ると尊号奉上を受け入れた。[18]これ以降、太上天皇号奉上は慣例となり、ここに筧氏が指摘するところの「令制太上天皇号（自律的存在）」から、「宣下されるものとしての太上天皇号（他律的存在）」へ転換が図られたのである。[19]

如上、一連の行為が示すところは、「唯一の君主としての天皇の地位確立」を意図するものである点に疑問の余地はないであろう。

ところで、大同四年（八〇九）以後に朝覲行幸が行われたのは、仁明が即位した天長一〇年（八三三）八月のことで、父嵯峨太上天皇と母皇太后橘嘉智子に対して天皇が拝覲した。[20]翌年以降は正月恒例行事として定着するようになった。つまり、淳和朝には朝覲は全く実施されず、仁明の即位と同時に再開されたのである。

冒頭に記した通り、朝覲行幸において最も重要な儀礼は、天皇が尊属である父院（前天皇）と母后に対して行う拝舞である。拝舞とは舞踏とも言い、再拝して手を回し、足を踏みならすなどの謝意・祝意を示す所作を指す。[21]弘仁九年（八一八）、宮廷儀礼の唐風化にともなって法制化された拝礼方式であり、[22]基本的には臣下が天皇に対してのみ行う最高礼であった。そのような拝礼を群臣が見守るなか、天皇が父母に対して北面して実施する朝覲は、父太上天皇と母后に対して天皇が臣下の礼をとることを意味する。

そうであるならば、仁明即位後、嵯峨上皇が天皇の朝覲を受けた事実は、如上に記したような、「八世紀的な太上天皇—天皇関係」を清算し、「唯一の君主としての天皇の地位確立」を志向してきた嵯峨の方針と矛盾するかにみえる。この行為を如何に理解すべきであろうか。

「八世紀的な太上天皇—天皇関係」の清算とは、前君主が無前提に国家機構に関与しうる構造を改変するものであり、嵯峨自身が譲位後も積極的に国政に関与した事実[23]からも明らかなように、太上天皇の国政への関与自体を完全に否定するものではなかった。具体的には、太上天皇の国政関与の方法、つまり発意方法に制限を設け、八世紀段階のように詔勅発給など、直接太政官を通じて自己の意志を国家意志に昇華させることはできず、天皇（のちには摂政を含む）への私信による意志表明のみに限定することであったと考えられよう。[24]

かかる方法で太上天皇が天皇へ意思表明し得る根拠として重要なのは、天皇の父母（尊属親）という立場であり、両者間の親和的関係であったと推察する。中国の太上皇・太上皇帝による国政関与は、皇帝の父であることと密接に関係している事実[25]を踏まえると、「父（母）子観念」の涵養こそが、穏便な方法によって国政に参画しうる最も有効な手段となり得よう。ここに、中国皇帝が「孝敬之礼」に基づき父母に対して行う朝覲の実践を、当該期に導入した所以があると考える。

それでは、仁明天皇が即位翌年の正月、父母に先立ち叔父淳和太上天皇に行った拝覲は如何なる意味が認められるのだろうか。その時の様子を確認すると、

天皇朝二覲後太上天皇（淳和）於淳和院一。太上天皇逢迎。各於二中庭一拝舞。乃共昇レ殿。賜二群臣酒一兼奏二音楽一。左右近衛府更奏レ舞。既而太上天皇以二鷹鷂各二聯（連）嗅鳥犬四牙一献二于天皇一。々々欲レ還レ宮、降レ自レ殿。太上天皇相送到二南屏下一也。[26]

とあり、淳和自身も庭に降りて、互いに拝舞したとある。この行為は、仁明天皇が兄淳和太上天皇へ「孝敬の礼」を表し、親和的関係の構築を表明するのみならず、淳和が仁明に対し、国政に関わる諸事について意見する立場を放棄する意志を、天皇さらには嵯峨太上天皇に明示する意味があったものと解せよう。[27]

以上、本節で述べたことを小括すると、以下のようになる。

朝覲行幸の成立とその恒例化は、前君主が無前提に国家機構に関与しうる構造をもつ「八世紀的な太上天皇―天皇関係」への反省から、「唯一の君主としての天皇の地位確立」を目指した嵯峨太上天皇が、「中国の太上皇・太上皇帝―皇帝」との関係を模範として、日本の君主制の改変を試みた一連の改革に連関する事象だと位置づけられるであろう。

そして朝覲行幸は「孝敬之礼」の実践という論理をもって、天皇が群臣の前で北面して父母に拝舞する行為である。これを通じて、父院(母后)は直系尊属の立場から天皇に相対し、私信等で直接天皇に意見表明する形式によって、国政に介入する行為を正当化した。加えて、行幸における饗宴を通じて、天皇と父母との親睦、さらには五位以上の群臣との一体感を図る年頭の礼節儀礼という側面をも有していたのである。このように、朝覲は極めて政治的な意図をもって確立した儀礼であると評価できよう。(28)

第二節　摂関期の朝覲行啓・行幸と勧賞

(一)宇多朝における朝覲行啓の開始と母后への勧賞

大王制的な性格を残存した「八世紀的な太上天皇―天皇関係」を改め、中国皇帝制を参照しつつ、新たな「太上天皇―天皇関係」の構築に努めた嵯峨上皇は、絶大な権威をもち、王家の家長として二〇余年間君臨した。ゆえに、その死は政界に大きな影響を与えた。

彼が亡くなった直後に引き起こされた承和の変は、嵯峨・仁明派の官人と淳和・恒貞派官人との対立を利用した藤原良房の陰謀による事件とされる。この政争で、恒貞親王が廃太子、淳和・恒貞派官人の多くが失脚したのに対し、仁明第一皇子道康(母は藤原冬嗣女、のちの文徳天皇)が皇太子となった。

これ以降、良房の女明子所生の皇子惟仁(清和)が生後九か月で立太子、九歳で即位したように、幼帝が次々と擁立されることとなる。さらに早世などによる父院の不在という偶然的要素も絡まって、天皇の親権が母后に集中し、外戚が政治的発言権を伸張する基盤が築かれた。

そして、父院不在の長期化、加えて幼帝は母后との同居を原則とする状況下において、天皇が別居の父母邸を訪ねて拝観する行幸は、物理的に実施不可能かつ不要となり、清和・陽成・光孝・宇多の四代、約半世紀にわたり朝観行幸は中絶した。

やがて、昌泰二年（八九九）、醍醐天皇による宇多上皇への朝観が復活することとなるが、ここで注目したいのは、この行幸に先立つこと六年、寛平五年（八九三）に皇太子醍醐が、宇多天皇に観えた朝観行啓である。四月一四日、「新太子参観。天皇御二大床子一（御倚子）。太子拝舞。天皇下坐二葷上一。内侍授レ禄。太子拝舞。謁二尚侍一。次参二中宮（班子女王）一、有二御禄一一具（御装束）。自レ内以レ亮（菅原道真）被レ奉レ剣」[29]るとあり、立太子直後の醍醐が天皇に拝観し、剣が下賜された。この剣は代々東宮の守り刀として、また皇太子のレガリアとして相伝されることになる「壺切の御剣」として知られる[30]。

さらに、翌年正月三日にも皇太子の拝舞と讌飲が実施された。この時、醍醐の外祖父正四位下藤原高藤が従三位に叙された点も留意したい[31]。如何なる意図をもって宇多天皇はかかる朝観行啓を実行させたのであろうか。

周知の通り、光孝の第七皇子である彼は、源定省として臣籍に降り、生母（班子女王）が藤原氏出身ではない点など、即位の可能性が極めて低かったにも関わらず、藤原基経の推挙を得て、立太子・即位するという前例のない経歴を持つ。また、父光孝と同様、当時としては珍しい成人天皇でもあった。

即位後はいわゆる阿衡事件により、基経が政権を完全に掌握していたが、寛平三年（八九一）正月に彼が死去すると、宇多は菅原道真等の登用をはじめ、寛平の治と称される独自の国政改革を断行した。同九年に三一歳の若さで譲位するものの、延喜元年（九〇一）道真の左遷により失脚するまで国政を掌握し続けたように、在位中から譲位後の執政を強く望んでいたと考えられている。

このような時代の趨勢の中で出現した醍醐の朝覲行啓には、二つの目的が看取される。一つは、譲位後の執政を視野に入れた宇多天皇が、次期天皇に対して国政に関わる進言をスムーズに行い得る父子関係の構築を目指して、「孝敬之礼」の実践を皇太子に求めたためであり、もう一つは、高藤に対する三位加階に顕現しているように、皇太子外戚の身分上昇、特に議政官への取り込みを通じて、醍醐の地位の安定・強化を図るとともに、左大臣時平派に対抗しうる天皇派勢力の拡充を目指した点にあると考えられよう。事実、高藤は翌寛平七年一〇月二六日、参議に補されている。しかも、先の従三位への昇級により、直ちに一﨟となり、就任僅か一年後の同九年六月には中納言に昇進した。その後も外孫醍醐の即位により、栄達して内大臣にまで至った。

如上、前者は嵯峨以来の朝覲の目的と共通するものであるが、後者はこの時初見する目論見だといえよう。

さて、譲位後の宇多に対して、醍醐天皇は毎年正月に朝覲行幸を実施した。勿論、左大臣時平以下の群臣との饗宴も行われているので、宇多と時平との対立が深まる時期にあって、この儀礼が両勢力間の政治的緊張関係の緩和に幾ばくか寄与した側面も看過できないであろう。しかしやがて、道真の左遷および宇多の出家により、上皇が国政から手を引くと、これまでとは目的を異にする朝覲が実施されるようになった。

それは、延喜九年（九〇九）二月二一日、
皇太子始朝覲。乗レ輦入レ自二玄暉門一至二清涼殿北簷一下レ輦、候二息所直曹一。蔵人供二奉御装束一尋常帳立二倚子一。鋪二毯代一、不レ立二置物机一。即太子進当二御座一拝舞寛平入レ自二南方一。於二又廂一舞踏。此度以二太子幼歯一。殊用二正廂拝一。此間左大臣候二簾下一奉レ引。礼了還。更召二侍前一平敷此座。又召二左大臣一語云々。授二息所藤原朝臣従一位一先召二紙筆一自書二告身一。即給二大臣一。此時又給二太子御衣一。舞踏退出此度左大臣進侍、令下太子於二又廂一拝上。暫左大臣率二藤原大夫等一令レ奏レ慶。以二息所加階一也。其後給二東宮傳学士坊官進以上乳母等禄一有レ差傳右大臣於二御膳一給レ之。大夫以下於二侍所一給レ之。
乳母於二北方一給レ之。(32)

とみえるように、皇太子崇象（のち保明）による醍醐天皇への朝覲行啓である。皇太子の母は時平の妹穏子であるが、彼女の入内と立太子の背景には次のような経緯があった。

寛平五年（八九三）、敦仁（醍醐）が元服、立太子した日、光孝皇女で宇多と同腹の為子内親王と、基経女穏子が入侍せんとした。しかし、宇多は母班子の命を受けて、穏子の入内を阻止。その後も班子の反対により穏子の参入は拒まれたが、やがて時平の計略により入侍して、皇子崇象が誕生したのであった。(33) 一方、為子は内親王を出産直後に亡くなっている。

そして延喜四年（九〇四）二月一〇日、親王宣下と即日に立太子が行われた。これに関しては、「延喜天皇（醍醐）雖レ存二旧例一、為レ恐二法皇（宇多）之命一、不三敢及二其儀一。贈太政大臣（時平）見二此気色一、相二議上表一也」(34)とみえるように、天皇は宇多を恐れて皇子の立太子を逡巡していたが、時平によって強引に実行されたのである。その結果、法皇と穏子の確執はさらに深まり、彼女は入内が停められ、親王と離れて暮らすこととなった。

ところが、初参観の日、生母御息所穏子に従三位が授けられたのである。(35) 朝覲行啓(36)はこれ以降、親王が死去す

［表二］　東宮行啓と勧賞

年号	西暦	月	日	場所	受賞者	位階	身位	東宮との関係	拝覲主体と対象	典拠	備考
寛平6	896	1	3	内裏	藤原高藤	従三位	播磨権守	外祖父	東宮(醍醐)→宇多天皇	紀	
延喜9	909	2	21	内裏	藤原穏子	従三位	醍醐天皇女御	生母	東宮保明→醍醐天皇・穏子	西・紀	越三階
天暦10	956	4	2	内裏	藤原安子	従二位	村上天皇女御	生母	東宮(冷泉)→村上天皇・安子	大裏	
天延2	974	12	7	冷泉院カ	藤原懐子	従二位	冷泉上皇女御	生母	東宮(花山)→冷泉上皇・懐子	紀・天延・親	
寛和2	986	3	26	円融院カ	藤原詮子	正三位	円融法皇女御	生母	東宮(一条)→円融法皇・詮子	紀・本・大裏	

［典拠略記一覧］　紀：『日本紀略』、西：『西宮記』、大裏：『大鏡裏書』、天延：『天延二年記』、本：『本朝世紀』、親：『親信卿記』

る延長元年（九二三）まで、ほぼ毎年実施された。[37]

以上の通り、醍醐朝の東宮行啓は、東宮の後見である天皇と時平・穏子三者の関係強化を目論んだ彼らの思惑によって創始されたと考える。[38] これ以降、村上天皇↑東宮（冷泉）、冷泉上皇↑東宮（花山）、円融上皇↑東宮（一条）、後一条天皇↑東宮（後朱雀）、藤原彰子↑東宮（後一条・後朱雀）の間で、次代のミウチ関係強化を目的とする朝覲行啓が続けられた。

［表1］にみえるように、九世紀末から一〇世紀の朝覲行啓では、皇太子の生母や外戚への叙位（もしくは昇殿）の実施が慣例化している。次代のミウチ関係強化が権力掌握のための重要な手段となる摂関政治の構造と連関した朝覲行啓が重視されるようになったところに、当該期の特徴を見出すことができるであろう。

（二）画期としての後一条朝

朝覲行幸・行啓の開始以来、行啓における東宮生母や外祖父への叙位を除いて、勧賞は実施されていない。[39] こうした特徴は、御賀や御遊を目的とした行幸において、行幸先の御所や邸宅の主人の関係者に対して、必ず勧賞叙位が実施されるのとは対照的である。かかる相違は行幸の目的の差違に起因していると考えられる。

しかしながら、正暦元年（九九〇）正月一一日、元服直後の一条天皇が初めて円融寺を訪れ、円融法皇に参覲した折、「主上令㆑吹㆓御笛㆒給。御笛師右兵衛督高遠叙㆓三位㆒。被㆑賞㆓其妙曲㆒也」[40] とあるように、天皇の笛師藤原高遠に対して従三位が授位された。但しこれは朝覲行幸に関わる勧賞というよりも、同七日に行われた天皇元服との関連から実施された、特例の勧賞だと推察する。[41]

ところが、治安三年（一〇二三）正月二日、後一条天皇と東宮（後朱雀）による母后上東門院藤原彰子への朝覲において、男女五名に対する叙位が実施された。そしてこれ以降、朝覲行幸での勧賞叙位が定着することになった。ここに朝覲儀礼の目的が変化している可能性を推知するのである。

その背景として、寛仁二年（一〇一八）一〇月、藤原道長女威子が後一条天皇の中宮に冊立され、「一家三后」が実現し、[42]さらに治安元年（一〇二一）には同女嬉子が関白頼通の養子として姉彰子所生の東宮敦良（のちの後朱雀天皇）の妃となったことで、[43]道長一家による次代・次々代にわたるミウチ関係の構築がほぼ確実に保証される状況が生み出された点に注目したい。

これまで、特に朝覲行啓において次代のミウチ関係強化を目指すという政治的意義が強く看取されたが、[44]関係の安定化に伴って、次第に饗宴・遊興の意味合いが強くなり、御遊行幸などとの差違が薄れたことが、これらの行幸で実施されるのと類似の勧賞を朝覲のさいに行う契機になったのではないかと推察する。

ここで着目したいのは、受賞した人物とその尻付である。藤原豊子（道綱女）・美子（藤原惟憲妻）は「後一条天皇乳母」、同嬉子は「春宮御息所」[45]、同長家は「御傍親」という理由で昇級している。つまり、拝覲する天皇・皇太子の擬制的親子関係を含めたミウチが勧賞対象になっているのである。

後一条朝以降の朝覲における勧賞を調査すると、［表2］に示した如く、長元二年（一〇二九）には、関白左大臣藤原頼通が「御傍親」[46]、後朱雀朝では藤原経輔・同行経・源経長の三名が「院司賞」、藤原能長が「御傍親」として、各々受賞したことが確認できる。

「御傍親」という尻付は、摂関期の叙位任官のみに多見する特異なものであり、外戚であることが政治的地位の上昇に直結するという当該期政治構造の特質を端的に示す興味深い事由である。かかる受賞理由は御遊行幸の場合と酷似している。

以上のように、「天皇―太上天皇関係」の円滑化や次代のミウチ関係の構築という朝覲本来の目的が形骸化した結果、ミウチ間の親睦を主眼に置いた御遊行幸と同質化し、朝覲行幸において勧賞が実施されるようになった

と推察する。ただ、それが必ずしも恒例化していない点は、院政期との差違を考える上で留意しておきたい。(47)

（三）行事運営方法

さて、標題の通り、本章では朝覲行幸における勧賞を素材として、非「官方行事」における勧賞の特質を検討

受賞理由	行事詳細	典拠
御笛師	一条→円融法皇	紀・百
(御傍親)	後一条→太皇太后藤原彰子	紀・小・扶
東宮(後冷泉)妃		〃
天皇御乳母		〃
天皇御乳母		〃
天皇御乳母ヵ		〃
	後一条→太皇太后藤原彰子	左
	後一条→上東門院藤原彰子	紀・小・扶
関白左大臣(頼通)譲	後一条→上東門院藤原彰子	小目録
	後一条→上東門院藤原彰子	紀・小・左
	後一条→上東門院藤原彰子	紀・左
院司賞	後一条→上東門院藤原彰子	紀・栄
春宮大夫(頼宗)譲		〃
御傍親賞		〃
別当賞(去春)		〃
	後一条→上東門院藤原彰子	紀・左・扶
	後一条→上東門院藤原彰子	行・栄
	後朱雀→上東門院藤原彰子	今
	後朱雀→上東門院藤原彰子	扶・春
院司賞	後冷泉→上東門院藤原彰子	扶・百
院司賞		〃
院司賞		〃
御傍親		〃
父卿(師房)譲		〃
上東門院御給父卿譲		〃
院司賞	後三条→陽明門院禎子内親王	扶
院司賞		〃
院別当		〃
父大納言(能長)譲		〃
院司賞		〃
	後三条→陽明門院禎子内親王	扶

［表２］　摂関期朝覲行幸の勧賞

年号	西暦	月	日	場所	受賞者	位階	父親
正暦元	990	1	11	円融寺	藤原高遠	従三位	斉敏
治安3	1023	1	2	京極院	藤原長家	正三位	道長
					藤原嬉子	従二位	道長
					藤原豊子	従三位	道綱
					藤原美子	正四位下	惟憲
					藤原頼子	従五位下	—
万寿3	1026	1	2	宮中(弘輝殿)			
万寿4	1027	1	3	京極院			
長元2	1029	1	24	上東門院	源師房	正三位	頼通(実父具平)
長元4	1031	1	3	京極院			
長元5	1032	1	3	高陽院			
長元7	1034	1	5	上東門院	藤原経通	従二位	懐平
					藤原兼頼	正三位	頼宗
					藤原信家	正三位	教通
					源隆国	従三位	俊賢
長元8	1035	1	2	上東門院			
長暦元	1037	10	23	高陽院			
長暦2	1038	1	2	上東門院			
長久元	1040	1	27	法成寺東北院			
永承5	1050	10	13	法成寺東北院	藤原経輔	従二位	隆家
					源経長	従二位	道方
					藤原行経	従二位	行成
					藤原能長	正三位	能信(実父頼宗)
					源俊房	従三位	師房
					藤原忠家	従三位	長家
延久元	1069	8	16	閑院	源資綱	従二位	顕基
					藤原資仲	正三位	資平
					藤原良基	正三位	良頼
					藤原基長	正三位	能長
					源家賢	従四位下	資綱
延久2	1070	2	26	閑院			

［典拠略記一覧］　紀：『日本紀略』、百：『百練抄』、扶：『扶桑略記』、小：『小右記』、小目録：『小右記目録』、左：『左経記』、栄：『栄花物語』、行：『行親記』、今：『今鏡』、春：『春記』、この他『公卿補任』、詫間直樹編『皇居行幸年表』を参照した。

する。当然のこととして、筆者は朝覲行幸を非「官方行事」だと認識している。

しかし、大村拓生氏は「神社行幸と朝覲行幸のように、行事所が設けられ公卿議定で決定される公家社会にとって重要な意義を有する行幸[48]」であるとし、また白根靖大氏は摂関期の朝覲に関する「今夜左府於二左仗一定二行幸雑事一[49]」という史料を引用して、「朝覲行幸定は陣定がその場だった。陣定で取り上げていたところに、この儀が単なる天皇親子の対面でなく、朝廷行事として貴族社会の中に位置づけられていたことを示してい[50]」ると述べられているように、先行研究では朝覲行幸を官行事所によって運営される「官方行事」と認定している。この点について、まずは検討を加えたい。

白根氏が朝覲行幸定の例としてとりあげた永祚元年（九八九）二月五日に「左仗」で行われた行幸定は、「来月廿三日」に予定されている一条天皇の春日行幸雑事定を示していると解すべきであろう。なぜなら、『日本紀略』同日条には、「定二春日行幸事一。権中納言道兼、参議安親、左中弁在国等也。又定二来廿六(ママ)日円融寺行幸事一」とあり、春日行幸と円融寺行幸＝朝覲行幸の両定が同日行われている事実が確認でき、『小右記』同日条には「今夜左府於二左仗一、定二行幸雑事一」とあるが、同記一三日条には「参二摂政殿一。来月春日行幸不快之由、光栄朝臣進二勘文一。以レ余被レ遣二左府一。被二定申一旨無二一定一」とみえることから、左大臣源雅信が春日行幸の準備に関与していることが判明するため、五日の行幸雑事や定も春日行幸に関するものと解釈するのが自然だと考える。

加えて、一六日実施の円融寺行幸は、『大日本古記録　小右記』同日条頭注には、編者によって「円融寺朝覲行幸」と付されているが、記主藤原実資が記す本文によると、「被レ奏二拝礼一之状、仰云、更不レ可レ然也。臨時行幸也。非二朝賀行幸一者。仍無二拝礼一」とみえ、拝舞を欠いた単なる臨時の行幸であり、朝覲とはみなせない。

如上が、五日に仗座で行われた定が、三月二三日実施予定の春日神社行幸定だと考える所以である。また、仮に円融寺行幸のことが議論されたとしても、『小右記』の記述からこの例をもって「朝覲」行幸定と理解することには首肯できない。

実は摂関期における朝覲行幸の日時定が行われた場所を明確にする記録は、管見の限りでは見出せないが、僅かに、長久元年（一〇四〇）正月二七日後朱雀天皇による上東門院東北院への行幸の際に、「御斎会内論議、依二御物忌一□南殿有二此事一。又有二行幸路定事一。早旦以二行幸女院日時一一昨日夜於二蔵人所一々二勘申一也。廿七日。奉レ下二内府一(51)」とあり、日時勘申が蔵人所で行われた事実が判明する。

このように、摂関期における朝覲行幸の運営に関しては、蔵人所の関与がうかがえる点と、摂関と天皇と行幸先の女院（院）との打ち合わせが確認できる程度の記述しかみえず、院政期のように毎回厳密に行幸定を実施していた可能性は低いと判断される。少なくとも、「行事所が設けられ公卿議定で決定される」という事実はないといえよう(52)。

一方、白河院政期以降では、「殿下令レ参二於仙院一給云々。行幸定事如レ常(53)」、「参レ院。先於二殿上一明年行幸并東宮行啓定。右大臣殿以下公卿十五人候二殿上一。先民部卿俊明与奪。源宰相能俊書二定文一通一也(54)」、「有二明年行幸定一正月二日、院司上臈権大納言家忠卿奉レ之。江中納言書二定文一。院司之公卿中無下書二定文一之人上歟。但納言書二定文一条、未レ有二此例一也。至レ有二別仰一、非二此限一云々(55)」などのように、朝覲行幸・行啓いずれの場合も院御所で定が実施された。正月三日前後に朝覲実施の場合は、通常一二月二三日前後に定が開催され、院司上臈が奉行、公卿院司（通常は参議、不在の時は納言）が定文を作成する慣例が認められる。

以上の通り、朝覲行幸・行啓の運営は「院家沙汰」として実施されるものと判明し、摂関・院政期を通じて一貫して官行事所は儲けられず、非「官方行事」であったといえる。このように、行事運営方法について詳細に論じたのは、官方行事とそれ以外とでは、勧賞のあり方に相違があり、その相違は勧賞の特質を考察する上で看過しえない問題だと認識するためである。

かかる理解を裏づける史料として注目されるのが、治承元年（一一七七）一二月一七日の蓮華王院五重塔供養の勧賞に関する記録である。

一、賞事

従三位藤原実宗上西門院　同長方院　従四位上同実教院　従五位上同隆清隆季譲

中宮御給、追可レ被ニ申請一云々。行事弁賞、追可ニ申請一云々。余案レ之、今度御塔供養偏為ニ院家沙汰一、日時・僧名於レ陣不レ被レ定。然者何被レ定ニ弁・上卿一哉。隆季・経房共院司奉行也。然者勧賞之時、皆可レ在ニ院御給之中一也。永保九重塔為ニ公家御願一、被レ宣ニ下上卿・弁等一了。今度之儀、不レ可レ似ニ彼例一耳。(56)

右の史料から、後白河院政の拠点法住寺殿内に新造された五重塔の落慶供養は、白河天皇による法勝寺九重塔供養の例に習い盛大に催されたが、永保の九重塔が、公家（白河天皇）の御願で建立されたのに対して、今回は後白河院の発願によるため、日時・僧名などは院御所で定められたことがわかる。すなわち、前者は「官方行事」、後者は「院家沙汰」として実施された。そして、九条兼実の理解によると、日時・僧名定が陣座で催される官方行事の場合は、官行事所の上卿・弁などが勧賞に与ることは至当であるが、院家沙汰における院司奉行への勧賞は、「皆可レ在ニ院御給之中一」きだという。これは一体、如何なることを意味しているのだろうか。かかる疑問について、院政期における朝覲行幸の分析を通して考察したい。

第三節　院政期の朝覲行幸

(一)院政期朝覲の特質

後三条・白河朝には、いずれも父院の死去にともない、母・祖母である陽明門院禎子内親王への拝覲が実施された。儀礼内容には前代との明確な相違はみられない。

一方、朝覲行幸に関する史料を通覧した結果、寛治二年（一〇八八）正月一九日の堀河天皇代始めの朝覲行幸以降では、次に記した六つの新規事象ないし変化が現れる。

一、「年々必有行幸[57]」とあるように、白河院政期以降は諒闇などの特別な事情がない限り、毎年実施する恒例行事となった。

二、摂関期における朝覲行啓は、天皇と東宮が父子関係の場合、東宮は主に天皇に対して拝覲を行い、時に祖父である上皇に対しても実施したが、院政期では拝覲の対象は「知世院并国母[58]」に限定され、天皇と皇太子が父子関係にあっても、天皇に対する朝覲行啓が実施されることはない。そして、天皇の朝覲行幸と、皇太子の行啓が同日となり、同殿した場合でも、ただ「御対面」とあるのみで、天皇に対する拝覲は確認できない[59]。この事実は、天皇および皇太子が「孝敬之礼」を表すべき対象が、王家の家長たる一院と母后とに限定されたことを意味する。ここに院政期の朝覲儀礼や王家のあり方の特質が顕現しているといえよう。

なお、鳥羽院没後、直系尊属が不在となった後白河天皇が、王家家長たる美福門院の養子となり、擬制的母子関係を結んで彼女に対して、東宮とともに参覲した事実[60]は、かかる変容を具現している。

三、院政の政治構造上、右記の内容を有する朝覲儀礼の重要性は飛躍的に高まったと考えられ、儀式が盛大となり、参列や準備に関わる人数が増加した。

四、朝覲行幸定が院御所において開催され、定文を作成して諸役の割り当てが厳密に決められるようになった。

五、勧賞叙位がほぼ毎年実施されるようになり、身分秩序の確認儀礼としての意義が大きくなった。

六、寛治二年（一〇八八）朝覲の舞楽御覧において、狛光季以下楽人・舞人三名に対して叙爵または近衛将監補任の叙任が行われた。これ以降、少なくとも代始めには必らず楽人らへの勧賞が実施されるようになった[61]。

以上のような特徴のうち、本章では主として勧賞に関連する事項のみをとりあげて分析する。その他の点については別の機会に論じることとしたい。

(二)勧賞叙位と恒例叙位

冒頭に掲げた寿永二年(一一八三)二月の朝覲では、「其儀、西対南広廂、自二東第二門(間)一、迫二北長押一、敷二厚円座一枚一、為二摂政御座一。其西頗宰(寄カ)レ南、敷二同円座一枚一、為二大臣座一。摂政御座南玄(去カ)二許(尺)歟。敷二円座一枚一、為二執筆座一。其東立二切燈台一。頃之摂政令レ着二円座一給南面(62)」とみえるように、正月の恒例叙位宛らの舗設が、行幸先である院御所の広廂に整えられ、叙位儀が行われた。そこでは、院が記した「叙人交名」や「折紙(63)」に基づき叙人の名を摂政が読みあげ、それを執筆が書き留めて「叙位」が作成されている(64)。

院政期における正月の恒例叙位と朝覲での勧賞叙位では、実施場所が(里)内裏か院御所であるかの違い以外は近似しているようにみえる。しかし、叙位文書や叙位の内容を検じてみると、両者の違いは明白である。

仁安二年(一一六七)正月に行われた恒例叙位と六条天皇代始めの朝覲行幸における勧賞叙位とを比較検討してこれを確認してみたい。前者では、例年同様に、外記が進める「十年労帳」と、蔵人が持参する各種申文と目録が整えられ、叙位儀が始まる。第二章で述べた通り、実質的に有効な叙位は院の「折紙」に記されたが、これら労帳以下一連の叙位関連文書は叙位儀のさいに毎回必ず揃えられる。そして、聞書から叙位の内訳をみると、

正四位下　源通家 院応保二年御給、左近少将　藤原基家 上西門院御給、同少将
　　　　　源通能 中宮御給、左近少将　藤原脩範 院御給、左近少将
　　　　　平時忠 蔵人頭右中弁、臨時歟
従四位上　藤原親信 鳥羽院保安五年御給、右馬頭　源清雅 待賢門院永久元年御給、木工権頭

従四位下　大江維光策労　和気定長諸陵頭　藤光綱兵部少輔　同資紀右馬助
従五位上　三善行衡算博士
　　　　　中原親成蔵助　藤基輔皇嘉門院御給　藤信行簡一　大中臣定隆御祈賞
従五位下　藤朝宗蔵人　同康貞民部　清原頼弘外記　源雅家天暦
　　　　　藤宗行氏　同仲家同去年分　橘兼忠氏　藤定行大宮
　　　　　藤兼宗皇太后宮　同能成皇后宮　藤公定女御琮子　同範能同去年分
　此外諸司諸衛卅人、不レ遑二記録一。(65)

とあり、加階が一六人、叙爵は前掲一二人に加えて「此外諸司・諸衛卅人。不レ遑二記録一」と記されているので、四二人以上いるとみられ、叙人総数は五八人以上にのぼる。

総数五八人と仮定して叙位の内容と割合を示すと次のようになる。

加階＝約二八％

内訳　院宮御給＝七件（当年給＝四件、未給＝三件）、臨時＝一件、賞＝一件、年労＝六件（策労、算博士、諸陵頭、兵部少輔、右馬助、内蔵助）、簡一＝一件

叙爵＝約七二％

内訳　氏爵＝四件、院宮御給＝五件、巡爵＝三件、諸司・諸衛労＝三〇件以上

つまり、叙爵の割合が七割強と高く、官職の労に基づく年労制的な昇進事由（年労、巡爵）が約七割（六七％）にのぼる。

これに対して、同月二八日の朝覲行幸勧賞では、

従一位　源師仲院司　藤原公保同　同隆季同

同顕長同　同顕時同　同実房同
平重盛同
正三位　藤原資長院司　同成頼同　同顕広同
同成範同　平頼盛同
従三位　藤原忠親院司
正四位上　藤原清隆摂政家司
従四位下　藤原俊経中宮御給
正五位下　高階泰経院司　同資泰中宮　同盛方院司
藤原朝親摂政家司　同光能院司　同兼光臨時
同季能院司　同光雅院司　平清経女御殿御給
従五位上　平親宗院司　藤光範同(66)

とあり、叙人総数は二六名。全て加階で、うち三位以上が一三名（五〇％）を占める。そして、叙位事由は「臨時」という事由が一件ある他は、「（後白河院）院司」「中宮（藤原育子）（六条天皇養母）御給」「摂政（藤原基房）家司」「女御殿（平滋子）御給」とみえ、当然のことながら全て朝観行幸に関わる勧賞である。

両者の比較から、恒例叙位では九～一〇世紀に成立した叙位制度に関わる事由、なかでも官司の労を評価基準とする事由による昇進が中心となり、その多くが叙爵だったのに対して、加階は勧賞に大きく比重を移している事実が窺知される。この現象は貴族社会の昇級における恒例叙位の意義が、以前よりも低下したという実態を示していると評価できよう。

井原今朝男氏が「中世的天皇」の特徴として、「中世的権門による天皇の政治的利用が顕著になること」を指摘し、行幸と勧賞に関して、「こうして天皇は院司家司ら家政機関職員や寺社の僧位僧官の叙任権を掌握し、寺社間の序列化や寺社内部の身分秩序をも決定する根幹・基準となっていた。逆説的にいえば、院・摂関家・寺社など中世的権門による天皇の共有化が進み、その関係者が天皇を利用して官位官職を獲得していったものといえよう」[67]と論ぜられているように、勧賞とは院（治天の君）が近臣等の官位獲得のために設けた昇進機会であると評することができるであろう。

しかし、院が単に近臣の官位獲得を目指すのであれば、恒例の叙位除目において、「折紙」等によって思い通りの人事を実現することも可能であったという事実に鑑みれば、わざわざ別の昇進機会を設けなくとも実行できたはずである。そうであるならば、何故に勧賞叙位を定着させる必要があったのか、さらなる検討が必要であろう。

そこで、恒例叙位では摂関期以前に成立している種々の事由による叙位が主流であるという特徴に注目すると、かかる昇進事由に拘束されない新しい昇進基準に基づく叙位を実施する意義が、勧賞にはあったと考えられるのではないだろうか。それでは、新しい昇進基準とは具体的に如何なるものか検討しよう。

(三)勧賞の「給主」と受賞者

朝覲行幸勧賞の尻付には、「○○院御給」や「○○院分」など、勧賞の「給主」（授賞の権利を有する人々を本書では便宜的に「給主」と記載することとする）を主体とした書き方と、受賞者を主体として「給主」との関係を記す「院司」「○○院別当」「○○院判官代」「摂関家司」「皇后宮権大夫」のようなものがあり、記載方法は一様ではない。一見すると年爵と混同しそうな感があるが、年爵とは異なり年間の実施回数、さらに叙人数や位階等に制限はない。[68]

［表３］ 朝覲行幸勧賞の「給主」一覧

朝覲行幸(主体と対象)	勧賞の「給主」	「給主」の天皇との関係(★は天皇家家長)
後三条→陽明門院禎子内親王	陽明門院禎子内親王	母后★
白河→陽明門院禎子内親王	陽明門院禎子内親王 中宮藤原賢子	祖母★ 妻后
堀河→白河院	白河院 斎宮・中宮・郁芳門院媞子内親王 姫宮令子内親王 摂政・大殿藤原師実	父院★ 同母姉妹・准母 同母姉妹 摂関家
鳥羽→白河院	白河院 摂政藤原忠実 中宮藤原璋子 皇后宮令子内親王	祖父★ 摂関家 妻后 准母
崇徳→白河院	白河院 鳥羽院(新院) 待賢門院藤原璋子 前斎院恂(統)子内親王	曾祖父(父)★ 父院 母后 同母姉妹
近衛→鳥羽院・皇后藤原得子	鳥羽院 崇徳院(新院) 皇后美福門院藤原得子 摂政藤原忠通 摂政北政所藤原宗子 暲子内親王 高陽院藤原泰子 高陽院姫宮叡子内親王 前斎院統子内親王 皇太后宮藤原聖子 通子(本朝世紀久安2年2月1日条)	父院★ 異母兄 母后 摂関家 摂関家 同母姉妹 父院の妻后 同母姉妹 異母姉妹 養母 不明
後白河→美福門院藤原得子	美福門院藤原得子 春宮(二条)	養母★ 息子・皇太子
二条→後白河院	後白河院 美福門院藤原得子 八条院暲子内親王 皇后宮統子内親王 中宮姝子内親王 女御藤原琮子	父院★ 養母 准母 父院の准母 妻后 父院の妻后
六条→後白河院	後白河院 中宮藤原育子 女御藤原琮子 摂政藤原基房	祖父★ 養母 祖父の妻后 摂関家
高倉→後白河院	後白河院 建春門院平滋子	父院★ 母后

	上西門院統子内親王	父院同母姉妹・父院准母
安徳→後白河院・建礼門院平徳子	後白河院 建礼門院平徳子 皇后宮亮子内親王 八条准后藤原通子 摂政藤原基通	祖父★ 母后 准母 准母 摂関家
後鳥羽→後白河院	後白河院 殷富門院亮子内親王	祖父★ 准母
土御門→後鳥羽院	後鳥羽院 七条院藤原殖子 春宮(順徳) 摂政藤原基通 一品昇子内親王	父院★ 祖母 異母弟・皇太子 摂関家 異母姉妹
順徳→後鳥羽院	後鳥羽院 修明門院藤原重子 春華門院昇子内親王	父院★ 父院の後宮 准母
後堀河→後高倉院	後高倉院	父院★
後堀河→北白川院	北白川院藤原(持明院)陳子 安嘉門院邦子内親王 安喜門院藤原(三条)有子	母★ 准母 妻后
後深草→後嵯峨院	後嵯峨院 大宮院藤原(西園寺)姞子 摂政藤原(近衛)兼経 前太政大臣藤原(西園寺)実氏	父院★ 母后 摂関家 外祖父
後宇多→亀山院	亀山院	父院★
伏見→後深草院・女院	後深草院 玄輝門院藤原愔子ヵ	父院★ 生母
伏見→後深草院	後深草院 東二条院藤原(西園寺)公子 准后藤原(西園寺)相子	父院★ 父院の妻后 父院の後宮
後伏見→伏見・後深草院	後深草院 伏見院	祖父★ 父院
花園→後伏見・伏見院	伏見院 広義門院藤原寧子 永福門院藤原鏱子 玄輝門院藤原愔子 従三位藤原経子 後伏見院 関白藤原(近衛)家平	父院★ 後伏見(異母兄)の後宮 父院の妻后 祖母 父院の後宮(後伏見の生母) 新院(異母兄) 摂関家
後醍醐→後宇多院	後宇多院	父院★

※典拠は別表(章末)参照。

［表3］は歴代朝覲行幸における勧賞の「給主」をまとめた一覧である。年爵の給主と概ね一致しているが、年爵の場合は、院宮（上皇・女院・東宮・三宮）もしくは准后宣下を受けた人物に限られ、年爵・年官の待遇は院号宣下・冊立時に付与される[69]。

これに対して、勧賞の「給主」は宣下・冊立などによって権利を得るという性格のものではない。「給主」は、行幸する天皇との関係において、王権の構成者とみなし得る人物が行幸に臨席したさいに授位を行う慣例があったと規定できよう。つまり、［表3］にみえるように、本院（天皇の父・祖父の院）、母后（天皇の母・祖母）、准母、養母、天皇の（同母）兄弟姉妹・妻后、父院の妻后・准母、東宮、新院、摂関・大殿・北政所などであり、彼らに共通する特徴は、中世的な「家」としての王家、王権の構成者という点である。すなわち、擬制的な親子関係を含めた天皇の父母、父方の祖父母、兄弟姉妹と王権の構成者として位置づけられる摂関家の家長・摂関と北政所であり、彼らのなかで行幸儀礼に参列した者が「給主」として授位を行い得たとみられる[70]。

次に、受賞者の特徴を考えてみたい。

大村氏によると、「朝覲行幸においては、行幸先である院御所の準備をしたとの理由で院司に叙位が実施され」、「院近臣の急速な昇進手段として朝覲行幸は重要な意味を持っていたと考えられる[71]」という。また、これより先に井原今朝男氏も「朝覲行幸での御装束雑事は、院御服所・（中略）・院司・院年預・院判官代などの院の家政機関が中心的役割を果たしている。行幸後の勧賞でも院別当や判官代らが叙位されている[72]」、と同様の指摘をされている。

しかし、井原氏の見解に対して、「朝覲行幸（中略）における勧賞対象の全てを運営関与のゆえと処理されている点も疑問」とする遠藤基郎氏の批判[73]がみられるように、受賞と行事運営との対応関係については先行研究の見解は一致をみていない。そこで、受賞理由を検討すべく、実例をあげて分析したい。

例えば、前掲仁安二年（一一六七）正月の朝覲において、「院司奉行大理卿季隆、木工頭盛隆等」とみえ、前者が従二位、後者の父顕時が従二位にそれぞれ叙位されているので、「奉行院司」が行事準備の責任者として、もしくはその家族が受賞している可能性が高いと判断される。

また、「正月二日朝覲行幸為レ給二勧賞一、可レ補二院司一之由被レ仰。又楽所饗可レ致二沙汰一勤レ饗者必預レ賞云々」(74)とあり、勧賞授与を約して楽所饗の奉仕が命じられているように、準備の反対給付として勧賞が実施されるという慣例の存在をうかがわせる例もある。しかし、これに対して「勧二楽所饗一院司預レ賞由等年来之間、惣以不レ触二耳目一」(75)との見解が示され、むしろかかる交換関係は異例とする認識も存在しており、にわかに断定できない。

勧賞が行事の準備や運営と連関するならば、朝覲行幸担当の奉行院司は必ず受賞候補となるはずであるが、果たしてそうなのだろうか。

元永元年（一一一八）二月一〇日の拝観を例にあげると、「御前物依二次第一被レ充二右大臣一大臣廻巡被二勤仕一也」(76)とあるように、右大臣（源雅実）が御前物を弁備しているが、本人・家族を含めて受賞の事実はみえない。そして、この役が大臣巡役である点を踏まえると、翌年は内大臣藤原忠通が勤仕したと推測されるが、同じく受賞は確認されない。(77)同様に、前掲嘉保二年の朝覲では、院司上﨟権大納言藤原家忠や中納言大江匡房が奉行を務めているが彼らもまた然りである。(78)

如上より、行幸準備や運営に関与した人物が受賞する場合もあるが、そうでない事例も多く、行事運営と受賞とに必ずしも対応関係があるとはみなし難い。それでは、如何なる理由によって勧賞を得るのだろうか。

寛治六年（一〇九二）二月の朝覲において、「中宮御給」で従四位下に昇った中宮侍職事左近権少将源師隆は、前日に中宮侍に補任されたという。(79)他にも、「左衛門佐信基宗下補二判官代一之由上。朝覲行幸在レ近、忽補二院司一。過分之大慶也」(80)や、「為レ給二勧賞一、可レ補二院司一之由被レ仰」(81)とみえ、朝覲行幸の勧賞と引き替えに、院司に補任される事例が散見する。また、尻付の多くに「院司」「院別当」「女院判官代」「皇后宮大夫」「摂関家司」などと記載されている点から、「給主」の家政機関職員の身分を帯びていることが、受賞の重要な要件であることに疑問の余地はないであろう。

しかし、「源宰相中将顕通叙二正三位一非院司、（中略）但馬守仲章叙二従五位上一非院司、院殿上人」、[82]「武蔵守経敏(高階)叙二正五位下一。是非二院司一、非二両方殿上人一。只候二院北面一許也」[83]、「正四位下忠宗(藤原)少将、従五位上為重(高階)、已上二人非院司、散位」[84]のように、家政機関職員でなくとも何らかの人格的関係を有すれば受賞対象となり得る例もある。但し、「非院司」と特筆されるだけ珍しいケースなのだと判断されよう。

総じて朝覲行幸の受賞者は、「給主」の家政機関職員もしくは近親者など何らかの人格的関係がある人物という以上には限定し得ないのである。つまり、第三章でとりあげた「官方行事」においては、官行事所奉行であれば必ず受賞対象となるのに対して、[85]非「官方行事」の場合には明確な条件がなく、家政機関職員であったり、奉行を務めることが受賞要件の一つだとは指摘できるが、最終的には「給主」の一存に左右される性質のものだといえよう。

それゆえに、勧賞が実施される間際まで、受賞のチャンスを求めてさまざまな工作を行い「給主」の覚えを得ようと貴族らが懸命に奉仕したことが史料からうかがえる。

久安元年（一一六六）正月四日、近衛天皇による鳥羽法皇への朝覲行幸と同日に、内大臣藤原頼長一男菖蒲丸(兼長)の初参が行われた。崇徳上皇に兼長の名簿を奉呈する役を仰せつかっていた藤原公能は、行幸への参加を優先して、「依二一院御給望申一奔走之間、不レ能レ参二新院一」[86]との理由で急遽、任務を放棄している。結局、彼の行動は功を奏して「一院分」により従二位に叙された。一方、兼長の初参に供奉した公卿は僅か二人。「他卿等依二行幸一不二相伴一」とあるから、皆、勧賞目当てに朝覲に参仕したのであろう。

以上の検討結果をまとめると、先行研究が指摘するような朝覲行幸での受賞と行事運営・準備との間には、必ずしも交換関係が成立するとはいえないのであり、この点において、「官方行事」と「院家沙汰」の勧賞とでは性格が明確に異なると評価できよう。「院家沙汰」＝非「官方行事」の勧賞は、「給主」の一存で決定するため、最後まで予測不可能なところに特色があり、かかる性質を利用して「給主」は貴族官人らの忠勤を最大限に引き出していたと考えられる。こうした特徴から年爵との近似性がうかがえるのであり、尻付の酷似もこのような両者の共通性に起因していると思われる。

(四)摂関家と勧賞

後一条朝以降の朝覲行幸において勧賞が実施されるようになったさい、「御傍親」なる尻付を確認した。これは摂関期のみにみえる特徴的な表現であり、御遊行幸をはじめとするさまざまな行幸の勧賞でも確認でき、外戚家の飛躍的な昇進を可能にしたと推察する。

かかる事由は摂関の地位と外戚関係とが分離する院政期以降、如何なる変化を遂げるのであろうか。摂関家の子弟北政所・家司等が朝覲行幸の勧賞で昇級した例をまとめた[表4]を参照しつつ検討を加えたい。

承暦元年（一〇七七）の白河の朝覲行幸において、源麗子は「左大臣室（関白師実）」[87]で、寛治二年（一〇八八）の堀河の朝覲行幸では、源師頼が「摂政殿（師実）御譲」[88]で、それぞれ昇級している。師実は白河天皇の関白、堀河天皇の摂政・外祖父であるが、「御傍親」という記述がみえないように、これらの受賞はミウチ関係という以上に、摂政や関白という地位が考慮されている可能性が高い。

さらに、嘉保二年（一〇九五）には、藤原忠教に「大殿（師実）御給」、同家政に「行幸院賞。関白（師通）息」[89]、また康治二年（一一四三）には藤原有成・源盛定に「摂関家司」、源信時に「摂政室給」[90]との尻付がみえる。これらの事例から、

［表 4］　摂関家関連の朝覲行幸勧賞

年号	西暦	月	日	受賞者	位階	父親	出自	尻付	備考	典拠
承保 2	1075	1	19	藤原師通	従三位	師実	摂関	左大臣譲		扶・百
承暦元	1077	1	11	源　麗子	正二位	師房	村上	左大臣室		婚
寛治 2	1088	1	19	源　師頼	従四位上	俊房	村上	摂政殿御譲		後二・中・朝
				藤原知綱	正五位下	惟綱	長良	摂政家司		後二・中・朝
				藤原行綱	正五位下	仲頼	良門	摂政家司		後二・中・朝
寛治 3	1089	1	11	藤原忠実	正四位下	師通	摂関	(行幸院日賞)		後二・玉・朝
寛治 5	1091	1	13	藤原忠実	従三位	師通	摂関	(行幸院日賞)		後二・中
寛治 7	1093	1	3	藤原忠実	従二位	師通	摂関	(行幸院賞)		後二・中
				藤原能実	正三位	師実	摂関	(行幸院賞)		後二・中
嘉保 2	1095	1	2	藤原忠教	正四位下	師実	摂関(難波)	大殿御給		中
				藤原家政	正五位下	師通	摂関	(行幸院賞、関白息)		中
永長元	1096	1	11	源　師時	正五位下	俊房	村上	大殿御給		後二・中・長
天仁元	1108	12	20	藤原忠通	正四位下	忠実	摂関	殿下御給、二階		殿・中・百
				源　師子	正三位	顕房	村上	殿下(忠実)北政所		殿・中・百
天永 2	1111	2	1	藤原忠通	従二位	忠実	摂関	(行幸院賞)	殿暦：仙院御恩、不可奏左右。返有其恐	殿・中・長
永久 2	1114	2	10	藤原全子	従二位	俊家	頼宗	殿下御給		殿・中
天承元	1131	1	2	藤原頼長	従四位上	忠実	摂関	女院		長
長承 2	1133	1	2	藤原頼長	従二位	忠実	摂関	(行幸院賞)		中・兵
長承 3	1134	1	5	藤原頼長	正二位	忠実	摂関	(行幸院賞)		中・朝
康治 2	1143	1	3	藤原有成	正五位下	敦宗	日野	摂政家司		台・本
				源　信時	正五位下	国信	村上	摂政(忠通)室給		台・本
				源　盛定	正五位下	盛長	醍醐	摂政家司		台・本
天養元	1144	1	5	源　季兼	—	俊兼	醍醐	摂政(忠通)室	北政所年預(兵：久寿2・9・15)	台・本
久安 3	1147	1	2	源　雅国	正四位下	国信	村上	摂政家(忠通)北政所		台・本
久安 5	1149	2	13	藤原重家	従四位下	顕輔	末茂	北政所従一位宗子給		本
仁平元	1151	1	2	藤原師長	正四位下	頼長	摂関	院御給		台・本
				藤原光家	正五位下	家範	道隆	院御給	余(頼長)挙所叙之	台・本

仁平3	1153	1	2	藤原師長	正三位	頼長	摂関	院司賞		兵・本・宇槐
平治元	1159	1	2	藤原基房	正二位	忠通	摂関	行幸院賞		山
仁安2	1167	1	28	藤原清隆	正四位下	隆時	良門	摂政家司		玉・愚・顕・兵
				藤原朝親	正五位下	朝隆	高藤	摂政家司		玉・愚・顕・兵
安元元	1175	1	4	藤原隆忠	従四位下	基房	摂関	建春門院御給		玉・百
寿永2	1183	2	21	平　信清	正五位下	信範	桓武(高棟)	摂政家司		玉・吉・百
				平　完子	従三位	清盛	桓武(高望)	摂政(基通)室		玉・吉・百
文治3	1187	11	8	藤原忠良	正二位	基実	摂関(近衛)	(朝観行幸賞)		玉・吉秘・百
正治元	1199	11	27	藤原家実	正二位	基通	摂関(近衛)	摂政譲院司賞		三・猪・明・百
				藤原兼基	従四位下	基通	摂関(近衛)	殿下御給		三・猪・明・百
元久2	1205	1	19	藤原道家	従三位	良経	摂関(九条)	摂政息		百・明・源
				藤原寿子	従三位	基房	摂関(松殿)	摂政(良経)室		百・明・源
建保元	1213	3	11	藤原忠房	正二位	基房	摂関(松殿)	院別当	今日補院別当	明
建保2	1214	1	3	藤原家良	正三位	忠良	摂関(近衛)	(朝観行幸賞)		明・百
貞応元	1222	1	20	藤原兼忠	従三位	家実(実父兼基)	摂関(近衛)	(朝観行幸賞)		百
				藤原高実	正三位	良平	摂関(九条)	父卿院司賞		百
安貞2	1228	3	20	藤原兼忠	従二位	家実(実父兼基)	摂関(近衛)			薬・明・後愚
建長2	1250	10	13	藤原仁子	従一位	道家	摂関(九条)	摂政(兼経)室		岡
				平　範忠	正五位下	範頼	桓武(高棟)	摂政家司		岡
正応2	1289	3	23	藤原内実	正三位	家実	摂関(一条)	院司		伏・園
正応4	1291	1	3	藤原家平	従三位	家基	摂関(近衛)			伏・勘
正安2	1300	1	11	藤原冬経	正二位	兼忠	摂関(鷹司)			伏
正和3	1314	1	2	藤原師基	従二位	道平	摂関(二条)	永福門院御給		花・園別
				藤原経忠	従四位下	家平	摂関(近衛)	関白給		花・園別

[典拠略記一覧]　婚：『婚記』、百：『百練抄』、扶：『扶桑略記』、後二：『後二条師通記』、中：『中右記』、朝：『朝観行幸部類』、殿：『殿暦』、長：『長秋記』、台：『台記』、本：『本朝世紀』、兵：『兵範記』、宇槐：『宇槐記抄』、山：『山槐記』、愚：『愚昧記』、顕：『顕広王記』、吉：『吉記』、吉秘：『吉部秘訓抄』、三：『三長記』、明：『明月記』、猪：『猪隈関白記』、源：『源家長記』、薬：『玉薬』、後愚：『後愚昧記』、岡：『岡屋関白記』、伏：『伏見天皇宸記』、園：『園太暦』、園別：『園太暦別記』、勘：『勘仲記』、花：『花園天皇宸記』

※尻付は適宜『公卿補任』を参照して補った。

摂関とその北政所は、「給主」として授位する権利を得て、自身の子弟や家司の叙位を行う立場にも位置づけられたとみなせよう。

以上の事例から勘案するに、院政期以降の変化として、ひとつは「御傍親」であるか否かというよりも、摂関という立場や摂関家の構成員（大殿・北政所・摂関子弟・家司）であることが受賞要件になったと考えられる点、もう一つは摂関・北政所・大殿は、「給主」として自らが授位する権利を獲得した点が指摘できよう。ところで、これと関連する興味深い史料がある。

『殿暦』天永二年（一一一一）二月一日条には、鳥羽天皇朝覲行幸において、藤原忠通が従二位に昇級した時の父摂政忠実の感想が、

有二勧賞事一。中納言中将叙二従二位、一仙院御恩不レ可レ奏二左右一。返有二其恐一。新中納言中将於二六条亭一内・院奏二慶賀一。還御後奏二皇后宮一。還レ家一条殿（藤原全子）又母（源師子）尓申二慶賀一

と記されている。

忠通は、これより数日前、一五歳にして非参議（三位右中将）から権中納言に昇り、摂関家嫡男として順調な昇進を果たした。(91) 従二位昇叙も権中納言に相応しい、喜悦されるべき出来事であるはずだが、忠実は昇進を素直に喜べない複雑な胸中を日記に披瀝しているようにみえる。

「仙院御恩」とは、この昇進が院の意向、すなわち「院御給（院分）」によって実現した事実を示しているのではないだろうか。尻付が記載されていないため確証はないものの、これ以前の朝覲で摂関子弟が昇級したさいには、「殿下譲」「大殿御給」とみえ、忠通も元仁元年（一一二四）には「殿下御給」で正四位下に昇った。(92) ところが、今回の昇級は、一般の貴族と同様に「院分」により実現したと想定される。かかる事態に対する屈辱の思いと、息子の昇進への歓喜との複雑な忠実の胸臆が、上記のような表現として吐露されたのだと解せよう。この推測を裏づけるかのように、これ以降、摂関子弟が「院御給」で昇級する例が散見するようになる。

天承元年（一一三一）の行幸で、頼長が従四位上に叙された時の尻付には「院」と明記されており、(93)これ以降、摂関やその子弟は「院御給」「女院御給」もしくは父である摂関が受賞した「院司賞」の譲りによって昇級している。(94)

このような変化がみられる一二世紀初頭は、鳥羽天皇の摂政就任をめぐって、その地位を望んだ外戚藤原公実と争った忠実が、白河院の取りなしによって、外戚関係がなくとも、その家系によって摂政就任を果たしたこと(95)が知られるように、御堂流が代々摂関の地位を父子継承するという厳密な意味での「摂関家」が確立した時期である。

この事実は、摂関家の天皇輔弼としての立場が確立する一方で、外戚関係の喪失によって天皇の尊属としての権威を失い、一臣下の地位への転落を意味した。また、摂関の人事に院の介入を許した事態は、摂関家の政治的立場の低落を露呈し、摂関子弟が院司に組み込まれる契機となった。

つまり院政期の摂関家は、王権の構成員として「給主」の立場から、家司や一族を推挙する権利を得る一方、一般貴族と同様の臣下としての立場から、摂関やその子弟が院司となり、院や女院の「御給」で授位されるようになったのである。この特殊な立場が、勧賞をめぐる同家の複雑な位置を表していると概括できよう。

おわりに

本章では朝覲行幸の儀礼目的の変遷に検討を加えつつ、同行幸における勧賞叙位の特質を明らかにし、もって非「官方行事」の勧賞の特質にも言及した。

最後に本章での考察を総括するとともに、後鳥羽院政期以降の朝覲の勧賞に関する変化とその特徴についても触れておきたい。

朝覲行幸は、前君主が無前提に国家機構に関与しうる構造をもつ「八世紀的な太上天皇—天皇関係」への反省から、「唯一の君主としての天皇の地位確立」を目指した嵯峨太上天皇が、「中国の太上皇・太上皇帝—皇帝」関係を典拠として、日本の君主制の改変を試みた一連の改革に連関して創始した儀式であり、「孝敬之礼」の実践という論理をもって、天皇が群臣の前で北面して父母に拝舞する行為である。この儀礼を通じて、父院と母后は直系尊属の立場から天皇に相対し、私信等で直接天皇に意見表明する形式によって、国政に介入する行為を正当化するとともに、饗宴を通じて、天皇と父母との親睦、さらには五位以上の群臣との一体感を図る年頭の礼節儀礼という意義をも有していた。このように朝覲は、極めて政治的な意図をもって確立した儀礼であったと考えられる。

醍醐朝以降では、次代のミウチ関係強化が権力掌握のための重要な手段となる摂関政治の構造と連関した朝覲行啓が重視されるようになり、朝覲の意義や目的も変化して母后や外戚の地位向上を図る機会となった。

しかし、後一条朝において、道長と天皇家との外戚関係が次代、次々代に至るまで約束される状況が生まれると、それまでに有してきた朝覲行幸・行啓の政治的意義が希薄となり、ミウチ間の親睦と貴族との遊興を主体とする儀式に変化し、御遊行幸などと接近した。その結果、御遊行幸と類似の勧賞が実施されるようになったと考えられる。

ところが、白河院政の開始以降、朝覲の位置づけは再び大きく変化した。天皇・皇太子の拝舞の対象を「知レ世院并国母」、つまり王家の家長に限定し、本来、法皇の場合は仏に準じて「三礼」を慣例としたが、白河院より以降は「雖レ為二法皇一、行二治世事一。人々帯レ笏拝踏如レ常」(96)とあるように、治天の君の場合は拝舞を受けるようになった。そして、儀式自体も盛大となり年頭の恒例行事として定着したのである。

王家の家長は、特定の院御所に天皇や皇太子を迎え、「孝敬之礼」の実践を通じて、天皇の尊属たる院権力の源泉を群臣の前に明示し、加えて恒例の叙位における慣例にとらわれることなく、院の意向を前面に押し出した人事を実施した。朝覲における勧賞叙位は、院司を中心とする院宮「給主」との人格的関係のある人々の昇進機会として重要な意味をもち、院政下の身分秩序を確認する場として積極的な意義が与えられたと了解する。

このように院政期以降、機構を媒介とする奉仕に対して実施される「官方行事」の勧賞と、人格的関係に基づく非「官方行事」――とりわけ「院家沙汰」行事――の勧賞という二つの勧賞が、貴族の昇進事由として大きな割合を占めるようになり、両勧賞が当該期貴族社会の編成、人事において重視されていた点を強調しておきたい。

さて、白根氏は、後鳥羽院政期に治天の君が行う年始御幸始が開始される一方、朝覲行幸の実施頻度が減少していく実態を捉えて、御幸始を朝覲行幸の後継儀式と位置づけ、これが同行幸と同様の意義を有したと指摘された(97)。しかし、そのような変化が起こる必然性や背景については明確に示されていない。

確かに、朝覲行幸の実施回数は後鳥羽院政期以降減少し、後嵯峨院政期以降に顕著となる。しかし歴代で必ず実施され、後醍醐朝まで廃絶してはいない。そして何よりも、天皇が王家の家長たる父院もしくは母后に対して行う拝舞を儀礼の中核とする朝覲行幸と、拝舞を欠く御幸始を後継儀礼と位置づけるには何らかの説明が必要だと思われる。

私見では御幸始の淵源は、後白河院の死後、王家の家長となった七条院の身位の問題と関連づけて検討すべきではないかと推察しているが、本章の論旨と乖離するため、これについては別の機会に論じたい。ここでは朝覲行幸が次第に減少傾向に転じる背景について、若干の見通しを述べることとする。

朝覲行幸の実施が著しく減少する一三世紀半ばには、任官叙位と裁判の公正を謳う公家新制がたびたび出され、後嵯峨院政期には、治天の君とその妻后以外の年爵に対する著しい規制も行われた。

如上の通り、非「官方行事」における勧賞は、「給主」の意向によって決定され、しかも授位の制限がなかったため、上階の授位も多くみられた。かかる勧賞の実施は超越の誘因となり、叙任の公平を目指す新制の理念とは相容れないものである。

また、時を同じくして「臨時」なる加階事由が多見する現象も注目される。これは補論二で触れる通り、治天の君の関与の強い叙位事由だと考えられる。このように、鎌倉中期以降の叙位は、総じて年爵の給主/非官方行事の「給主」の自由裁量による加階を厳しく制限して、治天の君の統制がおよぶ「臨時」なる事由に収斂する傾向が顕著になる。

こうした時代の趨勢のなかで、これに反する勧賞を実施する機会が縮小されていったのではないだろうか。かかる背景が朝覲行幸実施回数減少の要因の一つであったと考えられるのである。

(1)『吉記』寿永二年二月二一日条。

(2)同右。

(3)『類聚国史』巻廿八・帝王八「天皇朝覲太上天皇」。『日本紀略』大同四年八月癸卯(三〇日)条。

(4)『日本後紀』大同四年九月戊辰(二五日)条。平城第三皇子高丘親王は、嵯峨天皇の即位にさいして一一歳で皇太子となったが、翌年の薬子の変によって廃太子。二四歳で空海の弟子として出家し、真如と称した。

(5)目崎徳衛「平安時代初期における奉献」(『平安文化史論』、桜楓社、一九六八年、初出は一九六五年)。

(6)観察使に関する研究は諸説あり(笠井純一「観察使に関する一考察(上・下)」、『続日本紀研究』一九四・五、一九七七・七八年)、『日本紀略』弘仁元年六月丙申(廿八日)条にみえる「太上天皇詔」については、「太上天皇」を衍(天皇の勅)とする見解と、これを否定する意見とに分かれる。本稿では、「観察使廃止の真の理由は、この官司自体のもつ制度的限界」にあるとしながらも、「廃止がこの時に行われた理由については、平城の動きと無関係ではあるまい。平城とこの制度の深い関係は、その創設の折の『天鑑』や『手詔』の語によく示されているが、廃止も嵯峨との対立が決定的となり、かかる平城の退勢が明らかになったこの時点(大同五年三月の蔵人頭任命は対立の激化を示すものであろうし、これによって嵯峨は平城から関与されることなく、政治を行いえたと思われる

――以上、笠井氏注）で行われている。廃止の意向が、恐らく嵯峨側から出ていると思われるにもかかわらず、実際には『太上天皇詔』という形式をとるのは、右の点が考慮されたのではないだろうか」（下：一〇頁）、とする笠井氏の見解におおむね賛同するが、筆者は「太上天皇」は衍とし、これを嵯峨の詔と解釈した。

（7）春名宏昭『人物叢書　平城天皇』（吉川弘文館、二〇〇九年）。

（8）太上天皇研究に関しては、春名宏昭①「太上天皇制の成立」（『史学雑誌』九九―二、一九九〇年）、同②「平安期太上天皇の公と私」（『史学雑誌』一〇〇―三、一九九一年）、筧敏生①「古代太上天皇研究の現状と課題」、同②「中世に太上天皇について」、同③「太上天皇尊号宣下制の成立」（『古代王権と律令国家』、校倉書房、二〇〇二年、初出は一九九二・九二・九四年）、仁藤敦史「都城の成立と行幸――『動く王』と『動かない王』」（『古代王権と都城』、吉川弘文館、一九九八年、初出は一九九七年）、鈴木景二「日本古代の行幸」（『ヒストリア』一二五、一九九〇年）などの研究を参照。

（9）筧氏注（8）③所引論文。

（10）『類聚国史』巻廿五・帝王五「太上天皇」弘仁一四年四月戊申（二四日）条。

（11）筧氏注（8）③所引論文一五五頁。

（12）春名氏注（8）①②所引論文。

（13）『漢書』巻一下・高帝紀下六年（紀元前二〇一）条。

（14）また、唐代開元四年（七一六）正月戊寅朔に「帝御㆓正殿㆒、受㆓朝賀礼㆒。畢親朝㆓太上皇（睿宗）于西宮㆒」（『冊府元亀〈中華書局影印本〉』巻二八帝王部）とみえる。玄宗皇帝による前皇帝睿宗への朝観の事実を春名氏は次のように評価している。玄宗に譲位した父睿宗は「太上皇帝」を称し、「帝伝㆓位于皇太子㆒、自称㆓太上皇帝㆒。五日一度受㆓朝於太極殿㆒、自称曰㆑朕、三品已上除授及大刑獄、並自決㆑之。其処分事称㆓誥・令㆒。皇帝毎日受㆓朝於武徳殿㆒、自称曰㆑予、三品已下除授及徒罪、並令㆑決㆑之。其処分事称㆓制・勅㆒」（『旧唐書』睿宗紀延和元年〈七一二〉八月庚子条）とあるように、自身が国政上重要案件を決定し、軽微なものを玄宗に任せた。その後、睿宗を取り込んで勢力を拡大した太平公主一派を粛正して睿宗の権力基盤を崩壊させ、睿宗自身を傷つけることなく玄宗は権能委譲に成功した（春名氏注8①所引論文）。

(15) 平城太上天皇と嵯峨天皇との関係については、基本的に円満とみる立場（目崎徳衛「平治朝の政治史的考察」、注5所引書、初出は一九六二年、春名氏注7所引書など）と、「この時代の貴族官人層の分裂と、それにともなう平城と嵯峨との対立」（佐伯有清「政変と律令天皇制の変貌」、『日本古代の政治と社会』、吉川弘文館、一九七〇年）があったとする立場に分かれているが、当該期の一連の政治的事件や両者の政策の相違などを考慮すると、円満な関係であったとは理解し難いと思う（橋本義彦「〝薬子の変〟私考」〈『平安貴族』、平凡社、一九八六年、初出は一九八四年〉などを参照）。

(16) 春名氏注(8)①②所引論文、寛氏注(8)③所引論文。

(17) 『類聚国史』巻廿五・帝王八「太上天皇」弘仁一四年四月丁未（二三日）条。

(18) 「宜㆔猶上㆓尊号㆒、為㆓太上天皇㆒、皇太后（嵯峨の母藤原乙牟漏）曰㆓太皇太后㆒、皇后（嵯峨の皇后橘嘉智子）為㆓皇太后㆒」（『日本紀略』弘仁一四年四月丁未（二三日）条）。

(19) 寛氏によると、日本において太上天皇尊号宣下制を創出するにあたり、最初の尊号宣下が中国の太上皇・太上皇帝制を念頭におき、導入句が記されていることが指摘されている。また、興味深いのは、尊号詔書は一般に、「太上天皇」表記が二か所（前半部分の前天皇の徳を頌する部分と、末尾の太上天皇号を奉る部分）みられ、前者は儀制令天子条で「譲位帝所㆑称」と定義された「前天皇」という意味での称謂であり、後者が尊号として新たに意義づけられた太上天皇号と解せるという指摘である。もともと日本では太上天皇号は奉られたり、辞退するような性質のものでなかったが、嵯峨の譲位によって、尊号宣下中に二つの太上天皇号がみえ、令制太上天皇号（自律的存在）から宣下されるものとしての太上天皇号（他律的存在）への転換が図られたとされる（寛氏注8③所引論文）。

以上一連の動向と寛氏の指摘を踏まえると、嵯峨の譲位とともに出現した太上天皇とは、譲位することで自動的に太上天皇となりうる八世紀の太上天皇とは異なる、尊号宣下によって生じる他律的な存在であった。これにより、「唯一の君主としての天皇の地位確立」することが嵯峨の望んだ「太上天皇―天皇」関係であったといえよう。

(20) なお、九世紀前半の父子観念・母子観念に関しては、吉岡眞之「幼帝が出現するのはなぜか」（吉村武彦・吉岡眞之編『争点日本の歴史』第三巻、新人物往来社、一九九一年）、寛氏注(8)③所引論文を参照。

(21) 『後三条相国抄』（『続群書類従』三二一上雑部所収）舞踏事によると、「臣下ハ左右也。謂㆓是舞踏㆒。立左右、其後居左右左也。此体腰以上向レ左。又向レ右。腰以下不レ向也。顧レ左之時、以二右手一取二左端袖上一。以二左手一、支二左袖内下方一（左手在二袖内一也）右準可レ知。天子者右左右也。朝観之時如レ此。春宮先々有二沙汰一。左右左、右左右間、人々申状不レ同歟。可二尋決一。知レ世院并国母之外不二舞踏一。其外於二院宮并人臣一者二拝也（中略）。於二仏者一三礼也。昔法皇御所奏レ慶人等、不レ帯二剱笏一、三礼也。寛平法皇・円融院・一条院等類如レ此。延喜帝朝二覲宇多法皇一之時、如二尋常一。法皇被レ申云、我受二盧遮那形一、学二三部法一。准二仏体一置レ笏叉レ手可二三礼一。其後朝観如レ此歟。白河院始而雖レ為二法皇一、行二治世事一。人々帯レ笏拝踏如レ常。然而猶俊明卿置レ笏三礼云々」とみえるように、天皇の場合は臣下の拝舞と向きが逆であった。また、拝舞の対象は、「知レ世院并国母」に限定されるものであり、本来法皇は仏に准じて三礼であったが、白河院より以降は「雖レ為二法皇一、行二治世事一。人々帯レ笏拝踏如レ常」となった。

(22)『続日本後紀』承和九年一〇月丁丑（一七日）条「文章博士従三位菅原朝臣清公薨伝」。

(23)目崎徳衛「政治史上の嵯峨上皇」（『貴族社会と古典文化』、吉川弘文館、一九九五年、初出は一九六九年）。

(24)春名氏注(8)②所引論文。

(25)筧氏注(8)③所引論文。

(26)『日本後紀』承和元年正月癸丑（二日）条。

(27)実際に淳和が意見したことは史料上確認されない（目崎氏注5所引書参照）。

(28)朝観行幸に関して、目崎氏は「天皇の国政的権威が上皇の家父長的権威の下におかれることに至った」（注23所引書一〇頁）と評価される。栗林茂「平安期における三后儀礼について――饗宴・大饗儀礼と朝覲行幸――」（『延喜式研究』一一、一九九六年）、服藤早苗「王権の父母子秩序の成立――朝覲・朝拝を中心に――」（一〇世紀研究会編『中世成立期の政治文化』、東京堂出版、一九九九年）は、いずれも朝覲行幸は上皇の家父長的権威の高まりと孝思想の導入という側面を重視している。また、長谷部寿彦氏は「儒教思想の礼制受容を通して、天皇の国政上の地位を唯一絶対の存在として位置づけようとした」（「九世紀の天皇と正月朝覲行幸の成立」、『国史学研究』三一、二〇〇八年）と評価する。以上の研究は、上皇の家父長的権威の高まりを朝覲行幸成立の背景として重視していると総括されるが、これに対して鈴木氏は、薬子の変により奈良時代以来の上皇の地位に決定的な影響を与え、天皇の絶対化を招くとともに、天皇と上皇の「空間的分離(居所の別離)」は潜在的に王権の分離を招く可能性があり、王権の統一性を維持するために朝覲行幸が創出されたと評価する（注8所引論文）。筆者は当該期の太上天皇と天皇との位置づけをめぐる政治的課題への対処として朝覲が創始されたと考えるため、鈴木氏の理解に近い。

(29)『尊経閣善本影印集成4西宮記四』巻一一（甲）臨時「立皇后太子任大臣事」裏書。

(30)『続古事談』一。

(31)『日本紀略』寛平六年正月三日条。

(32)『尊経閣善本影印集成1西宮記一』巻一正月「童親王拝覲事」。

(33) 藤原穏子の入内をめぐる対立に関しては、角田文衛「太皇太后藤原穏子」（『紫式部とその時代』、角川書店、一九六六年）参照。

(34)『伏見宮御記録』利三五「御産部類記二」冷泉院所収「九条殿記」（『大日本史料』第一編第三冊、延喜四年二月一〇日条所収）。

(35) 前掲注(32)および『日本紀略』延長元年四月二六日条。

(36) 翌一〇年正月には醍醐第一親王克明（母は源封子）とともに参覲し、清涼殿東庭で拝舞を行っている。なお、穏子は昨年末（一四日から正月二五日まで）に参内しているので、東宮の拝覲を天皇とともに受けた可能性があり（『貞信公記抄』延喜九年一二月、同一〇年正月条）、生母への拝覲はほぼ毎年実施されたと推察する（前掲注32『西宮記』および『貞信公記』など）。

(37) 時平没後の忠平政権下において、上皇と朝廷との関係が好転すると、亭子院・仁和寺の宇多への醍醐の参覲も開始している（『西宮記』臨時五「東宮行啓」、『貞信公記抄』延喜一四年二月八日条など）。

(38) 時平は同年四月四日に亡くなっているため、朝覲行啓の挙行は死期を予期した時平が、三者の関係強化と穏子の立場の強化を目論んで急ぎ実行したと解せよう。

(39) なお、『栄花物語』巻第三（さま〴〵のよろこび）では永延元年正月二日のこととして「宮つかさ、とのの家司など加階しよろこひのしる」と記載しているが、記録類や『公卿補任』など他の史料から勧賞の事実は確認されないため、当該記事は他年との混同と理解する。

(40)『百練抄』正暦元年正月一一日条。

（41）『玉葉』安元元年正月四日条「正二位藤原実国（御笛師賞。寛治三年政長朝臣息有賢、被レ許二昇殿一。永久・保安無レ賞歟）」や『三長記』建久八年四月二一日条「勧賞、従二位藤実教（散三位叙二二品一。高二位之外、無二先例一歟。尤不レ可レ然事歟）経房卿記云、実教卿為二前参議一叙二二品一。御笛師賞云々」、『花園天皇宸記』正和三年正月二日条「有二勧賞一。叙位事。（中略）従四位下同（坊城）俊実（院司）、同（近衛）経忠（関白息）、同（藤原）孝重（正二位藤原朝臣公顕給院御比巴師賞譲）」とあり、平安末期には天皇元服後の朝覲において、御笛師や琵琶師が勧賞に与ることが恒例化している。なお、中世の天皇と笛・琵琶などの音楽との関係については、豊永聡美『中世の天皇と音楽』（吉川弘文館、二〇〇六年）を参照。

（42）『小右記』寛仁二年一〇月七日条。

（43）『小右記』治安元年二月一日条。

（44）これ以降の朝覲行啓に、次代のミウチ関係強化という政治的意義が無くなったというわけではないが、政治的緊張のなかで創始された当初の目的と比較すると、遊興や親睦という比重が高くなっていると思われる。

（45）もう一人の受賞者藤原頼子は豊子の娘か。

（46）この勧賞は猶子源師房に譲られ、正三位に叙せられた。

（47）記録の残存状況を考慮する必要があるものの、『小右記目録』の「朝覲行幸」と分類された項目の内、実資が「有勧賞」と記しているのは、治安三年正月二日と長元二年正月二四日の二回のみであることも手がかりとなろう。

（48）大村拓生「行幸・御幸の展開」（『中世京都首都論』、吉川弘文館、二〇〇六年、初出は「中世前期の行幸――神社行幸を中心に――」一九九四年）三四頁。

（49）『小右記』永祚元年二月五日条。

（50）白根靖大「中世前期の治天について」（『中世の王朝社会と院政』、吉川弘文館、二〇〇〇年、初出は一九九四年）一三〇頁。

（51）『春記』長久元年正月一四日条。

（52）蔵人方行事のような位置づけであったと考えられる。また、当該期は内裏内の殿舎間で朝覲行幸が実施されているように、大がかりなものではなく、簡略な行事として行われることも多かった。

（53）『後二条師通記』寛治四年一二月二〇日条。

(54)『中右記』長治元年一二月二三日条。
(55)『中右記』嘉保元年一二月二三日条。
(56)『玉葉』治承元年一二月一七日条。
(57)『朝覲部類』所引「大記」嘉承二年正月三日条(『大日本史料』第三篇第九冊同日条所収)。
(58)注(21)所収史料。
(59)『中右記』嘉承二年正月三日条などを参照。
(60)『兵範記』保元三年正月一〇日条。
(61)代始め行幸以外にも、勧賞が実施される場合があった。
(62)『吉記』寿永二年二月二一日条。
(63)『猪隈関白記』建仁元年正月二三日条。
(64)『後二条師通記』寛治三年正月一一日条に「今日不レ書被レ下ニ仰之一」とみえる。なお、女叙位がある場合は、男女各々一巻ずつとなり、叙人が少ない時には「折紙」は作成されず、院の仰せに基づいて叙位を行った。
(65)『兵範記』仁安二年正月五日条。
(66)『兵範記』仁安二年正月二八日条。
(67)井原今朝男「摂政・院政と天皇」(『日本中世の国政と家政』、校倉書房、一九九五年、初出は一九九二年)二〇八頁。
(68)治天の君の勧賞は一度に十数人におよぶ場合もある。
(69)封戸・年爵・年官が権利として与えられる。
(70)ここに示した王家の構成者とは、摂関期的なミウチとは異なり、中世的なミウチともいうべき関係である。それは、「准母」「養母」が含まれていることと、外戚であることが「給主」の条件とはいえない点から指摘できる。具体的には、院政期以降の歴代天皇の外戚家である閑院流の人々は給主としてみえず(後深草朝における西園寺実氏は例外的に「給主」になっている。准后宣下を受けたことが関係していると考えられる)、その一方で、外戚関係にない摂関や摂関家大殿が「給主」となっていることから、摂関家は外戚としてではなく、天皇輔弼の臣としての立場から王家の構成者として「給主」の立場たり得ているのではないかと推測する。

(71) 大村氏注(48)所引書、三四頁。

(72) 井原氏注(67)所引書、二〇八頁。

(73) 遠藤氏は勧賞について「朝覲行幸、法勝寺尊勝寺落慶供養における勧賞対象の全てを運営関与のゆえとされている点も疑問である。法勝寺落慶供養における陽明門院院司などの場合は、同院が本儀礼に臨席したがゆえに与えられたとみるべきであろう」と指摘されている（『中世王権と王朝儀礼』、東京大学出版会、二〇〇八年、初出は一九九〇年、六八頁）。筆者も朝覲行幸における勧賞「給主」は、当日儀礼に臨席したことで叙任の権限を得ており、授位決定にさいしては、「給主」が日常の恪勤などを考慮して、「給主」の一存によって決定するという年爵のそれと近似した性質であると考えている。

(74) 『明月記』寛喜元年一二月一三日条。

(75) 同右。

(76) 『中右記』元永元年正月二〇日条。

(77) 『中右記』元永元年二月一〇日・同二年二月一一日条。

(78) 『中右記』嘉保二年正月二日条。

(79) 『中右記』『為房卿記』寛治六年二月二九日条。

(80) 『兵範記』仁安三年七月一八日条。

(81) 『明月記』寛喜元年一二月一三日条。

(82) 『中右記』康和四年正月三日条。

(83) 『中右記』元永元年二月一〇日条。

(84) 『中右記』元永二年二月一一日条。

(85) 本人の過失、怠慢などがあれば受賞できない。

(86) 『台記』久安元年正月四日条。

(87) 『婚記』久安四年七月二〇日条。

(88)『中右記』寛治二年正月一九日条。
(89)『中右記』嘉保二年正月二日条。
(90)『本朝世紀』康治二年正月三日条。
(91)『公卿補任』天永二年条。
(92)『中右記』天仁元年一二月一九日条。
(93)『長秋記』天承元年正月二日条。
(94) 師長・光家・基房・隆忠・家実・忠房・高実・師基等はいずれも院や女院の「御給」で昇級している（父親が院司として受けた「院司賞」の譲の場合もある——『公卿補任』各人の項目および二一八頁以下の〔表4〕参照）。
(95) 岡見正雄・赤松俊秀校注『日本古典文学大系　愚管抄』巻第四「鳥羽」（岩波書店、一九六七年）、『中右記』嘉承二年七月一九日条、および橋本義彦「貴族政権の政治構造」（『平安貴族』、平凡社、一九八六年、初出は一九七六年）参照。
(96) 注(21)所収史料。
(97) 白根氏注(50)所引書。

［別表］　院政期以降の朝覲行幸と勧賞一覧

年号	西暦	月	日	朝覲	場所	氏名	勧賞	父親	出自	備考（尻付など）	典拠
延久元	1069	8	16	後三条→陽明門院	閑院	源　資綱	従二位	醍醐	醍醐	院司	扶・遊
						藤原資仲	正三位	資平	実頼	院司	
						藤原良基	正三位	良頼	道隆	院別当	
						藤原基長	正三位	能長	能信	父大納言（能長）譲	
						源　家賢	従四位下	資綱	醍醐	院司	
延久2	1070	2	26	後三条→陽明門院	閑院						扶・遊・十三
承暦元	1077	1	11	白河→陽明門院禎子	東三条殿	源　家賢	正三位	資綱	醍醐		十三・薬・一代・本・婚
						源　俊明	正三位	隆国	醍醐		
						藤原長房	正三位	経輔	道隆	陽明門院院司賞	
						藤原公房	従三位	資房	実頼	陽明門院別当賞	

寛治2	1088	1	19	堀河→白河院	大炊殿	藤原家忠	正二位	師実	師実	院別当	後二・中・朝
						源　家賢	従二位	資綱	醍醐	院別当	
						藤原公実	従二位	実季	公季	院別当	
						藤原基忠	正三位	忠家	長家	院別当	
						藤原経実	正三位	師実	師実	院別当	
						藤原通俊	正三位	経平	実頼	院別当	
						大江匡房	正三位	成衡	大江	院別当	
						藤原仲実	正三位	実季	公季	院別当	
						藤原師信	正四位上	経輔	道隆	院別当	
						藤原隆宗	正四位下	良基	道隆	斎宮職事	
						源　顕仲	正四位下	顕房	村上	斎宮職事	
						源　高実	従四位上	高房	醍醐	姫宮(令子内親王)職事	
						源　師頼	従四位上	俊房	村上	摂政殿(師実)御譲	
						藤原宗通	従四位下	俊家	頼宗	院別当	
						高階為章	従四位下	為家	高階	院別当	
						藤原知綱	正五位下	惟綱	長良	摂政家司	
						藤原行綱	正五位下	仲頼	良門	摂政家司	
						藤原隆時	従五位上	清綱	良門	院判官代	
						藤原行実	従五位下	師行	伊尹	院判官代	
						藤原実義	従五位下	有綱	内麿	院判官代	
						狛　光季	従五位下	則高	狛		
						大神惟季	右近衛将監	晴遠	大神		
						多　資忠	左近衛将曹	節資	多		
寛治3	1088	1	11	堀河→白河院	大炊殿	藤原公実	正二位	実季	公季		後二・中・朝・本・玉
						藤原忠実	正四位下	師通	摂関		
						源　顕雅	従四位上	顕房	村上	無品内親王(媞子)別当賞	
						高階為章	従四位上	為家	高階	院司賞	
						源　有賢	昇殿	政長	宇多	父政長笛御師匠譲	
寛治4	1090	1	3	堀河→白河院	大炊殿	狛　光季	一階	則高	狛		後二・中・朝

						多　資忠	将監	筋資	多		
寛治4	1090	4	20	堀河→白河院	鳥羽殿	高階為章	正四位下	為家	高階	院司賞	後二・中・本
						藤原経忠	正五位下	師信	道隆		
						藤原長実	正五位下	顕季	末茂	判官代	
						藤原顕隆	従五位上	為房	高藤		
寛治5	1091	1	13	堀河→白河院	大炊殿	藤原忠実	従三位	師通	摂関	(中には記載ナシ。公に行幸院日賞)	後二・中
						源　顕雅	正四位下	顕房	村上	院別当	
寛治6	1092	2	29	堀河→白河院	六条院	源　雅俊	従三位	顕房	村上	院別当	後二・中・為
						源　師隆	従四位下	俊房	村上	中宮(媞子)御給	
寛治7	1093	1	3	堀河→白河院	六条院	藤原忠実	従二位	師通	摂関		後二・中
						藤原能実	正三位	師実	摂関		
						藤原隆時	従四位上	清綱	良門	院別当	
						源　顕通	従五位上	雅実	村上	中宮御給	
嘉保元	1094	1	3	堀河→白河院	六条院					(無勧賞)	中・扶
嘉保2	1095	1	2	堀河→白河院	六条院	藤原宗通	従三位	俊家	頼宗	院別当	中
						藤原隆時	正四位下	清綱	良門	院別当	
						源　能俊	正四位下	俊明	醍醐		
						藤原忠教	正四位下	師実	摂関	大殿(師実)御給	
						藤原顕隆	正五位下	為房	高藤	院判官代	
						藤原家政	正五位下	師通	摂関	関白(師通)息	
						橘　家光	従五位上	俊綱(養父家忠)	橘(師実)	女院御給	
永長元	1096	1	11	堀河→白河院	六条院	藤原行実	従四位上	師行	伊尹	院	後二・中・本
						藤原能仲	正五位下	基俊	頼宗	郁芳門院	
						源　師時	正五位下	俊房	村上	大殿御給(左兵佐)	
承徳元	1097	1	2	中止							中
承徳2	1098	7	20	堀河→白河院	堀川第(六条坊門)	藤原経忠	正四位下	師信	道隆	院司	中・長
						藤原家保	従五位上	顕季	末茂	院司	

康和元	1099	1	3	堀河→白河院	鳥羽殿	源　国信	従三位	顕房	村上	院別当	後二・中・本・長
						藤原家保	正五位下	顕季	末茂	院判官代	
						覚行	親王宣下	白河	王家		
康和2	1100	1	2	堀河→白河院	鳥羽殿	源　雅俊	従二位	顕房	村上		殿・中
						藤原宗通	従二位	俊家	頼宗		
康和3	1101	1	2	堀河→白河院	鳥羽殿	藤原宗通	正二位	俊家	頼宗	院司	殿・長・中
						源　雅俊	正二位	顕房	村上	院司	
康和4	1102	1	2	堀河→白河院	鳥羽殿	源　顕通	正三位	雅実	村上	非院司	殿・中・長
						藤原顕輔	正五位下	顕季	末茂	判官代	
						源　仲章	従五位上	光遠	宇多	非院司、院殿上人	
康和5	1103	1	2	堀河→白河院	鳥羽殿	藤原仲実	正二位	実季	公季	院司賞	殿・中・長・本
						源　国信	正二位	顕房	村上	院司賞	
長治元	1104	1	3	堀河→白河院	高松殿	藤原俊忠	正四位下	忠家	長家	院殿上人・臨時	中・為・朝
						藤原実隆	正四位下	公実	公季	院別当・春宮権亮	
						藤原信通	正五位下	宗通	頼宗	院別当	
長治2	1105	1	5	堀河→白河院	大炊殿	藤原国明	正四位上	師基	道隆	院別当伊予守	殿・中・永・朝
嘉承2	1107	1	3	堀河→白河院	土御門殿	藤原(橘)家光	従四位上	俊綱(養父家忠)	橘(師実)	判官代	殿・中
						源　雅定	正五位下	雅実	村上		
嘉承2	1107	3	5	堀河→白河院	鳥羽殿	源　師時	正四位下	俊房	村上	臨時賞(公)	殿・中・百
						藤原為房	正四位上	隆房	高藤	院別当	
天仁元	1108	12	20	鳥羽→白河院	六条院	藤原通季	正四位下	公実	公季	別当	殿・中
						藤原信通	正四位下	宗通	頼宗	別当	
						藤原忠通	正四位下	忠実	摂関	殿下御給、二階	
						藤原実行	従四位上	公実	公季	別当	
						高階宗章	従五位上	為章	高階	院司	
						藤原季通	従五位上	宗通	頼宗	院司	
						藤原顕経	従五位上	家通	道綱	院司	
						源　師子	正三位	顕房	村上	殿下(忠実)北政所	
						藤原光子	正三位	隆方	高藤	弁三位、公実室	

						狛　光季	一階	則高	狛		
天永元	1110	2	22	鳥羽→白河院	六条院	藤原忠通	従三位	忠実	摂関		殿・十三・永
						藤原成通	従五位上	宗通	頼宗		
天永2	1111	2	1	鳥羽→白河院	六条院	藤原忠通	従二位	忠実	摂関		殿・中・長
天永3	1112	2	11	鳥羽→白河院	六条院	藤原師季	正四位下	師成	師尹		殿・中
永久元	1113	1	8	鳥羽→白河院	六条院	藤原清隆	従五位上	隆時	良門		殿・長
永久2	1114	2	10	鳥羽→白河院	六条院	藤原全子	従二位	俊家	頼宗	殿下御給	殿・中・十三
						藤原公子	従三位	公実	公季	内御乳母・経忠室	
						藤原惋(悦)子	従三位	季綱	貞嗣	内御乳母・顕隆室	
						藤原重通	従五位上	宗通	頼宗	院判官代	
						藤原顕盛	従五位上	長実	末茂		
永久3	1115	2	11	鳥羽→白河院	鳥羽殿	高階宗章	従四位下	為章	高階		殿・中
						藤原全子	従一位	俊家	頼宗		
永久4	1116	2	19	鳥羽→白河院	白河殿	藤原実衡	正五位下	仲実	公季		殿・十三
永久5	1117	3	7	鳥羽→白河院	六条院						殿・十三
元永元	1118	2	10	鳥羽→白河院	白河殿	高階経敏	正五位下	経成	高階	非院司、非両方殿上人。只候院北面	中・十三
元永2	1119	2	11	鳥羽→白河院	白河殿	藤原忠宗	正四位下	家忠	花山院	非院司、散位	中・十三
						高階為重	従五位上	—	高階	非院司、散位	
保安元	1120	2	2	鳥羽→白河院	三条烏丸殿	藤原実能	正四位下	公実	公季	中宮(璋子)権亮	中・玉
						藤原忠長	従四位上	師実	師実	皇后宮(令子)権亮	
						藤原顕盛	従四位下	長実	末茂	兵衛佐	
						狛　行高	叙爵	高季	狛	左近将監	
						多　忠方	叙爵	資忠	多	右近将監	
保安2	1121	2	29	鳥羽→白河院	三条烏丸殿	源　有仁	正三位	輔仁(養父白河)	後三条	院御給	十三・一代・楽
						藤原実能	従三位	公実	公季	中宮(璋子)御給	
						狛　光則	左近将監	光季	狛	左一者	
						多　忠方	叙爵か右近将監	資忠	多	右一者	

保安3	1122	2	10	鳥羽→白河院	三条烏丸殿	源　有仁	正二位	輔仁（養父白河）	後三条		十三
保安4	1123	2	29	崇徳→白河院	—						飾
天治元	1124	1	5	崇徳→白河院	二条殿	藤原顕頼	従四位下	顕隆	高藤（顕隆）		朝・十三
						藤原経忠	従三位	師実	道隆	新院御給	
天治2	1125	1	3	崇徳→白河院	三条殿	源　有賢	正四位下	政長	宇多		中目・十三
大治元	1126	1	2	崇徳→白河院・鳥羽院	三条殿	藤原家成	従五位上	家保	末茂	新院御給（永昌記は女院分、三院御分カ）	永
						藤原清隆	従四位上	隆時	良門	女院分（永昌記は新院分）	
						高階為重	正五位下	—	高階	本院分	
大治2	1127	1	3	崇徳→白河院・鳥羽院	三条東洞院殿	藤原成通	正四位下	宗通	頼宗	本院	中
						藤原為忠	従四位下	知信	長良	女院	
						藤原実信	従四位下	保実	公季	新院	
大治3	1128	1	2	崇徳→白河院・鳥羽院	三条烏丸殿	藤原清隆	正四位下	隆時	良門		中目
						藤原家成	従四位下	家保	末茂	新院御給（正／14）	
大治4	1129	1	20	崇徳→白河院・鳥羽院	三条殿	藤原家成	従四位上	家保	末茂	新院御給	中・長
						藤原公教	従四位上	実行	公季	新院御給	
大治5	1130	10	1	崇徳→白河院	三条東洞院殿	藤原経隆	正五位下	基隆	道隆		中・長
						藤原親隆	従五位上	為房	高藤	女院御給	
天承元	1131	1	2	崇徳→鳥羽院	三条東洞院殿	藤原頼長	従四位下	忠実	摂関	女院	長
						藤原公能	正五位下	実能	公季	院	
						狛　光則	一階	光季	狛	散手賞	
						多　忠方	一階	資忠	多	帰徳賞	
						多　近方	近将監カ	資忠	多	採桑老賞	
長承元	1132	1	2	崇徳→鳥羽院	三条東洞院殿	藤原実衡	正四位下	仲実	公季		中・洞
						藤原重通	正四位下	宗通	頼宗		
長承2	1133	1	2	崇徳→鳥羽院	二条万里小路第	藤原頼長	従二位	忠実	摂関		中・兵
						藤原経宗	正五位下	経実	師実		
						源　師仲	従五位上	師時	村上		
長承3	1134	1	5	崇徳→鳥羽院	六条院	藤原実行	正二位	公実	公季		中・朝

						藤原頼長	正二位	忠実	摂関		
						源　信雅	正四位下	顕房	村上		
						藤原憲方	従五位上	為隆	高藤		
保延元	1135	1	4	崇徳→鳥羽院	三条東洞院殿	藤原公教	従三位	実行	公季		中・長
						藤原家成	正四位上	家保	末茂		
						源　有賢	正四位上	政長	宇多	院分	
保延2	1136	1	5	崇徳→鳥羽院	二条万里小路第	源　時俊	従四位上	基綱	宇多	前斎院(統子)分	中・長・台
						藤原公通	正五位下	通季	公季	女院分	
						藤原為通	正五位下	伊通	頼宗	一院分	
						多　忠方	一階	資忠	多	胡飲酒賞	
						狛　光則	一階	光季	狛	散手賞	
保延3	1137	1	4	崇徳→鳥羽院	二条万里小路第	藤原隆季	正四位下	家成	末茂		中
保延4	1138	1	2	崇徳→鳥羽院	六条院	藤原経忠	従二位	師信	道隆		中・台
						藤原宗輔	従二位	宗俊	頼宗	女院御給	
						藤原伊実	従五位上	伊通	頼宗	前斎院御給	
保延4	1138	8	4	崇徳→鳥羽院	六条院						体
保延5	1139	1	4	崇徳→鳥羽院	六条院カ	源　行宗	従三位	基平	三条	女院御給	十三・楽
						藤原忠雅	従四位上	忠宗	師実		
						藤原季行	従五位上	敦兼	道綱	前斎院御給	
						多　近方	一階	資忠	多	貴徳賞	
						狛　光則	一階	光季	狛	散手賞	
						多　忠節	右近将曹	忠方	多	胡飲酒	
保延6	1140	1	2	崇徳→鳥羽院	院御所	藤原季成	従三位	公実	公季	女院分	十三・一代
保延6	1140	10	22	崇徳→鳥羽院	白河殿	藤原為通	従四位上	伊通	頼宗		台・本
康治2	1143	1	3	近衛→鳥羽院・皇后(得子)	小六条院	藤原伊通	正二位	宗通	頼宗	院別当	台・本
						藤原宗能	正二位	宗忠	頼宗	皇太后宮(聖子)大夫	
						藤原顕頼	正二位	顕頼	高藤	院分	
						藤原成通	正二位	宗通	頼宗	皇后宮(得子)権大夫	
						藤原家成	従二位	家保	末茂	院別当	
						源　資賢	正四位下	有賢	宇多	院別当	

						高階盛章	正四位下	宗章	高階	院別当	
						高階泰兼	従四位上	成経	高階	皇后宮大進	
						藤原行通	従四位上	信通	頼宗	新院御給	
						藤原光隆	従四位下	清隆	良門	院判官代	
						高階為基	従四位下	—	高階	皇后宮大進	
						藤原惟方	正五位下	顕頼	高藤	皇后権大進	
						藤原顕時	正五位下	長隆	高藤	判官代	
						藤原季行	正五位下	敦兼	道綱	皇后宮御給	
						藤原家明	正五位下	家成	末茂	暲子内親王給	
						藤原有成	正五位下	敦宗	内麿（日野）	摂政（忠通）家司	
						源　信時	正五位下	国信	村上	摂政室（全子）給	
						高階通憲	正五位下	経俊（養父実兼）	高階（貞継）	院判官代	
						藤原顕遠	正五位下	長隆	高藤	皇后宮権大進	
						源　盛定	正五位下	盛長	醍醐	摂政家司	
						平　時信	正五位下	知信	桓武	院判官代	
						藤原為経	正五位下	為忠	長良	皇后宮少進	
						藤原忠子	従三位	俊忠	長家	暲子内親王給	
						狛　光時	一階	光季	狛	太平楽賞	
						多　近方	一階	資忠	多	退宿徳舞賞	
天養元	1144	1	5	近衛→鳥羽院	押小路殿	藤原忠能	従三位	経忠	道隆	院	台・本
						藤原公信	—	実信	公季	新院	
						高階清章	—	宗章	高階	皇后	
						藤原頼実	—	顕保	末茂	暲子内親王	
						藤原季家	—	敦兼	道綱	皇太后	
						源　季兼	—	俊兼	醍醐	摂政室	
						藤原家子	従三位	家政	師通	御乳母	
久安元	1145	1	4	近衛→鳥羽院	六条院	藤原公教	正二位	実行	公季	院分	台・本
						藤原重通	従二位	宗通	頼宗	宮分	
						藤原公能	従二位	実能	公季	院分	

						藤原伊実	従四位上	伊通	頼宗		
						藤原実長	正五位下	公行	公季	皇后御給	
						藤原政業	従五位上	有成	内麿(日野)		
						藤原長成	従五位上	忠能	道隆		
						藤原教宗	従五位上	忠基	師実		
						藤原成親	従五位上	家成	末茂		
久安2	1146	2	1	近衛→鳥羽院	小六条院	藤原季成	従二位	公実	公季	本院	台・本
						平　清盛	正四位下	忠盛	桓武	皇后宮	
						高階泰兼	正四位下	成経	高階	通子給	
						藤原家房	正五位下	家保	末茂	高陽院姫宮給	
						藤原信頼	従五位上	忠隆	道隆	白川姫宮(叡子)	
						狛　光時	一階	光季	狛	左近将監	
						多　近方	一階	資忠	多	右近将監	
久安3	1147	1	2	近衛→鳥羽院	三条東洞院殿	源　雅国	正四位下	国信	村上	摂政家北政所	台・本
						藤原光隆	従四位上	清隆	良門	一院	
						源　師国	従四位上	師俊	村上	高陽院	
						藤原通重	従四位上	通基	頼宗	前斎院	
						藤原季行	従四位上	敦兼	道綱	皇后宮	
						藤原家明	従四位上	家成	末茂	白川姫宮(叡子)	
						源　師盛	正五位下	師俊	村上	高陽院姫宮	
						藤原清成	昇殿	清隆	良門	御乳母子清隆卿子	
						藤原為通	免恐懼	伊通	頼宗	皇太后宮権亮	
						源　師仲	免恐懼	師時	村上	右近衛中将	
久安4	1148	1	3	延引	四条東洞院殿						台・本
久安5	1149	2	13	近衛→鳥羽院	小六条殿	藤原光隆	正四位下	清隆	良門	一院御給	本
						藤原俊盛	従四位上	顕盛	末茂	皇后宮御給	
						藤原重家	従四位下	顕輔	末茂	北政所(従一位宗子)給	
						藤原公保	正五位下	実能	公季	一院御給	
						藤原公光	正五位下	季成	公季	姫宮(暲子)給	

						藤原信能	従五位上	宗能	頼宗	皇后宮御給	
久安6	1150	1	20	近衛→鳥羽院	白河殿	藤原実長	正四位下	公行	公季	暲子内親王給	台・洞
						藤原公親	正四位下	実能	公季	統子内親王給	
						藤原俊盛	正四位下	顕盛	末茂	美福門院御給	
仁平元	1151	1	2	近衛→鳥羽院	高松殿	藤原師長	正四位下	頼長	摂関	院御給	台・本
						高階清章	従四位下	宗章	高階	女院御給	
						藤原光家	正五位下	家範	道隆	院御給	
						藤原実定	正五位下	公能	公季	暲子内親王給	
						藤原基家	従五位上	通基	頼宗	統子内親王給	
仁平2	1152	1	3	近衛→鳥羽院	高松殿	藤原公保	従四位上	実能	公季	統子内親王給	台・本
						源　定房	従四位上	雅兼（雅定養子）	村上	女院御給	
						藤原忠兼	従四位上	家忠	師実	院御給	
						藤原実国	従五位上	公教	公季	暲子内親王給	
仁平3	1153	1	2	近衛→鳥羽院	白河押小路殿	藤原兼長	正二位	頼長	摂関	院司賞	兵・本
						藤原師長	正三位	頼長	摂関	院司賞	
						藤原朝方	正五位下	朝隆	高藤	院判官代	
						藤原信盛	正五位下	顕盛	末茂	女院御給	
						藤原定隆	正五位下	清隆	良門	暲子内親王給	
						藤原頼憲	正五位下	憲方	高藤	統子内親王給	
久寿元	1154	1	2	停止							台・山・兵
保元3	1158	1	10	後白河→美福門院	白河押小路殿	藤原経宗	従二位	経実	師実	春宮御給	兵・藥・朝・百・楽
						藤原公通	正三位	通季	公季	春宮御給	
						藤原光頼	正三位	顕頼	高藤	院御給	
						源　通能	正五位下	雅兼	村上	姫宮	
						藤原公房	従五位上	実房	公季	春宮姫御前	
						狛　光時	一階	光季	狛		
						多　忠節	任右一	忠方	多		
平治元	1159	1	3	二条→後白河院	法住寺殿	藤原基房	正二位	忠通	摂関	行幸院賞	山
						藤原忠雅	従二位	忠宗	師実	別当	

						藤原公光	従三位	季成	公季	別当	
						藤原顕長	従三位	顕隆	高藤（顕隆）	別当	
						藤原惟方	従三位	顕頼	高藤（顕隆）	別当	
						藤原兼実	従四位上	忠通	摂関		
						藤原実房	正四位下	公教	公季	女院御給	
						藤原成親	正四位下	家成	末茂	信頼卿譲	
						藤原成範	正四位下	通憲	貞嗣	別当	
						平　教盛	従四位下	忠盛	桓武	院判官代	
						藤原実宗	正五位下	公通	公季	皇后御給	
						藤原実守	正五位下	公能	公季	中宮御給	
永暦元	1160	10	11	二条→後白河院	三条大炊御門殿	源　雅通	従二位	雅憲	村上	別当	山・朝
						藤原光頼	従二位	顕頼	高藤（顕隆）	別当	
						藤原兼実	従二位	忠通	摂関	別当	
						平　重盛	従四位上	清盛	桓武	院司	
						平　教盛	正四位下	忠盛	桓武	院司	
						藤原実守	従四位下	公能	公季	皇后宮（忻子）御給	
						藤原基家	従四位下	通基	頼宗	院御給	
応保元	1161	1	4	二条→後白河院	法住寺殿						遊
応保元	1161	1	27	二条→後白河院	東三条殿	藤原忠雅	正二位	忠宗	花山院	別当	朝
						藤原公光	正三位	季成	公季	別当	
						源　資賢	従三位	有賢	醍醐	別当	
						藤原季経	従四位下	顕輔	末茂		
						平　宗盛	従五位上	清盛	桓武		
応保2	1162	1	10	二条→後白河院	東三条殿	藤原兼実	正二位	忠通	摂関	行幸院賞	一代
						藤原顕時	正三位	長隆	高藤	八条院御給	
						藤原顕長	正三位	顕隆	高藤（顕隆）	院司	
						藤原実綱	従四位上	公教	公季	女御琮子給	
						藤原親房	正五位下	親雅	高藤	院御給	
						藤原実清	従四位下	長輔	末茂	八条院御給	
長寛元	1163	1	2	二条→後白河院	法住寺殿	藤原実房	正三位	公教	公季	女御給	顕・朝

						藤原公光	従二位	季成	公季	院	
長寛2	1164	1	26	二条→後白河院	法住寺殿	藤原光隆	正三位	清隆	良門	院司	朝
						藤原雅隆	正三位	光隆	良門	前女御琮子給(建久2.11.21)	
						藤原俊盛	従三位	師盛	末茂	院司	
						藤原実光	正四位下	有信	内麿(日野)	院御給	
永万元	1165	1	2	二条→後白河院	法住寺殿	藤原頼季	従四位上	清隆	良門	女御琮子給	朝・顕
						藤原実家	正四位下	公能	公季	皇后宮御給	
						藤原定能	従四位下	季行	道綱	院	
仁安2	1167	1	28	六条→後白河院	法住寺殿	源　師仲	従二位	師時	村上	院司	玉・愚・顕・兵・朝・百
						藤原公保	従二位	実能	公季	院司	
						藤原隆季	従二位	家成	末茂	院司	
						藤原顕長	従二位	顕隆	高藤(顕隆)	院司	
						藤原顕時	従二位	長隆	高藤	院司	
						藤原実房	従二位	公教	公季	院司	
						平　重盛	従二位	清盛	桓武	院司	
						藤原資長	正三位	実光	日野	院司	
						藤原成頼	正三位	顕頼	高藤(顕隆)	院司	
						藤原顕広	正三位	俊忠	長家	院司	
						藤原成範	正三位	通憲	貞嗣	院司	
						平　頼盛	正三位	忠盛	桓武	院司	
						藤原忠親	従三位	忠宗	師実	院司	
						藤原清隆	正四位下	隆時	良門	摂政(基房)家司	
						藤原俊経	従四位上	顕業	日野	中宮(育子)御給	
						高階泰経	正五位下	泰重	高階	院司	
						高階資泰	正五位下	泰兼	高階	中宮	
						藤原盛方	正五位下	行隆	高藤(顕隆)	院司	
						藤原朝親	正五位下	朝隆	高藤	摂政家司	
						藤原光能	正五位下	忠成	長家	院司	
						藤原兼光	正五位下	資長	日野	臨時	

						藤原季能	正五位下	俊盛	末茂	院司	
						藤原光雅	正五位下	光頼	高藤(顕隆)	院司	
						平　清経	正五位下	重盛	桓武	女御殿(滋子)御給	
						平　親宗	従五位上	時信	桓武	院司	
						藤原光範	従五位上	永範	貞嗣	院司	
						豊原時秋	一階	時元	豊原	陵王賞	
仁安3	1168	8	4	高倉→後白河院	法住寺殿	藤原朝方	正三位	朝隆	高藤	別当	玉・兵
						平　時忠	正三位	時信	桓武	別当	
						藤原実綱	従三位	公教	公季	別当	
						藤原家通	従三位	重通	頼宗	別当	
						藤原信隆	従三位	信輔	道隆	別当	
						藤原定隆	従三位	清隆	良門	別当	
						平　知盛	正四位下	清盛	桓武	別当	
						藤原伊保	正四位下	伊実	頼宗	別当	
						藤原光能	正四位下	忠成	長家	別当	
						源　通親	正四位下	雅通	村上	臨時	
						藤原頼実	正四位下	経宗	師実		
						藤原泰通	従四位上	惟孝	高藤	臨時	
						藤原雅隆	従四位上	光隆	良門	別当	
						藤原頼輔	従四位上	重家	末茂	臨時	
						平　重衡	従四位下	清盛	桓武	臨時	
						平　通盛	従四位下	教盛	桓武	院判官代	
						源　通具	従四位下	通親	村上	祖父内大臣(雅通)仁安3年朝覲行幸賞(建久8.1.5)	
						平　基親	正五位下	親範	桓武	院判官代	
						藤原顕方(頼憲)	正五位下	憲方	高藤	院判官代	
						平　忠度	正五位下	忠盛	桓武	院判官代	
						藤原親雅	正五位下	親隆	高藤	院判官代	

						平　信基	正五位下	信範	桓武	院判官代	
						源　通資	正五位下	雅通	村上		
						藤原盛頼	正五位下	家成	末茂	判官代	
						藤原光憲	正五位下	通憲(実父は貞憲)	貞嗣	判官代	
						平　親宗	正五位下	時信	桓武	皇太后宮(滋子)御給	
						高階信章	正五位下	—	高階	判官代	
						藤原有隆	従五位上	顕時	高藤(顕隆)	判官代	
						藤原憲定	従五位上	説定	惟孝	判官代	
						平　時実	従五位上	時忠	桓武		
						平　時家	従五位上	時忠	桓武		
						多　忠節	一階	忠方	多	右近大夫将監	
嘉応元	1169	4	28	高倉→後白河院	法住寺殿	藤原長方	従四位上	顕長	高藤(顕隆)	院別当	兵・百
						平　時実	正五位下	時忠	桓武	建春門院判官代	
嘉応2	1170	1	3	高倉→後白河院	法住寺殿	藤原重家	従三位	顕輔	末茂	院別当	玉・愚
承安元	1171	1	13	高倉→後白河院	法住寺殿	藤原為親	従四位上	親隆	高藤(顕隆)	建春門院御給(1.19)	玉・愚
						源　雅賢	正五位下	通家	醍醐	院御給	
						平　時実	従五位上	時忠	桓武	女院御給	
承安2	1172	1	19	高倉→後白河院	法住寺殿	藤原隆房	従四位上	隆季	末茂	院御給	玉
						平　通盛	従四位上	教盛	桓武	建春門院御給	
承安3	1173	1	13	高倉→後白河院	法住寺殿	藤原頼定	従三位	経定	師実	院分	玉・愚
						藤原公時	正五位下	実国	公季	建春門院御給	
承安4	1174	1	11	高倉→後白河院	法住寺殿	平　時忠	従二位	時信	桓武	建春門院御給	玉・顕・朝
						藤原実教	従四位下	公親	公季	院御給	
安元元	1175	1	4	高倉→後白河院	法住寺殿	藤原光隆	正二位	清隆	良門	院御給	玉・朝
						藤原実国	正二位	公教	公季	御笛師賞	
						藤原隆忠	従四位上	基房	摂関	建春門院御給	
						多　忠節	一階	忠方	多	右近大夫将監	
安元2	1176	1	3	高倉→後白河院	法住寺殿	藤原忠親	従二位	忠宗	師実	建春門院御給	玉・朝
						藤原信隆	正三位	信輔	道隆	院御給	

						藤原光憲	従四位上	通憲(実父は貞憲)	貞嗣	院御給	
治承2	1178	1	4	高倉→後白河院	法住寺殿	平　宗盛	正二位	清盛	桓武	院御給	玉・山・顕
						藤原家房	従四位上	基房	摂関	上西門院治承2年朝覲行幸賞(文治2.5.28)	
治承3	1179	1	2	高倉→後白河院	法住寺殿	平　清宗	従四位下	宗盛	桓武	院御給	玉・山・顕
						平　資盛	従四位下	重盛	桓武		
						源　資時	従四位下	資賢	宇多		
治承4	1180	4	8	中止(高倉諒闇)	福原亭	平　資盛	従四位上	重盛	桓武		
寿永2	1183	2	21	安徳→後白河院・平徳子	法住寺殿	藤原成範	正二位	通憲	貞嗣	院別当	玉・吉・百
						藤原雅頼	正二位	雅兼	村上	院別当	
						藤原朝方	正二位	朝隆	高藤	院別当	
						藤原光能	正三位	忠成	長家	院別当	
						平　通盛	従三位	教盛	桓武	建礼門院別当	
						高階泰経	従三位	泰重	高階	院別当	
						藤原公時	正四位下	実国	公季	院司	
						藤原公守	正四位下	実定	公季	院司	
						藤原基範	従四位上	成範	貞嗣	院司	
						藤原有隆	従四位上	顕時	高藤(顕隆)	院司	
						藤原公衡	従四位上	実守	公季	皇后宮(亮子)	
						平　能宗	従五位上	宗盛	桓武	八条准后(藤原通子)	
						平　信清	正五位下	信範	桓武	摂政(基通)家司	
						平　完子	従三位	清盛	桓武	摂政(基通)室	
						藤原公衡	従四位上	実守	公季	皇后(亮子)御給	
文治3	1187	11	8	後鳥羽→後白河院	鳥羽南殿	藤原忠良	正二位	基実	摂関(近衛)		玉・吉・百
						源　雅賢	従三位	通家	宇多		
						藤原資頼	正五位下	宗方	高藤(顕隆)	院司	
						藤原長兼	従五位上	長方	高藤(顕隆)	院司	
建久元	1190	1	27	後鳥羽→後白河院	六条西洞院殿	藤原公信	従五位上	実房	公季	殷富門院御給	玉・百
建久7	1196	1	17	停止(八条院の御悩)							

建久8	1197	4	22	後鳥羽→七条院	三条烏丸殿（七条院御所）	藤原実教	従二位	公親（実父家成）	公季(徳大寺)	非参議	三・猪
						藤原隆衡	従四位上	隆房	末茂		
						藤原能光	従五位上	光綱	高藤	民部卿(藤原経房)譲	
						藤原信清	追申請	信隆	道隆(坊門)		
						平　親長	昇殿	親宗	桓武	判官代	
						藤原範子	従三位	範兼	貞嗣	内御乳母、能円室のち通親室	
						藤原□子	従五位下	—	—		
						狛　則近	従五位下	行則	狛	太平楽	
正治元	1199	11	27	土御門→後鳥羽院	二条殿	藤原家実	正二位	基通	摂関(近衛)	摂政譲院司賞	三・猪・明・百
						藤原隆房	正二位	隆季	末茂		
						藤原宗頼	従二位	光頼	高藤(顕隆)	別当	
						藤原兼宗	正三位	忠親	師実(中山)	院司	
						藤原信清	正三位	信隆	道隆(坊門)	院司	
						藤原公定	従四位上	実宗	公季(西園寺)	院司	
						源　通具	従四位上	通親	村上(堀川)	父内大臣院司賞	
						藤原範光	従四位下	範兼	貞嗣		
						藤原長房	従四位下	光長	高藤		
						藤原兼基	従四位下	基通	摂関(近衛)	殿下御給	
						源　有雅	正五位下	雅兼	宇多		
						藤原宗信	従五位上	宗保	末茂	七条院御給	
						多　好方	従五位下	近方	多		
						多　近久	一階	資忠	多		
建仁元	1201	1	23	土御門→後鳥羽院	二条殿	藤原公経	正三位	実宗	公季(西園寺)	春宮御給	三・猪
						藤原長房	従四位上	光長	高藤	院御給	
						藤原国通	正五位下	泰通	頼宗	七条院御給	
						藤原資頼	従五位上	宗方	高藤(顕隆)	一品宮(昇子)給	
						藤原恒子	従三位	—	—	内御乳母	
						多　忠成	将監	忠節	多	胡飲酒賞	

元久2	1205	1	19	土御門→後鳥羽院	京極殿	藤原隆衡	正三位	隆房	末茂	院司	百・明・源
						源　雅親	正三位	通資	村上	一品宮・父譲	
						藤原道家	従三位	良経	摂関(九条)	摂政息	
						藤原光親	従四位上	光雅	顕隆	院司	
						藤原兼信	従五位上	定輔	道隆(水無瀬)	御琵琶師賞	
						藤原寿子	従三位	基房	摂関(松殿)	摂政(良経)室	
						源　隆子	従三位	—	—	御乳母	
建永元	1206	1	—	土御門→後鳥羽院							明
承元元	1207	1	2	土御門→後鳥羽院	高陽院	藤原長経	正三位	実清	末茂	一品(昇子)内親王御給	百・猪・三・明
						藤原頼平	正四位下	頼実	師実(大炊御門)		
						藤原親定	正四位下	定輔	道隆	院御給	
						藤原実氏	従四位上	公経	公季(西園寺)		
						藤原実嗣	従四位上	公継	公季(徳大寺)		
						藤原季子	従三位	—	—	春宮御乳母	
建暦元	1211	1	19	順徳→後鳥羽院(修明門院拝舞無し)	高陽院	源　定通	従二位	通親	村上(土御門)	春華門院御給	百・猪・業・長
						藤原光親	正三位	光雅	顕隆	修明門院御給	
						藤原範朝	正三位	範光	貞嗣		
						藤原親定	正三位	定輔	道隆	琵琶	
						藤原定高	従四位下	光長(養父長房)	高藤	院司賞譲	
						藤原宗嗣	正五位下	宗方	高藤(葉室)		
						藤原俊隆	従五位上	定隆	良門		
						藤原憲子	従三位	範光	貞嗣	順徳御乳母、源有雅室	
						狛　光真	従五位下	光近	狛	雅殿賞	
建保元	1213	3	11	順徳→後鳥羽院	鳥羽殿	藤原忠房	正二位	基房	摂関(松殿)	今日補院別当	明・百
						多　近久	一階	近方	多	長保楽賞	
						大神宗賢	一階	基賢	大神	笛一	
						狛　光真	一階	光近	狛	左一、雅殿賞	

建保2	1214	1	3	順徳→後鳥羽院	高陽院	藤原家良	正三位	忠良	摂関(近衛)		明・百
						藤原実親	正三位	公房	公季(三条)		
						藤原実基	従五位上	公継	公季(徳大寺)	修明門院御給	
承久3	1221	1	17	順徳→後鳥羽院	高陽院					雖非朝覲之礼有此事(百)	薬・百・常
貞応元	1222	1	20	後堀河→後高倉院	高陽院	藤原公俊	正三位	実房	公季(三条)	公宣卿譲	百
						藤原兼忠	正三位	家実(実父兼基)	摂関(近衛)		
						藤原高実	正三位	良平	摂関(九条)	父卿院司賞	
						藤原光俊	正四位下	光能	長家		
						藤原宗房	従四位下	宗隆	高藤(顕隆)		
						藤原家清	従五位上	家衡	末茂		
						藤原実光	従五位上	公国	公季(徳大寺)		
						源　顕親	従五位下	定通	村上(土御門)		
						狛　光真	一階	光近	狛	左一、万歳楽賞	
						大神景賢	一階	宗賢	大神	笛一、初度	
						多　好氏	従五位下	好節	多	右一、胡飲酒賞	
安貞2	1228	3	20	後堀河→北白川院	持明院殿	藤原定高	従二位	長房(実父光長)	高藤	院司	薬・園
						源　具実	従二位	通具	村上(堀川)	臨時	
						藤原隆親	従二位	隆衡	末茂	院司	
						藤原兼忠	従二位	家実(実父兼基)	摂関(近衛)		
						藤原頼資	正三位	兼光	内麿(日野)	院司	
						平　経高	正三位	行範	桓武	臨時	
						藤原資経	正三位	定経	高藤	安嘉門院院司	
						藤原家信	正三位	雅長	師通	北白川院院司	
						藤原光俊	正三位	光能	長家		
						藤原実平	正三位	公房	公季(三条)		
						藤原家時	正三位	親綱	師尹		
						藤原基定	従三位	成定	師実	左大臣(良平)譲	

						藤原親俊	従四位上	顕俊	高藤(顕隆)	臨時	
						藤原家時	従四位上	保家	頼宗(持明院)	院司	
						藤原為経	従四位上	資経	高藤	院司	
						藤原経行	従四位上	信雅	道隆	院司	
						平　時兼	従四位上	信国	桓武		
						多　好氏	一階	好筋	多	胡飲酒賞	
寛喜2	1230	1	2	後堀河→北白川院	停止						明
貞永元	1232	1	12	後堀河→北白川院	持明院殿	平　親長	正三位	親宗	桓武	非参議	柳
						藤原公相	従四位上	実氏	公季(西園寺)	内大臣(実氏)院司賞譲	
						藤原公光	従四位上	季成	公季	安喜門院院司賞	
建長2	1250	10	13	後深草→後嵯峨院	鳥羽殿	藤原冬忠	正二位	家嗣	師実(大炊御門)	院司	岡・楽
						藤原実藤	正二位	公光	公季(三条)	女院(大宮院)御給	
						源　雅光	従二位	通光	村上(久我)	院司	
						源　顕良	正三位	定通	村上(土御門)	院司	
						藤原通雅	正三位	定雅	師実(花山院)	院司	
						源　雅家	正三位	通方	村上(中院)	院司	
						源　定実	従四位上	顕定	村上(土御門)	権大納言源朝臣(顕定)賞譲	
						源　雅緒	従四位下	—	村上カ		
						藤原公宗	従四位下	実雄	公季(西園寺)		
						藤原資継	正五位下	資経	高藤(万里小路)		
						平　範忠	正五位下	範頼	桓武	摂政(兼経)家司	
						藤原実康	従五位上	公相	公季(西園寺)	前太政大臣(実氏)給	
						藤原貞子	従一位	隆衡	末茂		
						藤原仁子	従一位	道家	摂関(九条)	摂政室	
						平　棟子	従二位	棟範	桓武		
						多　久行	従五位上	筋近	多	退宿徳舞賞	
						戸部政氏	従五位下		戸部	同日叙爵	
						狛　近氏	一階		狛	同日叙留	

建長5	1253	1	28	後深草→後嵯峨院	鳥羽殿						百・体
弘長2	1262	1	4	亀山→後嵯峨院	法住寺殿						遊
弘長3	1263	2	13	亀山→後嵯峨院	亀山殿						一代
弘長3	1263	8	4	亀山→後嵯峨院	法住寺殿						遊
建治3	1277	1	22	後宇多→亀山院	亀山殿						一代・園
弘安10	1287	1	2	後宇多→亀山院	冷泉万里小路殿	藤原俊定	正四位上	経俊	高藤(坊城)		一代・続史
						藤原雅藤	正五位上	顕雅	顕隆	院司	
正応2	1289	3	23	伏見→後深草院・女院	鳥羽殿	藤原内実	正三位	家実	摂関(一条)	院司	伏・園
						藤原雅藤	正四位上	顕雅	顕隆	院司	
						平　経親	従四位上	時経	桓武	院司	
						藤原頼藤	正五位上	頼親	高藤(葉室)	院司	
正応4	1291	1	3	伏見→後深草院	常磐井殿	藤原実時	正三位	公蔭(実雄の猶子)	公季(清水谷・洞院)	中宮大夫藤原朝臣(公衡)院司賞	伏・勘
						藤原隆良	正三位	隆親	末茂(四条)	院司賞	
						藤原実明	従三位	公守	公季(正親町)	臨時(諸家伝：玄輝門院御給)	
						源　通時	従三位	通頼	村上(中院)	臨時	
						藤原家雅	従三位	長雅	師実(花山院)	東二条院御給	
						藤原家平	従三位	家基	摂関(近衛)		
						藤原俊光	従四位上	資宣	内麿(日野)	院司賞	
正安2	1300	1	11	後伏見→伏見・後深草院	富小路殿	藤原冬経	正二位	兼忠	摂関(鷹司)		伏・一代
						藤原定資	従四位上	俊定	高藤(坊城)	院司賞	
						藤原光方	正五位上	為俊	頼宗(中御門)	院司賞	
嘉元2	1304	1	2	後二条→後宇多・亀山院	延引(彗星)						園・続史
正和3	1314	1	2	花園→後伏見・伏見院	常磐井殿	藤原公秀	正二位	実躬	公季(三条)	広義門院御給	花・園
						藤原公賢	正二位	実泰	公季(洞院)	院御給	
						藤原師基	従二位	道平	摂関(二条)	永福門院御給	
						藤原兼信	正三位	師信	師実(花山院)	春宮大夫藤原朝臣(師信)院司賞譲	
						藤原資名	正四位下	俊光	内麿(日野)	院司賞	

						藤原忠兼(公蔭)	従四位上	為兼(実父実明)	公季(正親町)	玄輝門院御給	
						藤原冬雅	従四位上	家雅	師実(花山院)	従三位藤原経子給	
						藤原俊実	従四位下	師定	高藤(坊城)	院司	
						藤原経忠	従四位下	家平	摂関(近衛)	関白(家平)給	
						藤原孝重	従四位下	孝秀	説孝	正二位藤原朝臣(実衡)新院御琵琶師賞譲	
						藤原寛子	従三位	公寛	公季(阿野)	御乳母	
						豊原頼秋	一階	広頼	薗	楽人	
						狛　康朝	一階	近康	狛		
						多　久氏	一階	久資	多		
元亨元	1321	1	1	後醍醐→後宇多院	延引(神輿在洛)						花
元亨2	1322	1	3	後醍醐→後宇多院	常磐井殿	藤原宣房	正二位	資通	高藤(万里小路)	万里小路藤房院司賞譲	花・続史
						源　有忠	正二位	有房	村上(六条)	一院御給	
元亨3	1323	4	27	後醍醐→後宇多院	大覚寺殿カ						遊

[典拠略記一覧]　十三『十三代要記』、一代：『一代要略』、百：『百練抄』、扶：『扶桑略記』、後二：『後二条師通記』、中：『中右記』、中目：『中右記目録』、為：『為房卿記』、永：『永昌記』、朝：『朝覲行幸部類』、殿：『殿暦』、長：『長秋記』、台：『台記』、本：『本朝世紀』、兵：『兵範記』、宇槐：『宇槐記抄』、山：『山槐記』、愚：『愚昧記』、顕：『顕広王記』、吉：『吉記』、吉秘：『吉部秘訓抄』、婚：『婚記』、洞：『洞院家部類』、三：『三長記』、明：『明月記』、猪：『猪隈関白記』、源：『源家長記』、蘂：『玉蘂』、後愚：『後愚昧記』、岡：『岡屋関白記』、伏：『伏見天皇宸記』、園：『園太暦』、園別：『園太暦別記』、勘：『勘仲記』、花：『花園天皇宸記』、続史：『続史愚抄』、遊：『御遊抄』、体：『体源抄』、楽：『楽所補任』、常：『常磐井相国記』、柳：『柳原家記録』、飾：『飾抄』

※　この他、『公卿補任』、『弁官補任』、詫間直樹編『皇居行幸年表』(続群書類従完成会、1997年)を参照した。

補論二　中世公家社会における叙位の一考察——尻付の「臨時」を素材として——

はじめに

従一位　藤原良基
正三位　藤原実材広義門院当年御給
従三位　藤原重兼一院当年御給
正四位下　藤原有範時臨　藤原為名時臨
　源資英時臨　藤原公村時臨
従四位上　藤原経家時臨　藤原実持院当年御給
　藤原実時時臨　藤原朝光時臨
　賀茂定秀時臨　安倍親宣時臨
　安倍泰尚時臨
従四位下　藤原公定徽安門院当年御給　源顕氏時臨
正五位上　藤原朝房時臨
正五位下　源具通時臨　藤原公熙時臨

藤原資顕時臨

藤原経音時臨

藤原保光時臨

従五位上

高階成重従下一

藤原実直時臨

藤原実綱春宮当年御給

藤原行茂時臨

藤原冬能時臨

従五位下

資方王寛和御後

源仲行式部

源通富氏

藤原信泰氏

橘業賢氏

藤原康貞陽徳門院当年御給

藤原康直延明門院当年御給

平茂繁寿成門院当年御給

藤原嗣房章徳門院当年御給

藤原頼方一品内親王当年給

和気仲尚諸司

藤原信光諸司

藤原氏房左近

藤原貞光右近

中原景有外衛

源満隆外衛

藤原盛家外衛

中原宗重外衛

藤原光春陽徳門院康永三年御給

藤原家顕西華門院暦応元年御給

藤原季富延明門院暦応二年御給

高階仲尚章徳門院去年御給

藤原基信時臨

藤原宗顕時臨

源忠長時臨

藤原忠高時臨

源兼邦時臨

清原教澄時臨

藤原貞国臨時(1)
貞和三年正月五日

前掲史料は貞和三年（一三四七）正月の恒例叙位の結果を示している。叙人の下部にみえる割書は叙位事由を表す「尻付」であるが、その大半が「臨時」と記されている点に注目したい。当叙位では、「従一位藤原良基」および年爵五件と「従下一」一件を除く加階二〇名は、全て「臨時」という事由である。

臨時の辞書的な意味としては、恒例や通常あるべき状態と対置される概念であるため、「臨時」が大半を占めるこの状況は、異常事態との認識が成り立つ。しかしながら、史料を検ずると、叙位事由の大半が「臨時」という例は、例えば仁治三年（一二四二）正月の叙位(2)をはじめ一三世紀後半以降では多見する。したがって、「臨時」は加階事由として常態化していると推察され、貞和三年の叙位は決して異例だとはみなし難いのである。

それでは、「臨時」とは具体的に如何なる事由を指すのであろうか。まずは尻付「臨時」の初見にさかのぼって検討を加えることとしたい。

なお、本稿で分析対象とするのは叙位事由を示す尻付の臨時（以下、「臨時」と記す）を指し、正月五日の恒例叙位に対する臨時叙位を指すものでない旨、確認しておく。

第一節　「臨時」の初見

叙位事由を検出する方法としては、尻付が明記される叙位簿を確認する必要があるが、伝存例が些少のため、主として貴族の日記および儀式書にみえる叙位関連記事と『公卿補任』から博捜して検討を進める。

管見の限りでは、承平二年（九三二）一一月二七日、関白藤原忠平四男師尹の叙爵例が「臨時」の初見である(4)。『公卿補任』の「承平二十一廿七従五位下。年十三今日元服。臨時叙レ之(3)」という表記から、一三歳で元服した当日に叙爵したことが分かる。「臨時にこれを叙す」と副詞的に記載されているため、厳密には尻付「臨時」とはみなし難いが、この事例について今少し検討を加えておきたい。

右の例は服藤早苗氏が指摘されている元服叙爵の一例である。[5] 元服叙爵とは、摂関・太政大臣など「有功公卿子孫」[6]の嫡妻子が原則として正五位下に、庶子が従五位上に元服と同時に叙爵する制度であるが、その初例は関白太政大臣藤原基経の三子（時平・仲平・忠平）の例にさかのぼる。

仁和二年（八八六）正月二日、内裏の仁寿殿において元服した一六歳の時平に、光孝天皇は自ら加冠し、正五位下の宸筆の位記を賜った。その位記には、「伯禽封レ魯。辟疆侍レ中。咨爾時平、名父之子、功臣之嫡。及二此良辰一、加二汝元服一。鳳毛酷似。爵命宜レ殊云々」[7]と記されており、「名父之子。功臣之嫡」であることが叙位の理由だと理解できる。次いで、寛平二年（八九〇）二月に二男仲平が殿上で元服したさい、宇多天皇が加冠、正五位下を授位した。[8] さらに、寛平七年（八九五）八月には一六歳で元服した忠平が、同階に叙されている。[9]

『選叙令』授位条には「凡授レ位者、皆限二年廿五以上一。唯以レ蔭出身者、皆限二年廿一以上一」とあり、大宝令の原則では二一歳以上が蔭位の初叙年限であった。[10] そして、一位貴族の嫡子が二一歳で従五位下に叙されるのをはじめ、父祖の帯位と嫡庶に応じて皇族・貴族子弟に位階を与える蔭位制はこの時期にはまだ機能していた。ただし、令規定よりも蔭位の適用が若年化するとともに、一〜二階上位が授与される傾向が指摘されている。[11] このような風潮を考慮しても、時平らの例は蔭位制に比して破格の処遇だといえる。

元来、律令制下の位階授与の原則は「凡臣事レ君、尽レ忠積レ功、然後得二爵位一」[12]とあるように、官人としての天皇に対する個人の功績に基づいて授位された。しかし、蔭位制はこの原則に反して、父祖の功績が世襲されるという性質を導入することになったのだが、その場合でも、内舎人などなんらかのかたちで当人が朝廷に出仕して、天皇に仕えた後、二一歳前後ではじめて位階が与えられる原則だから、全く出仕経験のない人物が父祖の功績のみによって、元服と同時に五位という高位に叙されるように変化したことは、貴族社会の編成原理や位階制の歴史を考える上で大きな画期と位置づけられよう。

さらに延喜一三年（九一三）正月七日、贈太政大臣正一位藤原時平の二男顕忠が一六歳で「東宮御給」により叙爵したのを濫觴として、[13]元服後の恒例もしくは臨時叙位において、院宮御給や氏爵を用いて叙爵する例が散見するようになり、一〇世紀半ば村上朝になると、参議以上の子息にまで広がった。

それゆえ、御給や氏爵等を得ることなく、蔭位制にも依拠せず、父祖の功績のみによって元服時に授位する事由として、「臨時」なる表現が用いられたと考えられる。ただし、摂関子弟の元服叙爵が定着してくると、次第に「臨時」の尻付は特記されなくなっていった。[14]

一方、加階における「臨時」の初見は、貞元元年（九七六）正月七日、藤原義懐が従五位上に昇った折の尻付である。摂政太政大臣藤原伊尹五男の彼は、天禄三年（九七二）正月七日の元服時の叙位において、「大臣息」なる事由で従五位下に叙され、永観二年（九八四）、妹懐子所生の花山天皇が受禅した直後に正三位に昇った。その尻付には「女叙位次。臨時。外舅」と記されているので、[15]「大臣息」や「外舅」という立場に関わって授位されるさいに「臨時」という表現が使用されたのではないかと推察する。

また、永延元年（九八七）正月七日、摂政藤原兼家の子息左少将道長が従四位上に昇った時の尻付「臨時。御傍親」からも同様の傾向が看取されるため、「臨時」とは摂関子弟や外戚関係者などが、天皇との近親を理由として昇進する事由であるとの理解が導かれよう。

果たして同様の事例は、兼家息道綱、摂政太政大臣実頼の養子実資、関白道隆の息道頼、同隆家、関白頼通の息師実、関白師実の息師通などの昇級においても確認できる。[16]

如上より、一〇世紀前半、蔭位制とは無関係に「有功公卿子孫」が元服と同時に叙爵する慣例が成立するのにともなって、「臨時」に叙爵するという表現が出現し、一〇世紀後半の円融朝には、加階に関しても年労や年爵等に拠らず、天皇との近親性を拠り所とする昇級事由として「臨時」という尻付が使用されるにいたったと理解する。

つまり、蔭位制や年労制による叙爵や加階が一般的な当時にあって、官歴の有無、年齢、年労に関わらず、また、年爵や氏爵でもなく特別な天恩によって授位される場合の理由が「臨時」だと指摘できるであろう。したがって、一〇世紀における「臨時」なる事由による昇進原理は、本人の官歴を論ぜず、父祖の功績が子の叙位に反映する点に関しては蔭位制の論理をくみつつ、当人と天皇との近親性など特別な人格的関係が評価される点においては、昇殿制の原理との近似性が強いと評価されよう。

さて、「臨時」という事由による昇級を当該期の人々はどのように受け止めていたのであろうか。これを考える上で、次の史料は示唆に富む。

源中納言雅頼送レ書示、其息侍従兼忠加階料、女院御給可二申給一之状、令レ申二女院一之処、皆給レ人了。又御給事、関白進止也。仍力不レ及之由有レ仰。件人為レ余致レ志。此事不レ許尤遺恨。仍侍従加階料、有二仁安三年御給一。以二件年一可レ令レ申之由示二送之一。但件御給、去年秋叙二四位一之時、募レ彼可レ被レ叙之由、自二女院一被レ申了。而叙位之面不レ載二件之由一。仍人皆存二臨時恩之由一。爰知レ不レ被レ用二件御給一歟。加之、臨時加級、殊為二朝恩一之由、自二女院一被レ申レ院。彼時以二件御給一令レ叙之由無二勅報一。弥為二未給一之由所レ存也。(17)

これによると、源雅頼が息子侍従兼忠の加階について、皇嘉門院御給を女院に申請したところ、すでに他人の加級に利用した事実、また関白基房が彼女の御給を支配しているため、自身の力では如何ともし難い旨を語ったという。雅頼からこの知らせを聞いた兼実は、彼とは昵懇の間柄なので(18)、許可されないのは遺恨だとして、兼忠加階について、同院の仁安三年（一一六八）の未給を申請するようにと重ねてアドバイスしている。

但し、当該未給は去秋、兼実息良通が従四位下に叙された時、それを募って叙位がなされたと女院は語った。しかし、当該叙位にはそのこと（「未給」という尻付）が記載されていなかったので、人は皆、この昇級は「臨時の恩」によるものだと理解しており、仁安三年分の未給は使用されていないと思っている。その上、院からも「未給」を使って良通を昇級させるようにとの命令が皇嘉門院の許に伝えられていなかったというから、同未給は未使用のまま遺されている可能性が高い。要するに、兼実は兼忠の加階に尽力すべく皇嘉門院仁安三年の未給を申請するように雅頼に忠告しているのである。

ここで注目されるのは、「臨時加級、殊為二朝恩一」という表現である。文脈から後白河院の朝恩だと読み取れるが、年労・年爵などとは無関係に、治天の君の裁量で決定される叙位の事由を「臨時」と呼んでいる可能性が高いと推察できよう。そして、「臨時」による加級は、叙人がとりわけ深く感佩する尻付であるように見受けられる。

第二節　超越への対応としての「臨時」

次に、前掲とは異なる「臨時」の用例をとりあげたい。その初見は、天元四年（九八一）二月二三日、円融天皇平野社行幸における藤原為光正二位加階の例である。

同行幸で上卿を務めた大納言源重信が、同日勧賞により正二位に叙された。本行幸行事ではない為光が、「臨時」で正二位に叙されたのは、下﨟の重信に超越されるのを阻止するための方策であったと考えられる。官位下﨟の人物が上﨟を超して昇進することを「超越」という[19]。右大臣師輔息為光は、貞元二年（九七七）三月二六日に従二位に昇り、同年四月二四日大納言に補された。一方、重信は貞元三年一〇月二日に大納言となり、天元四年正月七日、従二位に昇級したばかりであった。仮に勧賞がそのまま実施されていれば、為光は重信に超越されたはずである。

このように、超越の阻止を目的とする昇級が、次第に史料上散見するようになる。

『公卿補任』には、治安三年（一〇二三）正月六日(五カ)、参議左大弁藤原朝経が正三位に「臨時」で叙せられたとみえる。『小右記』同月五日条によると、「関白(頼通)曰、左大弁申二加階一。雖レ無レ所レ拠勘二注前例一経二奏聞一可二定（申一者）、自二少弁一昇二左大弁一之労効尤多。古今無二比類一。又頻被レ超二下臈一。其愁尤切。可レ有二哀憐一之由定申了。被レ叙二正三位一」とあり、さして昇級すべき要因がないにも拘わらず、弁としての長年の労効と下臈によるたびたびの超越に対して哀憐の情を抱いた後一条天皇の意向によって、昇叙が実現したという経緯が読み取れる。

朝経は長和四年（一〇一五）二月一八日に参議、寛仁二年（一〇一八）七月一一日に従三位に昇って以来、二度も超越された経験をもつ。すなわち、一度目は同四年一一月二九日、下臈の参議藤原経通が「造宮賞」で、二度目は治安二年九月二三日、同じく藤原資平が「石清水行幸行事賞」で、朝経を越えて各々正三位に昇った。

以上のように、歴とした事由がないにもかかわらず、超越を回避するために特別の天恩によって昇級が許される場合の尻付が、本節で論じる「臨時」である。

ところで超越の可能性が生じた時、常に「臨時」等による処置が講じられるわけではない。超越回避を目的とした「臨時」による昇級事例を分析すると、昇級者に関して一定の傾向が看取される。ひとつは蔵人頭や大弁など、特定の官職・役職にある人物であること、もう一つは恪勤者であること。こうした場合に、優先的に超越回避措置が講じられる可能性が高い。

この推測を裏づけるために、長元四年（一〇三一）正月の叙位で、春宮亮藤原良頼が東宮御給により正四位下への昇級が決定したさい、これに随伴する超越を廻る対応をとりあげてみたい。

関白云、東宮御給々二亮良頼一正四位下。経任令レ申下可レ叙二正四位下一之由上如何者。余(実資)申云、経任者良頼之上臈、無二指事一為二良頼下﨟一(如脱カ)何時(侍)哉。四位正下者一世源氏之所レ叙也。但或非常之賞、或臨時之恩、蔵人頭近代叙二正下一之例(也)。為二蔵人頭一者被レ超二越宮亮一如何。殊被レ加二一階一無二深(指カ)難一哉。已有二天許一。書載了。[20]

右は、近衛中将上﨟の経任を同時に正四位下に叙すべきか否かについて、関白頼通から諮問された実資が、以下の理由により彼を昇級させるべきとの認識を示している。すなわち、そもそも蔵人頭は「非常之賞」や「臨時之恩」で正四位下に叙される慣例があること、さらに、蔵人頭が春宮亮に超越されるというのは如何か、という二つの理由である。この意見を採用した後一条天皇の決定により、経任は「臨時」で昇級を果たした。

類似の例として、長和四年（一〇一五）一〇月二一日の造宮勧賞の叙位では、内裏造営に携わった行事や国司とは別に、「此外蔵人頭二人兼綱資平・叙二正四位下一。臨時朝恩歟[21]」とあるように、造営行事所と直接的な関わりのない蔵人頭二人が行事賞による昇級で発生する超越を回避するために、特別の朝恩により昇級しているものもある。また、前掲朝経の例で、「自二少弁一昇二左大弁一之労効尤多。古今無二比類一」とみえることや、寛仁二年（一〇一八）七月一一日の造宮勧賞において、造営と直接関わりのない権左中弁藤原重尹が「臨時。恪勤[22]」により正四位下に叙されたように、恪勤者の超越回避措置が散見する。

如上、第二の用例として分析した「臨時」は、昇級する特段の理由がないにも拘わらず超越回避措置として天皇の特別の恩許により昇級させる事由という特徴が指摘できる。また、かかる「臨時」による昇級対象は、一〇〜一一世紀においては蔵人頭・大弁もしくは恪勤者等にほぼ限られており、実施件数も少ない。総じて院政期と比べれば、「臨時」はかなり限定的に利用されていたと理解できよう[23]。

これに対して院政期以降では、かかる用例は増加の一途をたどり、とりわけ後白河院政期において爆発的な広がりをみせる。

このような変化の背景には、授位原理の転換が想定される。すなわち摂関期においては、摂関子弟など一部の上流貴族を除き、基本的には官司で労を積むことが昇進の要件とみなされる年労制的な昇進制度が主流となっており、基本的に年功序列的な昇進が定着していたため、超越の発生自体が抑制されていた。

一方、年功序列的な性格とは相容れない年爵・勧賞等の非年労制的事由による昇進が急増するとともに、諸大夫層の昇進にまで適用範囲が広がった院政期において、年労制に基づく昇進によって築かれた秩序は著しく崩壊した。その結果、超越発生の可能性が飛躍的に高まり、家格下位者が上位者を超越する事態も頻出するようになった。かような昇進原理の大規模転換が当該期に果たされ、「臨時」による超越への対応が強く求められたのである。

「臨時」による超越回避の例は膨大な数に上るが、その一例をあげてみたい。

建久元年（一一九〇）一二月一四日実施の大原野行幸における勧賞では、「上卿追可二申請一。参議・弁其身叙レ之。外記・史譲レ子。参議実教上臈二人、臨時被レ叙レ之」[24]とみえるように、上卿権大納言藤原実宗は当日の昇級を見送り、外記と史は子息に昇進の権利を譲ったが、行事宰相実教と行事弁親経は各々一階昇級した。ここで実教の昇進にともなって、彼の上臈二人を「臨時」に授位する措置がとられている点に注目したい。

この二人とは、同年七月に権中納言に昇進したばかりの源通資と参議藤原能保だった。[25]前者は、後鳥羽天皇の乳母藤原範子の夫で、当代随一の権勢家と評された通親の弟であり、後者は源頼朝の同母妹を妻とした関係から頼朝の後援によって急速な官位昇進を果たしたことが知られるように、いずれも当代屈指の院の近臣や権勢家といえる人物である。

このように、勧賞等による超越が発生する可能性が出現するたびに、官位上臈に摂関家の子弟、院の近臣、権勢家、蔵人頭などが存在する場合には、「臨時」によって同時に昇級させることで、超越を阻止する慣例が定着していたと理解できよう。

ところで、冒頭に掲げた貞和三年の例にみえる「臨時」は、例えば、正四位下・従四位上・正五位下では、全件の尻付が「臨時」となっている点からも明らかなように、本節で検討した超越への措置としての用例とは明らかに異なる。(26)それでは、この「臨時」の特徴を次に検討しよう。

第三節　鎌倉期の叙位と「臨時」

いかなる時代・社会においても、人事に関する失態は為政者にとって人心を逸しかねず、昇進問題は細心の注意を要すべき課題の一つだといえよう。とりわけ中世公家社会においては、「叙位除目事、公事中第一大事只在二于此一。是人命之所レ繋、朝政之善悪只在レ此」(27)と謳われるように、「叙位除目事」は公事枢要と認識された。鎌倉期の朝廷もまたこの問題に砕心した様子がうかがえる。かかる状況を示す史料として、まず天福元年（一二三三）五月二一日付「関白九条道家奏状」をとりあげたい。

この奏状は、前年一〇月に即位した四条天皇の外祖父にして鎌倉幕府四代将軍頼経の父であり、権勢の絶頂にある道家が、二歳の幼帝への奏状という形式をとって、自身の施政方針を表明したものと位置づけられている。(28)公正な任官・叙位の実現と、公平な裁判の実施を徳政の柱として掲げている同状のなかで注目したいのは、「見任公卿数輩籠居之条、人頗有レ所レ傾レ誠。非レ無二其謂一。或所レ恨有二其理一。或所レ申無二其理一。然而有二譜代一可レ優之家、有二才能一難レ棄之人」(29)がいるとして、九条基家、三条実親、徳大寺実基という道家と政治的立場の近い現任公卿三名の名をあげて、彼らの籠居について、理由を一々とりあげ、その行為を正当化して容認するとともに、今後欠員が生じたさいには彼らを昇進させるべきとする見解を述べている点である。

このように、道理のない超越だと当事者が認識した場合、公事への不参、籠居、さらにエスカレートすると、出家によって抵抗の意志を示すという行為が、当時の公家社会に蔓延し、深刻な社会問題化していた。しかもその行為は一定度の理解が得られ、容認されるべきものとみなされていたと解される。このような実状を踏まえて、道理のある任官・叙位を実践することが為政者にとって重要課題だと道家は認識していたのである。[30]

しかし、仁治元年（一二四〇）正月の恒例叙位において、西園寺公経息で弱冠一四歳の実藤が「臨時」にて正三位に叙されたことに対して、平経高が「自二今春一可レ被レ行二善政一云々。事可レ始レ自二叙位除目一之由、予議之処、実藤卿叙二正三位一如何。年齢太幼少之上、昨今之卿相也。無レ程又以一階之条、豈可レ然哉。相国禅門之命、一切不レ被二相背一之間、官途世路之政務万事如レ此。善政之沙汰太無レ詮歟[31]」と評しているのは、実に興味深い。

経高の言の如く、実藤は前年正月に「従一位藤子給（掄脱カ）」、すなわち准后掄子（公経女・道家室）の年爵で従三位に昇ったばかりであるにも拘わらず、「臨時」にて早速の昇進を重ねたのである。後述の通り、ここでいう「臨時」とは、治天の君の意向による昇級事由と考えられるため、幼帝四条親政下の当「臨時」は、道家と公経の意向で実行されたとみて間違いなかろう。このような非道理な人事が、先の新制を掲げた当事者によって断行されているのである。

これに関連して、摂政近衛兼経と経高との徳政の敢行をめぐる意気込みの相違が注目される。

予（経高）申云、宣下之条々未レ知二其篇一之間、難レ申二左右一。臨二其期一可レ申二子細一歟。抑叙位除目仰事漏二此篇一歟。未レ承二其事一如何。被レ行二善政一之本意、只在二此要須一也。於二他事一雖レ有二沙汰一、至二此一事一漏二其篇一者、自余事更不レ可レ有レ詮也。但至二諸訴之決断一、如レ被二仰下一、真実可レ有二施行一者、又是徳政之最要也。所詮、其至要可レ在二任官加爵諸訴已上三ヶ条事一也。其外事者、被二加行一者神妙。又雖レ不レ被レ行、至二此三事一有二施行一者、他事之行否不レ可レ及二沙汰一歟。事之大事只可レ在二此三ヶ条一者。仰云、叙位除目事者、臨二其期一可レ有二沙汰一歟云々。此事頗不審。見二御気色之体一、不レ可レ叶歟。仍其後諸事無レ益之間、強不二執申一。只善政者第一可レ在二任官加爵一事也。其事無二遵行一者、他事全無レ詮歟。案二事体一、一切不レ可レ叶事也。[32]

右の史料は、年初以来の彗星の変により、徳政施行をめぐる評定が催された場での遣り取りである。兼経から訴訟の興行、記録所の監督強化、倹約の事の三項が示されたのに対して、経高は、「徳政之最要」は「可レ在二任官加爵諸訴已上三ヶ条事一」「事之大事只可レ在二此三ヶ条一」との認識を示して、未だ実行に移されない「叙位除目事」の新制編目への採用を、「其事無二遵行一者、他事全無レ詮歟」と強要して、徳政敢行への強い意気込みが看取される。これに対して、「臨二其期一可レ有二沙汰一歟」と兼経は歯切れが悪い。

「非道理」の叙任によって、自身も超越される事態を蒙りかねない名家出身の実務官僚系貴族経高と、最上級の家格である近衛家出身という立場の相違が、公平な叙位・除目を希求する温度差として現れていると考えられるが、それ以上に、道家・公経によって朝務が領導される当該朝廷で、無力な若輩摂政は、「叙位除目事」を徳政の編目に掲げることすら困難を極め、彼らの恣意的な叙任を抑制する方策が打てなかったというのが実相であろう。

人事はさまざまな利害関係や思惑があり、権力者の恣意が発揮される。また「非道理」と受け止める基準は人により一様ではないため、道理のある人事を実施するのは至難である。「善政之沙汰」とは所詮、実現不可能なことであろう。

しかし彼らとて、人事問題を全く放置したわけではない。為政者が憂慮する公家籠居等の問題の多くは、超越問題に起因している。そして、超越発生の主要因は年爵と勧賞による叙任であった。それゆえ、超越を回避して道理ある人事を目指す政治的課題を実行するためには、この二事項への対策が必須だと考えられる。

果たして、鎌倉中・後期の公家新制には、任官・叙位に関わるものが散見するが、なかでも弘長三年（一二六三）八月一三日の宣旨にみえる

一、可三諸院宮叙位御給為二叙爵一事

仰、階級之恩、流例已存。然而近代人之昇進、頗濫。於□□何可レ為ニ叙爵一。[33]

では、院宮給による早速の昇進を抑制するため、諸院宮の年爵による叙位を叙爵に抑えるべき方針が示されている。[34]正中元年（一三二四）正月の恒例叙位において、広義門院が加階を申請した時、「非ニ当代国母一者、加階事被レ止」[35]という理由で申請が退けられたように、弘長宣旨以降、加階は基本的に治天の君と当代国母の年爵に限定され、[36]その制限はかなり厳密に守られていたことが、尾上氏の調査[37]によって明らかにされている。

このように、年爵に関してはかなり厳格な規制が実践されたのである。それでは、勧賞への対策はなされたのであろうか。

該事案を検討するさいに着目したい事実がある。それは、神社行幸、朝覲行幸、さらには御願寺・内裏（里内裏）・院御所の大規模造営など、いずれも多くの勧賞をともなう行事の実施回数が、鎌倉期、特に後嵯峨院政期以降、大幅に減少するという点である。[38]確かに勧賞の数を減らす最も有効な手段の一つは、それが実施される行事自体を低減、もしくは停止することであろう。もっとも、各々の行事は種々の目的をもって遂行されるのであり、それらの増減に関しては、神祇祭祀、王権、財政など多面的な要因を考慮して論じられるべきであり、にわかに断ずることはできない。

しかしながら、目的を異にする行事がほぼ同時期に実施回数を減じている事実、さらには先述した新制との関わりを考慮するならば、「道理」ある叙位実現のために、超越発生主因の一つである勧賞を随伴する儀式の挙行を抑制した可能性は、強ち否定することもできないであろう。

ただし、年爵の規制と勧賞の抑制という方針をもって、当時の朝廷が年労制を基軸とする旧態の昇進制度に戻ることを志向したと考えるのは早計だと判断される。なぜなら、年労制的な秩序は夙に崩壊しているからである。それでは如何なる昇進原理が求められたのであろうか。新制が目指す叙位のあり方を探り検討してみたい。

先に検討した新制における年爵制限とは、治天の君とその妻后である当代国母のみに加階の権利を独占させようというものである。そして、第二章で論じたように、妻后の年爵の決定権は治天が掌握していたから、結局のところ、原則として治天の君の管掌下にある年爵のみに、加階の権限を収斂したといえるのである。

加えて、第四章で検討した通り、平安中・後期に出現した勧賞のうち、非「官方行事」に関する勧賞の特質は、「給主」（授賞の権利を有する人）との人格的関係が授位決定において最重要視される点にあるが、この勧賞の機会が著しく制限されたのである。

つまり、院政期以降の貴族の昇進という側面において、とりわけ影響力の大きい――すなわち加階の主要な事由となっていた――年爵および非「官方行事」勧賞における授位決定要素は、第一に、給主／「給主」との人格的関係であり、第二に、主人への日常的な精勤の度合いであって、それらを総合して最終的には給主／「給主」の意向如何に左右されるという特徴があった。このような、人格的関係を重視した「中世的な叙位原理」に基づく叙位の権限を、治天の君のもとに統合することが、新制の目指すところであったと考えられよう。

かかる経緯を踏まえて、「中世的な叙位原理」に基づく叙位事由として出現したのが第三の用例として本節で検討した「臨時」なる尻付なのだと諒解する。

以上第一～三いずれの用例においても、「臨時」とは治天の君の意向による昇級事由を示す尻付という特徴が通底している。そして一三世紀以降に多見する「臨時」は、明確な理由がなくとも、また何らかの行事を実行せずとも、治天の君の意志によって授位可能かつ年間の実施回数や授位の高下の制限などもない叙位事由だといえる。かかる事由が中世には位階昇級の大半を占めるようになり、諸院宮の叙任権は著しく制限された。結果として叙位全体への統制が治天の君のもとに一元化したと総括できよう。

また、如上の動きと並行して、持明院・大覚寺両統による王家領荘園の集積が進められた。その結果、公家社会で展開してきた本家たる院宮を核とする貴族との多様な人格的関係が、治天の君のもとに加速度的に集約されることになったと考えられるのである。

おわりに――尻付「臨時」と「同日位記」――

貴族たちの官位渉猟運動や超越をめぐる相論は、新制の志向とは相反して、沈静化するどころか鎌倉後期にはむしろ激化の一途をたどる。

当該期における超越に関わる対立とその対応の特徴を探るべく、元応元年（一三一九）正月の叙位における花園院御給をめぐる動きに着目したい。

> 今日叙位。朕給隆有可レ申二正三位一之由約二諾之一。而雅行被二超越一之段不便之由頻歎申。仍申二家高従上四位一也。(39)
>
> 自二法皇一被レ進二御書於院御方一。朕給二菅原家高従上四位一超二越数輩一了。菅家無二乱階一之由面々訴申。又傍儒多申二子細一。
>
> 仍可レ申二他人一之由被レ申。雅行正三位事、可レ被レ申之由申了。即被レ申レ之。(40)

この事例で興味深いのは次の二点である。

ひとつは、院政期以来、超越をめぐる相論は散見するところであるが、家高に越された者のみならず、「菅家無二乱階一」「傍儒多申二子細一」とあるように、同族や同輩からも不満や批判が噴出している状況であり、もうひとつは、治天の君たる大覚寺統後宇多法皇が、持明院統の長たる後伏見院を介して、花園院の御給を改変するように指示しており、治天の君が皇統の長を通じて給主間の年爵を調整、統制する権限を有しているとみられる点である。

ここで想起されるのは、市沢哲氏の研究である。[41] 氏は、鎌倉後期公家社会の構造を分析した結果、公家の家分立のピークは鎌倉後期にあり、八割以上が鎌倉末期までに完成すると指摘される。その結果、氏・門流・家内部における家産や官位をめぐる相論が深刻化し、抗争が激化すると、所領相論の場合には、最終的には本所間の相論へと発展するため、職の体系によらぬ治天の君の裁断の必要性が高まり、結果として治天の君の専制的な性格が強まっていったと論じられている。

さらに、このような公家社会構造において両統が分裂すると、統の交替ごとに治天の君の裁許が覆されたり、人事執行の有効性が左右され、最終的には治天の君の権力・権限が相対化され得るという興味深い指摘がなされている。

治天の君の裁量で授位される「臨時」の出現とその利用拡大傾向も、まさに市沢氏が論ぜられた鎌倉後期公家社会の構造と密接に連関していると解せよう。

つまり、院政期以来の超越をめぐる相論は、分家の進行と相関して時代を経るごとに激化し、籠居や若年出家という社会問題を惹起した。その結果、公家新制にみられるが如き年爵の運用規制や勧賞の抑制が実施されるようになり、各給主／「給主」独自の裁量に依拠する授位機会を極めて制限して、治天の君の統制下に叙位決定権の多くを集中させることで、可能な限り超越の発生以前になんらかの措置を講じるなどして調整を図り得る環境を整備したと推察する。

しかしながら、分家の進行によってこれまで以上に官位の争奪が激化し、些細な問題にも人々は敏感に反応して抗争が深刻化したため、一件一件の叙位に対する治天の君による統制が、一層求められたといえるであろう。

時を同じくして多見するようになるもう一つの現象は、「同日位記」[42]の発行である。これは超越発生後の対処法のひとつだと位置づけられよう。すなわち、事後に被超越者を加階し、その位記発行の日付を超越発生日ないしはそれ以前にさかのぼらせることにより、臈次の乱れを復する措置である。
叙位事由の大半が「臨時」となる背景や「同日位記」の増発という鎌倉後期以降に急増する現象は、以上のように説明できよう。

ところで、治天の君の統制下にある「臨時」は、年爵のように年間の回数や授位階の制限もなければ、勧賞のように行事を実施する必要もないため、貴族の求めに応じて乱発される可能性を孕んだ危うい事由でもあった。加えて、両統の分裂は、己が有利となる裁許や昇進機会を得ようとして治天に群がろうとする貴族等の動向[43]と、彼らのかかる行動や心理を利用して、自統に取り込みを図ろうとする治天の思惑とによって、裁許の変更や所領所職・官位などの恩賞が乱発される社会の到来をもたらした[44]。なかでも、数に制限のない位階は恰好の恩賞として中世社会に根づき、結果として、院政期をはるかにしのぐ公卿を輩出する結果を招いたと考えられよう。

かかる動向は、恩賞の乱発に依拠せずとも政治基盤を確立し得る強力な権力と権威を有する支配者が出現しない限り、繰り返されたものと推察される。恩賞の乱発は南北朝期にさらに激化した[45]。

室町殿の権力が確立する義満期になると、天皇または院に代わり室町殿が叙位除目に関与し、彼の折紙に基づいて叙任が実施されるようになる[46]。例えば応永二年（一三九五）正月五日の叙位では、室町殿の介入がみられるが、この日の叙人総数五六名のうち、加階三八名中三七名の事由が「臨時」（残る一名は「従下一」）、叙爵一八名のうち、氏爵四名、御給二名、年労（諸司・諸衛）七名、「臨時」三名、不明二名という内訳である[47]。このように、最高権力者の意向を反映した昇進事由である「臨時」が加階事由の殆ど全てを占めるという叙位方式は、中世を通じて定着していったといえるのである。

（1）『園太暦』貞和三年正月五日条。

（2）『経光卿叙位執筆別記』仁治三年正月五日条。
（3）『公卿補任』天慶八年藤師尹の項。
（4）服藤早苗「元服と家の成立過程――平安貴族の元服と叙位――」（『家成立史の研究――祖先祭祀・女・子ども――』、校倉書房、一九九一年）。他にも、玉井力「道長時代の蔵人に関する覚書――家柄・昇進を中心にして――」（『平安時代の貴族と天皇』、岩波書店、二〇〇〇年、初出は一九七八年）などを参照。
（5）服藤氏注(4)所引書。
（6）『新儀式』五「臨時下」（殿上小舎人加元服事）。
（7）『朝野群載』巻一二「内記」。
（8）『日本紀略』『扶桑略記』寛平二年二月一三日条。
（9）『日本紀略』寛平七年八月二一日条、『公卿補任』昌泰三年藤忠平の項。
（10）蔭位制に関しては、野村忠夫『増訂版　律令官人制の研究』（吉川弘文館、一九七八年、原版は一九六七年）、仁藤敦史「蔭位授与制度の変遷について――慶雲三年格を中心にして――」（『古代王権と官僚制』、臨川書店、二〇〇〇年、初出は一九八九年）、田原光泰「蔭位授与制度の再検討」（『日本歴史』六一九、一九九九年）などを参照。
（11）加納宏志「九世紀における蔭位制度の実態的考察」（『金城大学紀要』六号、一九八二年）。
（12）『令集解』巻第一「官位令第一」。
（13）『公卿補任』承平七年藤顕忠の項。
（14）のちには摂関猶子や新興勢力である平家一門の子弟（重衡など）の叙爵において、「臨時」が散見する。
（15）『公卿補任』永観二年藤義懐の項。
（16）『公卿補任』各人の項目を参照。
（17）『玉葉』治承元年正月一四日条。
（18）なお、雅頼と兼実とは交誼が篤く、政況などについて屢々語り合っている。特に雅頼の家人である中原親能は、源頼朝と早くからの知音であったことが知られ、彼から伝達される関東の重要情報や極秘情報を、雅頼を通じて兼実は入手しており、さまざまな方面で両者の昵懇の間柄がうかがえる（『玉葉』治承四年一二月六日、寿永二年九月四日・一一月四日の各条、『平家物語』巻五など）。

(19) 百瀬今朝雄「超越について」（『弘安書札礼の研究――中世公家社会における家格の桎梏――』、東京大学出版会、二〇〇〇年、初出一九九六年）。

(20)『小右記』長元四年正月五日条。

(21)『小右記』長和四年一〇月二二日

(22)『公卿補任』長元二年藤重尹の項。

(23)『左経記』長元五年正月六日条。

(24)『玉葉』建久元年一二月一四日条。

(25) 行事任命時には、通資が参議一﨟、能保が同二﨟、実教が同三﨟であった（『公卿補任』）。

(26) ところで、『公卿補任』の記述は、鎌倉後期（建長年間）以降より杜撰となり、尻付を欠き、昇進事由不明の例が増加する。なかでも「臨時」の尻付が欠落している事例が多いため、複数の記録を照合して叙位事由を確認する必要がある（例えば、「行幸行事藤原為兼卿叙㆓二位㆒。而公尹卿為㆓上﨟㆒。仍臨時被㆑付㆑上了」〈『京都御所東山御文庫記録　甲二七四』正応三年一二月八日条〉とみえるが、『公卿補任』正応三年藤公尹の項目には「一二月八日叙㆓正三位㆒」とのみ記されており、尻付は欠落している）。さらに、「臨時加級之者有㆓其数㆒。然而注文無㆓尻付㆒」（『玉葉』治承三年正月五日条）や、「旧簿等検見之処、臨時加級之者無㆓尻付㆒」（『玉葉』安元元年一二月一八日条）とあるように、「臨時」の尻付は本来記されるべきものであった（『山槐記除目部類』仁安元年八月二七日条）が、次第に記されなくなっているため、「無㆓尻付㆒」事例のなかに「臨時」を事由とする昇進が含まれている可能性は高いと推察する。したがって、さらに多数の「臨時」加級が存在したと想定することも可能である。

(27)『貫首秘抄』（『群書類従』七公事部所収）。

(28) 本郷和人「九条道家の執政」（『中世朝廷訴訟の研究』、東京大学出版会、一九九五年）。

(29)「九条家文書」天福元年五月二一日九条道家奏状案（『天理図書館善本叢書和書之部六八　古文書集』、八木書店、一九八六年）。

(30) 道家の「後白河院・隠岐院御時、世務之失多在〻之歟」(注29所引史料)との謂から、後白河・後鳥羽両院政下の人事・訴訟のあり方にこそ、かかる問題の元凶があると理解されていた事実がうかがえる。
(31) 『平戸記』仁治元年正月六日条。
(32) 『平戸記』仁治元年二月二〇日条。
(33) 弘長三年八月一三日(亀山天皇)宣旨(『鎌倉遺文』八九七七号文書)。
(34) 年爵の給主は依然増加傾向にあり、後鳥羽院政期から後醍醐朝末(一一九八〜一三三六年)における院と女院の人数は、院一〇名、女院五七名に上る。さらに后宮を含めると、給主数はかなりの数におよぶ。女院を出自別に分類すると、内親王(女王)女院が三一名、摂関(近衛・九条・一条)家が七名、その他が一九名(うち閑院流――西園寺家が七名、三条・徳大寺・洞院家が六名――が一三名)となる。すなわち鎌倉期における給主存在形態の一つの特徴として、摂関家出身者の割合が相対的に低くなり、西園寺家をはじめとする閑院流出身者が増加し、王家出身者は前代より引き続き多数を占める点が指摘できる。
(35) 『花園天皇宸記』正中元年正月五日条。
(36) 新院や政治的に有力な一部の女院の場合は例外もみられる。
(37) 尾上陽介「鎌倉時代の年爵」(『明月記研究』二、一九九七年)。
(38) 『公卿補任』によると、勧賞は当該期を通して確認される。ただし、「行事賞」が行われる主要な機会である神社行幸が、後嵯峨朝以降では、一代に三度行われるにとどまり、「勧賞」が行われる朝覲行幸も、後深草朝(後嵯峨院政期)になると実施回数が低下する。さらに、大規模な御願寺の造営も後鳥羽院の最勝四天王院以降、減少した。したがって、鎌倉期半ば以降、勧賞に依存してきた昇進機会が相対的に減少していると解される。
(39) 『花園天皇宸記』元応元年正月五日条。
(40) 『花園天皇宸記』元応元年正月七日条。
(41) 市沢哲「中世公家徳政の成立と展開」、同「鎌倉後期の公家政権の構造と展開――建武新政への一展望――」(『日本中世公家政治史の研究』、校倉書房、二〇一一年、初出は一九八五・九二年)。
(42) 「同日位記」、「去某日位記」などの用例については、『公卿補任』建治元年(堀河基俊)の項、『花園天皇宸記』

元亨四年七月二六日条（冷泉為藤）、元弘元年一二月二六日条（藤原実継）、『師守記』康永三年六月二四日条（藤原敦定と源盛季）などを参照。

（43）『勘仲記』弘安一〇年一〇月一七日条。

（44）笠松宏至氏は、中世的人間関係の一つのタイプとして「主従制議論」を武士以外にも深めていくべきと提唱され、内乱期の後醍醐と僧との関係に分析を加えられた。さらに室町殿との関係にも発展的に検討を進められている（「僧の忠節」、『法と言葉の中世史』、平凡社、一九八四年）。内乱という状況が恩賞の乱発を招いた点は首肯されるが、内乱期の特異性という側面のみでなく、中世成立期以来の恩賞的叙任の展開という側面も考える必要があろう。

（45）公卿が激増している状況（『公卿補任』）や、『建武年間記』所収「二条河原落書」などを参照。

（46）例えば、『荒暦』応永三年正月五日条に「室町殿被ㇾ執ㇾ申折紙、従一位良嗣卿以下五六人也」とみえる。

（47）『京都御所東山御文庫記録　甲一六』所収『後愚昧記』応永二年正月五日条。

第五章　平安貴族社会における叙位制度の展開と特質

はじめに

かつて、石母田正氏が古代国家論のなかで、「官僚制国家において、官人を律するための有効な手段は、国家が官人の意識の内部を支配することにあり、その決定的な手段はかれらの『昇進』を掌握すること」にある。つまり、「国家は『昇進』を媒介として国家目的を実現する」[1]と述べられたように、昇進制度の構築が集団を支配・統制する上で最重要課題の一つであることは、如何なる社会・時代においても普遍的な特徴であろう。

実際、考課成選制など律令制下の昇進制度は律令国家の支配理念や官僚機構の問題と関連づけた検討が加えられてきた。しかし、それが変化する平安時代・中世における昇進制度は、律令官位制度の変質論として議論されてはいるものの、形骸化という評価が長らく支配的であり、積極的な検討は試みられなかった[2]。ところが、平安貴族社会の実証的研究の進展にともない、平安時代の諸分野における研究が飛躍的に発展してきた今日、官位制や叙位・除目に関する研究も急速に深められつつある[3]。

しかし、複雑多様な昇進制度が展開するという実状も影響して、個別制度の解明に主軸が据えられ、個々の制度の有機的な関連や平安中期以降の昇進制度の総体的な把握は未だ十分には行われていない。

加えて、昇進制度の変化と連動するはずの律令官司制の変質、中世朝廷官司制度の形成過程、貴族社会構造の

変化、中世王権の成立などと人事・昇進制度との関連性を追究する視角も必ずしも十分であるとは言い難いのが現状である。(4)

そこで本章ではかかる点に着目して、律令制下の人事・昇進制度が平安中期以降、如何に変化したのか、またその変化が中世公家社会さらには中世社会全体に如何なる影響を及ぼしたのかを解明することを目指したい。

さて、石母田氏は位階制度には、有位者集団内部における「身分的差別の設定」と、一方で「天皇との関係において は、有位者=臣下として同一平面上におかれる」という二つの側面があり、かかる性質が「位階制度をして、天皇または国家の権力基盤を拡大してゆくための有力な組織的手段たらしめ」、「位階の授与」が「中央の統一体の権力拡大の組織原理」(5)であったと述べられている。しかし、一〇世紀までに六位以下の位階は形骸化が進み下位位階が意味を失った結果、公民層に対する積極的な組織化・権力基盤拡大の機能を有しなくなった。そして、広い範囲への君恩が収縮して、有位者集団内部においても特権保証対象を限定する傾向が強くなり、「位階の組織化の機能」(6)は著しく低下したと評価されている。(7)

確かに、律令制下における位階制度の性質や組織化の機能は、平安時代に大きく変質し形骸化した。しかし、律令官位は、中世以降も支配者層の身分標識として機能し続け、幕末まで存続する。しかも、中世には武家官位や村落における官途成にみられるように、公家社会のみならず武家社会や村落における身分標識、秩序形成手段として利用されるようになるという実態を考慮すると、位階は中世社会において新たな組織化の機能を獲得していると推察されよう。

さすれば、律令制下の位階制から如何なる変容を遂げたのか、平安時代の位階や叙位の展開過程を追究することは、形骸化という評価に終始しない、平安時代や中世という時代に即したそれらの機能や意義を解明するとともに、現在、必ずしも相互連動しているとは言い難い、古代の官位制度研究と武家官位・村落の官途成を含めた中世以降の官位研究とを繋ぐ分析視角を提示する可能性もでてくるであろう。

近年、中世・近世における武家官位研究は急速に深められ、歴代の武家政権が「従来の律令的官位制を換骨奪胎した、政権内部における」独自の「身分秩序統制システムとして」[8]武家官位制を構築、利用した実態を明らかにしている。そして、中世以降も官位が求められ続け、それによって官位制の頂点に位置する天皇の権威を希求させる状況が常に現出する所以が議論されている。また、「官位授与のような形式的事柄であっても、それがどのような政治的条件において利用されるかにより、意義・有効性や行使形態は異なってくる」ため、「具体的政治の中での具体的役割を解明する必要がある」[9]との提言もなされている。

右の議論や指摘と課題を踏まえつつ、本章では、主として叙位に焦点をあてて律令制下から中世にいたる昇進制度変容の実態を解明し、その特徴を考察したい。そして、如上の課題と関心に鑑み、第一～四章および補論一・二における個別制度の検討結果と先行研究の成果を踏まえ、当該期の叙位を中心とする昇進制度を総体的に把握し、その全体像の素描を目指すこととする。加えて中世社会における位階の組織化の機能をも明らかにしたいと思う。以上の検討を通じて、平安時代における位階や叙位制度の変化が、中世社会の形成に如何に寄与したのかを考察したい。

具体的には、ひとつは平安時代から中世にいたる律令官司制の再編と中世朝廷の官司制度の成立過程、そして、もうひとつは貴族社会、王権の変化に注目して、これらと昇進制度が如何に対応しつつ変容したのか、その変遷過程を分析する。そして、平安中・後期に主眼を置きつつも、八世紀律令制下の昇進制度から一三世紀末頃までを分析の射程に入れて、中世的な位階昇進制度が如何にして形成されたのかを論じるとともに、かかる昇進制度が該期社会の統制や組織化に有した機能について言及することとしたい。

第一節　律令制下の叙位制度

(一)考課成選制

日本古代の律令制下における官人の叙位に関しては、野村忠夫氏による膨大な研究成果[10]がある。氏の研究に基づいて、律令官人の勤務評定と位階昇進制度である考課成選制について、はじめにとりあげておきたい。

考課成選制下では、官制上の出勤方法の区分（内長上・内分番・外長上・外散位）に基づき、勤務評定を受けるのに必要な年間の勤務日数（上日）等に相違があるものの、官人は皆、「善」という徳目項目と、「最」という職務達成基準によって、毎年本司の長官に評定され（「考仕」）、これを一定年数積み重ねる（「成選」）と、その総合成績によって位階が進められた。

例えば、常勤の中央官人である内長上の場合、年間二四〇日以上の上日が勤務評価の前提となり、これをクリアした官人は本司長官から、「善」と「最」による「上上」から「下下」の九等級評価を毎年受ける。そして、「中中」以上の評価を六年間獲得すると、一階昇進できるという規定であった。このような考課成選制は、基本的には統一的な基準と機械的な評価算出に基づく勤務評定であり、官僚制に適合的な昇進制度だと評価できよう。

しかし、五位以上の勅授は天皇の意向が授位に大きく反映するため、考課・成選の結果が直接かつ単純に昇進に反映されることはなかった。ただし、その結果が全く無視されていたとは考え難い事実が、吉川真司氏によって明らかにされている[11]。

氏は八世紀の定例叙位の間隔を調査して、五位以上の加階は養老年間まで成選と関係があったとし、次いで八～九世紀の叙爵者の本位を集計した結果、嵯峨朝まで成選による叙爵が行われていた可能性が高いと指摘されている。また、成選文書が太政官に上申される三省申政の日程が、『貞観式』や『延喜式』では二月一〇日であるのに対して、『弘仁式』太政官式では二月一〇日、式部式では正月三日とみえることから、後者の場合、五位以上の叙位が実施される恒例叙位の式日（正月五日）に間に合うように設定されており、弘仁年間までは成選と叙爵がリンクし得た可能性が高く、天長年間（八二四〜八三四）に分離したと結論された。

これに対して早川庄八氏は、成選叙位の実施例が『続日本紀』霊亀元年（七一五）四月丙子条を最後として六国史上にみえないこと、また、和銅末年頃から正月の叙位において五位以上の加階と叙爵が大量に実施されるという事実、以上二点から、勅授は霊亀元年前後に成選と切り離され、正月叙位に移行、恒例化したと論ぜられた[12]。

また、奈良時代の叙位儀礼について検討された西本昌弘氏は、大宝令制下の叙位には位記と位記案（位案）が作成されていたが、養老令制下に授位簿（授簿）が加わり、『延喜式』にみえる位記・位案・位帳の原型になったと考えられること、さらに、叙位が実施される場が、勅授と成選が連動して一斉叙位が実施されたと考えられる時期には、朝堂やこれに準じる広い空間において叙位が実施されたが、養老七年（七二三）以降は、即位・改元・外国使節参列時の叙位は大極殿や朝堂で行われるものの、それ以外の平時では内裏（大安殿・内安殿・南殿）や中宮・皇后宮などで実施されるのが一般的になる点などから、「史料的な制約もあって確定的なことは言いにくく、吉川説の成立する余地は依然として残されていると思う[13]」と指摘しつつも、八世紀の早い時期に勅授と成選とが分離したとする早川説が成り立つ可能性を示唆している。

そしてさらに九世紀（弘仁年間）以降では、正月五日に叙任の詮擬が行われ、叙位簿をもとに位記が清書されたのち、位記請印が引き続き行われるのに対して、八世紀の五日叙位議では叙位簿に基づき位記が清書されるだけで、位記請印は七日節会当日、天皇が出御し、位記作成の直接的な決裁権を行使している点から、八世紀は後世よりも天皇の直接的意思の入る余地が大きいが、九世紀（弘仁年間）以降は議政官が裁量しうる部分が相対的に増え、必ずしも天皇の臨席を前提としなくても運用できる叙任選抜システムが形成されたと指摘されている[14]。

以上の通り、史料的制約もあり八世紀における叙位の実態は不明確な点が多く、叙爵に関する評価に限っては成選との分離時期は論者によって相違があるものの、加階に関しては先行研究の見解は概ね一致しているといえよう。

筆者は八世紀の叙位についての検討を実施していないため、結論は保留せざるを得ず、今後の課題であるものの、本書では八世紀の早い時期（養老年間頃）に勅授と成選とが分離したという見解に従いたいと思う。また、次節でとりあげる通り、昇進制度の構築・展開の背景には、律令天皇の位置づけや天皇―君臣関係の変化、さらに律令官司の再編などが密接に関連しているという点に注目するならば、西本氏の指摘が最も穏当だと考える。すなわち、八世紀の早い段階で勅授は成選と分離し、九世紀（弘仁年間）以降と比べて天皇の意向が強く反映されやすい形態の叙位が実施されていた可能性が高い、という考えに賛同して、以下行論を進めることとしたい。

ところで、官人の出身に関しては、日唐令における官人出身法を検討した古瀬奈津子氏によると、唐の五品以上の子孫と日本の五位以上の子孫（蔭子孫）とを比較した場合、日本では、三位以上の子孫と五位以上の子が蔭位制によって授けられる位階が、秀才以下の官人登用試験及第者に対して与えられるものより、唐制と比較して極めて高く、「日本古代の支配者層は世襲的であり、試験制度のような実力主義はなじま」なかったという。さらに、位子もまた唐の品子との比較から、同様に優遇の度合いが高いという特徴がうかがえ、概して「日本古代の官僚制は世襲的な色彩が強かった」[15]と論ぜられている。このように、唐の資蔭制に対して日本の蔭位制は世襲的要素が著しく強いという特色がうかがえ、かかる点において、日本の古代官僚は貴族制的な官僚制と評価できるであろう。

一方で、蔭位制の運用実態の推移を詳細に分析した仁藤敦史氏は、「蔭位授与は少なくとも奈良時代を通じて機械的になされていたわけでなく、徳行才用主義と王権の意思に大きく制約されていた」事実を明らかにし、慶雲三年格で「別勅処分」の対象として明文化されたのは、祖父の極位が三位以上で、さらに藤原氏や皇親氏族など天皇とミウチ的関係にあるという一層限定された人々に対してであり、授位には天皇の意思や選択が強く働いていたと推定されるという。

つまり、高位貴族の子孫であっても、無条件に議政官への参加が保証されていたわけではなく、「天皇に親任された官人」であることが重視されるため、蔭位制は「王権の貴族層に対する相対的優位性を保証する制度として機能した」(16)と論じられている。

如上の議論を踏まえ、日本の律令制下では、官人の出身と昇進の制度において、徳行才用主義の導入と一律の基準による機械的な昇進制度の構築を目指しつつ、唐との比較において、蔭位制成立当初より五位以上に対する優遇の度合いが極めて高く設定され、勅授においては考課成選が早期に直接的には機能しなくなっている実態、さらに天皇との個別的な関係の有無が昇進において強く反映するという特色を確認しておきたい。

(二)律令制下の勧賞叙位

右のような定例の叙位以外に臨時の位階昇進機会があった。その一つ、勧賞叙位についてとりあげ、奈良時代から平安初期においてどのような契機に、如何なる勧賞が実施されたのか、検討を加えたい。なお、該期勧賞叙位に関しては、従来ほとんど分析が行われていないため、煩を厭わず実例をあげて考察することとする（傍線・波線筆者、以下同）。

ⓐ祥瑞出現時

延暦四年(七八五)五月、皇后宮に瑞鳥「赤雀」が現れた時、「宜二天下有位及内外文武官把レ笏者賜二爵一級一。但有レ蔭者、各依二本蔭一。四世五世及承レ嫡六世已下王年廿以上、並叙二六位一。又五位已上子孫年廿已上、叙二当蔭階一。正六

位上者、免二当戸今年租一(17)」とみえる。

ⓑ改元時

延暦改元のさいには、「宜下改二天応二年一曰中延暦元年上。其天下有位及伊勢大神宮禰宜大物忌内人、諸社禰宜・祝并内外文武官把レ笏者、賜二爵一級一。但正六位上者廻授二一子一其外正六位上者不レ在二此限一(18)」とある。

ⓒ即位時

八世紀段階の天皇即位の詔旨には、「是以先天下乎慈賜治賜久大ヨ赦天下一内外文武職事及五位已上為二父後一者授二勲一級一。賜下高年百歳已上穀一石五斗、九十已上一石、八十已上并惸独不レ能二自存一者五斗上(19)」と記されている。

ⓓ皇太子元服時

承和五年(八三八)一一月二七日、「皇太子於二紫宸殿一加二元服一。詔曰、皇太子恒貞云々。可レ賜下天下為二父後一者六位已下爵一級上承和四年以往言上租税未納咸従二免除一(20)」とみえる。

ⓔ東大寺行幸時

天平勝宝元年(七四九)四月一日、大仏礼拝のために東大寺に行幸した聖武天皇の宣命に、「三国真人石川朝臣、鴨朝臣、伊勢大鹿首部波可二治賜一人止自弖奈母簡賜比治賜夫(中略)又五位已上子等治賜夫。六位已下尓冠一階上給比、東大寺造人等二階加賜比、正六位上尓波子一人治賜夫。又五位已上、及皇親年十三已上无位大舎人等至二于諸司仕丁一尓麻弖大御手物賜夫。又高年人等治賜比困乏人恵賜比孝義有人其事免賜比力田治賜夫。罪人赦賜夫(中略)天下乃百姓衆乎撫賜比恵賜久止宣天皇大命衆聞食宣(21)」とみえる。

ⓕ京外行幸時

天平神護元年(七六五)閏一〇月九日、称徳天皇が大和・河内国を巡幸した折、「騎兵一等二百卅二人賜二爵人二級一。二

等四十八人。三等廿八人一級。並賜レ綿有レ差。大和・河内国郡司十四人賜二爵人一級一。八十七人一級。其献レ物人等賜レ綿有レ差[22]」とある。

以上、数多の勧賞の中で些少の例をあげたに過ぎないが、ⓐ〜ⓕに示した勧賞では、傍線部「天下有位及内外文武官把レ笏者」や「天下有位及伊勢大神宮禰宜大物忌内人、諸社禰宜・祝并内外文武官把レ笏者」のように、広く有位者に対して一律一階を授けたり、行幸に関与した人々に普く授位するという内容が散見する。

ただし、波線部「正六位上者廻授二一子一」が示しているように、一律一階が適用されるのは概ね六位以下であり、内階五位に達する可能性がある場合は叙爵が回避され、五位以上の授位においてはかなり限定的に実施されたと解せよう。また、上記のような勧賞叙位は、恩赦や賑給、免租と併せて実施される特徴もみられることから、天皇の有徳性を天下に知らしめるという儒教的意味合いを色濃く投影した行為であると理解される[23]。

一方、有功の個人に対する勧賞叙位実施例としては以下のようなものがある。

ⓖ「蕃国」使節

弘仁五年（八一四）九月に出雲国に到着した渤海使が、翌年の正月朝賀に参列し、同七日に「宴二五位以上并渤海使一。奏二女楽一。是日（中略）渤海国大使王孝廉従三位、副使高景秀正四位下、判官高英善・王昇基正五位下、録事釈仁貞・烏賢偲、訳語李俊雄従五位下。賜レ禄有レ差[24]」とみえる。

ⓗ隋・唐・新羅・渤海などへ派遣された大使以下の使節

延暦二四年（八〇五）六月八日に帰朝した遣唐使一行に対して、七月二五日叙位が行われ、「遣唐大使従四位上藤原朝臣葛野麻呂授二従三位一、判官正六位上菅原朝臣清公従五位下、故副使従五位上石川朝臣道益贈二従四位下一、判官正六位上甘南備真人信影従五位下[25]」とある。

ⓘ征夷などの追討功労者

弘仁二年（八一一）一二月一三日、征夷将軍文室綿麻呂らの功績に対する授位では、「正四位上文室朝臣綿麻呂等乎遣弖、其傾覆勢尓乗弖、伐平掃治之牟流尓、副将軍等、各同レ心勠レ力、忘二殉心一以弖不レ惜二身命一、勤仕奉利、幽遠久薄伐、巣穴乎破覆弖之、遂其種族乎絶弖、復一二乃遺毛無、辺戎乎解却。転レ餉乎停廃都、量二其功労一波、上治賜尓足止奈毛御念須。故是以其仕奉状乃重軽乃随尓、冠位上賜比治賜久止宣天皇御命乎。衆聞食止宣。正四位上文室朝臣綿麻呂授二従三位一、従五位下佐伯宿禰耳麻呂正五位下、従五位下大伴宿禰今人・坂上大宿禰鷹養従五位上、外従五位下物部匝瑳連足継外従五位上」(26)とみえる。

ⓙ帰服に応じた夷狄やそれに功労のあった郡司等

養老四年（七二〇）一一月八日「南嶋人二百卅二人授レ位。各有レ差。懐二遠人一也」(27)。延暦一一年一〇月一日「陸奥国俘囚吉弥候部真麻呂・大伴部宿奈麻呂、叙二外従五位下一。懐二外虜一也」(28)。同年一一月三日「饗二陸奥夷俘尓散南公阿波蘇・宇漢米公隠賀、俘囚吉弥候部荒嶋等於朝堂院一。阿波蘇・隠賀並授二爵第一等一（蝦夷爵）、荒嶋外従五位下、以レ懐レ荒也」(29)。同一二年二月一〇日「大隅国曽於郡大領外六位上曽乃君牛養授二外従五位下一。以下率二隼人一入朝上也」(30)などがある。

ⓚ臣下邸への行幸時の家主と家族

延暦六年一〇月、桓武天皇は遊猟のため交野へ行幸し、大納言従二位藤原朝臣継縄の別業を行宮とした。同二〇日、「主人率二百済王等一奏二種々之楽一。授二従五位上百済王玄鏡・藤原朝臣乙叡並正五位下、正六位上百済王元真・善貞・忠信並従五位下、正五位下藤原朝臣明子正五位上、従五位下藤原朝臣家野従五位上、无位百済王明本従五位下一。是日還宮」(31)とみえ、家主継縄の二男乙叡と室明子、そして奏楽の百済王氏らに授位が行われている。

以上、ⓖ~ⓚの他に、籾の貯蔵・運搬(32)、節婦(33)、高齢者(34)、飢饉などの救済・功労者(35)などに対しても授位が行われた。これらの勧賞は礼節・修身・貞操・敬老の奨励、公民支配への協力・功労の勧奨などを目的として実施され、かかる行為への賜恩を通じて天皇の有徳性を天下に知らしめる意義があったと評せよう。また、遣唐使をはじめとする外国への派遣使節に対する叙位のほか、新羅使や渤海使を「蕃国」からの使節と位置づけて、好んで彼らに授位したり、「帝国」の証として日本列島内部の異民族として朝廷が位置づけてきた蝦夷などに対しても、「遠人を懐く」ために積極的に叙位を行っている点から、「中華」の体裁を装わんとする律令国家の支配理念・対外意識が看取される。[36]

ところで、如上の勧賞叙位の大半は九世紀半ばから一〇世紀の初めまでに廃絶する。これは、律令国家の支配理念、対外政策、天皇のあり方などが当該期に大きく転換するため、勧賞実施の契機となっていた諸行為——蝦夷・俘囚等の朝賀参列（七七四年に禁止）、蝦夷戦争（八一一年に中止）、遣唐使派遣（八三八年が事実上の最後）、祥瑞（祥瑞による改元は八七七年が最後）、京外行幸（八世紀末に終焉）、「蕃国」使節の受け入れ（九一九年の渤海使来朝が最後）など——のいずれもが、この時期までに廃止されたことに起因している。

(三)小括

以上、律令制下の叙位制度の特質は以下のように概括されるであろう。

一、考課成選制は厳密な勤務評定と明確な基準に基づく機械的な昇進制度である。したがって、「個々の官人に昇進の予量性と期待性を与え」、「制度によって保証された秩序有る昇進」が実行され、「定期的な昇進を希求する官僚制の原理に適合するシステム」[37]といえる。

二、しかし、勅授においては八世紀の早い段階で成選と分離し、天皇の意向が強く反映する叙位形態が平安初期まで続いた可能性が高い。

三、律令制下の勧賞叙位は、「天下有位及内外文武官把レ笏者」や「天下有位及伊勢大神宮禰宜大物忌内人、諸社禰宜・祝并内外文武官把レ笏者」のように、賜恩の対象者が広く、一律一階を授けるという内容が散見することや有功者への授位内容から、勧賞は天皇の有徳性を天下に広く示し、礼節・修身の奨励や公民支配への功労勧奨を目的とするなど、儒教的意味合いが強い儀式であるとともに、律令国家支配を維持・補強する上で重要な意義を有する行為であったと諒解する。さらに、「蕃国」使節、恭順な「夷狄」、遣使等への叙位は、該期の日本における「中華思想」に基づく対外意識や支配理念を明確に表現している。

四、『官位令』に「凡臣事レ君、尽レ忠積レ功。然後得ニ爵位一」とあるように、天皇に対して「尽レ忠積レ功」んだ官人に爵位が与えられるのが令本来の規定である。考課成選であれ、勅授・勧賞であれ、叙任権の行使は天皇が唯一の権能保持者であり、授位は天皇と被叙任者との一対一の関係において成立するものである。

それでは、如上の特質がこれ以降、如何に変化していくのだろうか。律令天皇制や律令官司、官人制の転換との関連に注目しつつ分析を加えていきたい。

第二節　平安前・中期における叙位制度の展開

平安時代の叙位制度の特徴は、さまざまな叙位方式が並立する点にある。各々の方式の個別、具体的な検討は近年進展がみられ、本書第一～四章、補論一・二でもそのうちのいくつかを分析した。基礎的な事実確認が進み、個々の制度の実態が解明された意義は大きいが、種々の制度の有機的関連を問う視角や平安時代の叙位制度を総体的に捉え、その歴史的意義を追究する点に関してはまだ不十分といわざるを得ない。

したがって本節では、制度ごとの特徴を詳述するのではなく、叙位制度の展開において最も影響が大きいと考えられる二つの側面――ひとつは官司機構の再編、すなわち律令官司制から中世官司制への展開、もうひとつは王権や貴族社会の変容――を軸に、社会背景の変化と叙位制度の展開との相関関係に主眼をおきつつ、律令制下の昇進制度が如何なる過程を経て、中世的な昇進システムへ移行したのか、その全貌を明らかにしたい。

(一)中世官司制度の成立と叙位制度の展開

(1)巡爵・年労制の成立過程

考課成選制から巡爵・年労制が成立する過程に関わる研究は、主に高田淳・玉井力・吉川真司氏等によって進められ、これと間連する八世紀の叙位については早川庄八氏や西本昌弘氏の研究があげられる。これらの成果は、制度史的な分析にとどまらず、律令官人制の再編過程の追求という視角から、叙位制度の再編の問題を位置づけた点においても非常に大きな意義を有していると思われる。その成果と分析方法や問題意識に学びつつ、まずは考課成選制から巡爵・年労制の成立にいたる叙位制度の変遷について先行研究の成果を整理しておきたい。

前述の通り、成選と勅授（五位以上の加階と叙爵）との分離の時期については、早川・西本両氏の八世紀の早い段階とする説(38)と、成選と勅授とが完全に分離したのは天長年間（八二四～八三四）とする吉川氏の説(39)があるものの、加階に関しては八世紀の早い段階で分離するという見解で一致している。

ところで玉井氏や高田氏の研究によって、巡爵および年労叙爵は、概ね承和（八三四～八四八）から貞観年間（八五九～八七七）には基本的な形態が出現し、加階の労に関しても「九・一〇世紀の交」「宇多～醍醐朝」頃には成立していたことが明らかにされている。

成選と勅授の分離から年労出現までの叙位が如何なる方法に拠っていたのかは未詳な点が多いが、吉川氏は叙位文書（「十年労帳」「外記勘文」等）の検討から、高田氏は加階の実例分析から、それぞれ位階の「歴（年労）」に基づく加階が想定されるとしている。さらに、高田氏は「位階の年労」は貞観初年に出現し、僅か五〇年弱の短期間に実施され、それ以前の加階は、「勅授という原則に由来する無原則性（恣意性）こそが律令制本来の姿」[40]であったと指摘される。

以上のように、成選と勅授（主に叙爵）との分離の時期をめぐる見解の相違は、律令制下の勅授において、考課成選、徳行才用という原則が一定度影響したとみるべきか、天皇の意向が強く反映する無原則性こそが本質とみるべきかとの評価に関わる重要な問題が含まれ、早速には結論を出し難い。しかし、いずれにしても叙位再編の流れは「考課成選、すなわち官司の上日→無原則性・恣意性に強く依存→（位階の年労）→官職の年労」に基づく評価によって叙位が実施されるという経過が、大方の見解の一致をみているところである。

八世紀の叙位についての具体的な分析は今後の課題であるが、現段階では、養老年間頃、勅授と成選とが分離し、勅授の「無原則性（恣意性）」が強い授位が弘仁頃までは主流となり、承和年間に巡爵と年労叙爵が、貞観初年には位階の年労に基づく加階が出現し、九世紀末から一〇世紀初頭に官職の年労に基づく叙位制度が完成する、という流れを措定したい。

それでは何ゆえにこのような変遷がみられたのであろうか。先行研究においては、叙位の実例分析や儀式の日程、叙位文書の分析を通じて、変化の画期について慎重な検討がなされてきたが、政治・社会的背景や天皇の存在形態の変化などの諸要素との関連からも、変化の背景を探る必要があると思われる。

そもそも考課成選制は、厳密な勤務評定を実施することにより官人の精勤を奨励するとともに、基本的に統一的な基準と機械的な評価算出に基づく昇進制度であるため、公平性と昇進の予測を可能にするという点において、律令官僚機構の確立を目指す天皇・朝廷、そして官人の双方に有益な方法であったと推察する。しかしながら、日本古代の天皇と五位以上集団（大夫）との歴史的関係から[41]、勅授においては成選を直結させた単純な機械方式を貫徹することはなじまず、成選が早期に放棄されたのだと理解する。[42]

そして、桓武朝から嵯峨朝にかけては、渡来系氏族や文人貴族等の人材登用が積極的に行われ、「勅授という原則に由来する無原則性（恣意性）が最も顕在化した」時代であったと思われる。[43]

しかし、第四章で触れたように、天皇位の安定化による王権の専制化を目論みて、「八世紀的な太上天皇―天皇制」の克服を目指した嵯峨上皇の下では、「唯一至高の君主としての天皇の地位確立」が求められた。すなわち、天皇個人の政治的能力に左右されない「制度としての天皇（平安時代的な天皇）」の確立と、それを可能にする官司制度の整備が目標とされた。[44]

かかる方向性は、上皇の死後もさらに推進され――ただし嵯峨の思惑とは異なるかたちで――、承和の変を経て藤原良房が覇権を確立する過程で天皇の制度化が進行し、幼帝の出現を可能とする環境が整った。このような時代の趨勢のなかで、「天皇―貴族・官人」間の「君恩―奉仕」関係を維持するためのシステムである叙位制度も転換する必要性が生じたであろう。

すなわち、強い個性を有したり、政治的能力に長けた天皇の下で有効に機能してきた「無原則性（恣意性）」に依拠した叙位から、基本的には機械的な叙位方式への転換が希求されたと推察される。ここに、「年労」なる基準が持ち込まれた所以があると考えるのである。[45]

それでは、最終的に「官職の年労」が採用された背景は何か。これについてはすでに笹山晴生氏が指摘されている「官人機構の貴族化」や玉井力氏が論じられている律令官司の変質との関連から以下のような説明が可能であろう。[46][47]

桓武・平城・嵯峨朝を中心に、律令官司の統廃合や宣旨職である蔵人・検非違使という令外の官が設置され、官司の大幅な再編が進行した。なかでも蔵人所と検非違使庁が中務省・刑部省・弾正台などの職掌を吸収し発展した結果、八省の実務機能が宣旨職や所、太政官中枢機構である外記局と弁官局に集中・直属化した事実が知られる。

かかる再編を通して、官職・役職ごとに国政における重要性の優劣が顕現し、その差違を周知徹底させるとともに、かかる官職・役職に従事する者への優遇策として、昇進の格差が配されたのではないかと推察する。のちに「顕官」と呼ばれ、特に重職だと位置づけられる六位の官、すなわち外記・史・式部丞・民部丞・左右衛門尉や、蔵人所・検非違使庁に所属する職員に対して、昇進の優遇策が設けられた。これこそが、承和（八三四〜四八）から貞観（八五九〜七七）頃に基本的な形態が成立したとされる「巡爵」や年労叙爵なのである。

巡爵とは、式部丞・民部丞・兵部丞・外記・史・衛門尉と蔵人・近衛将監等を対象として、毎年各一人ずつの叙爵枠が設けられ、年労の高い順に叙爵することを言い、[48]これに次ぐ、内記・大蔵丞・検非違使・織部正等は一定年限を決めて年労の高い順から叙爵した（年労叙爵）。以上は、叙爵までの待期期間が短く、昇進上優遇されている。一方、それ以外の文官・武官在職者は、各々「諸司」「諸衛」としてひとまとめにして、そのグループの最上臈一〜二名が毎年叙爵する（「諸司労」「諸衛労」）ことになっているため、グループの構成員が多く、叙爵に与るまでに最も年数を要した。

次いで、加階労の成立の背景に関しては、笹山氏が論ぜられた、「承和の変による官人構成の変化」が影響していると考えられる。すなわち、政変後の太政官主要部を藤原北家と嵯峨源氏が占めた結果、「官人機構の貴族化の傾向[49]」が看取されるようになり、一〇世紀の初め頃には、早期に公卿へ昇級できる「侍従→兵衛佐→近衛少将→同中将→参議」という昇進コースが姿を現してくる。したがって、それ以前、すなわち九世紀後半頃に、官職の間に昇進の有利・不利が生じるような、官職ごとに昇級に必要とされる年限が異なって設定される必要があり、これが加階労の成立背景だったと考えられる。

以上、推測を交えての考察となったが、律令制下の考課成選制から巡爵・年労制成立にいたる歴史的背景は右のように概括されるであろう。

さて、年労制成立を中心とする九世紀末から一〇世紀における叙位制度再編の意義は、先行研究が指摘するところをまとめると以下のようになる。

一、年労制の成立は特定の官職の年労のみが評価され、〈君恩〉に与れるようになったことを意味する。また六位以下の位階は一〇世紀に形骸化が進み、〈君恩―奉仕関係〉は実質的に消滅し、彼らは「恩寵」を得るために天皇家を中心とする諸家や諸司に帰属していった。このようにして、律令官人制が再編され、貴族社会に適合する体制が模索された。

二、除目のみならず、すべての昇進に官職の年労が基本とされた結果、叙位の除目への接近がみられ、叙位自体の意義が低下したといえる。また、六位以下の形骸化は位階の組織化の機能をも縮小した。

三、昇進基準が位階の上日から官職の年労へ変化し、また天皇の恩寵をよりどころとする昇進（後述）が増加した結果、官人を把握する機構が変化し、外記勘文と中文を扱う外記方と蔵人方の役割が大きくなった。

四、年労加階の構造は、律令官位相当制のもとで同一ランクにあった官職を再編成する役割を果たしており、顕官とそうでない官職の差を明確化し、官位相当制を大きく改変した。その結果、昇進に有利な官職を希求して、昇進コースが形成され、やがて公達・諸大夫・侍という基本的な身分階層の成立に繋がった。

このように、年労制の成立は律令官位制のあり方に大きな変化をもたらしたと評価できる。しかし、官司における奉仕が昇進へ直結する勤務評価として位置づけられ、官職の年労という極めて明確、かつ機械的な評価基準に基づく昇進制度であるという側面においては、考課成選制の性格と通底するところがある点に留意したい。このような機械的な基準が勅授において定着したという事実は、制度化された天皇や平安時代的な官司制度の整備と叙位制度の改革が相互に関連しあって進められたことを意味していよう。

さて、前掲「二」の「叙位自体の意義が低下した」、あるいは「位階の組織化の機能が縮小した」という評価(50)は、六位以下の形骸化により叙位対象者を著しく狭めた点においては首肯されるものの、「はじめに」で述べたように、位階は新たな組織化の機能を平安中期以降に獲得したと筆者は考えている。律令制下の位階の機能・意義に規定されることなく、平安時代、中世における機能や意義を考察する視角が必要だと思う所以であるが、その点については後述する。

（2）行事所制の成立と行事賞

律令官司の再編は、九～一〇世紀以降の朝廷官司機構の中枢部にまで影響を及ぼしたが、その一つが行事所制の成立である。

行事所とは、棚橋光男氏が「政務の実際的処理、政務の簡素化と速決性を実現するのに適合的な組織形態」(51)と評されたように、平安中期以降、国家や朝廷の重要な儀式を遂行するさいに、機能性を重視して太政官内に設けられたプロジェクトチームである。プロジェクトごとに臨機に設置される行事所は、恒常・臨時を問わずさまざまな行事について設けられることとなり、物資調達から行事事務一切を取り仕切った。

これと対応して出現したのが、行事賞なる勧賞である。すなわち、官行事所に所属する上卿、行事宰相・弁・史・外記、検非違使、修理職・木工寮官人等に対して、（大）内裏造営・神社行幸など天皇や朝廷に関わる大事業を大過なく遂行した時に、通常、位一級の昇進を認めた。また、国宛を請け負う国司への勧賞も設けられたが、「至下不レ立二用料物一之国司上可レ給レ賞。立二用作料一之国司者可レ無二勧賞一」(52)と規定されているように、造営費用を正税から支出しない場合に限って勧賞（加階）が実施されるというものであった。

なお行事所は、九世紀中頃には大嘗会(53)や仁王会のさいに設けられたことが知られるが(54)、上卿以下すべての行事官がおおよそ出揃うのは、天徳四年（九六〇）九月二三日、平安京遷都後初となった内裏焼亡の再建事業においてである。同月二八日、「左大臣召二左中弁文範一、被レ仰下可レ造二殿舎・門廊一宣旨上。又被レ仰二造内裏所別当行事等一、大納言藤原在衡・参議藤原朝忠・藤原重信（修理大夫）・左中弁藤原文範・左少弁平善理・右大史秦衆頼・左少史佐伯是海」(55)とみえ、行事官全員の氏名が判明する。また、「定二造宮一。参議雅信朝臣書レ之。紫宸殿・仁寿殿・承明門修理職、常寧殿・清涼殿木工寮、承香殿・淑景舎北一宇美濃国、（中略）玄輝門土佐、四面廊東面伊勢・越前、西面備中・備後、南面伊予、北面讃岐、進物所、作物所・御輿宿屋及殿々間軒廊・直盧屋等可レ分二宛近国帯レ杣。以二来年一為二造畢期一耳」(56)とあり、国司等への造営割り当ての状況もうかがい知ることができる。

翌応和元年一二月二日に行われた勧賞叙位では、[表1]の通り、上卿以下の行事および造国司等への授位が行われた。このように、後世とほぼ同様の行事所構成と勧賞内容が、天徳の内裏再建時に成立したと考えられるのである(57)。

行事賞の特徴として注目すべきは、例えば、神社行幸において、「弁行事為隆頓宮沙汰如泥。仍被レ止」(58)や「至二于外記史一者、今一度行事之後可レ蒙レ賞也」(59)とみえるように、怠慢・過失、勤務の不足があると判断された場合、行賞対象から除かれる点である。国家的大事業の遂行にはかなりの困難をともない、かつ事業完了まで長期間を要することもあった。そのため、官司での通常業務との二重勤務となる行事官の負担は大きく、故障・所労などを理由として期間半ばで辞退する例や、決められた時期・寸法に造営を完成できない事態が発生することも散見する。勧賞はこのような行為を一定度抑制し、彼らの精勤を担保する統制力・賞罰機能をともなう昇進制度だと評価されよう。

[表1]　応和元年12月2日造宮行事所の構成と勧賞

行事	官職・氏名	勧賞
上卿	大納言藤原在衡	従二位
行事宰相	参議藤原朝忠	従三位
行事弁	左中弁藤原文範	従四位上
行事弁	左少弁平善理	従四位下
行事史	右大史秦衆頼	—
行事史	左少史佐伯是海	—
修理大夫	参議修理大夫藤原重信	正四位下

また、行事所運営の中核となる弁官・史・外記は、在職期間が長期にわたるという特色がみられるため、結果として特定の少人数が多くの行事を担当する傾向が生じる。それゆえに、行事賞を同一人が複数回受賞することとなり、場合によっては賞を譲って子弟の昇進に利用するなど、特定の家系の昇進に重要な役割を果たすようになった。弁の加階労が最も早期に消滅した事実に明示される通り、勧賞は官行事所が実施する行事の増加と相俟って、年労を凌いで最も主要な昇進事由の一つになっていくのである。

(3)「官司請負制」と昇進制度

律令官制から中世朝廷官司制度が成立する過程の特質を考える上で、欠くことができない研究として佐藤進一氏によって提唱された官司請負制論[60]がある。そのなかで、太政官を中心とする官司の統属関係が解体し、個々の官司が分離あるいは他の官司と結合して、各々完結的な業務が行われた事実が明らかにされるとともに、官司の業務活動と収益とが不可分に結びつき、それぞれの官司が特定の氏族に請け負われるという特色が指摘されている。そしてかかる官司機構を基盤とする「王朝国家」が、中世国家の祖型として一二世紀中期に成立し、建武政権によって否定されるまで続いたと論じられている。

現在では、官司請負制はさまざまな方面から批判や反証事例が出されているものの[61]、佐藤氏の論を基盤としてこれに修正を加えるかたちで、中世の朝廷官司制度の研究は進展している。その研究状況を整理した遠藤珠紀氏によると、現在では「官司請負制」は以下のように理解されつつあるといえるであろう。

一、全ての官司は本質的には遷代であり、そのなかで官人たちは特定の官司と自家の権益を一体化させて永代化・相伝を主張した。王権はそうした下級官人の活動を利用し、「請負」によって朝廷運営が円滑になると判断されればそれを認め、場合によっては朝恩による「遷代」を盾として改替した。つまり、「請負」と「遷代」

とは相対的であり、(62)表裏の関係にあるものを、立場を変えて表現しているのである。

一、実務を扱う下級官人等は、文書行政的な官司であれ、経済的官司であれ、上位の変化に直接影響を受けることなく普遍的に運営していくシステムを構築しており、中世朝廷は組織としては安定していた。しかし、官司の性格によって、「請負」の現れ方に諸相がみられる。(63)

以上のような理解は、昇進制度のあり様と意義を考える上でも示唆に富む。すなわち、原則としては全ての官司が「遷代の職」であっても、弁官局（官務）・外記局（局務）など文書行政を担当する官司は、とりわけ行事所制の確立以降、朝廷機構の最重要部局に位置づけられたため、少数の特定の家と官司との結びつきを朝廷自体が期待し、業務の専門性と連続性、さらに先例の蓄積と伝承が重視されるという職掌から、官人側も請負・永代性を強力に主張したと諒解する。

その結果、各種行事の奉行を中心的に務めた弁官および大夫史・大夫外記のもとに、「行事賞」をはじめとする勧賞が集中することとなり、この家系の昇進事由として勧賞が固定化されてゆき、彼らは昇進上で他の家系の官人等を圧倒する優位な立場を築くことが可能となった。このような昇進のあり方が名家・官務家・局務家の成立に寄与した側面は無視できないであろう。

また、特殊な「請負」の類型とされる陰陽道・暦道など、特殊技術・技能を基盤とする官人たちは、官司ではなく諸道としての「請負」を確立した。そして、天皇行幸の場である朝覲・御遊・御賀および（大）内裏や御願寺の造営供養など、さらには出産や病いなどの緊急事態、そして神事や仏事の場において、各々が継承する技術・技能を発揮したさいには、その功績・技能を賞して官位が与えられた。例えば、陰陽・天文・暦道の安倍氏・賀茂氏は「反閇賞」、近衛府楽人の多氏（右舞）、狛氏（左舞）、豊原氏（笙）などには、「楽曲名＋賞」や「一者賞（後述）」、医道の和気氏・丹波氏には「治癒賞」、その他、仏師、絵仏師、大工、祭主・神職、僧侶(64)などにも各々の技能を賞した勧賞が用意されている。

この種の勧賞の意義を考える上で、次掲『古今著聞集』の内容は大変興味い。

保延元年正月四日朝覲行幸に、多忠方胡飲酒をつかまつりけるに、此曲たび〳〵御覧ぜられつるに、今度ことにすぐれたるよし、おほやけわたくし沙汰ありけり。左大臣(花山院家忠)勅をうけたまはりて、一階をたぶよし仰せ下されければ、忠方再拝して舞て入けり。かゝるほどに、忠方右舞人たりといえども、左舞を奏して勧賞をかうぶる。左かならず賞をおこなはれずとも、何事かあらんや。又狛光則、多忠方、いづれ上﨟たるぞやのよし、議定ありければ、左衛門督雅定卿申されけるは、光則、忠方、同日に勧賞をかぶりて叙爵す。多は朝臣なるによりて内位に叙す。狛は下姓によりて外位に叙す。忠方上﨟たるべしとぞ申されける。勧賞の事、或は舞の善悪によるべし。忠方すでによく舞によりて賞をかぶる。光則よく舞はゞおこなはるべし。幽ならずは行はるべからずと申けり。或は左右共に、行なはるべきよしをも申けり。光則七旬に及べり。哀憐ありけるにや。つゐい散手を奏する時一階を給てけり。むかしはかく芸によりて、賞のさたありけり。ちか比より、その善悪の沙汰までもなくて、たゞ一者になりぬれば、左右なく賞をおこなはるゝ習になれば、頗無念の事也。(65)

この説話から、彼らへの勧賞は本来、特別に優秀な技量を発揮した者に対して与え、それによって技能・技術の向上を奨励するのが主目的であったと考えられる。ところが、「ちか比」は技術・技能の善悪よりも、「一者」であることが行賞事由と化している点が注目される。つまり、勧賞実施の目的が技術・技能を伝承する家系の安定化を図ることに転化した事実を示していると解されるが、これについては第三節でとりあげたい。

さて、律令制下においても日本では、隋・唐に比べて技術者集団に高い官位を授与していた事実が知られるが、(66)平安中期以降、殊に宮廷行事で欠かせぬ存在となる上述の技術者たちは、頻繁に受賞機会を得ることとなり、地下としては特別な待遇といえる五位以上への昇進が可能となった。彼らへの優遇度合いの高さが看取される。[67]

(二)律令官人制から平安貴族社会の展開と叙位制度

(1)昇殿制の成立と叙位

昇殿制とは嵯峨朝弘仁年間に成立し、宇多朝に整備された制度で、宣旨によって天皇の居住空間である清涼殿の殿上間に伺候することが許可された。代替わりごとに更新を要する点に明示される如く、位階制とは異なり、天皇との「人格的・身分的従属関係」に依拠する身分標識だと評価されている。[68]

殿上人は日給の簡によって出勤日数（上日）が管理されたが、応和四年（九六四）三月五日宣旨に、「須丙始レ従下任二省丞一之日上、以二殿上毎月上日一、加乙載本省上日甲」[69]とあるように、諸司に官職を有しながら、殿上に祗候する者は、殿上上日を本司に加算する措置が取られ、昇進における優遇策が打ち出されている点に着目したい。

同宣旨には、「偏依二年労次第等一預二叙位一之故也。而今任二省申請之旨一、始自二去年一只依二上日之優劣一、有レ定三給奏之先後二」や「依二著座恪勤一、預二叙位転任一之旨、雖レ無二先例一、省奏所レ下也。今依二恪勤之優劣一、定二省奏之先後一」むとあることから、当（式部）省では年労によって叙位に預かってきたため、これまでは上日を通計するという措置は取られていなかったが、今後は他省の例に倣って、省奏のさいに「上日之優劣」により推薦候補の先後を決定するため、式部省官人で殿上に祗候する者に対して通計を許可するよう省から申請があった旨が諒解される。このように、年労制採用後も、官司における上日は昇級推薦候補の決定基準などにおいて重視されていた事実がうかがえる。

本史料に記載されている「殿上の上日」と「本司の上日」とを通計する措置は、官人が所属する官司職員としての職務を果たすために官衙に出勤した勤務と、殿上人として内裏において陪膳や宿直を行い天皇の身辺雑事に奉仕することとが、同価値のものとみなされていた事実を明示しており、「人格的・身分的従属関係」に基づく奉仕が「機構や制度を媒介とする奉仕」と同価値をもってとらえられるにいたったと評価する今正秀氏の指摘[70]を重視したい。

『公卿補任』によると、源延光が天慶九年（九〇九）正月五日に「殿上労」で従四位下へ昇級[71]しており、殿上人としての奉仕が、官司における勤務と同等に、「労」によって表現されている。ただし、この事由はこれ以降確認できず、定着しなかったとみられる。一方、天暦九年（九五五）一一月二六日には、藤原兼家が「殿上従下一」により従五位上に昇った。[72]これは、「簡一」[73]とも記されるように、殿上人としての上日が最も多い人物を賞して昇級させる事由であり、これを初見として、記録上に散見するようになる。

以上、一〇世紀初頭までには、「『人格的・身分的従属関係』に基づく奉仕が『機構や制度を媒介とする奉仕』と同価値をもってとらえられる」[74]という、天皇への奉仕形態の特質が看取されるようになった点を確認するとともに、同時期に「殿上従下一（簡一）」なる昇進事由が成立した事実を明示しておきたい。

このように昇殿制の導入は、天皇との「人格的・身分的従属関係」に基づく奉仕や天皇との親近関係に依拠した特権的な昇進制度を生み出す背景になった。すなわち、以下にとりあげる年爵、氏爵、摂関子弟の元服叙爵の成立とも密接に関連しているといえよう。

（2）「院」の成立と年爵

従来、年給（年爵・年官）は食封制の崩壊からそれに代わる封禄制度、つまり経済的目的のための制度の一つとして成立要因が検討されてきた。しかし、永井晋・尾上陽介両氏の研究により、むしろ、年給とは給主が家政機関の職員や近親者に官位を給わることを本質とする制度として位置づけられるようになった。[75]筆者も第二章と補論一で論じたように永井・尾上両氏の主張に賛同するため、その成立要因も「院宮―院司・宮司」間の奉仕形態などとの関連から検討される必要があると考える。かかる問題関心に基づき、「院」への祇候に関わる勤務評価の扱いについて検討してみたい。

嵯峨天皇は譲位後、内裏を退き冷泉院をはじめとする「院」に居住した。これを濫觴として、歴代の上皇は退位後、速やかに内裏を退き「院」に住まうようになる。この事実は、前掲応和四年の宣旨に鑑みれば、内裏・大内裏から離れた院への奉仕を余儀なくされた院司にとっては、本司の上日（勤務評定）が不足するという問題が生起することになったと推察する。そこで注目されるのが、『類聚符宣抄』第一〇所収の宣旨二通である。

（史料1）

大納言藤原卿(良房)宣、奉レ勅、春宮坊大夫安倍朝臣(安仁)、諒闇之間、令レ侍二嵯峨院一上日、准二見上之例一給者。

承和九年(八四二)九月十七日　　少外記名草安成奉

（史料2）

内舎人宮道陳平

右、左大臣(忠平)宣、奉レ勅、件人身侍二陽成院一。宜下准二見仕一令上レ給二上日一者。

延長五年(九二七)十二月廿九日　　大外記伴宿禰久永奉

右の宣旨は、いずれも院に祇候する上日の通計を許可したものであり、初見の承和九年の宣旨では嵯峨院崩御にともなう諒闇の間、院に祇候する春宮大夫安倍安仁に、内裏祇候の上日を本司上日と通計した例に准えて、院祇候の上日通計を許可している。

前述の今氏の指摘を踏まえると、院における「人格的・身分的従属関係」に基づく奉仕も、「機構や制度を媒介とする奉仕」と同価値をもって捉えられるにいたったといえる。ここに本司・内裏・院、いずれの上日も等価値に位置づけられたと評価できよう。

さて、仁和三年（八八七）五月一七日御即位叙位にて、「陽成院御給」で藤原扶幹が従五位下に叙爵したのが院宮年爵実施に関する史料上の初見である。(76) しかし、藤原基経の准三宮宣下（元慶六年）に関わる『公卿補任』の記事「任人賜二爵准三宮一、如二忠仁公之故事一」(77)によると、忠仁公すなわち藤原良房の准三宮宣下（貞観一三年）のさいに、年爵が与えられたと解釈できるため、年爵の開始はここまでさかのぼる可能性がある。ただし時野谷滋氏が指摘(78)されているように、『日本三代実録』をはじめ記録上にその事実が確認されないことから、貞観一三年（八七一）から元慶六年（八八二）までの間に成立したと考えるべきであろう。したがって、先の「院」祇候の上日通計の初見から三〇～四〇年を経て、年爵が成立したことになる。

年爵はその語が指し示す通り、当初は叙爵の申請権であったが、直（じき）に加階におよび、やがて「中納言兼雅叙二従二位一（中略）兼雅院御給云々。以二年給一叙二上階一、未レ曾有事也」(79)や「通親卿、以二新院御給一、叙二三位一〈院宮御給、被レ叙二上階一之例、近自二法皇御時一出来。希有事也〉」(80)とあるように、後白河院政期（承安年間）以降は三位以上にまでおよんだ。

しかし後述の通り、鎌倉期には、上階は治天の君とその妻后や一部の権勢のある院・女院の御給に限定される。また三宮・准后の御給や未給は、蔵人等の叙爵に使用された（合爵の場合は院・女院の場合も含めて叙爵に限定される）ように、給主の身位等によって年爵で授位できる位階に差違がみられることとなる（第三節参照）。

さて、御給の被給者選定において重要視される要素の一つに、給主（主人）への恪勤があげられる。年爵による叙位で与えられる恪勤位記とは、『柱史抄』上の位記用例に、

文官〈恪勤状。諸宮御給等用二此状一〉

中務、性理恪勤、功効克宣、慶賞攸レ鍾、抑惟二令典一、宜下授二栄爵一、用光中朝章上、可レ依二前件一。主者施行。

とあり、「性理恪勤」を賞して、勤務の「労」に対して給わるものという性質を有している。なお、「院労二十

年[81]」の如く、年労と類似した表記が史料上若干みられるが、通常は「労某年」のような書き方はしない。年爵における「恪勤」とは、数字で管理された結果を機械的に反映するものではなく、「寓直」「依二奉公無双一[82]」などと表現されるような性質のものであり、給主の認識如何に左右される。つまり、年爵は給主と人格的関係のある人物（近親者や家政機関職員など主従関係のある人物）を対象として、彼らの精勤（恪勤）を認め、叙位を申請するのである。このように、年爵における被給者の決定は、最終的には給主の判断に依拠するため、叙任決定における判断基準は曖昧であり、予測が不可能な点にその最大の特徴があるといえよう[83]。

さてここで、年労制との関係に言及しておきたい。先行研究では「成功や賞等による昇進は、『労』を補うものという形で展開した」と評価されたり、「成功や賞、年給など」、「年労以外の条件によって叙位された者」は「年労の年限と同じか、あるいはそれを一・二年短縮して叙位された例がきわめて多い」と指摘されている。つまり、年労制の年限を基盤として、それより若干昇進スピードを速めるなどの優遇措置として非年労制的な事由が存在すると理解されているのである。

しかし、例えば年爵による叙位手続きに関しては、

　一、院宮給事

旧年中旬比仰云、各給者内々可レ尋二申本所一者。仍付二院司宮司等一、可レ然之人之許、以二消息一尋二申之一。注二折紙一奏聞。但任レ例仰二行事蔵人一令レ尋二取御申文一。被レ申二加階一所々不レ被レ出二御申文一。叙爵所々被レ献二御申文一是例也。旧例以二近衛司一召レ之。而近代行事蔵人尋集[84]。

とあるように、叙爵の場合は、行事蔵人または近衛次将が本所から申文を受け取り、叙位儀の場へ伝え、加階では、消息によって意向を尋ねられた給主が申文を出さず口頭で返答し、それが折紙に認められ、蔵人から叙位儀の場で奏聞された。したがって、いずれも年労を管轄している外記方との接触は確認できないため、年爵決定に

おいて年労の年限が考慮されたとは考え難い。年爵等の非年労制的な事由は、官職の年労とは全く異なる昇進原理をもった昇進方式であると位置づけられよう。

つまり、数字では換算し得ない、官司以外の種々の奉仕に報いるための叙位事由なのである。

（3）王権・天皇の変化と勧賞

Ⓐ即位・大嘗会・朔旦叙位と氏爵

律令制下の勧賞は、天皇の有徳性を広く知らしめる意義が強いという特徴を先述した。その主な契機となる祥瑞献上や京外行幸自体が消滅し、それにともなう勧賞も九世紀半ば頃には実施されなくなった。一方、一〇世紀以降も継承される即位にともなう授位は、即位の詔旨に記されていた「是以先天下乎慈賜治賜久大ニ赦天下一内外文武職事及五位已上為ニ父後一者授ニ勲一級一。賜下高年百歳已上穀一石五斗、九十已上一石、八十已上并惸独不レ能ニ自存一者五斗上[85]」や、「天下有位及内外文武官把レ笏者[86]」という文言が次第にみえなくなり[87]、やがて叙位は即位日とは別の日に独立した行事、すなわち御即位叙位[88]として実施されるように変化していった。この叙位は恒例叙位と同様の年労・巡爵・年爵・氏爵[89]に加えて、前坊の官人等への賞を中心に構成される。したがって、坊官として東宮（新天皇）に奉仕してきた人、院宮の関係者、そして氏爵の対象となる「功臣」の子孫を中心とする、極めて限定された人々を対象にした叙位へと変化したことがうかがえる。

田島公氏の研究[90]によると、天皇の代替りにともなう御即位叙位・大嘗会叙位や「暦の代替り」ともいうべき朔旦冬至に行われる叙位では、恒例叙位において氏爵の対象となる王・源・藤原・橘という当時有力な四氏に加えて、伴・佐伯・和気・百済王の四氏も氏爵に与るが、このような氏爵の淵源は、即位式や大嘗会など「代替り」儀式での奉仕や「功臣」と称されるように先祖による天皇家へのかつての功績に対する一種の反対給付に求められるという。その功績とは、天武系から天智系へと皇統が変化する光仁・桓武朝における王権への功労や、その際の「代替り」儀式での奉仕に由来する。そして、「即位」叙位の「氏爵」が顕現しはじめるのは清和朝からで、九世紀後半から一〇世紀前半にかけて定例化することが明らかにされている。

また、朔旦叙位における叙人は、はじめは詔に「門蔭久絶」とあるように、諸氏のうちしばらく従五位下に昇る人物を輩出できなくなった氏の出身者を対象として、さまざまな氏に分散していたが、延喜一七年以降の詔で、「功臣末葉」との文言に変化してからは、天皇家に功績があった特定の「功臣」の子孫が叙位対象となり、「功臣後」と記される前記四氏に限定されるようになったと、田島氏は指摘されている。そして、特定氏族への固定化が、即位叙位での氏爵の成立と関係していると総括された。

つまり、律令天皇が実施してきた有徳性を天下に示す広範な人々への大量の叙位は消滅し、九世紀半ば頃（清和朝）からは、桓武「功臣」という平安京を創建した天皇とその皇統への奉仕および現天皇の側近を重視した内向きの儀式となったが、その反面、天皇を取り巻く貴族たちにとっての昇進機会という機能が飛躍的に高まったと評価できよう。そして、このような叙位が形式的には戦国期まで続くことになるのである。

Ⓑ「蕃国」使節への叙位

同様に律令制下の勧賞のあり方が大きく変化する事例として、「蕃国」使節への叙位をとりあげたい。

石母田氏が「東夷の小帝国[91]」と評された如く、古代日本は独自の「中華思想」に基づく対外政策を展開していた。そのなかで律令天皇は、「蕃国」使節の来朝を朝貢と位置づけるために、好んで官爵の授与を行った。最後の渤海使節となる延喜一九年（九一九）一一月に来朝した使節に与えた位記例が『朝野群載』に掲載されている。

本朝賜㆓異国人㆒位記

渤海国大使信部少卿従三位裴璆

右可ニ正三位一

勅。渤海国大使信部少卿従三位裴璆、忠節伝レ家、英華累レ世。頃銜ニ君命一、再趁ニ闕庭一。渉ニ大瀛一、而如レ過ニ拗堂一。誓ニ寸心一、而長捧ニ尺牘一。美ニ其貞信一。可ニ以褒酬一。仍抽ニ縻爵之班一。用強ニ勤王之功一。可レ依ニ前件一。主者施行。

延喜廿年三月十日(92)

この位記は、「渤海国大使信部少卿従三位裴璆」に「抽ニ縻爵之班一。用強ニ勤王之功ニ」めんために、正三位を授位したさいのものである。このように、朝廷は帝徳を慕い来る蕃客として使節を受け入れ、積極的に授位を行ってきたが、九世紀になると次第にかかる建前は打ち棄てられ、外交政策を大きく転換した。こうした傾向が貞観年間頃に顕著になる事実を、村井章介氏は以下の事例などから明らかにされている。(93)

貞観一一年（八六九）六月、新羅海賊による博多津での襲撃事件に際しては、「此輩皆外似ニ帰化一、内懐ニ逆謀一、若有ニ来侵一。必為ニ内応一」(94)と言い、夷狄が帝徳を慕って群集すると認識してきた中華の理念を放棄し、猜疑心や恐怖心を表出させている。また同一四年、渤海使到来ののち、京都で「咳逆病（流行性感冒）」が流行して多くの死者が出た折には、彼らが「異土毒気」をもたらしたという噂が広がり、朝廷は建礼門前で大祓をして厭却したことが知られる。そのさいに読み上げられたと考えられる追儺祭文には、「穢く悪き疫鬼の所所村村に蔵り隠ふるをば、千里之外、四方之堺、東方陸奥、西方遠値嘉、南方土左、北方佐渡よりをちの所を、なむたち疫鬼之住かと定賜ひ行賜て」(95)とみえ、国家領域の認識と領域外は疫鬼を追却すべき穢れた所という意識を露顕させており、朝廷の対外意識の転換が窺知される。

こうした変化が叙位にも影響していることを明示する例として、万寿三年（一〇二六）六月二六日の次掲『小右記』の記事は大変興味深い。

中将云、宋人良史欲レ及二解纜一。而献二名籍于関白（藤原頼通）一。民部卿所二伝献一。懇二望栄爵一、贖労桑糸三百疋。若無二朝納一、帰二本朝一戊辰年（長元元年）明後年帰参。可レ献二錦・綾・香薬等類一。件良史母本朝人也。関白返二贖労解文一、給レ以二黄金三十両一云々。彼門客云、徳化覃二異域一。尤足二感歎一。愚所レ案者、当朝国用位記深所レ恥也。何況異朝商客献芹乎。遙聞二貪欲一有二計略一歟。不レ可レ謂二徳化一。祇可レ取レ辱歟。

これによると、宋人周良史が栄爵を望んで関白頼通に「名籍」と「贖労」を献じたのに対して、頼通は爵を与えず、黄金三〇両のみを給わったという。「徳化覃二異域一」と慕って来朝しているにもかかわらず、授位を拒否するところに、「蕃客」への授位を積極的に行ってきた九世紀以前の状況との大きな隔たりがうかがえる。

勿論、良史なる人物は正式な国家的使節ではなく、一介の商客にすぎないという点に留意する必要があるものの、山内晋次氏の研究(96)によると、一〇世紀以降の海商による交易は、東アジア海域から東南アジア海域において広くみられ、彼らの活躍の背景には唐末以降における東・東南アジア諸地域の国家や王権の管理・統制が存在しており、このような海商たちによる対外交易は、単なる私貿易と位置づけるべきではないという。かかる指摘を踏まえると、良史の背後にも王権や国家の存在が皆無とはいえないであろう。にもかかわらず授位を拒否し、「遙聞二貪欲一有二計略一歟。不レ可レ謂二徳化一」と断じているところに当該期の貴族たちの対外意識が垣間みえる。

さらに興味深い点は、実資の「当朝国用位記深所レ恥也。何況異朝商客献芹乎」という文言である。「国用位記」とは、功を献じた者、すなわち地下官人の成功等による叙位の際に与えられる位記であり、『朝野群載』一二・内記には次のような位記式が記載されている。

国用（別功献者、諸社諸寺等、別申請用二此状一）

肆勤二南畝一、尽二力東陂一。終傾二家資一、以助二国用一。不レ有二褒賞一、何能勧レ人。宜下降二及世之栄一俾上レ申二務農之労一。

つまり、実資発言の意は、下級官人等が成功[97]・贖労などの売位によって栄爵を得ることを「恥」と認識しており、まして「異朝商客」の「献芹」によって授位するなどもってのほかと判断しているのだと解せよう。

以上の点から、外交政策の転換と貴族たちの異域観の変化にともない、朝廷は「異朝人」への授位を拒むようになった事実が明らかになるとともに、「国用位記」を「恥」と記している点から、売・買位という行為に否定的な観念が存在している様子がうかがえる。そして、貴族たちのかかる認識に基づいて、「異域」の「穢れた」「献芹」によって、本朝の位階が買われる行為に激しい嫌悪の念が示されたのだと理解できるであろう。

さて、時代が下った一二世紀半ばにおいても、「別功と令レ注事ハ任料などや、この尻付無骨事を令レ書歟[98]」という評価がみえ、「別功」という露骨な表現が嫌われている。このように叙任料を支払って官位を求める売位売官という行為に、マイナスイメージをもって捉える風潮が、少なくとも平安中・後期の上流貴族の間で、存在していたことが窺知されるのである。

以上、律令国家における支配理念や諸制度、天皇・朝廷の性格が変化する九世紀半ば頃、律令制下にみられた勧賞叙位の大半が廃絶した。したがって、勧賞とは時々の国家の対外政策や支配理念・秩序、天皇の存在形態が直接反映する行為であるとみなせよう。逆説的にいえば、勧賞を分析することは、その時代の国家や支配者層の志向を明らかにする有効な手段の一つと考えられるのである。

(4)摂関政治と叙位

九～一〇世紀において律令制下の叙位事由が次々と姿を消すのとは対蹠的に、新たな事由が出現した。なかでも摂関期に特徴的な三事由をとりあげて検討を加えたい。

Ⓐ元服叙爵

服藤早苗氏が指摘されているように、(99) 元服叙爵とは有功公卿の子孫が元服と同時に叙爵することであり、仁和二年（八八六）正月二日、一六歳の藤原時平が内裏仁寿殿で元服し、正五位下に叙されたのが濫觴である。そのさい、光孝天皇より賜った「神筆」の位記に、「咨爾時平、名父之子、功臣之嫡。及二此良辰一、加二汝元服一。鳳毛酷似。爵命宜レ殊(100)」とみえるように、「名父之子、功臣之嫡」であることが叙位の理由だと分かる。

これは「臣事レ君、尽レ忠積レ功。然後得二爵位一(101)」という令制下の授位原則から大きく懸隔しているといえよう。勿論、『選叙令』授位条に「凡授レ位者、皆限二年廿五以上一。唯以レ蔭出身、皆限二年廿一以上一」とあり、令制下においても父祖の帯位と嫡庶に応じて皇族・貴族子弟に位階を与える蔭位制が存した。しかし、大宝令の原則では二一歳以上が蔭位の初叙年限であり、(102) 一位貴族嫡子が二一歳で従五位下に叙されるように規定され、次第に令規定よりも蔭位の適用が若年化したり、一～二階上位が授与される傾向がみられるようになるとはいえ(103)、内舎人などなんらかのかたちで当人が朝廷に出仕して、天皇に仕えた後、二一歳前後ではじめて位階が与えられたのだから、全く出仕経験のない人物が父祖の功績のみによって、元服と同時に五位という高位に叙されるようになる元服叙爵の成立は、位階制の歴史において大きな画期と位置づけられよう。

そして、摂関・太政大臣など「有功公卿子孫(104)」の嫡妻子は正五位下に、庶子は従五位上に叙されるという慣例が、円融朝に定着してくるとともに、延喜一三年（九一三）正月七日、贈太政大臣正一位藤原時平の二男顕忠が、一六歳で「東宮御給」により叙爵しているように(105)、元服後の恒例もしくは臨時叙位において、院宮御給を用いて叙爵する慣例も、一〇世紀半ばの村上朝以降、参議以上の子息にまで広まった。

Ⓑ入内賞

次に検討する「入内賞」は、立后の後初めて参内した時に、后宮関係者に授位が行われる勧賞を指す［表2］。その初見は醍醐天皇中宮藤原穏子の例にさかのぼるが、第四章で触れた通り、穏子の醍醐後宮への入内と所生皇子保明の立太子には複雑な経緯があった。宇多法皇の強い反対のなか、藤原時平は延喜四年（九〇四）二月一〇日に親王宣下、即日僅か二歳で立太子させたのである。これにより、法皇と穏子との確執はさらに深まり、以後しばらく彼女は入内を停められ、皇子と別居した事実が知られる⑽⒃。

その保明は延長元年（九二三）三月二一日に弱冠二〇歳で薨じたが、この時点で、醍醐と穏子の間には他に皇子がなかったため、翌四月二九日保明の王子慶頼王を皇太孫とした。なお、同年七月二四日に、穏子は寛明（のち朱雀天皇）を出産。慶頼王が翌々年僅か五歳で夭折したため、寛明は三歳にして立太子することとなる⒄。

延長元年四月二六日の穏子立后・入内は、服喪中かつ出産を間近かに控えた時期という異例の状況下で実施された。如上の推移を踏まえると、保明を失った醍醐が、立后によって彼女の立場を確固たるものにするとともに、宇多法皇や菅原道真と親しいために自身とは疎遠であった左大臣忠平に、直に誕生するであろう皇子の後見を求めることを目論んで実現したと考えられる。

このようにして創始された「入内賞」とは、かつて保明が初めて父母に参観した日に生母穏子に位が授けられたのと同様に⒅、次代天皇の親族を高位に叙し、醍醐と穏子・忠平との連携を強化してミウチ関係の盤石さをアピールする狙いが込められていたと思う。

次掲史料は長保二年（一〇〇〇）四月七日、一条天皇中宮に冊立した藤原道長女彰子が初めて参内したさいにみえる、「皇后初入内日」の「賞例文」である。

延長元年四月廿六日、皇后（藤原穏子）立。九月五日、従二右大臣（藤原忠平五条第）第一遷三御主殿寮一。藤原師甫叙二従五位下一。大臣男也。天徳二年十月廿七日、皇后（藤原安子）□（立）同三年六月十三（六）日、従二左近中将藤原朝臣伊□（尹）第（小一条第）一遷三御内裏一。藤原惟賢（輔）叙二従五位下一。

［表２］　中宮入内賞一覧

天皇	元号	西暦	月	日	受賞者	位階	備考
醍醐	延長元	923	9	5	藤原師輔	従五位下	中宮諱穏子、今日自左大臣東三条第遷御主殿寮、為令家慶所叙之、大臣息也、
円融	天延元	973	7	7	藤原朝光	正五位下	女御媓子日来坐内大臣(兼通)堀川第、即登后位、今日移御内裏、師輔卿例所叙、
円融	天元5	982	5	8	藤原公任	従四位上	皇后入内賞
花山	寛和2	986	7	9	藤原道隆	正三位	皇后宮御産後入内賞
一条	永延元	987	9	20	藤原道長	従三位	皇太后宮自摂政第此日入内裡賞
一条	長保2	1000	4	27	藤原道綱	従二位	中宮初入内賞
一条	寛弘5	1008	10	16	藤原教通	従四位上	中宮御産之後行幸、以同母弟有此賞、
三条	長和元	1012	4	27	藤原頼宗	正三位	中宮初入内日、依御傍親賞、
後一条	万寿元	1024	9	21	源　師房	従三位	大皇太后宮自関白(頼通)家入内本宮賞
後一条	長元8	1035	11	11	藤原公成	正三位	中宮自斎院入内賞(中宮行啓斎院賞本院別当)
後一条	長元9	1036	2	27	源　経長	従四位上	去年中宮行啓斎院賞追申之
後冷泉	永承6	1051	2	13	源　俊房	正三位	皇后宮初入御内裏(自東三条院入内)賞
白河	延久6	1074	6	25	藤原師通	正四位下	中宮入内賞
			6	26	源　雅実	従四位上	中宮入内賞
堀河	寛治5	1091	4	27	藤原忠実	正三位	中宮入内賞
堀河	寛治7	1093	2	12	藤原忠教	正五位下	郁芳門院院号後、初参内より六条院に還御
					源　顕通	正五位下	郁芳門院院号後、初参内より六条院に還御
鳥羽	天仁2	1109	6	19	源　雅定	従四位上	皇后入内賞
崇徳	大治5	1130	4	3	藤原重通	従四位上	中宮入内賞
崇徳	永治元	1141	2	—	源　雅通	従四位上	皇后入内賞
			12	2	藤原忠雅	正四位上	東宮入内賞
近衛	康治元	1142	2	3	藤原成通	従二位	初入内賞
後白河	保元3	1158	2	—	藤原信頼	正四位上	皇后入内賞
			—	9	藤原光頼	正三位	皇后入内賞
			—	—	藤原実定	正三位	皇后入内賞
二条	応保2	1162	2	25	藤原定能	正五位下	中宮立后之後行啓賞
高倉	仁安3	1168	3	28	平　宗盛	正三位	皇太后入内賞
					藤原光能	従四位上	皇太后入内賞
					藤原頼実	従四位上	皇太后入内賞
					源　通親	従四位上	皇太后入内賞父卿皇太后大夫譲

高倉	承安2	1172	2	17	平　重衡	正四位下	本宮立后入内賞
後鳥羽	寿永2	1182	10	13	藤原実守	従二位	初入内賞
					藤原頼季	従三位	初入内賞
					藤原公衡	従四位下	初入内賞
					藤原長経	従五位上	初入内賞
後鳥羽	元暦元	1184	7	2	高階泰経	従四位上	皇后入内賞
					藤原資実	従五位上	皇后入内賞
後鳥羽	文治2	1186	2	30	藤原公房	従五位上	皇后入内父卿大夫賞譲
後鳥羽	建久元	1190	8	17	藤原親信	正二位	七条院入内賞
後鳥羽	建久2	1190	8	17	藤原基家	正二位	七条院入内賞次
土御門	建久9	1198	4	21	藤原兼高	従五位上	皇后宮御入内賞
土御門	元久2	1205	7	20	藤原光親	正四位下	中宮入内
順徳	建暦元	1211	3	23	藤原仲経	従二位	殷富門院初入内賞
後堀河	貞応元	1222	8	2	藤原家行	正三位	北白川院初入内賞
			1	10	藤原資経	正四位下	皇后宮入内
					藤原公頼	従二位	北白川院初入内賞(隆衡卿譲)
後堀河	貞応元	1222	1	12	藤原実有	従四位上	中宮入内
後堀河	貞応2	1223	3	16	藤原公賢	従四位上	中宮入内
			3	15	藤原実世	従四位上	中宮入内父公宣譲
後堀河	寛喜2	1230	3	14	藤原親房	従三位	中宮初入内賞
					源　通忠	従三位	中宮初入内賞
後堀河	寛喜3	1231	4	8	藤原頼経	正四位下	中宮并皇子初入内賞
四条	天福元	1233	4	19	藤原親季	従四位上	藻璧門院御入内賞
四条	貞永2	1233	7	13	藤原顕氏	従四位上	皇后宮初入内賞
四条	嘉禎3	1237	7	17	藤原兼平	従四位下	鷹司院御入内賞
四条	仁治元	1240	2	20	藤原公基	従二位	式乾門院入内賞
後嵯峨	寛元元	1243	⑦	1	藤原公持	正三位	中宮御産後初入内本家賞
後宇多	宝治2	1278	8	25	藤原師継	正三位	皇后宮入内賞
伏見	正応2	1289	3	18	藤原内実	正三位	玄輝門院御入内賞
後二条	嘉元元	1303	9	28	平　惟輔	従四位上	中宮御入内賞
					藤原実孝	従四位下	中宮御入内賞
後醍醐	元応元	1319	9	28	藤原公敏	正二位	皇后宮御入内賞
					平　範高	正四位下	皇后宮御入内賞

※『公卿補任』より作成（○付きは閏月）

伊(尹脱カ)男也。天延元年七月一日皇后(藤原媓子)立。同月廿日、従二内大臣第(藤原兼通堀河第)一遷二御内裏一。藤原朝臣朝光叙二正五位下一。皇后弟也。十月十四日、无位昭子女王叙二正三位一。后母也。天元五年三月十一日、皇后(藤原遵子)立。五月七日、従二太政大臣(藤原頼忠四条第)第一遷二御内裏一。藤原朝臣公任叙二従四位上一。后弟也。十月十八日、正四位下厳子女王叙二正三位一。后母也。寛和二年七月五日、皇太后(詮子)立。同日藤原朝臣道兼叙二従四位下一。(后兄也。脱カ)大江慈子・高階治子叙二従五位下一已上御乳母。同九日遷二御内裏一。藤原朝臣道隆叙二正三位一。永祚二年十月五日、皇后(藤原定子)立。同月十五日、藤原朝臣伊周叙二正四位下一。后兄也。祐子女王叙二従五位下一。乳母也。同廿二日、従二摂政第(藤原道隆東三条第)一遷二御内裏一。藤原朝臣守仁叙二正五位下一。高階光子叙二従五位下一。(乳母也。脱カ)同廿六日、従五位上高階朝臣貴子叙二正三位一。后母也。(109)

これによると、入内賞の対象は、通常、皇后が入内までに利用した御座所の主人の妻子であった。摂関期の后宮御座所は多くの場合、后宮の父や兄弟の邸宅であったため、后の母や兄弟、さらには乳母が受賞対象となっていた実態が分かる

しかし、彰子入内に際しては道長の強い要望により、中宮の母・乳母の他に、中宮の叔父に当たる道綱と甥成信の加階も実現した。この二人の叙位には天皇が難渋を示したものの、道長の強引な後押しで決定にいたった経緯が、次の史料からうかがえる。

暫之済政還参云、后母氏(源倫子)加階并源信子乳母・同芳子及右大将藤原朝臣(道綱)者於二一家一為レ兄。雖レ無二先例一、懇切有レ所レ申。亦成信朝臣相二従猶子一、若有二余恩一乎。即奏、仰云、皇后母氏并乳母信子及芳子并成信朝臣等之事可レ然。但藤原朝臣所レ申雖レ切、先例不レ叶如何。仍亦伝二仰此旨於済政一。(中略)丞相於二御宿所一命云、大将加階之□(事)度々所レ被レ示、甚以懇切也。被レ停二成信朝臣一。可レ賜二藤原朝臣加階一之由、重可レ奏。前度依レ無二先例一、不レ被レ許之由奉レ仰已了。重所レ令二洩　奏一。非レ無二事憚一。然而彼大将為二家兄一慇懃有レ望。不レ能二抑止一。今一度許令二洩申一也云々。依二御物忌日一已陣外、令二民部乳母伝旨洩奏一。乳母云、事非レ如レ初。頗有二恩容一

者。于レ時丞相退出給。仍参二中宮一也〈入夜〉。奉レ謁二丞相一申二此旨一。今日申剋以後甚雨。及二亥暒一。有二行啓事一。余出車（中略）亦参内。令三民部乳母奏二成信朝臣加階之事一、初有二恩許一。而以二藤原朝臣所レ申懇切一、依二大臣令レ申之旨重畳一。更止二成信之事一如何。成信入道親王（致平）男、已是御傍親也。又故入道左大臣愛孫。今左大臣猶子。与二皇后一又為二近親一。可レ有レ恩之由、定及二其歟（聴脱カ）。自二彼大将一者頗有二便宜一。其所レ申已無二准拠一之由被レ仰先了。今退二下階一之有二便宜一。更加二上階一之無二先例一。於レ事非レ穏。共□（猶）賞進如何。即有二勅報一。所レ申可レ然。仍奉二勅旨一。可レ叙二従二位一。成信朝臣従四位上、后母氏従二位、源信子〈乳母〉・同芳子従五位下之由、仰二大夫〈時中〉一。(110)

右の傍線部から、「御傍親」「近親」であるという事実が受賞のために重要な要件となり得たことが分かる。以上の経緯から、「入内賞」とは皇太子夭折という不慮の出来事を受けて、醍醐と穏子・忠平との連携強化と、やがて誕生する皇子のミウチ関係の盤石さを明示することを目的に創始されたものであり、摂関政治の最盛期を迎えた道長期には、「御傍親」への特権的な叙位事由として位置づけられたと理解できるであろう。(111)

Ⓒ「御傍親」への勧賞

奈良・平安初期の天皇は、京内外の臣下邸への行幸をたびたび行い、邸宅の主人夫妻やその子息へ叙位を実施した。(112) 行幸の目的は主に遊猟や詩文作文会の実施であり、文人貴族邸への行幸がとりわけ目立つが、このような行幸は嵯峨朝以降では減少し、これに代わって、上皇・女院や外戚である摂関などの邸宅に御賀や相撲・花宴・競馬・騎射御覧のような御遊を目的とする行幸が数多く実施されるようになる。また、一〇世紀半ば以降では内裏の焼亡や怪異出現などにより、廷臣の邸宅を里内裏として移徙する例も散見する。(113)

御遊行幸や移徙はとりわけ道長・頼通期に増加するが、これらのさいに利用する邸宅は圧倒的に摂関邸と東三条院や上東門院などの国母女院御所が多い。そして、そこで実施される勧賞の受賞者は、「御傍親」「家子」「家司」「院司」などと記されているように、外戚・摂関である人物とその家族や家政機構の職員におおむね限定される。

このように、総じて摂関期の勧賞は「御傍親」という極めて限定された範囲の人々を対象にして実施される傾向が強いといえるであろう。そのなかで、集中して勧賞を受けることとなる摂関・外戚家の子弟と家司は年労制に依拠せずに、勧賞によって破格の昇進を達成したのである。

(三)小括

律令制下では、恒例叙位における考課成選制にみられるように徳行才用主義によって律令官人の育成と官僚制の整備を目指したが、五位以上の勅授では、成選結果が直接反映される期間は短く、八世紀前半に両者はリンクしなくなり、「勅授という原則に由来する無原則性（恣意性）」といわれるような明確な基準のない授位が奈良～平安初期に行われた可能性が高い。とりわけ、強い個性を発揮するとともに政治手腕に長けた桓武・平城・嵯峨天皇のもとでは、天皇による個別の判断に大きく委ねられた勅授のあり方が望まれ、渡来系氏族や文人貴族の抜擢に顕著なように積極的な人材登用が実施されたといえよう。

恩赦・賑給・免租とともに広く一律一階を授位する勧賞がしばしば行われ、飢饉などの救済・功労者、節婦、高齢者、さらには「蕃国」使節や夷狄などへの叙位に顕現している通り、天皇の有徳性を天下に知らしめ、礼節・修身などの儒教的徳目の奨励や華夷思想に基づく対外政策が、勧賞によってアピールされた。

ところが、朝廷は九世紀頃から、東アジア情勢の変動にともなう対外政策の転換や律令官司の再編に連動して、以上のような建前を次第に放棄していき、律令国家の支配理念が顕著に投影された如上の勧賞は消滅していった。

そして恒例の叙位にも変化が現れることとなる。それは、嵯峨上皇が目指した「平安時代的な天皇」の成立と関連している。嵯峨は前君主が無前提に国家機構に関与しうる構造の下で、天皇大権をめぐってしばしば紛争を起こしてきた「八世紀的な太上天皇―天皇関係」の清算を目指し、「唯一の君主としての天皇の地位確立」を志向した。そうであるならば勅授の無原則性、すなわち天皇の恣意が強く発揮される叙位の傾向が強化、推進されると考えられるが、実際はそうならなかった。

その要因の一つは、律令官司の再編などを通じて、統治や政務運営において天皇個人の力量や能力に左右されない安定的な体制が目指されたこと、もうひとつは、このような流れとも関連するが、嵯峨上皇の死にともなって引き起こされた承和の変とこれを経て幼主の誕生が可能となったように、「天皇は強烈な個性を持った生身の権力者から、権力の中枢に位置しながらも、その存在を希薄化させた一個の装置、あるいは制度へと変貌を遂げ(114)」たことがあげられよう。かかる変化にともなって、人事（勅授）においても昇進判断上、一定度の機械的な基準を採用することが模索されたものと理解する。その結果、律令官司の再編と相俟って、官職の在職期間である「年労」という基準を採用し、なかでも「顕官」といわれる重要ポスト在任者の昇進を優遇する巡爵・年労叙爵制がまずは成立し、次第に加階におよんだと考えられる。

さらに、律令官司の再編が進んだ一〇世紀、行事所制の成立、受領の出現や官職（司）・諸道を相伝しようとする動きなど、時代に即した合理的な官司・政務・儀式の運営方法が成立してくると、それらを円滑に機能させるべく、これに適合的な昇進制度が設けられた。すなわち行事賞―造宮や神社行幸等で実施される上卿以下の行事や国司への勧賞―や種々の技能に対する勧賞――陰陽師、楽人、舞人、大工、仏師、絵仏師、僧侶、大宮司以下の神職神官、医師・薬師などへの勧賞――である。

これらの昇進事由の特色は、ひとつは特定の官職・役職・諸道（技術・技能）に基づき、「機構や制度、技術（技能）を媒介とした奉仕に対する反対給付」として実行される点であり、もうひとつは、「如泥」や規定に満たない業務を行った場合、あるいは賞賛に値しない技術や技能を披露した時には実行されない点から、完全な業務遂行や技能・技術の向上を奨励する目的が看取される点にある。

かかる動きと並行して、律令制的な諸制度と律令天皇制の変質により、「君恩―奉仕」関係が変化して六位以下の位階が形骸化する一方、昇殿制や「院」の成立など、平安時代には新たな人格的関係が成立し、天皇との親疎によって昇進の優遇度合いが大幅に異なる種々の昇進事由が誕生した。それが氏爵、年爵、殿上人が対象となる「簡一」、摂関等子弟の元服叙爵、「入内賞」などであり、さらに摂関邸や東三条院・上東門院などの女院御所への御遊行幸や移徙のさいに実施される「御傍親」「家子」「家司」等への勧賞である。これらの昇進事由の特色は、天皇や給主との親密な関係や、「人格的・身分的従属関係」に基づく奉仕に対する反対給付として実行される点である。

如上の昇進事由は一〇世紀頃から出現し初め、道長執政期までに全て出揃い、おおむね中世まで継承されるが、摂関期と院政期以降とでは運用実態などの面で大きく異なる。各制度・事由における時期的な差違については各章で詳論したので再述はしないが、最大の違いは、「御傍親」「家子・家司」という表現が明示している如く、天皇のミウチである外戚家に、それらの昇進事由の対象がほぼ限定され、その恩典が極めて限定かつ集中している点であろう。これによって、次代・次々代までも外戚が約束された後一条朝以降の道長子弟が、他の貴族を圧倒する勢いで公卿への昇進を果たすことになったのである。しかし、外戚家と直接的な関係を有さない一般貴族においては、年労制的な原理が昇進の基軸に据えられているという実態を強調しておきたい。

さて、最後に如上の昇進制度が、外記・史、その他の特殊技能を有する下級官人に対して与えた影響について触れたい。外記の場合、中原氏が局務を世襲し始めるのは師任（一〇四一年任）から、清原氏は定俊（一〇七八・九一年任）以降、史では、『尊卑分脈』によると一〇世紀末～一一世紀初頭に活躍した小槻奉親に「初奉二官務一」

との注記がみえるものの、官務の家柄として成立するのは孝信（一〇四六年任）以降とされる。[115]

彼らがいずれも摂関家司を兼帯していることから、官職の世襲化と家司の兼帯が頼通段階で大きく展開し、摂関家による官司と家司の組織化が大きく加速したとされる。[116] この時期に官職や役職の相伝の動きが強まってくるが、滋野・菅野・小野・三善などの諸氏や中世の局務とは別系統の中原氏から大夫外記が輩出したり、多米・惟宗などの諸氏から大夫史に就任する例がみえるように、官務・局務を輩出する氏族・家系は少しずつ限定されつつあるものの、未だ流動的である。ただし、官務や局務に繋がる家系が、摂関家の家司となることで、「行事賞」や「家司賞」を次々と得て、正五位下にまで昇進している実状は注目される。巡爵等に頼るよりも、勧賞を多く獲得した家系が昇進の上で優越していく様子がうかがえよう。

さらに、陰陽博士安倍泰長が、内大臣藤原師通に「令レ申二栄爵事一。陰陽博士労已以停止。令レ申二家領・栄爵一矣。祖父時親朝臣始以叙二一加階一者。件事賜二春宮御給一被レ叙二位階一。准二同（因カ）家領一于二春宮御給所一令レ啓也」[117]と言い、「春宮御給」による加階を申請している事実は興味深い。彼の主張によると、祖父時親（一〇三〇～四〇年代に活躍）の代にはすでに「陰陽博士労」は廃（すた）れており、そのため主人たる摂関家に「御給」による叙位を「准二同（因カ）家領一」して申請することが家の習いになっているという。一〇三〇～四〇年代頃に摂関等がこれらの下級官人の組織化を強め、そのさいの一つの手段として、「御給」の斡旋や「勧賞」の実施が行われていたのである。

以上のように、摂関期においては年労制の原理が貴族の昇進の大半を占めつつも、徐々にそれとは異なる原理による叙位事由が成立、浸透しつつあることを確認しておきたい。

第三節　中世公家社会成立と叙位制度の展開

（一）院政の成立と叙位

摂関期には、官職ごとに昇進に必要な年限の異なる年労制的な昇進制度が貴族昇進の主軸に据えられ、昇進コースが成立し、さらに昇殿制の定着とあいまって、貴族層の家格を示す公達・諸大夫・侍という身分階層の基礎が成立した。そして道長・頼通期に、摂関家は諸大夫層のなかでも特に弁官、局務などの太政官政務の枢要に関わる官職を帯びる醍醐源氏、高棟流桓武平氏、中原氏、高階氏、藤原北家良世流・高藤流・内麻呂流、南家貞嗣流、式家明衡流などを家司として組織し、その譜代化が進行したことが指摘されている(118)。

摂関家の主導で構築された如上の秩序に対して、専制的な権力を確立した院は、その権力を行使して恣意的な人事を断行し、切り崩しを図った。そのさいの手段として、近臣を職事弁官に採用して、叙位・除目時に院・天皇・摂関の意見調整を図らせ、人事に積極的に関与した事実が明らかにされている(119)。とりわけ院の影響力を牽制していた堀河天皇の死後、白河院による人事介入は一層顕著になり、摂関がみずから院に赴き、そこで任人の実質的な決定がなされるようになった(120)。

そしてさらに、本来は天皇の仰せを書き留める「備忘録」として作成された「任人折紙」が、白河院末期頃から、院（治天の君）の仰せを記すものとなり、京官・受領・諸国権守・介など要職の全てに関わる任人が記入された除目の最重要資料として扱われ、除目執筆は折紙の情報を基にして大間に任人を書き記したことが明らかにされている。同様に、叙人に関する院の仰せを記した「叙位折紙」が、叙位決定に関わる実質的な最重要資料として扱われるようになった(121)。管見の限りでは、恒例叙位における「叙位折紙」の初見は、除目より少し遅れて後白河院政期であるが(122)、勧賞叙位では鳥羽院政期に確認できる(123)。

以後、「折紙」による人事介入の方法は、治天の君のみに限定されず、室町期（義満期）には室町殿の仰せが書き留められた「叙位折紙」が作成された点に明らかなように(124)、中世における最高権力者による人事介入の常套手段になった(125)。

しかし、院による人事への関与は、「折紙」による個別的かつ直接的な介入だけではなかった。より重要な点は、摂関期に構築された人事に関する諸制度や慣例そのものに改変を加え、もしくは解体して、院の思惑に利する昇進原理が貫徹されるようになったことだと考える。その現れが、第一章で指摘した年労の変質および消滅と、昇進事由の比重が大きく年爵と勧賞とに傾斜していく事実なのであり、年労制的な秩序が崩壊し、摂関期とは異なる中世に直接繋がる昇進秩序が形成されたと推察するのである。そこで本節では、院政期に成立した叙位の昇進原理とその推移、さらにその背景にある貴族社会の変化について論じることとしたい。

(1)院政期以降の年爵

第二章および補論一の検討結果から、院政期以降の年爵制度が摂関期と異なる点は、以下の五点に総括されよう。(126)

一、数多の女院輩出などによる給主数の飛躍的な増加と、それによる年爵の絶対数が増加した結果、叙位全体における年爵占有率が上昇した。

二、院と女院の御給・未給は大多数が加階に、一方、三宮・准三宮の場合は叙爵のみに利用されるという、給主の身位による年爵授位における格差が生じた。特に後者は、摂関期において年爵による授位対象となることが稀であった諸大夫層子息の叙爵に利用されるという特徴がみられるように、年爵叙位の適用者層が拡大している点も大きな変化といえよう。

三、被給者選定において、治天の君妻后の場合は治天の関与が強く、摂関家出身女院は摂関家家長である大殿や摂関の関与が認められる傾向があり、年爵が給主と被給者間の一対一の単純な関係において成立するのではなく、王家や摂関家などの「家」(皇統や摂関家内の分裂、政治的対立があれば、さらに小さなグループ単位)として、組織的に運用される傾向が強くなった。
四、後白河院政期以降、年爵による上階授位が定着し、公卿の昇級における年爵の需要が増加した。
五、故人未給の検討のさいに触れた通り、給主―被給者関係が世代を超えて継承される傾向がみられるようになる。勿論、全給主と被給者について固定的な関係が認められるわけではないが、当該人の職掌や所帯荘園の所職等の相伝との関係が影響していると考えられる。前掲陰陽師安倍泰長の例の如く、特定給主の御給による叙位を「家領」「家例」と貴族官人が認識し、それを主張する傾向が強くなっていったと推察する。
以上の通り、院政期には院の近臣を中心とする諸大夫層での需要が急増するとともに、三位以上の上階への加階が可能という点から、年爵によって昇級し得る階層幅が急激に拡がったため、給主の増加による年爵の絶対数は増加したものの、さらなる需要の高まりがみられ、当該期の貴族たちがその獲得をめぐって熾烈な争いを展開したのである。[127]

(2)院政期以降の勧賞の特質と意義

院政期にみえる勧賞の種類は多岐にわたり、貴族の昇進事由における勧賞の比重も劇的に高まる。しかし勧賞は、例えば、保延二年（一一三六）源雅定が正二位に昇級したさいの尻付「鳥羽御堂供養行事（幸）賞」[128]について、「成功と区別しがたい」[129]や「年爵の成功化」[130]と説明されるように、勧賞＝成功＝売位との認識が強く、ひいては「院政期＝頽廃的」との評価を導いてきた。

受領の成功＝売位という図式や「年爵の成功化」という評価そのものも再考を要するが、その点に関しては第七章および第二章と補論一で論じているので、本節では勧賞＝成功との認識の正否を確認するとともに、複雑雑多で無秩序な叙位事由という印象を免れない当該期の勧賞の特質を明らかにしたい。本節では、その性格に従って以下のように分類整理して論じることとする。

まず、前述の雅定は、御堂造営を請け負ったり、資材を拠出した事実はなく、供養会への参加が受賞の直接的な要因になっているのである。すなわち、勧賞叙位の主要なものは、以下の三つに大別できよう。(131)

A　太政官の官行事所が運営の主体となる官方行事の奉行（行事官）に関わる勧賞。

B　非官方行事、つまり院司や摂関家家司が運営主体となる院家沙汰もしくは殿下沙汰という権門主催の行事に関わる勧賞。

C　A・B両行事もしくはそれ以外の場において、特殊な技術、技能、才能によって顕著な功労を現した者に対する勧賞であり、中世的な「家」と密接に関わる性質を有するもの。

これらの特徴は、第三・四章で詳述しているので、ここではそれぞれの特質の要点をまとめ、かかる勧賞が貴族の昇級の大部分を占めることの意味を考えることとしたい。

Aは、天徳四年（九六〇）に焼亡した内裏の再建に当たった行事所の行事に対して実施したのを濫觴とし、原則として行事官全員に叙位の機会が与えられた。代表的な官方行事である神社行幸が、摂関期には賀茂・石清水・春日・平野・大原野・松尾・北野の七社行幸であったのが、後三条朝以降新たに祇園・稲荷・日吉の三社が加わり一〇社行幸になるとともに、天仁二年（一一〇九）鳥羽代始めの石清水・賀茂行幸を画期として、上卿以下の各行事が納言以下各官職の最上臈から順番、すなわち「巡」によって就任する慣例が成立したように、院政期になると行事の実施回数の増加と行事就任方式に変化が現れる。この「巡」は代替わりごとに編成されるという特徴があり、また同行幸は白河院が行列を桟敷から見物して厳しく統制していた点などから、中世王権の最重要儀礼の一つとして位置づけられたと解されるのである。

また、臈次順に行事官への就任が約束されたという事実は、行事官就任の可能性がある要職（大・中納言、参議、弁官、外記、史、検非違使等）在職者全員にとって、貴重な昇進機会の一つとして位置づけられたと解される。(132)そして、大過なく行事を遂行すれば基本的に受賞可能な反面、怠慢や規定の業務遂行が果たされない場合は賞を留めるという特質に鑑みると、王権や朝廷にとっては貴族官人の精勤の奨励と、奉仕内容に対する賞罰機能を果たしたと評価できるだろう。

Ｂは、院政期になると、朝覲行幸や院および女院の御願寺・仏像の供養会等、院庁と院司が主体となって実施する「院家沙汰」行事が飛躍的に増加したため、非官方行事のなかでも、院家沙汰行事の勧賞が急増した。その特質を事例を示して略述すると以下のようになる。

例えば、寛治六年（一〇九二）の朝覲行幸では、「勧賞（従三位源雅俊卿、院司。従四位下源師隆、中宮侍職事。昨日被ㇾ補也）」(133)とみえ、また仁安三年（一一六八）の朝覲行幸では実施二週間ほど前に、「院庁官守真（衣冠）来臨。左衛門佐信基示㆘補㆓判官代㆒之由㆖。朝覲行幸在ㇾ近。忽補㆓院司㆒、過分之大慶也。抃悦之至、不ㇾ知ㇾ所ㇾ謝」(134)とあり、判官代に任ぜられ平信基が、行幸当日「判官代」として勧賞に預かり正五位下に昇級している例などから、勧賞を実施しうる人物（以下、年給の給主に擬えて「給主」と記載）の家政機関職員など、「給主」とのなんらかの人格的関係の存在が受賞要件であったといえる。

また、近衛天皇による鳥羽法皇への朝覲が行われた久安元年（一一四五）正月四日、内大臣藤原頼長一男菖蒲丸（兼長）の初参が重なったため、崇徳上皇に彼の名簿を奉呈する役を仰せつかった藤原公能は、朝覲行幸への参加を優先して、「依㆓一院御給望申㆒奔走之間、不ㇾ能ㇾ参㆓新院㆒」(135)との理由で急遽、新院御所に参じなかったが、その行動が功を奏して、「一院分」により公能は従二位に叙された。このように、「被給者」たる貴族側からの精勤と「給主」への強い働きかけが重要であった。

ついで、「正月二日朝覲行幸為ㇾ給㆓勧賞㆒、可ㇾ補㆓院司㆒之由被ㇾ仰。又楽所饗可ㇾ致㆓沙汰㆒（勤ㇾ饗者必預ㇾ賞云々）」(136)と、勧賞授

与を約して院司補任と楽所饗の奉仕が命ぜられる例があるように、「給主」にとっても勧賞は行事運営の実行のために貴族等の奉仕を引き出す重要な手段となっていたことが分かる。

如上、非官方行事勧賞の受賞要件とその特徴は、「給主」となんらかの人格的関係を有することが重要な要素であり、さらに精勤を励んで「給主」の覚えをよくする点にあると推察する。ただし、恪勤に対する反対給付的な性質を有しつつも絶対的な受賞要件ではなく、叙任選定の最終的な決定要素は「給主」の意向次第ということになる。そして、行事賞とは対蹠的なかかる不確定さが、本勧賞の最大の特徴であり、かかる性格故に「給主」が自身への奉仕を最大限に引き出す手段として利用したのだと考えられよう。

Cは、さまざまな朝廷儀礼や仏事・神事など儀式遂行に不可欠な特殊技能・技術を持った下級官人などへの勧賞[137]であり、「むかしはかく芸によりて、賞のさたあり」との言葉が示す通り、本来は卓越した技術を賞賛し、技能向上を奨励する目的で実施されたが、院政期になると「善悪の沙汰までもなくて、ただ一者になりぬれば、左右なく賞をおこなは[138]」れ、技術や技能とその長者の地位を相伝する家系の安定化を図る目的に変容した。

そして、当該期には貴族官人等が業務の遂行や専門性、先例の蓄積と相伝の必要性を主張して、特定の家と官司や諸道（技術・技能）との結びつきを図る動きが急速に広まり、政務や宮廷儀礼の遂行に必要不可欠な官司や技能が半ば特定の数家に独占されると、これを強みとして、自身の奉仕を駆け引きに利用して勧賞を獲得しようとする動きもみられるようになった。

『岡屋関白記』建長二年一〇月一三日条には、「楽人等称二不レ被レ賞之由一、不レ奏二曲調一」とあり、サボタージュをちらつかせて、受賞を引き出そうとする楽人たちの様子が描かれている。

以上のように、所謂「官司請負」の動きと連動して、この種の勧賞も前代に比して賞を授与する朝廷や権門の側にとっても、受賞者側にとっても重要性が格段に高まったと評価できるであろう。

さらに、下級官人だけでなく中級貴族以上においても特定の楽器や学問などを専門とする家系が出現すると、彼らに対する勧賞が新たに創始された。例えば、正元元年（一二五九）三月八日西園寺実兼に対する「琵琶師賞」[139]、弘長二年（一二六二）三月二九日粟田口教経に対する「笛（笙）師賞」[140]、文永三年（一二六六）二条資季譲としてみえる「神楽宮人賞」、嘉暦三年（一三二八）三月一六日綾小路有頼に対する「催馬楽灌頂音師賞」[141]などを各々初見として、天皇の学芸師匠という名目による叙位が顕現する。[142]

以上のように一三世紀以降、新たに創設された勧賞は、概して公家の学問・家職（家業）に関連するという特徴が指摘できる。勧賞の実施と公家の家職の定着とが如何なる関係にあるのかなど具体的な検討は今後の課題としたい。

如上、院政期の勧賞はおおむね上記の三つに大別できる。そして、それらの勧賞が朝廷や権門の諸行事の遂行に寄与するとともに、権門と貴族との間の人格的関係の強化や、特定の技能・技術や官司を相伝化しようとする下級官人の動き、さらには特定の学問・音楽や技術を家業にしようとする上流貴族にとって、勧賞の獲得は「家」の継承という側面においても重要であったと考えられる。史料上に多見する彼らの勧賞獲得への熾烈な争いがそれを物語っている。またかかる心理を利用して、朝廷や「給主」たる院宮は勧賞を梃子に、家司として組織したり、恪勤を引き出して彼らを統制したのだと諒解する。

そして、朝覲行幸の年中行事化、神社行幸や（里）内裏・院御所・御願寺などの大規模造営の増加によって、官方行事や院家沙汰行事における勧賞の機会が飛躍的に増加した院政期には、正月恒例叙位で実施される年労制を中核とする授位の大半が叙爵となり、加階の多くが勧賞などの非年労制的事由で実施されることとなった。かかる実状から、貴族の昇級という側面において、恒例叙位の意義が相対的に低下するとともに、勧賞の重要性の高まりを読みとることができる。加えて、年爵や勧賞などの非年労制的事由による叙位数の激増は、年労制的な秩序を完全に崩壊へと導いた。[143] それは同時に「年労」という「機械的・数量的に判断される恩」による編成原理が終焉を迎えたことを意味しよう。

ここに摂関期と院政期とでは、昇進制度上の大きな相違がみられるのである。年労制的秩序の崩壊は貴族社会の構成においてもさまざまな変化や問題を引き起こした。公卿構成の変化や家格をめぐる問題について、以下にとりあげていきたい。

(二) 公卿構成の変化

院政期、特に一二世紀半ば以降の公卿構成に関しては、二つの変化——非参議の大幅な増加と「辞官申任」による前官公卿の出現——が指摘されているが、[144] その要因について叙位制度の展開との関係から考えてみたい。

(1) 非参議の激増と家格の形成

本節でいう非参議とは、三位以上の位階を帯びながら議政官にない者を指す。参議を経ずに従三位(多くは三位中将)となり権中納言に任ぜられる摂関家子弟や、参議補任を待機する人々がこれに該当する。彼らの三位昇級直前の官職は、中将や八省・諸寮の卿・頭、さらに受領等多岐にわたるが、[145]『二中歴』によると、三位加階の年労が設定されている官職は参議のみであるから、年労制によれば、前記官職の在職者が三位に昇ることはあり得ない。つまり、非参議が大幅に増加する現象は、非年労制的な昇進が定着している現実を顕現していると考えられよう。[146]

実際、非参議(散三位)の嚆矢である安和元年(九六八)一一月二三日蔵人頭左中将藤原兼家の従三位授位は、「別勅」により、二例目となる右中将春宮亮藤原済時は、同二年九月二三日に「前坊亮」と父左大臣師尹の「傅労」とを併せて二階昇進が実現したのであった。

このように当初は、蔵人頭や天皇のミウチの子弟を優遇した昇進コースとして近衛次将から権中納言や参議へ昇る過程で非参議を経る例が散見した。院政期になると、摂関期に三位中将から権中納言への昇進慣例を築いた摂関子弟以外でも、「臨時」、「入内賞」、坊官賞（労）（以上をAと略述する）、御賀・行幸などによる「家司賞」や「造宮賞」などの勧賞（以上をBと略述する）によって非参議が輩出されるようになった。Aによる昇進は蔵人頭・前坊、外戚など現天皇のミウチや側近が多く、Bによる昇進は受領・修理大夫などで多くみられ、後白河院政期以降激増する。

玉井力氏によると、三位中将から権中納言という摂関家子弟のみに許されていた特別優遇の昇進ルートを公季流の実能（一一二二）・実房（一一六六）、師実流の兼雅（一一六八）・頼実（一一八三）が取り込み、その後、大将を経て大臣にいたる清華の家格が成立し、従来、公卿に昇り得ない受領系院近臣が近衛次将コースに取り立てられたという。

近衛次将新規採用者について、さらに分析を加えてみると、約八割が公卿に昇っており、そのうち七割強は非参議（従三位）を経ている。[147]さらにこの時期、権中・権大納言の定員を増加して公卿数を拡充した事実にも鑑みると、[148]院近臣の次将コースへの取り立ての最終目標は、彼らの議政官への進出であると解されるが、その階梯として非参議が位置づけられていると理解されよう。

以上のように、非参議とは非年労制的事由の定着によって多見するようになったといえるのである。そして院政期以降に成立した新しい家格の昇進コースを形成したり、従来公卿になり得なかった人々の公卿への階梯として機能している。換言すれば、年労制的秩序の崩壊が、中世公家社会の家格形成をもたらし、多くの非参議を輩出するという公卿構成のあり方を生み出したのである。

(2)前官公卿の出現と議政官政務の変容

前官公卿とは、大臣・納言・参議を辞任もしくは解官された者をいう。事実上の左遷や致仕、すなわち高齢による辞官は以前から行われていたが、ここでは、一〇世紀半ば頃から出現する、子息等の任官申請を目的として、壮年のうちにみずからの意思で辞官した者に限定して用いることとする。(149) 官司の労を昇進基準とする年労制において、兼官のない前官公卿は、理論上、位階昇級対象から除外されるはずであるが、多数の昇進例が確認されるという事実は、年労制が機能していない実状を明示している。

前官公卿の位階昇級の濫觴は、管見によると康治二年（一一四三）正月三日近衛天皇朝覲行幸において、前中納言藤原顕頼が「(鳥羽院)院司賞」により正二位に昇った例である。(150) 彼は「天下之政、在二此人一言一」と賞された白河院第一の近臣顕隆一男で、弁官および参議を歴任した後、長承三年（一一三四）に権中納言に昇ったが、永治元年（一一四一）一二月二日、子息光頼に右少弁を「申任」するため納言を辞任した。(151) その二年後に前官として昇級したのである。

ここで興味深いのは、康治二年七月二〇日、「宣旨云、任二本位一可二納言一者」とみえるように、「任二本位一」つまり位階の臈次通りの序列に着座・列立することを許可する宣旨が下されている点である。実はこの事例は本座勅許の初見とされている。

本来、公卿の座次は、『延喜式』の規定によると、「凡正員之外、特任権官者、不レ論二正権一、依二位階次一」(152)とあるように、まず官職順に序列化され、さらに同一官職内においては、位階次すなわち位階の高下であり、同階の場合は叙日の先後によっていた。そして、「凡前参議以上被レ召二見参一及預二朝参一、致仕者在二本位見任上一。以レ理解者在二同位下一」り、前官公卿の座次は、「致仕」の場合、「本位見任」の上に列することが許されたが、それ以外の場合は「在二同位下一」、つまり辞任した同官職、同位階の現任公卿の最下に着座・列立することになっていた。しかしこの宣旨が下されると、座次の逆転という現象をともなわずに辞官前と同じ座次で着座が可能な点からスムーズな出仕を促す措置だと考えられている。(153)

ところで、康治二年の朝覲行幸で正二位に昇級したのは、顕頼とその上臈宗能の他に下臈成通もいた。(154)したがって、この時、顕頼が加階されていなければ、彼は下臈から超越されたはずである。つまり、本座勅許施行のための布石として、前官公卿の昇進が実行されたと推察する。無論、彼らの昇級事由は非年労制的事由しかあり得ない。

彼はその後、金剛勝院供養式においては、「依二位次一、列二諸卿座一」(155)したと言い、これ以降、議定出席のさいにも、宗能の次座に着いている。辞官前の座次は、「従二位藤原宗能―同顕頼―同実光―従三位同成通―同公教(以下略)」(156)だったため、彼が本座に列しているのが確認できる。このように辞官申任後も加階が可能となったことから、本座勅許を得たり、再び任官したさいに、辞官前の座次を確保し得る可能性が生まれた。このようにして公卿が辞官申任を行いやすい状況が整備されたと評価できよう。

北山良雄氏は、前官公卿が後白河院政期から一般化し、後鳥羽院政期に増加傾向がみられるが、その背景には人事の回転をよくして公卿全体の昇進を早めようとする傾向があったと指摘されている。(157)さらに前官公卿の輩出を促進した背景として、政務運営の変化も考慮する必要があるだろう。

美川圭氏によると、院が近臣や蔵人を公卿の邸宅に遣わして国政上の重要案件を諮問する在宅諮問は、当初官位や俗人出家にかかわらず、公卿層の各家長を対象としたという。(158)そして、下郡剛氏の研究によると、治承年間以降は、原則として現任の議政官のみが対象とされるようになり、後鳥羽院政下、特に源通親の死後では、再び前官の者が対象になっている。また院御所議定においても、それまでは変則的に認められていた前官者の出席が、建暦年間以降、常態化するとの指摘もある。(159)

このように後鳥羽院政期の政務運営においては、議政官であることの必要性は喪失したといえるのであり、佐伯智広氏はかかる状況を踏まえて、官職が完全に身分標識化したと評価されている。(160)

如上、鳥羽院政末期から、議定やさまざまな儀式の場へ前官公卿の出席が要請、許可されるようになり、律令官制にかかわらず、政務や儀式に関与できる形態が徐々に進行し、(161)後鳥羽院政下で定着した。このような変化の前提として、かかる昇進制度の転換が不可欠だったといえるであろう。年労制的秩序の転換は、このような公卿構成のみならず貴族社会全体により大きな変化をおよぼしたと考えられる。その点について次に確認したい。

(三)中世公家社会における家格の成立と超越の相論

(1)「譲」と「位階の組織化機能」

年功序列的な年労制とは異なり、年爵や勧賞などによる昇進契機は一定間隔とはならない。とりわけ勧賞は同一人が比較的短期間に複数回受賞する場合があるため、当人の昇級に利用されず、その権利を他人に譲渡する事態がしばしばみられる。第三章で述べた通り、受賞者が昇級を辞退すると「追可ㇾ随ニ申請一」(162)と宣下された。後日、その権利を他人に譲与する場合は、受賞者本人もしくは被譲与者が「自解」や「申文」を行事所に提出して譲与の申請を行い、上卿が職事を通じて奏聞し、勅許を得たのち、外記の勘申を経て、申請内容(行事名や年紀等)に齟齬がなければ叙位儀などにおいて、権利を譲り受けた人物が昇級できるというシステムが存在していた。

譲与の慣行は、父↔子(含養子・猶子)、祖父(先祖)↓孫(子孫)、兄↔弟、オジ↔甥、舅↔聟、師匠↓弟子などさまざまな関係でみられるが、父↔子(含養子・猶子)と師匠↓弟子関係において圧倒的に多く、(163)「辞官申任」行為との共通性が認められる。

勿論、位階の譲渡は年労制下でも行われていたが、『朝野群載』所収の一〇世紀半ばの譲与申請申文(164)によると、年労によって獲得した所帯位階を辞退して、子・孫や他人に譲与する「所帯位階辞退型譲与」とでも規定されるような方法がとられていた。これに対して勧賞の譲与は、自身が帯びる位階を辞退する痛手を負う必要がない上、受賞者本人の死後であっても家族や子孫等に相続が可能だという特徴が認められる。(165)かかる「譲」は、勧賞の増加と相俟って頻繁に実施された。その背景には、自身の官途を継承させようとする貴族の欲求や、本質的には「遷代」である官職を永代化させ相伝を主張しようとする下級官人たちの強い欲念があったと推察する。「譲」は貴族官人の「家」の継承に資する機能を果たしていたと考えられるのである。

勧賞が実施される行事の恒例化や増加傾向が顕著となる院政期以降、とりわけ多くの勧賞を受ける機会に恵まれたのは、上級貴族および大国受領系の院近臣であり、また、実務官僚系院司として活躍した名家や官務・局務と称された家系の人々である。朝廷での地歩を院の寵愛や外戚関係のみに依存している近臣受領の中には院との関係によって数代で勧賞・年爵の受給率が急激に低下し、没落へと向かう家系もみられるが、実務官僚系の場合は、行事賞などを確実に受賞し、比較的早期に昇進家例が形成される傾向がみられた。(166)弁労が最も早く消滅し、官務・局務の子弟が史・外記の年労ではなく、御給や勧賞で昇級を果たしていた実状がそのことを明証していよう。

また、さまざまな技能を有する地下官人も院政期以降、勧賞に与る機会が増加するとともに、受賞理由が変化している。すなわち前述の通り、技能の優劣よりも、「一者」であることが叙任要件となり、さまざまな技術・技能集団の長（一者）の身分保障に資するようになった。(167)

一者へ賞が集中すると、自身の昇進に利用せず、子弟や弟子などに譲りその叙任に利用したため、彼らは技術的な優位性のみならず、叙任推挙権を梃子として技術者集団内部の序列化を図る上でも絶対的な地歩を獲得したといえるであろう。ひいては一者を輩出する家がその道を家職とする家系として確立することに繫がったと理解する。[168]

以上のように、勧賞の多用は、自身が受けた昇級の機会を自己に使用せず、「追申請」の権利を蓄積することによって、叙任推挙権をその人物が獲得する結果をもたらした。つまり、律令制下においては、基本的に叙任は天皇と官人との一対一の関係において成立する原則であったものが、集団の長がその間に介在する余地が生まれ、官位は天皇―臣下という一対一の君臣関係のみならず、各集団内部における秩序形成や組織化に資する機能を獲得したと評価できよう。

中世の位階の特質を考える上で右の点は非常に大きな意義を有すると思われる。なぜなら同様の評価は、貴族・官人社会のみに適合するにとどまらず、朝廷や院・摂関主催の仏事において導師を勤めた時などにみられる勧賞（僧位僧官）を、座主・長者・長吏などが弟子に譲る例や、神社行幸で得た神主・社司賞を譲る例など、京周辺の大寺社においても当てはまり、それらの譲与を通じて、組織内秩序の維持に資するという同様の機能を果たしているとの説明が成り立つからである。[169]

如上、官位は貴族社会内における天皇との距離や、貴族官人相互の序列化という機能のみならず、さまざまな集団内部の身分標識として機能するとともに、秩序形成や序列化に資する〝記号〟として、中世社会に広く浸透し得る性格を獲得したといえよう。かかる性質を「中世的な位階の組織化機能」と仮称したい。

さて、以上の検討を踏まえると、鎌倉幕府が官位を「御家人間の相互関係整序の手段として利用」[170]した事実は、如上の「中世的な官位の組織化の機能」と通底していると位置づけられるのではないだろうか。勿論、頼朝の許可を得ない自由任官を禁止し、御家人が将軍以外との主従関係を設定することを極力回避しようとした事実や、「将軍と執権北条氏との権力構造的敵対関係」[171]を前提とした幕府内の官位を利用した秩序形成のあり方など、武家官位独自の性質や機能を有する側面は重視されるべきと考えるが、その前提として如上で検討したような昇進制度の変遷過程が存在した事実にも留意する必要があろう。つまり、平安中・後期に律令制下の位階はその性質を大きく転換して「中世的な位階の組織化機能」を獲得したという実態を踏まえた上で、武家官位制の特質を議論することにより、さらなる考察の深化が見込まれると推察する。

(2)「超越」問題と公家新制

非年労制的な昇進制度が定着し、昇進事由の大半を占めるようになると、年労や上日の下臈が上臈を越えて昇進する「超越」が多発するようになった。年労制的な事由に基づく昇級の割合が高い摂関期における超越は、御給や勧賞を集中的に受けた蔵人頭や摂関子弟など公達の上層部が、他を超越して昇進する場合が大半を占めるため、超越が問題視される状況は極めて抑制されていたといえる[172]。

しかし、非年労制的事由による昇進制度が急速に諸大夫層にまで浸透した院政期には、彼らが公達子弟を超越する事態が頻出した。新たな家格が成立する当該期において、家格下臈が上臈を超越する事態が発生もしくはその予兆がみえると、たちまち深刻な事態を招いた。

例えば、大治五年（一一三〇）一〇月五日、参議二臈正三位藤原長実（五六歳）が権中納言に昇進した折、同五臈従三位藤原伊通（三八歳）はこれを不服として籠居した[173]。そもそも伊通は頼宗流権大納言宗通男として弱冠三〇歳の保安三年（一一二二）正月二三日、参議に任ぜられたのに対し、「諸大夫の女[174]」と蔑まれた鳥羽の寵姫美福門院の父である長実は、同年一二月二一日に従三位に昇り、大治四年四月五日には参議に補されたが、位階上臈のため一挙に参議二臈となり、伊通を超越したのである。伊通は同年正月七日に従三位に昇級したが、長実は一一月七日の大原野行幸勧賞でさらに一階を進め正三位に昇った[175]。

以上のように任官後日が浅く、しかも諸大夫層出身の長実による官位超越という事態に堪えかねた伊通の抗議が、籠居という行動で示されたのである。

右の人事に関しては、同じく頼宗流出身の中御門宗忠も、「今度除目多以道理也。但長実去年任二参議一。今年任二中納言一、早速昇進也。非二才智一、非二英華一、非二年労一、非二戚里一。世間頗有二傾気一歟。自レ本大幸人也。天之与歟。若是故白河院奉レ懸二御骨一賞歟[176]」と不審の念を示している。

その後一二月一六日、「被レ下二辞書一也。止二中宮権大夫右兵衛督三官一畢[177]」と、伊通は所帯の官職全てを辞し、長承二年（一一三三）九月まで籠居した。籠居が三年でとどまったのは、同年八月一九日、病いにより五九歳の長実が亡くなったためで、彼が死去しなければさらに延長された可能性は十分にあったと想像される。九月二一日、伊通は権中納言に補任され出仕を再開した。この時の様子は、「散三位任二中納言一例、可二勘見一。又於レ陣任二公卿一事、非二尋常儀一歟。主上枉令二申請一給云々。復二本官一後、除目次被レ任、無二其難一歟。万事如レ此[178]」とあり、一男為通が崇徳天皇の寵臣であったことから実現した任官であり、天皇の特別の計らいによって陣座において公卿が任ぜられるという前代未聞の手続きがとられたことがわかる[179]。

このように、超越への対抗措置として籠居や不出仕という手段を講じる例は、中世公家社会には枚挙にいとまがない[180]。そして、「雖レ有二超越之怨一、慭有二出仕之志一歟[181]」との評から、道理のない超越が発生したさい、怨みがあるならば出仕せずとも許容されるとの認識が看取される。さらに、新制を掲げた九条道家も、奏状のなかで「見任公卿数輩籠居之状、人頗有レ所レ傾。誠非レ無二其謂一。或所レ恨、有二其理一。或所レ申無二其理一」と言い、「有二譜代一可レ優之家有二才能一難レ棄之人[182]」などが超越された場合の籠居には理解を示している。

以上の通り、中世公家社会では超越の多発に随伴して公事への不参や籠居が増加したが、その行為は一定の理解を持って受け止められていた。

すなわち「官位に対する不満、殊に超越の怨みによる不出仕、籠居というサボタージュ」が社会的に容認されるのは、「御恩と奉公の私的主従関係が公的官位制度に入り込んでしまたところに、その思想的根拠[183]」があると、百瀬今朝雄氏が論ぜられている通り、院政期以降、人格的関係に基づく「中世的な叙位方式」が定着する中で、かかる思想と行動が当然のこととして認識されるようになったと解せよう。

しかし、超越への対抗策として頻出する籠居や若年出家は、公事遂行の遅滞などさまざまな問題を引き起こす。それゆえ、「官位昇進之事、訴訟決断之間、能被二謹慎一者、為二政道之肝要一歟[184]」という文言に明示されるように、当該期徳政において公平な人事と訴訟が二大テーマとされたと考える。そして、「叙位除目可レ被レ行二善政一」と、公家徳政として道理ある叙位除目の実行が試みられたのである。

除目・任官に関しては、「先撰二才行一。共顕者、可レ依二奉公一」と言い、さらに「重代非重代可レ被二分別一。但重代之非器与二非重代之善才一、倩思二其採用一、猶可レ依二名誉譜代之事一。共無二才望一者、可レ付二文書相伝一歟[185]」と論ぜられているように、「器量」と「重代」との優先順位に揺らぎが認められつつも、原則的には才能や恪勤を重視した厳格な採用の周知徹底が主張された。

一方、叙位に関しては如何なる対応が取られたのであろうか。超越を阻止するための対策としては、一つは、被超越者を「臨時」や「旧賞」「未給」などを利用して、同時に昇級させることにより超越の発生を回避する方法があり、もう一つの方策としては、超越をもたらす発生源を抑制する方法があったと考えられる。つまり、年爵・勧賞を抑制もしくは統制することによって達成されるといえよう。

具体的には、弘長三年（一二六三）八月一三日の宣旨では、「可三諸院宮叙位御給為二叙爵一事[186]」が定められ、早速の昇進を抑制するため、諸院宮の年爵による叙位を叙爵に抑えるべき方針が示されている点が注目される。[187]これは例えば、正中元年（一三二四）正月の恒例叙位において、広義門院が加階を申請したさい、「非二当代国母一者、加階事被レ止[188]」という理由で希望が退けられたように、弘長宣旨以降、加階は基本的に治天の君と当代国母の年爵に限定され、新院や政治的に有力な一部の女院を除くと、叙爵のみへの制限はかなり厳密に守られていたことが、尾上氏の調査(189)からも明らかにされている。このように、年爵運用に関する弘長の新制は、おおむね遵守されていたのである。

それでは、勧賞への対策は如何であろうか。前述の如く道家は、「文武之官有レ員。登用之道区分、熟尋明時之挙授、可レ有二当時之斟酌一。兼定二式条一、可レ有二起請事一。非二新儀一已有二先規一歟」と言い、官の登用について式条を定めることを提案するとともに、「始レ自二諸道一可レ停二止乱階一」と言い、「乱階」を止めることを意図している。しかし、「但有レ限勧賞不二黙止一者、昔已有レ之。今亦宜レ然。又無二人之所一レ訴、為二世之所一レ許者、随時之恩可レ在二聖断一歟(190)」とみえ、「勧賞」や「随時之恩」は例外としている。

このような例外を容認する限りは、超越の抑制は徹底し得ないと諒解する。事実、これ以降も勧賞は実施され続けた。しかしながら、亀山院政以降では、神社行幸や朝覲行幸が代始めのみの実施となったり、御願寺・内裏(里内裏)・院御所などの大規模造営の機会が大幅に減少するなど、いずれも多くの勧賞を実施してきた行事が低減しているという事実が注目される(191)。

かかる行事や事業が衰微した背景としては、当該公家政権の逼迫した財政に起因するところが大きいと考えるが、先述の新制との関わりを考慮するならば、道理ある叙位実現のために、超越発生の一因である勧賞をともなう儀式の挙行を抑制する方針が採られていたとも理解されよう。このように徳政の方針を徹底する傾向が顕著となる要因として、以下の如き動向との関連が推測される。

市沢哲氏によると、鎌倉後期公家社会は院政期以来の分家の最後のピークを迎え、かつ分家が抑制され始めた時期であった(192)。そのため、分割相続が相当程度進み、これ以上の家産分割ができない状況にいたり、家産をめぐる争奪が熾烈化したと考えられている。

さらに、分家の進行により貴族人口が増加した結果、官位数が総体的に減少し、貴族間のポスト争い、つまり官位争奪も激化した。そして、氏長者や門流の長たるためには氏・門流内で最高官位に就任することが重要条件であることから、昇進をめぐる不満も同族・同門内において極めて激しい相論となったのである。

かかる時代の趨勢のなかで、年爵や勧賞を一定度抑制し、最も主要な位階昇進事由となったのが補論二第三節で論じた「臨時」だと考えられる（二六三頁以下）。ここでいう「臨時」とは、受賞者側が特別の功績を果たさなくとも、また授位する側も特別の行事を実行せずとも行賞が可能であり、年間の実施回数や授位の上下の制限もなく、治天の君の意向次第で授位可能かつ、人格的関係を重視した「中世的な叙位原理」に基づく叙位事由である。

以上に鑑みれば、新制の目指すところ――建て前――は、年爵や勧賞の制限によって、さまざまな給主独自の判断による叙位の機会を可能な限り抑制し、「中世的な叙位原理」における叙位決定権を、原則として治天の君のもとに収斂させることであったと諒解する。そうすることにより、叙位以前に超越への対処を講じる時間的余地を設けて、官位をめぐる相論を極力抑制しようと目論んだと解されよう。

以上のような「臨時」を事由とする加階が大半を占める叙位は、室町期まで続いた。応永二年（一三九五）の正月恒例叙位では、「正二位藤原隆仲臨時」以下、三八名の加階が行われたが、叙位聞書によればそのうち「従下一」一件を除く三七件が「臨時」であった。ここで注目したいのは、三条公宣が父実冬にともなわれて室町亭に参賀し、実冬が義満に、子息の四位昇級を申し入れた結果、「臨時」で従四位下に昇った点である。[193]

翌年の叙位で「室町殿被レ執二申折紙一。従二位良嗣卿以下五六人也」とみえるように、当時義満は叙位の推挙を認めた折紙を作成して、歴代治天の君と同様の手法で思い通りの叙位を実現していた。[194] したがって公宣の場合も、実質的な叙任決定権を掌握している室町殿に叙位の申し入れを行ったと考えられよう。

このように、中世の実質的な最高権力者（治天の君・室町殿）が年労や賞・年爵などとは無関係に、自身の意向で決定したさいの尻付が「臨時」であったと解されるのである。

おわりに——鎌倉後期以降の叙位の展望——

如上、律令制下から中世にいたる叙位制度の展開について分析を試みた結果、貴族の昇進制度が官司の再編や王権の性格の変化と密接に連関して変遷し、新しい官司制度の定着や政務・儀式運営の円滑化、権門の確立、家職の成立などに寄与していた実態が明確になった。

日本の律令制下では、官人の出身と昇進制度において、考課成選制にみられるように徳行才用主義の導入と一律の基準による機械的な昇進制度の構築が目指されたが、唐との比較において、蔭位制成立当初より五位以上に対する優遇の度合いが極めて高く設定されたり、勅授においては考課成選が早期に直接的には機能しなくなり、天皇との個別的な関係の有無が昇進において強く反映するなど、はやくから徳行才用主義よりも世襲性や天皇との近親性を重視する傾向が強いと指摘できる。

九世紀半ばから一〇世紀にかけて、律令天皇制の変化や律令官司の再編にともなって導入された年労制にみられるように、機械的な昇進基準の適用が試みられたが、その一方で、氏爵・年爵・「簡一」・勧賞など天皇との親近性や天皇・院宮との人格的関係を重視した昇進制度が成立し、とりわけ道長が政権を掌握した時期にはミウチを対象とする勧賞の実施が多見するようになった。

院政期には、給主の増員にともない年爵も増加し、また神社行幸の恒例化や院宮主催行事の増設によって勧賞実施機会が大幅に増えたため、非年労制的事由が急増し、年労制的秩序が崩壊へと向かった。

その結果、人格的関係を重視する社会秩序の形成が加速され、位階は天皇のみならず諸院宮と貴族官人との間

における さまざまな主従関係、父子などの親族関係、さらには師弟関係などの多様な人格的関係に基づいて授与される恩賞としての性格を顕著にした。それゆえ、位階は天皇―官人の一対一の関係だけでなく、さまざまな集団における長と構成員との序列化の記号としても機能することとなった。

このように、中世においては数字で換算されるような機械的な基準による人事評価は著しく後退し、人的関係が重視される人事制度が確立したのである。しかしかかる変化は、年功序列的で機械的な年労制とは異なり、超越の頻出という問題を引き起こした。

超越問題が深刻化すると、朝廷は公正な人事の実行を掲げる公家新制をたびたび出して年爵による授位に制限を設けたり、勧賞を実施する行事自体を減数させて超越発生源の抑制に努めた。また、叙任権を治天の君のもとに収斂するために、加階事由のほぼ全てが年労や賞・年爵などとは無関係に、治天の君の意向で決定する「臨時」に統一された。これによって問題となり得る超越を、可能な限り未然に防ぐ対策がとられたと考えられる。さらに超越発生後の対応としては、「同日位記」の発行が行われた[195]。

このように昇進の所望、超越への対応（「同日位記」発給の申請）は、全て治天の君（もしくは室町殿）への申し入れ――直接の申し入れが難しい場合は、摂関や院の近臣などを介して――があって可能となる。

如上、主従関係を中核とする人格的関係に基づく奉仕への恩賞としての叙任が、さまざまな集団や組織に広がるとともに、治天の君から各集団の長にいたる人物とのコネクションに依拠した秩序形成のあり方が日本社会に浸透していくことになったと考えられるのである。

（1）石母田正「古代官僚制」（『石母田正著作集第三巻　日本の古代国家』、岩波書店、一九八九年、初出は一九七三年）三六〇頁。

（2）律令体制が弛緩する平安時代以降、律令諸制度の変質・形骸化が進んだ結果、成功や年給などの売位売官が横行したと考えられてきた（本書序章参照）。

（3）研究史については本書序章を参照。

（4）先行研究では、「賞も次第に労を補うものとなった」（福井俊彦「労および労帳についての覚え書」、『日本歴史』二八三、一九七一年、一六頁）、「成功や賞、年給など、経済的な奉仕あるいは臨時の賞による叙位も多い。しかし、年労以外の条件によって叙位された者を調べてみると、年労の年限と同じか、あるいはそれを一・二年短縮して叙位された例が極めて多い。これは、官司の労に他の条件を加えることによって、優先的に叙位されたり、期間を短縮したりする場合が多かったことを示している」、「年労方式は、律令制における考課・成選方式の正統なる後裔」（玉井力「平安時代における加階と官司の労」、『平安時代の貴族と天皇』、岩波書店、二〇〇〇年、三八〇頁、初出は一九八八年）、「年労加階制は前記の昇進コースを上り詰めるに際しての昇進の速度を保証していることになる。さらに早い昇進を望む者は、それぞれの加階に要する年労が満つ以前に院宮御給などの臨時の加階に預かれば、その速度は一層速くなるが、その場合でも年労加階が昇進の基礎であり、それによる一定の昇進速度の保証が背景としてあったことを見逃してはならない」（高田淳「加階と年労――平安時代における位階昇進方式について――」、『栃木史学』三、一九八九年、三五頁）などのように、非年労方式による叙位は年労の期間を短縮して一～二年昇進が早まる点が先学によって指摘されており、昇進速度面に評価が集中している。

（5）石母田氏注（1）所引書三四六頁。

（6）今正秀「王朝国家宮廷社会の編成原理――昇殿制の歴史的意義の再検討から――」（『歴史学研究』六六五、一九九四年）五六頁。

（7）吉川真司「律令官人制の再編」（『律令官僚制の研究』、塙書房、一九九八年、初出は一九八九年）三六八・九頁。

（8）金子拓『中世武家政権と政治秩序』（吉川弘文館、一九九八年）二九五頁。

（9）池享「武家官位制の創出」（『戦国織豊期の武家と天皇』、校倉書房、二〇〇三年、初出は一九九三年）一三七頁。

（10）野村忠夫①『増訂版　律令官人制の研究』（吉川弘文館、一九七八年、原版は一九六七年）、同②『古代官僚の世界――その構造と勤務評定・昇進――』（塙書房、一九六九年）。

(11) 吉川氏注(7)所引書。
(12) 早川庄八「成選叙位をめぐって」(笹山晴生先生還暦記念会編『日本律令制論集　下巻』、吉川弘文館、一九九三年)。
(13) 西本昌弘「『孝謙天皇詔勅草』と八世紀の叙位儀礼」(『日本古代儀礼成立史の研究』、塙書房、一九九七年)四一七頁。
(14) 西本氏注(13)所引書。
(15) 古瀬奈津子「官人出身法からみた日唐官僚制の特質」(池田温編『日中律令制の諸相』、東方書店、二〇〇二年)二〇二頁。
(16) 仁藤敦史「蔭位授与制度の変遷について——慶雲三年格を中心にして——」(『古代王権と官僚制』、臨川書店、二〇〇〇年、初出は一九八九年)一八八頁。
(17) 『続日本紀』延暦四年五月癸丑(一九日)条。
(18) 『続日本紀』延暦元年八月己巳(一九日)条。
(19) 『続日本紀』神亀元年二月甲午(四日)条。
(20) 『日本紀略』承和五年一一月辛巳(二七日)条。
(21) 『続日本紀』天平勝宝元年四月甲午(一日)条。
(22) 『続日本紀』天平神護元年閏一〇月丁酉(九日)条。
(23) 西宮秀紀「律令国家に於ける神祇職」、同「律令制国家の神祇祭祀の構造とその歴史的特質」(『律令国家と神祇祭祀制度の研究』、塙書房、二〇〇四年、初出は一九八五・八六年)
(24) 『日本後紀』弘仁六年正月己卯(七日)条。
(25) 『日本後紀』延暦二四年七月壬辰(二五日)条。
(26) 『日本後紀』弘仁二年一二月甲戌(一三日)条。
(27) 『続日本紀』養老四年一一月丙辰(八日)条。
(28) 『日本後紀』延暦一一年一〇月癸未(一日)条。

(29)『日本後紀』延暦一一年一一月甲寅（三日）条。
(30)『日本後紀』延暦一二年二月己未（一〇日）条。
(31)『続日本紀』延暦六年一〇月己亥（二〇日）条。
(32)『続日本紀』天平神護二年二月丙午（二〇日）条ほか。
(33)『続日本紀』神護景雲二年六月乙未（二三日）条ほか。
(34)『続日本紀』神護景雲三年一〇月壬戌・癸亥（二八・二九日）条ほか。
(35)『続日本紀』宝亀五年三月戊申（九日）条ほか。
(36)当該期の対外関係に関しては、石母田正「日本古代における国際意識について」、同「古代における『帝国主義』について」（いずれも『石母田正著作集第四巻　古代国家論』、岩波書店、一九八九年、初出はそれぞれ一九六二・七二年）、石上英一「古代国家と対外関係」（歴史学研究会・日本史学会編『講座日本歴史二　古代二』、東京大学出版会、一九八四年）を参照。
(37)石母田氏注(1)所引書三六一頁。高田淳「加階と年労――平安時代における位階昇進の方式について――」（『栃木史学』三、一九八九年）三六頁。
(38)早川氏注(12)、西本氏注(13)いずれも所引書参照。
(39)吉川氏注(7)所引書参照。
(40)高田淳「『巡爵』とその成立――平安時代的叙位制度の成立をめぐって――」（『國學院大學紀要』二六、一九八八年）一九頁。
(41)虎尾達哉「律令官人社会における二つの秩序」（『律令官人社会の研究』、塙書房、二〇〇六年、初出は一九八四年）、吉村武彦「仕奉と貢納」（朝尾直弘編『日本の社会史四　負担と贈与』、岩波書店、一九八六年）、坂上康俊「古代の法と慣習」（『岩波講座　日本通史三　古代二』、岩波書店、一九九四年）、大隅清陽「律令官人制と君臣関係――王権の論理・官人の論理――」（『律令官制と礼秩序の研究』、吉川弘文館、二〇一一年、初出は一九九六年）などを参照。
(42)大隅氏は「日本の律令官人制における君臣関係は、中国の君臣関係とは大きく異なるのであり、平安時代の人事制度も、律令制の衰退した姿ではなく、その成立要因は、日本独自の官人制の構造に、すでに内在していた可能性」を指摘され、「仕奉」の多様性と平安時代の叙位制度の展開を跡づけられている（注41所引書、一三二頁）。筆者もかかる視点を重視して、平安時代以降の叙位の展開を捉えている。

(43) 高田氏注(40)所引論文、一九頁。

(44) 本書第四章を参照。また、律令天皇から平安時代の天皇への変化に関しては、早川庄八「律令国家・王朝国家における天皇」（『天皇と古代国家』、講談社、二〇〇〇年、初出は一九八七年）、大津透「古代天皇制論」（『岩波講座日本通史四　古代三』、岩波書店、一九九四年）、佐々木恵介『天皇の歴史三　天皇と摂政・関白』（講談社、二〇一一年）などを参照。

(45)「位階の年労」は叙位除目関連文書中に官職の年労とともに「歴○年」という形式で後世まで確認される（例えば、「壬生家文書」所収の「叙位除目関係文書」〈宮内庁書陵部蔵、壬―二九三〉や『平成二十年宮内庁書陵部特別展示会図録　除目』所収史料などを参照。なお、「壬生家文書」の「叙位関係文書」については、中原氏〈押小路家〉文書であったことが吉川真司氏によって明らかにされている――吉川氏注7所引書、三九九頁注２）ため、なんらかの機能を有していた可能性が考えられるが、後考を俟ちたい。

(46) 笹山晴生「平安初期の政治改革」（『岩波講座日本歴史三　古代三』、岩波書店、一九七六年）二五七頁。

(47) 玉井氏注(4)所引書。

(48) 巡爵で叙爵すると巡任制により受領に任ぜられた（玉井力「受領巡任について」、玉井氏注４所引書、初出は一九八一年）。

(49) 笹山氏注(46)所引書二五七頁。

(50) それぞれ今氏注(6)所引論文五六頁、吉川氏注(7)所引書三六九頁。

(51) 棚橋光男「行事所――院政期の政治機構――」（『中世成立期の法と国家』、塙書房、一九八三年、初出は一九七八年）四六頁。

(52)『小右記』寛弘二年一二月二一日条。

(53) 大嘗会行事所は検校（大中納言と参議）と行事（弁）で構成される。大嘗会叙位では彼らに対して授位は行われないものの、悠紀・主基国司や天神寿詞を奏した伊勢祭主への勧賞がみえるほか、院宮年爵・巡爵・前坊官への叙位が実施される。大嘗会・御即位・朔旦冬至叙位の成立過程と行事賞との関係については今後の課題としたい。

(54) 木本好信「平安時代の大嘗会行事所」(『神道史研究』三三―二、一九八五年)。

(55) 『園太暦』貞和二年七月二一日条。

(56) 『扶桑略記』天徳四年九月廿八日条。

(57) 大津透氏は天徳四年の「造内裏行事所は大納言一名、参議二名、弁二名、史二名からなり、行事所が太政官内の組織となっていることがわかるが、上卿、弁、史各一名の簡略な体制が成立するのはもう少し後で、召物制の成立とほぼ同じ時期かと推測できる」(大津透『律令国家支配構造の研究』、岩波書店、一九九三年、二七九頁の注一〇二)と述べられている。参議のうち一名は修理大夫であり、弁・史が二名行事官に任命されることは院政期以降の造宮や春日行幸などの神社行幸の行事所でも確認できるため、行事所の構成という点においては当該期に完成したと考えておきたい。

(58) 『殿暦』天永二年二月一四日条。

(59) 『春記』長久二年二月二一日条。なお通常、賀茂・石清水、平野・北野、祇園・松尾は各々二社担当すると勧賞の対象になったが、「行幸事、上官階梯之時、共預二勧賞一哉。被レ尋二外記内記一之□(処カ)、無二所見一之由所レ申也。可二量申一者。且又有二先例一□□□申給者。於二上卿一者、其例候者。□□□(上カ)官例不二慥覚一候。但上卿宰相一社事了関二勧賞一也」(『中右記』大治四年一一月六日条)とみえ、上卿・参議は一社でも勧賞の対象になる例があった。

(60) 佐藤進一『日本の中世国家』(岩波書店、一九八三年)。

(61) 桜井英治「三つの修理職」(『遙かなる中世』八、一九八七年)。今正秀「平安中・後期から鎌倉期における官司運営の特質」(『史学雑誌』九九―一、一九九〇年)。曽我良成「官務家成立の歴史的背景」(『史学雑誌』九二―三、一九八三年)、同「官務家小槻隆職について」(『名古屋学院大学論集人文・自然科学篇』二六―一、一九八九年)。村井章介「佐藤進一著『日本の中世国家』」(『中世の国家と在地社会』、校倉書房、二〇〇五年、初出は一九八四年)。中原俊章『中世公家と地下官人』(吉川弘文館、一九八七年)、同『中世王権と支配構造』(吉川弘文館、二〇〇五年)。井上幸治「中世前期における家業と官職の関係について――『家業の論理』の再検討――」(『京都市歴史資料館紀要』二二、二〇〇九年）。遠藤珠紀①「鎌倉時代の朝廷制度史研究」、同②「鎌倉期朝廷社会における官司運営の変質――修理職・内蔵寮の検討を通して――」（『中世朝廷の官司制度』、吉川弘文館、二〇一一年、初出は二〇〇五・〇九年）などを参照。

（62）新田一郎「『相伝』中世的『権利』の一断面」（笠松宏至編『中世を考える　法と訴訟』、吉川弘文館、一九九二年）。

（63）遠藤氏注(61)①所引論文。

（64）僧位僧官については本稿では考察の対象から除いておくが、法会の導師や中宮御産などの祈禱を行う僧侶への勧賞も同様の展開をみせる。

（65）『古今著聞集』巻第六「保延元年正月朝覲行幸に多忠方胡飲酒を舞ひて叡感を蒙る事」。

（66）櫛木謙周「律令制人民支配と労働力編成」「律令制下の技術労働力編成――技術官人を中心に――」（いずれも『日本古代労働力編成の研究』、塙書房、一九九六年、初出は一九七九・八九年）。

（67）日本の律令制下において、特定の技術や才能による活動が王権により評価され、叙位や賜禄などの君恩につながる例が散見する要因について、大隅氏は「日本の官司には、唐と異なり手工業の技術官人が品官や長上などとして配置されていたこと」や「部民制下での、様々な職能による王権への『仕奉』を歴史的前提」（注41所引論書一五三・四頁）としたためだと指摘される。彼らへの高位の叙位もこのような日唐の相違や歴史的前提に起因していると思われる。

（68）古瀬奈津子『日本古代王権と儀式』（吉川弘文館、一九九八年）。

（69）『類聚符宣抄』第七「応和四年三月五日宣旨」。

（70）今氏注(6)所引論文。

（71）『公卿補任』康保三年源延光の項。

（72）『公卿補任』安和元年藤兼家の項。

（73）例えば、『江家次第』「叙位」などを参照。

（74）今氏注(6)所引論文六一頁。

(75) それぞれ、永井晋「一二世紀中・後期の御給と貴族・官人」(『國學院大學大學院紀要・文学研究科』一七、一九八六年)。尾上陽介①「年爵制度の変遷とその本質」(『東京大学史料編纂所研究紀要』四、一九九三年)、同②「鎌倉時代の年爵」(『明月記研究』二、一九九七年)、同③「年官制度の本質」(『史観』一四五、二〇〇一年)。
(76) 『公卿補任』延長元年藤扶幹の項。
(77) 『公卿補任』元慶六年藤基経の項。
(78) 時野谷滋『律令封禄制度史の研究』(吉川弘文館、一九七七年)二〇九〜二一二頁。
(79) 『玉葉』承安四年正月六日条。
(80) 『玉葉』養和元年正月六日条。
(81) 『後二条師通記』永長元年正月一七日条。
(82) 『玉葉』治承五年正月六日、建久三年正月五日条。
(83) 給主単独の判断のみでなく、例えば、治天の君の妻后の場合は院の意向が、摂関家出身女院の場合は大殿の意見が反映されることがあった(本書第二章参照)。
(84) 『私要抄』長寛元年正月五日条(東京大学史料編纂所架蔵謄写本〈請求記号二〇〇一―一〇〉『柳原家記録』四三)。
(85) 『続日本紀』神亀元年二月甲午(四)日条。
(86) 『続日本紀』延暦四年五月癸丑(一九日)条。
(87) 「仕奉人等中爾其仕奉状随爾、冠位上賜比治賜布」という表記のみに変化してくる。
(88) 平安時代における即位叙位に関しては畑中彩子「平安時代における即位叙位の特質――東宮官人を例に――」(『学習院史学』四一、二〇〇三)を参照。
(89) 竹内理三「氏長者」(『竹内理三著作集第五巻　貴族政治の展開』、角川書店、一九九九年、初出は一九五八年)。藤木邦彦「うじのしゃく　氏爵」(『国史大辞典』第二巻、一九八四年)。宇根俊範「氏爵と氏長者」(坂本賞三編『王朝国家国政史の研究』、吉川弘文館、一九八七年)。
(90) 田島公「『氏爵』の成立――儀式・奉仕・叙位――」(『史林』七一―一、一九八八年)。

(91) 石母田氏注(36)所引書。
(92) 『朝野群載』第二〇「異国」(「延喜二十年三月十日位記」)。
(93) 村井章介「王土王民思想と九世紀の転換」(『思想』八四七、一九九五年)。
(94) 『日本三代実録』貞観一二年二月二〇日条。
(95) 『儀式』巻一〇「三月大儺儀」。
(96) 山内晋次『奈良平安朝の日本とアジア』(吉川弘文館、二〇〇三年)。
(97) 基本的には、「別功」を献じて得られるのは叙爵(従五位下)または下級官職に限定されており、売官売位が無原則に行われているわけではない。
(98) 『玉葉』承安四年一二月一五日条。
(99) 服藤早苗『家成立史の研究――先祖祭祀・女・子ども』(校倉書房、一九九一年)。
(100) 『朝野群載』巻一二「内記」。
(101) 『令集解』巻第一「官位令第一」。
(102) 蔭位制に関しては、野村氏注(10)①所引書、仁藤氏注(16)所引論文、田原光泰「蔭位授与制度の再検討」(『日本歴史』六一九、一九九九年)、尾崎陽美「慶雲三年格における「貢挙」と蔭位制」(『ヒストリア』一六五、一九九九年)などを参照。
(103) 加納宏志「九世紀における蔭位制度の実態的考察」(『金城大学紀要』六、一九八二年)。
(104) 『新儀式』五・臨時下「殿上小舎人加元服事」。
(105) 『公卿補任』承平七年藤顕忠の項。
(106) 『伏見宮御記録』利三五・御産部類記二・冷泉院所収「九条殿記」(『大日本史料』第一編第三冊延喜四年二月一〇日項所収)。
(107) 『日本紀略』延長元年三月二一日条、同三年六月一八日条。
(108) 本書第四章参照。
(109) 『権記』長保二年四月七日条。

(110) 同右。
(111) ところで、受賞対象は院政期になると、主として宮司へと変化する。さらに、郁芳門院が院号宣下後に初めて入内するさいに実施した（『中右記』寛治七年二月二二日条）のを機に、女院や皇太后宮・太皇太后宮の入内時にもその院司宮司が受賞するようになり、かかる勧賞は後醍醐朝まで続いた。なお、皇子出産の後、初参内のさいや、春宮着袴などに后宮や春宮の宮司らに授位が実施されるようになる。これらの勧賞に関する具体的な検討は今後の課題としたい。
(112) 「縁ニ去月遊ニ賞右大臣第一而恩及ニ家人一」とあるように、主人夫妻や子息に限らず、家人も対象になった（『日本紀略』仁寿三年三月甲午（四日）条）。
(113) 移徙については本書第八章参照。
(114) 佐々木恵介『天皇の歴史03　天皇と摂政・関白』（講談社、二〇一一年）一二三頁。
(115) それぞれ井上幸治編『外記補任』、永井晋編『官司補任』（いずれも続群書類従完成会、二〇〇五・一九九八年）の「解説」参照。
(116) 玉井氏注（4）所引書。
(117) 『後二条師通記』寛治六年正月四日条。
(118) 柴田房子「家司受領」（『史窓』二八、一九七〇年）、玉井氏注（4）所引書。
(119) 井原今朝男『日本中世の国政と家政』（校倉書房、一九九五年）。美川圭『院政の研究』（臨川書店、一九九六年）。玉井氏注（4）所引書。
(120) 美川氏注（119）所引書。
(121) 玉井氏注（4）所引書。
(122) 注（84）所引史料。「中世的な叙位制度」の展開において後白河院政期（特に一一六〇年代頃）に画期が認められると推察するが、後白河院の王権のあり方や平氏政権との関係など政治史的な要因に関しては今後の課題としたい。
(123) 鳥羽院五十御賀の勧賞叙位において「院折紙」が確認できる（『公通卿記』・『仁平御賀記』仁平二年三月八日条）。

(124) 『荒記』応永三年正月五日条。
(125) 吉川真司「儀式と文書」(注7所引書)。
(126) 本書第二章参照。
(127) 例えば、『明月記』建久九年正月一六日、正治元年正月五日、同二年正月六日条など。
(128) 『公卿補任』保延二年源雅定の項。
(129) 時野谷滋「年給」(『平安時代史事典』、角川書店、一九九四年)。
(130) 時野谷氏注(78)所引書三一三頁。
(131) これ以外の勧賞については今後検討したい。
(132) 『長秋記』大治五年三月三日条など。
(133) 『為房卿記』寛治六年二月二九日条。
(134) 『兵範記』仁安三年七月一八日条。
(135) 『台記』久安元年正月四日条。
(136) 『明月記』寛喜元年一二月一三日条。
(137) 武士に対する「追捕賞」「追討賞」等に関しては別途検討したい。
(138) 注(65)所引史料。
(139) 「琵琶師賞」の初見は、元久二年(一二〇五)七月、藤原定輔が「院(後鳥羽上皇)御琵琶師賞」にて正二位に叙せられた例である(『建内記』文安四年六月一一日条)。
(140) なお、笛(横笛)師への勧賞は一条天皇元服のさいに、師藤原高遠が従三位に叙されたのが初見である。しかし、同一家系で受賞が確認されるようになるのはこの時期からである(本書第四章参照)。
(141) 以上、『公卿補任』各人の項を参照。
(142) 中世王権と音楽との関係について考察された豊永聡美氏が、天皇の「御師」に関する興味深い論考を発表されている(『中世天皇と音楽』、吉川弘文館、二〇〇六年)。「御師」の位置づけと勧賞との関係については、今後の課題としたい。

(143) 以上、本書第二・四章参照。

(144) 北山良雄「平安中・後期の公卿の補任状況」(『古代文化』三九—五、一九八七年)。

(145) 受領治国功は七か国を経て功過すると従三位昇級する規定(『北山抄』巻第一〇「吏途指南、加階事」)があるが、実際これによって加階するのは極めて稀である。

(146) 年労制成立後も、年限の短縮や労の新設等、さまざまな変化が指摘されている。したがって、これらの官司に、三位加階の労が新設される可能性も否定できない。しかしながら、調査結果(本書第一章七三頁の[表b])をみる限り、従三位加階事由から労は検出されず、そのような労が新設されなかったことは明白である。また、年爵で三位以上の加階が行われるようになるのが、一二世紀半ば以降であるのもこれと関連する事項であると考えられる(本書第二章参照)。

(147) 当期には羽林家の拡充が図られた事実が明らかにされているが、その背景として、従来から近衛次将コースをとって昇進する家系に、新規に採用された家々が大幅に増加した点が指摘されている。第一章で触れた通り、本コースに新規採用された人々は「近衛労」ではなく、年爵や勧賞など非年労制的な事由で昇進を果たし、その多くは非参議→参議というコースで議政官へ進んでいる。
また、玉井氏が調査された「新規の次将コース家の次将・補任一覧」(玉井氏注4所引書九七頁の表9)記載されている人物について、『公卿補任』でその後の昇進状況(議政官および非参議就任状況)を調べた。

(148) 『官職秘抄』「大納言」「中納言」の項を参照。

(149) 酒井宏治「辞官申任の成立」(大山喬平教授退官記念会編『日本国家の史的特質』古代・中世、思文閣出版、一九九七年)。

(150) 『本朝世紀』康治二年正月三日条。

(151) 『公卿補任』天承元年～康治元年藤顕頼の項。

(152) 『延喜式』式部式権任条。

(153) 酒井宏治「本座勅許(本座宣旨)の成立」(井上満郎・杉橋隆夫編『古代・中世の政治と文化』、思文閣出版、一九九四年)。

(154) 実光は勧賞を得られず成通に越され、一一月辞官している（『公卿補任』永治元年藤実光の項）。
(155)『本朝世紀』康治二年八月六日条。
(156)『公卿補任』永治元年条。
(157) 北山氏注(144)所引論文。
(158) 美川氏注(119)所引書。
(159) 下郡剛「後白河院政期における国家意志決定の周辺」、同「公卿議定制に見る後白河院政」（『後白河院政の研究』、吉川弘文館、一九九九年、初出はともに一九九六年）。永井英治「鎌倉前期の公家訴訟制度――記録所・評定・新制――」（『年報中世史研究』一五、一九九〇年）。
(160) 佐伯智広「中世貴族社会における家格の成立」（上横手雅敬編『鎌倉時代の権力と制度』、思文閣出版、二〇〇八年）。
(161) 美川氏注(119)所引書。
(162) このような宣下は、行事賞や技術者への勧賞・成功等の場でたびたび下されており、いちいち史料をあげるまでもないが、一例として『中右記』承徳元年四月二六日条参照。
(163)『公卿補任』や諸記録から抽出した事例分析の結果による。
(164)『朝野群載』巻第九「功労」（天暦六年四月二七日申文」「天延四年正月一日申文」）。
(165) 例えば、『公卿補任』建長二年藤(姉小路)実文の項を参照。
(166) 本書第二章[表3]を参照（八六～七頁）。
(167) 注(65)所引史料。
(168) 勿論、一者を輩出する家がその芸道を独占したという単純な様相ではない。多資忠の秘曲「採桑老」の伝習をめぐって、山村正連による殺害事件例をあげるまでもなく、さまざまな要素が絡み合って、家業的に世襲する家が徐々に数家に固定されるようになっていく。ただし、勧賞とそれにより発生した「譲」の慣行は、一者を輩出する家系を限定する機能を果たした点は認められるであろう。
(169) 本書第三章参照。

(170) 青山幹哉「王朝官職からみる鎌倉幕府の秩序」（『年報中世史研究』一〇、一九八五年）九頁。
(171) 同右四七頁。
(172) 本書第二章参照。
(173) 『公卿補任』大治五年藤伊通の項に、「長実卿任二納言一後、辞二所職一籠居。而不レ被レ下二辞書一不レ許」とある。
(174) 『台記』天養元年正月一日条。
(175) 『公卿補任』保安三年・大治四・五年条。
(176) 『中右記』大治五年一〇月五日条。
(177) 『中右記』大治五年一二月一六日
(178) 『長秋記』九月二一日条。
(179) この経緯は、『古事談』や『今鏡』巻六などにも同内容の説話がみえる。
(180) 摂関家の子弟などは籠居中でも昇進する実態が発生してくる（例えば、『葉黄記』寛元四年正月五日条など参照）。
(181) 『三長記』元久三年四月三日条。
(182) 「九条家文書」天福元年五月二一日付九条道家奏状案（『天理図書館善本叢書和書之部　六八　古文書集』八木書店、一九八六年）。
(183) 百瀬今朝雄「超越について」（『弘安書札礼の研究』、東京大学出版会、二〇〇〇年、初出は一九九六年）一九六頁。
(184) 注(182)所引史料。
(185) 同右。
(186) 弘長三年八月一三日「(亀山天皇)宣旨」（『鎌倉遺文』八九七七号文書）。
(187) 年爵の給主は依然増加傾向にあり、後鳥羽院政期から後醍醐朝末（一一九八～一三三九）における院と女院の人数は、院一〇名、女院五七名に上る。さらに后宮を含めると、給主数はかなりの数におよぶ。女院を出自別に分類すると、内親王（女王）女院が三一名、摂関（近衛・九条・一条）家が七名、その他が一九名（うち閑院流〈西園寺家が七名、三条・徳大寺家が三名、洞院家が三名〉が一三名）となる。すなわち鎌倉期における給主存在形態の一つの特徴として、摂関家出身者の割合が相対的に低くなり、西園寺家をはじめとする閑院流出身者が増加し、王家出身者は前代より引き続き多数を占めると指摘できる。
(188)『花園天皇宸記』元亨四年正月五日条。
(189) 尾上氏注(75)②所引論文。
(190) 注(182)所引史料。
(191) 勧賞は中世を通して確認される。ただし、「行事賞」が行われる主要な機会である神社行幸が、後嵯峨朝以降では一代に三度行われるにとどまり、「勧賞」が行われる朝覲行幸も、後深草朝（後嵯峨院政期）になると実施回数が低下する。さらに、大規模な御願寺の造営も後鳥羽院の最勝四天王院以降、激減した。したがって、鎌倉半ば以降、勧賞による昇進機会が相対的に減少したと指摘できる。
(192) 市沢哲「公家徳政の成立と展開」、同「鎌倉後期の公家政権の構造と展開——建武新政への展望——」（『日本中世公家政治史の研究』、校倉書房、二〇一一年、初出はそれぞれ一九八五・九二年）。
(193)『京都御所東山御文庫記録　甲一六後愚昧記(実冬公記ヵ)』応永二年正月五日条（『大日本史料』第七編第一冊同日条）。
(194)『荒暦』応永三年正月五日条。なお、当日は「勅筆」の「小折紙」も作成されていたが、上卿の懐中にて室町殿の折紙に取り替えられたため、実際の叙位は義満が認めた折紙に依拠して実施されたことが分かる。
(195) 本書補論二を参照。

II　平安貴族社会の秩序と行動

第六章　平安末期～鎌倉中期における花山院家の周辺

――『名語記』作者経尊の出自をめぐって――

はじめに

『名語記』は、建治元年（一二七五）に完成した（初稿本は文永五年）日本最古の語源辞書であり、『塵袋』[1]とともに鎌倉時代語源辞書の双璧をなす。

一万語近い同時代の通用語を採集する同書からは、現在最も広汎な国語辞典とされる『日本国語大辞典』をはじめ、さまざまな辞書・辞典類に多くの語彙が採録されている。『名語記』が国語学史研究における貴重資料として非常に高く評価されるのは当然であるが、言葉の背景にある社会や思想を研究する上でも、確実な利用を図るとすれば、そもそも本辞書が、どのような人の手によって如何なる社会の中で作られたのか、という点を明らかにする必要があろう。しかるに、著者経尊について、「稲荷山に住し、鎌倉に知音をもつ真言僧」とされるだけで、これ以外にはほとんど解明されていないのが実情なのである[2]。

本章では、まず経尊の出自を考察する上でこれまで注目されてこなかった史料の記述を掘り起こして、経尊が花山院家出身であるという事実を確定したいと思う。花山院家は、藤原北家御堂流摂政師実の子家忠を祖とする家系で、師実から伝領した邸宅花山院を代々嫡流の居所とするのに由来し、鳥羽院政期には、大臣を極官とする清華家としての家格を確立した。花山院忠雅・兼雅父子は、次々に時の権力者と姻戚関係を結び、平安末の内乱期を、甚大な被害を受けることなく切り抜けた事実をもって、巧みな政治手腕を発揮した人物と評価される場合が多い。しかしそれとて、彼らの政治活動の実態や内乱期における具体的動向を十分に検討した上でのこととは言い難い。加えて、貴族社会における「家」の形成を考えるさいに重要と思われる鎌倉前・中期における同家の実態は、意外にも殆ど知られていない。かかる研究状況に鑑み、本章では、平安末期から、経尊が在世した鎌倉中期における花山院家の実態を検討し、それを踏まえて、同家の貴族社会における位置づけを考え、さらに経尊の経歴や思想的背景、『名語記』の執筆動機などについて言及することとしたい。

第一節　経尊の出自

(一)『名語記』の構成と伝来

経尊自筆の『名語記』は金沢文庫長（当時）関靖氏によって、昭和一〇年（一九三五）、身延山久遠寺の支院武井坊で偶然に発見され、その後間もなく国宝（現、重要文化財）に指定された。首尾二か所にみえる「金沢文庫」の大型墨印と金沢実時自筆の跋文、および日述の奥書から、経尊自身の手により実時に献上されて金沢文庫所蔵となり、のちに久遠寺と支院武井坊の什物として伝えられたことが知られる。[3]

同書は、文永五年（一二六八）に一・二字名語の語源解説書として成立した六帖の初稿本に、誤謬の改注と三・四・五字名語を付加した一〇帖本として、建治元年（一二七五）に完成した。孤本の自筆本は、全一〇巻のうち九巻が現存しており、欠本の第一巻は、太田晶二郎氏が指摘している通り、江戸前期の儒学・神学者である谷重遠（号は秦山。一六六三〜一七一八）の著書『秦山集』第四三「題跋」にみえる「跋名語記」から、その概要が明らかになる。すなわち同書には、「釈経尊所レ作『名語記』一〇巻、蓋記二和語之所一レ由、而九巻已亡矣。此巻乃其首、而拠二吉備公五十字母一、示以二反切之法一也。凡其四十七仮名・三十六字母・五十二悉曇、莫レ不二豪分而縷析、沙淘而金出矣。惜乎、他巻之不伝也[4]」とあり、日本語の語彙語源を漢字音韻学の三六字母や、梵語の五二悉曇を参照しつつ、「吉備公五十字母」による反切、つまり仮名反[5]の方法を用いて説示した旨を述べたもので、第一巻は本書の言語解説原理や方法論を記述した総解説であったと判断される。第二巻は経尊の自序と一字名語（三五九項）、第三から六巻は二字名語（二四七二項）、第七・八巻は三字名語（二一〇二項）、第九巻は四字名語（八〇〇項）、第一〇巻は五字名語（二二九項）から成り、各々いろは順に漢字仮名交じり文の問答形式で、合計約六〇〇〇項におよぶ解説が記されている。

また、奥書（「延山武井房什物　日述（花押）」）にみえる日述は、寛文四年（一六六四）に入寂した久遠寺武井房第一二代沙門とされている人物で[6]、遅くとも一七世紀半ばまでには、第二巻以降が同寺に入っていたと考えられる。さらに、日述と秦山がほぼ同時代人である点を考慮するならば、秦山が見聞した第一巻と、久遠寺に伝来した第二巻以降の『名語記』が本来一体であった可能性が高く、現存する原本は一七世紀半ばにはすでに分割され、別々に相伝されたとみられる。本書が久遠寺に入った経緯は未詳だが、『名語記』の他にも金沢文庫旧蔵の典籍数巻が身延山に伝来している事実から、それらが一時に流入したとも考えられるが、詳しくは後考を俟ちたい。

『名語記』は発見後間もなく保阪潤治氏の架蔵となり、現在は、酒井健彦氏が所蔵されている。勉誠社刊行の『名語記』[7]（以下、刊本と称す）は現在唯一の刊本であるが、これは昭和一二年（一九三七）に北野亮氏が書写、田山方南氏が校訂した写本（北野本）を、昭和五八年（一九八三）に活字刊行したものである。北野本は第二次大戦中に第七巻書写本を焼失したため、刊本も同巻を欠いている。さらに、虫損が著しく大部な原本を、短期間に一人で書写されたこともあり、この間の誤写や誤読がしばしば指摘され、原本複製本による書物の刊行が望まれて久しい[8]。筆者も残念ながら、いまだ原本参照の機会を得ないので、本文中の『名語記』はすべて刊本からの引用とする（以下、『名語記』からの引用は刊本の頁のみを記す）。

（二）『名語記』の特色

『名語記』に記されている膨大な鎌倉時代語のなかには、日本語史上初めて存在が確認される語も多くみられ、日本語語彙研究において、本書の有用性は非常に高いといえる。さらに、声点が附されているため、古代アクセントが変化し始める時期と考えられている一三世紀の数少ない文献として、アクセント史研究の上でも貴重な資料と位置づけられ(9)、国語学史研究のさまざまな分野において重要視されている。にもかかわらず、意外にも本書の語源辞書そのものとしての評価は低い。なぜなら、経尊の語源解説原理が強引ともいえる仮名反を主としているために、内容に対する信頼度が低いからである。

この点、和漢書籍を多数援用しながら、故実伝承に基づいた語源解説を施している『塵袋』が、国語資料としてのみならず、平安・鎌倉期における各分野の研究に資する貴重資料とみなされているのとは、大きな隔たりがある。いきおい『名語記』の研究は、語彙・文法を中心とする国語学的な研究に主軸が置かれ、経尊が物した解説文から垣間みえる、著者の出自や思想的背景、さらには『名語記』の情報源など、本書成立の背景にまで立ち入った検討が、十分になされて来なかったのだと考える。

しかしながら、例えば、経尊が「下﨟の言葉」として記載している言語に、東国方言と考えられる語彙や文法が含まれているという先学の国語学的見地からする言及(10)には、彼の人的交流の一端をうかがい知る手がかりとなる重要な指摘が認められる。また、『名語記』を通覧すると、経尊の人物像を解明する上で注目すべき記述が散見する。その幾つかを以下に掲げ、経尊の情報源や生活環境、さらに思想的背景について考察したい。

第一に、「後鳥羽院御時」（四か所）、「平家追討ノ時」（二か所）、「久我ノ太政大臣通光時ニ大納言歟」（一か所）など、著者と同時代、もしくはそれに近い過去に属する人物や事項に関する記述が眼に止まる。

次、タイラケクトイヘル詞如何。
コレハ宣命告文ナトニ安久、平久トカキテヤスラケク、タヒラケクトヨマセタル也。詮スル所ヤスラク、タヘラクヲカヤウニヨミナセル也。抑平家追討ノ時ノ宣命ニ平久トカケハ、タヒラヒサシトヨマル、アヒタニ、久ノ字ヲカキカヘラレタリケルヲコソ、時ノ人珍事ニ申侍ヘリケレ、　（一三四七頁／句読点は筆者、以下同）

これによると、通常、「宣命・告文」に「安久・平久」と書いて、「ヤスラケク・タイラケク」と読ませるが、平家追討を諸社に祈念するために奉じる宣命では、「平久」と書いては〝平（氏）久し〟、つまり、平氏長久の義になり不都合が生じるため、「久」を他の字に書き換えたという。

「平家追討ノ時ノ宣命」とは、文治元年（一一八五）二月一四日に、大納言藤原（中山）忠親を上卿として、伊勢大神宮、石清水八幡宮、賀茂社に、後白河院が奉幣使を立てて、「平家追討、并三種神器事故ナク都へ返入セ給ベキヨシヲ祈申」し、「神祇官人、諸社之司、本宮本社ニテ調伏法ヲ行ベキヨシ」[11]を仰下した時の宣命を指し示していると判断される。したがって、この解説文は、経尊が同宣命発給過程をなんらかのかたちで知り得る立場にあった事実を示唆しているといえよう。

また、別項の解説文にみえる、「或人ノ申シ侍リシハ、後鳥羽院御時御前ニシテ月卿雲客連哥ノ御会侍ヘリケルニ（中略）久我ノ太政大臣通光時ニ大納言歟」（四四～六頁）という記述も注目される。久我通光は、村上源氏通親の嫡子として太政大臣にまで昇った公卿であり、和歌や管弦の才に秀で、後鳥羽院の歌会にもしばしば参加していたことが知られている。この文章は、通光が大納言だった、承元元年（一二〇七）から承久元年（一二一九）の間に行われた後鳥羽院連歌会での一駒を、経尊が「或人」から伝聞して記述したのだと理解される。

叙上より、経尊が後白河院・後鳥羽院周辺の事情に通じ、中山忠親や久我通光等と接点のある人物から、直接・間接的に情報を入手し得る環境にあったと推察する。

第二に、「大嘗会」「豊ノ明節会」「大臣ノ大饗」など朝廷儀礼に関する記述をとりあげたい。

例えば、箸を「ハシ」と呼ぶようになった由来は、経尊の解説によると、「或人云、八寸四分ニキル故ニ、ハシトナツクル也。大臣ノ大饗ナトコソ本式ニテ侍ヘルラメ。ソノ箸ハ八寸余、九寸カ内ト膳部申セリ。八寸四分ヲ秘セル詞歟」（一四三頁）という。平安末期における朝廷儀礼の室礼や調度を詳述する『類聚雑要抄』に、大臣大饗などの儀式で使用する箸の長さを検じてみると、おおむね「八寸四分」[12]の箸が用いられると記されている。したがって、『名語記』中の儀礼に関する記述は、有職の知識を有する貴族官人から得た正確な情報に基づいて記されていると窺知される。また、「大嘗会」に関する采女の故実について、経尊は「諸家ノ日記」（八六七～八頁）を参照したと記述している。以上の事例から、経尊が貴族社会の細部にわたる正確な情報を、貴族官人からの伝聞や諸家の日記から入手していた実態が明らかになった。[13]

第三に、全体的に短文で簡潔な解説を施す『名語記』の中で、異彩を放っている「キツネ」と「キツネノナクコエ」に関する記述をとりあげたい。二つの解説文はかなりの長文であるのに加え、経尊の特異な解釈が展開されている点に関心が寄せられる。煩を厭わず全文を掲載する。

問、キツネノナクコヱノコウトキコユル如何。

答、コウハ興ノ字ノ音ヲトナフル也。狐ハ三国ノ霊獣トテ天竺ハ万里ノ国ナル故ニ師子ト現シ、唐土ハ千里ノ国ナル故ニ虎ト現シ、日本ハ小国百里ノ国ナル故ニ狐ト現ストイヘリ。但、天竺・震旦ニ狐ノナキニハ非ス。一体分身ノ変現ヲイヘル也。大集経ニ十二ノ方角ヲタテタル中ニ師子ノ方アリ。虎ノ方コレ也。キツネ虎ノ威ヲカルトイヘルタトヘアリ。一体ノ義ナリ。又、文殊ハ師子ニ乗シ、辰狐菩薩ハ狐ニ乗セル内証ヒトツナル故也。天竺給孤独苑ニキツネオホクスミテ、興々トナク音シケシ。コレニヨリテ天下興複セリケリ。国王コレヲカリ、ウシナヒキ。スナハチ国タチマチニホロヒキ。唐土周ホロヒ、秦オコレリトイフ事ヲカケリ。周ノスエニ狐ヲカリテ、周ノ代ツキニケリ。秦ノ代ニコレヲアカメシカハ興々ノ音ヲトナヘテ国中興複ノ義アリキ。オトロキサケフ音ハクワウトキコユ。荒也。ワウトモキコユ。誑也。横也。ヨロコフ音ハ興也。藤原氏イマニ繁昌シ給ヘルモ狐ノ誓願トコソ申伝ヘテ侍ヘレ。コレニツキテ甚深ノ義トモオホエキコエ侍ヘレトモ、タヤスク申ニヲヲハサル歟。

（六一二～三頁）

もう一つは次のように記されている。

問、ケタモノ、キツネ如何。
答、狐也。色ノ黄ナレハ黄恒歟。又黄経トモカケル歟。コノ色ハ子細アル事也（中略）。真言秘法ノ奥義也。辰狐ニ二色アリ。黄白也。黄ハ化他ノ義、大地ノ色ヲ表シテ、衆生ノ願望ヲミテシメ、万宝ヲ出生セシムル義也。日本国ノ垂迹明神オナシク利生ノ本体タル故ニソノ神人ニ黄狐ノ色ノ狩衣ヲキセシムル也。キツネハコヒタルニセノ反。古塚狐ノ事思ヒイタサレ侍ヘリ。又云カミ、ツク、ニセノ反。狐ハ霊威ヲホトコシテ、神ノ徳ヲアラハセハ也。三国ノケタモノ、王トテ天竺ハ万里ノ国ナル故ニ師子ト現シ、晨旦ハ千里ノ国ナル故ニ虎ト現シ、我朝ハ百里ノ国ナル故ニ辰狐ト現セリ。宝積経ニ十二ノ方角ヲタテタルニハ師子ノ方アリ。イハユル寅ノ方コレ也。師子ト虎ト一体ノ見証也。キツネ、トラノ威ヲカルトイヘル事アリ。又狐ト虎ト一体ノ因縁也。先生ノ戒品ノチカラニヨリテ野干ノ身ヲハウル也ト聖教ニハトカレタリトキコユ。

（一〇四三～六頁）

古来より、日本には狐に関する伝承が無数に存在する。その多くは、『今昔物語集』や大江匡房の『狐媚記』などに代表されるような怪異譚や「狐女房型」説話のように、狐は怪異・霊力と好色に関わる下劣な生き物として描写される。[14] ところが、『名語記』の「狐」は、「霊威ヲホトコシテ、神ノ徳ヲアラハ」す「三国ノ霊獣」であり、崇め奉られるべき存在として記される点で、一般的な理解と大きな乖離が認められる。如上の考え方には、「辰狐菩薩」に象徴される稲荷の咤枳尼天法や、中世天皇の即位灌頂に関わる即位法などとの密接な関連が予想され、例えば、一四世紀初頭に成立した天台の秘事・口伝等を集めた『渓嵐拾葉集』にみえる、「辰狐ノアガメテ為二国王一ト云ヘリ[15]」という思想に通じると考えられよう。

また、天竺・震旦・本朝における狐の三国融通説は、南北朝頃に成立したとされる「玉藻前」説話を想起させる。玉藻前は、三国伝来の金毛九尾の狐が美女に化身した姿である。この狐は、天竺で班足王が祀る塚神（咤天）となり、王を誑かして千人の王の首を切らせようと企んだり、美女と化して王に近づき、その命を奪って、自ら国王になろうと謀ったりしたが失敗。その後、震旦において、褒姒として現われ、周の幽王を愛敬の力で惑溺させて滅ぼした。さらに日本に渡来して玉藻前となり、鳥羽院を悩まし王法を傾けようとしたが、陰陽頭安倍泰親の法力で正体を現し、下野国那須野で三浦介に殺害されて、その執心が殺生石になった、というのである。

狐を国家滅亡の源とする玉藻前説話と、興隆の象徴とする『名語記』とでは、狐の位置づけは対蹠的であるが、三国融通のモチーフは、前者・後者とも共通である。以上から、『名語記』の狐に関する解説は、一三世紀半ばから一四世紀にかけて著された『鼻帰書』『天照太神口決』『稲荷記』等の影響を受け、天台、真言密教や稲荷の関係者が関与して成立したと考えられる辰狐や稲荷信仰説話[16]の初期の一類型と位置づけることができよう。したがって、経尊が顕密仏教に通じた人物であり、稲荷信仰にも関心を寄せる人物だったと察知される。

ただし、「狐」が国土の大小に起因して「師子」「虎」として現れるという、「狐」と「師子・虎」との同体説に関しては、『名語記』の解説を除いては管見に入らない。また、経尊は「藤原氏イマニ繁昌シ給ヘルモ狐ノ誓願」と言い、狐に対する並ならぬ尊敬と親しみの念を表出している点も特徴的である。

『名語記』の興味深い解説は他にも所見するが、叙上若干の紹介にとどめ、それらを念頭に置きつつ、経尊の出自について検討を進めることとしたい。

（三）経尊の出自

経尊の人物像に関する先学の指摘は、自序[17]と実時の跋文、

建治元年六月廿五日稲荷法橋経尊之所ニ送給一也。件状云、去文永六年愚草之名語記令ニ進上一之時、正備ニ高覧一下ヨ賜御所御返事一之上、御馬牽預了。生前面目、老後大幸也。而気味不愚之余、重令レ案ヨ立三・四・五字之反音一。今度邪推之時、聊故実出来、先進之書僻案紕繆多々之間、大略令ニ改注一了。仍十帖進ヨ上之一。於ニ先度之六帖一者、一向可レ被ニ破却一云々。此状称レ有ニ所縁一奥州家人□□宮内左衛門持ヨ来之一者、先度雖レ不レ知ニ書之善悪一、感ニ好文之志一領納了。今度又宣（宜カ）レ然者歟。

越州刺史（花押）（一四〇七〜九頁）

を主な典拠としている。

岡田希雄氏は、「愚質稲荷山ノ幽栖ニシテ、老眠ツネニサメ」という自序から、稲荷山に幽栖する法橋経尊は、文永もしくは建治元年（一二七五）頃すでに老境にあり、稲荷と東寺の密接な関係により、真言僧と考えられると指摘し、さらに実時への献本の事実から、「鎌倉の武人中に知人があった」とも言及された[18]。

その後の研究の多くは、岡田説以上の有力な情報を提供していないが、太田晶二郎氏は、前出の『秦山集』第四三所収の「跋名語記」にある「経尊未レ詳ニ何代人一也（中略）。則決非ニ近世人一。豈万里小路資通卿之弟歟」という秦山の指摘を、経尊の出自について考察する上で注目すべき一情報として紹介された[19]。

確かに、経尊存命期、一三世紀半ばの古記録や系図類中に「経尊」を検索すると、高藤流藤原氏吉田資経息、万里小路資通の弟として「経尊」の名が認められる。しかし、この人物は法印権大僧都まで昇進し、文永四年（一二六七）一二月二一日晩に死去[20]したとされるゆえ、建治元年に生存の事実が判明している『名語記』著者とは別人だと解せざるを得ない。

ところで、昭和五一年（一九七六）に醍醐寺経蔵調査を行った築島裕氏は、鎌倉後期の書写とされる真言宗小野流の正統を記す血脈、醍醐寺本『伝法灌頂師資相承血脈』[21]（以下『血脈』）に「経尊（上総阿闍梨）」の名を見出し、醍醐寺金剛王院流の流れを承けるこの僧が、『名語記』作者であるという興味深い指摘をされた。[22]

これを承けて筆者は、真言寺院関係の史料を中心に捜索を重ねてきたところ、『醍醐寺新要録』の一節に、経尊の出自を解明する上で、重要な鎰となる記述を発見することができた。すなわち同書巻第一一「金剛王院篇」には次のようにある。

一、有職事

補任抄云、金剛王院二口（安貞三―己丑二―廿三―被ニ申寄一）法印賢海（後権僧正）、実清（少将）、経尊（按察、宣経宰相息云々）、実西（伯耆雅西入壇。但初ハ賢淳補任之由、風聞。而賢淳譲ニ実西一。其故ハ実西老僧也。尤不敏云々。諸人感嘆。終後任ニ有職一了）、浄範（中納言。文永元三、廿、入―、実雅改）、賢詮、

ここに列記される人物は、いずれも金剛王院流雅西方に属する僧[23]である。安貞三年（寛喜元＝一二二九）に二口設置された同院有職中、その三人目、文永の浄範以前に記される経尊は、安貞三年以降、文永元年（一二六四）以前のいずれかの時期に在職したはずである。したがって、『名語記』の著者として存命時期に齟齬が認められず、築島氏が指摘された『血脈』に「智定房雅西―澄空―経尊」と記される経尊と、法流・時代ともに一致しており、同一人物とみて間違いないだろう。

醍醐寺金剛王院流は、東密小野六流の一つで、三宝院流・理性院流と併せて醍醐三流と称される醍醐寺を代表する法流である。また、東寺長者が居住する院家でもあり、同流から著名な僧侶を多く輩出した。さらに、中世天皇の即位灌頂における独自の即位法を伝えるなど、天皇家や摂関家とも深い関わりを有することから、中世の宗教・政治において重要な位置を占めていたといえる。

雅西は、「得ニ源（源運）公伝法一、承ニ其密旨一、舎ニ余業一、修ニ大観一、住ニ総持一。遂得ニ悉地一、身発ニ光明一[24]」した人物とされ、

一四人もの付法弟子を有するとともに、平清盛を崇敬して醍醐寺に照阿院を開創した事跡が知られている。[25]彼は建仁元年（一二〇一）正月四日に入滅しており、[26]経尊が直接師事したのは、雅西の付法弟子澄空であったと推察する。

さて、経尊の出自であるが、前掲史料中の「宣経宰相息」という尻付が注目される。これに該当する人物は、安貞元年から天福元年（一二三三）まで参議の任にあった、花山院宣経[27]をおいて他にいない。したがって、『名語記』著者経尊は、花山院宣経の子であり、東密醍醐寺金剛王院流に属する僧だと判明する。[28]

『尊卑分脈』『系図纂要』『花山院家譜』[29]など系譜類によると、宣経の子供は経助・経乗・経豪・経家の四名だが、『経俊卿記』建長五年（一二五三）一二月二一日条から、忠縁という興福寺僧が猶子であった事実が確認できる。それゆえこの限りでは、これに経尊を加えた六名が宣経息だということになる。彼らに共通するのは、僧籍に属し、実子と思われる人物は皆、「経」を通字とする点である。宣経は花山院家庶流、五辻家経の子として誕生したが、父存命中に花山院嫡流忠経の養子となり、その息子全員が僧籍に入っているという事実から、当該期花山院家に複雑な事情が存していたであろうと看取できる。

そこで次節では、平安末期にさかのぼって、花山院家の「家」形成途上の実状や、内乱期における同家の政治的位置が如何なるものであったのか、その実態について論述することにする。

第二節　平安末～鎌倉前期における花山院家

(一)花山院家の繁栄――忠雅・兼雅期――

平安末期から鎌倉初期における政変は、中世貴族社会の形成に、大きな影響をおよぼしたと推察される。それゆえ、当該期の貴族やその「家」の実態を、政治的動向とのかかわりにおいて解明する作業は、中世貴族社会の構造を考える上で、不可欠な課題であると思われる。

しかし、該期政治史研究は、平清盛・源頼朝・同通親といった一部の主要人物に視点を据えた分析に集中し、彼ら以外の人物の政治史上の役割や、存在意義についての検討は、十分に行われているとは言い難い。花山院家の人々に関しても例外ではない。

当該期における同家の事情に注目して、まず気づかされるのは早世が多いという点である。例えば、経尊存命期、忠経（兼雅子）から家教まで、各代嫡子（家督）七名をとりあげてみても、死亡年齢は一〇代二人、二〇代から五〇代各一人、七〇代一人となる。唯一人、七七歳の長寿を全うした定雅は、三〇代で出家している。(30) これを惟るに、中世公家社会において、嫡子の夭折や壮年での出家が、家の存続に大きな危機をもたらしたであろう点は想像に難くない。そこで本節では、同家の政治的動向とともに、忠雅から家教にいたる家記・故実教命の相伝や、姻戚を中心とする人的関係に主眼を置きつつ、家継承の実態にも検討を加えたいと思う。

花山院忠宗は有能な職事として知られ、白河院に重用されたが、長承二年（一一三三）九月、四七歳にして正四位下参議で急逝した。この時、僅か一〇歳だった嫡男忠雅は外祖父で有力な院の近臣、藤原家成の庇護を受けて成長した。その父家保の参議辞官の替として近衛少将に任じられたのを皮切りに、忠雅は春宮（のちの近衛天皇）権亮・近衛天皇蔵人頭を経て、一九歳で従三位、二二歳で参議に昇り、父忠宗をしのぐ勢いで昇進を重ねた。

忠雅が最初に遭遇した大規模な戦乱、保元の乱では後白河天皇方の勝利が確定した七月一一日、鳥羽院遺詔に基づいて、素服・哀悼の停止が沙汰され、続いて藤原頼長ら謀反人所帯の所領・官位を没官・剝奪する宣旨、さらには関白忠通への氏長者宣下が矢継ぎ早に出されたが、そのほぼ全ての宣旨発給に、当時第四の権中納言だった忠雅が上卿として関与している。(31) すでに明らかにされている通り、保元の乱は周到な準備をもって後白河天皇方が、崇徳上皇・頼長方を挑発して勃発した戦乱であり、(32) 従来、摂関家が自立的に行ってきた氏長者の授受に介

〔花山院家系図〕

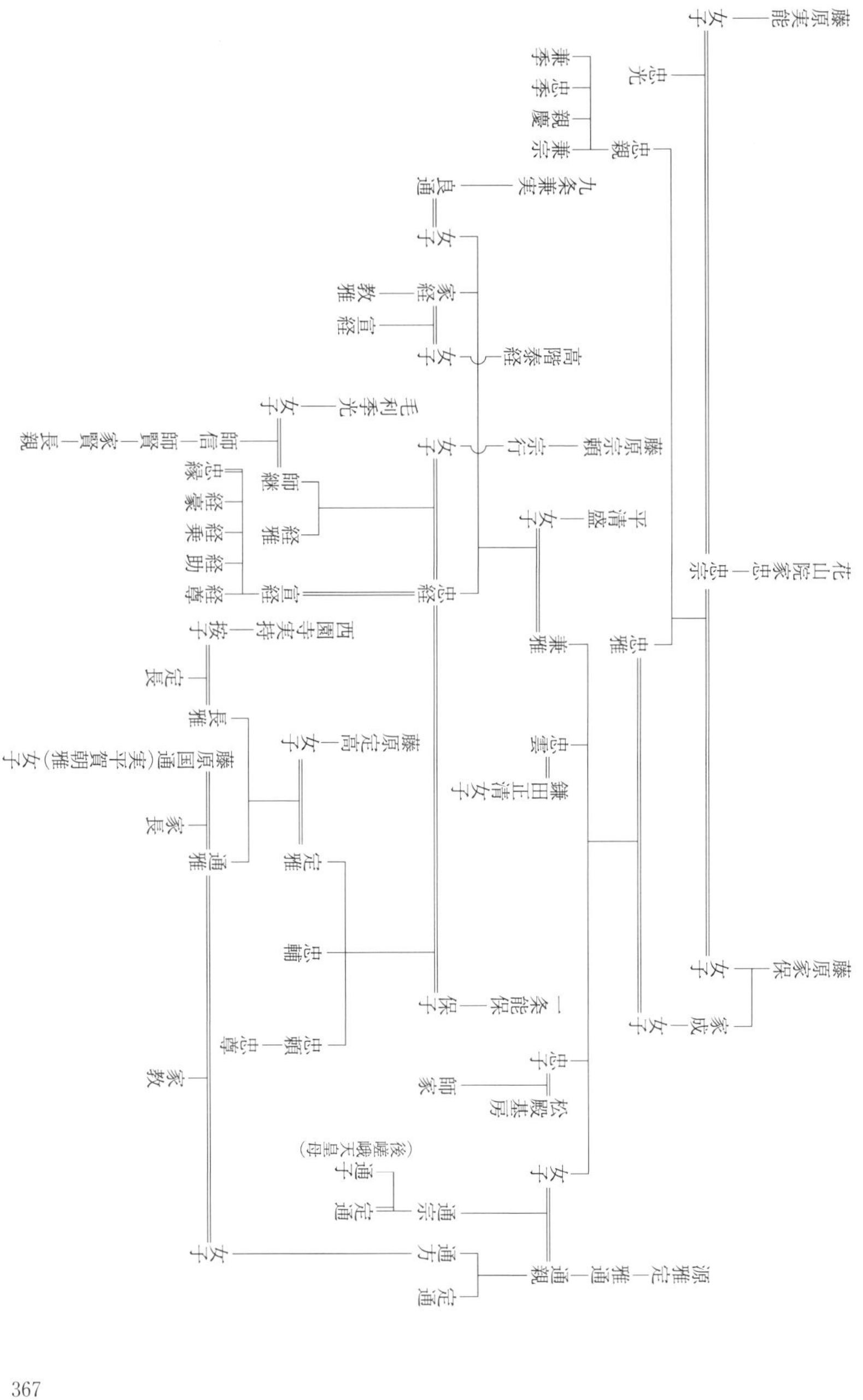
藤原実能
女子
忠光
兼季
忠季
親慶
兼宗
忠親
九条兼実
良通
女子
家経
教雅
宣経
女子
高階泰経
毛利季光
女子
師信
師賢
家賢
長親
女子
藤原宗頼
宗行
師継
経豪
経乗
経助
経尊
経雅
平清盛
女子
花山院家忠
忠宗
忠経
宣経
兼雅
忠雅
定長
長雅
藤原定高
女子
忠雲
鎌田正清女子
藤原国通（実平賀朝雅）
女子
家長
通雅
定雅
忠輔
藤原家保
女子
家成
女子
一条能保
保子
忠頼
忠尊
家教
忠子
師家
松殿基房
女子
通子（後嵯峨天皇母）
通宗
定通
通方
女子
源雅定
雅通
通親
定通

入する右宣旨の発給は、当然天皇方の綿密な計画の下で実施に移されたのであり、摂関家の弱体化を目論む乱後の新秩序を明示する意図が、そこには込められていた。総じて忠雅は、家成一家とともに鳥羽・美福門院—後白河天皇派の枢要人物の一人だったと看取されよう。

院政期を代表する実務官僚の一人吉田経房は、忠雅を「当世国老只一人(33)」と賞賛している。忠雅の国務への功労を計る一つの指標として、公卿議定への出席率と在宅被諮問者への選出率を検討してみたい（表1・2参照）。既知の通り、公卿議定とは国政上の重大事を議論する場であって、そこで要求されるのは、故実・先例を熟知した優れた才知であり、有職と目される有能な公卿のみに出席が許されていた。

［表1］ 後白河院政期における忠雅の議定参加率

A	公卿議定開催数	41回
B	Aのうち参加者判明分	26回
C	忠雅の参加議定数	14回
D	忠雅の参加率(%)	54%

［表2］ 後白河院政期における忠雅の被諮問者選定率

A	在宅諮問実施数	16回
B	Aのうち被諮問者判明分	13回
C	忠雅が被諮問者に選定された回数	8回
D	忠雅の被諮問者選定率(%)	62%

忠雅は太政大臣を辞任した嘉応二年（一一七〇）六月までに開催された議定四一回中、参加者名が確認できる二六回のうち、一四回の出席が確認される。また、在宅諮問のさいに被諮問者となったのは、現職時に行われた一六回の諮問中、被諮問者名が確認できる一三回のうち八回におよんでいる。以上、公卿議定出席率は五四%、在宅諮問は六二%となる(34)。これは当該期の議定や諮問における基本的構成員の一人とみなされる、弟（中山）忠親と比較しても遜色ない(35)。また、議定や諮問の主導者による賛否の偏差が少なく、比較的通時的な参与が認められる点から、忠雅の意見が多く重視されていたとみなせるだろう。

忠親は「年来営二礼儀作法之道一。当時頗有二其褒一(36)」と称され、公事に精通する人物として知られるが、その彼にして花山院や粟田口山荘に忠雅を訪ね、たびたび公事に関する相談を持ちかけていた事実が、自身の日記『山槐記』からうかがえ、忠雅は忠親にとって最良の公事の師だったと知られる。

では、幼くして父を失った忠雅は一体誰に故実を学んだのだろうか。養父家成は諸大夫層出身の典型的な院の近臣であり、公卿の政務に関わる先例・故実の知識を潤沢に有するはずがない。勿論、忠雅は花山院家に伝わる父祖の家記・文書等を相伝し、それらから学習したとは想像できるが、新人公卿が儀式上卿を務める時に、指導者の存在は必須だと推察される。そこで、婚姻を中心として、忠雅を取り巻く人間関係について検討したい。

父忠宗は家保の女の他に、藤原実能の女を妻として、忠光を儲けているが、その極官（散位従五位下）から、忠光は夭逝したものと思われる。また、実能とその息子たちも早世しており、この一家と忠雅との結びつきは希薄だったと推察する。

忠雅には家成の女以外に婚姻の事実が確認できないので、彼の子どもたちの婚姻関係をとりあげてみたい。最も早い例は、忠雅女と源通親との成婚で、仁安三年（一一六八）に通親の長子通宗が誕生した。かつては堀河天皇の外戚となるなど名門だった村上源氏だが、政治的地位が下降傾向にあった当該期においては、通親の父雅通は鳥羽院近臣となり、藤原得子（美福門院）の皇后宮権亮に補任され、その縁者家成に接近した事実が知られる。それゆえ、院の側近公卿であり、家成とも親しいという点でも、比較的政治的立場が近い雅通と忠雅は、早くから知己の間柄となり、子供を通して姻戚関係を築いたばかりでなく、公事に関する情報の共有という面でも、親密な関係がうかがえる。

忠雅の曾孫師継が編集した儀式書『蟬冕翼抄』には、源有仁の『春玉秘抄』や源師時の『綿書』など、村上源氏の手に成る儀式書が多数引用されている。[37] また、『明月記』建保二年（一二一四）正月二日条には、藤原定家が通親息の通具から伝聞した話として、次のような記述がみえる。すなわち、元三中の朝覲行幸における近衛次将随身の装束に関する「中院入道殿（源雅定）」の説を、通親が中将の時に、「花山院相国（忠雅）」から伝え聞いたと云々。以上が指し示すところは、花山院家における故実の形成に、村上源氏の故実が大きな影響をおよぼしていたという事実、さらに、忠雅が雅定・雅通父子等から故実を熱心に伝え聞いていた実態である。「故実を伝うるの人」(38)と称される雅通家との婚姻は、忠雅等、花山院家の人々にとって、公卿に必要な故実を習得する上で大変重要な位置を占めていたといえよう。

続いて、承安元年（一一七一）八月一〇日、忠雅の女忠子と後白河院が寵愛する摂政松殿基房との婚姻が行われた。翌年正月に基房臨時客の饗宴が催された針小路大宮邸は、忠雅所有の邸宅を修造し、献上したものと言い、彼が婿基房を丁重にもてなした様子がうかがえる。また、前掲の『蟬冕翼抄』には、松殿説も多く採用されているだけでなく、のちに松殿の失脚にともない、彼が所有する膨大な記録類が一旦内裏に没収された時、文車七両・櫃百余合におよぶ膨大な松殿文庫の目録を忠雅が注進するなど、同文庫の管理に彼が関与していた事実が知られる。(39)

「公事先達、又先師也」(40)や「有職人」(41)と、九条・近衛両摂関家をはじめ、多くの貴族が有職故実に通じた識者と評する基房から、花山院家は公事の多くを学んだのである。

以上、忠雅子女の婚姻には、単に忠雅が政治的野心から有力者との結びつきを求めただけでなく、「有職」の家との婚姻を通じて、自分や子弟の公事習得を果たす意図が込められていたと諒解される。そして、忠雅自身「当世国老」と称されるまでに精進して、その面における花山院家の基礎を築いたのである。

承安二年六月、基房と忠雅女との間には嫡男師家が誕生した。養産の儀は、九条兼実が「不レ被二甘心一」と非難を浴びせているように、「帝王降誕之例」に准じた「難レ准二臣下養産之儀一」い盛大なもので、やがて師家は後白河院の引級によって異例の昇進を遂げた。(42)これより以前、基房は兄近衛基実死欠の替によって摂政の地位を手に入れていたが、兄の後家（平清盛女盛子）が摂関家領を管領したために、その殆どを手にすることができず、盛子の背後にある清盛に怨念を抱いていた。基房と忠雅とは終生親交が絶えなかったが、しかるに忠雅は、右の成婚とほぼ同時期に、基房の政敵清盛女を嫡子兼雅の妻に迎えた。忠雅の強（したた）かな政治手腕の一端であろう。

後白河院と平氏の蜜月期は、忠雅・兼雅父子にとって、官位昇進と政治的地位の安定が望める絶頂期となった。忠雅は仁安二年（一一六七）内大臣、翌年には太政大臣に昇り、嘉応元年（一一六九）四月、後白河院皇后平滋子に院号が宣下されると、大臣別当は「尤希代」のことと非難を受けたにも関わらず、みずから所望して建春門院別当に補任された(43)。そして、言仁親王（安徳）立太子の儀式に「万事口入」し、積極的に関与したり、清盛の招きに応じて福原や伊都伎島に詣で歓待を受けるなど、公私ともに平氏一門との親交を深めていった(44)。

また、兼雅も順調な官位昇進を重ね、後白河院別当に加え、春宮（のちの安徳天皇）大夫・建礼門院別当にも補任され、承安四年（一一七四）の正月叙位では、後白河院御給で従二位に昇った。これは「以二年給一叙二上階一未曾有事」という非難からうかがえるように、三位以上の「上階」に年爵で叙されるのは、格別な引級といえるのである。その上、治承三年（一一七九）の正月叙位では、平時忠と並んで、おのおの建春門院と院の御給によって、正二位に昇るという「希代」の昇進重ねている(45)。この時期、花山院家は平氏一門と並ぶ恩寵に浴していたと評されよう。

しかし、後白河院が基房を抱き込んで、清盛との対決姿勢を鮮明化していくと、忠雅父子は困難な局面を迎えることになった。この期に臨んで、彼ら父子は院・基房・清盛三者の関係修復に動いた。すなわち、治承三年二月、「執政室、為二乳母一之例、古今未レ有（中略）竊以可二弾指一(46)」との非難を余所に、忠子が安徳天皇の乳母として参内した。この時、彼女に供奉した公卿は、兼雅・忠親と隆忠（基房息）であり、おそらくこれは、春宮大夫・建礼門院・後白河院別当、そして清盛婿である兼雅が、院と清盛との衝突を抑止するためになした方策だったと推察される。しかしながら、事態は兼雅の思惑とは逆に展開した。後白河院は治承三年一〇月の除目で、僅か八歳の松殿師家を権中納言・中将に補任、摂関家嫡流たる地位を明示することによって、盛子による摂関家領の管領に終止符を打つべく、清盛を挑発した。[47]福原から大軍を率いて上洛した清盛は、後白河院を鳥羽殿に幽閉、基房親子を解官・配流に処し、院の近臣多数と基房の縁者を解官した。

有力な近臣であり、且つ基房と親密な関係にある花山院家は、当然この処分を受けて然るべき立場にあった。にもかかわらず、前太政大臣忠雅に咎はなく、自主的に閉門蟄居、権大納言兼雅は兼官の春宮大夫を解かれたものの、翌年正月二六日には早々と朝参が許された。寛大とも思えるこの処遇は、一方で彼らが平氏一門の身内とみなされていた事実を示し、同時に清盛の次なる政治的取引に利用される可能性を暗示していたのである。

(二)文治・建久年間の花山院家――九条家と源通親と――

(1)九条兼実との関係

兼雅が出仕を許されて、半年と経たない治承四年（一一八〇）六月、九条兼実の嫡子良通と兼雅女（清盛外孫）との婚姻が成立した。この成婚は安徳天皇の即位と高倉院政の開始を目前にした清盛が、近衛・九条両摂関家の協調を進め、公卿との連携強化を図ることによって、新体制を支える廟堂を築こうとして計画したもので、二月段階ですでに、兼雅女を新関白近衛基通の養女として、婚姻の実施を急ぐよう兼実に申し入れている。兼実は半ば渋々これに合意した。[48]

兼実と兼雅との関係は、もともと良好ではなかった。『玉葉』治承四年八月二日条によると、兼雅が「始来也」とみえ、それまで両者の間で行き来が全くないほど希薄な関係だった。また、兼実は兼雅の父忠雅の儀式作法や政務に関する見解に批判的で、時には、「有二不敵所行一」や「小人」などと痛烈な言辞を日記に書きつけていた。[49]加えて、兼実は後白河院や清盛から疎んぜられていた。彼が参仕しなかった安徳の親王宣下や侍始の儀において、忠雅が「万事口入」したことに対しては、特に厳しく論難している。[50]前述の通り、忠雅が貴族社会において、故実に通じた人物とみなされていた事実を考慮すれば、右の批判は単なる作法の相違に対する非難というよりも、院の近臣、親平氏、親松殿という、兼実とは対極にある忠雅や兼雅の政治的立場に対する不快と悪感情を吐露したものだと判断される。

さて、清盛が亡くなり、平氏が滅んだ文治年間に入ると、兼雅は後白河院執事別当・御厩別当を兼任して、院との関係をますます強化し、政治的・経済的地歩をより確実にした。一方、独裁化を強める後白河院の下で、疎外感を強くした兼実は、院辺の状況や政務に関する情報を直接には得難い状況に追いやられていた。しかし一方、極めて重要な情報を兼雅から入手している事実が注視される。その中には、文治元年（一一八五）一二月に実施された源頼朝による廟堂改革の仕上げとして、親院政派の摂政近衛基通に替えて兼実を摂政に推す、頼朝の意向を院に伝えた書札三通に関わる重要案件も含まれていた。[51]このように、文治年間における兼実の政治活動、とりわけ情報収集という面で、兼雅の存在は非常に重要であったと窺知されるのである。

一方、兼雅も兼実邸や良通夫妻のもとをしばしば訪問したり、権大納言に欠員が生じた時には、婿良通の補任に奔走するなど、両者の間に親密な関係がみられるようになっていた。[52]ところが、文治四年二月九日、良通が急逝した。葬儀は「後家沙汰」で「示_合兼雅仰_」せたと言い、兼雅が娘婿のために葬儀を取り仕切っていた様子がうかがえる。しかし、これを境に兼雅は次第に九条家から離れていく。良通の法要が一段落した翌年二月、後家である兼雅女が出家した時、舅兼実は、慈円を戒師としてその場を主催したのに対して、実父兼雅は出家の事実さえ知らなかったという。[53]当時の両者の関係をよく物語っている。

兼雅は文治四年四月、後白河院の六条殿が焼亡したさいには、「営々莫大」と称された五条亭を造営、さらに備中国を賜り六条殿再建に向けて院への奉仕に励んでいた。[54]「院中沙汰」を一身に行い、文治五年に内大臣、翌年には右大臣に昇り、院中無双の廷臣として順風満帆の時を迎えた兼雅にとって、兼実から得るメリットは無きに等しかったのであるから、兼雅が兼実のもとを離れていくのは当然の帰結である。

(2)源通親との提携

建久初年における兼雅の動向は、その後の花山院家の政治的立場を決定する上で、一つの重要な転機となった。第一に注目したいのは、建久元年（一一九〇）一一月、伊豆配流以来、初めて上洛を果たした頼朝の右大将任官をめぐる動きである。この人事一件のために実施することになった同月二四日の除目は、上卿を中納言源通親が務め、右大将拝賀の折には、装束以下全てを、後白河院が調進したという事実は、該事案が後白河院・通親・丹後局等、院勢力側の意向で計画された実状を明白に示している。ところで、この除目には、不可解と思える事柄が二点指摘できる。一つは、本人事を遂行するには、現任右大将の辞任が前提条件となるが、当時同職にあった兼雅が、辞表を提出したのは、除目当夜までずれ込んでいる点である。もう一つは、辞任を渋る兼雅に「更不レ可レ惜之由」を示し、再三辞職を促していたのが兼実だという事実である。

院勢力側と頼朝との関係強化に繋がるこの除目に、兼実が兼雅に疎まれてまで、彼らに協力する理由は本来ないはずである。(55) にもかかわらず、兼実がそのような行動をとった理由はどこにあるのだろうか。今少し検討を進めたい。

『玉葉』同月四日条によると、「頼朝卿可レ被レ授レ官之由」を後白河院に奏したのは兼実自身だったと判明する。さらに、院から許可を得た後にも、兼実は「広不レ可レ被レ問」と言い、当事者たる現右大将兼雅と兼実が信頼を寄せる吉田経房の二人のみに諮って、内密に事を進めようとしていた様子がうかがえる。

ところで、建久初年は、兼実と頼朝が最も緊密な関係にあったとする通説的理解に修正を迫った杉橋隆夫氏は、頼朝が、「兼実以下親幕公卿を積極的に援助し、後白河院とその近臣勢力の動きを掣肘しよう」とする従来の対朝廷政策の基本方針を変更して、「大姫入内工作を通じて後白河院・通親・兼子ら院勢力＝反兼実派とも繋りを保ち深める傾向」を強めたのが、遅くとも建久二年ないし元年にさかのぼり得ることを明らかにされている。(56)この指摘を踏まえて、如上の問題について仮説を示すならば、以下のようになろう。

頼朝の任右大将は、当初、頼朝との協調路線に疑いを抱いていない兼実が、自分と頼朝との関係強化を目論んで企てた計画であったが、すでに頼朝が既定路線を変更（大姫入内計画と院勢力への接近）している事実を察知した院や通親等が、兼実の説得によって兼雅の辞意が固まった頃を見計らって、逆に主導権を握り、頼朝との関係修復に利用したのだ、と。

もしこの仮説が正しいとすれば、一連の事情を最も熟知している人物は、現任右大将兼雅に他ならず、彼が院勢力側へ辞任了承の意向を前もって伝えていたのだと推測される。いやむしろ、後白河院執事という彼の立場を考慮するならば、兼雅は当初から院・通親派の計画に与していたとすら考えられるのであり、院政力主導の除目が遂行されるその日まで、辞表提出を遅らせていたのだとも想像される。傍証を以下に提示する。

第一は、翌年六月に実施された宣陽門院院号宣下当日、公卿別当の筆頭として右大臣兼雅が補任されている事実である。同宣下は、「院近臣、姫宮後見。今日之事、本家執行人」といわれた通親の沙汰で執り行われ、院中は通親一族を中心とする少数精鋭で固められた。別当には、執事別当通親とその息通宗（忠雅女所生）を含め、僅か四名が補任されたにすぎなかった。また、「大臣院司、建春門女院始也」とみえるように、有力女院において先例が認められるものの、なお大臣別当は特別な存在ではあった。(57)建久二年当時、通親が兼雅に急接近した様子がうかがえる。

第二は、兼実が兼雅批判を再開したこと。前述の通り、兼実は花山院家への批判をたびたび日記に書きつけて

〔源通親の婚姻関係〕

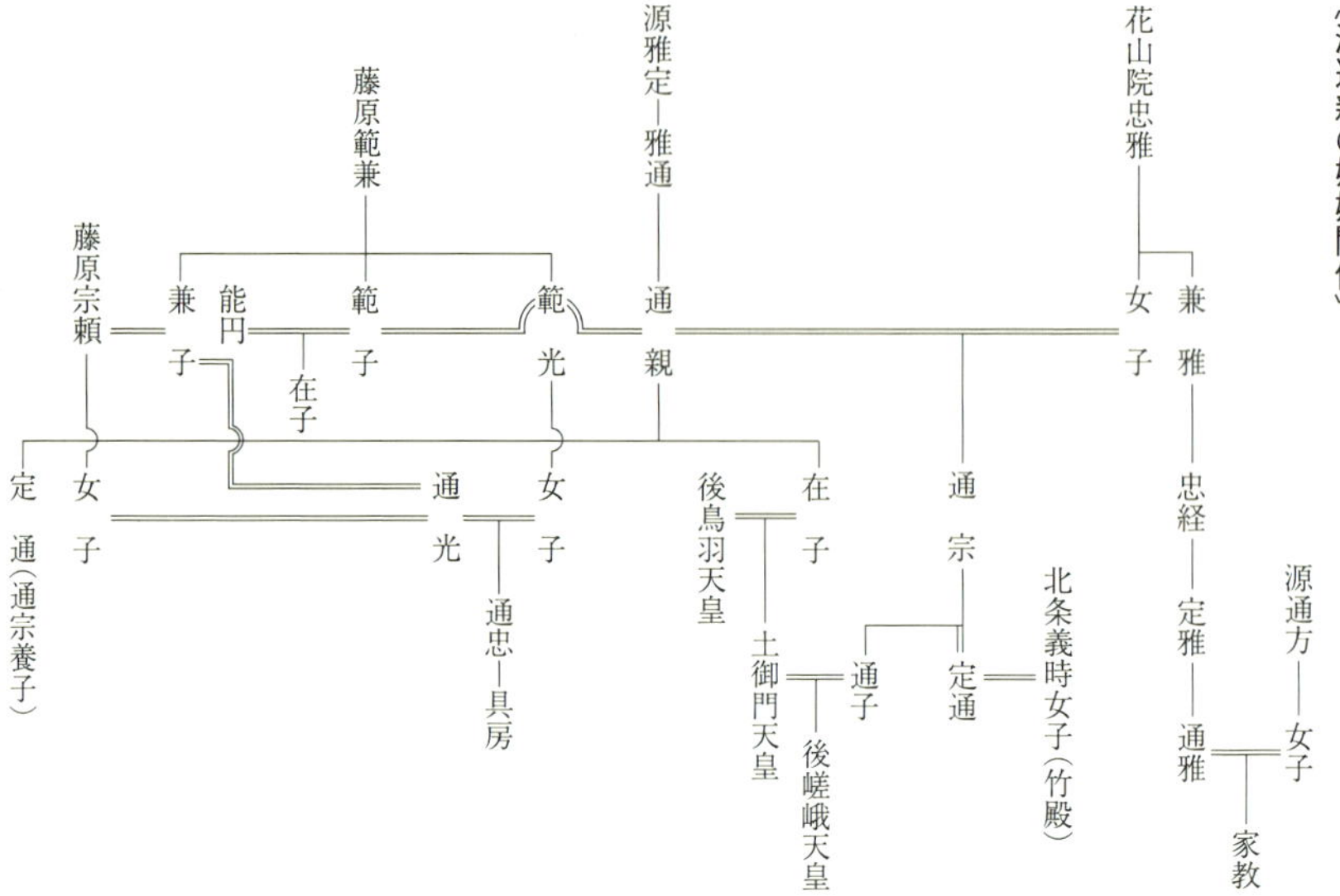

いたが、良通の婚姻を機に、しばらく控えていた。ところが、建久二年に行われた京官除目における作法に対する不満からそれを再開し、その翌日には、「身帯二丞相一、又執二仙洞之雑務一、兼二御厩別当一、知二行数ヶ所領一。剰給二熟国一。只為レ先二欲心一、敢不レ知二公事一歟。自現二不覚一放二言人一。今又秘蔵。是賢人歟。佞人歟。未レ弁二是非一而已。寄二事於院御威一、勘責之儀、太恐懼之由、慥可レ答之旨仰了。可二弾指（ママ）一之世也」(58)と、批判の限りを尽くしている。この痛烈な言辞は、単に除目をめぐる非難というよりも、大姫入内問題と頼朝の右大将任官をめぐり、兼雅に対して募らせていた不信と不満が、一気に溢れ出したと解釈すべきではないだろうか。さらに翌年三月、後白河院崩後における一連の処置に関しても、次のような兼雅批判を展開した。

故院の執事別当兼雅の使者と称する通親が、蓮華王院宝蔵の宝物散逸を恐れて、藏を検封するための出納派遣を許可して欲しいと兼実に求めた際、兼実は再三拒否するとともに、兼雅に対して実否を照会した。兼雅の否認には、「（通親の）虚言歟」としながらも、「大臣（兼雅）所レ答、又以不レ被レ陳。縦雖二不日発言一、依二金吾（通親）之語一答二同心之趣一。已是不レ異ニ発意一」と断定している。[59] 通親に与同する兼雅への反感が感得される。

第三は、建久四年（一一九三）一〇月一日、粟田堂で開催された忠雅の五七日法要における参加者の顔ぶれについてである。そこには花山院・中山一族の他に、通親・吉田経房等が参集したが、兼実関係者の姿はなかった。一方、後年行われた兼実女任子の院号宣下（宜秋門院）に際し、兼雅の子息忠経と家経は、院号定には出席したものの、九条御所での拝賀には欠席した。兼実は、「定有ニ所存一歟」と微妙な感想を述べている。[60] 文治年間にみられた両家の親密な関係は、建久元年末を境にして完全に崩壊していたのである。

やがて、通親による建久七年（一一九六）の政変で、兼実一家は失脚。新関白近衛基通、右大臣兼雅のもとで、通親は周到な準備を重ね、同九年に後鳥羽天皇の譲位と外孫土御門の即位を実現させた。[61] 通親は後鳥羽院執事別当に就任し、通宗、西園寺公経、坊門信清らとともに、兼雅の嫡子忠経も院別当に補任された。さらに翌年、忠経は土御門准母範子皇后宮大夫、正治元年（一一九九）には春宮（のちの順徳天皇）大夫を兼任して、後鳥羽院と通親が主導する廟堂で、順調な昇進を遂げたのである。

以上の検討結果、花山院家は忠雅・兼雅期に有職家との婚姻を通じて公事の習得に努め、儀式や議定で一定の評価を得るまでに精進を重ねた事実、さらに清盛等、権力者の家との婚姻を通じて、政治的・経済的基盤を確立するとともに、歴代の院に奉仕して、官位昇進と政治的地位の安定を図っていた実態が明確になった。

このような有力者との結びつきは、同家にとってメリットだけではなく、さまざまな政争に巻き込まれるリスクを負うことにもなったと思われるが、彼らはそれを巧みに乗り切った。建久初年の頼朝上洛は公武関係の大きな転換点となったが、花山院家にとっても、政治的立場を決定する上で、この時期が転機だったといえるのではないだろうか。

兼雅は、大姫入内工作に水面下で積極的に関与し、文治年間における兼実との関係を清算して通親との協力関係を明確化することに成功し、以後の同家の政治的立場を安定させたと考えられる。

(三)花山院家の斜陽――忠経・宣経――

(1)忠経期の花山院家

治承三年(一一七九)、花山院兼雅と中山忠親が二宮(春宮・中宮)の権大夫に並び立ったさい、忠雅は「二宮大夫為二子息一之人誰人哉」と、みずからを御堂関白道長に準(なぞら)えて自賛した。さらに建久二年(一一九一)、二人がそれぞれ右・内大臣補任されると、「家忠子孫丞相両人相並。尤珍重々々。是即本願後葉之繁花也」ともて囃されたことに示されるように、花山院家の繁栄は誰の目にも明らかだった。[62]

承安三年(一一七三)、兼雅と清盛女との間に誕生した嫡男忠経は、六歳で元服して、「即夜叙爵従五位下。昇殿又拝二任侍従一」したために、「摂籙之息、尚未レ聞二元服之夜授官之例一。中納言之子息、元服之日昇殿、太以過分也」との批判を受けている。[63] 彼はその後も、少将一三人を超越して中将に直任され、建礼門院や後白河院の御給を得て位階の昇進を果たし、一七歳で従三位、二一歳で参議、建久八年には権中納言に昇った。また、故実や管弦・詩歌・書道など父祖同様、公卿に必須の教養を兼ね備えた人物として、後鳥羽院以下歴代の院に重用され、[64] 通親が春宮傅を務めた皇太子(のちの順徳天皇)の春宮大夫にも補任された。なお、同権大夫藤原頼宗と亮藤原範光は、通親と二重三重の婚姻関係が見られるが、後者は通親に嫁した藤原範子の兄で、範子所生の源通光の妻に娘を入れて、通忠・通有を儲け、前者は範子の妹卿二位(兼子)を妻に迎え、通光の岳父という関係から、正治二年(一二〇〇)通親が急逝するとその遺領を預かった事実が知られている。

忠経が他ならぬ頼宗の孫娘(養子宗行の女)を妻に迎えたことは、彼が院の近臣勢力との結びつきを深め、その政治的基盤を一層強化したと評価できよう。やがて忠経が右大臣に任ぜられる承元元年(一二〇七)二月、花山院家は「繁盛栄華之家」「華山院天下名家」[65]と人々から賞されたのである。

忠経の一男忠頼は、一条能保女を母として元久元年（一二〇四）に誕生した。花山院家嫡子として、若干一四歳で従三位に昇り、父よりも三年早く公卿昇進を果たしている。しかし、建暦二年（一二一二）末、病いを煩い急逝した。記録には「為二相家一子一也。家譜久伝二器量一。又二親心中無二比類一歟[66]」とあり、当時忠経には忠頼の他に男子がいなかった事実が判明する。

その後誕生した経雅（生没年未詳）は、嘉禄元年（一二二五）五月、正五位下左少将で亡くなった。兄忠頼が同階に昇ったのが七歳だったので、同人も一〇歳前後の夭折であったと想像される。彼は「所二秘蔵一之嫡男[67]」だったと言い、花山院家は二度も続けて嫡子夭折という不幸に見舞われたのである。

さて、これまで長く経尊から離れて、花山院家の動向をたどってきたが、経尊の父花山院宣経は、まさに同家が絶頂にある建仁三年（一二〇三）、忠経の同母弟家経と後白河院の近臣高階泰経女（殷富門院女房）との間に三男として誕生した。忠経が宣経を養子に迎えたのは、忠頼を亡くした建暦二年（一二一二）末からそう遠くない時期、つまり宣経が一一歳頃だったと考えられ、花山院家継承の可能性も含めた養子として迎えられたと思われる。宣経は儀式作法で奇怪が目立ち、貴族たちの間では、「言語道断之儀」「表二白痴一」すと評されており[68]、公事の遂行や政務運営能力にいささか問題のある人物だったようである。しかし、忠経が宣経の出仕態度について弁護するとともに、以後の精勤を約して後堀河天皇に昇進を懇願したたので[69]、宣経は嘉禄二年には蔵人頭、安貞元年（一二二七）には参議、さらに翌年には従三位にまで昇進した。

寛喜元年（一二二九）七月、忠経は病いの床で、宣経に「四位侍従（定雅）幼稚之間、宣経卿摂政可レ当二朝座一。庄少々可レ知[70]」と命じ、忠経三男で幼少の嫡子定雅（一二一八〜九四）の後見を託して五七歳の生涯を閉じた[71]。

すでに実父家経を建保四年（一二一六）に亡くしていた宣経は、二七歳にして養父も失った。その後、しばらくは精勤に励んだが、彼は再び儀式への不参、籠居を繰り返し、寛喜三年には「依㆓不仕㆒驚懼」、遂に天福元年（一二三三）、三一歳で「不仕」[72]により停任となった。「停任」に関しては、参議の職を定雅に譲るために辞任したという噂もあり、[73]真相は定かでないが、建長三年（一二五一）に出家するまで、一度として復任の事実が確認されない点から、停職処分だったとするのが事実に近いのではないかと考える。建長三年九月三日、前参議従三位のまま出家、同五年段階では存命が確認[74]されるものの、その後の消息は未詳である。

家長不在の花山院家では、家人間で闘争が起こるなど、家中の統制にも事欠く有り様で、嫡子の相次ぐ死と後見人の不在により、「繁昌栄華之家」ともて囃されてから、僅か二〇年足らずのうちに「已磨滅之期来歟」[75]と囁かれるまでに沈淪したのである。

ところで、宣経の職務怠慢はその個性だけに帰される問題ではなく、当該期公家社会における社会的問題として捉えるべきであろう。彼は花山院家の嫡子夭折による、家継承の可能性をもつ養子[76]として迎えられたが、家長に実子が誕生すると、その後見人という立場を求められた。やがて実子が成長すると彼の存在は不要となり、預かっていた家領や家記の全てを実子に返却せざるを得なかったであろうと推察される。しかも当該期は、公家社会における分家成立のピーク[77]であった。一族対立の火種となりかねない宣経やその子どもたちは、実子の側からすれば排除の対象ですらあったと考えられる。「家」にとって無用の存在となり、また分家を興こす意志も持たなかったとすれば、宣経が不出仕に陥るのは当然の帰結の一つであったといえよう。

（2）宣経の子どもたち

宣経の子息等は、いずれも権門寺院において法印まで昇級して、しかるべき待遇を受けていたと想像されるが、花山院家主流からみれば、「家」秩序から排除された存在といえるであろう。彼らのような人々は、中世社会において如何なる境遇に追いやられるのであろうか。宣経の子息等の経歴は、その問題を考察する上で興味深い。経助・経乗は、今日に遺る系図によれば[78]、仁和寺に入寺し、ともに法印にまで昇級した。経乗は、『明月記』天福元年（一二三三）五月一七日条の「経乗阿闍梨仁和寺僧。八年以来隠居勝尾寺云々」と同一人物とみなされ[79]、勝尾寺に隠居して作歌活動に励みながら、『新勅撰和歌集』撰者の一人、藤原定家を訪ねて入選を懇望している様子がうかがえる。経豪は、はじめ叡山で修行して法印となったが、叔父侍従入道教雅[80]が帰依していた道元門下となった。道元没後はその弟子詮慧に師事し、詮慧が開いた山城永興寺に移り、師とともに『正法眼蔵』の考究を行い、延慶元年（一三〇八）一二月、六年の歳月を費やして『正法眼蔵御聞書抄』（全三〇巻）を完成させたことが知られる[81]。同書は経豪が『正法眼蔵』を注解した内容に、詮慧の聞き書きを加えた最古の『正法眼蔵』注解書である。さらに翌年には、道元の禅戒の根本を明らかにした『梵網経略抄』も著わしている。一四世紀の初頭に生存が確認されるため[82]、彼は宣経晩年の子だと推察される。

経家の名は、『花山院家譜』のみにみえ、「山門法印」と傍注が付されているが、経豪についても『尊卑分脈』は同様に注記しており、草書体が類似する「経豪」を『家譜』が経家と誤記した可能性も考えられる。

以上、宣経の子息はいずれも幼少時に権門大寺院に入寺するが、やがてそこから離れ、新しい場を求めて宗教・文化活動に勤しんだ点が共通している。これを花山院家嫡流右大臣定雅の息法務前大僧正浄雅と比較すると、経歴の差は明白である。浄雅は大僧正まで昇進し、園城寺第六六世長吏となり、弱冠二一歳で阿闍梨位灌頂を受け、のちに両寺（延暦寺・園城寺）灌頂大阿闍梨にあてられ、護持僧にも就任したことが知られる[83]。

「第二の世俗[84]」というべき当該期権門寺院社会において、宣経の子どもたちのように、有力な後見人をもたない人々の多くは、権門寺院を離れて新興宗派の門弟になったり、文化活動を求めて自立していったと推測される。

経尊も兄弟と同様、幼少にして権門寺院の一つ醍醐寺に入寺したものの、稲荷山に幽棲して辞書の執筆に活路を開いた。彼の生没年は未詳であるが、『名語記』自序の「愚質稲荷山ノ幽栖ニシテ、老眠ツネニサメ、イタツラニ夜ヲノコセル暁コトニ、シツカニコノ事ヲ案スル」（五頁）という記述から、先学は辞書完成時（文永～建治年間）には、かなり老齢だったと考えてきた。しかしながら本章においては、一二〇三年生れの宣経が彼の父親だとすでに断定した。ここで、経尊の生年を改めて検討したい。

経尊の叔父忠頼はわずか一四歳で夭折したが、のちに僧都忠尊と呼ばれる子息が残されていた。一四歳にして子をなすことが可能だとして、仮に経尊が宣経同歳の時の子だとすると、一二一六年生となり、彼の生年は大略早くて一二一〇年代末から二〇年代初頭と考えられる。さらに前述の通り、安貞三年から文永三年（一二二九～六六）まで設置された同寺金剛王院の有職を勤めていた事実を考慮すると、三八年間で二口、六名の有職が確認されていることから、単純計算で在職期間は一人一二～三年となる。したがって同職三人目の経尊は、一二四〇年代頃に在職していたと考えられよう。さらに初代有職賢海は、貞永元年（一二三二）六月、醍醐寺座主に就任したため、それ以前に有職を離れた可能性が高く、経尊が同職に補任された推定時期もさらに早める必要がある。[85]したがって、生年は一二一〇年代末から二〇年代前半頃と考えるのが妥当であろう。それゆえ、辞書完成当時の年齢は、年嵩に見積もっても、五〇代と推察される。「老眠」と自称するには早すぎるようにも思うが、花山院家の子息たちが次々と夭亡するのを目の当たりにした経尊にとっては、その年齢で「老」を認識した可能性は十分に考えられる。[86]

関連して興味深いのは、花山院教雅や経豪が、道元（父源通親、母松殿基房女）門下となっている点である。すなわち花山院家と通親一族との政治的協力関係は、「家」秩序から排除されたはずの出家者同士の結びつきにも影響を与えていたのである。経尊の経歴や『名語記』成立の背景を考察するさいに、生家花山院家の事情に十分留意しなければならない所以である。

第三節　経尊の周辺

(一)経尊と醍醐寺・稲荷社

(1)経尊と醍醐寺

経尊が醍醐寺で修行を積んでいたと考えられる、一二二〇年代末から四〇年代頃における同寺の状況を確認しておきたい。

醍醐寺座主職は、定海（一〇七四～一一四九）が就任して以降、代々三宝院流内において師資相承され、鎌倉初期、同院成賢の就任（建仁三〈一二〇三〉年）以降、良海―成賢還任―光宝―定範―聖海―道禅―憲深と、成賢門下による独占状態にあった。成賢は後鳥羽院や宣陽門院など権力者のための修法勤修や伝授を積極的に行い、三宝院流を醍醐寺の中核的法流に位置づけたと指摘されている[87]。その成賢門下と激しく対立したのが、金剛王院流であった。

貞永元年（一二三二）六月二五日、先例を覆して第三二代座主に、金剛王院流雅西方に属する賢海が就任し[88]、その後も続けて同流の実賢・勝尊[89]が補任された。この事態に三宝院流成賢門徒は激しく抗議して、賢海ら金剛王院流座主による寺内支配の不備や不満を再三にわたり朝廷に奏上した[90]。建長年間には、宣陽門院にあてたと考えられる「成賢門徒等中文[91]」が作成され、もとの通り三宝院流に座主を戻すよう主張して、抵抗姿勢を鮮明にしたのである。

このように、経尊が在住していた頃、醍醐寺座主や東寺長者を輩出する金剛王院流は、東密の中枢であったとみなし得るが、同時に座主職をめぐる三宝院流との抗争・混乱の渦中にもあった。

すでに指摘した通り、経尊の実家花山院家は、歴代の院に近侍し、源通親とその子孫をはじめとする院の近臣勢力と連携する政治的立場をとっていた。その通親派勢力の重要な政治拠点が宣陽門院庁だった実状を考慮すると、「故遍智院僧都（成賢）ハ以外ニ女院（宣陽門院）ニハ奉公之志有レ之キ」[92]と評されるように、宣陽門院を後ろ盾として、通親一族も多く入寺している三宝院と、金剛王院流との対立の激化は、経尊を困惑させたと推察する。彼が醍醐寺を去った真の理由は分からないが、三宝院流と金剛王院流間における寺内主導権闘争からの逃避という要素が、少なからず含まれていたと想像される。他の兄弟同様、強力な後見人がいない経尊は、さしたる昇進が見込めかったであろう点も、彼が隠棲を希求する要因の一つに数えられるだろう。

(2)経尊と稲荷社

経尊の自称、「稲荷法橋」から、彼が醍醐寺で法橋位まで昇進したのち、稲荷山で隠居したという経緯をうかがい知ることができるが、一体何ゆえに稲荷山を隠棲の地に選んだのだろうか[93]。

稲荷社と真言宗本山東寺との関わりは深く、平安末期には稲荷社が東寺の守護神に位置づけられていた。加えて醍醐寺修験者と稲荷社との関係も指摘されており[94]、真言僧である経尊が東寺や醍醐寺との縁で、稲荷山を隠棲の地に選んだとしても、なんの不思議もない。しかしながら、経尊が花山院家出身であるという点に着目すると、両者の関係には今少し検討を加えてみる必要がありそうである。

時代は下るが、近世の花山院家は、笙や書道を家業とする傍ら、さまざまな宗教活動を行っていた。例えば、元禄期から明治初期にいたるまで、同家は西国三十三度巡礼の支配に関与して、「西国巡礼草分縁起」「黒髪曼陀羅」「印鎰」「家紋入りの会符」「提灯」などを与え、また、修験道関連寺院の院主との「猶子成」を認めて寺格上昇に寄与する代わりに、献上品や献金を受け取ることが慣例化していたという[95]。かかる活動は、近世公家の多くが、家職に基づく家元制度を通じて経済基盤としていたことと通底するが、伝承や噂の世界とも無縁ではない。

江戸前期、寺島良安が編纂した百科辞典『和漢三才図会』に記された伝承によると、「狐に花山院家、能勢家の二派有り」と言い、稲荷社は日本の狐の総司であり、花山院と能勢の二家が狐を統御する家だとする。[96]また、近世京都のさまざまな逸話を記した『翁草』には、「花山院家来其由来は不レ知、諸国の狐代々彼家に陪従す。ゆえに昔より禁裏回禄度々有りと雖、此家焼くる事なし」[97]という記述がみられる。

本章で関心が寄せられるのは、一連の噂や宗教的権威の根底に、花山院家と狐信仰との関連が指摘されている点である。菊池武・池田淳両氏の研究によると、花山院家邸内にある稲荷は、火防せの神として広く知られるとともに、狐の禍にとりつかれた時には、花山院家の「符」によって払い落とす風習が、江戸時代には定着していたという。その早い事例として、『多聞院日記』の記述が紹介されている。すなわち天正二年（一五六四）、奈良の少太郎という病者に対し、加持祈禱が行われたが効果がなく、「稲荷并花山院狐ノ御符」を求めて親族が上京したという。[98]遅くとも天正年間頃には、「花山稲荷」とその御符の効果がかなり知れ渡っていたのである。

それでは、花山稲荷の由緒から、花山院家と稲荷との密接な関係が何に由来するのであるか検討したい。周知の通り、花山院は平安京左京一条四坊三町に位置する藤原良房（八〇四～七二）の邸宅であり、当初、東一条院と呼ばれていたが、たくさんの花が植えられていたために、別にかく称されるようになったという。その後、清和天皇皇子貞保親王、さらに太政大臣藤原忠平を経て、次男師輔とその子伊尹へ伝領され、また村上天皇女御安子（師輔女）、憲平親王（のちの冷泉天皇）、花山法皇の御所としても利用されたが、一一世紀初頭に全焼したため、康平六年（一〇六三）、内大臣藤原師実が再建、息子家忠に伝えて以来、その子孫（花山院家）が明治にいたるまで伝領した。

良房は東一条院の西隣りに東京一条邸（のちに小一条院）と呼ばれる邸宅も所有しており、小一条院の東南隅、すなわち東一条院との間には、宗像三神を祀る社が設けられていた。当時の記録に「太政大臣東京第社」[99]と記されるこの社の後身が、現在、京都御苑西南にある宗像神社といわれている。同社の社伝[100]によると、延暦一四年（七九五）、藤原冬嗣が皇居守護神として、宗像大神を小一条院の邸内に勧請したのが創始と伝え、時平（八七一～九〇九）の時、さらに伏見稲荷大神の分霊を勧請したのが花山稲荷の始まりといわれる。そして、家忠以降の花山院家嫡流代々は、邸宅とともにこれらの守護神（邸内祠）を相伝し、尊信してきたのである[101]。

以上の由緒によれば、花山稲荷は一〇世紀初頭には花山院屋敷内に存在していたことになるが、いずれも後世に書かれた社伝や由緒記を根拠としているため、確かな史実であるかどうか改めて確認する必要がある。

そこで着目したいのが、次に掲げる『土右記』延久元年（一〇六九）五月一八日条の記事である。

相次前大弐師成卿来（中略）言談良久、其中云、小一条（内麻呂）□□大臣為二三位一之時、為二男正六位上冬嗣一、自当□□長手、被二買取一云々。冬嗣為二内舎人一之時、参内。到二東洞院近衛御門一之間、虚中有レ声云、暫留聞二吾言一。応レ声暫留。乃示云、指二小一条一云、買二取件地一可二居住一。福及二子孫一。我又住二此辺一為二汝護一。有レ声無レ形。随有二怖畏一。答云、如二只今一者無二買取之力一云々。其後□□両月又有レ声。所レ示如レ初。答又同。又若自身□□被レ申二厳父一也。於レ是彼大臣許諾。次問二此声一□乎。答云、我是住二大和国添上部（郡）一及二筑前一。以レ此相尋自知歟。又件家傍作二吾居所一、我必護二汝一家一。雖三我住二所々一、有下可レ教三化洛陽一之思上也云々。彼社北七・八許丈、有レ丘驚レ人。伝云、昭宣公（基経）下﨟時参二内之一。有二群重（童カ）一。捕二一狐一以二杖木一打レ之。於レ是留レ車乞三請彼狐一。乗レ車後、解レ綱摩レ毛。諸獣之中汝有レ霊者也。救二其命一了汝必□□□也。参内。入二待賢門一間、候従者令放幽閉□□□夢中亭父来云、種類繁多、頗無二漸力（術カ）一。尽□□□給一住不三殊止二火交（災カ）一。相公答云、不レ可レ給二別住所一。可レ為二宗像眷属一者。歓悦退帰。其後築二此丘一給レ之云々（□は虫損）[102]。

これは、小一条院を相伝した大納言藤原済時の孫前大弐藤原師成が、小一条院と東一条院（花山院）の由来について、源師房に語った内容である。大変興味深い話だが、特に注目したいのは、冬嗣に小一条の買取りを勧めた声の主が狐であり、狐は冬嗣がその地に住めば、「福及二子孫一」び、「我又住二此辺一為二汝護一」らんと約した。さらに後年、彼の孫基経は参内途中に、捕縛されている狐と遭遇した時、「諸獣之中汝有レ霊者」と言いその命を救い、さらに「可レ為二宗像眷属一」しと応じ、「丘」を築いて狐を祀ったという経緯である。遅くとも九世紀半ば基経の代までには、花山院邸内に狐を祀る社（稲荷社）が建立されたと考えられていた事実が知られる。

経尊の父宣経は、花山院嫡流忠経の養子として迎えられたのだから、経尊も幼少期を花山院邸で過ごしたと推測される。彼はそこで見聞した花山稲荷や狐の伝承に関心を持ち、生家、さらには醍醐寺や東寺とも結びつきの強い稲荷山に隠棲したとは考えられないだろうか。そう理解してこそ、前述の『名語記』に記された狐に関する独特の解釈は、稲荷信仰や真言密教等にみえる辰狐菩薩と、花山院家に伝わる狐の伝承とを融合させた、経尊独自の解釈としてうなずかれるのである。「狐ノ誓願ニヨル藤原氏ノ繁昌」とは、まさしく『土右記』記載の〝彼地に住まば、福子孫に及ぶ〟とする狐の言葉と一致している。経尊は、「件地」に住む花山院家の繁栄を願いつつ、『名語記』を執筆したのであろう。

(二)花山院家・経尊と鎌倉

(1)花山院家と鎌倉

『名語記』に東国の方言や文法が記されているという先学の指摘は、経尊と東国関係者との交流を示唆する。はじめに生家花山院家と鎌倉との関係について検討を加え、続いて、『名語記』が金沢文庫にもたらされた経緯に言及したい。

Ⓐ一条家

北家頼宗流一条家は、鳥羽院政期、通基室が上西門院乳母だという縁で、その子供たちは同院や同母弟後白河院の引級により台頭した。さらに、能保は源頼朝の同母妹を妻としたことから、その後援を得て、官位は従二位権中納言に昇り、北条時政に続いて京都守護を務めるなど、関東の対朝廷交渉においても重要な役割を果たしたことが知られている。

能保は九条良経や西園寺公経ら親幕公卿を婿に迎える一方、源通親ら院の近臣勢力とも姻戚関係を結んで、勢力の伸張を図り、建久初年には、頼朝の大姫入問題にも関与し、同七年（一一九六）の九条家排斥においては、源通親に協力的な立場をとったことが明らかにされている。[103]

建久末年頃に成立した花山院兼雅の嫡子忠経と能保の女保子との婚姻は、当該期における両家の政治的動向に鑑みれば、親通親派勢力の連携と位置づけることができよう。二人の間には、忠頼・忠輔・定雅が誕生した。早世した前二者に代わって定雅が嫡流を継いだ。その嫡子通雅は、保子姉妹と源通方（通親子）との間に生まれた女、後嵯峨院高倉局を妻に迎え、家教を儲けている。

能保・高能父子は公武交渉の連絡役として鎌倉での滞在経験を有するが、彼らが建久八・九年（一一九七・八）に相次いで亡くなると、その子息や兄弟がその役目を引き継いだ。承久元年（一二一九）正月、源実朝の右大臣拝賀では、信能・実雅・能氏・能継・頼氏らが参列している。ところで、一条能氏は、『吾妻鏡』に「花山院侍従」「花山院少将」と表記されている点が注目される。[104]彼は何ゆえ、花山院を名乗ったのだろうか。能氏の父高能は建久九年、二三歳の若さで急逝した。[105]母方の祖父糟屋有季は頼朝側近の有力御家人の一人で、二代将軍頼家の舅比企能員の婿であったが、比企氏の勢力拡大を恐れた北条氏が、建仁三年（一二〇三）九月、同氏を攻撃したさい、有季は比企氏一族とともに自害した。幼少にして後見人を失った能氏は、叔母保子の夫忠経に扶持されていた可能性があり、そのために花山院を名乗ったと考えられる。

一条家と花山院家、そして鎌倉とを結ぶ関係をさらに追究すると、頼朝の母方従兄弟で「女房三条（位）局」

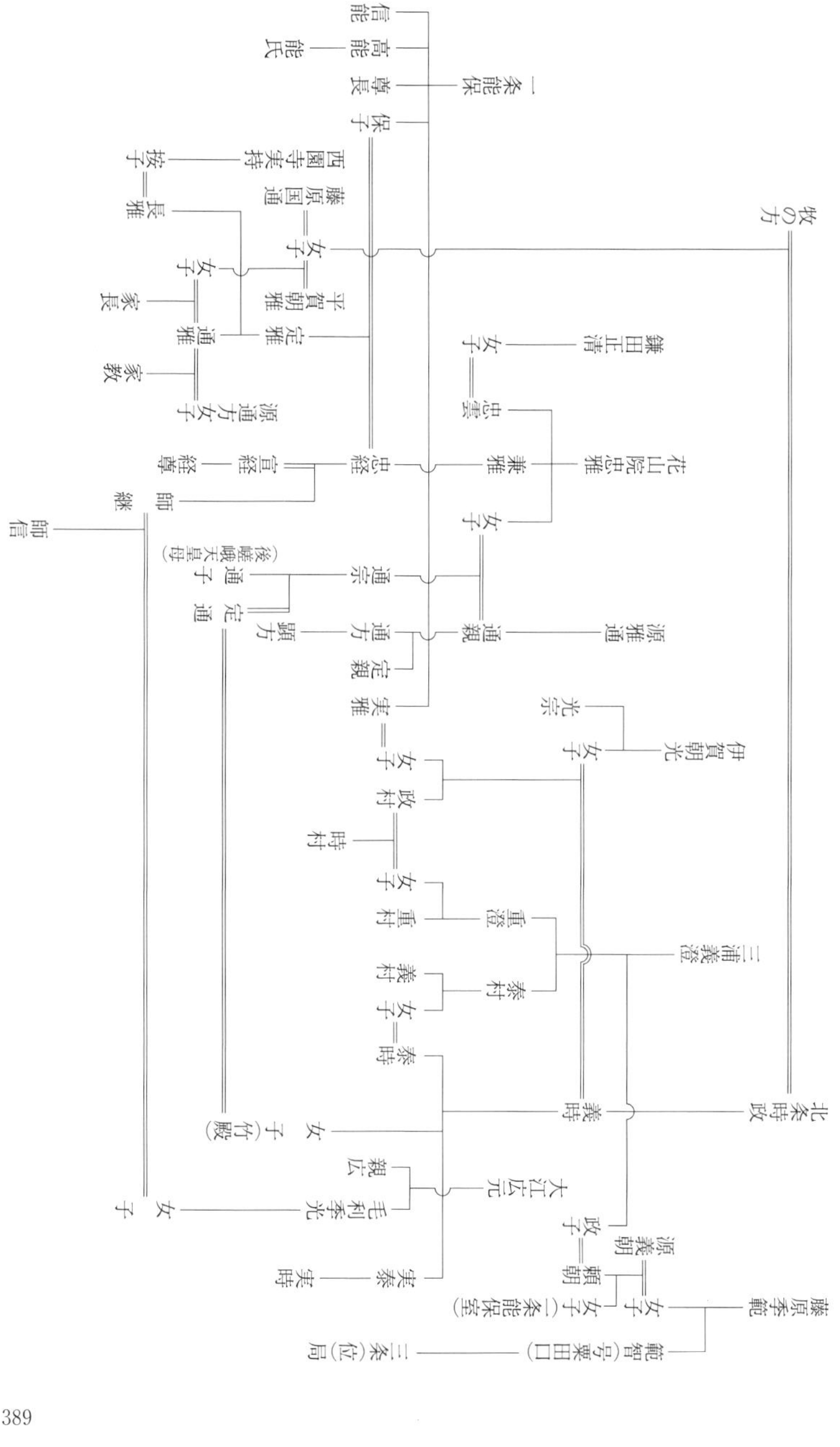

一条能保
信能
高能
能氏
尊長
保子
西園寺実持
掄子
藤原国通
長雅
女子
平賀朝雅
女子
家長
定雅
通雅
家教
源通方女子
牧の方
鎌田正清
女子
忠雲
花山院忠雅
兼雅
忠経
宣経
経尊
師継
師信
女子
通宗
通子（後嵯峨天皇母）
定通
源雅通
通親
通方
顕方
定親
実雅
伊賀朝光
光宗
女子
女子
政村
時村
女子
重村
重澄
三浦義澄
泰村
義村
女子
泰時
北条時政
義時
女
子（竹殿）
大江広元
親広
毛利季光
女
子
政子
源義朝
頼朝
実泰
実時
藤原季範
女子
女子（一条能保室）
範智（号粟田口）
三条（位）局

〔花山院家と鎌倉〕

と呼ばれる女性にも関心が寄せられる。『吾妻鏡』によると、彼女は鎌倉にあって頼朝に仕え、北条義時後妻（伊賀朝光女）とも親しい関係にあった。建保六年（一二一八）五月、彼女は花山院家の粟田口山荘の御堂近くで、堂供養を行っているが、その模様は、「女房三条局督典侍女自二京都一帰参。是亡父越後法橋範智之粟田口遺跡造二一堂一。依二此事一上洛。彼堂去月八日遂二供養一。先レ是三ケ日内、尊長法印俄築二々垣一。花山院右府被レ送二被物十重一。布施取公卿前中納言範朝、宰相中将経通、刑部卿宗長、三位兼季云々」[106]と記されている。これにより、局の父範智、すなわち熱田大宮司季範男が粟田口に居所ないし所領を有していた事実が窺知され、死後、娘が堂を建立して供養した経緯が分かる。さらに興味深いのは、花山院忠経が布施を贈っていることであり、そして参列者に、忠経従兄弟兼季をはじめ、一条家の尊長・範智と同じ貞嗣流で卿二位兼子の甥範朝、さらには頼家の蹴鞠師難波宗長ら鎌倉と関係の深い人々の姿がみえる点である。

「粟田口亭」（粟田口山荘）は忠雅が営んだ山荘であり、保元元年（一一五六）二月には、阿弥陀堂を安置する一間四面御堂が付設された。「山頂普賢」とも記されていることから[107]、その所在は、華頂山辺りと考えられる。京都と尾張国をしばしば往反した熱田大宮司家が、この地に居所を構えている点からも明らかなように、粟田口は東海・東山道から京の三条通へ通じる京への玄関口であった。花山院家の人々にとって、この地は東国の情報を得る上でも重要な場所であったと推察される。

Ⓑ花山院長雅

仁治三年（一二四二）、四条天皇の急逝を受けて、幕府はかつて承久の乱で倒幕計画に与らなかった土御門院の皇子邦仁（のちに後嵯峨天皇）を擁立したが、その際、北条義時の女竹殿を妻とする源定通（通親四男）が、甥に当たる同天皇の擁立を幕府に働きかけたのは著名な事実である。定通は兄である通宗の養子となっていたため、天皇の母后通子とは姉弟の関係にあり、さらに、通宗の母が花山院兼雅の妹という縁もあり、後嵯峨朝や同院政下で、花山院家の人々も多いに活躍の機会を得た。花山院長雅は、後嵯峨院殿上人となったが、院の皇子宗尊親王が鎌倉将軍に就任すると、定通の養子顕方（通方息）とともに、親王将軍に供奉して鎌倉へ下向、長期間在住の間に有力御家人らに交じって諸行事に参仕した。[108]

Ⓒ花山院家と鎌倉御家人との婚姻

花山院忠経の末子師継は、大江広元の息毛利季光の女を妻とした。季光は評定衆を勤める有力御家人の一人だが、妻が三浦泰村女という縁から、宝治合戦で泰村方に与し、頼朝墓前において子息らとともに自害した。[109]また、花山院嫡流通雅の妻藤原国通女は、実は、北条時政後妻牧の方所生の女と平賀朝雅の間に誕生したが、母の再嫁により藤原国通の女となった。[110]したがって、経尊存命期の花山院家には、少なくとも二人、御家人の女があったことになる。

同家と東国出身の武士との婚姻は、一二世紀半ばまでさかのぼると考えられる。それは、鎌田正清（一一二三～六〇）の女が「花山院法印室」であった事実から知られよう。[111]

「花山院法印」とは、彼女と同世代で法印まで昇ったことが確認できる「山門十楽院法印」忠雲（忠雅男、兼雅同母弟）を指すと推察される。彼は、延暦寺円仙僧都の弟子で、最勝講の聴衆や天台二会講師を勤め、治承二年（一一七八）正月には宝幢院検校に補任されたが、文治元年（一一八五）一二月一五日に死去している。[112]一方、鎌田氏は祖父助道以来、河内源氏の郎従で、正清は乳母子として源義朝に仕えた。義朝は、摂関家との主従関係を強化した父為義らと立場を異にし、東国における王家領の立荘に関与することで鳥羽院や美福門院に接近、さらに熱田大宮司藤原季範の女との婚姻によって、待賢門院やその子後白河天皇にも近づき、保元の乱では、天皇方として活躍した。かかる義朝の政治動向の中で、鎌田氏と花山院家との婚姻が成立したと推察される。花山院家と東国出身の武士との接近が早い段階でなされていた事実は、内乱期における忠雅・兼雅の動向を考察する上で注目したい。

Ⓓ鎌倉在住の東密僧

経尊と東国関係者の交流を考える上で、生家との関係以外に、もう一つ重要なルートとして想定されるのは、関東下向・在住の顕密僧侶との関連である。平雅行氏の研究で明らかにされている通り、京都を中心とする権門寺院と鎌倉との交流は盛んで、鎌倉初期から畿内顕密僧が数多く下向して、幕府の仏事を修したり、幕府御願寺の別当などに補任されている。(113)

経尊が醍醐寺に在住していたと考えられる嘉禎二年（一二三六）、同寺座主に就任した実賢は、暦仁元年（一二三八）、上洛中の頼経のために六波羅邸において五壇法を修し、仁治三年（一二四二）五月には、鎌倉に下向して、大門寺灌頂堂で加賀法印定清に灌頂を授けている。さらに、彼に帰依した者の中には、有力御家人安達景盛（大蓮房覚智）もいた。

また、経尊の親族にあたる親慶（中山忠親息）は、「鎌倉堂（勝長寿院）別当」に補任され、その弟従三位兼季が、兄を頼って関東に三年間在住していた事実も知られる。(114)さらに、源通親息の僧正定親は、鎌倉で数々の顕密修法を修め、寛喜元年（一二二九）には師定豪から鶴岡別当職を譲られ、以来一九年にわたりその座にあって幕府仏教を領導した。(115)

以上、概観した花山院家と鎌倉とのさまざまな交流は、経尊が生家との関わりのなかで東国の情報を得ていたであろうとの推察を確実にする。『名語記』に記された「下﨟」の人々の東国方言は、前述した鎌倉関係者に随行したであろう多くの従者と経尊との接触を明証するものに他ならない。

(2) 経尊と金沢文庫

金沢実時の跋文によると、経尊が直接実時のもとに『名語記』を持参したのではなく、「称レ有ニ所縁一奥州家人」、すなわち「宮内左衛門」なる人物に言付けて届けさせた経過が知られる。建治元年（一二七五）に「奥州」と呼ばれるのは、当時陸奥守だった北条時村と推察される。時村と実時とは従兄弟同士であり、時村家人が金沢文庫にいる実時のもとを訪ねるのは不自然ではない。

時村の父政村は、北条義時と後妻伊賀朝光女との間に誕生した。彼女が義時を毒殺したのではないかという噂は、当時から囁かれており、義時の死後、政所執事の兄光宗と謀って、実子政村を執権に、娘婿一条実雅を将軍に擁立せんとしたが、これに誘われた政村の烏帽子親三浦泰村が、北条政子の説得に応じて踏みとどまったために謀議が露見して、伊賀氏と実雅が失脚した。

実雅は能保の息子で、花山院定雅の母方の叔父に当たる。それゆえ、経尊が時村家人と音信を通ずる要因の一つには、一条家との関係が考えられる。さらに、既述の通り、宗尊親王に随行して鎌倉に東下した花山院長雅もまた、将軍家への参仕において、北条政村・時村父子と同席することがたびたびにおよんでいる。彼を通して時村家人と交流を生ずる可能性もある。

そもそも時村家人「宮内左衛門」とは、一体どのような人物なのか。刊本によると直前に二文字ほどの虫損(116)があり、人物を確定するには慎重を要するが、仮に「宮内」を苗字と想定すると、宝治合戦で三浦方に馳せ参じて、三浦一門とともに自害した人物として交名に名のあがる、「宮内左衛門尉公重（景）」と「同太郎（公氏）」(117)が注目される。

宮内氏は将軍九条頼経期には、将軍御共結番や上洛供奉人の交名に、政村とともにその名がみえ(118)、さらに、政村室、時村の母が、三浦重澄女であった事実(119)も注意される。つまり、宮内氏一族は宝治合戦で三浦氏とともに壊滅したが、生き残った同族のなかに、三浦氏の外家政村・時村の家人として再出発を果たす者がいたと想定できなくはない。加えて同氏は、宝治合戦以前から京都の九条中将田に所領を有し(120)、在京中に経尊と接触する機会があったとも考えられる。

経尊が『名語記』改訂版を実時に贈った建治元年（一二七五）六月は、実時が武蔵国金沢の別業に隠居して、内外書籍の集積に一層励もうとした、まさにその時期に当たる。かかる事情に詳しく、しかも経尊に伝達可能な人物として、時村家人宮内氏が仮定されよう。

(三)経尊と花山院家

(1)鎌倉中期の花山院家――定雅から家教へ――

経尊が『名語記』の執筆に取りかかっていた頃、花山院家は「磨滅」の危機から脱し、定雅・師継兄弟とその子供たちが活躍する時代になっていた。文暦元年（一二三四）、定雅が参議に補任され、忠経が右大臣を辞任して以来、実に四半世紀ぶりに同家嫡流の公卿が出現した。ところが、定雅は三七歳の若さで右大臣を辞任、二年後の康元元年（一二五六）には、出家して政界から引退した。出家の背景には、彼の後任として右大臣に補任された西園寺公相による圧迫があったのではと考えられている。[121]

実は建長五年（一二五三）三月にも、定雅が兼任していた左大将を辞任した直後に、公相が同職に任じられている。『五代帝王物語』によると、以前から定雅は、公相による超越を恐れ出家を考えていたという。しかし、「家も文書も焼き払い、出家すべき由」を申し立てたために、超越が回避されて、一旦は思いとどまった。康元元年（一二五六）の出家は、度重なる超越の危機と辞任の圧力に耐えかねた定雅が、遂に実行に移したというのが真相であろう。花山院家当主の出家は、〝家摩滅〟の危機から立ち直ったばかりの時期だっただけに世間を驚かし、『正元二年院落書』では、「花山ニ出家ノ後悔アリ」と揶揄された。しかし、彼に対する諸院の信任は厚く、その後も定雅の居所栗田口山荘に後嵯峨院や亀山院がたびたび御幸している。

定雅が出家した時、嫡子通雅は二五歳。叔父師継が彼を補佐した。師継は、「朝家重臣、才可レ有レ識仁」「器量又勝ニ時輩一」と賞賛され、天皇や院に『群書治要』を進講したり、後嵯峨院評定において活躍するなど、和漢の才に富み、有職故実に通暁した有能官僚として知られる。(122)

幼少にして父忠経を失った定雅・師継兄弟は、政務や公事の相談や、家記・相伝文書等の貸借を通じて、互いに故実の研鑽を積んだのだと諒解される。師継が編んだ儀式書『蟬冕翼抄』や『妙槐記除目部類』には、(123)花山院家記や一族中山忠親の『中山抄』などの家記はもとより、村上源氏の花園説、『松殿問答』など姻戚関係に基づいて入手したと推量されるものの他にも、父祖の忠雅・兼雅らが収集したと思われる他家の故実が記されている。これら多様な故実を取り入れながら、花山院家の説が作りあげられていったのである。

そうした過程で興味深いのは、後白河院が摂関家の宇治宝蔵に対抗して、文化・芸術の粋を集めたといわれる蓮華王院宝蔵において、「本朝の書籍および家記は悉皆集めらるべし」(124)との方針のもとに蒐集された書の一つ、「土御門右府(師房)初度執筆　大間成柄」の正本を、兼雅が後白河院に申請して書写したという事実である。院中執事という立場にあった彼は、後白河院の宝蔵にまで食指を伸ばして、故実の蒐集に努めていた様子がうかがえる。さらに注目すべきは、師房の子孫、左大弁源具房が初度の除目執筆を努めるさいに、前右府定雅にその写本の借覧を願っている点である。(125)具房の父通忠は夭折したが、祖父通光は通親の嫡子であり、もし同家に当該書写本が伝わっていたならば、花山院家から借りる必要はないはずである。したがって、同書は村上源氏の諸家でも喪失してしまった貴重書だった可能性が高く、花山院家の故実書蒐集に対する熱意が伝わってくる。

通雅は文永一〇年（一二七三）に亀山院の後院別当となり、同院近臣として従一位太政大臣にまで進み、建治二年（一二七六）、四四歳で亡くなった。ところが嫡子家長はこれより先に二一歳の若さで急死しており、従三位に昇進したばかりの弟家教が残された。

後年、師継の孫師賢が記した『蟬冕翼抄』奥書には、「此御抄為レ教ニ故宰相中将定長并故入道右大将家教等卿一令ニ書出一給也」とあり、同書が家教と定長（長雅男）のために、師継によって著わされた儀式書だと分かる。細谷勘資氏によると、『蟬冕翼抄』成立時期は、家教・定長二人がおのおの春除目・秋除目の執筆を初めて勤めた建治三年を下限とする二～三年の間という。(126) 父と兄を早々に失った家嫡家教に対する師継の心中が察せられる。

さて弘安八年（一二八五）、故西園寺実氏室で、後深草・亀山両院の母后大宮院と東二条院の母、従一位藤原貞子の九十参賀が催された。両院・女院、さらに後宇多天皇と春宮（のちの伏見天皇）が臨席する盛大な儀式であったが、当日の模様を詳しく伝える中御門宗冬の日記によると、御賀奉行を務めたのは大宮院院司花山院家教であり、儀式次第も彼が作進したことが分かる。(127) この時二五歳の家教は、若くして故事の素養を身につけ、師継の期待に応えたのである。

総じて、鎌倉前・中期における花山院家は、相次ぐ嫡子の早世により、家の存亡に関わる危機にたびたび遭遇したが、一族相互の扶助によって故実相伝と政治的地歩の継承を確実に行った結果、ようやくその危機を乗り越えることに成功したといえる。

(2) 経尊と花山院家――経尊と長親――

『名語記』自序には、経尊が同書を著わした動機が、以下のように綴られている。「名トイヒ、コトハトイヒ、トモニカヘシニヨリテ義ヲ成セリケリト、推シヨセタリ。シカルアヒタ、末代ノ幼童ラカ迷闇ヲヒラカシメムタメニ、イマコノ集ヲ録シテ、名語記トナツケムトコ、ロサストコロ也」（五頁）とあり、子弟の教育を目的としたことが知られる。文永五年（一二六八）当時、花山院家には通雅と長雅にそれぞれ幼子、家長（一六歳）、家教（八歳）、定長（一〇歳）がいた。師継は彼らのために儀式書を編纂したが、幼少にして僧籍に入った経尊は、語源辞書を編むことで子弟の教育に貢献したいと考えたのであろう。

経尊と生家花山院家との交流を明示する史料は残されていないが、これまでの検討により、『名語記』の執筆動機や情報源が、花山院家の周辺にあったのは間違いなかろう。しかし、先祖の家記や儀式書が子孫の日記などに引勘されるのと異なり、基礎的な教養書というべき『名語記』のような書物が、子孫にどう利用され、如何なる影響をおよぼしたのかを解明するのは極めて困難である。ここではただ、『名語記』と花山院家との関係において実に興味深い事実を一つだけとりあげておきたい。

前述の通り、『名語記』の主要な語源解説法は反切法である。(128) それは悉曇学を究めた天台僧明覚（一〇五六～?）が考案した方法で、明覚の著書『反音作用』に集成されている。経尊もこの仮名反しを多用している。(129) 仮名反しで想起されるのは、耕雲明魏の『倭片仮名反切義解』（以下『義解』）である。同書は、仮名反切、片仮名・平仮名の字源を説いた書で、「到㆓於天平勝宝年中（七四九～五七）㆒、右丞相吉備真備」が漢字の偏旁点画を省いて「片仮字」四五字を作り、「弘仁天長年中（八一〇～三四）、弘法大師釈空海」が「四十七字伊呂波」(130)を作ったと述べる。仮名字源の体系的解説としては、最古の文献だとされるが、(131) 太田晶二郎氏は、これと類似する内容が、『名語記』第一巻に記載されていた可能性が高いことを指摘され、両書の関連性を示唆している。(132)

実は、奥書に「花山耕雲散人明魏」なる号を記す『義解』の著者は、花山院師継の曾々孫長親である。本章はすでに経尊が花山院家出身であることを明らかにしたので、両書は内容や手法上の類似性のみならず、系譜的な繋がりも確定的となった。この点を踏まえて、両書の相関関係を具体的に検討するとともに、音韻学や国語学史における花山院家の位置づけを探求することが、今後の課題となるであろう。

花山院長親は、数奇な生涯を送った。彼の祖父師賢は大覚寺統の廷臣で、父家賢が南朝に仕えたため、長親は正平のはじめ頃、吉野で誕生したと考えられている。父祖や宗良親王から和歌を学び、『新葉和歌集』の撰者を務め、歌学書『耕雲口伝』を著わすなど、歌道に優れた人であった。また、悉曇学をはじめ和漢の才に秀で、文学博士も勤めた。

後村上・長慶・後亀山朝に仕え、元中二年（一三八五）、従一位右大臣まで昇ったが、南北朝が合一した明徳三年（一三九二）頃までには、出家して禅宗法燈派に帰依、子晋明魏、耕雲と称し、花山院家と縁のある京北の妙光寺や東山如住寺に隠棲した。また、応永年間（一三九四〜一四二八）には、「此十とせあまり、白川の東華頂山の奥に幻質をかくし」たと言い、みずからを「東山の雲に耕す老父」と称していることから、先祖が残した粟田口山荘付近に閑居したのであろう。さらに、歌学や学芸の才が認められて室町幕府将軍足利義満にも厚遇され、永亨元年（一四二九）七月、八〇余歳の天寿を全うした。(133)

長親の他に、同家において『名語記』の影響を指摘できる人物は今のところ見い出せないが、彼が音韻学の自説を『義解』として残し得たのは、花山院家の人としては、珍しく長命を保てたという偶然によるところが大きいと推察される。『義解』のような明徴を後世に遺さずとも、経尊の言葉や音義への関心が、花山院家の人々に受け継がれた可能性は否定できない。

おわりに

以上、本章では『名語記』の著者経尊が、花山院家出身（宣経息）の東密醍醐寺金剛王院流に属する僧だという事実を明らかにするともに、彼が出家し、稲荷山に隠棲せねばならなかった事情、さらには『名語記』の成立背景、情報源、思想的背景などにも言及した。これによって、日本最古の語源辞書たる同書の史料的価値がより確かなものとなり大方に認められれば幸いである。

叙上、紙幅を費やしてきた内容は、経尊の顕彰にとどまらない。宣経の子どのたちは、中世貴族社会における

「家」から排除された存在でありながら、経尊自身が生家の周辺を主要な情報源として、家の繁栄を願いつつ、花山院家の幼き人々に対する啓蒙書として語源辞書を作成したり、経豪が花山院家と政治的協調関係にある源通親の息道元に師事して、『正法眼蔵』の最古の注釈書を作成した。「家」秩序からの逸脱者といえる彼らでさえも、実はその行動の大部分が「家」と不可分に結びついている実態や、偉大な文化的業績を残しているという事実に注意が向けられるべきであろう。こうした人々に対する調査と評価は、中世貴族社会の構造を解明する上で、今後重要な課題の一つになるのではないかと思う。

また本章では、平安末から鎌倉期における花山院家の政治的動向や家継承のあり方を中心に検討を加え、内乱期貴族社会における同家の位置づけについて考察した。全体を要約、再述することはしないが、最後に一つだけ建久元年（一一九〇）の源頼朝上洛を含む兼雅の時代こそが、花山院家の政治的基盤を形成する上で、最も重要な時期だったことを改めて強調し、花山院家の人々もそう認識していた事実を示す史料を掲げておきたい。

兼雅の時代から下ること約二五〇年、文安四年（一四四七）に書かれた、中原康富の日記によると、花山院家には「御家之重宝」として「不レ被レ出二他所一、不レ被レ許二外見一」[134]書物が伝えられていた。当時「三十巻許」あったという同書は、「兼雅公御抄草子鏡」と呼ばれている。今は伝存しないため、内容は未詳だが、題名から察するに、仮名書きの歴史書のようなものではないかと思われる。激動の時代を生き抜いた兼雅が、同家の政治的位置を決定づけた文治・建久年間をはじめとする一二世紀後半の政変の模様を、みずからの視点で書き綴ったものであろう。つくづく散逸が惜しまれる。

本章は、花山院家の実態解明と『名語記』に関する書誌学的検討とを並行したことで、論旨を拡散させてしまった憾みが残る。論じ尽くされなかった問題も多いが、今後の課題として認識しておきたい。

（1）『塵袋』に関しては、大西晴隆・木村紀子校注『東洋文庫725 塵袋二』（平凡社、二〇〇四年）の「解説」を参照。

（2）『名語記』に関する代表的な研究は、以下の通り。関靖「身延山に於ける新しき金沢文庫本の発見に就て」（関靖・熊原政男『日本書誌学大系一九 金沢文庫之研究』、青裳堂書店、一九八一年、初出は一九三五年）、岡田希雄「鎌倉期の語源辞書名語記十帖に就いて 上・中・下」（田山方南校閲・北野克写『名語記』、勉誠社、一九八三年、初出は一九三五年）、山田忠雄「余説『名語記の場合』」（『近代国語辞書の歩み――その模倣と創意と――下』、三省堂、一九八一年）、田山方南校閲・北野克写『名語記』（勉誠社、一九八三年）、北野克「鎌倉時代語寸感」・「語源辞書『名語記』のこと」（『墨林閑歩』、研文社、一九九二年、初出は一九六六・七三年）、太田晶二郎①「まだ現れぬ名語記巻第一」、同②「名語記を国史学者に紹介する」（『太田晶二郎著作集 第二冊』、吉川弘文館、一九九一年、初出は一九八三・八四年）、中山緑朗「『名語記』の文法意識」（『立教大学日本文学』五四、一九八五年）、築島裕『中公新書810 歴史的仮名遣い――その成立と特徴――』（中央公論社、一九八六年）、漆崎正人「北野克書写本『名語記』における標目配列をめぐって」（『国語国文研究』九〇、一九九二年）、工藤力男①「名語記私解」（『岐阜大学国語国文学』二一、一九九三年）、同②「如泥――名語記私解・続――」（『成城国文学論集』二三、一九九五年）、小林芳規「名語記の口頭語について」（『鎌倉時代語研究』一七、武蔵野書院、一九九四年）。桜井茂治『日本語の音・考――歴史とその周辺――』（おうふう、二〇〇〇年）などがある。

（3）関氏注（2）所引論文、岡田氏注（2）所引論文。

（4）太田氏注（2）①所引論文一〇三頁。

（5）反切とは、中国で字音を示すために用いられた方法の一つで、日本では「反（かえし）・反音」とも言い、漢字の字音を表すのに、他の漢字二字をもって示す。例えば「東」＝トウは「徳紅切」（「トク」と「コウ」）と表現される。この方法が、次第に国語にも応用され、例えば、「キ」は「カイ」の反（「･ka」と「･i」）とするような、仮名自身の反切を考えたものを仮名反しという。

（6）関・熊原氏注（2）所引書第一部「続金沢文庫の研究身延山に於ける新しき金沢文庫本の発見に就て」。

（7）田山・北野氏注（2）所引書。

（8）刊本刊行の経緯については、田山・北野氏注（2）所引書の「序」「あとがき」を参照。また、山田忠雄氏によって一部校訂が発表された（山田氏注2所引書）。

(9) 金田一春彦『国語アクセントの史的研究　原理と方法』（塙書房、一九七四年）、桜井氏注(2)所引論文などを参照。

(10) 工藤氏注(2)②所引論文。

(11) 延慶本『平家物語』第六本「大神宮等へ奉幣使被レ立事」。

(12) 『類従雑要抄』巻第四。

(13) 例えば、『塵袋』における大嘗会の記述は、おおむね『日本紀』を典拠としている。情報収集の方法や語彙解説の典拠という点においても、『名語記』と『塵袋』との相違は大きい。

(14) 狐に関しては、吉野裕子『ものと人間の文化史39　狐』（法政大学出版局、一九八〇年）、中村禎里『狐の日本史　古代・中世篇』『同　近世・近代篇』（日本エディタースクール出版、二〇〇一・〇三年）を、稲荷明神・辰狐に関しては、村山修一編『修験・陰陽道と寺社史料』（法藏館、一九九七年）、山本ひろ子「辰狐のイコノグラフィー」（『変成譜――中世神仏習合の世界――』、春秋社、一九九三年）を参照。

(15) 『渓嵐拾葉集』巻第六。

(16) 狐に関わる伝承や中世即位法に関する研究として、伊藤正義「慈童説話考」（『国語国文』四九―一一、一九八〇年）、阿部泰郎「『入鹿』の成立」（『芸能史研究』六九、一九八二年）、美濃部重克「『源平盛衰記』の解釈原理（一）」（『伝承文学研究』二九、一九八三年）、同「『玉藻前』考」（『伝承文学の視界』、三弥井書店、一九八四年）、堀誠「狐変妲己考」（『早稲田大学教育学部学術研究国語・国文学編』三九、一九九〇年）などを参照した。

(17) 『名語記』巻第二の自序は、以下の通りである。

一字名語、イロハノ四十七言コレヲツクセリ。右コノ書ノ大キナルオモムキハ釈尊ノ遺教ニヲイテ宗々マチ〳〵ナレトモ顕教ハ法門ノ奥義ヲノミ談シテ文字ノ沙汰ニト、コホラス。大日如来ノ真言教ニツキテ悉曇ノ一道アリ。ヨク梵字ノ名義ヲ流通シテ反音ノ肝心ヲシラシメタリ。大国ノ先徳カノ道ニ達シテ顕密ノ聖教ヲ漢字ニ翻訳セリ。日本ノ祖師タチモ入唐ノトキ直ニ正説ヲウケナラハレテ根性ヲノ〳〵明敏ナリシカハ禽獣ノ音ヲキ、テモカレラカ所存ヲ察シ、風波ノヒ、キニツケテモ宮徴ノミナモトヲサトラレケリ。サレトモウラムラクハ三国融通セルヤマトコトハノ尺マテヲハツクリヲカレヌ。孔子老子ノ典籍ニヨセテハ上代ノ碩哲古今ノ名儒ヲノ〳〵文筆ニタクミニシテ平他ニツケテヨク韻声ヲサタメタル書籍ヲツクリ、一字ニヲイテイクツノヨミアリトイフ口伝ヲハヨニツタエシラシメタレトモ、ソレモマサシクモノ、名コトニソノユヘヲトキアラハシ、コトハコトニソノオコリヲワキマヘノヘタルアトハキコエス。コノユヘニ人ミナ不審ヲフクミ、世サナカラ蒙霧ヲ散セサルモノ也。コヽニ愚質稲荷山ノ幽栖ニシテ、老眠ツネニサメ、イタツラニ夜ヲノコセル暁コトニ、シツカニコノ事ヲ案スルニ、名トイヒ、コトハトイヒ、トモニカヘシニヨリテ義ヲ成セリケリト、推シヨセタリ。シカルアヒタ、末代ノ幼童ラカ迷闇ヲヒラカシメムタメニ、イマコノ集ヲ録シテ、名語記トナツケムトコヽロサストコロ也。タヽシ、オモムキミナ理ニソムケリトテ、ソシリステム人ヲハウラムヘカラス。実ニモイニシヘヨリ、イマタナキコトヲハシメテツラネヲケル今案ノトカノカレカタキユヘニ、ヲノツカラマタムカシニモカツテキカサリツルヲシヘナリトテ、ユルシ、感スル仁ニアヘラハマユヲヒラクヘシ。アヤマリヲナタムルヒロキナサケヲモクスヘキユヘニヨリテ、オモヒウルニシタカヒテ両字カツ〳〵モテ類聚ス。三四五言コレニ准シテ、ヨロシクシリヌヘシ。トキニ文永五年戊辰　月　日一部六巻勘注功ヲヲフ。イフコトシカナリ。（句読点は筆者が加筆、以下同じ）

(18) 岡田氏注(2)所引論文。

(19) 太田氏注(2)①所引論文。

(20) 『尊卑分脈』第二篇「高藤公孫」七六頁。また、仁治元年一二月三〇日の僧事において、「前大僧正良導御祈禱賞譲」で権大僧都に補任された（『平戸記』同日条）。『吉続記』文永四年一二月二二日条。

(21) 築島裕「醍醐寺蔵本『伝法灌頂師資相承血脈』」（『醍醐寺文化研究所　研究紀要』一、一九七八年）。

(22) 築島氏注(2)所引書二七～九頁。

(23) 注(21)所引論文の『伝法灌頂師資相承血脈』（以下、『血脈』）によると、賢海・実西は雅西が付法した弟子、一二名中に名がみえ、賢淳は賢海の弟子、浄範（実雅）は実西の弟子と判明する。なお、実清は『血脈』からは確認できない。

(24) 『続伝灯広録』巻第七「醍醐山上照阿院開祖雅西伝」（『続真言宗全書』二一八）。

(25) 同右。ただし『血脈』によると付法弟子は三七名。

(26) 注(24)所引書巻第七「醍醐山上照阿院開祖雅西伝」。
(27) 『公卿補任』安貞元年条。
(28) 経尊の仮名であるが、「按察」を名乗った理由を検討しておきたい。彼が醍醐寺に在住していたと考えられる一二二〇〜四〇年代において、按察使に就任した人物の中に、経尊一族の中山兼宗（忠親嫡子）がみえる点に注目したい。その在任時（寛喜元年正月〜嘉禎元年一〇月＝一二二九〜三五）は、花山院家の低迷期であった（第二節）。当時、正二位前大納言の兼宗は一族で最高官位にあった。しかも、兼宗は「幼稚之時」より花山院兼雅の猶子になっていたことが知られる（『仙洞御移徙部類記』所収『山槐記』文治四年一二月一九日条）。経尊の父宣経は天福元年（一二三三）に参議を停任になったため、兼宗が経尊の後見をした可能性が高い。それ故に、彼が「按察」を仮名としたのではないかと推察する。以上によって、仮名の点からも経尊が花山院家出身である事実が合理的に説明できる。
(29) 『花山院家譜』（東京大学史料編纂所所蔵、請求番号四一七五—一九〇、三六九）。
(30) 忠経＝五七歳、忠頼＝一四歳、経雅＝一〇代ヵ、定雅＝七七歳、通雅＝四四歳、家長＝二二歳、家教＝三七歳（以上、『公卿補任』、『明月記』の各々該当箇所を参考）。
(31) 『兵範記』保元元年七月一一日条。
(32) 当該期の政治情勢に関しては、元木泰雄『院政期政治史研究』（思文閣出版、一九九六年）を参照。
(33) 『吉部秘訓抄』四、建久二年二月一九日条。
(34) 後白河親政・院政期の在宅諮問や公卿議定の開催状況、および忠雅の参加率は、下郡剛『後白河院政の研究』（吉川弘文館、一九九九年）所収の「後白河院政期　在宅諮問一覧」（五六〜六一頁）と「後白河親・院政期　公卿議定一覧」（九四〜九九頁）を参考にして算出した。
(35) 忠親の公卿議定参加率は五五％、在宅諮問は五六％である。
(36) 『玉葉』建久二年三月二八日条。
(37) 細谷勘資「『蟬冕翼抄』と花山院師継の儀式観——花山院家における口伝・教命——」（『中世宮廷儀式書成立史の研究』、勉誠社、二〇〇七年、初出は一九九三年）。

(38)『玉葉』仁安三年正月一六日条。
(39)『山槐記』治承三年一一月二八日、一二月五日条、『本朝世紀』治承三年一一月一五〜二八日条。また、細谷勘資「松殿基房の著書と『前関白家文書』」(注37所引書『中世宮廷儀式書成立史の研究』、初出は一九九九年)を参照。
(40)『玉蘂』建暦二年九月一三日条。
(41)『岡屋関白記』建長元年二月二一日条。
(42)『玉葉』承安二年六月二七日条。
(43)『成頼卿記』嘉応元年四月一二日条。
(44)『玉葉』治承二年一二月一五日条、『山槐記』治承三年六月二三日条など。
(45)『玉葉』承安四年正月六日、治承三年正月五日条。
(46)『玉葉』治承三年二月一〇日条。
(47)上横手雅敬・元木泰雄・勝山清二『日本の中世8　院政と平氏、鎌倉政権』(中央公論新社、二〇〇二年)第一部参照。
(48)『玉葉』治承四年二月一三日条、六月九・二三日条。また、五味文彦『人物叢書　平清盛』(吉川弘文館、一九九九年)、元木泰雄『平清盛の闘い――幻の中世国家』(角川書店、二〇〇一年)を参照。
(49)『玉葉』仁安二年一一月一六日、同三年二月一九日、安元二年七月八日条など。
(50)『玉葉』治承二年一二月一五日条。
(51)『玉葉』文治二年二月一三日条。
(52)『玉葉』寿永元年二月四日、三月九・二一日条。
(53)『玉葉』文治四年二月二〇日、同五年二月二〇・三〇日条。
(54)『玉葉』文治四年六月一六日、同五年六月一四日条など。
(55)『玉葉』建久元年一一月四〜二四日条。『吾妻鏡』建久元年一一月二四日条。
(56)杉橋隆夫①「鎌倉初期の公武関係――建久年間を中心に――」(『史林』五四―六、一九七一年)八〜九頁。そもそも源頼朝上洛の歴史的意義は、頼朝と後白河院という東西両巨頭が会談し、従来の臨戦態勢の解除を内外に示し、これまでの内戦を総括する点にあった。すなわち、一種の政治的演出の意味が込められていた。その結果、段階的に認められてきた頼朝（幕府）の権限が、建久二年三月の公家新制として国家法上に明文化された（杉橋隆夫②「鎌倉前期政治権力の初段階」、『日本史研究』一三一、一九七三年、同③「源頼朝の上洛」、NHK歴史誕生取材班編『歴史誕生一〇』、角川書店、一九九一年）。なお、建久元年の歴史的意義については、上横手雅敬「建久元年の歴史的意義」（『鎌倉時代政治史研究』、吉川弘文館、一九九一年、初出は一九七二年）を参照。

(57)『玉葉』建久二年六月二六日条。なお、大臣別当の初例は嘉応元年の忠雅の例である。

(58)『玉葉』建久二年一二月二八・二九日条。

(59)『玉葉』建久三年三月一四日条。

(60)『吉部秘訓抄』五、建久四年一〇月一日。『玉葉』正治二年六月二八日条。

(61)橋本義彦『人物叢書　源通親』（吉川弘文館、一九九二年）一三一〜五頁参照。

(62)『山槐記』治承三年正月一日条。『玉葉』建久二年一二月四日条。

(63)『玉葉』治承元年一二月三〇日条。

(64)後鳥羽院政期における議定の中心的役割を担い、大嘗会検校や叙位除目の執筆を何度も担当。朝儀に通じた人物と評された。さらに、箏の名手で、手跡も優れていた（『群書類従』管弦部「秦箏相承血脈」、『玉葉』建久五年七月一七日条など）。

(65)『明月記』建保元年一〇月三〇日、嘉禄元年一二月三日条。

(66)『明月記』建暦二年一二月一九日条。

(67)『明月記』嘉禄元年五月一五日条。この他、忠輔も夭折したと考えられる。

(68)『明月記』嘉禄元年一〇月二一日、同二年五月二五日、六月一六日、八月九・二一日、一二月一四・二〇・二三日、天福元年四月九日条など。

(69)『明月記』嘉禄元年一〇月二一日条。

(70)『明月記』寛喜元年七月二八日条。

(71)平安末から鎌倉期において、花山院家領と判明する荘園として遠江国笠原荘、近江国市子荘、同国麻生荘、美濃国伊自良荘、同国法眼荘若狭国名田荘、備中国小坂荘、同国三村荘、安芸国吉田荘、上野国新田荘などがあげられる。
(72)『公卿補任』寛喜三年・天福元年条。『民経記』天福元年四月八日条。
(73)『明月記』天福元年四月九日条。
(74)『経俊卿記』建長五年一二月二二日条。
(75)『明月記』建保元年一〇月三〇日、寛喜元年七月二八日条。
(76)このような「家」継承を第一目的とした「家のための養子」が定着するのは一二世紀半ばころからである（高橋秀樹『日本中世の家と親族』、吉川弘文館、一九九六年）。
(77)市沢哲「鎌倉後期公家社会の構造と『治天の君』」（『日本中世公家政治史の研究』、校倉書房、二〇一一年、初出は一九八八年）。
(78)『尊卑分脈』第一篇「師実公孫　五辻」の「宣経」項。『系図纂要』第六「藤原氏三四（花山院）」項。
(79)たとえば、『国書人名辞典』（岩波書店、一九九五年）「経乗」項。
(80)教雅は念仏上人と称して念仏を専修したことから、文暦元年六月、洛外追放の宣旨が下され（『百練抄』同年七月二日条、『明月記』同一〇日条、「真経寺文書」（文暦元年）三月廿三日尊性法親王書状、「高祖遺文録五」文暦元年六月晦日四条天皇宣旨、以上は『大日本史料』第五編第九冊、五六一頁〜）、のちに道元に帰依した。
(81)『正法眼蔵御聞書抄』奥書（曹洞宗全書刊行会編『曹洞宗全書』注解二、仏教社、一九三〇年）。
(82)経豪の伝記については、酒井得元氏執筆の『正法眼蔵御聞書抄』・『梵網経略抄』の解題（曹洞宗全書刊行会編『曹洞宗全書』解題・索引、一九七八年）を参照。
(83)『三井寺続灯記』二、『寺門伝記補録』一四。
(84)平田俊春『平安時代の研究』（山一書房、一九四三年）二五〜八・一八六〜七頁など。
(85)経尊が有職に補任された時期は、仮名「按察」と中山宗兼の按察使就任時期、および宣経（経尊父）の参議停任（注28を参照）を考慮すると、一二三四〜五年頃ではないかと推測される。そうだとして、経尊の生年を一二一〇代末頃と仮定すると、彼は二〇代半ばで有職に補されたことになる。初代賢海の就任時の年齢（六八歳）と比較するとかなり若年であるが、例えば、建長五年に設置された同寺報恩院の有職に、俊誉が補任されたのは、経尊とほぼ同年齢だったと推察される（『醍醐自新要録』巻第一二「報恩院篇」）。なぜなら、俊誉は三条実房の孫で、兄公為の生年が嘉禄二年であるから、それ以降に生まれたことになるためである。したがって、清華という名門公卿の子弟の場合、二〇代前半で有職に補されることは十分あり得ると考えてよいだろう。

(86) 当該期の長寿祝賀が四〇歳（四十賀）から行われるという慣習に鑑みれば、「老い」の意識は不自然ではない。しかも、経尊が「老眠」と語っているのは、『名語記』の著作動機を金沢実時に伝える自序の中である。その表現は多分に自嘲的であろうと推察され、必ずしも実年齢を表現しているとは限らない（注17参照）。

(87) 土谷恵「中世初頭の醍醐寺と座主職」（『中世寺院の社会と芸能』、吉川弘文館、二〇〇一年）、西弥生「遍智院成賢と三宝院流」（『中世密教寺院と修法』、勉誠出版、二〇〇八年、初出は二〇〇四年）。

(88) 『醍醐寺座主次第』第三二「法印権大僧都賢海」。

(89) 法性寺僧正勝尊は松殿基房息師家の子。二度の醍醐寺座主と東寺長者を歴任した。

(90) 「醍醐寺文書」安貞二年三月日醍醐寺所司等解（『鎌倉遺文』三八一六文書）。

(91) 「醍醐寺新要録巻第一五」成賢門徒等申文（『鎌倉遺文』八〇四六号文書）。

(92) 『報物集』（『醍醐寺文化研究所　研究紀要』一四、一九九四年、林文子氏の翻刻）。

(93) 経尊の自称「稲荷法橋」という身分について、北野克氏は以下のような談話を残されている。氏が、完成した『名語記』翻刻の鉛版本を稲荷社に奉納した際、同社において「経尊について尋ねたところ、示された社僧の系譜に其の名が見出された」という（太田氏注2所引論文②一一八頁に、『名語記』翻刻本発行者〈勉誠社〉池嶋洋次氏の談として紹介されている）。この談話は、北野氏本人が記したものでなく、また同氏の著作中に社僧の系譜に関する言及は確認できないため、残念ながら内容を全面的に信用することはできない。周知の通り、社僧とは神社や神宮寺に所属して仏事を修する僧侶の総称であり、明治初年の神仏分離令公布以前には多くの神社に存在していた。稲荷社にも宮寺（愛染寺）および社僧が存した事実が知られる。同宮寺は応仁の乱で焼失した稲荷社復興の浄財勧募のために設けられた本願所を起源とし、元禄頃より愛染寺と称された（「朱」編集部「稲荷社本願所愛染寺について」、『朱』第三四号別冊、一九九一年）。
　現在、稲荷社に伝わる同寺社僧の系譜は、文禄年間以降のものであり、談話に記されている中世「社僧の系譜」

は確認できない（伏見稲荷大社禰宜岸氏のご教示による）。中世稲荷に関しては不明な点が多く、鎌倉時代に宮寺・社僧が存在したか否かという点も未詳である。本章は、以下の検討結果から、経尊生存期、すなわち鎌倉前・中期には社僧は存在せず、経尊が社僧であったとは考えられないと結論する。

平安・鎌倉期において神宮寺・社僧の存在が知られる代表的な神社として、賀茂社や石清水八幡などがある。これらの神社では、神社行幸や御幸の折り社司とともに、社僧が勧賞に与る。この慣例に従い、稲荷行幸・御幸時の勧賞に関する記録を探ってみたい（神社行幸の勧賞に関しては本書第三章を参照）。稲荷へ行幸が初めて行われたのは、後三条天皇の延久四年（一〇七二）三月二六日（『扶桑略記』同日条）である。同社行幸では「稲荷社司八人加階」（『殿暦』永久元年一一月二六日条）とみえ、社司に勧賞が行われた事実は確認されるが、社僧の記述はみられない。以後の行幸・御幸においても同様である（『水左記』承暦元年一二月一日条、『中右記』寛治五年一〇月三日条など）。かくして、社僧に勧賞が行われた事実はもとより、別当・検校など社僧の存在を物語る記述は一度も確認されないのであり、神社行幸・御幸が頻繁に行われた鎌倉中期までに、同社に神宮寺および社僧が存在していた可能性は極めて低いと判断される。

(94) 村山氏注(14)所引書。また、「狐」に関する外法は平安後期に流行した呪詛法、すなわち六字経法の影響が大きく、荼枳尼天と狐の結びつきについては、真言宗醍醐寺系修験者の活動が考えられるという、村山氏の興味深い指摘がある（村山修一「稲荷社と修験道」、『朱』三九、一九九六年）。

(95) 例えば、「文化六年一〇月　直参免許并花山院家猶子成式記」・「文政二年三月　花山院家猶子成之記」（以上、横山晴夫編『三峯神社史料集』第一・二巻、続群書類従完成会、一九八四・八六年）など。また、澤博勝「葉室組の支配について――近世公家家職論の視点から――」（小嶋博巳編『西国巡礼三十三度行者の研究』、岩田書院、一九九三年）、菊池武「公家花山院家と宗教的伝統」（『山岳修験』二五、二〇〇〇年）を参照。

(96) 『和漢三才図会』第三八「獣類」。

(97) 『翁草』巻之百三七「洛陽大火」。

(98) 菊池氏注(95)所引論文。池田淳「吉野山導稲荷の成立」（『朱』三七、一九九四年）。『多聞院日記』天正二正・二月条。

(99)『日本三代実録』貞観七年四月一七日条。
(100)『宗像神社史　下巻』(精興社、一九七一年)七五九〜六二頁。
(101)なお、『肥前鹿島祐徳稲荷神社由来記』や前田夏蔭が記した『稲荷神社考』等にもほぼ同様の由緒が記されているが、稲荷勧請の時期を時平の父基経の代とする。
(102)宮内庁書陵部蔵『土右記』(便利堂、一九五七年)延久元年五月一八日条。
(103)杉橋氏注(56)①所引論文。
(104)『吾妻鏡』建保六年六月一七・二七日、七月五日、承久元年正月二七日条。
(105)『尊卑分脈』第一篇「頼宗公孫　一条高能」。
(106)『吾妻鏡』建保六年五月九日条。
(107)『山槐記』仁平二年一二月一八日、保元元年二月二五日条。
(108)『吾妻鏡』建長四年三月一九日、四月一・一四日、一一月一一日、同五年八月一五日、同六年八月一一日、正嘉元年一〇月一日、同二年正月一〇日、六月四・一一日、七月四日、一一月一九日、文応元年三月二一日、四月三日、一一月一九・二七日条など。また、長雅は関東申次を世襲する西園寺家の女性を妻に迎えている(『尊卑分脈』第一篇「師実公孫　花山院」)。
(109)『尊卑分脈』第四篇「大江氏」。
(110)『尊卑分脈』第一篇「師実公孫　花山院」・「頼宗公孫　坊門」、同第四篇「桓武平氏　北条」。
(111)鎌田正清(家)の女に「花山院法印室」がいる事実は、杉橋隆夫氏よりご教示いただいた(『平治物語』下「頼朝遠流の事付盛康夢合せの事」、「山内首藤氏系図」、『大日本古文書』家分け一五「山内家文書」)。なお、正清の女は、(父の本拠地〈現静岡県鎌田〉に近い沼津市「香貫」に因んで)「香貫三条局」と呼ばれた。また、平治の乱で義朝とともに討たれた正清の功績が称えられ、後年、頼朝から尾張国篠木荘と丹波国名部荘の地頭職が与えられ(『吾妻鏡』建久五年一〇月二五日条)、「鎌倉大将家女房」として頼朝に仕えたことが知られる。
(112)『花山院家譜』、『兵範記』仁安二年五月二一・二四日、嘉応元年九月二三日条、『玉葉』文治元年一二月一九日条、「仮服事」同月一五日条(『大日本史料』第四編第一冊、三三一頁)、『法中補任』。

(113) 平雅行「鎌倉幕府の宗教政策について」(『平成六年度科学研究費補助金〈一般A〉研究成果報告書　日本古代の葬制と社会関係の基礎的考察』、一九九五年)。

(114) 『明月記』嘉禄元年正月二二・二三日条。『尊卑分脈』第一篇「師実公孫　中山」。

(115) 平氏注(113)所引論文。

(116) 実は、北条実時の奥書は、『名語記』刊本本文(以下、翻刻と記す)に記されているものと、刊本の「序」に北野克氏が「文部省の本書解説」(以下、解説と記す)として掲載されているものとで、三か所の齟齬がある。その一は、翻刻で「下賜御所返事之上」とあるものが、解説では「下賜御□返事之上」とあり、「所」が虫損となっている。その二は、割書部分について、翻刻では「奥州家人□□宮内佐衛門持来之」とあり、北野氏は□□に(好彦ヵ)との傍注を付されているが、解説では「奥州家人斎藤宮内佐衛門持来之」と書かれている。その三は、末尾が、翻刻では「今度又宣然者歟」とあるところ、解説では「宣」が「宜」となっている。以上三点のうち、一と三は残画の読み取り方や字体が酷似する文字であることから、判読に若干の齟齬が生じたものと解せるものの、二に関しては字体も全く異なるため、何故にかかる相違が生じたのか極めて不審とせざるを得ない。かつて筆者は所蔵者に原本拝謁の許可を請願したが、残念ながらいまだその機会を得ないので、奥州家人の確定は後考を俟ちたい。本章では翻刻にしたがって考察を進めることとした。しかし、仮に「斎藤」と記載されているとすれば、鎌倉幕府評定衆や六波羅探題奉行人を輩出した利仁流藤原氏の斎藤一族の可能性が想定されよう。『尊卑分脈』第二編「時長孫」の項によると、一三世紀後半頃の生存が推定される人物に、「引付頭・宮内丞」と傍注のある「斎藤利以」なる人物や「佐衛門尉」「引付」「評定衆」などの傍注をもつ人名が多数確認される。六波羅との関係から都との接点が認められ、評定衆との関係から三浦氏や時村らの家人である人物が、この一族にいても不思議はないと思われる。

(117) 『吾妻鏡』宝治元年一二月二二日条。

(118) 『吾妻鏡』暦仁元年二月二八日、寛元元年七月一七日条など。

(119) 『関東往還記』弘長二年四月一三日条によると、「相州(政村)妻両人(本妻中将給二法名如教一、新妻左近大夫時村母、給二法名遍如一)」とあり、「北条系図」(『続群書類従』第六輯上)「三浦系図」(同上)や「平氏五(北条流)」(『系図纂要』)などは、時村母を「三浦重澄の女」とするが、「三浦系図」などは「三浦胤義の女」とする。

(120)「九条家文書」寛元二年（一二四四）四月日　河内入道請文（『鎌倉遺文』六三一四号文書）。

(121)五味文彦「書物世界の再構築――後嵯峨院政と書籍の展開」（『書物の中世史』、みすず書房、二〇〇三年）。

(122)『吉続記』文永八年一〇月二四日、同一〇年四月九日条。『勘仲記』弘安四年四月九日条など。

(123)現存する『蟬冕翼抄』は師継が書き残した草稿本の除目抄を、孫の師賢が抄出したものである（細谷氏注37所引論文）。また、細谷氏の研究によると、『蟬冕翼抄』の引用書物は、『北山抄』(二)、『或抄』(二)、『中山抄』(四)、『永久鑒記』(一)、『通俊卿記』(二)、『為房卿記』(一)、『九抄』(三)、『西抄』(一)、『春玉秘抄』(九)などがあげられている（カッコ内は引用回数）。

(124)『吉記』承安四年八月一三日条。

(125)『妙槐記除目部類』。

(126)細谷氏注(37)所引論文。

(127)『北山准后九十賀記』弘安八年二月三〇日条（小川剛生「北山准后九十賀とその記録――東山御文庫蔵『准后貞子九十賀記（宗冬卿記）』の紹介――」〈『明月記研究』七、二〇〇二年〉に翻刻されている）。

(128)注(5)を参照。

(129)反音や明覚に関しては、『国語学研究事典』（明治書院、一九七七年）、『国語学大辞典』（東京堂出版、一九八〇年）を参照。

(130)『倭片仮名反切義解』（『群書類従』第二八輯）

(131)五十嵐三郎「倭片仮名反切義解」（『群書解題』）。

(132)太田氏注(2)①所引論文。

(133)耕雲の事績および『倭片仮名反切義解』に関しては、岩佐正「耕雲小論(上・下)」（『国語と国文学』一一―一・二、一九三四年）。岩崎小弥太「耕雲明魏」（『国語と国文学』二八、一九五一年）、野間亜太子「『倭片仮名反切義解』――その内容および諸本について――」（『国語国文』四七一、一九七四年）、同「『倭片仮名反切義解』――その成立と背景――」（『女子大国文』七七、一九七五年）などを参照した。

(134)『康富記』文安四年一〇月一八日条。

第七章　摂関・院政期における受領成功と貴族社会

はじめに

受領功万石万疋進上事。
十余歳人成二受領一事。
卅余国定任事。
始レ自二我身一至二子三・四人一同時成二受領一事。[1]

大治四年（一一二九）七月一五日、七七歳の生涯を閉じた白河法皇の葬送が行われた。右の記事は、老練な政治家藤原宗忠がその日、日記の裏に書き記した白河院政批評の一部である。彼のような上流貴族にとって、貴族社会の伝統的な秩序・観念、職掌における慣習を破壊した白河院の政策は、非難の対象だったのである。その第一にあげられている受領の成功は、宗忠の酷評にとどまらず、研究者の間でも売位売官の典型として位置づけられ、長らく摂関・院政期の政治・社会の頽廃性を象徴する現象として否定的に評価されてきた。[2]

しかし、史料を博捜して国家財政上の成功の意義を評価した竹内理三氏の研究[3]が発表されて以来、成功制に関する検討が少しずつ進められるようになり[4]、近年では、上島享氏の研究によって以下の点が明らかにされている。[5]すなわち、律令的収取制度が破綻した一〇世紀後半、国家財政が再編され、諸国に経費を割り当てる「国宛」[6]を主要な用途調進方法とする新しい財政構造が成立した。そして、成功は宮城等の造営事業において、補助的な経費調達手段として出現したとされる。その後、一一世紀末における受領統制の弛緩や一二世紀中期の荘園公領制の確立などにより、国力の低下が進行すると、「国宛」による財源確保が困難となり、成功が多用され、結果、成功制が中世国家財政の一翼を担う経費調達制度へと発展したと指摘されている。

上島氏の研究の主要な目的は、中世国家財政構造の全体像を解明する点にあり、成功制の研究はその一環として位置づけられる。いきおい成功制の成立と展開は、国家財源に占める成功の比重の変化を軸に議論され、財政史上の問題として検討が進められている。

勿論、成功制は一義的には財政制度だと理解するが、経済的奉仕に対する褒賞として任官・叙位をともなう点を考慮するならば、人事制度としての側面にも注意が払われる必要があろう。加えて、受領の成功は、以下に述べるような問題点から受領功過定との関連が明らかにされるべきと考える。しかし、かかる視点からする研究は十分に行われていないのが実状である。

受領成功が出現した一〇世紀後半、受領は国家の徴税機能を一手に請け負う地位に位置づけられ、公文勘会と受領功過定によって厳しく監察された。朝廷が彼らを統制する第一の目的は、中央済物の確保と国衙官物の掌握による国家財政の維持にあるが、功過定に賞罰規定を一体化させることによって、彼らへの統制が有効に機能する実態を重視すべきであろう。すなわち、朝廷は同定の審議で「無過」の判定を受けた旧吏にのみ受領の再任と治国功による加階を許可していた。このような人事面での統制が、結果として済物の進済を促し、財政上の監査機能を有効にすると期待されたのである。ところが、成功は同定の審議とは別の原理で受領の任官（補任・延任・重任・遷任）・叙位（加階）[7]を行う制度なのだから、受領成功を採用することは、功過定による統制という朝廷の基本方針に相対する行為に繋がると認識する。このような両者の関係を踏まえると、受領成功が採用されたわれる。

理由と背景は財源確保の問題のみに収斂されるべきではなく、より広い観点から再検討を加える必要があると思

また、冒頭の史料に表記されているような所謂「受領層」は、成功の多用など院の恣意的な人事によって生み出されたと考えられているが、彼らが数十年にわたって不断に受領の地位を相続して、公卿にまでいたるようになった具体的な昇進方法については、十分に解明されたとは言い難い。院政期を特徴づける社会集団である受領層が出現した背景を明らかにするためには、院政期の人事に関する制度史的な検討も必要になろう。[8]それと同時に、治天の君が受領人事を如何にして支配し、それによって何を果たそうとしたのかという問題を念頭に置きつつ、受領成功の政治的・社会的な意義を積極的に追究する必要があるだろう。

以上のような研究の現状と問題関心に鑑み、本章では人事・昇進制度としての側面に焦点をあてて、受領成功の制度的実態やその変遷を明確にするとともに、朝廷の受領政策との関係に注目して国政における受領成功の歴史的な意義を考察したい。具体的には、以下の順に検討を進める。

第一節では、一〇世紀後半の受領統制、特に功過定と受領成功との関係に注目して、兼家・道長執政期の事例に検討を加え、成功が採用されるにいたった背景を解明したい。

第二節では、先学が院政期の受領成功の特徴として指摘している「賦課成功」なる概念と、「複数勧賞」の実態について再検討を加え、当該期における成功制の特質を再考する。

第三節では、王家（院・女院・天皇など）・摂関家・その他の造営事業における受領成功を比較検討して、院政期の大規模造営が如何にして遂行されたのか、その背景を考える。そして最後に、受領成功の変遷と財政構造・人事制度との関わりに注目して、摂関・院政期における受領の職掌・立場の相異点や、当該期の貴族社会における受領成功の意義について言及したい。

第一節　受領成功採用の背景

(一)受領監察制度と受領成功

はじめに、先行研究[9]に基づいて、摂関期における受領に対する諸政策を概観しておきたい。

九世紀末、国務に関する権限が受領に集中し、国内の収取物を受領が一元的に管理する体制が成立すると、国家財政上における受領の存在意義が高まり、朝廷は新しい考課制度を導入して彼らへの統制を強めた。その中核となったのが、延喜一五年（九一五）に成立した受領功過定である。

調庸の未進・正税の未納など律令的な財政構造が変質・崩壊した一〇世紀後半には、新しい財政構造への転換が図られ、恒例的な行事費用の調達には正蔵率分制・永宣旨料物制・年料制・料国制・斎院禊祭料が、臨時的な経費調達には臨時召物制・国宛などが創始された。各用途が個別に賦課され、受領から個々に納入されるという特色を持つ新しい国家財政の運用形態は、受領の家産機構たる京庫を拠点に、受領が京庫米を運用して、随時的に不定額の済物を納入するという方法を通じて成り立っていたとされる。

このような財政構造の変化にともない、一〇世紀後半には、功過定の審議項目も調庸惣返抄・雑米惣返抄・正税帳・勘解由勘文・封相抄に、新委不動穀・率分・斎院禊祭料が新たに加わり、受領功過定が整備されたといわれている。受領は同定で「無過」の判定を得て通過すると治国功により加階の勧賞に預かり、旧吏として受領再任の権利を得たが、「過」の場合には、原則として加階も再任もされない。中央政府は受領の叙位任官に関する賞罰規定を設けることによって、統制機能を高めようとしたのである。

ところで、摂関期における受領功過定は受領統制に有効だったとする積極的な評価と、人事面では大きな効力を認めるが、財政上の実効性を疑問視する見解がある[10]。評価が分岐する主な要因は、国宛などの新しい主要財源項目が定の審議対象になっているか否かという事実認識の相違にある。ここでは功過定の評価について立ち入った検討は行わないが、同定を継続実施するという行為を通じて、朝廷が期待する受領像や、用途調進に関する受領への要求内容を看取できると考える。さらに、国宛の勧賞規定からも同様の点を把捉したい。

そこで注目したいのが、寛弘二年（一〇〇五）一二月二一日の造宮定である。この時、国宛に応じた国司に対する勧賞の有無が審議され、「至下不レ立二用料物一之国司上可レ給レ賞。立二用作料一之国司者可レ無二勧賞一」[11]と規定された。つまり、「料物」すなわち国衙にあるべき正税・不動穀等を用いないで造営した受領に限り、「公損」をもたらさない点が評価され、勧賞（加階）の対象とされたのである。

このように、受領功過定の実施と国宛の勧賞規定からうかがえる受領に対する要求事項は、国衙官物の減少を極力抑えた上で、諸国からより多くの納官物（済物）を引き出して中央の公事用途を滞りなく調達する点にあり、それを実現させるために昇進規定を設けて受領を統制下に置こうとする理念が浮かびあがる。以上のような朝廷と受領の関係を確認した上で、受領統制政策と受領成功との関係について検討したい。

受領成功とは、受領が「私物」で内裏や寺社等の大規模造営を請け負う「功」によって任官（場合によっては叙位）の機会を得ることを示す用語である。受領成功における「私物」とは、突き詰めると国内での収取物に他ならない。したがって、受領に対して成功を許可することは、受領が「私物」＝私富を増やそうとして、収奪を強化するか、済物・官物に充てられるべき収取物を抑留しようとする行為を助長する結果を招くであろうと予測される。この点において、成功の推進は受領功過定をはじめとする朝廷の受領統制策と相対する政策になりかねない。[12]その上、監察体制を支える賞罰規定にも大きな影響を与えたであろうと察せられる。それは、備前守大江清通が任終年の寛弘二年末に行った成功から看取される。彼は充殿・襲芳舎造営の功により讃岐守に遷任したが、備前の功過が審議されたのは、長和二年（一〇一三）になってからだった。[13]この事例は、成功の場合には功過定が実施される以前に重任や遷任が果たされるという実状を明示する。事後に実施される功過定の賞罰機能は、著しく形骸化したといわざるを得ないのである。

以上の通り、受領成功が功過定の機能を低下させ、受領監察制度の形骸化をもたらしているのは明白である。かかる点を考慮するならば、功過定による受領統制が強化されたとされる一〇世紀後半に、その方針と相反する受領成功が何ゆえに採用されたのか、その背景を解明しなければならないだろう。

従来の研究は、成功が導入された理由を、国宛による経費不足分の補助に求め、概して財政史的な観点からの検討に終始しているが、如上のように受領成功の場合は、人事問題を含む受領統制政策との関連など、多面的な分析が不可欠であると考える。[14] そこでまず、当初の事例をとりあげて、受領成功が採用されるまでの経緯を具体的に検討しよう。

(二)受領成功採用の背景

受領成功の史料上の明確な初見は、永祚元年（九八九）春除目の記事から確認される。この時、崇親院および賀茂上・下社神館を造進した功により、丹波守に任ぜられた藤原貞順の事例に検討を加え、[15] 成功が実施された背景を明らかにしたい。

貞順の父祖は受領の経歴を有し、父有国は冷泉院判官代として、同院分で石見守に補任されたのを始め、数か国の受領を歴任した。また、一条天皇の春宮亮・蔵人を務め、摂政藤原兼家家司・東三条院院司としても活躍した人物として知られる。[16] 貞順が修造した崇親院は貞観元年（八五九）、右大臣藤原良相が自邸内に創設した身寄りのない藤氏子弟を養育する施設であり、[17] 当時は摂政氏長者兼家の管理下にあった。したがって、同院の修造は、兼家が家司有国の子貞順に命じて実行させた可能性が高いと考えられる。

それでは、賀茂上・下社神館の造営は如何だろうか。これより約一年前、永延元年（九八七）一二月一五日、兼家の外孫一条天皇が母后藤原詮子と同輿して賀茂行幸を行っている。これは石清水・賀茂両社行幸が代始め行幸として恒例化する契機となった記念すべき儀式だった[18]。それゆえ、神館造営はこの行幸との関連を検討する必要があるのではないかと推察する。

ここで、平安時代における神社造営・修造方法について確認しておきたい。山本信吉氏の研究[19]によると、律令制下において神社修造は「在所長官、専二当其事一[20]」するとあり、国守の責任下にあって、その経費は有封の神社に関しては神税を、無封の場合は正税を宛てていた。弘仁二年（八一一）、前者の修造に封戸の百姓を宛て、後者の修理は禰宜・祝が担当するように定められた。その後も朝廷は、神社の巡検・修造を不与解由状の審査基準の一つに定めて国司の責任を追及したり、修造に怠慢が認められれば、禰宜・祝を解却・決罰する方針を打ち出したりして神社修造を奨励したが、その実施状況は芳しくなく、延長四年（九二六）には太政官符を発給し、造社使の派遣を決定するなど国家も修造に関与する方針を表明している。

それでも依然として神社の頽壊が進行したらしい様子が長保元年（九九九）七月の太政官符「雑事十一箇条」からうかがえる。第二条「応三重禁二制神社破損一事」には、「国宰不レ守二憲章一、社司無レ有二勤節一」と言い、「国司屢以巡検、令レ勤二修理一」め、「猶有二怠慢之輩一加二其科責一[21]」えるとある。

そして一条朝において、朝廷は朝廷と関係が深く、財力や人材があると判断される特定の有力神社に関しては、原則として社司の負担で神社修理を行うよう要請し[22]、該事案に対する国家や国司の負担を軽減する意向を表明している。このように賀茂社神館が造営された時期は、神社修造の画期だったという点に留意したい。

次に、修造に関わる人材や財力が如何にして形成されたのかという点にふれよう。山本氏によると、社司とは「神社の神事奉仕者を代表する運営機構」や「神社修造の神社側の責任者」などを示す称として、一条朝前後から史料上に出現するという。さらに、社司が神社に設置されたり、彼らの昇進が行われる契機は、神社行幸における勧賞が最も多いという事実を踏まえると、[23]同朝における神社行幸の恒例化は、国家による神社経営の自立化促進政策と不可分な関係にあったと諒解する。さらに行幸時に散見する神領寄進もかかる方針と密接に関連していた。

寛仁元年（一〇一七）一一月の後一条天皇代始の賀茂行幸において、母后藤原彰子の発願で山城国愛宕郡八郷が、同上・下社神領として寄進された際、大殿道長は「両社被レ割ニ寄郡一、以ニ件地利一可レ充ニ修理料一。至レ今不レ可レ有ニ官修理一」[24]と発言している。また、同年三月の石清水行幸では封百戸が、[25]治安元年（一〇二一）一〇月の春日社行幸においては大和国添上郡が、各々行幸先の神社に寄進されたが、[26]いずれの場合も神領や封戸から上がる地利・応輸物を「恒例祭祀、神殿雑舎並上下枝属神社神館、神宮寺等」[27]の修理料および臨時巨細の料など委細の経費に宛てるよう道長は命じている。

これら一連の行為から、兼家・道長は朝廷の神祇祭祀と関わりの深い有力な神社への行幸を創始し、社司や神領などの人的・経済的基盤を保証して経営の独立化を促していた実状が明らかになる。また、神領等からあがる地利を修理料に宛てることにより、国・諸国からの支出を削減するというのが、道長の基本方針だと理解される。

以上の点を踏まえると、兼家が行わせた神館造進は、神社経営の自立化に向けた支援策の一環として位置づけられるのではないだろうか。神領寄進が本格的に開始されるのは道長執政期であるが、神社経営に関する方針はすでに兼家の時に構想されていたと推察する。そうだとすれば、造営経費を従来通りに済物や官物から調達することは国家・諸国からの支出となり、政策上矛盾を来すため不可能であろう。そこで、受領の「私物」から経費を調達するという成功形態が最も道理に適う用途調進方法として採用されたのではないかと考えるのである。

さらに、この造営には外孫一条が即位し、代始行幸を無事に終えたことに対する兼家の賀茂社への礼奠としての意味も込められていたと推察される。それゆえに、信頼のおける家司受領の一家に造営を請け負わせ、なおかつ褒賞として任官させるという成功が実現したのだと理解できないだろうか。

如上の検討から、貞順の三つの造営（崇親院と賀茂上・下社神館）は兼家の意向に添って実行された点が明らかになった。そして、国家や諸国に大きく依存してきた有力神社等の修造方法を改め、さらには神社経営の自立化を目論む兼家・道長の政策に基づいて、成功による修造が積極的に導入された可能性が高いと諒解する。かかる評価は、摂関期の成功が受領自身の申請に基づいて実施され、国家の財源不足を補う補助財源として採用されたとする先行研究の見解に見直しを迫るものだと思う。しかしながら、当該期国家財政上に占める成功の割合は小さく、実態としては補助的な財源に位置づけられていたという事実にも注目する必要があろう。その要因を次に検討したい。

(三) 道長執政期の受領成功

兼家・道長父子によって積極的に導入された成功は、朝廷が堅持してきた受領統制政策とは相反する性質も兼ね備えていた。次に、道長執政期における成功採用の決定過程に検討を加え、朝廷が受領成功をどのように位置づけていたかを考察する。

寛弘二年（一〇〇五）一一月一五日に焼亡した内裏再建を事例にとりあげてみよう。翌月二一日に開催された造宮定では、行事官の補任と造営用途の調進方法が議論された。まず諸国へ造営費を割り当てる国宛の採用が決まり、次いで播磨守藤原陳政が、「以二私物一作二常寧殿・宣耀両（殿）一」り、「賜二重任宣旨一」(28)らんと申請してきた事案に関する審議が行われた。議定に参加している公卿の間で、成功採用の可否をめぐって意見が分かれたが、最終的には議場の定文を奏聞した上卿道長が、殿舎造営可能な国が不足しているという見解を述べ、一条天皇から重任申請の許可を得た事実が知られている。

この定は、公卿議定の実態や造営の用途調進方法を分析する上で、たびたびとりあげられてきたが、先行研究では十分に注意が払われていない『御堂関白記』と『小右記』との審議内容の記述における微少な相違点に注目して、道長の成功採用に対する意志と諸卿の認識との差異を明確にしたい（点線・波線は筆者、以下同）。

着二陣座一、召二文書等一宛定。左大弁執筆。此間従二御前一播磨守陳政申文給。文云、以二私物一作二常寧殿・宣耀両(殿)一、賜二重任宣旨一。諸卿式(或カ)申云、未二功了一。非レ可レ有レ賞。又申云、有二公益一可レ被レ免者。余申云、人々所レ申可レ然。未二功了一、領(預カ)レ賞事雖レ不レ宜、有二被レ免例一。依二公益一可レ被レ免。可レ然所、被レ加如何。以二此由一奏聞。被仰云、可レ被レ充国難レ堪云々。可レ然所定充免給者。仍加二宿所屋一。定了奏聞。亥刻退出。(29)

道長の記述によると、諸卿の見解が分かれたのは、陳政の成功申請に対して重任宣旨を下すべき時期が問題になったとする。つまり、陳政の造営が完了した後に宣下すべきか、「未二功了一」る前に下すべきかで見解が分かれているのであって、陳政の成功による造営と重任の許可自体は自明の前提として審議が進められているかにみえる。

ところが、『小右記』の記述はこれと多少異なる。

左大臣、右大臣、権大納言道綱、中納言斉信・公任・時光・俊賢・隆家早出・忠輔、参議懐平・行成・経房参入。今日御物忌。左府依レ召参二上御前一、少選復座於二御前定一書二造宮行事人一。即執二副笏一復陣。中納言俊賢、参議行成、左中弁道方、右少弁広業、史為親・季隆、第三史也。左府伝二勅語一云、造宮重畳諸国亡弊。随又官物無二其実一。又国司勧賞若可レ有乎否。造畢期等宜二定申一者。諸卿申云、至下不レ立二用料物一之国司上可レ給レ賞。立二用作料一之国司者可レ無二勧賞一。若有レ如レ此可レ無二公損一歟。先問二造宮日於陰陽寮一（中略）又造二殿舎・内廊一之国々定宛之間、下二給播万守陳政申文一以二私物一造二常寧・宣耀殿一被二重任一者。諸卿定申云、左大臣申云、加二今堂宇殿一被レ許宜歟。近江国造二美福門一、丹波国造二豊楽院一、紀伊国造二日前・国懸一。仍

不レ可レ造レ殿。可レ付ニ小所一。就レ中紀伊国者、惣不レ可レ勤ニ他事一也。仍配宛国々多以不足。至ニ坂東一已亡弊国、不レ可ニ敢宛一者。左大臣、(右カ)中納言時光・俊賢・忠輔、参議懐平・経房、(脱アルカ)公任、参議行成云、始ニ仕作事一之国申請如レ此之事、未レ始ニ其事一之前、申請之間不レ可レ然歟。定ニ宛造宮国々一。又造殿等日時勘文并陳政申請定文等奏レ文。又造畢期明年三月十日・明年十一月以前、明後年遷宮之方依レ当ニ御忌一。陰陽寮所レ申也。大略還宮期明年十二月廿六日。子細追勘申者。絶命鬼。吏方申請若要須殿々配ニ宛諸国一。有ニ不足一者、陳政朝臣申請依レ請者。左府被レ奏下無ニ可レ然之国一由上。仍裁許。但被レ加ニ蔵人宿所屋一国。[30]常寧殿付レ宣耀殿・蔵人屋陳政以ニ私物一可レ造。常寧殿不レ可レ宛ニ用官物一云々。奏ニ定大工・少工一。依ニ深更一不レ奏下給。及ニ深夜一諸卿退出。播磨重任宣旨下畢。

波線部によると、道長は「大内裏の他にも造営が重なり、諸国が疲弊しているから、これ以上国宛に堪えられる国はない」と述べ、成功の採用を当然のこととして、陳政に負担（造営殿舎）を追加して申請許可を与えようと考えているのが分かる。一方、点線部によると、公任・行成ら諸卿は[31]、作事を開始する以前にこのような申請を行う行為自体が不適切であり、まず諸国に国宛してみて、不足が生じたならばその時に陳政の申請を認めるべきとする見解を表明しており、成功の採用自体に慎重だった様子がうかがえる。

結果的には、道長が「無ニ可レ然之国一由」を奏したために、蔵人屋の造営を追加して陳政の成功で宣耀殿を造営させるように決定した。如上の記述から、道長は当初から陳政の申請許可を前提として定に臨み、内覧・一上の権限を行使し、諸卿の反対意見を無視してみずからの意向のみを天皇に奏聞し、希望通りの裁可を得ていた事実が明らかになった。

したがって、「国々多以不足。至ニ坂東一已亡弊国」や、「造宮重畳諸国亡弊。随又官物無ニ其実一」という道長の言い分が正しく現実を反映しているかは慎重に吟味する必要があるだろう。すなわち、この史料を根拠に、「坂東諸国のみならず一般に国力低下が進んで」おり、国宛だけでは財源不足となり、成功が採用されるにいたったとする指摘[32]は再検討されるべきではないかと考える。成功は、国宛だけでは吸いあげられない大国・熟国の富を受領の「私物」という名目で中央に集めて造営・公事に利用する手段であり、同時に裕福な国の受領をさらに人事面で優遇して差別化をはかるシステムだったと評価できよう。

春宮（居貞）亮藤原陳政は道長にとって母（時姫）方の従兄弟にあたる。[33] 貞順と同様、受領統制という従来の政策に反する方法で、摂関家に近しい人物の受領補任・再任を目的として成功が機能している実状が明白である。

筆者は本書第二章において、諸大夫層に属する受領の加階に、道長ら政権首脳部が年爵や勧賞などを適用している事実に対して、諸卿が極めて批判的であった実状を指摘し、該期貴族社会において、受領の位階昇進には治国加階（機械的・官僚制的な昇進方式）を遵守すべきという認識が強く存していた実態を指摘した。

今回の分析から、受領の任官や功過定による監査、さらには国家財政のあり方に関しても、朝廷内で見解の相違が存在している実態が明瞭になった。すなわち、諸卿の多くは受領統制政策のもと、功過定による審査を厳密に適用して、[34] 治国功による加階と、旧吏の再任のみを認める守旧的な立場を貫いたが、道長は年爵・勧賞による叙位と成功による任官を導入し、併せて諸大夫層の家司化を促し、家司受領の昇進を優遇する手段としても成功を利用しようとする姿勢を強めたのである。また、財政政策においては、従来の受領監察制度を維持し、国宛を中核とする財政に固執する一般公卿の見解と、神社行政の変更に顕著なように、独自の財源と人材を有する組織については、基盤整備のための支援を行いつつ自立化を促進して、国家や諸国からの支出への依存を抑制する方針を定め、一方、大国に対しては、旧来の所課項目にかかわらず、より多くの富を中央に吸収しようとする国家財政の構造改革を企図する兼家・道長の見解との対立がみられたのだと総括できよう。

このような両者の対立の構図が、一〇世紀末から一一世紀前半の貴族社会に存し、かかる現実が当該期における成功の実施を抑制していたのだと考える。

また、道長は自身の御所や御願寺の造営に受領の私富を多いに利用した事実が知られるが、受領に対して官位の勧賞が実施された事実は確認されない。つまり、受領たちが造営を負担したのは成功としてではなく、道長に対する受領からの供出や贈与(「訪」的な行為)[35]、あるいは賄賂として位置づけられるものだと推察される。すなわち、受領の私富の多くは、道長の権威と権力によって私的に汲みあげられるのが実状であり、摂関期の受領成功は、内裏・神社・氏の施設などの修造に限定的に採用されていたに過ぎないのである。

このように、当該期の受領成功は政権首脳部(兼家・道長)と現状維持を図ろうとする諸卿等との関係の中で、流動的・限定的に利用されるにとどまり、国家財政・人事システム上の確固たる制度として成立したとはいえず、この点に摂関期と院政期との明確な相違があったと理解する。[36]

第二節　院政期における受領成功の特質

(一)「賦課成功」の再検討

後三条天皇が打ち出した諸政策の一つに「重任功禁止」が掲げられており、興福寺南円堂の造営に重任功を用いようとした関白大二条殿(教通)と天皇が対立したという説話が『続古事談』に伝わっている。[37]実際、延久年間の円宗寺や内裏造営において、成功が採用された徴証はなく、国宛された事実が知られる。また当時、造営用途を諸国の国衙・荘園を問わず臨時に徴収する一国平均役を認可する宣旨が大量に公布された。[38]

このように親政期には、道長以来の路線が否定され、造内裏費調達において一国平均役を根づかせることによって、国宛のスムーズな遂行と収取体制の強化を図ったのだと推察する。しかし、白河天皇の時代になると再び受領成功が用いられるようになる。

小山田義夫・上島両氏は、仏教興隆政策の一環として実施される御願寺建立などの大規模造営を遂行するために、院政期には新しい成功形態が出現したと指摘されている。その特色は、天皇や院が一方的に造営を命じる

「賦課成功」と、多大な負担が一方的に強いられた受領への優遇策として重任・遷任、さらに加階を含む「複数勧賞」が実施される点にあると述べられている。[39]

当該期の記録には、確かに院命により、あるいは「奉二院宣一」[40]って成功を行う受領の姿が散見し、院の主導で大規模造営を完遂していた実態が明瞭に浮かびあがる。しかしながら、寺内浩氏が指摘されるように、[41]「賦課成功」と受領みずからの申請による成功との判別は、同一事例であっても記主の表現に左右されるため不明確な場合が多い。また、「賦課成功」か否かを区分する指標とされている「重任宣旨」が下される時期の相違に関しても、以下のように上島氏の指摘に反する事例が多くみられるのである。

摂関期以来の通常の成功手続きは、「希望者による成功申請→朝廷の許可＝成功（重任）宣旨の発給→功の実施（造営）→覆勘→任官申請（申文の提出）→除目で受領に任官または再任（重任・遷任）」と進められる点が上島氏の研究[42]で明らかにされている。氏は、受領任官を約する成功（重任）宣旨は造営以前に発給され、院政期になっても、成功希望者がみずから成功（重任）を申請する場合には、従来通りの手続きが取られていたが、「賦課成功」の場合は、造営完了後（御願寺では落慶供養当日、新造御所では移徙当日）に下されると指摘される。

御願寺や御所の造営事業が、願主・家主の欲求で実行されるのは当然だが、造営を担う受領の側にも、任官というメリットがある点を考慮すると、双方の合意に基づいて成立しているのが実状ではないかと察せられる。また、前節で指摘した通り、摂関期においても成功による造営に、摂関の意向が強く反映していた事実を踏まえるならば、「賦課成功」と呼ばれる現象が、果たして院政期に固有な特徴といえるのかという点にも疑問が残る。そこで、院政期における成功事例を分析して、「賦課成功」を再検討したい。

永久二年（一一一四）一一月二九日、白河法皇の白河泉殿内に建立された九体阿弥陀堂（蓮華蔵院）の落慶供養が行われた。当時の様子を克明に記している『大記』（『諸寺供養記』所収）と『中右記』を参考にして、成功により堂舎造営を請け負った受領を［表1］に列記した。四名中、供養当日に重任宣旨が下されたのは平正盛ただ一人だった。

【表1】

受領名	造営堂舎	成功
備前守平正盛	阿弥陀堂(十二面二階御堂・釣殿・南北西三面廊)・中門・大門・二面築垣	当日重任宣旨
越前守藤原顕盛	御仏九体	拝任当国功
美濃守源忠孝	二箇所御所御簾・御座・御屏風・御几帳・雑具・所々畳等	重任功
武蔵守高階経敏	東御所舎屋修理(殆如二新造一)・鋪設・装束・二面築垣等	重任功

『大記』（『諸寺供養記』所収）・『中右記』永久二年（一一一四）一一月二九日条より作成。

先行研究では、「法皇仰二備前守正盛一令レ作二堂舎一。九体阿弥陀尊像越前守顕盛奉レ作。法印円勢作レ之。又泉殿本御所武蔵守経敏募二重任功一修理也」[43]という記述から、正盛は白河法皇の命による「賦課成功」だから供養当日に宣旨が下り、「みずから重任功を申請したと考えられる」高階経敏は通常の重任功の手続きを踏んでいたから、供養日以前にすでに重任宣旨が下されていたのだと説明される[44]。しかしこの理解では、みずから成功を申請し造営の内容も軽微な経敏よりも、「賦課成功」により多大な負担を強いられ、阿弥陀堂以下最も多くの堂舎・門等を造進した正盛の方が、重任を保証する宣旨が遅く（供養日）までもらえないという事態になり、論理的に納得し難い。

また、顕盛に関しては、上記の記載だけでは「賦課」か申請かを判断しかねる。このように、重任宣旨が下される時期に相違がみられる原因を、「賦課成功」か否かという点に求めようとする認識には無理があるように思われる。別の事情に起因するのではないか検討してみたい。そこでまず、二人の現職の任日を確認しよう。

平正盛が備前守に補任された日は不詳だが、現任の初見は永久元年一〇月一日、前任丹後守の終見は同年四月末だから[45]、五～九月の間と判明する。したがって、任始から一年未満で供養日を迎えたことになる。一方、高階経敏の武蔵守任日は天永三年（一一一二）正月二七日[46]だから、就任後満三年が経過しようとしていた。右の内容から、宣旨が下る時期の相違は、造国司[47]の供養（移徙）日までの在職期間（＝残りの任期）に関連しているのではないかとの予測が得られる。それでは、供養や移徙当日に重任宣旨が下りた場合とそうでない事例を数例とりあげて検討を進めたい。

（1）当日宣下の例

①天仁二年（一一〇九）八月一八日に供養が行われた鳥羽御塔は伊予守藤原基隆の造進になる。[48]当日重任を宣下された基隆の任日は、同元年七月二八日。[49]供養日までの在職期間は約一年である。

②大治三年（一一二八）六月二七日に白河法皇の移徙が行われた八条大宮御所は、養父藤原顕頼の沙汰で美作守藤原顕広（のち俊成）が進上した御所である。法皇が三条殿へ還幸した同二九日に顕広に対して重任宣旨が下された。[50]彼の任日は前年正月一九日。[51]移徙日までの在職期間は約半年である。

③仁安二年（一一六七）正月一九日に後白河院が移徙した法住寺殿の場合をみてみよう。『仙洞御移徙部類記』所収『禅中記』によると、「周防守季盛募二重任功一造二進之一」[52]したという。『兵範記』には、従三位藤原俊盛が「去年奉二院宣一、募二讃岐・周防両国功一」[53]り、遷御当日の勧賞では、周防守季盛に重任宣旨が下され、さらに従五位上への加階が行われたと記されている。これらの記述から、当時知行国だった周防国の国主俊盛が院宣を得て、息子季盛の重任功を募ったのだと理解できる。しかし、この成功が造営者側の申請か、院の命による「賦課成功」なのかを厳密には区別し難い。そこで再び造国司の任日に注目すると、季盛の周防任日は不詳だが、前司源時盛の着任が応保二年（一一六二）正月二七日、仁安二年七月には前司と呼ばれているから[54]、時盛が四年間の任

期を全うしたとすると、季盛は仁安元年初頃に同国守に補任されたと推定できる。そうだと仮定すると、移徙当時は就任一年未満となる。

以上の事例から、当日に重任宣旨を下されるのは、現職就任から比較的短い期間に供養や移徙日を迎えた場合であると結論されよう。つまり、実際に重任が許可される除目までに年月を経ることになるため、これを約束する文書（重任宣旨）が発給されたのだと理解する。

そして、みずから「募二重任功一」ったのか、院の仰せによって造営したのかという点とは無関係だという点が明らかになった。このような原則は、知行国の場合にも当てはまるのである。(55)

(2)当日重任宣旨が下されない例

長承三年（一一三四）一二月一九日に鳥羽院が移徙した新造御所三条烏丸殿は、丹後守藤原為忠の造進になる。ところが為忠には重任宣旨が当日下されず、ただ「造作賞」として正四位下へ加階された。(56)丹後着任は天承元年（一一三一）一月二四日だから、就任から丸三年が経過していた。したがって、任終年に近いために宣下が当日下されなかったのではないかと推察する。なお、彼は保延二年（一一三六）に亡くなるまで同職に在任していたと見られるので、移徙当日に宣下されずとも、一期目の秩満までの除目において重任が許可されていたことは確実であろう。(57)

このように、供養・移徙日が造国司の任終年またはそれに近い時は、当日に重任・遷任の宣旨が下らず、その後の除目において直接重任が許可されたと考えられるのである。またその場合、供養当日には加階の勧賞を受けている事例が多く散見する点も指摘しておきたい。(58)

（二）「複数勧賞」の実態

「複数勧賞」とは、通常の成功では一度の造営に対して、重任または遷任など一つの賞を授与するところ、重任または遷任と、加階など二つ以上の勧賞が与えられる事例を指す。院政期になって出現したこの現象は、「賦課成功」として一方的な命令で多大な負担を請け負う受領に対する優遇策であると評価されている[59]。また、勧賞の数や内容（任官・叙位）が一定していないという現象は、成功が院政期における院の人事の恣意性を明証する事象だとする評価を助長している嫌いがある。しかし、そのような現象が何に起因して生じているのかは明らかにされていない。そこで、二つの事例に検討を加え、勧賞の基準を明らかにして成功の特質の解明を進めたい。

保延元年（一一三五）三月二七日に待賢門院が遷御した法金剛院東御所を、重任功を募って新造した藤原憲方[60]が、周防守に就任したのは大治三年（一一二八）一二月二九日だった。したがって、二期目の任終に近い時期に移徙日を迎えたことになる。遷任宣旨は当日下されず、任終年末の除目で近江守に遷任した。

ここで注目されるのは、移徙当日に「勧賞追可㆑申㆓請之㆒」[61]と宣下された事実である。先述の通り、造国司が任終近くで移徙・供養日を迎えたさいには、重任（遷任）宣旨が発給されず、加階される事例が多い。したがって、ここでわざわざ「勧賞追可㆑申㆓請之㆒」と断っている「勧賞」とは、加階の賞を指しているのではないかと推測される。事実、同年四月九日の臨時除目において、彼は正五位下に叙されている[62]。つまり、憲方は一度の成功で遷任と加階の二つを受賞したのである。ならば、供養・移徙日を迎える時期の違いによって、勧賞の数と内容に格差が生じるのだろうか。

康和四年（一一〇二）七月二一日に供養が営まれた尊勝寺の造営を参照して、検討を進めたい。［表2］の如く五名の受領によって堂舎が進上された。任日が判明している国明と基隆はいずれも就任一年以内に供養日を迎え、当日に重任宣旨が下されている[63]。ここで注目したいのは、「新御願（尊勝寺）可㆑被㆑作所課人々事」が定め下された時期が、康和二年四月三〇日(64)だったという点である。つまり、両者ともに造営の請負と引き替えに、現在の地位に先任(65)したとみなせよう。国明は備前、基隆は美作からそれぞれ現職に遷任しているから、厳密にいえば先任というよりも、「先遷任」というべきかもしれない。そうであるならば、この事例においても「先遷任」と当日の重任宣旨（つまり任終年の除目で重任が許可される）という、二つの勧賞を受けた事実が窺知されるのである。(66)

［表2］

受領名	造営堂舎	任日	当日宣旨有無
但馬守仲章	金堂・講堂・廻廊・中門・鐘楼・経蔵	康和二年中	有
伊予守藤原国明	薬師堂・観音堂・五大堂	康和四年正月二三日	有
越後守藤原敦兼	灌頂堂	（本文注66参照）	無
若狭守平正盛	曼荼羅堂	（本文注66参照）	有
播磨守藤原基隆	東西塔・南大門	康和三年七月七日	有

『中右記』康和四年（一一〇二）七月二一日条より作成。任日は、宮崎康充『国司補任』第四・五（続群書類従完成会、一九九〇・九一年）に依拠する（以下同じ）。

以上の分析から、院政期の成功は一度の成功で二つの賞を受けるのを慣例とするという特徴が究明できた。より具体的に特徴を記すと、①在職中の受領が造営を請け負い、任期中に完成して供養・移徙日を任終年近くで迎えた場合は、一つ目の勧賞として当日の加階があり、任終年の除目で重任または遷任される（二つ目の勧賞）。一方、②非現任受領や任期終了間際の受領が造営を請け負う場合、まず先任もしくは重任・遷任（以下、受領に補任される先任と区別して、便宜的に「先重任・先遷任」と記す）して、造営中の受領身分を保証する。これが一つ目の勧賞である。そして、完成後の供養・移徙当日、二つ目の勧賞として重任（遷任）宣旨が下され、任終年の除目で重任が許可されるのである。

次に、一度の成功で三つ以上の勧賞が実施された事例をとりあげて、「複数勧賞」が実行される背景を明らかにしたい。

久安二年（一一四六）三月一九日、長門守源師行が造進した高松殿に皇后藤原得子と姫宮（叡子内親王）が移徙した。当日、師行が得た勧賞は、正四位上の加階と「遷二任要国一之宣旨」であったが、実はこれより先に重任も許されていた。

権右中弁藤原朝隆が残した記録によると、師行は「本長門重任」を申請し、「修造去年(久安元)成風之時被レ下二重任宣旨一」た。師行が長門守に任ぜられたのは康治元年（一一四二）正月二三日。「修造去年成風」というのだから、通常の御所造営に要する工期を考慮すると、彼が造営を請け負ったのは長門守就任後だったと考えられる。実際、長門守の補任理由は「任中」、つまり前任山城守の評価（公文勘済者）による巡任であり、この造営に関わる先任でないのは明白である。それゆえ通常ならば、任終年に当たる久安元年（一一四五）に新御所への移徙が行われ、当日は加階の勧賞のみ実施されたはずである。ところが、移徙が翌年に延期されたため、秩満以前に重任宣旨を下し、任期を延長する必要が生じたのである。その結果、希代の三賞（去年冬の重任宣旨と移徙当日の正四位上加階と遷任宣旨）受賞が実現したのであろう。では、一体何ゆえに移徙日が延期されたのだろうか。

この日、当時希少な正四位上という位階を授けられた事実に注目したい。高橋昌明・元木泰雄両氏の指摘によると、この位階はごく限られた院の近臣のみに許された特権的な地位であり、四位上﨟は当時最上国と位置づけられる播磨・伊予などの大国受領に補任されるのが慣例だった。それゆえ、この加階は最上国への遷任の約束を意味すると諒解されよう。これらの点を考慮すると、鳥羽院が意識的に移徙日を延期して、「一身帯二三賞一希代」といわれた勧賞を実現させたとのだと推察されよう。

院政期の成功は、一見すると勧賞の内容に統一性を欠き、〝院の恣意的な人事〟の象徴のように評される傾向があるが、一つひとつの事例を精査していくと、実はその多くが慣例にそって執行されている実態が浮かびあがる。[74]逆説的にいえば治天の君たる院ですら、移徙日を延期するという操作を行わなければ、異例の授賞が実行できないほどに、成功の手続や内容が制度的に確立していた実状を、この事例は物語っていると察せられるのである。ここに摂関期との違いが看取されよう。

(三)院政期受領成功の特質

白河天皇在位五年目の承暦元年(一〇七七)一二月一八日、治天の君の権威と権力を象徴する壮麗な法勝寺の落慶法要が盛大に営まれた。法勝寺は寺院組織や伽藍配置・法会の性格などさまざまな観点から新規性が指摘されているが、造営経費の調達方法に関しても国宛を中核とする形態から、成功を積極的に採用する方式へ転換が図られた事実が知られる。それでは、如上に指摘した新しい成功もこの造営を起点に創始したのだろうか。

主要な堂舎の造営を担当した受領([表3])のなかで、当日重任宣旨が下されたのは為家ただ一人である。法勝寺の木作始は承保二年(一〇七五)七月一一日だから、[75]造営担当者の決定時期はそれ以前と考えられる。為家が播磨守に就任したのは承保二年二月から三年九月以前だと推察されるので、[76]前任美作から「先遷任」した可能性が高い。果して、「先遷任」と当日の重任宣旨——為家は永保元年(一〇八一)一一月まで播磨守在任が確認されるので、一期目の任終年の除目で重任が許可されているのは明らかである——という二つの勧賞がここに確認できるのである。

また、阿弥陀堂を造営した顕綱は延久四年(一〇七二)に丹波守に任ぜられたから、承暦元年は任終年に当たる。それゆえ供養当日には宣下されず、翌春の除目で藤原顕季との相博により讃岐へ遷任している。通例ならば、供養日に加階の勧賞を受けるはずだが、すでに正四位下に昇っていた顕綱は、彼の家格を考慮するとそれ以上の昇叙は見込み難く、加階されなかったのだと判断する。

［表3］

官職	氏名	造営堂舎	勧賞(当日宣旨有無)	現職受領の任日
播磨守	高階為家	金堂・講堂・左右回廊四間・鐘楼・経蔵・南大門	先任(先遷任)と当日重任宣旨	承保二年二月～同三年九月の間
丹波守	藤原顕綱	阿弥陀堂	後日の除目で重任	延久四年中
阿波守	藤原良綱	五大堂	任阿波守功	承暦元年(供養日以前)
侍従	藤原仲実	法花堂	申受領功	承暦二年正月

『大記』（『諸寺供養記』所収）承暦元年（一〇七七）一二月一八日条より作成。

以上の通り、宣旨が下る時期の相違が受領の任日（秩満までの残りの任期）に左右され、一度の勧賞で二つの勧賞を得るという特徴を持つ新しい成功制が、法勝寺造営時に出現した可能性が極めて高いことが明確になった。以下、本稿ではこの新しい成功制を「法勝寺型成功」と称することにする。

次に良綱と仲実について検討を加えよう。良綱は「任₌丹波守₋功」と記されており、供養日の時点ですでに受領に就任している（先任）とうかがえるのに対し、仲実は「申₌受領₋功」と記されているから未補だと分かる。先行研究(77)では両者の違いも、院命による請負（「賦課成功」）か自己申請かの違いに起因すると説明されるが、この場合も経歴に注目すべきと考える。

五大堂を造営した良綱は、天喜四年（一〇五六）に陸奥守に着任して以来、応徳二年（一〇八五）までの約三〇年の間に数か国の受領を歴任したが、承暦元年（一〇七七）以前では治暦四年（一〇六八）の淡路守見任まで受領在任の所見がない。一方、法華堂を担当した仲実は、翌年正月の除目で初めて受領（丹後）に任ぜられた(78)。

両者の例に鑑みると、非現任受領のうち過去に受領の経歴を有する人物が成功を行う場合は所謂先任となり、未経験者は供養・移徙日以降の除目で受領に補任される、という相違が認められる点を指摘したい。本章では、後者を史料上の表現を用いて、「申₌受領₋功」と仮称する。なお、良綱は治暦四年に淡路守へ遷任し、仲実もその後重任して応徳二年まで丹後に在任しているので、各々二つの受賞（良綱＝①阿波守への先任、②任終年の淡路守への遷任、仲実＝①丹後守補任と任終年の同守重任）が確認できる。

如上の検討を通して明らかになった「法勝寺型成功」の内容は、［表4］のように整理できる。同成功における勧賞の特徴は、造営中の受領身分を保証する点に求められよう。したがって、基本型はB（およびC）だと諒解する。Aは御願寺造営の平均的工期（二年半程度）を考慮すると、就任後二年未満の受領の場合は、現任中に造営が完了するはずなので、「先重任・先遷任」や先任を行う必要がないから、その代わりの賞として、加階の勧賞が実施されるようになったと推察する。「法勝寺型成功」の出現が、財政構造や人事・受領制度に如何なる影響をおよぼしたのかという問題については最後に言及したい。

［表4］

	請負時の状況	一つ目の勧賞実施日	内容	二つ目の勧賞実施日	内容
A	受領任始・任中（在任期間中に造営完了）	供養当日	加階（当日昇級できない場合は「追可㆓申請㆒由」の宣下あり）	任終年の除目	重任または遷任（※「重任功」「遷任功」）
B	受領任終に近い	秩満以前の除目	先重任または先遷任	供養・移徙当日	重任（遷任）宣旨（任終年の除目で重任または遷任）
C	非現任受領（受領経験者）	造営以前の除目	先任（※「任㆓～守㆒功」）	供養・移徙当日	重任（遷任）宣旨（任終年の除目で重任または遷任）
D	非現任受領（受領未経験者）	造営後の除目	受領補任（※「申㆓受領㆒功」）	任終年の除目	重任または遷任

※「 」内は史料上の表記

一度の成功で受領の地位が通常八年間保証されるという破格の賞が与えられるこの新しい成功制は、受領にとって非常に魅力的な任官の機会であったと推断する。本章で明らかにした受領成功の特質を踏まえると、仏教興隆政策による天皇・院らの度重なる御願寺造営と白河・鳥羽・京内各所を移徙する当該期特有の行動様式に基づく御所の需要など、院政期の大規模造営が次々に完遂された要因は、天皇・院らの一方的な造進命令にあるというよりも、むしろ右のような人事システムによって支配されていた受領側からの自発的な造営申請にあったと考えられるだろう。(79)

第三節　摂関・院政期の大規模造営における受領成功とその意義

(一)摂関家の造営事業

本節では、摂関家に関連する御所や御願寺などの大規模造営がどのようにして遂行されていたのか、特に受領成功の利用状況に注目しつつ、興福寺造営を例として検討したい。

(1)摂関期における興福寺造営

造営過程について比較的詳細な記録が残っている永承年間（一〇四六〜五三）の再建をとりあげよう。永承元年一二月二四日、興福寺は大規模な火災に見舞われ、北円堂と五重塔を除く全ての堂舎が灰燼に帰した。翌年正月二二日、「造東大寺」の例により、造興福寺長官以下、次官・判官・主典等の行事官除目、木作始・立柱・棟上等の日時定、そして造営の割り当てが行われた。金堂以下殆ど全ての堂舎は諸国に宛てられ、講堂・南円堂は関白氏長者藤原頼通、中門は皇后宮職（禎子内親王）、西金堂は中宮職（章子内親王）、北室は寺家が、それぞれ造営を担当することに決定した（[表

［表５］　永承年間の興福寺再建の造営割り当て

造営担当	造営堂舎
諸国	中金堂・南大門・回廊・経蔵・鐘楼・西室・東金堂
関白氏長者	講堂・南円堂
皇后宮職	中門
中宮職	西金堂
寺家	北室

『造興福寺記』永承２・３年条より作成

5」)[80]。このように、興福寺再建は官行事所と権門の家政機関が共同してあたり、造営の用途は諸国と権門の家産の双方から調達された[81]。

国宛された諸国は、臨時雑役の免除や一国平均賦課を申請して造営に臨み、「焼亡後、僅以一年」という早さで再建が完了し、同三年三月二日に落慶供養が営まれた。その翌日には造営に携わった人々に対して勧賞が実施され、造営に関する事務全般を統括する「惣行事」すなわち造興福寺長官以下の官行事と、関白家・皇后宮職・中宮職の家司行事、そして寺僧および舞人・仏師・大工が加階の賞に預かった[82]。受賞者の中に造国司の姿がみえないが、これは寛弘二年（一〇〇五）に定められた国宛に関する勧賞規定、すなわち任国の官物を立用しない場合に限り賞されるという条件を満たした受領がいなかったという実態を明示していよう。この事例から、一一世紀半ばにおいても当時の勧賞規定が、依然として厳格に適用されていた実状が浮かびあがる。

(2)院政期における興福寺造営

院政期になると、興福寺の造営用途に受領成功が用いられるようになる。管見によると、承暦元年（一〇七七）、伊賀守藤原親房が「造二興福寺塔并回廊等一」るにより、「尾張・出雲等国」への遷任を所望して、一〇月三日の除目直前に、上卿権大納言源俊房のもとに「今度欠国申文[83]」を持参している例が史料上の初見である。彼が行った成功手続きは摂関期以来の通常の成功形態と一致している。なぜなら、「法勝寺型成功」であれば供養日にはじめて重任宣旨が下されるため、翌年正月二七日に開催された塔供養[84]以前の除目で申文を提出することはあり得ないからである。ならば、興福寺造営には、院政期になっても「法勝寺型成功」は採用されなかったのだろうか。

そこで永長元年（一〇九六）九月の火災で堂舎の大半を焼失し、完成までに足かけ七年の歳月を要した康和年間の再建を例にして検討しよう。康和五年（一一〇三）七月二五日の落慶供養で勧賞に預かった人々は、造興福寺長官以下の行事と造営を担当した長者殿（忠実）家と大殿（師実）家の家司行事、寺僧・舞人・仏師・大工など摂関期とほぼ同様であるが、二人の受領名があがっている点に注目したい。

正五位下に叙された藤原孝清には「周防国司、金堂作事賞」、従五位上に昇った高階遠実には「伊賀国司、金堂作事賞」(85)という尻付があり、金堂造営用途調進の対価として加階が行われたのが分かる。しかし、この尻付からだけでは国宛か成功かは判断しかねる。ところがその後、「受領任符」の請印(86)が行われた事実が確認できるので、金堂が成功によって造営され、彼らに重任が許可されたと推察される。この推測を確実にするため、興福寺再建に臨んで催された造営定にさかのぼって調査してみたい。

焼失から一か月後に開催された同定では、「任二永承例一」せて国宛の採用が決定した。但し、「阿波・加賀・讃岐・安芸・越中等」、多くの院司受領の国々では所課が免除された。(87)その上年末になると、但馬守藤原隆時や播磨守藤原顕季ら国宛された院司受領の国のなかからも辞退表明が相次いだ。(88)このような状況を受けて、康和四年一一月、成功を採用するように方針転換が図られることとなった。

すなわち、右大臣邸を訪ねた造興福寺長官藤原宗忠は、「被レ仰二山階寺供養雑事一之次、内々可レ奏事。山階寺供養付二永承・治暦例一、所課欲レ充二諸国一之処、多以院殿上人也。頗有レ憚。只任レ例可レ充歟。不レ然者任二近代例一、重・延任受領可二充給一歟。両条之間可レ随二勅定一者」(89)、と忠実から「内々」に奏事すべき旨を承っている。忠実の発言は当該期の興福寺造営における国宛と成功との関係を考える上で示唆に富む興味深い内容を含んでいる。ここから判明する事実を一つ一つ検討してみよう。

①永承三（一〇四八）・治暦三（一〇六七）両年の興福寺修造は国宛で賄われ、今回も同様の方針だったとうかがえる。しかし再建が遅々として進まない状況を踏まえて、「重・延任受領可二充給一歟」の勅定を仰ぐ事態になっ

たのである。採用が検討されたのは、重任や延任の勧賞を与えて受領に造営を請け負わせる所謂受領成功である。ここで留意したい点は、受領成功自体は摂関期から行われているのだから、一二世紀初頭の段階で「近代例」と称されるこの成功は、「法勝寺型成功」による造営方法のことを指し示していると考えられる点である。王家に遅れること約二〇年目にして、摂関家で新しい受領成功による造営が検討された点を確認しておきたい。

②国宛による用途調進が困難を来した原因として、院司受領の増加を指摘する忠実の言葉が注目される。永長元年（一〇九六）の造営定の時点で、院司が受領を務める国々の多くは所課が免除された。また、但馬守藤原隆時や播磨守藤原顕季ら国宛された院司受領も、同年末になると一斉に辞退しはじめたのである。周知の通り、一一世紀末から一二世紀始めにかけて、院司受領が急増し、摂関家家司受領は著しく減少したため、摂関家に関わる造営の所課に応じる国が不足し、結果として興福寺の造営方法を変更せざるを得ない状況にいたったのだと推察する。

しかし、家司受領の減少によって国宛という用途調達方法に依拠する造営が実施困難になったとする忠実の見解を踏まえるならば、院司受領が増加した院や天皇に関わる造営の経費調達を国宛で賄うのは容易であろうとの推測が得られよう。にもかかわらず、主要な堂舎の造営に受領成功が積極的に導入されたのは何ゆえだろうか。受領成功が採用された理由を「国力の低下」による「国宛の衰退」への対応、つまり財源不足を補う目的があったためと考えるだけでは、国宛による所課を辞退した隆時や顕季が、成功で院関連の大規模造営にたびたび応じている状況は理解し難い。造営を請け負う受領にとって大きなメリットがある成功を創始した白河院の意図を検討する前に、まずは本造営に採用された成功が「法勝寺型成功」であることを確定したい。

成功の採用が決まった康和四年当時、孝清・遠実は各々二期目の任期途中であり、任終近くになって落慶供養日を迎えた。それゆえ、遷任宣旨は当日下されず、加階の勧賞が与えられ、翌年八月の臨時除目で孝清・遠実を相博した事実が確認できる。[90] つまり、加階と相博という二つの勧賞が実施されており、ここに康和の興福寺造営において「法勝寺型成功」が導入された事実が明らかになった。仮に彼らが国宛に応じていたとすれば、これらの賞を受けることはなかったであろう。康和再建の経緯は、負担に応じても見返りの少ない国宛に、受領たちが次第に関心を示さなくなっていく状況を如実に現わしている。[91]

さらに関心が寄せられる点は、国宛に応じる受領が不足して興福寺再建の継続不能に陥った摂関家が、堀河天皇と白河院に懇望して、「法勝寺型成功」採用の裁可を仰いだ事実である。これは、摂関家の凋落ぶりを露呈する結果を招いたと推察される。

もはや白河院の意向は明らかであろう。彼は勧賞を梃子として諸国の富を大量に消費する大規模造営の全てを統括し、勧賞に格差を設けることによって造営の優先順位を設け、天皇・院関連の造営が最も優先的に行われるようなシステムを構築したのだと評価したい。

(二)諸国一宮の造営

これまでの検討で、院政期に入り「法勝寺型成功」が王家に関連する造営で用いられ、摂関家関連の事業でも一部導入された事実を確認したが、その他の大規模造営についても同様の変化がみられるのだろうか。平安後期から鎌倉初期の造営関連史料が比較的纏まって残存し研究蓄積の厚い杵築社と、近年新たに検討が進められている気比社の修造例をとりあげて、諸国一宮造営の実状を検討する。

(1)越前国一宮気比社の修造

平安時代における気比社の造営形態に関しては、一宮制を論じた研究で間接的に言及されているものの、[92] 造営方法に関する具体的な分析は行われていない。しかし、『東山御文庫記録』所収「貞和二年（一三四六）九月五日　小槻匡遠注進状」（以下、注進状と記す）を検討した名子学氏の研究によって、平安・鎌倉期の造営形態が明らかになりつつある。(93) 気比社を事例として一宮造営における受領成功の位置づけを検討したい。

注進状記載の「回禄并造営例」によると、平安後期から鎌倉中期の間に①天喜二年（一〇五四）、②保延二年（一一三六）、③建久二年（一一九一）、④建長八年（康元元＝一二五六）の四回、焼失もしくは風雨による社殿顛倒の事実が判明し、そのつど再建されている。

①天喜の再建経緯

天喜二年五月一日、社殿舎屋が焼亡した事実を社司等が朝廷に報告し、一〇月一七日の宣旨によって、官使の派遣と国宛による用途調進が決定した。「支二配近境国々美濃・若狭・越前・加賀一」するとあり、所課が命じられたのは当事国と近隣諸国だった。一二月二一日、木作始や立柱・上棟の日時定が催され、同時に越前国に対して殿一宇の造進が命じられた。しかしながら造営は遅々として進まず、同四年七月、朝廷は再び越前国に対して「御殿一宇許」を「相造畢」べき旨を命じ、併せて近隣諸国への国宛を改め、受領成功の採用に方針を転換した。その結果、「加賀守源信房以二私物一造二進彼社神殿雑舎等一」するという申請があり、「依二其功一延任弐ヶ年」の宣旨が下された。

②保延の再建経緯

保延元年二月二一日、大雨により社殿舎屋が顛倒したという国司の言上があり、九月一三日、官使の派遣と本社司・国使に損色注進を命じる宣旨が出された。一一月八日、朝廷は「早可レ令三当国修二造件社内神殿・雑舎・鳥居・橋桴等一」しと命じたが、その翌月二日には「募二重任功一可二修造一」き旨を宣下して受領成功の採用を決定している。造営・覆勘が終了したのは同四年八月二〇日だった。

二度の再建例から、はじめは国宛による造営が試みられるが、国司が「申㆓対捍㆒」して円滑に進まないために、受領成功の採用に切り替えられた実状が判明する。また、重任宣旨が完成以前に発給されている事実から、摂関期以来の成功手続きが行われていた点が明らかになった。

(2)出雲国杵築大社(出雲大社)の修造

鎌倉期までの大社顚倒例は、史料上の初見①康平四年(一〇六一)以降、当該期では②天仁元年(一一〇八)、③保延七年(一一四一)、④承安二年(一一七二)、⑤嘉禄元年(一二二五)の計五回が確認されている。井上寛司氏は康平四年の社殿顚倒による治暦三年(一〇六七)の正殿造営と遷宮の過程を通じて、出雲国の一宮制が成立したことを論証し、神社制度・体制が転換するのにともない、造営のあり方も大きく様変わりすると指摘された[94]。すなわち、神社造営の主体が中央政府から出雲国司や国衙に移行し、社家が協力して修造が実行されるようになり、造営費用は正税から一国平均役に変化した事実を明らかにしている。しかし、井上氏の研究目的は二二社一宮制の成立過程を解明する点にあり、出雲社造営における受領成功の利用に関しては特に言及されていないので、今少し検討を加えてみたい。

③保延七年六月七日に顚倒した神殿の修造を担当した国守藤原光隆は[表6]の如く造営を遂行した。修造が完了した久安元年(一一四五)九月末、光隆は覆勘の官使派遣を要請する解状を提出し、そのなかで「代々之吏、彼社顚倒之時、蒙㆓重任宣旨㆒、所㆓造営㆒」、「爰当任之吏、同蒙㆓宣旨㆒之後、営㆓土木㆒之処(中略)凋弊之今、偏励㆓私力㆒、不日造畢[95]」と、みずからの功績の大なることを強調した。

この解状にみえる「蒙㆓重任宣旨㆒、所㆓造営成㆒」や「蒙㆓宣旨㆒之後、営㆓土木㆒之処」という表記から、造営以前に重任宣旨が下された事実が浮かびあがる。

［表６］　保延７年顚倒の杵築大社修造経緯

遷宮までの工程

永治元年 ＝保延７	1141	６月７日	神殿顚倒
		６月23日	宣旨(実検使派遣について)
		11月３日	実検使到来(15日実検使参詣社頭、19日帰府)
		10月14日	日時勘文が下される
		11月３日	仮殿始作事
		11月21日	御神体を仮殿に渡す
		12月７日	正殿材木伐採
康治元年	1142	正月27日	木作始
		２月８日	国守光隆解状（①材木支配：「神社仏寺権門勢家の荘園を論ぜず、一律に材木の勤めを賦課すること、および官使の派遣を要請」②済物・切下文・召物免除申請)
		３月19日	宣旨(光隆の申請許可)
		７月26・28日	神願
康治2年	1143	10月17日	官使到来
		10月８日	竪柱
		10月27日	上棟
		４月３日	大社作事
		６月16～21日	上梁・上桁
		７月６日	上棟木
天養元年	1144	８月28日	御遷宮の神宝物が京より下される
		９月28日	国守光隆解状(覆勘の官使派遣要請)
久安元年	1145	10月４日	覆勘の宣旨(光隆の申請許可)
		閏10月２日	官使下着
		11月23日	遷宮(火事により中止)
		11月25日	遷宮

出雲守藤原光隆の経歴

保延４年	1138	12月29日	任出雲守(「造春日塔」による「先遷任」ヵ)	公卿補任(永暦元年条)
保延６年	1140	10月29日	従五位上(造春日御塔賞)	同上
永治元年	1141	６月７日	神殿顚倒	
			この間に大社造営の成功で「重任宣旨」あり	
康治元年	1142		この年の除目で重任(「造春日塔」による重任ヵ)	
久安２年	1146	12月29日	遷但馬守(「造大社」の遷任ヵ)	本朝世紀

「千家文書」久安元年10月４日官宣旨案（『平安遺文』2562号文書、「北島家文書」（宝治２年12月）杵築大社造営遷宮旧記注進（『鎌倉遺文』7017号文書）より作成。

また、光隆が康治二年（一一四三）初頭に一国平均役の賦課と「諸司所々切下文并官行事所・蔵人所召物」[96]の免除を申請し、朝廷がこれを許可している点に留意したい。本来、受領の「私物」から経費を捻出しなければならない成功で、済物免除が認められ、任国からの収益を宛てる行為が正式に朝廷から認められたのである。一二世紀半ばにこのような変化がみられる点については、上島享氏が統子内親王の三条殿造営時に済物が免除された例を指摘されている。本稿では、諸国一宮の造営における成功でも同様の変化が認められる事実を確認しておきたい。

以上二社の分析を通して、諸国一宮の修造は当該国と近隣諸国の国宛で用途調達するのを基本としたが、国司の対捍などの理由によって調進が困難となり、受領成功が導入された経緯が明らかになった。そして、一宮造営においては、一二世紀以降も「法勝寺型成功」が採用されることはなく、摂関期以来の形態の成功が利用されていたという事実が判明した。このような特徴が諸国一宮全般に敷衍できるかどうか、今後検討を進める必要があるものの、「法勝寺型成功」が王家に関わる造営に限定的に用いられている可能性が高く、勧賞の内容という面において他と差別化を図って、院や天皇関連の造営が当時最も優先されるべき事業として位置づけられていた実状が看取される。

(三)受領成功の意義

如上、摂関・院政期における受領成功の成立・変遷過程およびその特質を明らかにした。最後に財政構造や朝廷の受領政策・人事制度との関わりに注目して、該期貴族社会における受領成功の意義を考察したい。

受領成功は一〇世紀末の財政構造や受領に適用されていた人事制度を変革しようと企図する兼家・道長父子によって、積極的に導入された造営経費調達および任官に関わる制度だと認識する。彼らが目指していた改革の内容と、摂関期における受領成功の意義や特徴は以下の二点に纏められるであろう。

一、財政構造改革の主要な目的は、ひとつは神社政策に顕著なように、独自財源の保有を保証して経営の自立化を促進することによって、国家や諸国からの支出を抑える点にあったと推察する。そのため、彼らは神社行幸を行い、社司の設置・叙位、神領寄進、社館の造営などの支援策を実施した。その対策費として非済物・非官物の財源が必要となり、「私物」を名目とする受領の成功という経費調達方法が採用されたと推察する。

もうひとつは、寺内浩氏が指摘(97)されているように、受領の「私物」=「私富」を効率的に回収して、中央の公事や造営などの経費として取り込み、活用を図る点にあったと理解する。ここで中込律子氏の研究(98)に注目して、受領の収益が生み出される仕組みを確認しておきたい。一〇世紀後半に成立した所当官物制(99)のもとで、米が交換手段(一般的な等価物)として定着し、中央済物における米の比重と京庫納の比重が高まった。受領の家産機構である京庫に大量に蓄えられた京進米は、中央からの随時的で額・品目が不特定の済物(年料・召物・率分など)納入のための中央用途のプールであると同時に、受領の私的な借米として運用される場合もあった。受領のこのような行為の背景には、中央の用途賦課における明確な統一基準が欠如しており、受領の管理する物資のどこまでが済物であるのかが不明確な状況と、中央政府が国内収取の実態を把握するシステムが不在だという実状がある。

受領の収益が済物弁済という国務の遂行と不可分かつ構造的に生み出されるという状況を踏まえて、朝廷が受領の収益の一部を彼らの「私物」と認定して、「私物」=「私富」を公に国家財源として効率的に回収・利用する方途が受領成功だったと推察する。

二、人事制度の側面における道長等の改革の特徴は、第一節で述べた通り、天皇家や道長一家と親しい人物に対する昇進面での優遇政策の実施という点にある。受領成功も家司に編成した受領の任官(受領補任・再任)に便宜を図る目的で採用されたと推察する。しかし、功過定の実施を通じて、受領の人事的統制と朝廷による「地方支配」を遵守しようとする多くの公卿等の反発に遭い、成功による重任・遷任は僅かしか実施されなかったのであろう。

以上の通り、摂関期においては兼家・道長・頼通ら政権首脳部と一般公卿等との対立の構図が解消されず、摂関あるいは一上としての権限と外戚としての権威に依拠して、家司受領に対する功過定の審議を事実上無効にして人事上の優遇を図ったり、訪の形式をとって私的に受領の「私富」を活用したりする傾向が強かったと考えるのである。

後三条天皇は、歴代の摂関が利してきた受領成功（重任功）を否定して、大規模造営の財源確保および功過定の実施に具現した国家による「地方支配」の観念的意義[100]を、造内裏役および宮城大垣修造役の一国平均役化というかたちで体現したと評価したい。

白河天皇は、後三条天皇の政策を引き継ぎつつも、彼が否定した受領成功を摂関期のものから大幅に改訂して、人事・財政面における重要な意味を持つ制度として確立した。それが法勝寺造営時に出現した新しい受領成功制（「法勝寺型成功」）である。同成功制の意義は、以下の三つにまとめられよう。

ひとつは、成功による造営用途を受領の「私物」ではなく、任国から拠出する行為を合法化した点である。先述の通り、新しい成功には造営中の受領身分を保証するという特色が認められた。この特徴は成功による造営の請負が受領の身分や職掌と不可分な関係にある実状を明示していると理解してよいであろう。事実、「承保比法勝寺金堂・阿弥陀堂造作之程、皆雖レ被レ免ニ臨時召物一」[101]とあるように、法勝寺造営にさいし、成功を行う受領の任国における臨時召物が免除され、任国からの経費調達が合法化された。先行研究では受領の負担を軽減する措置として評価される[102]この成功制に関して、次の点を考慮するならば、さらなる意義が看取できる。すなわち、臨時召物の免除が即、受領の負担軽減に繋がるという考え方が公にされた点に注目するならば、実質的には同質化していた受領の収益（私物）と済物・官物とを区分してきた摂関期以来の朝廷の見解（建前）を否定し、両者が不可分に創出されるという財政構造の現状を朝廷自らが追認したことの現れだという理解が導かれよう。

二点目は、受領の立場や職掌の変化を促進した点である。摂関期において成功を申請した受領が果たすべき主な役割は、「私物」をもって（任国から）造営経費を捻出して、用途を調達する点にある。しかし、院政期では任国からの支出が公許され、その上破格の勧賞が与えられた受領は、以前のように造営経費をただ調達すればよいのではなく、造営に関するさまざまな責任と職務が課せられたのではないかと推察する。

その一つは造営の現場責任者としての任であり、もう一つは財政基盤となる所領の立荘への関与が求められたのではないかと察せられる。

まず、鳥羽院御願の勝光明院の造営例を詳細に検討した丸山仁氏の研究(103)を参考にして前者について触れておきたい。勝光明院の御堂は伊予守藤原忠隆の成功で造進されたが、人夫は鳥羽院領荘園から徴収され、微細な細工技術を要する仏具・調度品の製作は院の納物所、仏像は鳥羽の仏所が担当し、池掘人夫・花幔・広庇・舞装束などは国宛、鳥羽殿遣水料・竜頭鷁首料等の船は検非違使が負担した。このように、造国司の他、願主である院関係の荘園・諸施設、諸国・検非違使など多様な機関の協業によって造営は遂行された。本造営において、院の奉行として諸国・検非違使・大工・院庁官・造国司忠隆等に対しさまざまな命令を下し、事業全体を統括したのは鳥羽院別当・権中納言源師時であった。一方、忠隆は造営現場において堂舎造営にあたった大工に「作料」（工匠の食料）を与えたり(104)、「池掘行事」として鳥羽院領から徴収した人夫を駆使して造園を指揮したりした。また、鳥羽院の命を受けて師時とともに「鐘楼事」を沙汰し、造営計画に遅延が生ずると、鳥羽院より召し出され、「今年中欲二供養一、諸事可二忩催一」と命じられてもいる(105)。

以上のような動向は、総じて現場責任者のそれとみなせよう。今後さらなる事例分析を行う必要があるが、勝光明院の事例から、院政期における院関連の大規模造営は、院司受領の成功の他にもさまざまな経路から用途を調達し、多数の人夫を動員して、願主たる院の指揮の下に、蔵人や弁官の経歴を有する公卿別当が事業全体の実務統括役を務め、造国司たる院司受領が現場責任者として造営の遂行を直接指揮する責務を負う体制が確立していたと考えられる。

次に、鳥羽院御願の金剛心院領越後国小泉庄の立荘過程を明らかにした高橋一樹・丸山仁両氏の研究(106)を参考にして、造国司と御願寺領の立荘との関係について言及したい。

久寿元年（一一五四）八月九日に落慶供養が行われた同院の阿弥陀堂は備後守藤原家明が、釈迦堂は播磨守源顕親が請け負い、各々知行国主中納言藤原家成と入道殿（藤原忠実）が実質的な沙汰を行った。(107)堂舎造営と平行して、「新尺迦堂領」として小泉荘が立荘された。これは免田三〇町からなる中御門家領小泉庄を核に、郡規模の領域型荘園として立荘されたものである。(108)中御門宗忠の小泉荘は彼が仕える忠実の保護を得ていた事実があり、この立荘に忠実―宗忠が深く関与したであろうと丸山氏は推察している。また、郡規模の領域型荘園として立荘されるためには、知行国主や国司の承認と関与が不可欠である。(109)越後国は当時、藤原隆季が守を務め、その父家成が知行国主の任にあった。如上の立荘過程を踏まえると、造国司（もしくは知行国主）は、造進する御願寺領の立荘にも深く関与していた実態が浮かびあがる。(110)

右記の如く、「法勝寺型成功」によって破格の勧賞を受けるようになった受領は、現場責任者としての責務や御願寺の経営基盤（寺領）の構築など、種々の職掌を担う造営のプロフェッショナルとして位置づけられたと評価できるのではないだろうか。

三点目は受領の人事・昇進制度に変化をもたらした点である。白河院の近臣六条修理大夫藤原顕季は、院政期

［表7］ 藤原基隆

元号	西暦	月	日	受領	事項	事由	典拠
嘉保元	一〇九四	一二	二二	美作守	補任	一院分	除目大間書
承徳元	一〇九七	―	―	〃	この年重任ヵ	―	
康和二	一一〇〇	四	二三	〃	従四位上	造内裏(宣燿殿)賞＝国宛	公卿補任(大治五年条)
康和三	一一〇一	七	七	播磨守	遷任	尊勝寺造営成功の「先遷任」	殿暦
康和四	一一〇二	七	二一	〃	尊勝寺供養	当日「重任宣旨」	中右記・諸寺供養記・尊勝寺供養記
長治二	一一〇五	―	―	〃	この年重任ヵ	除目の際に重任	
天仁元	一一〇八	七	二八	伊予守	遷任	鳥羽東殿御塔造営成功の「先遷任」	公卿補任(大治五年条)
天仁二	一一〇九	八	一八	〃	鳥羽東殿御塔供養	当日「重任宣旨」	殿暦
天永二	一一一一	―	―	〃	この年重任ヵ	除目の際に重任	
永久三	一一一五	三	二九	播磨守	遷任	大炊殿造営成功の「先遷任」	公卿補任(大治五年条)
永久三	一一一五	一一	二六	〃	新造大炊殿移徙	当日「重任宣旨」	百錬抄
元永元	一一一八	―	―	〃	この年重任ヵ	除目の際に重任	
保安二	一一二一	六	二六	讃岐守	遷任	熊野本宮三重塔造営の「先遷任」	公卿補任(大治五年条)
保安三	一一二二	―	―	〃	熊野本宮三重塔供養ヵ	当日「重任(遷任)宣旨」ヵ	中右記(保安元年六月二二日条)
保安四	一一二三	一	二〇	伊予守	遷任	除目の際に遷任	公卿補任(大治五年条)
大治元	一一二六	一二	二七	〃	新造春日殿移徙	息子忠隆とともに当日「重任宣旨」下る	百錬抄・上皇御移徙記
大治二	一一二七	三	一九	〃	円勝寺三重塔供養		中右記
大治四	一一二八	一二	一三	播磨守	遷任	春日殿造営の遷任	中右記
大治五	一一二九	一〇	二五	従三位	法金剛院供養	法金剛院造営成功の勧賞で、当日従三位に加階	中右記・百錬抄・公卿補任(大治五年条)

を代表する受領の一人であり、「受領卅年相続不断」[111]といわれた人物である。「法勝寺型成功」の出現によって、功過定は完全に形骸化し、旧吏の再任や治国功の加階以外の事由で昇進することが可能になった。ここに、定期的に（少なくとも八年以内に一度の割合で）大規模造営を請け負い、先任（含「先重任・先遷任」）や重任・遷任を繰り返して、数十年にわたり受領を相続し、公卿にまで昇進する階層、所謂「受領層」が出現したのである。

藤原基隆の経歴と造営との関係を纏めた[表7]からうかがえる通り、一時期に複数の造営を請け負う場合もあり、その勧賞を子弟に譲って受領任官や重任に利用して、受領層の再生産が図られる実態が浮かびあがる。[112]

また、受領層の位階昇進事由にも変化がみられる。治国功による加階が厳格に適用された摂関期においては、六か国の受領を経た藤原隆佐が七五歳にしてようやく従三位に昇った事実が知られる通り、受領が公卿にいたるのは極めて稀だった。ところが、前述のような院政期における受領の職掌の広がりや、任国には目代を派遣して自らは在京して恒常的に朝廷や院等に近侍し、さまざまな行事に参加することによって、年爵や勧賞に与る機会が増し、公卿（従三位）にまで昇進する受領が増加したのである。[113]そのような変化は、公卿にいたる昇進の速度を速めただけでなく、昇進形態の変容をもたらしたと評価できよう。すなわち〝機械的・官僚制的な性格が強い年労制から年爵・勧賞を昇進事由とする中世的な人事・昇進制度への変容[114]〟が受領層にまで浸透した事実を明示していよう。

以上のように、受領成功制の変容は受領の地位や職掌など受領制自体に変化をもたらしたという点を強調しておきたい。

おわりに

以上、受領成功の制度的実態やその変遷過程について検討を加えた。本章で述べた主要な論点は、以下のようになる。

①受領成功は、功過定によって受領を統制しようとする一〇世紀後半における朝廷の基本方針に相対する性質を持つ制度だといえる。この点に、受領成功が導入された理由や背景を具体的に検討する必要性があると考える所以がある。

②藤原兼家・道長ら政権首脳部が企図する財政支出削減政策を推進する上で、非官物・非済物の財源が必要となり、受領の「私物」を名目とする受領成功が積極的に造営費に充てられるようになったと推察した。これにより、政府は受領の収益＝「私富」の一部を、受領の「私物」と認定して、それを公に国家財源として回収・利用することが可能になったのである。さらに、受領成功採用の背景には、天皇家や摂関家に親しい人物を受領に取り立てるという兼家・道長らの思惑があったと指摘した。

③しかし、道長ら政権首脳部の方針と、受領功過定の実施によって受領を人事的に統制し、朝廷による「地方支配」を具現化しようとする一般公卿らの見解とが対立していたため、摂関期において受領成功は制度的な確立をみなかった。

④法勝寺の造営において、新しい成功制が出現した。本稿で「法勝寺型成功」と仮称したこの成功制の特徴は、造営時の受領身分を保障する点にあり、造営に先立ち「先重任または先遷任」を許可し、供養・移徙日に重任（遷任）宣旨を下して次なる重任（遷任）を許可するという二つの勧賞が実施された（詳細は前掲［表4］参照）。そして、白河天皇が創始したこの新しい成功は、当初王家に関する造営事業にのみ採用された。この成功を受領の昇進システムとして機能させることによって、受領を自発的に大規模造営に駆り立てたのである。白河天皇は勧賞を梃子として諸国の富を大量に消費する大規模造営の全てを統括し、勧賞に格差を設けることによって造営の優先順位を明らかにし、王家に関する造営を最優先に位置づけたと考えられる。

⑤かかる成功の出現によって、国宛に応じる受領が不足して興福寺の再建がままならなくなった摂関家が、堀河天皇と白河院に懇願して「法勝寺型成功」採用の許可を得た事実は、同家の権力の凋落ぶりを露呈する結果を招いたと推察する。

⑥「法勝寺型成功」によって、成功による造営用途を受領の「私物」ではなく、任国から拠出する行為が合法化された。これは、摂関期以来、実質的には同質化していた受領の収益（私物）と済物・官物とを区別してきた朝廷の見解（建前）を否定し、両者が不可分に創出される財政構造の現状を朝廷が追認した事実の表れであると認識する。

⑦任国からの拠出が認可され、その上破格の勧賞を受けるようになった受領は、現場責任者としての働きや当該寺院領の立荘への関与などがみられるように、造営のプロフェッショナルとしての職掌を帯びることが求められた。院政期における新しい成功制は受領の職掌・存在形態にまで変化をもたらしたと評価できるだろう。

受領成功は、国家財源を補う用途調達制度とする評価にとどまらず、摂関・院政期における国家財政・受領制・昇進制度の変遷・展開に少なからぬ影響を与えた制度だと位置づけられよう。今後、当該期の受領制研究や知行国制との関わりなどについても検討を進めていきたい。本文中に記した問題点や後白河院政期以降の受領成功の変遷など残された課題は多いが、それらの点についても別稿を期して擱筆したい。

（1）『中右記』大治四年七月一五日条裏書。
（2）吉村茂樹『国司制度崩壊に関する研究』（東京大学出版会、一九五七年、初出は一九三四年）。その他、受領制研究史については、寺内浩①「受領制研究の成果と本書の課題」（『受領制の研究』、塙書房、二〇〇四年）を参照。
（3）「成功・栄爵考」（『竹内理三著作集第五巻　貴族政治の展開』、角川書店、一九九九年、初出は一九三五年）。
（4）安田晃子「一一世紀中葉における成功制の変質」（『史学研究』一五八、一九八三年）、難波文彦「『成功』の特質とその意義」（『国史談話会雑誌』二七、一九八六年）。また、造営における国宛・成功に関する研究は、小山田義夫①「造内裏役の成立」、同②「一一～一二世紀における寺院の造営形態」（『一国平均役と中世社会』、岩田書院、二〇〇八年、初出は一九六四・六三年）などがある。

（5）上島享①「地下官人の成功」、同②「造営経費の調達」、同③「受領の成功」（『日本中世社会の形成と王権』、名古屋大学出版会、二〇一〇年、初出はそれぞれ一九九二・九二・九四年）。

（6）「国宛」は、一〇世紀後半に創始した正蔵率分制・永宣旨料物制・年料制・料国制・臨時召物制など、各官司が経費を諸国から調達する収取制度を一括したものを指し（上島氏注5①所引論文参照）、狭義の国宛（造営等の臨時的な経費を諸国に割り当てる方式）と区別する。

（7）拙稿（旧稿）に関して、「官職と位階との編成原理の差異を考慮に入れず、加階も成功の一環と捉えており、議論に混乱が見られる」（上島氏注5所引書注196、九二〇頁）とのご指摘を頂いた。成功による造営請負の見返りとして、受領が得られるものは、基本的には任官（受領の補任・重任・延任・遷任）であると筆者も考えている（加階が実施される要因については本書四二九～四三五頁を参照されたい）。上島氏は「院政期に、受領が御願寺の堂舎などを成功で造営した場合、落慶供養の日に『勧賞』として叙位（従五位下以上の位階）されることが多いが、受領が成功を行った目的は任受領・重任・遷任にあり、叙位を求めて功をなした訳ではない。供養時に与えられる位階は大功に対する治天の君（天皇）からの給恩とみるべきで、天皇との君臣関係の確認という叙位の本来的な性格が残っているのである」（同書注89、九一〇頁）と言及されている。また、「『賦課成功』は、上皇との主従関係を前提とした経済的奉仕という性格を併せ持ち、単に任官を目的とする通常の成功とは性格を異に」（同書六五五～六五六頁）し、「供養当日に、造営を担当した受領に与えられる叙位は、成功という制度では捉えることはできず、上皇と受領との個人的な君臣関係に基づくものであり、近臣間での秩序維持などその時々の事情や上皇の意向が反映している」との見解を述べられている（同書六五三頁）。

（8）院政期における一部諸大夫層の家格上昇や、受領補任制度の実態は、玉井力氏の一連の論考によって解明が進められている（玉井力①「『院政』支配と貴族官人層」、同②「『受領挙』について」、同③「受領巡任について」、『平安時代の貴族社会と天皇』、岩波書店、二〇〇〇年、初出は一九八七・八〇・八一年）。本稿では、重任・遷任によって不断に地位を相続して公卿にまでいたる仕組みや、昇進方法の変化が生じた背景と、そのことが受領制に与えた影響などについて考察する。

（9）大津透①「平安時代収取制度の研究」、同②「受領功過定覚書――摂関期の国家論に向けて――」（『律令国家支配構造の研究』、岩波書店、一九九三年、初出は一九九〇・九三年）、佐藤泰弘「古代国家徴税制度の再編」（『日本中世の黎明』、京都大学学術出版会、二〇〇一年、初出は一九九〇年）、中込律子①「受領請負制の再検討」（『中世成立期の歴史像』、東京堂出版、一九九三年）、同②「摂関・院政期の国家財政をどうとらえるか」（『歴史評論』五二五、一九九四年）、同③「中世成立期の国家財政構造」（『歴史学研究』六七七、一九九五年）、寺内浩②「受領の私富と国家財政」、同③「摂関・院政期の国家財政と受領」（注2所引書、初出は一九九四・二〇〇四年）。

（10）一〇世紀後半において、受領統制が強化されたとする大津氏等の評価と財政上の統制機能を疑問視する寺内・中込氏等の見解がある。

（11）『小右記』寛弘二年一二月二一日条。

（12）受領が「私富」を拡大しようとして苛酷な収奪＝苛政を行う行為を、政府は禁じており、苛政を行った受領の再任は不利にする等、治政内容を任官にさいして重視した（寺内浩④「国司苛政上訴について」、注2所引書、初出は一九九九年）。

（13）『御堂関白記』寛弘二年一二月二五日条。『小右記』長和二年正月二三日条。なお、寺内浩⑤「受領考課制度の解体」（注2所引書、初出は一九九七年）を参照。

（14）地下官人が比較的小規模な殿舎の修繕や公事遂行のための費用として、行事所に私財を進納した見返りに任官や叙爵することを地下官人の成功と言い、受領成功と区別される（上島氏注5所引論文①参照）。本稿では特に断らない限り、単に成功と表記する場合も、受領成功を指し示すこととする。

（15）『小右記』永祚元年二月一日条。なお、同時に源乗方が式部省を造進した功により、越前守に任ぜられたが、この成功は父大納言による懇望で成立した。

（16）『公卿補任』正暦元年藤在国の項。『尊卑分脈』第二篇「内麿公孫」。『江談抄』第一、摂関家事「大入道殿譲中関白於中関白給事」などを参照。また、室橘仲遠女（橘三位）は一条天皇の乳母を務めた（『尊卑分脈』第二篇二〇二頁「資業」の項)。
(17)『日本三代実録』貞観元年二月一一日条。
(18)『賀茂注進雑記』「行幸官幣御幸付祈願霊験寺」。
(19)「神社修造と社司の成立」(山本信吉・東四柳史明編『社寺造営の政治史』、思文閣出版、二〇〇〇年)。
(20)『日本紀略』大同四年四月辛卯(一六日)条。
(21)長保元年七月二七日太政官符(『新抄格勅符』第一〇巻抄「神事以下雑事」)、『政事要略』巻第五四「修理神社事」。
(22)正暦五年五月二三日官宣旨(『類聚符宣抄』巻第一「神社修造」)は、賀茂別雷社の社司が申請していた五か所の雑舎修造を社司自身の負担で行うように命じている。
(23)本書第三章参照。
(24)『小右記』寛仁元年一一月二九日条。
(25)『小右記』寛仁元年一〇月五日条。
(26)『小右記』治安元年一〇月一四日条。「根津美術館所蔵文書」治安三年一二月一日太政官符案(『平安遺文』四九四号文書)。
(27)寛仁二年一一月二五日太政官符(『類聚符宣抄』巻第一「被奉公郡於神社」)。
(28)『小右記』・『御堂関白記』寛弘二年一二月二一日条。
(29)『御堂関白記』寛弘二年一二月二一日条。
(30)『小右記』寛弘二年一二月二一日条。
(31)脱文のため公卿名が欠損しているが、前後関係から、この他に藤原斉信・実資・道綱・顕光が行成の意見に賛成したと推察される。
(32)上島氏注(5)②所引論文四一頁。
(33)『尊卑分脈』第二篇「魚名公孫」。
(34)但し、道長家司は受領功過定の審議において「不快事」や「極不便」な件があっても、道長に遠慮して諸卿が

「合レ眼無レ所レ云」く、「満座属目、雖レ似レ有レ定、還如レ無レ定」（『小右記』寛仁元年九月一日条）き状態であり、結果として「無過」の判定を得て、短期間のうちに大国へ再任される場合が多かった（摂関期の功過定の実態については、福井俊彦「受領功過定の実態」〈『史観』八八、一九七四年〉、寺内浩⑥「受領考課制度の変容」（注2所引書、初出は一九九七年）、増渕徹「藤原道長執政期の受領功過――『北山抄』「古今定功過例」を参考に――」〈笹山晴生編『日本律令制の展開』、吉川弘文館、二〇〇三年〉を参照）。このような状況は、受領功過定の形骸化に繋がった。しかし、「無過」だとしても、権力者道長の家司に対しても功過定が実施されている事実は、院政期との比較において留意したい。

(35) 遠藤基郎「一〇～一二世紀における国家行事運営構造の一断面――五節舞姫献上をめぐる家の国家行事関与の分析――」（『中世王権と王朝儀礼』、東京大学出版会、二〇〇八年、初出は一九九〇年）。

(36) 旧稿における「政権首脳部」が、具体的に誰を指しているかが不明確であるとのご指摘や、「受領成功の嚆矢たる源乗方が越後守に補任された事例では、『是造二作式部省一功、又依二大納言重信卿懇奏一云々』（『小右記』永延三年二月一日条）とあり、権大納言重信の強い後押しで、息乗方は越前守となった。問題はこの大納言重信は、道長と同様、政権首脳部にあたるのか、現状維持を目指す諸公卿なのか、概念規定そのものの曖昧さより、不明といわざるをえない」（上島氏注5所引書注195、九一八頁）とのご指摘を頂いた。旧稿では表現が曖昧であった。その部分に関しては、具体的な人名を明記した。筆者は、先述した神社経営の自立化策（本書四一九頁）などとともに、国家財政の構造改革を明確に企図して受領成功を推進しようとしている「政権首脳部」とは、道長執政期までは兼家と道長ただ二人と考えている。ただし、「重信」のように息子の人事という私的利害に関わって、個別事例で受領成功の導入に賛同する者の存在を否定するものではない。

(37) 『続古事談』第一―二三。

(38) 後三条親政期の造営に関しては、小山田氏注(4)①所引論文、詫間直樹「延久度造宮事業と後三条親政」（『書陵部紀要』四〇、一九八八年）、一国平均役については、上島享「一国平均役の確立過程」（注5所引書、初出は一九九〇年）を参照。

(39) 小山田氏注(4)②所引論文、上島氏注(5)②③所引論文。

(40)『中右記』永久二年一一月二九日条の「法皇仰二備前守正盛一、令レ作二堂舎一」、『兵範記』仁安二年正月二〇日条の「去年奉二院宣一、募二讃岐・周防両国功一」、『百錬抄』平治元年八月一六日条の「鳥羽院仰二長門守師行一造二立之一」など。

(41) 寺内氏注(9)③所引論文一二六〜七頁の注36参照。

(42) 上島氏注(5)②所引論文。

(43)『中右記』永久二年一一月二九日条。

(44) 上島氏注(5)③所引論文。

(45)『中右記』永久元年四月三〇日条、『殿暦』永久元年一〇月一日条。以下、本章の全体にわたって、受領の補任状況は宮崎康充『国司補任』第四・五（続群書類従完成会、一九九〇・九一年）を参照した。

(46)『中右記』天永三年正月二七日条。

(47) なお、本章で使用する「造国司」とは、史料上の表記に倣い、国宛・成功を問わず造営を請け負った国司を指し示すこととする（『兵範記』久寿元年八月九日、保元二年十月二二日条などを参照）。

(48)『殿暦』天仁二年八月一八日条。

(49)『中右記』・『殿暦』天仁二年七月二八日条、『公卿補任』大治五年藤基隆の項。

(50)『上皇御移徙記』大治三年六月二七・二九日条（宮内庁書陵部編『図書寮叢刊　仙洞御移徙部類記下』、明治書院、一九九一年）。

(51)『中右記』大治二年正月二〇日条。

(52) 仁安二年正月一九日条。

(53) 仁安二年正月二〇日条。

(54)『兵範記』仁安二年七月三日条。

(55) なお、③について以下の点を補足しておきたい。移徙の翌日、同御所で実施された東宮朝覲行啓で、俊盛は他の院司等とともに「春宮朝覲行啓賞」に預かり正三位に昇った（『兵範記』仁安二年正月二〇日条）。これは造営を担当した知行国主としての功績が認められての叙位である可能性が高い。また、月末に行われた法住寺殿朝覲行幸では、兄讃岐守季能が「院御給」の勧賞に預かり、正五位下に叙されている（『兵範記』仁安二年正月二八日条）。実は、「件人（季盛）少年」だったため、父俊盛が造営の実質的な責任者となり、「於二材木一者周防国出」し、「於二自余事一者、偏讃岐国之力」（宮内庁書陵部編『図書寮叢刊　仙洞御移徙部類記上』〈明治書院、一九九〇年〉収録『仙洞御移徙部類記四』「中山内府記（山槐記）」仁安二年正月一九条）であったという。つまり、材木以外の用途は兄季能の讃岐国から調達されていたのである。以上の通り、成功に対する賞が移徙当日、造国司に与えられたほか、知行国主や造営を助けた家族の受領にも、極めて短期間の内に関連する儀式で勧賞（院司賞）が行われている。

(56)『上皇御移徙記』・『中右記』・『長秋記』長承三年一二月一九日条。

(57)後任藤原俊盛が丹後守に就任したのが保延二年五月だという点から推察できる。

(58)供養・移徙日に重任宣旨が下されず、当日は加階の勧賞のみが実施された事例として、①久安五年三月二〇日に供養が行われた延勝寺金堂の造国司播磨守平忠盛は、久安元年四月四日に亡くなった藤原顕保の死欠の替えとして同守に補任され、任終年に開催された供養日には重任宣旨が下されず、同五年四月三日の官符請印の時に直接重任した。なお供養当日には、「可レ依二追申請一之由」が仰せ下され、加階の権利が与えられている（『本朝世紀』久安五年三月二〇日・四月三日条）。②長承二年一一月二六日に移徙があった小六条殿を造営した讃岐守藤原経隆は、大治五年に同国に就任して以来、丸三年が経過していた。それゆえ、供養日に重任宣旨が下されず、従四位上に昇った（『上皇御移徙記』同日条。また、保延四年まで同国守に在任しているから、その後の除目で重任したと察せられる）例などがある。

(59)小山田氏注(4)②所引論文、上島氏注(5)③所引論文。

(60)『中右記』・『長秋記』保延元年三月二七日条。

(61)『上皇御移徙記』保延元年三月二七日条。

(62)『中右記』保延元年四月九日条。

(63)『中右記』康和四年七月二一日条。

(64)『中右記目録』康和二年四月三〇日条。

(65)なお、上島氏は、先任に関して「功を成す以前に、目的とする官職に補任されることを史料上では『先任』という。先任は一二世紀中葉以降、地下官人の成功で多数確認出来るが、この事例（康和四年尊勝寺造営＝筆者補記）より、受領成功においては、一一世紀末に先任が行われていたことが分かる。地下官人の成功の場合、先任は、成功の多用により功を行っても容易には任官ができないという状況の下、成功を行う者への優遇措置として実施されたが、受領成功でも同じことがいえる」（同氏注5所引書六五三～六五四頁）との見解を示されている。筆者は、院政期に出現した「法勝寺型」の受領成功における先任は、造営を行う者の造営中の受領身分を保証する意味もあるのではないかと考えている。造営を請け負った受領は、臨時召物が免除され、任国からの経費調達が合法化されるようになった（本書四四五～四四六頁）。

(66) 正盛と敦兼の任日は不明だが、正盛の若狭守初見は康和三年九月二三日であり、同元年四月一二日には敦兼が同守に在任している事実が確認できる。そして、敦兼の越後初見は康和四年正月二七日、前司藤原季綱の終見は同元年正月二一日である。それゆえ、正盛は敦兼の後任の可能性が高く、両者の現任国受領への任日は同日（康和元年四月以降、同三年九月以前）だと考えられる。任日が同日の二人の間で、宣旨が下る時期に相違がみられるのは何ゆえだろうか。

敦兼は、翌康和五年の一二月三〇日に重任宣旨が下がり、僅か一か月後の県召除目で「御乳母子」により加賀守に遷任された。敦兼の母藤原兼子は讃岐典侍と号する堀河天皇乳母であった。また同時に「夜の関白」顕季の息顕輔（白河院判官代・敦兼舅）も「院分。御乳母子」により越後守に補された（『為房卿記』同日条）。二人の補任は白河院の強い意向が反映されていたのである。敦兼の経歴から判断すると、供養当日から遷任が検討されていたが、なんらかの事情で果たせず、秩満を迎える康和五年末に一旦重任が許可されたものの、結局遷任になったと推察できないだろうか。そもそも、任終近く供養当日に重任や遷任宣旨が下されない場合に、加階勧賞以外の件で「追可随申請」と標記される事例は他になく、敦兼が当日宣下されなかった事情は任終だったためではなく、上記のような特別な事情が存在したと考えられる。したがって、この事例は如上推察の反証事例にはならないと考える。

(67) 「光房朝臣記（尚歴記）」（前掲注50『図書寮叢刊　仙洞御移徙部類記下』収録『諸院宮御移徙部類記』所収）久安二年三月一九日条。なお、『本朝世紀』同日条によると、「済物免除之宣旨」も下されている。

(68) 「朝隆卿記」（前掲注50『図書寮叢刊　仙洞御移徙部類記下』収録『諸院宮御移徙部類記』所収）久安二年三月一

九日条。

(69) 濱島正士「古代における建築工事の行程と儀式」(『国立歴史民俗博物館研究報告』七七、一九九九年）を参照。

(70)『本朝世紀』・『台記』同日条。なお、巡任については、玉井氏注(8)所引論文③を参照。

(71) 高橋昌明『増補改訂　清盛以前――伊勢平氏の興隆――』(文理閣、二〇〇四年）一九四～二〇〇頁、元木泰雄「院政期における大国受領――播磨守と伊予守」(『院政期政治史研究』、思文閣出版、一九九六年）。

(72)「光房朝臣記」(前掲注50『図書寮叢刊　仙洞御移徙部類記下』収録『諸院宮御移徙部類記』所収）久安二年三月一九日条。

(73) 師行は二期目の任終を迎えると「要国」に遷任する予定であったが、実際は大蔵卿に補任され受領を去った(『本朝世紀』久安五年一〇月一九日条)。

(74) これに関連して、「『法勝寺型成功』という概念を設定する有効性や、恣意的ではない人事制度の運用を明らかにしようとする意図が理解できなかった。やはり『任レ意不レ拘レ法行二除目・叙位一給、古今未レ有』(『中右記』大治四年七月七日条）という宗忠の白河上皇に対する論評が、院政期の人事制度の実態を示す言葉として的確ではなかろうか」(上島氏注5所引書注195、九一九頁）とのご指摘を頂いた。上島氏が指摘されるように、筆者も白河上皇に対する宗忠の論評は正鵠を得ていると考える。また、本書序章で記したように、平安時代や中世の人事「制度」は、律令制下のそれの「形骸化」、または院による「恣意的な人事」という評価は一面においては正しいと思われる。ただ、そのような評価に終始することによって具体的な分析が遅れている側面も否定できないと思う。このような認識に基づいて当該期の人事に関する検討と考察を試みた拙文は、以下のことを意図して記したものである。筆者は、白河院政期において、中世につながる人事を始めとするさまざまな「慣習」や「制度的なもの」の（多く）が形成されているのではないかという認識を持っているため、時が経つと（鳥羽院政期以降）、一度の成功で規定以上の褒賞を実施しようとする場合には、なんらかの操作を要している点を明確にすることで、白河院政期に（院の恣意によって）成立した成功のあり方が、「慣例」もしくは「制度」と化していく状況を明示したいと考えたのである。すなわち、社会の諸方面において、先例や慣例が制度化する中世社会のあり方を、人事問題に関しても同様の視点で考察を試みたいと思う。

(75)『水左記』承保二年七月一一日条。
(76)為家の同守初見は承保三年九月三日、前年には別人の国守が確認される。
(77)上島氏注(5)③所引論文。
(78)仲実は大納言三条実季の息子。のちに清華家と呼ばれる三条家から輩出された初の受領となった。院政期に入り、受領の収入取得を目指す上流貴族の子弟（庶子）が公卿に昇進するまでの一時期、受領を経歴する事例が散見するようになるが（上島享「国司制度の変遷と知行国製の形成」、注5所引書、初出は一九九七年）、仲実はその早期事例の一つ。
(79)本書第八章を参照。
(80)『造興福寺記』。
(81)遠藤基郎「摂関家・上皇・皇族による諸国所課」（注35所引書、初出は一九九〇年）。
(82)『春記』永承三年三月二・三日条。
(83)『水左記』承暦元年一〇月二日条。
(84)『百錬抄』承暦二年正月二七日条。
(85)『本朝世紀』康和五年七月二五日条。
(86)『本朝世紀』康和五年七月二八日条。
(87)『後二条師通記』永長元年一〇月一一～一五日条、『中右記』同一五日条。
(88)『後二条師通記』永長元年一二月二九日条裏書。
(89)『中右記』康和四年一一月八日条。
(90)『中右記』長治元年八月一八日条。
(91)国宛が遅延する現象は摂関家関連の造営のみならず、全般的にみられるようになる（『中右記』嘉保二年七月五日条など）。
(92)三浦圭一『敦賀市史』通史編上巻第三章（一九八五年）、井上寛司「中世諸国一宮制研究の現状と課題」（一宮制研究会編『中世諸国一宮制の基礎的研究』、岩田書院、二〇〇〇年）、同『日本中世国家と諸国一宮制』（岩田書院、二〇〇九年）など。

(93) 名子学「越前国気比社の造営に関する重要史料の検討――貞和二年（一三四六）九月五日付『小槻匡遠注進状』からみた中世前期越前国気比社造営史――」（『文化史学』五八、二〇〇二年）。

(94) 井上寛司『大社町史』上巻（一九九一年）、同「文献史料から見た宝治二年の杵築大社造営」（『出雲大社境内遺跡』、大社町教育委員会、二〇〇四年）。

(95) 「千家文書」久安元年一〇月四日官宣旨（『平安遺文』二五六二号文書）、「北島家文書」（宝治二年一一月）杵築大社造営遷宮旧記注進（『鎌倉遺文』七〇七一号文書）。

(96) 「千家文書」康治二年三月一九日官宣旨（『平安遺文』二五一〇号文書）。

(97) 寺内氏注(9)②所引論文。

(98) 中込氏注(9)①③所引論文。

(99) 佐藤氏注(9)所引論文。

(100) 中込氏は、当該期功過定の審議対象事項が律令的財政構造に拘束されており、現実の済物納入形態に十分に対応できていない点や、功過定以前の段階で受領と納入先の諸司諸家・行事所との間で納入慣例（済例）によって事実上の監査が終了し、中央政府の数値的把握による監査が不可能であった点などを指摘して、定の財政チェック機能はほとんど期待できないと結論された。それにもかかわらず、功過定が実施された理由を二つ指摘している。ひとつは人事面での拘束によって受領を統制する機能が期待されたためであり、もうひとつは、国家による「地方支配」の象徴という意味が込められていたためだという。すなわち、功過定で最も熱心に審議された条項が中央済物ではなく、正倉とともに一〇世紀後半には事実上崩壊しているはずの不動穀など留国官物であったという事実から、実態把握を放棄しながら、帳簿上の公物の数値を維持する行為を通して、政府が国の統一的な財政を把握しているという幻想を抱くために定を実施していたとする見解を述べられている（同氏注9③所引論文）。本稿はこのような幻想を抱き、定の継続に固執していたのは、政権首脳（兼家・道長・頼通）と対立する諸卿であったと考えている。なお、本文中の「『地方支配』の観念的意義」とは、右記の内容を示すものである。

(101) 『中右記』嘉保二年五月二一日条。

(102) 上島氏注(5)③所引論文。
(103) 丸山仁「院政期における御願寺造営事業」(『院政期の王家と御願寺』、高志書院、二〇〇六年、初出は二〇〇一年)。
(104) 『長秋記』長承三年六月三日条。
(105) 『長秋記』保延元年六月一八日、七月九・一三日条。
(106) 高橋一樹「知行国支配と中世荘園の立荘」、同「王家領荘園の立荘」(『中世荘園制と鎌倉幕府』、塙書房、二〇〇四年、初出は一九九九・二〇〇〇年)、丸山仁「越後国における王家領荘園の形成――金剛心院領小泉荘と金剛勝院領加地荘――」(注103所引書、初出は二〇〇〇年)。
(107) 『兵範記』仁平三年四月二〇日・一〇月一八日条。
(108) 「南部文書」長寛三年正月日越後国司庁宣案(『平安遺文』三三三八号文書)。
(109) 川端新「院政初期の立荘形態――寄進と立荘の間――」、同「公家領荘園の形成とその構造」(『荘園制成立史の研究』、思文閣出版、二〇〇〇年、初出は一九九六・九七年)を参照。
(110) 造国司の現場責任者としての働きや立荘への関与については、今後さらに事例を集積して検討を進めていきたい。
(111) 『中右記』長治元年正月二九日条。
(112) 丹波守高階為章は亡くなる直前に、「男時章受領功」として仁和寺転輪院を完成させ、息子は長治元年八月一八日の臨時除目で能登守(藤原基兼)死欠替として補任された(『中右記』長治元年正月二七日・八月一八日条)。また、承徳二年一〇月二〇日に塔供養が行われた祇園塔は近江守藤原隆宗が「息男募ニ受領功一」り建立し、翌年九月一八日の小除目で息子良兼が「祇園御塔功」により和泉守に補されている(『中右記』承徳二年一〇月二〇日条、『本朝世紀』康和元年九月一八日条)。このように、父受領の成功で子弟の受領補任や重任が実施された例が散見する。
(113) 『北山抄』巻第一〇「吏途指南、加階事」。
(114) 本書第二~四章参照。

［補注］　なお、拙稿（旧稿）における「議論の枠組み」や「概念」に関する問題点を、上島享氏よりご指摘頂いた（上島氏注5所引書注195・196・214、九一七〜九二一頁）。そのうちいくつかは注で修正・補足を記したが、本文は旧稿にほとんど手を加えずに再録した。摂関期と院政期との差異を明確にすることを企図した、旧稿の基幹となる「『法勝寺型成功』という概念を設定する有効性」が「理解できない」とするご指摘や、旧稿における上島氏の論攷の「基幹となる『賦課成功』に関する（筆者の）批判点への（上島氏の）反論」（同書注195、九一九頁。（　）内は筆者の補記）に関しては、もう少し検討と再考察するお時間を頂き、後日、論文のかたちでご返答させて頂くことをご海容頂きたい。

第八章　摂関・院政期における天皇・上皇の移徙

はじめに

院政期の古記録や古典籍を通覧すると、天皇や上皇による頻繁な移動が目にとまる。その移動は、単に地点Aから地点Bへ移動して、ある目的を達成して再び起点に戻る行幸や御幸のようなものと、移徙と呼ばれる家移りとに大別されよう。

権威・権力の中核たる天皇と上皇の所在、なかでもその居所が変更される移徙なる行為が頻繁に実施されるという状況は、当該期の政治や社会構造の変化と密接に連関する現象であると推察される。

しかし、かくも頻頻な移徙が何ゆえに必要とされたのかという問題に関しては、内裏の焼亡や方違えなどの影響が指摘されてはいるものの、その理由は必ずしも明確にされているとは言い難い。

そこで本章では、主として摂関期から後白河院政期までを対象として、天皇と上皇それぞれの移徙の事例を網羅的に検出し、各々の特徴と時期的な変化を分析しつつ、移徙から浮かびあがる平安貴族社会や中世王権、さらには中世京都の特性の一端を論じることとする。

管見の限りでは、「移徙」の政治的意義を追究した専論はないものの、院政期の上皇が同時期に数多くの御所を所有し、たびたび移動する状況に注目して、中世京都の都市論において都市構造と政務との関係や院政期京都の都市開発との関連から、その要因について言及した論考が注目される。まずは古代・中世の京都に関する研究動向を確認しておきたい。

古代都城平安京から中世都市京都への変貌を考察する上で、現在の都市史研究の起点と位置づけられるのは、黒田俊雄氏の研究であろう。

権門体制論を提唱された黒田氏は、日本中世の国家は、王家（天皇家）・摂関家を中心とする公家、武家（幕府）、南都北嶺などの大寺社という権門勢家が各々、政務・朝廷儀礼、軍事警察、宗教を担当する職能別権門として競合対立しつつ、国王である天皇と朝廷のもとに相互補完的に国家権力を分掌していたと論じ、それぞれの権門の所在地である京都・鎌倉・奈良を「権門体制下の都市」と位置づけられた。そしてこれらの都市は、単に政治的機能だけではなく、荘園年貢の集積地であり、全国規模での分業と流通、さらには文化の中心地であったとも指摘されている。(1)

戸田芳実氏もまた、律令国家の帝都であった平安京が、中世的な「荘園領主の都市」へ転換した一〇世紀以降の京都を「王朝都市」と規定し、院政期から鎌倉期にかけて中世都市京都が成立すると述べられている。(2)

このように平安時代の京都は、古代律令国家の帝都の解体過程にあると捉えるのではなく、中世都市の成立過程として積極的な評価が与えられた。

さらに網野善彦氏は、当該期の大宰府や各国府、市、宿、寺社門前、関渡津泊などにも都市的な場が存在していることを明らかにして、(3)京都・鎌倉・奈良以外にも中世都市を見出された。これによって、政治的中心のみならず経済流通という側面から中世都市論の考察が深められ、京都などで見い出された中世都市の特徴を普遍化、相対化する視点が生まれたといえるであろう。(4)

一方、大山喬平氏は身分制の考察において、(5)ケガレ観念が天皇と平安京・京都の存在において密接不可分な関係にあることを明示して、都の歴史を考察する上で王権が存在することの意味の重要性を論じられた。ここに京都という都市の特殊性と、首都としての独自性を追究する意義が強く認識されることになった(6)。

如上の分析視角や研究成果を踏まえて、京都研究、都市研究が飛躍的に進展し、最新の成果が、都市史研究会編『年報都市史研究七 首都性(7)』、高橋昌明編『院政期の内裏・大内裏と院御所(8)』、高橋康夫編『中世都市研究一二 中世のなかの「京都」(9)』、金田章裕編『平安京―京都 都市図と都市構造(10)』、山田邦和『京都都市史の研究(11)』、鈴木久男・西山良平編『古代の都三 恒久の都平安京(12)』などで発表されている。

次節では、前掲書所収の論考および美川圭氏の研究(13)に基づきながら、本章の考察において主たる対象となる院政期京都の都市構造について概略を整理しておきたい。

第一節 院政期京都の都市構造

(一)平安京

「帝都」としての平安京の歴史において、遷都後初めて内裏が焼亡した天徳四年(九六〇)九月は、大きな転換点となった。これ以降、内裏が頻繁に罹災し、そのたびに天皇は「里内裏」と呼ばれる臨時の御所を皇居として転々とするようになる。かかる頻頻な内裏や大内裏火災の原因として、律令制の衰退による建造物管理や防火体制の弛緩・不備(14)、さらに朝廷儀礼や仏事法会の夜儀化に顕現しているような貴族社会の夜型化という生活様式の変化にともなう失火(15)などが指摘されている。

摂関期においては内裏焼亡後、直ちに再建が試みられる場合が多いが、莫大な経費を要するため、経費調達に苦慮して工期が延長されたり、再建直後に再び罹災することもあり、内裏喪失期間の長期化傾向がみられる。かかる状況は、天皇権威の失墜に繋がりかねない由々しき事態だと認識する。

果たして治暦四年（一〇六八）、里内裏で践祚、太政官庁で即位せざるを得なかった後三条天皇は、早急に大内裏・内裏の再建に着手し、翌月には大極殿木造始、延久四年（一〇七二）に同殿の完成をみた。また同二年三月に内裏造営の事始を行い、翌年八月二八日に新造内裏へ遷御した。周知の通り、延久の内裏造営にさいして、一国平均役の体制化、さらには估価法や宣旨枡の制定など、中世国家財政の基盤となる諸制度の構築と法令の整備、そして平安京の再建が図られたのである。このような後三条の政策は、基本的には白河天皇にも引き継がれたが、六条地区の開発という彼独自の政策が注目される。

白河は永保二年（一〇八二）の内裏焼失後、堀河院と六条院を里内裏としてしばしば利用していたが、寛治年間には後者の敷地を拡大して大規模な改修を行い、同五年（一〇九一）八月、南北二町におよぶ広大な院御所を完成させた。その後、愛娘郁芳門院が当地で亡くなると、彼女の菩提を弔うために御所を万寿禅寺に改めた。

この地域一帯には、これ以外に中院と呼ばれる院御所、鳥羽天皇の里内裏となった小六条院、白河上皇の白河東殿、摂政藤原師実の六条水閣、白河天皇皇后賢子の実父源顕房、そして院の側近大江匡房・近臣藤原顕季などの邸宅、また源頼義建立の「ミノワ堂」をはじめとする河内源氏関連施設（氏神六条若宮、頼義・義家邸）や摂津源氏頼綱邸などもあり、院御所・里内裏とその近隣に外戚や近臣、武士の邸宅が立ち並ぶ景観が広がっていた。[16]

このように、白河院政の重要な拠点の一つとして、六条地区が開発されたとみられる。美川氏は、従来の研究で等閑視されてきた院政期における平安京内部（京中）の再開発に着目して、白河院による六条開発について次のような見解を示されている。

すなわちこの付近は、「湧水が豊富な地域であり、園池を設けるのに絶好」の場所であると同時に、宇多天皇にゆかりの深い地だという点に着目すると、白河天皇がこの六条に注目したことに、「宇多上皇からはじまり自らにつながる皇統を意識し、宇多没後の摂関政治を否定しようとする観念を想定することも可能であろう」[17]と。

六条の地には、かつて左大臣源融によって河原院と呼ばれる風流を凝らした苑池を持つ広大な邸宅が造営されたが、その死後、河原院は息子昇から宇多上皇に献上され、院御所となった。そして周知の通り、藤原氏との外戚関係がない宇多天皇は、基経の死後、関白を置かずに菅原道真などの側近を重用して親政を行い、さまざまな諸政策を実行し、譲位後も王家家長として積極的に国政に関与した。その行為は院政の先駆けであると評価されている。かかる背景に鑑みれば、美川氏が指摘する白河院による六条地区開発の意図が首肯される。つまり、白河上皇は院政の確立において、都市構想プランとまではいえなくとも、摂関期とは明らかに異なる平安京および周辺地域の開発と創造が必要だと認識していたのではないかと推察される。

一二世紀後半には、平安京東市に近い七条町周辺が商工業流通の拠点として繁栄するとともに、そのすぐ南方には鳥羽天皇皇女で当時最大規模の王家領を伝領していた八条院の御所・院庁・御倉町、そして藤原長実・平頼盛・九条良輔など同院の近臣や側近公卿の邸宅が建ち並ぶ八条院の拠点が形成された。さらにその西方の西八条には、平清盛室時子の邸宅を中心に、平氏一門の居所が広がっており、この一帯は西国から京への玄関口であるとともに、北側の商工業地域である七条町と接した交通と商業流通の要衝地であった。(18)

(二)白河

平安京では、一〇世紀半ばまでに右京が衰微して、左京の四条以北が発展し、さらに鴨川周辺へ人家が広がるといういびつな人口集中と都市的発展がみられた。白河地域には早くから摂関が別邸を構えたように開発がおよんでいるが、白河天皇による法勝寺創建を機として大規模都市開発が急速に進行し、「京・白河」と称され、京中と鴨川左岸の一体化が進んだ。

法勝寺をはじめとする天皇・皇后の御願寺とその付属施設や御所が建ち並び、北京三会の一つ法勝寺大乗会が開催されるなど、白河は国家的法会の場として機能した。さらに、法勝寺西大門を南下して粟田口を越えると、山科、逢坂関を経由して東国へ通じるという交通・流通の重要地点でもあった。

それゆえ、法勝寺八角九重塔は東国から上京してきた人々に都の威厳を示す装置としての機能をも果たしていたと考えられている。(19)

(三)鳥羽殿
白河天皇が譲位直前に後院として造営した鳥羽殿は、「百余町」規模を有し、広大な池と築山、馬場、公卿直盧（宿所）・御厩・武者所・納物所・仏所・修理所・御倉町などが設けられた遊興の空間であり、王家の家政を管理する機関が存在する場でもあった。

鳥羽院政期には、摂関家の宇治平等院を模して宝蔵が造営され、王家の宝物が保管された。さらに、白河―鳥羽―近衛と続く皇統の墓所という性格も兼ね備えることとなり、鳥羽は王家の「権門都市」と評されている。

鳥羽殿の性格を考える上で興味深いのは、国政を審議する公卿会議や院御所議定が開催された形跡がなく、国政や政務を行う場ではないと考えられていたという指摘である。(20)

(四)法住寺殿・六波羅
後白河院政期になると鳥羽殿に代わる院政の拠点として、鴨川左岸に法住寺殿が造営された。ここは国政レベルの公卿会議が開催される政務の場であると同時に、建春門院平滋子が亡くなると南殿西の蓮華王院法華三昧堂に彼女が埋葬され、後白河院の墓所にも定められたことから、後白河・建春門院の皇統のための都市として捉えられている。

また、法住寺殿と隣接する六波羅は、平正盛の墳墓堂を中心とする平氏の信仰の地であったが、清盛の代に「屋数百二十余宇」におよび、さらに「北ノ倉町ヨリ初テ、専ラ大道ヲ隔テ、辰巳之角ノ小松殿ニ至マデ、廿余町ニ及マデ、造営シタリシ一族親類ノ殿原、及ビ至ニ郎従眷属住所ニ」るまでをあわせると、「屋数三千二百余宇」[21]といわれるほどに、平氏一門とその家臣らが集住する政治・軍事の一大拠点となった。

そもそも当地は「六道の辻」と称され、この世とあの世の境界として人々に認識される場であり、また六条末から小松谷を経由して山科へいたる「渋谷越（苦集滅路）」なる重要路につながる地点として、北の粟田口とともに東国への玄関口でもあった。

このように、後白河院政の拠点法住寺殿と六波羅との近接は、両者の相互依存関係を示しているとされる。[22]

（五）宇治と九条末

藤原基経以来の藤氏墓所である木幡の地に、道長が浄妙寺を建立したのは寛弘二年（一〇〇五）。長徳四年（九九八）に道長が入手した別荘宇治院を頼通が平等院に改装したのは永承七年（一〇五二）のことであった。このように宇治は、道長・頼通執政期に遊興の地から信仰の地へと変化した事実が知られるが、これ以降、周辺地域にも摂関家関係者の別業が広がり、一二世紀半ば忠実の時期には摂関家関連施設が建ち並ぶ都市的景観を有する場となった。また古来より宇治は交通の要地であり、宇治川は巨椋池を通じて京都に物資を輸送する重要な河川交通路であった。かかる地に摂関家の権門都市が築きあげられていたのである。

そして、宇治や奈良と都との結節点である九条末も、藤原忠平が建立した法性寺や九条家の邸宅が建ち並ぶ摂関家の権門都市としての性格を有する地であった。

以上のように院政期の京都は、各々特性の異なる「場」で構成されており、王家（白河院・鳥羽院）の京中・白河・鳥羽、後白河院・建春門院の法住寺殿、八条院の八条、摂関家の宇治・九条末、平家の六波羅・西八条というように、各権門勢家を中核とする「権門都市」が連接した大きな複合都市域が形成されていたと捉えられている(23)。

ところで、本章の課題である天皇と上皇の移動を考察するに当たって、以上の如き種々の特質を有する「場」が点在するという都市構造を十分に踏まえる必要があるだろう。そして特に留意したいのが院の京中（平安京内）御所の特性である。例えば、「此暁上皇従二鳥羽殿一、還二御六条殿一。依二除目一歟(24)」とあるように、院が鳥羽殿など京外の御所から京中御所へ移動するのは、除目・叙位、その他の国政重要審議を行う公卿議定に関与する目的である場合が多い。したがって、「京中の院御所が必要であったのは、除目などの際に上皇と調整する必要があり、内裏と院御所の間を使いなどが往反する」ためであった。「京中御所は院の政治権力の基盤となる施設であった(25)」、と評価されている。つまり、「政治のとり行われるべき場所たる京中に院御所を保持することによって上皇（法皇）の政治的支配権は主張される」ため、「皇居・天皇をいつも意識して院御所は存在した(26)」と考えられている。

如上より、国政・政務に関与する場合は京中御所、饗宴などの遊興には鳥羽、仏事法会では白河というように、目的に応じて、各「場」を渡り歩く必要があったために上皇の頻繁な移動が見られたのである。

さらに、朝覲行幸を受け入れる院御所は六条殿・高松殿・大炊殿・鳥羽殿・法住寺殿など特定の数か所にほぼ限定されており、御所ごとの機能や性格の相違にしたがって、目的に応じた移動が必要であったことも天皇や上皇の移動の要因となっている。

ただし、これらの事由による移動は多くの場合、政務や儀式を遂行するための単なる移動（行幸や御幸）

であり、必ずしも移徙を必要とはしない。

つまり「場」や御所の特質を解明するだけでは、何ゆえに京中に多数の院御所を同時期に複数設け、それらを頻繁に家移りする必要があったのかという問題は解決されないのである。

院御所と上皇の移動の関係を正面から取り扱った唯一の専論ともいえる「院御所について」のなかで、井上満郎氏は「院御所とは歴史的にどのような意味をもつのか（中略）しばしば移動し、広さもまちまちであ」り、「自立した一個の政権の執政者の居所、政権の拠点がたえず移動するというのは、異様である」として、「院御所の移動の頻繁さは、やはり院政という一個の政権の自立性の低さを示すものであろう。しかもその調達方法は不安定な借用という方式によっており、政権の拠点を置くにはふさわしくない。（中略）院政の政治機構が未だこの段階では未発達であったことを示すものといえる。つまり上皇権力の弱さの証明ともいえるのである。院御所がたえず動くということは、太政官機構が権力執行機関として歴然と存在していたために、とくに政治の推移と関係するものではなかったということにもなる」と、院権力の確立過程と御所の存在形態との関連を興味深く論じられている。

そして、院御所の多くが受領の私宅であった事実に注目して、「彼らが私宅を提供して、上皇との個人的関係を強めようとするのは、当然のことであった。主体はあくまで受領層のほうであったといえよう[27]」と言い、院政の基盤としての受領層の存在と院御所の存在形態との関連にも言及された。

次節以降では、如上の指摘を踏まえて、不可解とも思える頻繁な移徙が、当該期に集中的に実行された歴史的要因を、京中の御所間の移徙を主たる分析対象に据え、明らかにしたいと思う。そもそも、天皇や上皇の居住空間である里内裏や院の御所がどのようにして次々と造営されたのかという問題も、当該期の受領の人事や御所造営方法を視野に入れて解明することとしたい。

第二節　移徙の儀式

長和五年（一〇一六）六月二日、後一条天皇が一条院に移徙したさい、「水火童并黄牛五菓等事、皆陰陽寮勘文被レ行」(28)とあるように、移徙は通常、陰陽寮が作成する勘文に基づいて実施された。その実例として、一二世紀半ば頃に成立した有職故実書『類聚雑要抄』に載録される陰陽博士賀茂道平作の康平六年（一〇六三）七月三日「内大臣殿（藤原師実）移徙花山院」勘文の写しが知られる。そこには、

第一、童女二人一人擎レ水 一人擎レ燭　　第二、一人牽二黄牛一
第三、二人擎レ案上着二金宝器一　　第四、二人持レ釜内着二五穀一
第五、家長　　第六、一人擎二馬鞍一
第七、子孫男　　第八、二人持レ箱盛二繒錦綵帛一
第九、二人持二甑之内五穀一　　第十、家母帯二鏡於心前一。左右並至レ内次第入御其童女水火案上金宝器馬鞍箱
盛二繒錦綵帛之類一入二於堂一穀甑内五穀等入二於大炊一。
黄牛繋レ庭飲。
家長母堂内南面坐食二五果飲酒一五果棗李栗杏桃也。若無者以二美名果一用レ之
又宅（入カ）明旦祀二諸神一諸神者門戸井竈堂庭厠等也以二甑内一盛二五穀一祀レ之。
三日亦祀以二童女擎水火一炊二釜内五穀一祀レ之
御移徙之三日之内不二殺生一、不レ歌、不レ上レ厠、不二悪言一、不レ楽、不二刑罰一、不レ登レ高、不レ臨レ深、不レ見二孝子一
入二僧尼一忌レ之。(29)

とみえ、旧宅から新宅へ運ばれるもの、入居次第、新宅での諸神の祀りや禁忌事項などが記されている。この史

料から移徙は旧宅から新宅へ、水・火・土（黄牛）と竈神を移すことを主目的とする、陰陽師の関与が強い儀式であると指摘できる。そしてこの儀式を経てはじめて、新宅は主人の居所として位置づけられたのである。[30]

天皇や上皇の移徙も基本的には上述の貴族の移徙作法と類似しているが、細部にさまざまな相違がみられるため、小坂眞二氏の研究[31]に基づき整理しておきたい。

①日時勘文に従い大殿祭（神祇祭祀）、読経・安鎮法（仏教儀礼）、宅鎮祭（陰陽道儀礼）を行い、新宅を鎮謝する。移徙当日の早旦、宅鎮祭の鎮符が新宅に安置される。

②戌・亥刻頃、天皇が旧宅を出御。その際、反閇を行う（院政期以降は上皇も反閇あり）。

③陰陽師による新宅散供。大門（内裏では建礼門）、中門（承明門）、堂前（紫宸殿前庭）、堂上（紫宸殿・清涼殿）に五穀・酒等を散ず。

④榬水と脂燭を持った童女各一人と、黄牛（飴斑牛）二頭を牽く童女（左右馬寮官人が供奉）が中門外で列立する。なお、黄牛を牽くのは、土公・土気を厭ずるためであり、延暦一三年（七九四）平安遷都のさいに黄牛一〇頭を引いたのが初見。

⑤大門外で神祇官大麻が奉献され、天皇はそれで体を撫でる。

⑥大門呪（大門から入御時の反閇。一一世紀初頭頃、安部吉平より始まる）、中門呪（中門外から前庭入御時の反閇）が行われる。

⑦前庭において、水・火・黄牛・陰陽頭・輿の順で、中門から堂前まで歩行する。

⑧堂上に昇る前、南階にて反閇する（一一世紀初頭頃成立ヵ）。

⑨天皇が紫宸殿・清涼殿に昇り反閇を行う（天皇が陰陽師の後を追歩。上皇は後白河院政期頃からの新儀とされる）。

⑩黄牛は三日間、前庭の便所に繋ぐ。

⑪水は夜御殿の御帳傍に三日間置き、四日目に御厨子所に給わる。火は夜御殿四方灯（御殿油）に三日間灯し続け、四日目に内膳司に給わる。二日目の早旦、この水火で五穀を炊き諸神に供える。

⑫殿上の儀―五菓（一部を残し、四日目に生気方に埋める）を供し、次に饗宴を行う。多くの場合、打攤（双六のような遊び）が行われ、吉書が奏せられる。供奉の公卿や諸司は三日間、この饗宴に参仕して宿直する。

⑬吉日を選んで、内侍所（神鏡）・内膳三竈神が新宅に移される。

このように大殿祭、読経・安鎮法、宅鎮祭が行われていることから、神祇祭祀、仏教儀礼、陰陽道儀礼から構成されるといえるが、全体的に陰陽師の関与が強いという特徴がみられる。また臣下の場合と同様に、旧居の水・火・黄牛・竈神等を新皇居に移すことを主目的とし、吉書、饗宴、打攤などの付帯行事が三日間行われる。なお天皇移徙の場合、内膳司に鎮座する竈神(32)、すなわち忌火・庭火の二神が、天皇個人に付随して皇居移動の時に必ず随伴する。この竈神移動の完了をもって新皇居が確定した。

さて、如上作法は家移りのさい、必ず行われるというわけではないようである。天皇や上皇が「移徙之礼」を用いない場合の事情を検討しておこう。

大治四年（一一二九）正月三日、鳥羽上皇が白河北御所に渡った折、「是法橋信縁募二受領功一造奉也（中略）大略密々儀也。件御所往年旧御所也。而今度被レ作二弘(33)一」れたため、「密々儀」として「移徙之儀」を用いなかったという。すなわち旧宅を改修したために、「新宅之礼」を用いなかったと諒解される。

しかし他の事例では、「今夜欲レ度二堀河家一。依レ為二旧家一、不レ用下渡二新宅一之礼上。而人々於（猶カ）示下可レ牽二黄牛一之由上、為レ之如何。申云、村上御時、令レ渡二冷泉院一之時、依レ為二旧所一、不レ可レ用二新宅儀一之由有レ議。而保憲申云、雖二旧宅一有二犯土造作一、何無二其礼一乎。就レ中牽二黄牛一、是厭二土公一之意、尤可レ備二礼儀一云々。仍被レ用下渡二新宅一之礼上」(34)とあり、前掲の事例と同様に、一旦は「依レ為二旧家一、不レ用下渡二新宅一之礼上」としているものの、村上天皇が冷泉院へ移徙したさいには、「雖二旧宅一有二犯土造作一」れば、「厭二土公一」いて「牽二黄牛一」くべきだとする賀茂保憲の見解が採用され、結局は「新宅之礼」を用いたという先例に従い移徙作法を行ったという。このように担当の陰陽師の見識や先例に左右されるため、移徙作法実施の有無は一定ではない。

また大治四年九月一六日の例では、

今夕院・女院自二日者御二三条京極亭一（中略）渡二御大炊御門万利小路御所一。依二密儀一非二移徙議一也。（中略）此大炊御門亭ハ、先年基隆朝臣造畢之後、引二黄牛一渡也。其後相二具本券一奉二一品宮一畢。仍返二給券文於基隆朝臣一。今夕渡御也。一品宮未二令レ留レ宿給一。(35)

とみえる。大炊御殿は同元年一二月二七日に基隆が造進して、白河・鳥羽・待賢門院が移徙したが(36)、その後、本券文が一品宮（禧子内親王）に渡されていたため、今回本券文が基隆のもとに返されて、院・女院の渡御が行われたという経緯がこの史料からうかがえる。ここで注目されるのは、この間、一品宮自身はまだこの邸宅に渡って（移徙して）いなかったため、「非移徙議」という措置が取られたという事実である。つまり、本券文が渡されていても新しい持ち主が未だ移徙を行っていない状況であれば、もとの主人の旧宅と認識され、再度移徙を行う必要はなく、「密儀」で渡御する慣例が存在していたと理解できるであろう。

他にも、「山科山荘」への移徙を「密々儀」としたと言い、山荘などへの転居は、「密議」「内々儀」「非移徙儀」とする傾向が史料からうかがえる(37)。ただし前述の如く、担当陰陽師の見解によって相違するなど、時々の判断で異なるため、移徙か否かはいちいち確認が必要である。

第三節　天皇の移徙

平安時代の天皇は大内裏内の内裏を日常の居所としたが、天徳四年（九六〇）九月、初めて内裏が焼亡すると、村上天皇は一旦大内裏内の別の建物へ避難し、その後、後院である冷泉院へ移徙した。(38)以来、内裏はたびたび火災に見舞われ、貞元元年（九七六）五月再び炎上のさい、円融天皇は職曹司に一時的に難を逃れた後、太政大臣藤原兼通の堀河第に遷御した。(39)このように火災時に京中の後院や貴族の邸宅を仮皇居として利用したものを一般に里内裏という。

橋本義彦氏によると、(40)里内裏（里第皇居）とは次のように規定され、歴史的経過をたどったと説明される。①天徳四年平安内裏焼亡後の仮皇居は、後院ないしそれに準ずる第が充てられ、内裏完成後は速やかに還御するのを本則としたが、②一条朝の三度目の内裏焼亡を機に、仮皇居の対象が一般貴族の邸宅にも拡大されるとともに、内裏復旧後も直ちに還御しなくなった。そして、③内裏が存在するにもかかわらず、里第皇居を造営して併用する傾向が現れ、④鳥羽の践祚から、内裏は晴の儀式・祭祀の場、里第皇居は日常の皇居として、機能分化が進み、⑤特定の里第皇居を本所的な皇居とする傾向が強まり、⑥鎌倉中期、内裏は消滅し、閑院内裏が京中の本所的な内裏となった。

以下、本章では大内裏内の内裏を「内裏」、それ以外の天皇の居所を「里内裏」もしくは「里第（皇居）」、「内裏」と「里内裏」（「里第皇居」）とを区別せずに単に天皇の居所全般を指し示す場合を「皇居」と記載することとする。

寛弘六年（一〇〇九）一〇月五日、一条天皇の里内裏一条院が焼亡した時、天皇はまず織部司に遷御、一九日に道長の枇杷殿に移徙した。(41)この邸宅は「不日造作雖二未了一、九重作様頗写得(42)」たりといわれ、里内裏が内裏に模して造作されていた実状を示している。

なお、長和三年（一〇一四）二月の内裏焼亡では、三条天皇が藤原道長の枇杷殿を里内裏としたが、「還宮事被レ談云、有二于還御之本意一。此枇杷第御坐間不レ宜。又有二不吉夢想一之由有二仰事一。縦雖レ無二此仰一、私領処久御坐、既非㆑無㆓事恐㆒。仍至㆑今奉㆑渡之思昨今尤切[43]」なりとあり、道長は天皇から「枇杷第に滞在するのは宜しくない。不吉夢想がある」との仰せを受けた。そして、道長自身も、「私領に久しく天皇を留め奉るのは恐れ有り」との想いを実資に語っている。

道長と天皇との不和や政治的な思惑に留意する必要があるものの、かかる発言は内裏こそが天皇の居所であるという常識がまだ根強い状況を示していると考えられる。

摂関期における天皇の移徙事例を博捜して、事由を分析してみると（[表1]参照）、

①皇居焼亡関連三五件
②怪異一件
③不明一件

となり、移徙要因の大半が内裏焼亡に限定されている点からも、内裏現存時はこれを皇居とすべきであり、焼失の場合でも再建後は直ちに内裏に戻るべきと人々が強く認識していたことがうかがえる。

ところが、院政期になるとかかる常識は大きく変化し、橋本氏が指摘されている通り、内裏現存時でも里内裏を日常の皇居とするようになる。さらに注目されるのは、移徙要因の多様化、実施回数の増加、そして遷御先の皇居として院御所が選定されるケースが増加するという三点である。

移徙増加の要因としては、第一に内裏と里内裏との機能分化により、即位をはじめとする大規模な宮廷儀式挙行のために内裏への移徙を行う必要が生じる点があげられるが、その他の理由にも留意したい。

例えば、天永二年（一一一一）二月二三日、「是日者御所近日有㆓怪異㆒。仍還㆓御内裏㆒」したと言い、怪異出現のために里第大炊御門から内裏へ鳥羽天皇の行幸が行われた。この時、「内侍所（左中将師時、蔵人左少将忠宗）、御竈神（治部卿、右少弁実光）[44]」も渡っているので、この移動は移徙だといえる。

［表Ⅰ］　天皇移徙一覧表

注：月の○付きは閏月

No.	天皇	元号	西暦	月	日	移徙前の居所	遷御先の居所	移徙の理由	分類	備考
1	村上	天慶9	946	4	20		内裏			践祚
2		天徳4	960	11	4	内裏	冷泉院	内裏焼亡	焼亡	23日内裏焼亡(職御曹司に遷御)
3		応和元	961	11	20	冷泉院	内裏	内裏還御	焼亡	還御(内裏新造落成)
4	冷泉	康保4	967	5	25		内裏			践祚
5	円融	安和2	969	8	13		内裏			践祚
6		貞元元	976	7	26	内裏	堀河院	内裏焼亡	焼亡	5.11内裏焼亡。職御曹司に遷御
7		貞元2	977	7	29	堀河院	内裏	内裏還御	焼亡	還御(内裏新造落成)
8		天元4	981	7	7	内裏	四条院	内裏焼亡	焼亡	前年11.22内裏。職御曹司、太政官庁に遷御
9		天元4	981	10	27	四条院	内裏	内裏還御	焼亡	9.13職御曹司に遷御(内裏新造落成)
10		天元5	982	12	25	内裏	堀河院	内裏焼亡	焼亡	11.17内裏焼亡、職御曹司に遷御
11	花山	永観2	984	8	27		内裏			践祚
12	一条	寛和2	986	6	23		内裏			践祚
13		長保元	999	6	16	内裏	一条院	内裏焼亡	焼亡	6.14内裏焼亡。太政官庁に遷御
14		長保2	1000	10	11	一条院	内裏	内裏還御	焼亡	還御(内裏新造落成)
15		長保3	1001	11	22	内裏	一条院	内裏焼亡	焼亡	11.18内裏焼亡。職御曹司に遷御
16		長保3	1003	10	8	一条院	内裏	内裏還御	焼亡	還御(内裏新造落成)
17		寛弘2	1005	11	27	内裏	東三条殿	内裏焼亡	焼亡	11.15内裏焼亡。太政官朝所に遷御
18		寛弘3	1006	3	4	東三条殿	一条院	里内裏還御	焼亡	修造竣工
19		寛弘6	1009	10	19	一条院	枇杷殿	里内裏焼亡	焼亡	10.5一条院焼亡。織部司に遷御
20		寛弘7	1010	11	28	枇杷殿	一条院	里内裏還御	焼亡	還御(内裏新造落成)

21	三条	寛弘 8	1011	6	13		東三条殿			一条院にて受禅。即日遷御
22		寛弘 8	1011	8	11	東三条殿	内裏	内裏還御	焼亡	内裏還御
23		長和 3	1014	4	9	内裏	枇杷殿	内裏焼亡	焼亡	2.9内裏焼亡。太政官朝所、松本曹司に遷御
24		長和 4	1015	9	20	枇杷殿	内裏	内裏還御	焼亡	還御(内裏新造落成)
25		長和 4	1015	11	19	内裏	枇杷殿	内裏焼亡	焼亡	11.17内裏焼亡。太政官松本曹司に遷御
26	後一条	長和 5	1016	1	29		京極院			践祚
27		長和 5	1016	6	2	京極院	一条院	里内裏還御		改造一条院に遷御
28		寛仁 2	1018	4	28	一条院	内裏	内裏還御		還御(内裏新造落成)
29	後朱雀	長元 9	1036	4	17		内裏			践祚
30		長暦 3	1039	7	13	内裏	京極院	内裏焼亡	焼亡	6.27内裏焼亡。太政官朝所に遷御
31		長暦 4	1040	10	22	京極院	二条殿	里内裏焼亡	焼亡	9.9京極院焼亡。故藤原惟憲第に遷御
32		長久 2	1041	12	19	二条殿	内裏	内裏還御	焼亡	還御(内裏新造落成)
33		長久 4	1043	3	23	内裏	一条院	内裏焼亡	焼亡	前年12.8内裏焼亡。太政官朝所に遷御
34		長久 4	1043	12	21	一条院	東三条殿	里内裏焼亡	焼亡	12.1一条院焼亡。藤原頼通の高陽院に遷御
35	後冷泉	寛徳 2	1045	1	16		京極院			東三条院にて受禅。即日遷御
36		永承元	1046	4	4	京極院	二条殿	里内裏焼亡	焼亡	これよりさき太政官朝所、大膳職に遷御
37		永承元	1046	10	8	二条殿	内裏	内裏還御	焼亡	還御(内裏新造落成)
38		永承 3	1048	11	10	内裏	京極院	内裏焼亡	焼亡	11.2内裏焼亡。太政官朝所に遷御
39		永承 6	1051	7	19	京極院	冷泉院	里内裏還御	焼亡	新造落成
40		天喜元	1053	8	20	冷泉院	高陽院	怪異による遷御	怪異	冷泉院に怪異あり
41		天喜 2	1054	2	16	高陽院	四条殿	里内裏焼亡	焼亡	1.8高陽院焼亡。冷泉院に遷御
42		天喜 2	1054	9	22	四条殿	京極院	—	—	

43		天喜2	1054	12	28	京極院	四条殿	里内裏焼亡	焼亡	12.8高陽院焼亡。冷泉院に遷御
44		天喜4	1056	2	22	四条殿	一条院	里内裏還御	焼亡	冷泉院より殿舎を移築
45		康平2	1059	2	8	一条院	三条堀河殿	里内裏焼亡	焼亡	1.8一条院焼亡。前年2月新造内裏未使用のまま焼亡
46		康平3	1060	8	11	三条堀河殿	高陽院	里内裏還御	焼亡	新造落成
47	後三条	治暦4	1068	4	19		閑院		儀式	践祚
48		治暦4	1068	9	4	閑院	二条殿	里内裏還御	儀式	6.26三条大宮殿に遷御
49		治暦4	1068	12	28	二条殿	三条大宮殿	里内裏焼亡	焼亡	12.11二条殿焼亡。閑院に遷御
50		延久元	1069	6	21	三条大宮殿	高陽院	里内裏還御	焼亡	増築竣工
51		延久2	1070	12	17	高陽院	四条殿	—	—	
52		延久3	1071	8	28	四条殿	内裏	内裏還御	新造	還御(内裏新造落成)
53	白河	延久4	1072	12	8		内裏		儀式	践祚
54		延久5	1073	9	16	内裏	高倉殿	方違え	陰陽	豊楽院造営にともなう方違え
55		延久6	1074	6	16	高倉殿	内裏	内裏還御	陰陽	来月7.16清涼殿に入御するも方違えのため凝華舎に遷御
56		承保2	1075	8	14	内裏	高陽院	—	—	
57		承保3	1076	12	21	高陽院	六条院	新造里内裏移徙	新造	遷御(新造落成)
58		承暦元	1077	10	9	六条院	高陽院	里内裏還御	新造	
59		承暦元	1077	⑫	25	高陽院	内裏	儀式カ	儀式	
60		承暦3	1079	11	5以前	内裏	高陽院	里内裏還御	儀式	
61		承暦4	1080	2	6	高陽院	内裏	里内裏焼亡	焼亡	高陽院焼亡
62		承暦4	1080	3	10	内裏	源師忠第	—	—	

63		承暦4	1080	4	23	源師忠第	堀河院	—	—	
64		承暦4	1080	4	28	堀河院	西洞院殿	—	—	
65		承暦4	1080	5	11	西洞院殿	堀河院	—	—	
66		承暦4	1080	11	3	堀河院	内裏	—	—	還御
67		永保2	1082	8	3	内裏	堀河院	内裏焼亡	焼亡	7.29内裏焼亡。太政官朝所、六条院に遷御
68		永保3	1083	2	12以前	堀河院	六条院	—	—	
69		永保3	1083	3	1	六条院	堀河院	—	—	
70		応徳元	1084	1	22	堀河院	六条院	—	—	
71		応徳元	1084	2	11	六条院	三条殿	新造里内裏移徙	新造	前年12新造落成
72	堀河	応徳3	1086	11	26		堀河院		儀式	践祚
73		嘉保元	1094	10	24	堀河院	大炊殿(南殿)	里内裏焼亡	焼亡	堀河院焼亡
74		嘉保2	1095	11	2	大炊殿(南殿)	閑院	里内裏還御	焼亡	
75		永長2	1097	9	23	閑院	二条殿	方違え	陰陽	来月高陽院遷御の予定で王相忌を避けるため
76		永長2	1097	10	11	二条殿	高陽院	里内裏還御	陰陽	新造中殿(清涼殿)竣工
77		康和2	1100	6	19	高陽院	内裏	内裏還御	焼亡	遷御(内裏新造落成)、永保焼亡以来19年
78		康和2	1100	8	16	内裏	高陽院	里内裏還御	焼亡	遷御
79		康和4	1102	9	25	高陽院	内裏	—	—	
80		長治元	1104	12	5	内裏	堀河院	里内裏還御ヵ	—	堀川院は中宮御所。よって新所御渡儀なし(中右記)
81		長治2	1105	6	8	堀河院	内裏	作事忌	陰陽	堀川院北町26日から作事
82		嘉承元	1106	12	25	内裏	堀河院	里内裏還御	陰陽	

83	鳥羽	嘉承2	1107	7	19		大炊殿(西殿)		儀式	践祚
84		嘉承2	1107	12	9	大炊殿(西殿)	小六条殿	里内裏遷御	儀式	
85		天仁元	1108	8	21	小六条殿	内裏	儀式	儀式	大嘗会関係儀式挙行のため
86		天仁元	1108	11	28	内裏	大炊殿(西殿)	里内裏還御	儀式	
87		天仁2	1109	7	1	大炊殿(西殿)	内裏	怪異による遷御	怪異	大炊殿に怪異
88		天仁2	1109	9	21	内裏	大炊殿(西殿)	里内裏還御	怪異	
89		天永2	1111	2	23	大炊殿(西殿)	内裏	怪異による遷御	怪異	大炊殿に怪異
90		天永2	1111	4	27	内裏	土御門万里小路殿	方違え	陰陽	明春からの一条院造営にともなう方違え
91		天永2	1111	9	20	土御門万里小路殿	高陽院	里内裏還御	陰陽	
92		天永3	1112	5	13	高陽院	小六条殿	里内裏焼亡	焼亡	高陽院焼亡
93		天永3	1112	10	19	小六条殿	内裏	方違え	陰陽	方違行幸(御竈神・内侍所も移す)
94		天永3	1112	10	19	内裏	大炊殿(東殿)	里内裏還御	焼亡	新造落成
95		天永3	1112	11	27	大炊殿(東殿)	内裏	儀式	儀式	明年正月元服のため
96		天永4	1113	1	1	内裏	大炊殿(東殿)	里内裏還御	儀式	還御
97		永久2	1114	8	8	大炊殿(東殿)	小六条殿	里内裏焼亡	焼亡	8.3大炊殿焼亡。藤原長実第大炊御門万里小路殿に遷御
98		永久3	1115	8	25	小六条殿	土御門万里小路殿	里内裏還御	焼亡	
99		永久3	1115	11	26	土御門万里小路殿	大炊殿(東殿)	里内裏還御	焼亡	新造落成
100		永久4	1116	8	17	大炊殿(東殿)	土御門万里小路殿	里内裏焼亡	焼亡	大炊殿焼亡。大炊御門万里小路殿遷御
101		永久5	1117	4	20	土御門万里小路殿	三条烏丸殿	怪異による遷御	怪異	土御門万里小路殿怪異
102		永久5	1117	11	10	三条烏丸殿	土御門烏丸殿	里内裏還御	怪異	新造落成
103	崇徳	保安4	1123	1	28		土御門烏丸殿		儀式	践祚

104		大治 4	1129	12	8	土御門烏丸殿	三条京極殿	方違え	陰陽	土御門烏丸殿増築にともなう方違え
105		大治 5	1130	3	4	三条京極殿	土御門烏丸殿	里内裏還御	陰陽	増築修造竣工
106		長承 2	1133	12	—	土御門烏丸殿	二条殿	—	—	
107		保延 4	1138	3	5	二条殿	小六条殿	里内裏焼亡	焼亡	2.24二条殿焼亡。東三条殿→(方忌により)白河北殿→三条桟敷殿
108		保延 4	1138	4	19	小六条殿	土御門烏丸殿	里内裏還御	焼亡	修造竣工
109		保延 4	1138	11	24	土御門烏丸殿	小六条殿	里内裏焼亡	焼亡	土御門殿焼亡
110		保延 6	1140	11	4	小六条殿	土御門烏丸殿	里内裏還御	焼亡	新造落成
111	近衛	永治元	1141	12	7		土御門烏丸殿		儀式	践祚
112		康治元	1142	6	22	土御門烏丸殿	小六条殿	方違え	陰陽	大嘗会にともなう八省院修造が王相の方忌に当たる方違え
113		康治元	1142	9	20	小六条殿	土御門烏丸殿	方違え	陰陽	内裏修造が小六条殿から方忌のため
114		康治元	1142	10	19	土御門烏丸殿	一本御書所	儀式	儀式	大嘗会関係儀式挙行のため
115		康治元	1142	11	19	一本御書殿	土御門烏丸殿	里内裏還御	儀式	
116		久安 4	1148	6	26	土御門烏丸殿	四条東洞院殿	里内裏焼亡	焼亡	土御門烏丸殿焼亡
117		久安 5	1149	12	22	四条東洞院殿	東三条殿	儀式	儀式	明年正月天皇元服挙行のため
118		久安 6	1150	1	22	東三条殿	四条東洞院殿	里内裏還御	儀式	
119		仁平元	1151	6	6	四条東洞院殿	八条殿	里内裏焼亡	焼亡	四条東洞院殿焼亡
120		仁平元	1151	7	5	八条殿	小六条殿	里内裏還御	焼亡	
121		仁平元	1151	11	13	小六条殿	近衛殿	里内裏焼亡	焼亡	10.18小六条殿焼亡。六条烏丸遷御
122	後白河	久寿 2	1155	7	24		高松殿		儀式	践祚
123		久寿 2	1155	10	20	高松殿	一本御書所	儀式	儀式	10.26即位式便宜有り

124		久寿2	1155	11	26	一本御書所	高松殿	里内裏還御	儀式	
125		保元2	1157	7	6	高松殿	東三条殿	※	—	保元の乱後の政治的意味のある移徙ヵ
126		保元2	1157	8	9	東三条殿	高松殿	※(還御)	—	保元の乱後の政治的意味のある移徙ヵ
127		保元2	1157	10	8	高松殿	内裏	内裏還御	新造	新造落成
128		保元3	1158	4	1	内裏	高松殿	里内裏還御	新造	
129		保元3	1158	5	21	高松殿	内裏	儀式	儀式	相撲節会
130		保元3	1158	7	23	内裏	高松殿	里内裏還御	儀式	還御
131		保元3	1158	8	10	高松殿	内裏	儀式	儀式	明日譲位のため
132	二条	保元3	1158	8	11	／	内裏	／	儀式	践祚
133		保元3	1158	10	14	内裏	東三条殿	里内裏還御	儀式	
134		保元3	1158	11	19	東三条殿	内裏	儀式	儀式	12.20即位式のため
135		平治元	1159	12	25	内裏	六波羅殿	非常事態	非常	平治の乱
136		平治元	1159	12	29	六波羅殿	八条殿	非常事態	非常	平治の乱
137		永暦元	1160	8	22	八条殿	大炊御門高倉殿	里内裏還御	非常	
138		永暦元	1160	11	13	大炊御門高倉殿	内裏	儀式	儀式	五節挙行
139		永暦元	1160	11	27	内裏	大炊御門高倉殿	里内裏還御	儀式	
140		永暦元	1160	12	27	大炊御門高倉殿	内裏	儀式	儀式	元日節会出御のため
141		永暦2	1161	4	5以前	内裏	大炊御門高倉殿	里内裏還御	儀式	
142		応保元	1161	7	6以前	大炊御門高倉殿	東三条殿	—	—	
143		応保元	1161	11	1以前	東三条殿	高倉殿	—	—	
144		応保元	1161	11	19	高倉殿	内裏	儀式	儀式	
145		応保元	1161	11	26	内裏	高倉殿	里内裏還御	儀式	

146		応保元	1161	12	16	高倉殿	内裏	儀式	儀式	翌日藤原育子入内のため
147		応保2	1162	②	17以前	内裏	高倉殿	里内裏還御	儀式	
148		応保2	1162	3	28	高倉殿	二条東洞院殿		新造	新造落成
149	六条	永万元	1165	6	25		高倉殿		儀式	践祚
150		永万元	1165	8	28	高倉殿	六条烏丸殿	非常事態	非常	大衆群参のため
151		仁安元	1166	5	22	六条烏丸殿	五条殿	里内裏還御	非常	
152		仁安元	1166	10	21	五条殿	内裏	儀式	儀式	大嘗会関係儀式・五節・年始公事挙行
153		仁安2	1167	1	22	内裏	五条殿	里内裏還御	儀式	還御
154		仁安2	1167	5	19	五条殿	土御門殿	怪異による遷御	怪異	五条殿怪異
155		仁安2	1167	7	7	土御門殿	内裏	内裏還御	怪異	還御。五条殿に怪異あるにより、他の里内裏なきによる
156		仁安2	1167	8	27	内裏	五条殿	里内裏還御	怪異	還御
157		仁安2	1167	9	30	五条殿	内裏	里内裏焼亡	焼亡	五条殿焼亡。高倉殿に遷御
158		仁安3	1168	1	29	内裏	高倉殿	里内裏還御	焼亡	
159	高倉	仁安3	1168	2	19		閑院		儀式	践祚
160		仁安3	1168	3	11	閑院	内裏	儀式	儀式	3.20即位式挙行のため
161		仁安3	1168	4	9	内裏	閑院	里内裏還御	儀式	この後、閑院を本所とする
162		仁安3	1168	6	13	閑院	内裏	儀式	儀式	この後、たびたび内裏と閑院の間を遷御(嘉応2.6.19摂政基房の大饗挙行により閑院を摂政に返還するため等)
163		承安2	1172	6	17	内裏	閑院	里内裏還御	儀式	
164		承安2	1172	8	20	閑院	三条室町殿	非常事態	非常	閑院に蚋が群集のため
165		承安2	1172	11	11以前	三条室町殿	内裏	—	非常	

166		承安2	1172	11	27	内裏	閑院	里内裏還御	儀式	たびたび内裏と閑院の間を遷御
167		安元2	1176	2	11以前	閑院	三条室町殿	里内裏修理のための移徙	修造	閑院修理のため(前年11.20閑院西裏桧辺焼亡)
168		安元2	1176	2	18	三条室町殿	閑院	里内裏還御	修造	
169		治承元	1177	6	12	閑院	八条殿	非常事態ヵ	非常	4月末の次郎焼亡、6月成親ら配流等
170		治承元	1177	6	26	八条殿	閑院	里内裏焼亡	焼亡	
171		治承元	1177	8	14	閑院	八条殿	里内裏還御	焼亡	
172		治承元	1177	9	26	八条殿	土御門殿	方違	陰陽	方違
173		治承元	1177	10	8	土御門殿	八条殿	里内裏還御	陰陽	還御
174		治承元	1177	11	12	八条殿	閑院	里内裏還御	修造	修造竣工
175		治承2	1178	⑥	11	閑院	三条室町殿	祇園御輿避け	祇園	
176		治承2	1178	⑥	27	三条室町殿	閑院	里内裏還御	祇園	還御
177		治承4	1180	1	10	閑院	五条東洞院殿	非常事態	非常	去年からの天下大乱による
178		治承4	1180	2	16	五条東洞院殿	閑院	儀式	儀式	2.21譲位のため
179	安徳	治承4	1180	2	21		五条東洞院殿		儀式	践祚
180		治承4	1180	4	9	五条東洞院殿	内裏	儀式	儀式	4.22紫宸殿で即位式による
181				5	22	内裏	八条坊門櫛笥殿	里内裏還御	儀式	還御
182		治承4	1180	6	3	八条坊門櫛笥殿	摂津福原殿	儀式	儀式	6.3平頼盛第、6.4平清盛別荘、11.11新造。五節挙行
183		治承4	1180	11	26	摂津福原殿	五条東洞院殿	里内裏還御	儀式	還御
184		治承5	1181	2	17	五条東洞院殿	八条殿	新造	儀式	頼盛が八条院に申請して新造
185		治承5	1181	4	10	八条殿	閑院	里内裏還御	儀式	還御

186		寿永元	1182	10	2	閑院	内裏	儀式	儀式	大嘗会御禊のため
187		寿永元	1182	12	2	内裏	閑院	里内裏還御	儀式	還御
188		寿永 2	1183	7	24	閑院	法住寺殿	非常事態	非常	源氏夜討ちの風聞あるため
189	後鳥羽	寿永 2	1183	8	20		閑院		儀式	践祚
190		寿永 3	1184	7	5	閑院	内裏	儀式	儀式	7.28即位式挙行のため
191		寿永 3	1184	8	1	内裏	閑院	里内裏還御	儀式	還御
192		文治元	1185	4	27	閑院	内裏	儀式	儀式	4.25神器還京による
193		文治元	1185	6	16	内裏	閑院	里内裏還御	儀式	還御
194		文治元	1185	7	22	閑院	大炊御門殿	地震崩壊	非常	これより先、地震により閑院破損甚だし
195		文治元	1185	12	25	大炊御門殿	閑院	里内裏還御	非常	還御
196		文治 2	1186	11	8	閑院	内裏	修理	陰陽	閑院修造のため(公家御忌方により修造は院庁沙汰とする)
197		文治 2	1186	11	20	内裏	閑院	里内裏還御	陰陽	還御
198		文治 3	1187	8	12	閑院	大炊御門殿	修理	修造	閑院修造
199		文治 3	1187	11	13	大炊御門殿	閑院	里内裏還御	修造	修造竣工
200		建久 7	1196	11	24	閑院	内裏	修理	修造	閑院修造
201		建久 7	1196	12	21	内裏	閑院	里内裏還御	修造	修造竣工
202		建久 8	1197	3	16	閑院	大炊御門殿	—	—	
203		建久 8	1197	4	30	大炊御門殿	閑院	里内裏還御	—	還御
204		建久 9	1198	1	9	閑院	大炊御門殿	儀式	儀式	1.11譲位のため

そして四月二七日には、「今夕従二内裏一可レ遷三御内大臣土御門亭一也。是明春依レ可レ被レ造二一条院一、為レ違二方忌一有二御臨幸一也（明年従二清涼殿一、当二大将軍一并金神方一之由所二勘申一也）」[45]とあるように、内裏が現存しているにもかかわらず、里内裏一条院完成後

にはそこへの遷御が予定されているのだが、一条院が方忌となるため、この日まずは内裏から内大臣土御門亭への移徙が実施された。

さらに九月一五日には、「来廿日俄可レ有レ行二幸賀陽院東対一。件事早々可二奉行一者本支度十月一日入二御内裏一、同十五日可レ遷二御賀陽院一也」、「皇居土御門亭聊有二怪異一。早可レ遷二御他所一也。来廿日俄有レ行二幸賀陽院東対一也」(46)との院命によって急遽、高陽院への移徙が実行された。

以上のように、院政期には「怪異」を理由とする頻繁な移徙が院の命令によって実行される事例が増加する。

事例分析の結果、(47)移徙理由は、

①儀式六〇件　②皇居焼亡関連二六件
③方違え（陰陽道的禁忌）(48)一七件　④新造・修造一四件
⑤非常事態一二件（戦乱・強訴・地震）　⑥怪異八件
⑦祇園御輿二件　⑧不明一九件

と分類できる。

如上より、当該期における天皇の移徙要因は多様化しているが、大別すると次の二つの理由に基づいて移徙が実行されていたとみなせるであろう。ひとつは物理的に現皇居での居住継続が不可能・不都合となる事由が発生した場合、すなわち、皇居の焼亡、戦乱・地震などの非常事態の発生、さらには内裏における儀式挙行のためという要因で、もうひとつは心理的要因による居住継続困難な状況が発生した場合、すなわち陰陽道的禁忌（「犯土」(49)）や怪異の出現、祇園御輿除けなどである。

いずれにせよ天皇の移徙の特徴としては、現皇居での居住継続が不可能・不都合な状況が発生した時に実行される場合が多いという点を確認しておきたい。ただし、この分類には入らない④新造・修造による移徙に関しては、次節以降でふれることとする。

さて、院政期における天皇移徙の特徴をうかがう上で、留意したい事例がある。前掲史料にみえる通り、天永二年鳥羽天皇は高陽院を里第内裏としていたが、翌年五月一三日亥刻、皇居付近からの出火で「火炎盛飛燼連天、数十宇舎屋一時為二煨燼一[50]」った。そこで院御所六条殿を皇居とするよう院命があり、天皇は内侍所をともなって直ちに同殿へ渡御した。

六条殿において、院と天皇は「御対面」したが、摂政忠実は密かに「院暫与レ内御同所事如何。但無二先例一也。奉三為院一不レ可レ有レ憚歟。依二院御気色一所レ問也」と疑問を呈し、中御門宗忠も「主上有レ行三幸院御所一、経二両三宿一是常事也。但已成二主上御所一、奉レ安三置内侍所一之後、与二法皇一同宿御事已無二先例一者、頗不レ被二甘心一由、愚心所二思給一也」と返答している。その結果、「殿下仰云、我所レ思叶二汝所レ案。奏二件旨一之処、上皇俄遷三御頭弁実行朝臣宅一〈六条烏丸、大弐顕季卿之家也〉[51]」したという。

嵯峨朝以降の天皇は、上皇と皇居で同宿しない不文律が存在するが、右の忠実と宗忠の見解によると、院御所へ行幸して数日間同宿する場合は問題ないが、院御所へ内侍所が安置された以上、そこは皇居と認識されるため、皇居での同宿は「不レ被二甘心一」ることと判断されたとのだと理解できる。つまり、天皇の院御所への移徙は、院の移徙を生み出すこととなり、移徙の連鎖が生まれる状況を確認しておきたい。

第四節　上皇の移徙

平安前・中期の天皇は、在位中もしくは譲位後間もなく夭折した例が多く、上皇としての在位期間が短い。なかには長命の上皇もいるが、嵯峨上皇は冷泉院と嵯峨院、淳和上皇は淳和院、宇多上皇は仁和寺と亭子院、円融上皇は円融寺というように、特定の御所に比較的長期間居住する傾向が強い[52]。

しかし白河院以降、上皇在位期間が長期化するとともに、実に頻繁な移徙が行われるようになる。本節では、院政期上皇の移徙事例を古記録から博捜して、現住御所と遷御先の御所、移徙の理由などを整理・分類した一覧を作成して検討を進めることとしたい(53)（［表2］参照）。

まず移徙事由に注目すると、

①新造・修造五六件　②政務関連五件
③焼亡・非常事態（火災・戦乱・地震）五件　④怪異四件
⑤天皇移徙四件　⑥方違え（陰陽道的禁忌）一件
⑦その他（御所狭小等）一一件　⑧不明一五件

となり、天皇と同様、御所焼亡などの非常事態や怪異の出現・方違えなど、現御所での居住継続が困難と判断される明確な事由が確認されるものの、天皇とは異なる要因もある。

まず②政務関連とは、御即位や強訴の時に、「依二皇居近隣一」(54)との理由によって移徙が行われた例を指す。使者を介して儀式や政務執行に関与したり、緊急事態に直接的な対応が行えるように皇居近隣の院御所に移徙したのである(55)。次いで、⑤天皇移徙とは前節末尾に述べた通り、天皇が上皇現住の御所に移徙して皇居となったために他所への遷御を必要とする事態を示している。

また、心理的要因による移徙に関しても院政期には注目すべき変化が現れる。天永三年（一一一二）五月、当時の皇居高陽院焼亡のさい、院御所六条殿に鳥羽天皇が遷御した。これによって白河院は「頭弁藤原実行朝臣宅〈六条烏丸、大弐顕季卿之家〉」(56)に移徙したが、同年九月八日、右大将（藤原家忠）以下上達部一四人を率いて、六条烏丸大弐第から大炊御門万里小路第に再び遷御している。

その理由は、「是日者御所六条烏丸大弐宅一日鶏鳴也。御卜所レ告可レ渡二御他所一者。仍俄有二此御幸一也」とあ

［表２］ 上皇移徙一覧表

注：月の○付きは閏月

No.	上皇	元号	西暦	月	日	居徙前の居所	遷御先の居所	移徙の理由	分類	新造・修造御所の造営者・所有者
1	白河	寛治元	1087	2	5	三条殿	鳥羽殿	新造	新造	讃岐守泰仲
2	白河	寛治元	1087	4	7	鳥羽殿	六条殿	—	—	近江守藤原敦家(宗)第
3	白河	寛治元	1087	8	28	六条殿	大炊御門第	—	—	摂政藤原師実第
4	白河	寛治２	1088	3	5	—	鳥羽殿新御所(北殿)	新造	新造	
5	白河	寛治２	1088	11	14	—	六条院東殿	—	—	
6	白河	寛治３	1089	7	20	—	六条院東殿	—	—	
7	白河	寛治３	1089	11	28	—	鳥羽殿	—	—	
8	白河	寛治５	1091	5	12	大炊御門第	土御門第	怪異	怪異	左大臣源俊房第
9	白河	寛治５	1091	8	8	土御門第	六条院	修造(修造之後、初渡御也)	修造	
10	白河	寛治６	1092	8	11		鳥羽殿	—	—	
11	白河	嘉保２	1095	6	26	六条殿	閑院	新造	新造	播磨守顕季
12	白河	嘉保２	1095	10	28	閑院	高松第(三条坊門西洞院)	天皇移徙	天皇	播磨守顕季朝臣第
13	白河	承徳元	1097	12	23	八条宅(藤原顕季宅)	六角東洞院第	新造	新造	備前守源国明第
14	白河	承徳２	1098	7	9	六角東洞院第	六条坊門堀河宅	—	—	安芸守経忠朝臣第
15	白河	承徳２	1098	10	26	六条坊門堀河宅	鳥羽殿北殿	新造	新造	丹波守為章
16	白河	康和４	1102	1	11	鳥羽殿	高松殿	新造	新造	播磨守藤原顕季
17	白河	長治元	1104	7	11	高松殿	土御門第	高松殿作事	修造	内大臣源雅実第
18	白河	長治元	1104	12	27	土御門第	大炊殿	新造	新造	伊予守源国明
19	白河	長治２	1105	1	11	大炊殿	土御門第	還御	新造	内大臣源雅実第

20	白河	嘉承 2	1107	1	15	土御門第	大炊御門第	先年造営。大将軍南忌により去年渡らず	陰陽	伊予守源国明
21	白河	嘉承 2	1107	10	9	鳥羽殿	中御門宅	—	—	左大弁源重資第
22	白河	嘉承 2	1107	11	19	綾小路第	中御門宅	皇居近隣(即位の間)	政務	左大弁源重資第
23	白河	嘉承 2	1107	⑩	1	中御門宅	綾小路第	御所狭小のため	その他	中納言源国信第
24	白河	天仁元	1108	2	25	(白河)	六条殿(中院)	皇居近隣	政務	修理大夫第
25	白河	天仁元	1108	11	19	六条殿	大炊御門万里小路第	還御	政務	播磨守藤原長実第
26	白河	天永 3	1112	3	21	六条殿	大宮三条	還御	政務	伊予守藤原基隆
27	白河	天永 3	1112	5	13	六条殿	六条烏丸第	天皇移徙	天皇	頭弁藤原実行第・大弐顕季第
28	白河	天永 3	1112	9	8	六条烏丸第	大炊御門万里小路第	怪異	怪異	播磨守藤原長実第
29	白河	永久元	1113	③	9	大炊御門第	東洞院大炊御門第	怪異	怪異	藤原為房第
30	白河	永久 2	1114	8	17	大炊御門万里小路第	七条坊門町尻第	皇居近隣	政務	土佐守能仲第(殿暦：讃岐守)
31	白河	永久 3	1115	11	2	—	白河阿弥陀堂御所(泉殿)	新造	新造	平正盛
32	白河	永久 3	1115	11	6	白河阿弥陀堂御所(泉殿)	大炊殿	還御	新造	
33	白河	永久 4	1116	8	16	大炊殿(殿暦)大炊御門第	同東壇所	天皇移徙	天皇	
34	白河	永久 5	1116	8	16	同東壇所	土御門御所(右大臣雅実)ヵ	天皇移徙	天皇	
35	白河	元永元	1118	7	10	土御門御所(右大臣雅実)ヵ	白河北新小御所	新造	新造	越前気比宮之神主
36	鳥羽	保安 4	1123	6	10	白河北殿	二条殿(二条東洞院殿)	新造	新造	備中守長親
37	白河	大治元	1126	2	2	(三条西殿ヵ)	三条烏丸殿(三条東殿)	新造	新造	播磨守藤原家保

38	白河	大治元	1126	8	10	(三条西殿ヵ)	室町西殿(泉殿)	新造	新造	権中納言顕隆
39	白河	大治元	1126	12	27	三条殿	春日殿(大炊御門万里小路殿)	新造	新造	伊予守基隆
40	白河	大治3	1128	6	27	(三条殿ヵ)	八条大宮御所	新造	新造	権右中弁顕頼
41	白河	大治4	1129	1	3		白河北殿	新造	新造	法橋信縁
42	鳥羽	大治4	1129	9	16	三条京極亭(女院御所)	大炊御門万里小路御所	非移徙儀	その他	
43	鳥羽	大治5	1130	10	29	白河殿	仁和寺御堂御所(法金剛院)	新造	新造	
44	鳥羽	大治5	1130	11	12	仁和寺御堂御所(法金剛院)	三条殿(さらに2日に白河御所還御)	還御	新造	
45	鳥羽	大治5	1130	12	26	白河殿	三条西殿	新造	新造	越後守清隆
46	鳥羽	天承元	1131	3	19		鳥羽殿	御領となすののち初めて遷御	新所	
47	鳥羽	長承元	1132	10	3	白河殿ヵ	新御堂御所(宝荘厳院)	新造	新造	播磨守宗成
48	鳥羽	長承元	1132	12	26	—	二条亭(二条万里小路)	新造	新造	中納言長実
49	鳥羽	長承2	1133	6	28	—	土御門第	修造	修造	諸国支配
50	鳥羽	長承2	1133	12	26	白河押小路殿	小六条殿	修造	修造	讃岐守経隆
51	鳥羽	長承3	1134	12	19	白河殿	三条烏丸	新造	新造	丹波守為忠
52	鳥羽	長承3	1134	12	22	三条烏丸	白河北殿東新造御所	新造	新造	権中納言顕頼
53	鳥羽	保延元	1135	3	27	仁和寺北斗堂	法金剛院東新造御所	新造	新造	周防守憲方
54	鳥羽	保延3	1137	7	28	—	八条殿	—	—	
55	鳥羽	保延4	1138	8	11	—	鳥羽東新御堂御所	—	—	

56	鳥羽	保延6	1140	10	27	(三条烏丸殿)	正親町殿	新造	新造	入道大相国(藤原忠実)・高陽院御所
57	鳥羽	永治元	1141	3	3	(白河北殿ヵ)	新御堂御所(白河勘解由小路)	新造	新造	
58	鳥羽	康治2	1143	4	3	—	押小路殿	新造	新造	丹後守藤原俊盛
59	後白河	保元3	1158	8	17	内裏	高松殿	還御	新造	
60	後白河	平治元	1159	8	16	高松殿	三条烏丸ヵ	焼亡	焼亡	
61	後白河	平治元	1159	12	9	三条烏丸殿	一本御書所	焼亡	焼亡	上西門院統子内親王第
62	後白河	応保元	1161	4	13	—	法住寺殿	新造	新造	家明
63	後白河	仁安元	1166	11	2	—	鳥羽北殿	新造	新造	遠江守・従三位俊盛(讃岐・周防)
64	後白河	仁安元	1166	11	7	鳥羽北殿	七条殿(法住寺殿)	還御	新造	
65	後白河	仁安2	1167	1	19	—	法住寺南殿	修造	修造	周防守藤原季盛
66	後白河	仁安2	1167	4	4	—	七条殿(法住寺殿)	還御	新造	
67	後白河	仁安2	1167	7	20	—	山科殿	新造	新造	遠江守平業忠
68	後白河	仁安2	1167	8	10	—	伏見殿	新造	新造	成親卿
69	後白河	嘉応2	1170	3	20	—	鳥羽北殿	新造	新造	越後守平信業
70	後白河	承安2	1172	7	21	—	三条殿(三条室町)	新造	新造	成親卿
71	後白河	承安2	1172	8	16	—	北殿小御所	新造	新造	
72	後白河	承安2	1172	10	19	—	鳥羽殿(南殿)	修造	修造	尾張守信業男長門守業忠
73	後白河	承安2	1172	10	20	鳥羽殿(南殿)		還御	修造	
74	後白河	承安3	1173	10	5	法住寺南殿	新御堂御所(最勝光院)	新造(建春門院御堂、21落慶供養)	新造	

75	後白河	承安4	1174	8	10	—	七条殿	修造	修造	信西光(藤原師光)
76	後白河	承安4	1174	11	27	—	法住寺南殿	修造	修造	
77	後白河	安元元	1175	7	11	—	最勝光院南御所	新造	新造	
78	後白河	安元元	1175	12	13	—	山科殿	新造	新造	権大納言成親
79	後白河	安元元	1175	12	15	山科殿	法住寺殿？	還御	新造	
80	後白河	治承3	1179	6	3		山科御所	—	—	故建春門院領
81	後白河	治承3	1179	6	6	山科御所	法住寺殿	還御	—	
82	後白河	養和元	1181	12	13	—	新造御所(法住寺殿乾)	新造	新造	
83	後白河	寿永2	1183			—		非常事態(平氏西走、義仲入京等)	非常	さまざまな所に潜行
84	後白河	元暦元	1184	4	16	六条院	金剛勝院御所(押小路殿)	修造	修造	
85	後白河	文治3	1187	2	2	六条殿	鳥羽南殿	修造	修造	諸国所課
86	後白河	文治3	1187	2	16	鳥羽南殿	鳥羽北殿		—	
87	後白河	文治3	1187	4	9	鳥羽南殿	大炊御門殿	怪異	怪異	
88	後白河	文治4	1188	6	16	—	五条第	焼亡(4.13常御所六条殿焼亡)	焼亡	大納言藤原兼雅第
89	後白河	文治4	1188	12	19	—	六条殿	新造・還御	新造	諸国所課

り、「御卜」により他所に遷御することとなった経緯が判明するのであるが、この遷御に関する「凡近代院御所頻怪異出来必遷二御他所一也」[57]との評に着目したい。すなわち「鶏鳴」が「御卜」によって怪異とみなされ、「他所」へ移った今回のような院の移徙は近代になって出現した事象だという。そして怪異出現自体が「近代」頻出しているとの批評は、他所へ遷御するために「怪異」を利用している現状、さらに想像を逞しくすれば、「怪異」

出現が意図的ではないかとの疑念さえも抱かせる。しかし、この点に関しては本稿の論旨から離れるため、指摘のみにとどめておく。(58)

さて、最も注目すべきは、上皇の移徙要因として①御所の新造・修造が六割（八九件中五六件）に上るという事実であろう。

例えば白河院は、嘉保二年（一〇九五）六月二六日、「自二六条殿一初遷二御新造閑院一。播磨守顕季(藤原)朝臣自二去年一造二営之一（中略）道言(賀茂)朝臣勤二反閇一。有二黄牛・水火童女等事一、又有二所所饗饌・攤一。又奉レ渡二御竈神一(59)」り、院の近臣播磨守藤原顕季が新造した閑院に旧御所六条殿から「黄牛・水火童女等」をともない移徙している。(60)

このように院政期の上皇移徙の多くは、造営・修造に起因しており、必ずしも現御所で居住存続が物理的あるいは心理的に不可能・不都合な状況が発生したために家移りを行うのではない。そして、時には「一夜之儀(61)」とみえるように、本来三日間におよぶ移徙作法を一日に略してまでも実行するようになる。つまり、災難を避ける等の目的を達成するために移徙を行うのではなく、移徙すること自体が目的化している状況が看取されるのである。かように移徙を実行するメリットはどこにあるのであろうか。

そこで次節では、造営関連の移徙が最多であるという実態を踏まえ、院御所が次々と造営される背景について検討を加えたい。

第五節　移徙関連の勧賞と院御所造営の背景

(一)移徙と勧賞

さて、これまで大内裏内の内裏以外の皇居を「里内裏」もしくは「里第(皇居)」と記載してきたが、勧賞を分析するに当たり、廷臣（摂関・その他の公卿や貴族、受領）の邸宅を皇居とした場合と、後院や天皇の御座所として利用する目的で造営された「里内裏」を皇居とした時とでは勧賞の実施状況が異なるため、本節では前者を「里第(皇居)」、後者を「里内裏」と便宜的に区別して記載することとする。

まず、一条天皇の寛弘三年(一〇〇六)から同七年までの四年間にみえる三度の移徙と勧賞の事例をとりあげて検討したい。

寛弘二年一一月一五日、七度目となる内裏焼亡により、天皇は二七日から左大臣道長の東三条殿を里第皇居としたが、里内裏一条院が竣工したため翌年三月四日、東三条殿から遷御した。同日、「行二慶賞一。角振・隼両神並授レ位。又左大臣室并子息家司等各増レ爵」(62)とみえ、源倫子と藤原頼宗ら道長の妻子・家司に位階が与えられている。ついで一二月一七日に内裏造営が完了したため、翌年正月二〇日に「造宮行事上卿以下、及二諸国吏大工等一」(63)ぶ人々に造宮叙位が行われた。

その後、同六年一〇月五日の火災で一条院が灰燼に帰すと、一九日に左大臣道長の枇杷殿への移徙が挙行されたが(64)、この時、勧賞は行われていない。

しかし、翌年一一月二八日、再建された一条院に還御したさいには、

叙位

従三位教通〈元従四位下〉、正四位下頼宗、従四位下顕信、正五位下能信、従五位上藤原公則・丹(但)波奉親、件人々雖二下臈一、相従年久。仍殊所レ申也。

左衛門督(頼通)有下可レ給二加階一仰上。而彼申云、与レ祖(道長)同階事申二有レ恐由一。仍仰云、後申時賞給者。

尚侍(妍子)正二位、威子正四位下、提(寛カ)子従四位上、従五位下女四人(65)

とあり、道長の子女・家司らに勧賞が、同月一七日には一条院造宮行事らへ叙位が行われた(66)。

以上の事例から、現皇居焼失等により他所に遷御するさい、旧皇居が里第内裏の場合は、移徙当日にその所有

者一家（「家女・家子・家司」等）に「本家賞」として勧賞叙位が実施されるが、内裏や里内裏の場合は当然ながら行われない。一方、新皇居が国宛[67]により造営された内裏や里内裏の場合は、移徙当日（または完成後の吉日）に「造宮行事上卿以下」「諸国吏大工等」に勧賞が実施されたのがわかる。かかる勧賞は基本的に院政期にも引き継がれる[68]。それでは、院の移徙の場合はどうだろうか。

(二)院御所造営の背景

上皇が怪異や御所の焼亡、さらに公卿会議など政務と関連して「皇居近々」の廷臣邸へ移徙した場合、その新旧いずれの御所提供者（家主）の関係者に勧賞が行われることはない。

しかし、院の移徙事由として最も大きな割合を占める新造・修造御所への移徙の場合には、院御所造営を請け負った人物が、その当日（または翌日）に「重任宣旨」を賜るなど勧賞の実施が散見する。いくつか事例をあげておきたい。

①嘉保二年（一〇九五）六月二六日、当時六条院に居住していた白河院と郁芳門院は、「自二六条殿一初遷二御新造閑院一。播磨守顕季朝臣自二去年一造二営之一」とあり、三日目には「被レ仰二播磨守（藤原）顕季朝臣重任事一」[69]（No.11）れた（No.は表2、以下同）。

②保安四年（一一二三）六月一〇日、当時白河殿に居住していた「新院（鳥羽院）并中宮（藤原璋子）初遷二御新造二条殿一（中略）法皇（白河院）去年仰二備中守長親（藤原）一被レ造二営之一。蒙二重任宣旨一。有二反閇・水火童女、黄牛等事一」[70]（No.36）とみえ、備中守長親が重任宣旨を蒙った。

③大治元年（一一二六）一二月二七日、白河院が「新院（鳥羽院）・女院（待賢門院）・二宮（通仁）・姫宮（禧子）」をともない、「自二三条殿一渡二御新造大炊御門万里小路殿一」したさい、造作賞として「基隆朝臣并男備中守忠隆朝臣被レ下二重任宣旨一」[71]（No.39）れた。

④長承三年（一一三四）一二月、鳥羽院は僅か一〇日間に二度の移徙を行った。まず、一九日には「自二白河殿一初渡二御三条烏丸殿一（中略）丹後守為忠朝臣募二遷任功一造二営之一（中略）。有二反閇并黄牛事一、所々饗饌如レ常」とみえ、翌日には「仰二勧賞一。正四位下藤原為忠造作賞」(72)（No.51）とある。次いで二八日には、「権中納言顕頼卿」が「募二加賀遷任功一、造二進御堂并御所一」したという「白河北殿東新造御所」に「初遷御」(73)している。

⑤仁安二年（一一六七）正月一九日、後白河院は鳥羽殿から「初遷二御法住寺殿一」したが、藤原季盛は「周防守造作賞」として「従五位上」と「蒙二重任宣旨一」(74)（No.65）ったとみえる。

以上は各上皇が行った移徙のなかで些少の例をあげたにすぎないが、いずれも共通していることは成功で院御所が新造されて間もなく上皇が移徙を行い、造営を請け負った受領（もしくは知行国主(75)）に対して、当該国受領への「重任」もしくは「遷任」宣旨を賜りこれを許可するなど、なんらかの勧賞が行われている点である。

御所造営においては、受領本人の当該国だけでなく、家族に受領があればその任国からも材木などを調達する例が確認できるため、そのような場合に事例③の如く、子息受領にも賞として「重任宣旨」が与えられることがあった。

また、通常は移徙当日もしくは三日以内に勧賞が実施されるが、事例②のように前もって宣旨が下されたり、④のように当日は加階のみ受賞している例や、⑤のように「重任宣旨」と加階両方の勧賞が行われる例など、賞の内容に相違がみられるが、この点については本書第七章で論じた通り、造営を請け負った受領の任期残存状況に応じて移徙時の勧賞内容に差が生じてみえるのであって、基本的には成功に対する勧賞は、受領任期の延長（重任・遷任）にある。(76)

如上、院御所が次々と受領の成功によって造営され、院が新造御所へ移徙を行う背景には、かかる御所造営方法と受領人事との関わりが窺知されるのである。つまり、移徙を実行することによって、新造御所が院御所と確定され、受領は受賞することができたのだと考えられよう。逆説的にいえば、院の移徙の多くは建造物を院御所と認め、勧賞を実施するために行われていたのである。

さて、院御所とは造営方法が異なる皇居の場合は如何だろうか。先行研究で指摘されている通り、その再建・修造は基本的に国宛（諸国所課）と呼ばれる方式で実施され、内裏・里内裏の殿舎や大内裏の各所、大垣や諸門などは国ごとに割り当てられた(77)。「至下不レ立二用料物一之国司上者可レ給レ賞。立二用作料一之国司者可レ無二勧賞一」(78)や「賞罰文可レ載二官符一。又立二用作料一之国司不レ可二勧賞一。不二立用一之国司可二勧賞一之文、同可レ載也」(79)という規定にしたがって、「料物」すなわち国衙にあるべき正税等を「不二立用一」に造営した場合は勧賞の対象となり、前述の通り、担当の造営行事と国司に叙位が実施された。

ただし、里内裏や里第内裏の場合には、国宛ではなく成功が採用されることがあった。例えば、天永三年（一一一二）五月、里第皇居高陽院の焼亡を受けて、白河法皇は摂政藤原忠実に内裏の新造について次のように下問している。「仰云、十月之中有二遷御一、早可レ被レ壊二渡大炊殿一也。而可レ被レ宛二諸国一歟。将今以二一国成功一可レ被レ渡歟。人々被レ申旨不レ同也」と。これに対して忠実は、「近日伊勢大神宮役夫工事、諸国営之比也。又被二宛課一、頗有二其煩一歟。仍只募二大国一箇国成功一、令レ終二不日之功一、尤可レ宜歟」(79)と返答しており、伊勢大神宮役夫工など別件ですでに国宛が実施されている場合、諸国の負担が考慮され、特例として大国受領による成功での皇居造営が検討されたのである(81)。

如上、造営を請け負う受領にとっては、国宛よりも負担は大きくとも、成功の方が「重任」や「遷任」、すなわち受領の再任という大きな褒賞が期待できた。

おわりに

平安時代における天皇の移徙は天徳の内裏焼亡を契機として始まったように、皇居焼失という物理的に現皇居での居住存続が不可能な状況が発生したさいに、それを避けるために実施された。加えて、院政期になると怪異や陰陽道的禁忌などの心理的な要因によって居住継続が困難と判断される事態が生じた時にも、院命によって移徙が実行される例が増加する。

これは、院政の確立にともなって天皇の低年齢化が一層進み、禁忌が一段と強化されるという該期天皇の特質と関連した変化であると推察される。さらに、里内裏・里第皇居が定着する平安後期においては、即位儀など内裏での挙行が必要な儀式を行うための移徙も必要とされた。

総じて天皇の移徙は増加傾向にあり、現皇居での居住継続が不可能・不都合な事由の発生による必要に迫られた状況下で実施されると総括されよう。

これに対して上皇の移徙は、天皇の場合と同様に、御所の焼亡や怪異・方違えなど、現御所での居住存続が物理的・心理的に困難な状況が発生した時にも実行しているが、最も多いのは差し迫った移動の必要性がないにもかかわらず、院御所の「新造」もしくは「修造」を理由とする遷御である。

受領は定められた税を中央政府に納入すると、残りを私物にすることが可能であったため、実入りのよい大国の受領は私服を肥やすチャンスに恵まれた魅力的なポストであった。そして、律令制的な財政制度が崩壊した平安後期には、このような受領の私物を利用した成功が国家財政の重要な柱となっていたのである。(82)

上皇は受領成功という方法を用いて、諸国の富を京に回収して、院御所や御願寺などの大規模造営の財源を確保した。近臣を受領という重要ポストに採用して院政の基盤強化を図ろうとする院の思惑によって、上皇に関わる建物の造営を請け負った場合には、勧賞が特に優遇されていたため、彼等が院御所の造営を競って請け負ったと考えられる。[83]

一方、受領等にとっては、経済的負担は莫大であっても、重任や遷任が許可されることによってポストの確保や維持が図られるため、次々に造営し、任期終了間際にさらなる造営を請け負って再任を目指したり、その権利を子弟に譲与して受領の再生産に腐心した。

このようにポスト獲得を目指す受領による積極的な造営請負は、結果として、院御所の建設ラッシュを招き、いわば供給高の状況をもたらした。さらに、その建造物を院御所と確定するために、院は移徙という儀式を行い、勧賞を実施して受領の期待に応えたのである。これが、当該期における造営を契機とする院の頻繁な移徙の背景であったと推察する。

以上のような院政期の国家財政制度、大規模造営のシステム、さらには受領の人事制度との相関関係に注目すると、受領成功を核として院御所の造営―移徙―勧賞の循環構造が存在していると推察されるのである。

移徙作法は陰陽道との関連が深い儀式であり、現代人の観点からすると極めて非合理的で、不可解な行動だと見受けられるが、「移徙」という行為を発生させる要因に目を転じると、極めて現実的な理由が大きく作用していた実状がうかがえる。そして、当該期特有のさまざまな社会制度の構造的な問題が、移徙というかたちで表出したともいえるのではないだろうか。

勿論、受領成功による多数の院御所・御願寺造営は、巨視的にみれば、諸国の儲けを不要な造営に流用するという国家財源の大きな損失に繋がる素因になりかねないものの、院にとっては京中や周辺地域で絶え間なく大規模造営が繰り広げられることによって、自身の権威と権力を人々に誇示することができ、受領にとってはポスト確保の機会が得られるという、双方の利害が一致する行為であった。それゆえに利権がらみの造営ラッシュを招いたのである。そしてかかる造営の遂行が、結果として古代都城平安京を変質させ、中世都市京都の構築に資する一側面を有していたと評価できるのではないだろうか。

また院政期には、天皇の移徙要因にも造営を契機とする事例がみられたが、これも皇居造営に成功が採用されるようになったためだと考えられる。

如上の推測が成立するならば、平安後期に増加する都での火災や放火の背景についても、さらなる検討が必要になろう。勿論、火災や放火の要因の多くは、先学が指摘されるように律令制的都市支配制度の形骸化、解体による治安の悪化や建造物管理・防火体制の不備、夜型化した生活[84]などであったと思われる。しかし、焼失後の再開発にも注意を払う必要があるのではないだろうか。新たな造営契機創出のために放火したとまではいえないまでも、積極的な防火対策を怠った要因になっているかもしれない。現段階では、僅かにその可能性を言及するにとどめ、具体的な考察は、本章でふれることができなかった女院や摂関家の移徙の検討とともに、今後の課題としたい。[85]

(1) 黒田俊雄「中世の国家と天皇」、同「荘園制社会と仏教」(それぞれ『黒田俊雄著作集第一巻　権門体制論』、『黒田俊雄著作集第二巻　顕密体制論』、法藏館、一九九四年、初出は一九六二・六七年)。

(2) 戸田芳実「王朝都市論の問題点」、同「王朝都市と荘園体制」(いずれも『初期中世社会史の研究』、東京大学出版会、一九九一年、初出は一九七四・七六年)。

(3) 網野善彦「中世都市論」(『網野善彦著作集第一三巻　中世都市論』、岩波書店、二〇〇七年、初出は一九七六年)。

(4) 脇田晴子「中世史研究と都市論」(『日本中世都市論』、東京大学出版会、一九八一年)。

(5) 大山喬平「中世の身分制と国家」(『日本中世農村史の研究』、岩波書店、一九七八年、初出は一九七六年)。

(6) 例えば、大村拓生『中世京都首都論』(吉川弘文館、二〇〇六年) などがあげられる。
(7) 都市史研究会編『年報都市史研究七　首都性』(山川出版社、一九九九年)。
(8) 高橋昌明編『院政期の内裏・大内裏と院御所』(文理閣、二〇〇六年)。
(9) 高橋康夫編『中世都市研究一二　中世のなかの「京都」』(新人物往来社、二〇〇六年)。
(10) 金田章裕編『平安京―京都　都市図と都市構造』(京都大学学術出版会、二〇〇七年)。
(11) 山田邦和『京都都市史の研究』(吉川弘文館、二〇〇九年)。
(12) 鈴木久男・西山良平編『古代の都三　恒久の都平安京』(吉川弘文館、二〇一〇年)。
(13) 美川圭①「鳥羽殿と院政」(『日本史研究』四六〇、二〇〇〇年)、同②「鳥羽殿の成立」(上横手雅敬編『中世公武権力の構造と展開』、吉川弘文館、二〇〇一年)、同③「中世成立期の京都」(『日本史研究』四七六、二〇〇二年)、同④「京・白河・鳥羽――院政期の都市――」(元木泰雄編『日本の時代史7　院政の展開と内乱』、吉川弘文館、二〇〇三年)。
(14) 北村優季『平安京――その歴史と構造』(吉川弘文館、一九九五年) などを参照。
(15) 上島享「大規模造営の時代」(『日本中世社会の形成と王権』、名古屋大学出版会、二〇一〇年、初出は二〇〇六年)、野口孝子「『夜』化の時代――物忌参籠にみる平安貴族社会の夜――」(『古代文化』五九―一、二〇〇七年)。
(16) 元木泰雄「京の変容――聖域と暴力」(『古代文化』四五―九、一九九三年)。
(17) 美川氏注(13)④所引論文二三〇・一頁。
(18) 野口実「京都七条町の中世的展開」(京都文化博物館研究紀要『朱雀』一、一九八八年)。
(19) 五味文彦「院政と天皇」(『岩波講座日本通史第七巻　中世一』、岩波書店、一九九三年)。
(20) 美川氏注(13)①④所引論文。
(21) 『延慶本平家物語』巻三末「平家都落ル事」。
(22) 野口実「中世前期の権力と都市――院御所・内裏・六波羅――」(前掲注9『中世都市研究一二　中世のなかの「京都」』)。
(23) 野口実「法住寺殿造営の前提としての六波羅」(前掲注8『院政期の内裏・大内裏と院御所』)。

(24)『中右記』嘉保二年正月二八日条。
(25)川本重雄「続法住寺殿研究」(注8所引書)一六五頁。
(26)井上満郎「院御所について」(御家人制研究会編『御家人制の研究』、吉川弘文館、一九八一年)一一九・一二〇頁。
(27)同右、一四一・二頁。
(28)『小右記』長和五年六月二日条。
(29)『類聚雑要抄』巻第二(川本重雄・小泉和子編『類聚雑要抄指図巻』、中央公論美術出版、一九九八年)。
(30)移徙作法や反閇に関しては、村山修一①『日本陰陽道史総説』(塙書房、一九八一年)、同②「わが国における地鎮及び宅鎮の儀礼・作法について」(佐藤匡玄博士頌壽記念論集刊行會編『佐藤匡玄博士頌壽記念　東洋學論集』、朋友書店、一九九〇年)、繁田信一「新宅移徙と陰陽師」(『陰陽師と貴族社会』、吉川弘文館、二〇〇四年)を参照。
(31)小坂眞二「陰陽道の反閇について」(村山修一編『陰陽道叢書　特論』、名著出版、一九九三年)。
(32)内膳司は内裏の西方宜秋門北東の采女町に隣接していたが、平安中期以降、里内裏においては内裏の例に倣って敷地内北西に内膳屋が設けられることが多い。しかし敷地の条件によって内裏外の陣中に設けられることもあったと野口孝子氏によって指摘されている(「閑院内裏の空間構造」、前掲注8『院政期の内裏・大内裏と院御所』)。
(33)『中右記』大治四年正月三日条。
(34)『左経記』長元五年四月四日条。
(35)『中右記』大治四年九月一六日条。
(36)『百練抄』大治元年一二月二七日条。
(37)『仙洞移徙部類記』第七　後白河院甲(宮内庁書陵部編『図書寮叢刊　仙洞御移徙部類記上』、明治書院、一九九〇年)仁安二年七月二〇日「山科殿」の項などを参照。
(38)『日本紀略』天徳四年九月二三日、一一月四日条。
(39)『日本紀略』貞元元年五月一一日、七月二六日条。
(40)橋本義彦「里内裏沿革考」(『平安貴族』、平凡社、一九八六年、初出は一九八一年)。

(41)『日本紀略』寛弘六年十月五・一九日条。
(42)『御堂関白記』寛弘六年一〇月一九日条。
(43)『小右記』長和四年六月一三日条。
(44)『中右記』天永二年二月二三日条。
(45)『中右記』天永二年四月二七日条。
(46)『中右記』天永二年九月一五日条。
(47)表を作成するに当たり詫間直樹『皇居行幸年表』(続群書類従完成会、一九九七年)を参照した。
(48)岡本充弘「院政期における方違」(村山修一編『陰陽道叢書　古代』、名著出版、一九九一年)、山下克明『平安時代の宗教文化と陰陽道』(岩田書院、一九九六年)参照。
(49)『中右記』天永二年九月二〇日条。「(皇居土御門第から高陽院東対に遷御)皇居之事、自レ本可レ御二賀陽院一之由、先日所二奏達一也。幼主御時、忽不レ可レ有二大犯土造作一歟。近日内裏已全、於下有二大事一時上者、可下令二還入一給上也。仍強不レ可レ被レ作二新皇居一事也。但於二我居所一者、只可レ随二院御定一也」とみえ、院政期には、皇居周辺の作事による「犯土」を避ける禁忌が生じている。
(50)『中右記』天永三年五月一三日条。
(51)同右。
(52)花山院は特異例として、本稿では除外しておく。
(53)表を作成するに当たり、川本重雄「続法住寺殿の研究」(前掲注8『院政期の内裏・大内裏と院御所』)掲載表「院政期の内裏と院御所」および棚橋光男『後白河法皇』(講談社、一九九五年)「後白河の行動一覧」を参照した。
(54)『中右記』嘉承二年一一月一九日条。なお、儀式や政務完了後、別所へ還御する場合も「政務関連」と分類した。
(55)叙位・除目などのさいにも皇居近隣の御所へ御幸するが、一～数日のため移徙は行われていない。
(56)『中右記』天永三年五月一三日条。
(57)『中右記』天永三年九月八日条。
(58)天皇や院周辺における鵺などの怪異出現の記録や伝承が院政期に多見する。主立った武士が鵺退治を行ったという説話（『平家物語』巻第四「鵼」など）が散見し、また怪異出現を理由とする移徙に、大国受領系の院近臣の邸宅利用がみられる。該期に飛躍的に地歩を高めた人々がこれらの現象に関わっている点が注目されるが、本章ではそのような事実を指摘するにとどめたいと思う。

(59) 『上皇御移徙記』（宮内庁書陵部編『図書寮叢刊　仙洞御移徙部類記下』、明治書院、一九九一年）嘉保二年六月二六日条。

(60) 第二節で触れたように上皇移徙においても陰陽師による反閇が実施されるようになった。

(61) 『中右記』大治五年一〇月二九日条、『玉葉』承安二年七月二一日条などを参照。

(62) 『日本紀略』寛弘三年三月四日条。

(63) 『日本紀略』寛弘四年正月二〇日条。

(64) 『日本紀略』寛弘六年一〇月五・一九日条。

(65) 『御堂関白記』寛弘七年一一月二八日条。

(66) 『日本紀略』寛弘七年一一月一七日条。

(67) 小山田義夫『一国平均役と中世社会』（岩田書院、二〇〇八年）、上島享①「造営経費の調達」、同②「受領の成功」（上島氏注15所引書、初出は一九九二・九四年）。

(68) 永久年間の二度の皇居焼亡と再建例を参照（『殿暦』永久二年八月三日、一一月二六日、同五年一一月一〇日条など）。

(69) 『上皇御移徙記』嘉保二年六月二八日条。

(70) 『上皇御移徙記』保安四年六月一〇日条。

(71) 『上皇御移徙記』大治元年一二月二七日条。

(72) 『上皇御移徙記』長承三年一二月一九・二〇日条。

(73) 『上皇御移徙記』長承三年一二月二八日条。

(74) 『上皇御移徙記』仁安二年正月一九日条。

(75) 知行国主が造営を請け負った場合は、同国受領に対して「重任」や「遷任」の宣旨が下される。

(76)　本書第七章参照。
(77)　『扶桑略記』天徳四年九月二八日条、『兵範記』保元二年一〇月二二日条などを参照。
(78)　『小右記』寛弘二年一二月二一日条。
(79)　『小右記』長和三年五月二四日条。
(80)　『中右記』天永三年六月一日条。
(81)　この場合は当然請け負った受領が重任宣旨を受ける。
(82)　内裏の造営は一般的には成功というかたちをとらず、多数の国が分担して請け負う国宛（諸国所課）と呼ばれる方式で造営された。この場合も、造営を割り当てられた国の受領が勧賞を受けるが、加階のみであった。
(83)　受領の私富を投入して院御所等の造営を請け負う成功の場合、通常は「重任」と加階という二つの勧賞が実施された。このように、国宛に比べて成功は受領の負担が大きいが、褒賞も大きかった（本書第七章参照）。
(84)　注(14・15)所引論文。
(85)　これに関連して、平安京の社会構造を研究された西山良平氏は、一〇世紀末以降の火災について、次のような興味深い指摘をされている。「火事の結果、更地が各所に発生し、『都市』の再開発が必要になる。一〇世紀末以降、『都市』構造が転換するが、再開発はその転換を促進すると憶測される。また、この時期の火災は院政期の様態と類似し、九世紀から一〇世紀前半のあり方と相違すると予想される」（『都市平安京』、京都大学学術出版会、二〇〇四年、二六八頁）。平安京の火災を、律令制的都市支配制度の形骸化、解体による治安の悪化や貴族社会の生活様式の変化から解く従来の研究視角とは大きく異なり、西山氏のこの見解は、焼失後の再開発に意義を見出されている点が注目される。明言は避けられているものの、それを見越した放火もあり得るとの憶測がうかがえる。かかる視点を踏まえると、院政期の内裏や御所焼亡の要因の幾ばくかは、「再建」という事業創出との関係がみえ隠れする放火の可能性が皆無とはいえないのではないかと推察する。

［付記］　本章は日本心理学会第七三回大会（二〇〇九年八月）における口頭報告をもとに成稿したものである。貴重な機会を与えてくださいました藤健一・望月昭両氏、また貴重なコメントを賜りました浅野俊夫氏に感謝申し上げます。

終章

最後に各章の総括と課題を記すとともに、全体の考察を通じて得られた知見をもとに、平安貴族社会の秩序と昇進の特質について論じ、本書の結びとしたい。

一　各章の総括と課題

「I　貴族社会と叙位制度」では、律令制下における位階を媒介とする天皇と貴族官人との関係や、叙位を通じた秩序形成の在り方が、平安時代に如何なる変容を遂げたのか、昇進制度の実態を解明するとともに、古代律令官僚制社会から、中世公家社会への転換過程にみえる特徴を分析した。

第一章では、考課成選制の後継として平安時代以降の叙位制度の中核に位置づけられている年労制について検討を加え、一一世紀以降の変質状況を明らかにした。

具体的には、公達の公卿昇進コース上の近衛・弁官の労、諸大夫層の外記・史の労、侍層の諸司・諸衛の労の実態分析を行った結果、弁官・外記・史などの加階の労は次第に消滅してゆき、近衛労は残存するものの、摂関期までとは異なる家系の人々が利用するようになるなどの変質がみられた。

その背景として、年労制が担ってきた機能の役割が低下、変質したことが想定される。そもそも勅授（五位以上の加階と叙爵）は、「官職の論理」に依拠した成選叙位と早期に分離したことからも明らかなように、天皇の恩寵に基づく叙位である。その勅授に機械的かつ「官職の論理」を拠り所とする年労という基準を持ち込んだ意義のひとつは、平安初期以来の令制官司の統廃合を経て延喜段階で完成した平安時代の官司秩序における顕官と非顕官との格差を周知徹底させることにあり、もう一つはそうすることによって、昇進コースを形成して、「公達―諸大夫―侍」という身分階層を形成する点にあったと考える。しかし、かかる身分秩序が一一世紀半ばにはおおよそ確立したこと、そして、官職の在職年数という極めて機械的で予測可能な昇進制度が以前に比べると希求されなくなるという貴族社会の価値観の変化、さらに年労制とは異なる原理――例えば主従関係など人格的関係を拠り所とする非年労制的な昇進制度――による秩序形成が望まれる社会の到来などを理由として、年労の役割りは低下した。そして、一二世紀半ば（後白河院政期）において年労制による昇進システムは、ほぼ完全に崩壊したと結論づけた。

一方、これらとは対蹠的に叙爵に関する労は残存率が高い。なかでも「諸司・諸衛の労」という最も昇進に要する期間が長く設定され、官人にとって優遇度の低い年労が残存し、叙爵までの年限が短縮された。しかし、官司請負的な動きがみられる官司にかかわる官職の労は、早期に消滅している。このような現象が意味するところは、「諸司・諸衛の労」の対象となる官職が、地下官人の成功対象の官職（左右兵衛尉、靫負尉、馬允、諸司八省丞等）[2]とおおむね一致している点に注目すると、年労叙爵によって一定度年限を経た官人を強制的に六位官から放逐する意義があったと評価できるであろう。つまり、地下官人の成功によって資金調達を図る朝廷は、官司に欠員を生みだすための装置として、年労制を残存させたのだと考えられる。当然ながら、官人側からするとこの場合の叙爵は、「昇進」ではなく「勘当」[3]と認識されるものであった。[4]

承久の乱後、諸国所課の未済が一層深刻化したため、成功への依存率は大幅に増加した。そのため徴募の範囲をより広域にして下層の人々をも対象にする必要性が生じた結果、任人選定などの作業に弁や職事以上は関与しなくなり、実務官人層がその任に割り当てられるようになるとともに、「口入人」という仲介者を通じて広範囲から徴募されるようになった、と本郷恵子氏は指摘されている。(5) 口入人の存在は室町期以降にもみられ、彼らが礼銭をとって活動していた事実も明らかにされている。やがて官位の売買は、公事や朝廷の人事・官制との直接的な関連を離れ、礼銭や名目的な称号の授受を目的とするものに変化していったという。

右のような地下官人による成功の変化は、官位秩序が社会へ広く浸透してゆき、惣村での身分編成原理として機能するようになりゆく状況を示しているが、同時に下層の官位が朝廷の直接的な管理から離れていくことをも意味している。その変化は叙爵と下位の官職に限定されているため、公家の官位制度そのものへの影響は少ないと予想されるが、除目・叙位儀に如何なる影響を与えたのか、その具体的な検討は今後の課題としたい。

第二章では、年労制と並ぶ主要な叙位事由である年爵制度について、その成立期から摂関・院政期における変遷を検討した。主として給主の身位・出身別による被給者決定への関与の相違を明らかにするとともに、叙位関連文書に検討を加えて、当該叙位全体における年爵の位置づけの変化を考察した。その結果、白河院政期に年爵の運用方法に大きな変化がみられた。具体的には、摂関期の被給者は摂関関係者や公達層が中心であったが、院政期以降では諸大夫層の叙爵や加階に年爵が用いられるようになった点、また、三宮や准后の年爵は叙爵のみ、院や女院は加階が中心で、後白河院政期には三位以上の上階授位が可能となった点などを指摘し、総じて年爵を事由とする叙位の割合が大幅に高まったことを明らかにした。

かかる変化は、年労制的な昇進秩序が崩壊していく状況を明示しており、律令制下から引き継がれてきた貴族官人の統制原理が大きく転換し、給主と被給者との人格的な関係が叙位において極めて重視される社会が構築されたことを意味していると解される。年労制から非年労制的秩序へと、社会の編成原理が院政期に大きく転換したことに留意したい。

ところで年給制度（年爵・年官）は、長らく「律令制度の崩壊過程に出現する反律令的封禄」(6)制度の一つと考えられてきた。時野谷滋氏は、毎年の叙位・除目において所定数の人員を叙爵、申任する権利を与えられた給主が、官位を希望する者から叙任料を取得する制度であると位置づけられている。しかし、永井晋・尾上陽介両氏の研究により、むしろ給主と人格的関係のある人物の叙任を目的とする制度であることが明らかになった(7)。そこで、時野谷氏が年官・年爵＝売官売位の論拠とされる叙料支払い事例を再検討してみると、その多くが給主没後に遺された「未給」である事実が確認された。これを踏まえて年給制度の本質的性格を再論したのが補論一である。

検討の結果、叙料支払いは故人未給を故人給主と人格的な関係のない人物の叙任に利用するさいにみられ、叙任料は故人給主の供養料として使用されたこと、また花山院や小一条院のように近親者や従者が僅少かつ経済的窮状の給主が収入目的に叙任料の徴収を行う実態も認められると指摘した。概して叙任料が支払われるのは、特殊なケースだとの理解が導かれよう。ただし、古記録にみえる年給事例は記主が特筆すべきものと認識したがゆえに書き留められたものであり、特殊な用例が必然的に多くなる可能性があろう。この点を強く認識するため、平安時代や中世以降の「大間書」をはじめとする叙位文書を博捜して、故人未給の用例収集に努めながらさらに検討を進めていきたい(8)。

一方、院政期には叙料支払自体が史料上確認されなくなるが、その要因として、故人給主の供養料が荘園所課へと代わる財源の変化と、給主―被給者間の人格的関係が荘園所職や家政機関などを媒介として数代にわたり継承されるという貴族社会における人的繋がりの変化とが連関している点を指摘した。ここで注目したいのは、荘園所職と同様に年給を媒介とした叙任が、貴族間の主従関係を維持する上で重要な要素と化している事実である。位階は「朝堂所㆑居、謂㆓之位㆒(9)」とあるように朝廷における座次であり、「事㆑君、尽㆑忠積㆑功(10)」むことによって得られ、「君主と臣下の間に存在する忠誠関係を制度的に表現するもの」[11]であったが、このような律令制下の位階の機能よりも遙かに広範な機能を獲得し、天皇との距離や貴族官人相互の序列化という機能のみならず、諸集団内部の身分標識として機能するとともに、秩序形成や序列化に資する〝記号〟としての性質を有するようになったと評価した。

第三・四章では、福井俊彦氏が夙にその重要性を指摘されたにもかかわらず、これまで体系的な検討が皆無であった勧賞叙位について検討した。その結果、律令制下で実施されていた勧賞は九世紀後半頃にはほとんど全て消滅する一方、平安時代的な官司制や王権の成立、天皇―貴族関係の変化に対応した新しい勧賞が一〇世紀以降に萌芽してくることが明らかになった。そして、それらの賞は貴族たちの競望の的となり、平安後期の貴族官人の昇進事由において主要な位置を占めるに至った。それゆえ、勧賞を分析することは単に当該期の昇進制度を解明するにとどまらず、貴族官人の多様な奉仕に対して、賞というかたちで応えることを期待する人々の思想や心性の分析、社会構造の特質の解明にも繋がると筆者は考えている。

そこで第三章では、神社行幸を素材として、官行事所の奉行に対する勧賞である「行事賞」について検討を加えた。その結果、遷都後初の内裏焼亡とその再建を機として行事所制が本格的に始動するのにともなって、奉行の貴族官人らの精勤を奨励する目的をもって創設されたのが「行事賞」であるとの知見を得た。これは業務を完遂した行事官には褒賞として機能する一方で、職務怠慢・不履行、欠陥が認められた場合は行賞が行われない点から、賞罰両方の意義をもった制度であり、行事運営をスムーズに行うための方策として設けられたと評価できよう。

ただし摂関期には、行事官への就任が摂関関係者に限られていたため、行事賞を獲得し得る人物が極めて限定的であった。ところが白河院政下の天仁二年（一一〇九）鳥羽代始め行幸を機として、代替わりごとに編成される「巡」によって、上卿以下の各行事が就任するようになる。かかる事実を明らかにし、勧賞を梃子とした院権力による貴族社会の編成の一端を提示した。

次いで第四章では、朝覲行幸をとりあげて、権門主催の行事（非「官方行事」）である「院家沙汰」行事における勧賞の特質を論じた。はじめに、朝覲行幸開始当初は行われていなかった勧賞が実施されるにいたる背景を、同行幸の歴史的意義の変遷という視点から考察した。先行研究では、天皇の父母に対する「孝敬之礼」実践の側面が強調され、政治的意義についてはあまり言及されていない状況を踏まえて、同行幸が創始された要因について、筧敏生氏の太上天皇制論[12]を援用しつつ、「平安時代的な天皇—太上天皇関係」の構築を目指す過程で創始された極めて政治的な儀式であることを論じ、その目的が宇多・醍醐朝を機として次代ミウチ関係の強化に変化したことを指摘した。さらに、摂関政治の確立によって、次代・次々代にいたるミウチ関係の構築が安定してくると、同行幸の政治的意義——次代のミウチ関係強化——は低下し、御遊行幸などとの同質化が進んだ結果、後一条朝以降、勧賞が実施されるようになった。

拝観の対象が「知ㇾ世院并国母[13]」に限定される院政期には、天皇家の家長という立場から執政を掌握する院権力を誇示する、政治的に極めて重要な行事と位置づけられ、朝覲行幸は代始めと年始に実施する年中行事となった。

そして、大半が叙爵かつ年労制的な叙位で占められる当該期の恒例叙位と比較すると、同行幸で実施される勧賞——特に代始め——では、上階を含む多くの加階が実施される点から、貴族官人の昇進機会としてこの勧賞が極めて重要視されていたことが窺知される。

また、院政期以降の同勧賞における摂関家の位置づけを検討した結果、興味深い事実が判明した。すなわち、摂関期に「御傍親」という理由によって彼らは多くの受賞機会を得ていたが、院政期になると「大殿」「摂関」

「北政所」などという立場から、みずからが家司や子弟に授位する権利を得る一方、一般貴族と同様に「院分」や「女院分」などによって昇級の機会が与えられるようになった。この事実は、摂関家の天皇輔弼としての立場が確立する一方で、外戚関係の喪失によって天皇の尊属としての権威を失い、一臣下の地位へ転落した中世以降の摂関家の立場に即応していると解される。すなわち、摂関家は王権の構成員として、「給主」の立場から家司や一族を推挙する権利を得る一方、摂関自身や子弟が院司となり、院や女院の「御給」で授位されるという臣下としての立場との両方を併せ持つ特殊な立場に位置づけられたことが、勧賞をめぐる同家の状況から窺知されるのである。

総じて、非「官方行事」勧賞の特徴は、受賞者の決定において「給主」との人格的関係と恪勤が重視されるが、明確な基準はなく、最終的には「給主」の判断に左右されるという年爵と近似した性質にある。この点において、「行事賞」との相違を明らかにした。なお、平安中期以降の勧賞叙位の多くは行事賞と非官方行事に関わるもので構成されているが、これ以外にもさまざまな賞がみえる。そのうちのいくつかは第五章でふれたが、検討し尽くし得なかったものについては、今後の課題としたい。

第三・四章を通じて特に注目したのは、勧賞で得られた官位は当人の昇進に使用されるだけでなく、子孫や弟子などに譲与され、彼らの昇級にしばしば利用されるという点である。とりわけ受賞の機会に恵まれた種々の集団の長（長吏・別当、神主、一者……）や各門流や家の長が、賞の譲与を通じて集団の組織化や子弟の昇進に利するようになり、結果として叙任は、天皇と臣下の一対一の間で成立する秩序形成行為から、その間に各集団の長などが介在する余地が生まれたという事実である。ここに官位がさまざまな集団を組織化する機能を獲得したと論じ、かかる官位の機能を「中世的な組織化の機能」と位置づけた。

このような機能を獲得したことが、武家社会や在地への官位浸透にも影響を与えたと考えているが、中世公家の官位制度と武家のそれとの関連については今後の課題としたい。

補論二では、院政期以降の叙位で多見する「臨時」なる叙位事由に検討を加え、中世における叙位制度の特質について考察した。「臨時」とは当初、摂関子弟や蔵人頭など外戚や天皇の側近を、蔭位制や年労制の規定外に天皇の判断で特別に昇進させるさいの尻付として登場したと考えられるが、非年労制的昇進事由が激増する院政期になると、官位下﨟による超越が頻発したため、それへの対処として多用されることとなった。つまり、被超越者（の一部）を同時に昇級させ超越の発生を回避する手段として利用されたのである。

ところが鎌倉中期以降、これとは明らかに異なる「臨時」の用例が出現した。すなわち恒例叙位において、超越の有無に関わらず、ほぼ全ての叙位事由が「臨時」という状況がみられるようになる。これは公正な任官・叙位の実現と、公平な裁判の実施を目指す公家新制を掲げる当該朝廷の下で、籠居や若年出家という深刻な問題を引き起こす超越の主原因となっていた年爵や勧賞による叙任を統制して、道理ある人事を目指そうとする意図により出現した事由だといえる。

すなわち、「非二当代国母一者加階事被レ止」[14]とみえるように、弘長宣旨以降、加階は基本的に治天の君と当代国母の年爵に限定されており、[15]また多くの勧賞をともなう諸行事の実施回数も大幅に減少して、両事由による叙位が著しく制限されたことが窺知される。そして、年爵および非「官方行事」勧賞における授位決定要素は、第一に、給主／「給主（勧賞を実施し得る人物を、年給の給主に擬えて「給主」と記載）」との人格的関係であり、第二に、主人への日常的な精勤の度合いであって、それらを総合して最終的には給主／「給主」の意向如何に左右されるという特徴がみられる。このような、人格的関係を重視した「中世的な叙位原理」に基づく叙位決定権を、治天の君のもとに収斂させようというのが、新制の目指すところであったと考えられよう。

ゆえに「臨時」とは、治天の君の意向のみによって決定される叙任事由であり、勧賞のようになんらかの行事を実行せずとも授位可能で、しかも年爵のように年間の実施回数や授位の高下の制限などもない点に特徴が認められるのである。

最も強調したい点は、「中世的な叙位原理」に基づく「臨時」の出現によって、それ以前はかかる原理に依拠した叙任は主として院主催の権門行事における勧賞として実施されていたが、恒例叙位において実施可能になったという点である。これは鎌倉後期、後嵯峨院政期以降において、院政と親政は治天の政治という意味で同質化したとされる事実と関連しているのではないかと推察される。すなわち、中世社会のさまざまな私的主従関係における御恩としての性格を内包した「中世的な位階」が成立し、恒例叙位においてそのような叙位を実施することが可能になったと考えるのである。(16)

第五章では、第一～四章と補論一・二で論じた個別制度の実態、および先行研究によって明らかにされている叙位の諸制度の特質を踏まえて、律令制下の昇進制度から中世における貴族・官人の昇進システムが形成されるにいたる過程を解明すべく、平安時代の叙位制度の総体的な把握に努め、全体像を素描した。平安中・後期に主眼を置きつつも、八世紀から一三世紀末頃までを分析の射程に入れて、平安時代から中世にいたる律令官司制の再編、貴族社会や王権の変化と密接な連関をもって昇進制度が変化し、それにともない位階の機能や奉仕形態、貴族社会の編成原理が転換していった事実を明示した。

本章は「I　貴族社会と叙位制度」の総括に当たるため、ここで再述することは避けるが、本章で得られた知見をもとに、官司制度や王権および政治状況の変化と対応して、八世紀から中世にいたる叙位制度の変遷を、編年形式で本章第二節にまとめたので参照されたい。

「II　平安貴族社会の秩序と行動」では、叙位や除目といった直接昇進に関わる事項ではないものの、貴族社会でみられるさまざまな行動や現象・制度の背景に、当該期の昇進制度や秩序の問題が深く関連していると推察する諸事項に検討を加え、これに関連する論文を配置した。

第六章では、日本最古の語源辞書『名語記』の著者経尊の出自を、同記の内容、醍醐寺関係文書、系譜類の情報をもとに花山院家と確定するとともに、平安末期から鎌倉後期における同家の政治的位置や幕府との関係に検討を加え、経尊の辞書執筆の背景について論じた。本書での位置づけを考慮すると、本章の検討は当該期の昇進秩序、さらには公家社会における「家」秩序から排除、逸脱した者の存在意義の一側面を照射したという点において、第一～五章で行った検討を相対化する目的がある。

経尊の分析から得られた知見として、昇進制度や「家」秩序からの逸脱者といえる彼らでさえも、実はその行動の大部分が「家」と不可分に結びついている実態と、中世社会においてそのような立場にある人物が偉大な文化的業績を残し、日本中世の文化や学問の礎を構築しているという事実があげられる。こうした人々に対する調査と評価を実施していく必要性を強く認識した。中世貴族社会構造と政治、文化との関係をうかがい知る上で、経尊の存在が一つの手がかりになれば幸いである。

また、花山院家や経尊の動向を通じて、京と東国との広範かつ頻繁な人的交流の存在が明らかになった。今回とりあげたものはその一端に過ぎないが、双方の極めて活発な交流を念頭に置いて、政治や文化への影響を改めて考えていきたいと思う。

第七章では、中世国家財政の一翼を担う経費調達制度の一つに位置づけられている受領の成功について、造営事業を請け負う受領が「重任」や「遷任」を繰り返す事実に鑑み、受領の人事・昇進制度という観点から分析を試みた。

受領成功は、十世紀末における財政構造や受領に適用されていた人事制度（受領功過定と治国功）を変革しようと企図する藤原兼家・道長父子によって、積極的に導入された造営経費調達および任官に関わる制度であると論じた。

彼らの目的は、ひとつには神社政策に顕著なように、京周辺の有力神社に独自財源の保有を保証して経営の自立化を促進することによって、国家や諸国からの支出抑制を図る点にあり、もうひとつは、寺内浩氏が指摘されているように、受領の「私物」=「私富」を効率的に回収して、中央の公事や造営などの経費に取り込み、活用を図る点にあると理解した。(17)しかし、摂関期においては「訪」などにより諸国の富を回収することはできたが、受領成功の利用はさまざまな制約によって十分には果たされなかった。

受領成功の新たな展開は、白河天皇による法勝寺造営時にみられた。すなわち受領成功とは、朝廷の財源不足を補うための売位売官ともいえる地下官人の成功とは異なり、単なる財政制度にとどまらぬ機能を有していたと考える。すなわち、造営期間中の受領身分を保障し、資材や人員の調達など大規模な造営事業を遂行する現場責任者として受領を位置づけ、完遂を奨励するための人事制度としての側面を併せもつ大規模造営全般に関わる制度として捉える必要があると考える。

本章で「法勝寺型成功」と仮称したこの成功制の特徴は、造営時の受領身分を保障する点にあり、造営に先立ち、重任または遷任を許可し、供養・移徙日に重任(遷任)宣旨を下して次なる重任(遷任)を許可するという二つの勧賞が実施された点にみられる。この新しい成功は、当初天皇家に関する造営事業にのみ採用されており、勧賞を梃子として諸国の富を大量に消費する大規模造営の全てを統括し、勧賞に格差を設けることによって造営の優先順位を明らかにし、天皇家に関する造営を最優先に位置づけたのである。そして、受領の昇進システムとして機能したこの成功制を創出することによって、受領を自発的に大規模造営に駆り立て、院政期の京都とその周辺に大規模施設(里内裏・院御所・御願寺等)の建設ラッシュが起こったのだと推察した。今後、造営事業を一つひとつ洗い出し、追求していきたい。

同様に、地方における大規模造営に関しても、造営の契機が必要に迫られたものであったのか十分な検討が必要だと筆者は考えている。これに関しては、中世杵築大社本殿の造営背景について研究された山岸常人氏の次のような見解が示唆に富む。氏は、当社本殿が高大・豪壮な建物と考えられてきた根拠の一つであるたびたびの「顚倒」の語に注目して、顚倒とは従来考えられてきたような予定されざる突然の倒壊、すなわち自然に倒れたということを意味するのではなく、実態としては意図的に倒したと考えるのが穏当であり、原則としては仮殿を造営して、仮殿への遷宮を行った後に旧本殿を取り壊す工事を指していたと理解すべきであると論ぜられている。(18)そして、国司交替直後に顚倒の記事がたびたび確認されるという指摘にも注意したいと思う。

山岸氏の研究目的は中世杵築社の構造と造営・遷宮の実態解明であったため、「顚倒」したとの虚偽申請を受領等が出した理由については、国司が「杵築大社修造事業の国家の認可や援助を得るため」との指摘にとどめられているが、虚偽申請をしてまで修造を行った一一～一三世紀の受領の思惑を追求する必要性を強く感じている。すなわち破損や倒壊など、差し迫って修造する理由がないにも関わらず、意図的に壊してまで、新たな事業を創出したのは何故であろうか。造営を請け負うことで、重任などの人事的恩典の獲得を目指していたのではないかと推測するのである。

以上のように、当該期の全国的な造営事業推進の背景に人事問題との関連を追及するとともに、頻繁な大規模造営が遂行されるメカニズムと、それを実施することによって国家や地方に如何なる影響がみられたのかという問題については、受領制や院分国・知行国制の研究とともに今後の検討課題としたい。

第八章は、日本心理学会第七三回大会のシンポジウム「古行動（Paleo Behavior）の分析——史料・考古資料から人間の行動を復元する——史学・考古学・心理学」における口頭報告をもとに成稿したものである。歴史学研究とは異なる場での報告ということもあり、院政期京都の都市的特質に関する先行研究の紹介や移徙作法に関する解説が少し冗長となったが、本検討で得られた結論と主張したい点は以下の通りである。

摂関期の天皇は、内裏焼亡という物理的に現皇居での居住存続不可能な事態が発生したさいに移徙を行ったが、院政期ではこれに心理的要因（陰陽道的禁忌）が加わり、移徙回数が増加した。(19)

一方、院政期になって頻繁な移徙事例が確認される上皇の場合は、現御所を離れなければならない差し迫った物理的・心理的事由がない場合でも頻繁に家移りするという特異な現象がみられた。その行動の背景には、新御所の造営もしくは修造との関連が確認された。院は移徙の儀を行うことによって、その建造物が院御所であることを確定したのである。これによって院御所の造営を成功で請け負った受領は、その場で勧賞を得ることができた。院政期においては、天皇も新皇居造営を要因とする移徙事例が出現するが、院と比べると件数は少ない。これは皇居造営が多くの場合、成功ではなく国宛によって行われるという造営方法の相違に帰因している可能性があるのではないかと考える。つまり、皇居よりも院御所を造営する方が受領にとって、よりメリットが高いために、院御所がとりわけ多く造営されたと推測するのである。

第七章で論じたように、成功に応じると受領身分が保障されるという極めて優遇された恩典に浴することができた。ゆえに、受領成功に依存する財政構造は、人事問題と直結する利権がらみの造営事業を創出したのではないだろうか。諸国の富を都に回収して、自身の権威を明示するべく御所や御願寺などの大規模造営を次々に行い、勧賞を梃子として受領を近臣として組織しようとする院の思惑と、かかる恩典を獲得しようと次々に造営を請け負った受領の欲望とによって、都の建設ラッシュがもたらされたといえよう。

このように、院政期における上皇の頻繁なる移徙の背景には、謂わば供給高といえる近臣受領による院御所の増産と、移徙を実行することでこれを院御所と確定して受領の望み（重任・遷任の許可）に応える必要があるという院の権力基盤、さらには受領成功に依拠した財政構造などの問題が関係していたのである。つまり、受領成功なる制度を核とした財政↓院御所の造営↓移徙↓勧賞の実施という循環構造が、上皇の頻繁な移徙の背景に絡んでいたと結論づけた。

さて、本章の分析によって得た如上の知見に基づくならば、院政期における京および周辺の都市開発や火災という都市災害について、今少し検討が必要ではないかと考える。周知の通り、天徳の内裏焼亡にみられるように、一〇世紀半ば以降、平安京はたびたび火災に見舞われた。その要因としては、律令制的都市支配制度の形骸化・解体による治安の悪化や都市民による巷所の形成など、権力の弱体化や不在に起因する失火および鎮火制度の不備、権力者への不満のはけ口としての放火があげられたり[20]、天皇居所の内裏清涼殿への移動にともなって、政務や宮中儀礼が「夜儀化」したという平安貴族の生活リズムの変化などが指摘されている[21]。

筆者もかかる指摘に賛同するものの、院政期の一部の火災に関してはさらなる検討の必要性を感じている。なぜなら、院御所を次々に造営するには然るべき場が必要である。勿論、院御所は同時期に複数存在して構わないのであるから、必ずしも古い御所を喪失させる必要はないが、左京もしくは鳥羽、白河、法住寺殿辺りという、ある限られた空間内に次々と造営するためには、ある程度淘汰された方が、院や受領にとっては都合がよいのではないだろうか。更地の再開発という造営契機創出のために放火したとまではいえないまでも、積極的な防火対策を怠った要因になっているかもしれない。現段階では、わずかにその可能性を言及するにとどめ、今後の追究課題としたい。

二　平安貴族の秩序と昇進――総括と展望――

本節では先行研究や本書の検討で得た知見を基に、八世紀から一三世紀までの貴族の昇進制度の変遷を、王権や官司制度の変化、政治状況の影響などを踏まえて概括し、人事・昇進制度と貴族社会の秩序編成という限られた側面からではあるが、そこからうかがえる日本の古代社会から中世社会への移行期の特質について、若干の私見を述べて本書のむすびとしたい。

①八～九世紀初頭――律令制下の昇進秩序――

律令制下の叙位は、「善」と「最」という官司での勤務評価を基本に据えた考課成選制に依拠した機械的かつ「官職の論理」に基づいて行われる成選叙位と、それとは異なる論理すなわち天皇の恩寵として行われる臨時叙位があった。律令制の考選法がスタートした大宝元年以後しばらくの間、機械的な結階法は取られていないものの、成選叙位と連動した勅授（五位以上の加階と叙爵）が行われていたと考えられている。しかし、やがてこの両者は分離し、六位以下の官職の論理に基づく加階は成選叙位で、天皇の恩寵としての加階は臨時叙位、五位以上の加階と叙爵は正月叙位で行うという方式が、八世紀半ば頃までに定式化していたと指摘されている。(22)

こうした点から、律令国家の理念としては、考課成選を基本に据えた機械的で予量性のある官僚制的な昇進を目指していたと理解されるが、勅授においては早い段階で考課成選結果を反映しなくなったとみられ、天皇の恩寵のみに基づく叙位が実施されていた。その結果、王権の専制化が進んだ平安初期（桓武・平城・嵯峨朝）には、天皇の判断による恣意的な叙位が断行されることで、多様な人材登用が進められた。

また、当該期の臨時叙位を代表する勧賞叙位は、律令天皇や国家の理念を直截的に示す特性のものが大多数であった。それは例えば、即位や行幸時に天子の有徳性を明示するために広範囲の人々を対象にした一律一階の叙位、儒教的礼節の奨励を目的とした祥瑞献者・節婦・高齢者などへの叙位、そして中華意識を表出させた「蕃国」使節や「夷狄」への授位があげられる。

ところが、薬子の変を経て嵯峨天皇退位を機として出現した「太上天皇号奏上」制に顕現しているように、嵯峨太上天皇のもとで「八世紀的な律令天皇と太上天皇との関係」が見直され、太上天皇は直接的に国政に関与しなくなる一方、唯一至高の天皇位が確立した。嵯峨自身の思惑は、天皇位の安定化による王権の専制化推進にあったと解されるが、これは逆説的には、天皇個人の政治的能力やカリスマ性が必ずしも要求されない、制度化された天皇を輩出することが可能な状況を生んだとも理解できる(23)。

果たして彼の死後、承和の変を経て藤原良房が覇権を掌握する過程で、嵯峨の思惑とは逆方向――平安時代的天皇、すなわち「強烈な個性を持った生身の権力者から、権力の中枢に位置しながらもその存在を希薄化させた一個の装置、あるいは制度としての天皇(24)」への転換、そして幼帝の出現――へと舵が切られることとなり、結果として、天皇個人の判断に大きく依拠しない昇進制度、すなわち年労制の成立に繋がったと考えられる。

②九世紀半ば～一〇世紀初頭――年労制的秩序の成立――

律令天皇から平安時代的天皇への転換によって、律令国家や天皇はこれまでみずからが装ってきた建て前をかなぐり捨てて、新たな天皇―貴族・官人関係、官司制の構築が進められることとなった。また、東アジア情勢の変化もともなって、外交政策や対外意識の面でも大きな転換を迎えた。

昇進システムが社会秩序の編成に極めて大きな役割を果たすと考える本書の視覚からすると、如上の変化に適合的な貴族・官人を創出することを目的として、新しい昇進制度を構築することが王権や朝廷にとって最重要課題であったと推察する。事実、当該期はその面で大きな画期が認められる。その内容は、以下の三点にまとめられよう。

その一は官職の年労制の成立である。具体的には、承和年間前半には成立し始めたとされる巡爵・年労叙爵、さらに貞観年間頃に姿をあらわしたとされる策労や十年加階労（位階の年労による加階）などがあげられる。

平城・嵯峨朝以来、令制官司の統廃合や令外の官の設置が進み、『延喜式』に記される平安時代的な官司制が一〇世紀初頭までにほぼ完成した。この新しい官制において、顕官と非顕官との区別を明確化し、官職間の差別化を図る目的で昇進に要する年限に長短を設定した官職の年労に基づく加階の制度が、延喜年間に成立し、最も年限の短い官職を歴任して早期に公卿にいたる昇進コースが成立した。そして、これを独占する藤原北家と源氏によって議政官が構成されるとともに、公達―諸大夫―侍という身分秩序が形成されることとなった。

なお、厳密には年労制とは異なるものの、四年の在任期間を経て、実績評価――九世紀末に成立した受領功過定――の成績次第で加階される受領の「治国加階」も、本書では広義の年労制的叙位制度として位置づけて考察した。

その二は、律令制下以来の勧賞がほとんど全て消滅したことである。すなわち、天皇の有徳性を天下に広く示し、賑給や免租と併せて一律一階を授位する行為がみられなくなり、また賜恩対象を著しく縮小したり、公民支配への協力者、節婦・高齢者などを対象とした儒教的礼節・修身を奨励する授位も行われなくなった。さらに、中華思想を前面に打ち出した「蕃国」使節や「夷狄」などへの叙位が廃止された。

その三は、六位以下の位階や禄が形骸化し、彼らが君恩から疎外され、諸司や諸家へ帰属する動きが強まること[25]と、蔵人や昇殿制の確立や院の成立にみられるように、天皇との近親性を原理とする新しい秩序が生まれたり、内廷組織や制度の発展、権門の萌芽という状況に即応して、天皇や院宮との人格的関係を重視した昇進制度が成立したことである。具体的には、殿上人に適用される「簡一」、天皇の側近や東宮時代の坊官が昇級対象とされる「御即位叙位」の成立、平安京の「王朝」創始者桓武へ功績があった「功臣」を対象とする「氏爵」の創始、そして院宮の近親者や家政機関職員を対象とする年給の成立である。また、摂関子弟の元服叙爵など、ミウチに極めて優遇的な昇進慣例も形成された。

如上、律令制下の天皇のあり方、官司制度、君臣関係、対外関係などが大きく転換するのにともなって、君恩たる叙位の制度も大きく転換し、平安時代の叙位の諸制度がこの時期に萌芽した。

③一〇世紀半ば～一一世紀半ば――年労制的秩序の展開と変質――

当該期には年労制に基づく昇進コースが定着し、中世身分階層の基礎となる「公達―諸大夫―侍」が確立する。また、村上朝藤原穏子の例を濫觴とする「入内賞」や花宴・競馬などの御遊を目的として摂関邸や女院御所に行幸を仰ぎ、「御傍親」や「家子」を理由として位階が授与されたように、天皇のミウチであることが昇進に直結するようなさまざまな昇進機会が設けられた。

さらに一〇世紀以降、平安時代的な官司制度が成熟するなかで、天徳の内裏焼亡による再建への対応として整備された簡便と速決性を供えた行事所が、政務や行事運営において主要な実務執行機関として確立してくると、過重な勤務が強いられる行事所の奉行に対して、業務の遂行と交換関係に授位する「行事賞」なる勧賞を創始して重要な行事の遂行に資している。さらに、功過定と治国加階によって統制してきた受領に対して、彼らが「私富」として蓄積している諸国の富を効率よく回収するために、兼家・道長らが受領成功という財政かつ人事に関わる制度を導入した点にも注目したい。

以上のように、中世に繋がる諸制度が出揃ったという点において、当該期は昇進制度上の重要な画期だと位置づけられよう。ただし、新制度によって叙位の対象とされたのは、例えば御遊や朝覲行幸などの勧賞対象の大部分は「御傍親」「家子」「家人」であるように、主としてミウチ（兼家・道長・頼通など）とその家司といった極めて限定的な範囲にとどまっているという点に留意する必要があろう。

つまり、当該期に出現した昇進方法は全て道長らとの個人的な関係を拠り所として運用されており、また、勧賞の実施や成功の採用が恒常的でない点においても、その影響は限定的だと考える。つまり、貴族社会全体の秩序としては年労制的な昇進原理が優勢であったと理解するのである。このことは、超越問題がごく少数しか発生していない点からも明白である。

④一一世紀末～一三世紀初頭――年労制的秩序の崩壊と「中世的叙位制度」の成立――

白河院政が本格的に始動する一二世紀初頭から、摂関期に萌芽しつつも、限定的に機能してきた非年労制的叙位事由が、院の主導によって恒常化かつ組織的に運用されることとなり、より広範な貴族官人の昇進に適用されることとなった。具体的内容を示すと以下のような点があげられる。

まず年爵に関しては、数多の王家および非摂関家出身院宮の輩出によって、年爵の絶対数の増加が図られるとともに、三宮・准后は叙爵、院・女院は加階（後白河院政期以降は上階まで可能）という具合に組織的な運用がなされ、さらに諸大夫層の昇進にも利用されることになった。

ついで勧賞については、①院主催行事の増加、即ち朝覲行幸の恒例化、頻繁な移徙、御願寺造営などによって、勧賞実施回数が急増し、②官行事所主催の行事に関しても、例えば神社行幸の実施回数の増加や行事の巡役化等によって、受賞機会が増加したり、受賞の恩恵に与る人々の対象範囲が拡がった。

また、受領成功に関しては、法勝寺造営時に出現した「法勝寺型成功」によって、功過定が完全に形骸化し、治国加階よりも成功関連の加階が急増した。このように受領の人事昇進システムも大きく展開することとなった。

そして恒例叙位においては、「院折紙」によって院が人事権を掌握することに成功した。

如上の結果、九世紀半ばから摂関全盛期にかけて確立してきた年労制的秩序が幅広い階層で著しく後退し、後白河院政期（一一六〇年代）には、ほぼ完全に崩壊する一方、白河院政期以降に顕在化してきた非年労制的秩序が展開することとなった。

かかる状況変化は、九世紀以来の秩序を破壊して、みずからの人的権力基盤の構築を志向する院権力によって導かれたのは勿論のことであるが、新しい秩序に組み込まれることによって家格の上昇を熱望した当該期の貴族・官人たちの動向と欲求も大きく影響したと考えられる。

例えば、特定の官司と自家の権益とを一体化させて、永代化や相伝を主張する動きが広がるなかで、文書行政を担当し、各種行事の奉行を中心的に務めた弁官・外記（大夫外記）・史（大夫史）などは、官司請負を進めながら「行事賞」などを集中的に受賞して、位階昇進上非常に有利な立場を築き、早期に昇進の家例を形成して、中世公家社会を構成する家格の基盤を確立していった。

また、非年労制的事由による昇進が浸透すると、院の近臣受領の公卿昇進（非参議）が急増したり、家格上層部の分家が促進され、議政官の増員が図られたり[26]、前官公卿の位階昇級が可能になるなど、公卿構成の変化や家格形成の促進がみられた。

本書では、非年労制的秩序が浸透していくなかで生じた重要な変化として、位階が「中世的な組織化機能」を獲得した点を指摘した。第五章で論じたように、一家の長やさまざまな集団の長（楽人「一者」・神主・長者・座主など）は受賞しても自身の昇級に利用せず、子弟や弟子に譲与して叙任する例が急増する。このように、位階は単に天皇―臣下間の距離を示す標識から、主従関係、師弟関係、社会組織における序列を示す〝記号〟という機能を獲得した。このことは、天皇・院のみならず、各集団の長も叙任権を獲得したと解せるのである。

次いで、摂関家と叙任権との関係について少し論じておきたい。同家は、「御傍親」を拠り所として、多くの受位機会を摂関期に得たが、外戚関係の喪失により、その契機を減じた。加えて、同家出身女院や后宮――とりわけ国母――の減少により[27]、前代に比して年爵による昇級の機会も激減し、わずかに興福寺供養などの殿下沙汰行事における勧賞で家司を昇級させる機会を得た。

ただし、朝覲行幸など院家沙汰行事では興味深い変化があらわれる。すなわち、摂関・大殿・北政所は「給主」として子弟や家司に授位する権利を獲得し、また一方で、摂関子弟が院司に補任され、院・女院の賞や年爵で昇級する状況がみられるようになった。つまり摂関家は自家出身院宮のわずかな年爵と勧賞の他は、院や天皇への推挙や院宮らの年爵や賞に子弟や家司の昇進を依存するようになったのである。

さて、正統な叙任権の行使ではないものの、年給をめぐる以下のような状況にもふれておきたい。建久九年（一一九八）正月、八条院別当藤原長経は、「依二私構一、自二御所一所レ給折紙ヲ書改、除二以忠一入二光時一、送二頭中将一」ったという。つまり、叙位に提出すべく御給所が準備した申文の内容を、長経が勝手に書き換えて蔵人頭に渡したため、給主の意向とは別の人名が記載された申文が叙位儀に進められたのである。このように御給所奉行などの立場から、年給の叙任に不当に介入する例も散見する。勿論、年給の叙任決定権は給主にあるのだから彼の所行は越権行為であるものの、このような不当な叙任権が行使されることもあった。[28]

以上のように、院政期には治天の君のもとに叙任権の大部分が集中するものの、年給や勧賞等を通して、諸院宮や摂関、さらには側近貴族や諸集団・家の長にいたるさまざまな人物に叙任権や推挙権が拡散する社会構造が実態として存在していた。そして、非年功序列的な昇進制度が浸透し、加えて叙任権が必ずしも一元的ではない状況下では、官位下臈が上臈を越えて昇進する「超越」が頻出し、深刻な問題を引き起こした。後世、その元凶が後白河・後鳥羽院政下の叙任にあると断じた九条道家の指摘は正鵠を得ているといえよう。[29]

⑤一三世紀半ば以降――治天の君権力の確立と「中世的叙位制度」の展開――

鎌倉時代の朝廷は、院政親政の一体化を図り、院司奉行、執事・年預制の構築など院庁機構の整備を進め、中世朝廷の官司組織とこれを運営する貴族官人の家格の大枠も完成をみた。当該公家社会では分家の進行と抑制が衝突し、貴族間の争いが家産・官位の争奪というかたちをとって行われた。とりわけ鎌倉後期には、一族内の抗争が顕著となり、権門内部での決着が望めないほどに深刻化し、治天の君の裁定の重要性が一層高まったと指摘されている。(30)勧賞や年爵による超越をめぐる相論も激化の一途をたどり、籠居や若年出家などの問題が生起した。かかる状況下では、院権力の基盤形成、中世公家社会の官制や家格形成に有効に機能してきた、院政期に確立した昇進制度を存続させることは、朝廷・王権や時の権力者、そして貴族官人の双方にとってメリットよりもデメリットが大きくなったと推察する。

公家新制では、「叙位除目」編目を採用して公正な人事の実現を謳うとともに、年爵による加階を治天の君と一部の院・女院に限定し、勧賞実施数も減じて超越発生の抑制に努めたことが窺知される。つまり、新制の目指すところは、叙人決定権を治天の君のもとに一元化する点にあったと解せよう。

この時期に多見するのが「臨時」なる事由であった。補論二で論じたように、「臨時」とはなんらかの行事を実行せずとも、人格的関係を重視した「中世的な叙位原理」に基づいて、治天の君の意向によって授位可能で、しかも年間の実施回数や授位の高下の制限などもない叙位事由だと定義できよう。

それでは、このような「臨時」を大半とする叙位が成立したのは何故であろうか。院政期、治天の君は折紙で叙任権を掌握したが、恒例叙位は九世紀半ば以降に成立した諸事由によって構成されているため、一程度の規制――すなわち、年労という官職の論理や年爵であれば給主の身位によって位階の高下の制限や年間に叙位できる人数などの制限――があたったため、人格的関係のみに基づいた叙位は、院主催行事における勧賞で実施されることが多かった。しかし、「臨時」なる事由が確立すると、恒例叙位において治天の君は「中世的原理」による叙位を自由に実施することが可能になったといえるのである。ここに中世の叙位制度が完成したと評価できるであろう。

序章で記した通り、近藤成一氏は、佐藤進一氏の「武家政権の二元的支配権」を念頭に、中世公家政権においても王権は院権力と天皇によって二元的に担われていると提起され、「『支配権の二元性』を封建王権の特質として積極的に位置づけ」られた。そして、前者（院権力）は安堵の権能によって主従関係を形成し、所領をめぐる相論を裁定する「主従制的支配権」を掌握し、後者（天皇）は堺相論の裁定という国土領有を秩序づける行為と官位の授与という支配階級を国家秩序に編成する行為とに代表される天皇・太政官の権能、つまり「統治権的権能」を掌握したと捉えられている[31]。

官位の付与は天皇文書が最終的な効力を持つという分析結果から、天皇・太政官が担う「統治権的権能」として位置づけられているが、その一方で、官位付与は主従制的支配権と密接不可分な行為であるとする評価[32]がある点に鑑みれば、これは「主従制的支配権」に属するとも評価されよう。

「朝堂所レ居、謂二之位一[33]」というように、本来位階は朝堂における座次であり、その高低は天皇との距離の遠近を明示し、君臣関係をあらわす標識として機能した。そして主として官司を通じた天皇への奉仕に対する君恩であった[34]。

しかし、非年労制的な秩序が支配的となった院政期を経て、「臨時」が主流となる鎌倉後期以降にいたって、主従関係などの人格的関係を明示する標識という中世的な原理が完全に融合した位階が成立すると推測した。したがって、中世における位階の授与という行為は、「統治権的権能」と「主従制的支配権」とが不可分なかたちでなされるものと理解する。つまり、少なくとも人事権という側面においては、「臨時」の成立をもって天皇・院に関わりなく、治天の君が、本来天皇が固有に有していた人事の権能を吸収したと考えるのである。

ゆえに、中世王権では「主従制的支配権」と「統治権的権能」とは不可分な権能を確立しており、これは天皇

と院とで分掌されるような性質ではなく、治天固有の権能だと評価したい。(35)

ここで想起されるのが富田正弘氏の口宣案に関する研究である。氏によると口宣案とは、口宣作成者である職事の自筆によって認められ、太政官を経ずに職事から直接当事者に与えられた。そして、天皇＝太政官文書発給に先行して、それまでの仮証となるものであり、人事に関する内容に限定される。しかも、叙位儀や除目儀以外に臨時的に随時的に口宣で宣下される授位・任官の時のみみられるという。そして、口宣案の成立期が後嵯峨院政にさかのぼることを明らかにして、その要因を以下のように説明されている。(36)

すなわち、中世の公家政治が天皇―太政官系統の政治と「治天の君」に直属する政治の二重構造からなり、前者も後者からの働きかけで動く構造になっており、人事に関しても例外ではなかった。ゆえに、「伝奏または職事から直接受任者に口宣案を与える事実は、実際上の人事権が院政＝親政体制にあることを意味し、天皇＝太政官はこれを追認し、正当化する役割を担うにすぎない(37)」と述べられ、口宣案の成立は、院政＝親政体制の人事権掌握の象徴ということができると論ぜられている。

本書での知見を加えるならば、叙位儀での授位も（口宣案は発給されないが）、後嵯峨院政期以降に「臨時」を中核とする叙位制度が確立したのは、「院政＝親政体制の人事権掌握の象徴(38)」といえるものであって、口宣案の成立背景と中世的な叙位制度の確立とは連動した現象であるとみなせるのではないかと推察する。この点については、中世王権を如何に捉えるべきかという大きな問題と関わるため、鎌倉後期・南北朝以降の叙位の検討とともに、武家官位研究成果なども視野に入れて今後、考えていきたい。

残された課題は多いが、ここでひとまず擱筆することとする。

（1）　早川庄八「成選叙位をめぐって」（笹山晴生先生還暦記念会編『日本律令制論集　下巻』、吉川弘文館、一九九三年）。
（2）『葉黄記』宝治元年三月一六日条ほか。
（3）『私要抄』仁安二年正月五日条（東京大学史料編纂所架蔵謄写本〈請求記号二〇〇一―一〇〉『柳原家記録』四三）。
（4）叙爵（従五位下）はさまざまな点において特殊な位階であり、そのことに留意してさらに検討を進めたいと思う。
（5）本郷恵子『中世公家政権の研究』（東京大学出版会、一九九八年）。
（6）時野谷滋『律令封禄制度史の研究』（吉川弘文館、一九七七年）二三六頁。
（7）永井晋「十二世紀中・後期の御給と貴族・官人」（『國學院大學大學院紀要　文学研究科』一七、一九八六年）。尾上陽介①「年爵制度の変遷とその本質」（『東京大学史料編纂所研究紀要』四、一九九三年）、同②「鎌倉時代の年爵」（『明月記研究』二、一九九七年）。
（8）例えば、廣瀬憲雄「長徳二年大間書の本文と写本系統について」（『東京大学史料編纂所研究紀要』一九、二〇〇九年）など。
（9）『令集解』巻一「官位令第一」。
（10）同右。
（11）石母田正「古代官僚制」（『石母田正著作集第三巻　日本の古代国家』、岩波書店、一九八九年、初出は一九七三年）三四三頁。
（12）筧敏生①「古代太上天皇研究の現状と課題」、同②「中世の太上天皇について」、同③「太上天皇尊号宣下制の成立」（『古代王権と律令国家』、校倉書房、二〇〇二年、初出は一九九二・九二・九四年）。
（13）『後三条相国抄』（『続群書類従』三三上雑部所収）舞踏事。
（14）『花園天皇宸記』正中元年正月五日条。
（15）新院や政治的に有力な一部の女院の場合は例外もみられる。
（16）橋本義彦「院評定制について」（『平安貴族社会の研究』、吉川弘文館、一九七六年）。
（17）寺内浩『受領制の研究』（塙書房、二〇〇四年）。

(18) 山岸常人「中世杵築大社本殿造営の実態と背景」(『佛教藝術』二七八号、二〇〇五年)。
(19) 院政期の院・天皇に関しては、「院・天皇個人のタブーやマギーからの解放がはじまり、『神』から『人』への転化が行われた」(石井進「院政時代論」、『講座日本史第二　封建社会の成立』、東京大学出版会、一九七〇年、二一九頁)とする興味深い指摘がある。石井氏の見解と陰陽道的禁忌による移徙の増加という現象をどのように関連づけて理解すべきかを考える余裕を今は持たないが、摂関期よりもさらに天皇の低年齢化がすすむ院政期の天皇と禁忌強化との関係については(院も同様の現象がみられる点についても)、第五章で指摘した「鵺」などの怪異譚の問題とあわせて今後考えていきたい。
(20) 秋山國三・仲村研『京都「町」の研究』(法政大学出版局、一九七五年)、北村優季『平安京――その歴史と構造』(吉川弘文館、一九九五年)など。
(21) 上島享「大規模造営の時代」(『日本中世社会の形成と王権』、名古屋大学出版会、二〇一〇年、初出は二〇〇六年)、野口孝子「『夜』化の時代――物忌参籠にみる平安貴族社会の夜――」(『古代文化』五九―一、二〇〇七年)。
(22) 早川氏注(1)所引論文。
(23) この時期、古来の畿内豪族出身者が議政官としての地位を失い、藤原氏や渡来系氏族出身者が官僚貴族としての道をあゆみはじめ、九世紀前半の「総体的な安定」がもたらされたことも、天皇と議政官組織(公卿)との、国家機構内部における機能分担、いわば機関化が進んだ要因と考えられている(早川氏注1所引論文)。
(24) 佐々木恵介『天皇の歴史03　天皇と摂政・関白』(講談社、二〇一一年)二三頁。
(25) 吉川真司「律令官人制の再編」(『律令官僚制の研究』、塙書房、一九九八年、初出は一九八九年)。
(26) 『官職秘抄』大納言・中納言の項。
(27) 院政期以降、国母女院に権限が集中する中で、国母を輩出し得なくなった摂関家は昇級の機会を著しく低下させた(院政期における王家による後宮政策と摂関家出身后妃による皇子女出産の減少傾向との関係については、伴瀬明美「院政期における後宮の変化とその意義」〈『日本史研究』四〇二、一九九六年〉を参照)。
(28) 『明月記』建久九年正月八日条。
(29) 「九条家文書」天福元年五月二一日付九条道家奏状案(『天理図書館善本叢書和書之部六八　古文書集』、八木書

店、一九八六年）

(30) 市沢哲「中世公家徳政の成立と展開」、同「鎌倉後期の公家政権の構造と展開――建武新政への展望――」（『日本中世公家政治史の研究』、校倉書房、二〇一一年、初出はそれぞれ一九八五・九二年）。

(31) 近藤成一「中世王権の構造」（『歴史学研究』五七三、一九八七年）、同「鎌倉幕府の成立と天皇」（永原慶二編『講座・前近代の天皇　第一巻　天皇権力の構造と展開その一』、青木書店、一九九二年）。

(32) 大饗亮『封建的主従制成立史研究』（風間書房、一九六七年）、上横手雅敬「封建制と主従制」（『岩波講座日本通史第九巻　中世三』、岩波書店、一九九四年）。

(33) 『令集解』巻一「官位令第一」。

(34) 大隅清陽「律令官人制と君臣関係」（『律令官制と礼秩序の研究』、吉川弘文館、二〇一一年、初出は一九九六年）。

(35) ただし、中世以降も叙位・除目儀への臨席や位記請印は、必ず天皇によってなされるため、両者の間で分掌が全く存在しないとはいえない。

(36) 富田正弘「口宣・口宣案の成立と変遷（一・二）」（『古文書研究』一四・一五、一九七九・八〇年）。

(37) 富田氏注(36)所引論文(二)三五頁。

(38) 同右。

■初出一覧■

序　章　新稿

第一章　「年労制の変遷——中世叙位制度の特質に関する一考察——」（『立命館文学』第五七五号、二〇〇二年）を改訂・補筆

第二章　「中世成立期における叙位制度の展開——年爵制度と貴族社会——」（『古文書研究』第五三号、二〇〇一年）を改訂・補筆

補論一　新稿

第三章　「平安中・後期における勧賞の一考察——神社行幸を素材として——」（『古代文化』第五四—八号、二〇〇二年）を改訂・補筆

第四章　新稿

補論二　新稿

第五章　新稿

第六章　「平安末〜鎌倉中期における花山院家の周辺——『名語記』著者経尊の出自をめぐって——」（『立命館文学』第五八九号、二〇〇五年）を改訂・補筆

第七章　「摂関・院政期における受領成功と貴族社会」（『立命館文学』第五九四号、二〇〇六年）を改訂・補筆

第八章　新稿

終　章　新稿

あとがき

本書は、二〇〇二年三月に立命館大学大学院文学研究科に提出した学位論文と、その後の研究のなかで執筆した論攷からなるものである。博士論文を審査していただき、ご指導と貴重なご助言を賜った杉橋隆夫・川嶋將生・桂島宣弘の各先生に、改めてお礼申しあげたい。

立命館大学に入学してから本書をなすまで、多くの方々のご指導とご厚情を賜った。なかでも一回生の研究入門以来、杉橋先生には史料の厳格な読み込みから論文執筆にいたるまで、厳しくも温かいご指導をいただいた。多くのご学恩とさまざまな研究の機会を与えてくださった先生に出会うことなくして、今日の私はなかったと思う。

また、先生がサバティカルでご不在だった三回生時に、ゼミをご担当くださった元木泰雄先生には、その時以来、研究会などでいつもご指導・ご鞭撻を賜り、史料の背後に広がる世界を読み取ることの楽しさと難しさを教えていただいている。おふたりの先生に、心からお礼申しあげたい。

大学院進学後、『兵範記』輪読会では、西村隆氏、美川圭・上島享両先生はじめ諸先生方にも古記録の魅力を教えていただくとともに、多くの先輩・学友と出会える幸運に恵まれた。なかでもさまざまな勉強会・史料調査・史跡見学に誘ってくださった宮田敬三・井上幸治・山本崇・上島理恵子の各氏には、多くの知的刺激を受けた。なにかと孤独な状況に陥りやすい研究生活を乗り切ることができたのも、先輩方のご厚意によるところが大きい。

その後、古代史史料の難しさと格闘した『類聚三代格』の研究会では、本郷真紹先生に史料を丁寧に読み解き、新しい歴史像を築きあげていく醍醐味を教えていただいた。また、一昨年度より大山喬平先生のご指導を仰ぎ、ムラの戸籍簿研究会の末席に加わって、新鮮な研究視座を学び、広い視野から自身の研究を見つめる機会を得たことにも感謝申しあげたい。

さらに、非礼ながら面識がないにもかかわらず、初めて学術雑誌に掲載された拙稿を謹呈させていただいた百瀬今朝雄先生からお手紙を頂戴した時の感激は忘れられない。その後、折りに触れて貴重なご意見・ご教示を賜り、研究を続けていく上で大きな励みとなっている。改めて深謝申しあげる次第である。

二〇〇三年度より、幸いにも立命館大学のCOE推進機構ポストドクトラルフェローとして採用していただき、文部科学省21世紀COEプログラム「京都アート・エンターテインメント創成研究」においては、地理学や情報理工学の先生・院生の方々とともに古記録データベース、電子図書館、GISを適用した歴史地図を作製したり、米国プリンストン大学(East Asian Studies)でその研究成果の一部を報告させていただく貴重な経験を得ることができた。杉橋先生をはじめ同研究に関わる諸先生方に、謝意を表したい。日本史と異分野との共同研究や人文学へのデジタル技術の応用など、これからの研究に不可欠な問題に接しつつも、未熟ゆえにこうした経験をいまだに自身の研究に反映できないでいるが、いつか研究や教育の場に還元できるよう努めたいと思う。

また、二〇〇七年度より文学部任期制教員として採用していただいた。それまでは主として研究の場にあってさまざまな教えを受けていた自分が、教育の場に主軸を移して戸惑うことが多いなかで、多忙ながらも研究と教育に取り組まれる先生方、また拙い私の講義を熱心に聞いて、時に鋭い質問を投げかけてくれる学生の存在に支えられて、多くのことを学んだ。
これまで曲がりなりにも研究を続けてこられたのは、周囲の方々の温かい励ましと恵まれた環境によるものと改めて感じる。お名前を書き尽くすことはできないが、皆様に衷心より感謝申しあげたい。たくさんのご教示を賜りながら、私の能力不足と怠惰から、十分に検討できていない問題が多く残されていることを、本書を執筆する過程で痛感した。これを新たな契機として研究に邁進していきたいと思う。

本書の刊行をお引き受けくださった思文閣出版のみなさま、とりわけ遅々として執筆が進まないなか、何度も叱咤激励のお電話をいただき、刊行まで導いてくださった原宏一氏には厚くお礼申しあげたい。また、原稿の校正の労を快く引き受けてくださり、適切なアドバイスを頂戴した日本学術振興会特別研究員長村祥知氏、同じく日本学術振興会特別研究員・京都大学大学院人間・環境学研究科博士後期課程山岡瞳氏にも心から感謝申しあげる。

最後に、私事にわたり恐縮ながら、好きな道を歩むことを見守ってくれる両親に感謝の念を表することをお許し願いたい。また、深い愛情とやさしさ、そして真の強さを教えてくれた、健在であれば今年百歳になる祖母に、本書を捧げたい。

二〇一二年二月

佐古愛己

なお、本書は平成一八～九年度および同二二～二三年度日本学術振興会科学研究費補助金（若手研究B）の研究成果の一部であり、刊行にあたり、平成二三年度日本学術振興会科学研究費補助金（研究成果公開促進費）の交付を受けた。

た行

な行

は行

ま行

や行

【研究者名】

は

ひ

ふ・へ

ほ

ま行

ゆ

よ

ら

そ

た

ち

す

せ

さ

し

こ

ま行

や・ら・わ行

【人　名】

あ

い

う・え

【史料名】

ま

み

む・め

よ

り

れ

ろ

わ

は

ひ

ふ

へ

ほ

す

せ

そ

た

ち

か

き

索　引

・事項・史料名・人名・研究者名の四項目に分けた。
・人名索引は、実名音読みの順に並べ、次に氏、家名・通称などを示した。
　また、天皇追号、院号、女性名などは適宜、通用の読みを用いた。

【事　項】

◎著者略歴◎

佐古　愛己（さこ・あいみ）

1973年兵庫県生.
1996年立命館大学文学部史学科卒業.
2002年立命館大学大学院文学研究科博士課程後期課程修了.
博士（文学，立命館大学）.
立命館大学ＣＯＥ推進機構ポストドクトラルフェローを経て，
2007年より立命館大学文学部任期制准教授.

【主要論文】
・「平安貴族の『雅』と『武』」（立命館大学文学部京都文化講座委員会編『立命館大学京都文化講座　京都の公家と武家』白川書院，2011年）
・「『兵範記』平信範―筆忠実な能吏が描いた激動期の摂関家―」（元木泰雄・松薗斉編『日記で読む日本中世史』ミネルヴァ書房，2011年）
・「勧賞叙位の一考察―東宮・中宮関連の勧賞を事例として―」（『立命館文学』624，2012年）
・（共著）「古記録データベースと歴史的空間情報のＧＩＳ化」（『人文科学とコンピュータシンポジウム論文集』Vol.2004，No.17，2004年）
・（共著）「源氏物語の時代―人と文物，デジタル可視化の意義―」『立命館文学』612，2009年）

平安貴族社会の秩序と昇進（へいあんきぞくしゃかいのちつじょとしょうしん）

2012（平成24）年２月29日発行

定価：本体7,800円（税別）

著　者　佐古愛己
発行者　田中　大
発行所　株式会社　思文閣出版
〒605-0089 京都市東山区元町355
電話 075-751-1781（代表）

印　刷
製　本　株式会社 図書印刷 同朋舎

ISBN978-4-7842-1602-4　C3021